深圳大学传播学院
媒介环境学译丛｜第一辑

媒介环境学

思想沿革与多维视野

第二版

［美］林文刚 编

何道宽 译

中国大百科全书出版社

图字：01-2019-3480

图书在版编目（CIP）数据

媒介环境学：思想沿革与多维视野：第二版／（美）林文刚编；何道宽译．—北京：中国大百科全书出版社，2019.10

（媒介环境学译丛）

书名原文：Perspectives on Culture, Technology and Communication: The Media Ecology Tradition

ISBN 978－7－5202－0572－6

Ⅰ．①媒… Ⅱ．①林… ②何… Ⅲ．①传播媒介—环境科学—研究 Ⅳ．① G206.2

中国版本图书馆 CIP 数据核字（2019）第 222316 号

出版统筹	程广媛
责任编辑	张　岚
封面设计	乔智炜
责任印制	常晓迪
出版发行	中国大百科全书出版社
地　　址	北京市阜成门北大街17号　邮政编码　100037
电　　话	010－88390636
网　　址	http://www.ecph.com.cn
印　　刷	北京君升印刷有限公司
开　　本	710毫米×1000毫米　1/16
印　　张	44
字　　数	490千字
印　　次	2019年10月第1版　2021年6月第2次印刷
书　　号	ISBN 978－7－5202－0572－6
定　　价	118.00元

本书如有印装质量问题，可与出版社联系调换

谨以此书献给我敬爱的导师尼尔·波斯曼，感谢他出类拔萃的思想

深圳大学传播学院媒介环境学译丛
编委会

顾　　问	［加拿大］罗伯特·洛根　［美］林文刚　吴予敏
主　　编	王晓华　巢乃鹏　李明伟
策划兼主译	何道宽
编　　委	丁未　胡翼青　胡洪侠　黄旦
	辜晓进　姜飞　姜华　刘海龙
	马凌　钱莲生　单波　王婷
	王怡红　吴小坤　于晓峰

总　序

20世纪50年代初，哈罗德·伊尼斯的《帝国与传播》《传播的偏向》和《变化中的时间观念》问世。1951年，马歇尔·麦克卢汉的《机器新娘》出版。20世纪60年代，麦克卢汉又推出《谷登堡星汉》和《理解媒介》，传播学多伦多学派形成。

20世纪80至90年代，尼尔·波斯曼的传播批判三部曲《童年的消逝》《娱乐至死》《技术垄断》陆续问世，传播学媒介环境学派形成。

1998年，媒介环境学会成立，以麦克卢汉为代表的传播学第三学派开始问鼎北美传播学的主流圈子。

2007年，以何道宽和吴予敏为主编、何道宽主译的媒介环境学译丛由北京大学出版社推出，印行四种，为中国的媒介环境学研究奠基。

2011年，以麦克卢汉百年诞辰为契机，世界范围的麦克卢汉学和媒介环境学进一步发展，进入人文社科的辉煌殿堂。中国学者不遑多让，崭露头角。

2018年，深圳大学传播学院与中国大百科全书出版社达成战略合作协议，推出媒介环境学译丛，计划在三年内印行十余种传播学经典名著，旨在为传播学修建一座崔巍的大厦。

我们重视并推崇媒介环境学派。它主张泛技术论、泛媒介论、泛环境论、泛文化论。换言之，凡是人类创造的一切、凡是人类加工的一切、凡是经过人为干扰的一切都是技术、环境、媒介和文化。质言之，技术、环境、媒介、文化是近义词，甚至是等值词。这是媒介环境学派有别于其他传播学派的最重要的理念。

它的显著特点是：（1）深厚的历史视野，关注技术、环境、媒介、知识、传播、文明的演进，跨度大；（2）主张泛技术论、泛媒介论、泛环境论，关注重点是媒介而不是狭隘的媒体；（3）重视媒介长效而深层的社会、文化和心理影响；（4）深切的人文关怀和现实关怀，带有强烈的批判色彩。

从哲学高度俯瞰传播学的三大学派，其基本轮廓是：经验学派埋头实用问题和短期效应，重器而不重道；批判学派固守意识形态批判，重道而不重器；媒介环境学着重媒介的长效影响，偏重宏观的分析、描绘和批评，缺少微观的务实和个案研究。

21世纪，新媒体浩浩荡荡，人人卷入，世界一体，万物皆媒介。这一切雄辩地证明：媒介环境学的泛媒介论思想是多么超前。媒介环境学和新媒体的研究融为一体了。

在互联网时代和后互联网时代，媒介环境学的预测力和洞察力日益彰显，它自身的研究和学界对它的研究都在加快步伐。吾人当竭尽绵力。

译丛编委会
2019年9月

目　录

总序 1

撰稿人介绍 9

第二版编者序 17

第一版编者序 27

编者谢辞 38

第二版译者前言 43

第一版译者前言 52

第一章　绪论：媒介环境学的思想沿革初探 1

    1.1　媒介环境学的历史述略 9

    1.2　作为一个学派的媒介环境学 12

    1.3　媒介环境学的史前史 16

    1.4　媒介环境学初期的制度构建 32

    1.5　研究作为环境的媒介 47

    1.6　媒介环境学深层的理论命题 53

    1.7　媒介的历史分期 58

    1.8　本书组织结构 65

第二章　媒介环境学的人文关怀 78

第三章　刘易斯·芒福德与技术生态学 93

    3.1　芒福德的著作和生平 97

3.2	芒福德的技术历史分期	106
3.3	芒福德的技术有机论	112
3.4	芒福德对"王者机器"的批判	118
3.5	芒福德的技术伦理观	128

第四章 雅克·艾吕尔：技术、宣传与现代媒介 ... 131

4.1	艾吕尔小传	132
4.2	技术至上，宣传和媒介	134
4.3	艾吕尔与媒介环境学	146
4.4	对艾吕尔及其著作的批评	151
4.5	进一步探索的建议	157

第五章 艾吕尔：神学研究的对照法 ... 160

5.1	对照法	166
5.2	城市的意义	167
5.3	巴特的新正统神学教义	171
5.4	技术手段的胜利	176
5.5	伽利略的遗产	178
5.6	通过宗教实现社会振兴	182
5.7	必然性与堕落	189
5.8	结语	193

第六章 哈罗德·伊尼斯的媒介环境学遗产 ... 198

6.1	通向政治经济学的道路	201
6.2	传播史	206

- 6.3 时间，空间和口头传统 ... 211
- 6.4 知识垄断和文化批评 ... 217
- 6.5 伊尼斯对媒介环境学兴起的持久影响 ... 222
- 6.6 结语 ... 227

第七章 马歇尔·麦克卢汉：现代两面神 ... 229
- 7.1 不太被看好的冉冉升起的明星 ... 231
- 7.2 新媒介时代 ... 240
- 7.3 作为环境的媒介 ... 244
- 7.4 风格与实质 ... 249
- 7.5 通感 ... 253
- 7.6 媒介冷热 ... 259
- 7.7 口语的再现 ... 263
- 7.8 非线性因果关系 ... 269
- 7.9 中心与边缘 ... 277
- 7.10 媒介环境学的集大成者 ... 281

第八章 尼尔·波斯曼与媒介环境学的崛起 ... 282
- 8.1 电视和英语教学 ... 287
- 8.2 第一阶段：语言和教育 ... 290
- 8.3 第二阶段：媒介环境学的崛起 ... 314
- 8.4 第三阶段：过渡期和技术垄断 ... 328
- 8.5 第四阶段：回归教育研究 ... 338
- 8.6 波斯曼媒介环境学的四大主题 ... 347
- 8.7 结语 ... 362

第九章　詹姆斯·凯利：寻求文化平衡 364
9.1　生平 367
9.2　研究方法 369
9.3　文化之重要 373
9.4　技术与社会 377
9.5　经济学与传播学 382
9.6　新闻的特殊问题 385
9.7　结语 390
9.8　谢辞 395

第十章　符号，思想和现实：沃尔夫与朗格对媒介环境学的贡献 396
10.1　相对论之根 397
10.2　沃尔夫和语言相对论 402
10.3　朗格和经验的符号转化 418

第十一章　苏珊·朗格的心灵哲学：对媒介环境学的潜在命题 435
11.1　朗格的主要著作 436
11.2　朗格的表达性媒介理论：八大命题 449
11.3　下一步走向何方？ 470

第十二章　口语文化—书面文化定理与媒介环境学 475
12.1　宏观理论：社会主导媒介 483
12.2　微观理论：声音、书面文化和作为信道的视觉形象 501
12.3　口语文化—书面文化定理的平衡 512

第十三章 印刷术及其对文化与传播的影响：媒介环境学的诠释 515

- 13.1 初步考虑的问题 517
- 13.2 普及文化 520
- 13.3 宗教改革 528
- 13.4 民族主义 532
- 13.5 科学转型 536
- 13.6 个人主义与民主 540
- 13.7 结语 544

第十四章 编后絮语：媒介环境学的未来传承 546

- 14.1 媒介环境学会的成立 547
- 14.2 媒介环境学者下一步的任务 551

参考文献 555

索引 610

第二版译者后记 631

第一版译者后记 633

译者介绍 635

撰稿人介绍

约瑟夫·阿什克罗夫特（Joseph Ashcroft）

1990年获纽约大学媒介环境学博士学位，在宾夕法尼亚州东斯特劳兹堡大学（East Stroudsburg University）执教三十余年，1992年起任教授，2001年被誉为该校杰出教授。他论著颇丰，另外还发表二十余篇书评，在许多全国和地方学术会议上宣讲论文。他研究背景多样，获哲学学士学位和政治学硕士学位，其论文涵盖媒介与政治以及媒介对思想的影响等领域。2016年8月12日去世。

克里福德·克里斯蒂安（Clifford Christians）

传播学及媒介研究教授，执教于伊利诺伊大学乌尔巴纳分校（University of Illinois at Urbana-Champaign），在该校获博士学位。他独著、合著的书有六部：《媒介伦理》（Media Ethics: Cases and Moral Reasoning，合著，2004）、《好新闻：社会伦理与报业》（Good News:Social Ethics and the Press，合著，1993）、《传播伦理与普世价值》（Communication Ethics and Universal Values，合著）、《公共生活里的道德契约》（Moral Engagement in Public Life: Theorists for Contemporary Ethics，合著，2000）；主编《艾吕尔论坛》（The Ellul Forum）；教学和研究兴趣涵盖技术哲学、对话传播理论和职业伦

理；荣休后继续活跃在学界，发表研究成果。

托马斯·F. 金卡雷利（Thomas F. Gencarelli）

蒙特克莱尔州立大学（Montclair State University）广播系教授，2007 年在曼哈顿学院创建"下一代"传播计划。他曾参与组建媒介环境学会，并任该会会长（2013），还担任过纽约州传播学会普通语义学研究会理事、纽约州和新泽西州传播学会会长、媒介环境学会刊物《媒介环境探索》（Explorations in Media Ecology）编辑，与布莱恩·A. 柯根（Brian A. Cogan）合编《婴儿潮一代与通俗文化：美国最强大一代研究》（Baby Boomers and Popular Culture: An Inquiry into America's Most Powerful Generation.Santa Barbara: ABC-CLIO/Praeger，2014）。

布卢斯·E. 格龙贝克（Bruce E. Gronbeck）

衣阿华大学（University of Iowa）贝尔德公共讲演杰出教授、该校媒介研究和政治文化研究所主任，衣阿华大学博士，康科迪亚学院（明尼苏达州）、乌普萨拉大学（瑞典）、伊瓦斯基拉大学（芬兰）名誉博士；撰写或编辑十余部的著作涵盖媒介理论与批评、辩论、公共讲演；涉及这些领域的论文和著作章节数十篇。他的研究重点是现代和后现代修辞、政治和媒介的交叉点。他在媒介环境领域的主要贡献是与托马斯·法雷尔（Thomas Farrell）、保罗·苏库普（Paul Soukup）合编的《媒介、意识与文化：沃尔特·翁思想探索》（Media, Consciousness, and Culture: Explorations Walter Ong's Thought）。荣休后继续活跃在学界，2014 年 9 月 10 日去世。

保罗·海耶尔（Paul Heyer）

获蒙特利尔康科迪亚大学地理学学士学位、纽约社会研究新学院人类学硕士学位、鲁特格斯大学博士学位，荣休前任加拿大维尔弗里德·劳里尔大学（Wilfrid Laurier University）传播学教授。他发表的论著有《传播与历史：媒介知识理论与文明》（*Communication and History: Theories of Media Knowledge, and Civilization*）、《泰坦尼克的遗产：作为媒介事件与神话的灾难》（*TITANIC Legacy: Disaster as Media Event*）、《哈罗德·伊尼斯传》（*Harold Innis*），与人合编的教材有《历史的传播：技术、文化与社会》（*Communication in History: Technology, Culture, Society*）。主要研究领域是媒介历史、奥尔森·韦尔斯的广播遗产和马歇尔·麦克卢汉的遗产。先后执教于鲁特格斯大学、麦吉尔大学、西蒙·弗雷泽大学和西悉尼大学。2017年获媒介环境学会"沃尔特·翁终身成就奖"，2018年8月28日去世。研究荒岛叙事的著作《银屏上的荒岛：从〈鲁滨孙漂流记〉到〈迷失〉》（*Islands in the Screen: From Robinson Crusoe to Lost*）即将出版。

伦道夫·克卢维尔（Randolph Kluver）

俄克拉荷马州立大学全球研究与合作学院（School of Global Studies and Partnerships）院长，曾执教于新加坡南洋理工大学，获南加州大学博士学位，研究兴趣包括亚洲政治传播、全球化、亚洲的文化社会变迁。论著有《中国经济改革的合法性：神话与正统之辩》（*Ligitimating the Chinese Economic Reforms: A Rhetoric of Myth and Orthodoxy*，1996）、《文明话语、文明社会与中国社区》（*Civil

Discourse, Civil Society and Chinese Communities，合编，1999）、《亚洲公司：亚洲遭遇互联网》（*Asia.Com: Asia Encounters the Internet*，合编，2003），近作有论文《全球语境中竞争的叙事》（*Contesting Strategic Narratives in a Global Context*）。

林文刚（Casey Man Kong Lum）

威廉·帕特森大学（William Paterson University）传播和媒介研究教授，创建该校传播系硕士学位点；师从尼尔·波斯曼，获纽约大学博士学位；参与创建媒介环境学会并任副会长；推进学会的制度建设和学术建设（加入美国传播学会和国际传播学会）；推进媒介环境学在美国和全球的发展。主编《媒介环境学：思想沿革与多维视野》（*Perspectives on Culture, Technology and Communication: The Media Ecology Tradition*），该书中译本简体字版和繁体字版分别由北京大学出版社和台湾巨流出版社刊布。他以独特的语言文化优势、国际视野、跨学科研究确立自己学者、作者和教育工作者的地位，成为大中华地区媒介环境学的"桥梁"。他的《寻找声音：卡拉OK与美籍华人身份的构建》（*In Search of a Voice: Karaoke and the Construction of Identity in Chinese America*，1996）是媒介与族群音乐的创新之作，研究新媒介与移民文化的共生现象；其他著作有《代代传承：文化身份的维持》（*From Generation to Generation: Maintaining Cultural Identity Over Time*，2006）、《我们的声音：文化、族裔身份和传播》（*Our Voices: Essays in Culture, Ethnicity, and Communication*，2004）、《世界卡拉OK研究：全球技术，地方歌声》（*Karaoke Around the World: Global Technology, Local Singing*，1998）；还有众多论文发表在《媒介传播批评》(Critical Studies in Media Communication)、《广播研究杂志》(Journal of Radio Studies)、《大众传播研究》(Mass Communication Research)。研究兴趣涵盖媒介环境、传播思想史、全球媒介研究、媒介与教育、亚洲和美国亚裔媒介及文化研究。成就卓著，屡获学术褒奖：2006年媒介环境学会授予的"刘易斯·芒福德"技术生态学术奖，2014媒介环境学"路易斯·福斯戴尔"优秀教师奖，纽约大学文化、教育和传播学院的优秀教学奖（2014—2015），2016年媒介环境学"沃尔特·本雅明"优秀论文奖。2016年春，受邀在法国图尔大学主持联合国教科文组织的研究项目"保护和发扬食品文化遗产"(UNESCO Chair Program in Safeguarding and Promotion of Cultural Food Heritages)。二十年来积极参与海外教育项目的设计、开发和教学。现居纽约曼哈顿。

詹姆斯·C. 莫理逊（James C. Morrison）

获哥伦比亚大学硕士学位、哈佛大学公共管理硕士；波士顿爱默生学院（Emerson College）组织和政治传播学驻校学者；在哈佛分校讲授"出版纵览：从文本到超文本"，在图弗茨大学实验学院讲授文化与传播；任媒介环境学会理事、网络编辑和网络档案员；任《逆风：文化与传播杂志》(Counterblast: The E-journal of Culture and Communication)编辑，论著收入《媒介环境学会论文集》(Proceedings of Media Ecology Association)、《传播新维度》(New Dimension in Communication)，在《逆风》(Counterblast)和《技术与文化》(Technology and Culture)等刊物上发表过论文。现居佛罗里达。

克里斯琴·L. 尼斯特洛姆（Christine L. Nystrom）

与尼尔·波斯曼、特伦斯·莫兰创建纽约大学媒介环境学博士点、传播学本科、文化与传播系，1973年获博士学位，任全职教员；1980年起任副教授，负责媒介环境学博士培养计划，2001年退休。她以媒介环境学本科和博士点的设计师闻名，指导博士论文，撰写教案和讲稿，阐述信息论、系统论。与本杰明·沃尔夫、苏珊·朗格、乔治·赫伯特·米德一起讲解媒介环境学的哲学基础和原理。2010年在衣阿华去世。

尼尔·波斯曼（Neil Postman）

执教于纽约大学（New York University），任媒介环境学戈达德教授和大学教授；著书二十余部，要者有《美利坚的语言》（Language in America）、《作为颠覆活动的教学》（Teaching as a Subversive Activity，合著）、《童年的消逝》（The Disappearance of Childhood）、《认真的反对》（Conscientious Objections）、《娱乐至死》（Amusing Ourselves to Death）和《技术垄断》（Technopoly: The Surrender of Culture to Technology）；论文二百余篇，发表在《纽约时报杂志》（The New York Times Magazine）、《大西洋月刊》（The Atlantic）、《哈泼杂志》（Harper's）、《时代》周刊（Time Magazine）、《星期六评论》（The Saturday Review）、《哈佛教育评论》（The Harvard Education Review）、《华盛顿邮报》（The Washington Post）、《洛杉矶时报》（The L.A. Times）、《斯特恩》（Stern）杂志、《世界》（Le Monde）杂志；任《国家》（The Nation）杂志编委；1986年获美国英语教师学会授予的"乔治·奥威尔奖"；任普通语义学杂志《如此等等》（Et Cetera）主编；

1988年获纽约大学杰出教授奖；1991年任哈佛大学肯尼迪政治学院劳伦斯·朗巴德新闻与公共政策访问教授；2000年被授予杨百翰大学荣誉博士，次年被授予雅典大学荣誉博士。是媒介环境学的制度奠基人、媒介环境学第二代精神领袖。

约翰·鲍威尔斯（John Powers）

1977年丹佛大学（University of Denver）言语传播博士毕业，1992年执教于香港浸会大学（Hong Kong Baptist University）；此前执教于得克萨斯州农工大学凡十六年。研究兴趣包括传播学的范式构建、公共话语的理论与批评、语言在日常交流里的作用。与伦迪·克卢维尔合编《文明话语、文明社会与中国社区》（Civic Discourse, Civil Society, and Chinese Communities，1999），著有《公共讲演：生动的艺术》（Public Speaking: The Lively Art，1994/2016）。撰有论文《欺骗传播手册》（Handbook of Deceptive Communication）。

兰斯·斯特拉特（Lance Strate）

福德姆大学（Fordham University）传播和媒介研究教授、媒介环境学会（MEA）创会会长、纽约普通语义学学会会长、中国河南大学讲座教授、国际知名传播学家。师从尼尔·波斯曼，获纽约大学博士学位。研究范围广博，重点有麦克卢汉、沃尔特·翁、尼尔·波斯曼等人物研究，传播形式与社会现象的关联，新技术和新媒介的冲击，传播史与未来研究，通俗文化等。著有《震惊至死：重温尼尔·波斯曼笔下的美丽新世界》（Amazing Ourselves to Death: Neil Postman's Brave New World Revisited）、《媒介环境学：理解人类境遇》(*Media Ecology: An Approach to Understanding the Human Condition*)、《麦克卢汉与媒介环境学》(*Marshall McLuhan and Media Ecology*)和《回声与反思：论媒介环境学研究领域》(*Echoes and Reflections: On Media Ecology as a Field of Study*)；与人合著有《麦克卢汉的遗产》(*The Legacy of Marshall McLuhan*)、《媒体重商主义批判研究》(*Critical Studies in Mass Communication*)；担任《媒介环境学探索》(*Explorations in Media Ecology*)编辑，主编汉普敦出版社"媒介环境学丛书"。论文发表在《普通语义学评论》(*ETC.: A Review of General Semantics*)、《言语传播年鉴》(*Speech Communication Annual*)等刊物。

弗里德里克·瓦塞尔（Frederick Wasser）

纽约城市大学（City University of New York）布鲁克林学院广播电视系教授，获伊利诺伊大学传播研究学院博士学位，著有《史蒂芬·斯皮尔伯格的〈美利坚〉》(*Steven Spielberg's America*, 2010)、《录像机来了：好莱坞帝国与录像机》(*Veni, Vidi, Video: The Hollywood Empire and the VCR*, 2001)，后者获媒介环境学会"马歇尔·麦克卢汉"奖（2003）。曾在纽约和好莱坞从事影视片的后期制作，作品有《法律和秩序》(*Law and Order*)、《战地失踪》(*Missing in Action*)、《榆树街噩梦之四》(*Nightmare on Elm Street Part IV*)；翻译挪威戏剧家作品《爱鸟人》(*The Bird Lovers*)。论文发表在《大众传播批判研究》(*Critical Studies in Mass Communication*)、《传播学杂志》(*Journal of Communication*)、《电影杂志》(*Cinema Journal*)等刊物。

第二版编者序

深圳大学的何道宽教授和中国大百科全书出版社与我联系，表示有兴趣出版我编撰的《媒介环境学思想沿革与多维视野》（以下简称《媒介环境学》）的修订版，将其作为一个新的媒介环境学译丛的主打书，令我惊喜，不胜荣幸。我还应邀担任译丛顾问。作为该书的编撰人，能参与另一个重大的学术研究工程，继续推进中国和世界华人区的媒介环境学研究，不亦乐乎。

说实话，获悉这一提议之初，我既感荣幸，亦有顾虑。实际上，该书英文版由纽约市的 Hampton Press（2006）印行，简体字版（2007）旋即由北京大学出版社刊印，距今十年有余。我起初的反应是问，《媒介环境学》是否仍然切中肯綮，是否对读者有用。不过，经过仔细考虑，并向多位同仁请教之后，我们一致认为，《媒介环境学》仍然服务于我十余年前受领的使命。

正如我在《媒介环境学》中译本第一版的序言里所言，其总体概念框架建基于一个研究生的必修课，那是我在纽约大学给媒介环境学研究生主讲的课程。《媒介环境学》信守其研讨班教学目标，旨在概览最经典著作的历史和理念，集纳我所谓的典范思想家的著作。他们做学问的研究成果，推进了媒介环境学派的建设，形成了该学派的思想传统。在本书第二章至第十三章里，读者将阅读到这样的分析和反思。

此外我希望，对媒介环境学在北美发展的情况不熟悉的读者会发现，我撰写的第一章"绪论"有助于他们更清楚地构建其余章节的框架。"绪论"简要介绍了媒介环境学理论传统兴起的思想史，意在为读者提供更好的认知，使之了解媒介环境学兴起的背景：围绕媒介、文化和技术形成的隐形思想学苑如何最终产生媒介环境学。这个背景是一些宏大的历史力量：19世纪末生态运动的萌芽，军备竞赛和世界范围的地缘政治冲突，北美的社会政治动乱和反体制运动，过去几十年间世界电子革命和数字革命的到来。总体上，本书仍然服务于其初始宗旨，主要原因是，媒介环境学思想史和范式内容的基本框架一如既往，维持不变。

同时，《媒介环境学》（2006）出版以来，媒介环境学派及其文化技术和传播研究继续成长。仅从一个角度看，论北美媒介环境学传统的著作和论文陆续问世，越来越多来自世界各地的作者贡献了这些成果。此间，大中华地区的媒介环境学意识更加高涨，理解更为深刻，媒介环境学论著越来越多。

比如，我在《媒介环境学》的绪论里指出，自20世纪90年代后期以来，人们对麦克卢汉著作的兴趣重新高涨。同样重要的一个方面是，《媒介环境学》问世以来，新一代的媒介环境学学术队伍兴起。实际上，近年越来越多的学术论文问世，它们论及当代媒介环境的各个方面，有些还闯入了新媒介和数字人文领域，涉入更大的全球地缘政治语境。

还有一些成果显示了为媒介与文化研究拓展范围、深挖生态思想诠释力的工作。例子有媒介环境学会主办的《媒介环境学探索》

(*Explorations in Media Ecology*)的四期特刊（2013 年 12.3，12.4 卷；2015 年 14.1，14.2 卷），其宗旨是探索在媒介环境学周边相关的研究学术科目。除了该刊一茬又一茬的论文，论述媒介环境学方方面面的著作在近年相继问世，涉及许多领域：传播史（Moran，2010），伦理（Anton，2010），普通语义学（Elson，2010；Strate，2011），语言、隐喻、心灵和文化（de Kerckhove，2010；Van de Berg，Walsh，2011），麦克卢汉研究（Coupland，2010），视觉传播（Nayar，2010），沃尔特·翁研究或口语文化和书面文化研究（Farrell，Soukup，2012），宗教（Iwuchukwu，2010），新媒介或数字媒介（Levinson，2012；Logan，2010），思想史或导论（Cali，2017；Lamberti，2012；Levinson，2017；M. McLuhan，E. McLuhan，2011；Strate，2017），如此等等。

同样值得注意的是，近年媒介环境学的教材或参考书也在增多，教材有《媒介环境学概论》(*Mapping Media Ecology*，Cali，2017)，向学生介绍媒介环境学。另一方面，林文刚的论文《媒介环境学：语境、概念和潮流》(Media Ecology: Contexts, Concepts, and Currents, Lum, 2014)进入一个两卷本的《媒介和大众传播理论手册》，该手册是一套主流参考书。特别值得注意的是，手册的编者把我的文章编入题名"媒介与报业经典理论"(*Classical Theories of Media and the Press*)的第一卷内。在此，媒介环境学与北美传播研究其他著名的主流理论并驾齐驱，这些理论有：养成论（cultivation theory），戏剧性修辞理论（dramatistic theory），媒介政治经济论（political economy of media），符号互动论（symbolic interactionism），用途与媒介效用论（uses and media effects）等。正如我在《媒介环境学》绪论里所言，至 20 世纪 80 年代早期，"媒介环境学"这一术语在北美传播界主流中尚不太为人所知。从这本手册的编排可见，媒介环境学已与北美其他主流理论并驾齐驱，已被融入本科和研究生媒介与传播教学计划的教材和参考书。这一事实说明，媒介环境学不再囿于志趣相投的学者组成的一个人数不多的学派。

再者，正如我在《媒介环境学》最后一章"编后絮语"里所言，2003 年末尼尔·波斯曼不幸去世以来，纽约大学的媒介环境学博士点逐渐淡出。然而，媒介环境学会却日益强劲，其《通讯》（MEA Listerv）日益活跃，且容易检索。所以，媒介环境学会的年会和《通讯》已然成为散居各地的同仁重要的聚会之地，我们在这里不断交流，生成新的思想。只需看看学会理事会的多机构背景，看看纽约州之外年会的承办单位，就可以明白：媒介环境学不再是也不应该被视为基于"纽约学派"的研究体制。纽约之外的承办单位有：波士顿学院（2006），圣塔克拉拉大学（2006），缅因大学（2010/2018），密歇根州大峡谷州立大学（2013），丹佛大都会州立大学（2015），加利福尼亚州圣玛丽学院（2017）。此外，在媒介环境学国际化的过程中，媒介环境学年会扮演了不可或缺的角色。近年的年会跨越边界，进入其他国家：2007 年在墨西哥城（蒙特雷科技大学），2011 年在加拿大埃德蒙顿（阿尔伯达大学），2014 年在多伦多（瑞尔森大学），2016 年在意大利（博洛尼亚大学），2019 年又回到多伦多（多伦多大学圣迈克学院）。

此外，媒介环境学在中国也引起学界越来越多的兴趣和关注。我们注意到，媒介和传播界的同事在若干问题上的讨论正在进行之中，自 2007 年中译本《媒介环境学》问世以来，围绕北美传统的 media ecology（汉译为"媒介环境学"）的讨论一直在进行（如何道宽，2008；梁颐，2013）。就我所见，media ecology 的英译汉定名考虑周全、富有洞见、给人启示。从另一个同样重要的角度看，这样的讨论可以被视为一种迹象：汉语世界的媒介环境学研究正在走向成熟，志趣相投的同事以批判态度反思其思想史、媒介环境学的本体研究及其学术传统研究。

同样重要的是，在过去的十来年间，中国传播学见证了相当数量的学术译著，它们选自海外与北美媒介环境学传统相关的作品，例子有：爱森斯坦（2010），伊尼斯（2015），莱文森（2014），洛根（2012），麦克卢汉（2011），芒福德（2009），翁（2008），波斯曼（1982/2011，1985/2011）。同样，论媒介环境学的著作（如李明伟，2010；邵培仁，2008）和期刊论文、网络评论纷至沓来。正如何道宽教授在本书第二版序内简述，在过去十多年来，在各种学术杂志和互联网出版网站，也出现了不小有关媒介环境学和相关学者（如麦克卢汉）的文章。我们还注意到，河南大学聘请兰斯·斯特拉特（Lance Strate）担任高端外国专家，他是北美媒介环境学当代最活跃的倡导者之一。这应该被视为媒介环境学高涨的一个迹象。我还注意到，一本针对本科生和研究生的媒介环境学教材（梁颐）即将由北京大学出版社印行。总之，媒介环境学这门学科有了重大的进展，在传播学领域得到广泛的认可（何道宽，2015）。

在本序结束之际，容我回顾起笔时的反思：媒介环境学在传播学领域势头强劲的原因之一是，其范式内容的许多思想（即特色鲜明的界定性视角和研究问题）仍然意义重大，有助于我们理解当今的文化技术和传播。比如，在《我父亲1985年就预料到特朗普现象》（My Dad Predicted Trump in 1985）一文里，安德鲁·波斯曼（Andrew Postman，2017）凸显他父亲在《娱乐至死》（Postman，1985，2005）里的各种概念和分析。他认为，从媒介与传播的视角看，其父的观点和分析可以用来考察围绕唐纳德·特朗普兴起的问题和事件：娱乐时代的政治，假新闻现象，大媒体的宣传本质，政客成为名流等。

当然，对本书读者而言，北美传统的媒介环境学是在特定的社会经济政治文化环境里演化的。换言之，对我们理解中国的文化技术和传播而言，这个语境里兴起的媒介环境学如何并在多大程度上有用，这取决于我们如何适应从外域引进的概念，并使之精细化，以适用于本土的宗旨和语境。因此，我诚恳地希望，读者将看到，这个修订版《媒介环境学》的其余章节提出的问题、概念和分析仍然中肯、有用，有助于读者构想、反思和理解他们独特的媒介环境。

最后，我沉痛地告知读者，在过去的几年里，我们失去几位撰稿人：约瑟夫·阿什克罗夫特教授、布鲁斯·格龙贝克教授、保罗·海耶尔和克里斯琴·尼斯特洛姆教授。尼斯特洛姆教授是我在纽约大学读博期间的导师之一。她是纽约大学媒介环境学博士点的创建老师之一。她在纽约大学做的博士论文（1973）早已被视为媒介环境学一本重要的奠基作。我怀念这四位杰出的学者，高度评价他们的学术成就，谨将《媒介环境学》的修订版敬献给他们。

林文刚
2019年10月20日

参 考 文 献

外文参考文献

Anton, C. (ed.). 2010. *Valuation and Media Ecology: Ethics, Morals, and Laws*. Cresskill, NJ: Hampton.

Cali, D. D. 2017. *Mapping Media Ecology: Introduction to the Field*. New York: Peter Lang.

Coupland, D. 2010. *Marshall McLuhan: You Know Nothing of My Work!* New York: Atlas.

de Kerckhove, D. 2010. *The Augmented Mind: The Stupid Ones Are Those Who Do Not Use Google*. Kindle ed. 40kbooks.com.

Elson, L. G. 2010. *Paradox Lost: A Cross-contextual Definition of Levels of Abstraction* (Alan Ponikvar ed.). Cresskill, NJ: Hampton.

Farrell, T. J., Soukup, P. A. 2012. *Of Ong and Media Ecology: Essays in Communication, Composition, and Literary Studies*. Cresskill, NJ: Hampton.

Iwuchukwu, M. 2010. *Media Ecology and Religious Pluralism: Engaging Walter Ong and Jacques Dupuis toward Effective Interreligious Dialogue*. Koln, Germany: Lambert Academic Publishing.

Lamberti, E. 2012. *Marshall McLuhan's Mosaic: Probing the Literary Origins of Media Studies*. Toronto: University of Toronto Press.

Levinson, P. 2014. *New New Media* (2nd Edition). New York: Pearson.

Levinson, P. 2017. *Human Replay: A Theory of the Evolution of Media*. New York: Connected Education.

Logan, R. K. 2010. *Understanding New Media: Extending Marshall McLuhan*. New York:Peter Lang.

Lum, C. M. K. (ed.). 2006. *Perspectives on Culture, Technology and Communication: The Media Ecology Tradition*. Cresskill, NJ: Hampton Press. (Editor's note: This book won the 2006 Lewis Mumford Award for Outstanding Scholarship in the Ecology of Technics by the Media Ecology Association.)

Lum, C. M. K. 2014. Media Ecology: Contexts, Concepts, and Currents. In R. Fortner, M. Fackler (eds.). *The Handbook of Media and Mass Communication Theory*. Hoboken, NJ: Wiley-Blackwell, pp.137-153. (This article is the winner of the 2016 Walter Benjamin Award for Outstanding Article in the Field of Media Ecology by the Media Ecology Association.)

McLuhan, M. , McLuhan, E. 2011.*Media and Formal Cause*. Houston: NeoPoiesis Press.

Moran, T. P. 2010. *Introduction to the History of Communication: Evolutions and Revolutions*. New York: Peter Lang.

Nayar, S. J. 2010. *Cinematically Speaking: The Orality-literacy Paradigm for Visual Narrative*. Cresskill, NJ: Hampton.

Nystrom, C. L. 1973. *Towards A Science of Media Ecology: The Formulation of Integrated Conceptual Paradigms for the Study of Human Communication Systems*. Unpublished doctoral dissertation, New York University.

Postman, A. My Dad Predicted Trump in 1985 – It's Not Orwell, He Warned, It's Brave New World. *The Guardian*. Retrieved Oct 28, 2018 at https://www.theguardian.com/media/2017/feb/02/amusing-ourselves-to-death-neil-postman-trump-orwell-huxley.

Postman, N. 1985/2005. *Amusing Ourselves to Death*. New York: Viking Penguin.

Strate, L. 2011. *On the Binding Biases of Time and Other Essays on General Semantics and Media Ecology*. Fort Worth, TX: Institute of General Semantics.

Strate, L. 2017. *Media Ecology: An Approach to Understanding the Human Condition.* New York: Peter Lang. (This book won the 2018 Marshall McLuhan Award for Outstanding Book in the Field of Media Ecology by the Media Ecology Association.)

Van de Berg, S., Walsh, T. M. (eds.). 2011. *Language, Culture, and Identity: The Legacy of Walter J. Ong.* Cresskill, NJ: Hampton.

中文参考文献

何道宽. 什么是媒介环境学？ 传播学论坛，2008 年 4 月 7 日.

何道宽. 媒介环境学：从边缘到庙堂. 新闻与传播研究，2015 年第 3 期：pp.117-125.

林文刚编. 媒介环境学：思想沿革与多维视野. 何道宽译. 北京：北京大学出版社，2007（原版 2006 年）.

邵培仁. 媒介生态学：媒介作为绿色生态的研究. 北京：中国传媒大学出版社，2008 年.

沃尔特·翁. 口语文化与书面文化：语词的技术化. 何道宽译. 北京：北京大学出版社，2008 年（原版 1982 年）.

刘易斯·芒福德. 技术与文明. 陈允明，王克仁，李华山译. 北京：中国建筑工业出版社，2009（原版 1934 年）.

李明伟. 知媒者生存：媒介环境学纵论. 北京：北京大学出版社，2010 年.

伊丽莎白·爱森斯坦. 变革动因的印刷机：早期近代欧洲的传播与文化变革. 何道宽译. 北京：北京大学出版社，2010（原版 1979 年）.

马歇尔·麦克卢汉. 理解媒介：论人的延伸（增订评注版）. 何道宽译. 北京：译林出版社，2011（原版 2003 年）.

尼尔·波兹曼. 童年的消逝. 吴燕莚译. 桂林：广西师范大学出版社，2011（原版 1982 年）.

罗伯特·洛根. 理解新媒介：延伸麦克卢汉. 何道宽译. 上海：复旦大学出版社，2012（原版2010年）.

梁颐. 北美 Media Ecology 和我国"媒介生态学""媒介环境学"关系辨析——基于一种传播学研究乱象的反思. 东南传播，2013年第12期：pp.7-11.

保罗·莱文森. 数字麦克卢汉：信息化新纪元指南（第二版）. 何道宽译. 北京：北京师范大学出版社，2014（原版1999年）.

尼尔·波兹曼. 娱乐至死. 章艳译. 北京：中信出版社，2015年（原版1985年）.

哈罗德·A. 伊尼斯. 传播的偏向. 何道宽译. 北京：中国传媒大学出版社，2015（原版1951年）.

梁颐. 媒介环境学概论. 北京：北京大学出版社，2019.

第一版编者序

本书为理解媒介环境学（media ecology）的历史沿革勾画一个大致的框架。媒介环境学旨在研究文化、科技与人类传播之间的互动共生关系。媒介环境学派有着深厚的思想传统和开阔的理论视野，反映在许多来自不同学术领域的北美和欧洲学者的著作之中。

本书的总体框架以我曾执教的研讨班教学内容为蓝本，那是20世纪90年代，我在纽约大学给媒介环境学研究生上的必修课。我并非讲授该课程的第一位教师，也不是唯一的教师；曾经担任这门课程的老师有尼尔·波斯曼、特伦斯·莫兰和克里斯琴·尼斯特洛姆；他们三人创建了纽约大学的媒介环境学学位点。其中，波斯曼是媒介环境学最引人瞩目、最重要的思想奠基人和制度奠基人。

20世纪80年代后期，我在纽约大学攻读博士，同时承担一些教学任务，受业于波斯曼、莫兰、尼斯特洛姆和亨利·珀金森门下；珀金森出身哈佛大学，通教育史，精教学法。此间，我对传播研究的社会学和思想史产生了浓厚的兴趣，对媒介环境学派的思想史尤其感兴趣。原因之一是，我有志于研究媒介环境学。另一个原因是，媒介环境学在北美传播研究的传统中处在默默无闻的地位。我禁不住要问：这个研究文化、传播与技术的理论，学养深厚，且横跨多门学科，但它却长期被排挤到传播学领域的边缘，怎么会出现这样的局面呢？

毕业几年之后，波斯曼、莫兰和尼斯特洛姆邀请我回母校执教，去讲授媒介环境学这门课程，那是在20世纪90年代中期。这门课围绕四个核心课题展开：（1）媒介环境学的界定性理念、理论或主题，文化、技术与传播的关系；（2）这些思想背后的主要学者，比如刘易斯·芒福德、沃尔特·翁、哈罗德·伊尼斯、雅克·艾吕尔、马歇尔·麦克卢汉、苏珊·朗格、伊丽莎白·爱森斯坦、诺伯特·维纳等；（3）这些思想产生的社会、政治和思想语境；（4）当代的学者如何能运用这些理论。

因为没有一本书能够涵盖上述几个课题，所以我们要求研究生阅读一些精选的经典文本，要他们研读对媒介环境学的兴起作出贡献的原著。毋庸赘言，在学生阅读的过程中，我们帮助他们对经典进行适当的综合，以确保他们有所收获。在教学过程中，我深感有必要为传播学师生编写一本介绍媒介环境学的入门书，它同时应该惠及其他读者（比如媒体艺术家，制作人或决策者），因为他们在这方面的思想和行为会影响到媒体和社会的发展。这本书从历史、理论和诠释的角度记述媒介环境学的思想源头；与此同时，它又围绕以上几个重要课题进行综合与分析，以便给读者提供具体的帮助。

从20世纪80年代后期起，我就开始在纽约和新泽西地区讲授媒介环境学的几门课程，但直到很晚之后，我才有机会在大中华地区宣讲并研究与媒介环境学相关的课题。我第一次在亚洲公开宣讲媒介环境学是1998年6月，地点在中国台湾。那是"中华传播学会"（Chinese Communication Society，缩写为CCS）的第二届年会，我宣读的论文是《媒介环境学与美国传播学动态》。会议由"中华传播学会"和国际中华传播学会（Chinese Communication Association，缩写为 ACCS）联合主办，当时我担任国际中华传播学会会长，在筹办会议期间，有幸结识了"中华传播学会"会长、著名传播教育家台湾政治大学教授陈世敏博士。

一年之后，即1999年6月，通过陈教授的安排，我应邀到政治大学新闻传播学院为老师和学生讲"媒介环境学的生物学和认识论隐喻"。随后，我用中文发表了几篇相关课题的论文，分别是：《论传播教育课程内的传播科技：一个浮士德的交易？》（Lum，1999）、《什么才是华人传播问题：中华传媒生态文化史初探》（Lum，2000）和一篇介绍媒介环境学思想史的文章（Lum，2003a）、及一篇论芒福德学术成就的文章（Strate，Lum，2003b）。

此后，我在中国内地和香港地区就媒介环境学的各个方面发表讲演，讲演的学校有：北京大学（Lum，2002a；Lum，2002d）、北京师范大学（Lum，2002b）、清华大学（Lum，2002c）、华中科技大学（Lum，2004）、深圳大学（Lum，2006b）和香港浸会大学（Lum，2006a）。除了正式讲演之外，我在以下大学与同行围绕媒介环境学进行过交流：香港中文大学、香港大学、复旦大学、武汉大学、上海师范大学、日本东京大学和中京大学。在此期间，在大中华地区做田野调查和发表讲演时，我发现中国大陆媒介生态学的兴起；有趣的是，中国内地、香港地区和台湾地区常常以 media ecology 作为媒介生态学的英语翻译。

毋庸赘言，本书不是对中国媒介生态学所做的研究，本序也不适合对中国的媒介生态学和北美的媒介环境学进行比较。不过我认为，如果不作适当的解释，人们很容易给媒介环境学和媒介生态学画上等号，仿佛它们的思想—历史源头、学说内容和范式内容是一样的。

在某种层面上，生态一词仿佛是显而易见、符合逻辑甚至有充分说服力的一个术语。毕竟，在传统的英汉词典里，ecology 的译文就是"生态"。更为重要的是，（北美传统里的）媒介环境学研究的是媒介系统，研究重点是传播媒介的结构冲击和形式影响。此外，媒介环境学还关心媒介形式的相互关系、媒介形式与社会力量的关系以及这些关系在社会、经济、政治方面的表现。然而，媒介环境学的思想源头和范式源头超越了"生态"的生物学隐喻，用"生态学"直译媒介环境学也不能涵盖它的全部范围。

我们用"媒介环境学"来翻译英语的 media ecology，主要是因为波斯曼（1970 年）在首次公开就这门学科的定义和范式讲话中作了这样的表述：媒介环境学把环境当作媒介来研究。在这个层面上，媒介环境学至少有三个层次的概念：符号环境、感知环境和社会环境。换句话说，媒介环境学研究作为符号环境的媒介、作为感知环境的媒介和作为社会环境的媒介（即传播媒介与社会间的共生关系）。这些概念显示，媒介环境学强调人在媒介研究中的重要角色，其重点关怀是如何研究人与传播媒介的关系。[1]

在某种层面上，媒介环境学的兴趣在于：在界定人类传播的性质、结构、内容和结果方面，媒介发挥什么重要的作用。从这个概念出发，不同的媒介继承和体现了不同的形式—传播结构（formal-

---

[1] 为了维持理念上的一致和清晰度，我建议把迄今为止我的一切中文著作里 media ecology 的译名从媒介生态学一词更名为媒介环境学。

communicative structures）。因此可以说，既然媒介是人与人关系的中介，既然它是"联系"人的"渠道"，不同的媒介（或媒介形式）就会给人的传播提供不同的结构，就促使人以不同的方式相互作用。比如，两个人打电话交谈的性质、结构和结果，与电影导演和观众交流的性质、结构和结果，是迥然不同的。在这个层次上，媒介环境学者把社会环境当作媒介来研究，或者比较宽泛地说，他们研究媒介与社会的共生关系或媒介与文化的共生关系。

在另一个层面上，当人们把符号环境或感知环境当作媒介来研究时，人们和媒介的关系就不是肩并肩的关系。此时，媒介环境学感兴趣的是，人们感觉、感知、体会、思考、认识、理解和再现周围世界的方式，如何受传播媒介固有的符号性质和感知性质的塑造。这里的理论预设是：不同的媒介形式会产生不同的方式，以不同的方式影响人如何感知、认识、思考、理解和表征外在于人的世界。比如，作为文字的媒介固有的符号和感知的结构或特征，对小说家如何看待和讲述周围世界的故事，起到什么样的"塑造"作用呢？又比如，文字（比如小说）里观照的"世界"如何有别于视听媒介（比如电影）里观照的"世界"呢？换句话说，人们并非置身于他们使用的媒介之外；相反我们可以说，他们置身于媒介之中。在这个层次上，媒介环境学者把媒介当作符号环境和感知环境来研究，更加宽泛地说，媒介环境学者研究媒介与意识的关系，或者说媒介与思维过程（minding process）的关系。

我们之所以选择媒介环境学来翻译英语的 media ecology，还有一个同样重要的原因。这个词本身体现并唤起环境保护主义（environmentalism）的观念和实践；它同时使人看清媒介环境学人文主义（humanism）和行动主义（activism）的一面，说明它是一种实践哲学、一种社会思想学说。媒介环境学诞生的时代，正是许多美国社会政治思想家和行动主义者称为"喧闹的20世纪60年代"，这是目击许多反体制运动的时代。对第一代许多媒介环境学者比如刘易斯·芒福德和尼尔·波斯曼而言，"践行"媒介环境学和"研究"媒介环境学，具有同等重要的意义。媒介环境学的天然使命是促使这个世界成为更加适合人生存的地方和环境（不是生态）。比如在他的一篇重要文章《媒介环境学的人文关怀》（见本书第二章）里，波斯曼就作了这样的阐述：

> 亚里士多德使用生态（ecology）的本原意义是"家庭"或"家居环境"（household）。他说的意思是让我们的家庭保持精神上的安稳，强调精神安稳的重要性。生态一词的第一个现代意义，是19世纪德国动物学家恩斯特·海克尔赋予的。这个意义就是我们现在所用的意义：自然环境里诸元素的互动，特别强调这样的互动产生的平衡而健全的环境。在媒介环境学（media ecology）这个术语里，我们把媒介放在生态前面，意思是说，我们感兴趣的不仅是媒介，我们还想说，媒介与人互动的方式给文化赋予特性，你不妨说，这样的互动有助于文化的象征性平衡。如果我们想要把生态一词的古代意义和现代意义联系起来，那就不妨说，我们需要使地球这个大家庭维持井然有序的环境。（2000，pp.2—3）

换句话说，根据波斯曼的人道主义和现代主义关怀，根据媒介环境学的一般原理，我们必须要应用媒介环境学的知识，使世界成为更加"平衡"或"健康"的符号环境或媒介—文化环境，以便使人享受更加"美好"的生活。我把"平衡""健康"和"美好"这三个词放进引号里，因为媒介环境学的思想家和践行者在好坏问题上的确作出了各自的判断或社会道德决断。波斯曼和韦因加特纳（1969）在《作为颠覆活动的教学》里，敦促老师和学生使用电子媒介的"新语言"，就是因为他们看到，当时的学校专心致志进行的教学紧紧围绕着印刷媒介，由此造成了媒介环境的不平衡，因而就不利于年轻人的成长。同理，10年之后，波斯曼在另一本经典著作《作为保存活动的教学》里，似乎来了一个180度的"逆转"。他主张重新强调印刷媒介和印刷词语，因为他看到，图像尤其电视图像在那时的美国文化中日益占据着支配的地位。

至于波斯曼对美国文化状况的解释或判断是否正确，这不是此地讨论的最重要的问题。毕竟，在波斯曼课堂内外耳提面命的教诲之下，我看到他尊重各种各样的阐述和意见（当然，他真正相信并坚守自己的观察、意见和信念）。相反，重要的是牢记，波斯曼在漫长而杰出的学术生涯里，身体力行地体现和阐述了人文关怀的行动主义，这样的主张牢牢地扎根在他的媒介环境学思想体系里：认真负责的公民要发出异见的声音、提供反制的力量，以确保社会环境的平衡；当环境里的力量关系不平衡时，或一种力量君临其他力量之上时，他们都必须发出自己的声音；这个咄咄逼人的力量可能是教育体制里抗拒变革的、正统的印刷媒介，也可能是图像密集的电视文化，还可能是一种信仰，因为有人相信技术是解决一切社会弊端的万能药方。

我还想强调指出，波斯曼并非在学术和公共生涯里体现这种行动哲学的唯一的媒介环境学人。比如，自20世纪初起，芒福德就是北美最杰出的公共知识分子和社会批评家之一，在生态运动和环境保护运动、城市发展和更新、地区规划、艺术批评和文学批评等方面（见本书第三章），都作出了杰出的贡献。又比如艾吕尔，他一贯主张，精神关怀有助于我们抗衡甚至战胜人对技术的屈从，有助于抗衡技术至上的心态。詹姆斯·凯利是媒介环境学另一位引人注目的公共知识分子，他始终提倡并践行这样的思想：媒介能够并且应该被用作一种民主的力量。在行动主义的层次上（无论思想、社会或政治上的行动主义）和公开主张（public advocacy）的层次上，你可以把媒介环境学看成是思想批评传统的一部分，因为媒介环境学能够或应当对常规的主流思想起到制衡的作用。媒介环境学视野应当推动我们思考，用什么方式和手段去制衡主导的力量，换句话说，媒介环境学有助于维持社会、政治、经济、文化、健康的平衡和平稳，有助于个人心态、精神和思想生活的平衡。

在过去的十来年里，我与中国内地以及香港、澳门和台湾地区许多同行和学生的交谈，使我获益匪浅，对中国媒介研究和传播研究有了很多感性的认识，在此对他们深表谢忱。台湾政治大学的陈世敏教授坚持不懈、始终如一地主张和支持媒介环境学，帮助我思考中华语境下媒介环境学里一些最艰难的问题，帮助我出版本书的两个中文译本。在许多方面，用许多尺度来衡量，他都是我的学长，在推进媒介素养和媒介教育方面，他和我怀抱同样的激情。与此同时，我对深圳大学文学院原副院长何道宽教授深表谢忱，感谢他精心完成的这个出色的译本。他对媒介环境学理解深刻，热情有加，十多年来出版了很多有关媒介环境学的文章和译作,特别阐释褒扬了麦克卢汉和莱文森的学术成就。陈世敏教授和何道宽教授为媒介环境学研究在国内的发展,作出了很大的贡献,我在这里向这两位学长前辈表示衷心的敬意。

最后同样重要的一点是,我真诚地希望,本书对中国和北美的思想交流能够发挥一点微薄的推动作用。近年来,大中华地区的传播学术有了突飞猛进的发展,我希望,对媒介技术重大影响日益提高的意识,本书能够起到抛砖引玉的作用。

林文刚

2006 年 8 月 8 日

参 考 文 献

林文刚（Casey Man Kong Lum）. 媒介环境学与美国传播学动态（Media ecology and recent communication research trends in the United States）. 本文为作者在第2届中国交流协会年上的演讲，中国台湾（Paper presented at the 2nd Annual Conference of the Chinese Communication Society, Taipei, Taiwan, China）.

林文刚（Casey Man Kong Lum）. 1999. 论传通教育课程内的传播科技：一个浮士德的交易？新闻学研究，58：pp.269-283。

林文刚（Casey Man Kong Lum）. 2000. 什么才是华人传通问题：中华传媒生态文化史初探. 传播研究简讯，22：pp.11-13.

林文刚 (Casey Man Kong Lum). 2002a, January 8. Media Ecology and Its Relevance to the Study of Chinese Media and Culture. School of Journalism and Communication, Peking University.

林文刚 (Casey Man Kong Lum). 2002b, January 9. Exploring Media Literacy Education in China. School of Educational Administration, Beijing Normal University.

林文刚 (Casey Man Kong Lum). 2002c, May 21. Media Ecology and Global Communication: Issues and Theories. School of Journalism and Communication, Tsinghua University.

林文刚 (Casey Man Kong Lum). 2002d, May 30. Lewis Mumford's Megamachine and Modern Global Media. School of Journalism and Communication, Peking University.

林文刚（Casey Man Kong Lum）. 2003. 媒介生态学在北美之学术起源简史. 中国传媒报告，4（2）：pp.4-16.

林文刚，兰斯·斯特拉特. 2003. 刘易斯·芒福德与科技生态学. 中国传媒报告，5（3）：pp.30-45.（英文版载 *The New Jersey Journal of Communication,* 2000, 8(1): pp.56-78.）

林文刚 (Casey Man Kong Lum). 2004, June 24. Understanding Media Ecology as A Theory of Mind, Communication and Culture. School of Journalism and Communication, Huazhong University of Science and Technology.

林文刚 (Casey Man Kong Lum). 2006a, January 13. The Concept of Theory Groups and the Writing of Communication Intellectual History(ies). School of Communication, Hong Kong Baptist University.

林文刚 (Casey Man Kong Lum). 2006b, May 24. The Rise of Media Ecology as A Theory Group in North America. Institute for Media and Culture and the Department of Communication, College of Arts, Shenzhen University.

Postman, N., Weingartner, C. 1969. *Teaching as A Subversive Activity*. New York: Delacorte Press.

Postman, N. *The Reformed English Curriculum*. 1970. In A. C. Eurich (ed.). *High School 1980: The Shape of the Future in American Secondary Education*. New York: Pitman, pp.160-168.

Postman, N. 1979. *Teaching as A Conserving Activity*. New York: Delta.

Postman, N. 2000. *The humanism of Media Ecology*. Keynote speech at the first annual convention of the Media Ecology Association, New York.

编者谢辞

编纂本书的构想在我攻读博士时就已经萌芽。我在纽约大学攻读媒介环境学博士学位时,对传播学的思想史产生了兴趣,同时对知识社会学和思想史也感兴趣。有幸师从尼尔·波斯曼(Neil Postman)、特伦斯·莫兰(Terence Moran)、克里斯琴·L. 尼斯特洛姆(Christine L. Nystrom)、亨利·珀金森(Henry Perkinson)几位导师,我感到不胜荣幸。他们言传身教的许多东西使我获益良多,尤为重要的是他们以人文主义的情怀去对待教学,主张优秀的学问应从问题入手,而不是从研究工具着手。

尤其令我铭记于心的是尼尔无与伦比的口才。他给学生和同事讲了许多故事,告诉我们他如何认识马歇尔·麦克卢汉(Marshall McLuhan)、刘易斯·芒福德[1],如何了解他们的著作。在纽约大学西姆金楼的大办公室里,在勃布斯图书馆的教工餐厅里吃午餐的时候,他总是成为众人瞩目的讲演明星,有时候,这样的机会每周就有两

---

[1] 刘易斯·芒福德(Lewis Mumford, 1895—1990),美国社会哲学家、大学教授、建筑师、城市规划师、评论家,主要靠自学成为百科全书式的奇才,著作数十部,代表作有:《技艺与文明》《城市文化》《历史名城》《乌托邦的故事》《黄金时刻》《褐色的几十年:美国艺术研究》《人必须行动》《人类的境遇》《城市的发展》《生存的价值》《生命的操守》《艺术与技术》《以心智健全的名义》《公路与城市》《机器的神话之一:技术与人类发展》《机器的神话之二:权力的五边形》《都市的前景》《解释和预言》,获美国自由勋章、美国文学奖章、美国艺术奖章、英帝国勋章。——译注

三次。这些故事对我而言魅力无穷，不仅是因为它们使我看清了媒介环境学一些最深刻的理论，还因为它们向我生动地展示了故事发生的背景。再者，我们有机会遇见国内外来造访他的学者，会见令人敬佩的学者使我们能够把他们的面孔（及其人格）和我们正在学习的理论对上号。与这些学者的邂逅，有助于我构想媒介环境学者组成的无形的学苑（invisible colleges），该学苑在主流的传播学界多半还默默无闻。总之，因为这些美妙的故事，因为他多年给我的良好教育，我对他怀着最深厚的敬意和爱戴。最大的遗憾是，我未能在他有生之年完成这本书，让他能够看见它、抚摸它，闻闻它的余香。不过我要再次重申，他在九泉之下肯定知道本书里的一切故事。

彼得·哈拉托尼克（Peter Haratonik）是我在社会研究新学院（New School for Social Research，现已更名为 The New School）攻读硕士时的老师。他把我领进媒介环境学的世界，他本人也是波斯曼的学生；多年来，他也给我讲了许多有关美国媒介教育和媒介环境的故事。他鼓励我第一次参加学术会议，这次第一手的经验使我体会到，传播学首先是人的学问。他至今是我最信赖、最亲爱的老师。

本书是很多人合作的产物。在本书编写的过程中，汉普敦出版社（Hampton Press）"媒介环境学丛书"的执行主编兰斯·斯特拉特（Lance Strate，Fordham University）耐心有加，积极支持。衷心感谢汉普敦出版社社长芭芭拉·伯恩斯坦（Babara Bernstein）给本书编写提供的慷慨支持。

本书每一章都经过盲审和修改，然后才付梓印行。非常感谢以下同仁在审稿和编务上的洞见和建议：玛丽·亚历山大（Mary Alexander, Marist College）、约瑟夫·阿什克罗夫特（Joseph Ashcroft, East Stroudsburg University）、乔治·巴克（George Back, Rowan University）、詹姆斯·凯利（James Carey, Columbia University）、克里福德·克里斯蒂安（Clifford Christians, University of Illinois at Urbana-Champaign）、罗纳德·戴伯特（Ronald Deibert, University of Toronto）、汤姆·法雷尔（Tom Farrel, University of Minnesota Duluth）、托马斯·F. 金卡雷利（Thomas F. Gencarelli, Montclair State University）、小雷伊·戈兹（Ray Gozzi, Jr., Ithaca College）、保罗·格罗斯维勒（Paul Grosswiler, University of Maine）、彼得·哈拉托尼克（Peter Haratonik, The New School）、保罗·海耶尔（Paul Heyer, Wilfrid Laurier University）、约利·耶森（Joli Jensen, University of Tulsa）、朱迪斯·亚罗斯·李（Judith Yaross Lee, Ohio University）、温迪·里兹—胡维兹（Wendy Leeds-Hurwitz, University of Wisconsin-Parkside）、保罗·李珀特（Paul Lippert, East Stroudsburg University）、休·麦克卡尼（Hugh McCarney, Western Connecticut State University）、埃里克·麦克卢汉（Eric McLuhan, University of Toronto）、詹姆斯·C. 莫理逊（James C. Morrison, Emerson College）、克里斯琴·L. 尼斯特洛姆（Christine L. Nystrom, New York University）、托尼·J. 帕尔梅利（Tony J. Palmeri, University of Wisconsin-Oshkosh）、约翰·泡利（John Pauly, St. Louis University）、威廉·佩特卡纳斯（William Petkanas, Western Connecticut State University）、尼尔·波斯曼（Neil Postman, New York University）、保罗·苏库普（Paul Soukup, Santa Clara University）、保罗·泰勒（Paul Thaler, Adelphi University）、唐

纳德·特沃尔（Donald Theall，Trent University）。上述朋友在审稿的过程中提出了大量的意见和建议，但最后的编辑工作全部由我决定，因此本书存在的欠缺之处完全应该由我来负责。

我要感谢本书撰稿人的专业精神。我还要感谢他们的耐心和信赖，因为本书编订印行的过程比预期的时间长。

特别感谢保罗·泰勒过去几年提供的许多细心意见和不懈鼓励，尤其感谢他在我苦苦思索以便澄清脑子里的打算时所提供的宝贵支持。

温迪·里兹—胡维兹（在威斯康星大学帕克塞德分校执教）是我第一本书的编辑之一。自此，她就成为我的良师益友。她在跨文化传播思想史上的研究给予我很大的激励，她帮助我设计了本书的概念框架。

2003年春季的学术休假为本书的完成提供了支持，威廉·帕特森大学安排的研究时间和学生就业辅导经费也是宝贵的支持。对此我深表谢忱。

深深感谢谢莉·波斯曼夫人（Shelley Postman）允许我们重印第二章，即波斯曼博士在2000年媒介环境学会年会上的开幕词：《媒介环境学的人文关怀》。感谢罗伯特·布莱克曼同意我们使用他未曾发表的诗歌《典型的媒介环境学人》，我们在第一章卷首全文刊用了这首诗。感谢《新泽西传播学杂志》[New Jersey Journal of Communication，现名《大西洋传播学杂志》（Atlantic Journal of Communication）] 及其编辑格利·拉德福德（Gary Radford，Fairleigh Dickinson University），他们同意我们重印兰斯·斯特拉特和我的文章《刘易斯·芒福德与技术生态学》、尼斯特洛姆的文章

《符号，思想和现实：沃尔夫与朗格对媒介环境学的贡献》；这两篇文章分别成为本书的第三章和第十章。这两篇文章原来发表在《新泽西传播学杂志》2000年春季特刊上，刊名"媒介环境学的思想根基"，我客串担任编辑。感谢洛万出版社（Rowan & Littlefield）同意我们使用保罗·海耶尔根据他的书（2003）改编的论哈罗德·伊尼斯的文章，这就是本书的第六章。另一方面，纽约大学的斯坦因哈特教育学院的加布里埃尔·W. 卡拉斯（Gabriel W. Carras）和戴维·扎博托斯基（David Zapotocky）允许我使用该院的档案，使我能够研究媒介环境学教学计划在该院初创时的情况。

深深感谢我的妻子刘家珍（Jenny Chia Chen Liu）的爱心、奉献和伴侣之情。她始终是我灵感和勇气的源泉。我们的孩子林轩民（Xuanmin Lum）和林浩民（Haumin Lum）的聪明、活力和风趣，始终给我以温情。过去的几年里，我一心一意扑在这本书上，我的妻子和孩子牺牲了大量的时间，本来我们应该有更多的时间享受更充实的家庭生活。同样，我感谢母亲刘笑玲（Siu Ling Lau）对我冷暖生活的长期关怀；她永远是我的道德路标。最后，谨以此书怀念我亲爱的父亲黄志球（Chi Kau Wong）。我少不更事时他不幸谢世，他是我永远好奇的源泉。倘若他始终在我身边，我的生活又会是什么样子呢？

林文刚

第二版译者前言

《媒介环境学:思想沿革与多维视野》(北京大学出版社,2007)问世十年有余。今获深圳大学传播学院和中国大百科全书出版社支持,出第二版,不胜感慨,仅以我个人参与或见证的该学科的发展,作一概述,与读者分享。

一、十年回眸

十年来,媒介环境学在国内外蓬勃发展。美国媒介环境学会坚持每年一届年会,硕果累累。中国学者的研究成果也如芝麻开花节节高。

2018年元旦上午八时,我在中国知网上查麦克卢汉《理解媒介》的影响,结果如下:

(1)以"参考文献"+"麦克卢汉"进行检索,得16486条;

(2)以"参考文献"+"麦克卢汉"+"理解媒介"检索,得11486条;

(3)以"关键词"+"麦克卢汉"检索,得324条;

(4)以"主题"+"麦克卢汉"检索,得1714条;

2018年10月13日上午八时,我又以"媒介环境学"为主题在中国知网检索，结果如下："媒介环境学"检得236篇，"麦克卢汉"检得57篇。

十年来，我亲历了国内媒介环境学研究的两个高潮：以2011年麦克卢汉百年诞辰为契机的第一次高潮；以2013年至2018年中国社会科学院新闻与传播研究所牵头编纂《新闻传播学名词》为契机的第二次高潮。

在第一次高潮中，中国人民大学《国际新闻界》2011年第7期推出麦克卢汉纪念专辑，含何道宽（《麦克卢汉的昨天，今天和明天》）等人四篇文章。相关高校召开几场研讨会，数十家媒体刊布了数十篇文章和访谈。

中国社会科学院新闻与传播研究所主持编纂的《新闻传播学名词》收入媒介环境学，在《新闻与传播研究》2015年第3期刊布我的《媒介环境学：从边缘到殿堂》。本前言就以这篇文章为基础，略加改动。

二、艰难历程

媒介环境学从酝酿到成熟经历了艰难曲折的过程。20世纪初芝加哥学派孕育了其胚胎。20世纪上半叶，一些多学科巨人成为其先驱。20世纪中叶，传播学的多伦多学派和纽约学派融合，结成一支强大的学术队伍。新千年之际，媒介环境学派跻身传播学核心，成为与经验学派和批判学派并列的三大学派之一。

长期以来，在传播学领域的知识地图不如人意。经验学派一派独大；批判学派在欧洲有市场，在美国"水土不服"；媒介环境学派长期在美国受经验学派排挤。媒介环境学派的代表人物马歇尔·麦克卢汉被讥为"技术决定论者"。麦克卢汉1980年去世和2011百年诞辰时,作为美国传播学重镇的《传播学杂志》都没有刊布纪念专辑。

三、麦克卢汉研究的三次热潮

"青山遮不住,毕竟东流去。"1998年,美国媒介环境学会成立,因为这个学派拥有自身的学科优势而发展迅猛,很快跻身美国传播学的主流圈子。

此后,媒介环境学三代学人涌现出一批批学术巨人,芒福德、伊尼斯、麦克卢汉、波斯曼、洛根、莱文森就是其中的杰出代表。

该学派的成就突出表现在麦克卢汉研究的三次热潮中。麦克卢汉研究经历了三次飞跃:保罗·莱文森的《数字麦克卢汉》(1999/2001)完成了第一次飞跃;特伦斯·戈登编辑的《理解媒介》增订评注本(2003/2011)完成了第二次飞跃;罗伯特·洛根的《理解新媒介:延伸麦克卢汉》(2000/2012)和《被误读的麦克卢汉:如何矫正》(2013/2018)完成了第三次飞跃。后两本书完成于麦克卢汉百年诞辰前后,中译本均由复旦大学出版社推出。洛根是麦克卢汉思想圈子的核心人物、麦克卢汉的挚友和同事,他完成了麦克卢汉研究第三次飞跃的两个路标。

四、中国学界的媒介环境学研究

中国学者未能参与麦克卢汉研究的前两次高潮。但到了新世纪，中国学者与国外学者彼此呼应，共同推动了第三波热潮。学界广泛动员，论文、译丛、专著接踵而至。发表麦克卢汉研究论文数十篇，含麦克卢汉研究的"大师经典译丛"（中国人民大学出版社）、"麦克卢汉研究书系"（中国人民大学出版社）、"媒介环境学译丛"（北京大学出版社）、"媒介环境学译丛"（中国大百科全书出版社）相继出现。麦克卢汉的著作和研究他的著作大批翻译出版了。深圳大学传播学院和中国大百科全书出版社达成战略合作协议，委托我承担该"译丛"的策划和主译工作。媒介环境学已经并必将出现新的面貌。

迄今为止，中国学界研究麦克卢汉及其媒介环境学派，成绩斐然。从中国知网检索获悉，这样的博士论文十数篇、优秀硕士论文百余篇。限于篇幅，难以细说。我们只能粗线条地梳理一下。

2002年，张咏华的《媒介分析：传播技术神话的解读》（复旦大学出版社）问世，这是国内第一部从技术哲学视角研究麦克卢汉及其学派的专著。何道宽率先评论多伦多学派，发表论文《多伦多传播学派的双星：伊尼斯与麦克卢汉》（《深圳大学学报》，2002年第5期）。

2004年，胡翼青的《传播学：学科危机与范式革命》（首都师范大学出版社）全面考察传播学各学派，满怀忧思，推进学科发展，自然也助推了麦克卢汉研究。

2005年，国内第一篇研究麦克卢汉及其学派的博士论文问世，题名《媒介形态理论研究》（李明伟）。

2006年和2010年，林文刚主编并撰写的《媒介环境学：思想沿革与多维视野》的简体字版和繁体字版先后问世。

2007年至2010年，何道宽主编并翻译的"媒介环境学译丛"由北京大学出版社印行，丛书包括：《媒介环境学》《口语文化与书面文化》《技术垄断》和《作为变革动因的印刷机》。

2007年，胡翼青追踪媒介环境学的源头，出版专著《再度发言：论社会学芝加哥学派传播思想》（中国大百科全书出版社），提醒学界注意传播学的平衡发展，功莫大焉。同年，吴予敏主编的《传播与文化研究》（北京大学出版社）刊布了媒介环境学研究专辑，收录了何道宽、陈世敏、胡翼青、李明伟等人的论文。

2008和2011年，范龙从现象学角度研究麦克卢汉及其学派的两部专著《媒介的直观：论麦克卢汉传播学研究的现象学方法》（暨南大出版社）和《媒介现象学：麦克卢汉传播思想研究》（南京大学）先后问世。

2010年，国内第一部以"媒介环境学"命名的专著问世。李明伟在博士论文的基础上修订出版了《知媒者生存：媒介环境学纵论》（北京大学出版社）。

2011年前后，国内学者纪念麦克卢汉百年诞辰，呼应麦克卢汉研究的第二次飞跃和第三次飞跃，发表了大量成果。要者有：2011年，《理解媒介》增订评注本（译林出版社）中译本印行，这是麦克卢汉研究第二次飞跃的标志。截至2017年底，这个译本印行了17次。2018年底，该社又推出第四版。

2011年，国内相继召开纪念麦克卢汉百年诞辰的研讨会，数十家媒体刊布了文章和访谈，影响较大者有《国际新闻界》（2011年第7期）推出的"纪念麦克卢汉专辑"，含四篇文章，撰稿人为何道宽、胡翼青、范龙和王晓刚。同年，紫金网刊布麦克卢汉百年诞辰的"媒介环境学专辑",含二十余篇论文,供稿者有何道宽、胡翼青、秦州、李明伟、魏武挥等。这个专辑比较全面地反映了国内媒介环境学研究的水平。而后,一些年轻学者成为麦克卢汉研究的生力军。他们的在线出版有声有色:主办的《数字时代阅读报告》第7期是麦克卢汉百年诞辰研究专刊,收录17篇文章。

2012年,复旦大学出版社印行的罗伯特·洛根的《字母表效应:拼音文字与西方文明》和《理解新媒介:延伸麦克卢汉》,都是媒介环境学的代表作,后者是麦克卢汉研究第三次飞跃的标志之一。同年,我发表了麦克卢汉和莱文森的简明评传,分别为《麦克卢汉:媒介理论的播种者和解放者》和《莱文森:数字时代的麦克卢汉,立体型的多面手》,各3万字,收入戴元光主编的《影响传播学发展的西方学人》(中国大百科全书出版社)。

2017年,媒介环境学会创会会长兰斯·斯特拉特编著的《麦克卢汉与媒介生态学》(胡菊兰译,河南大学出版社)中译本问世。

2019年,中国大百科全书出版社将推出由我策划并主译的"媒介环境学译丛"第一辑的五种书:《什么是信息生物域、符号域、技术域和经济域里的组织繁衍》(洛根著)、《心灵的延伸:语言、心灵和文化的滥觞》(洛根著)、《媒介环境学:思想沿革与多维视野》(林文刚编)、《震惊至死:重温尼尔·波斯曼笔下的美丽新世界》(斯特拉特著)和《文化的肌肤:半个世纪的技术变革和文化变迁》(德克霍夫著)。

多年来,中国社会科学院文学所的金惠敏先生一直进行麦克卢汉、庄子和海德格尔思想的比较研究。2012年,他发表纪念麦克卢汉百年诞辰的文章《"媒介即信息"与庄子的技术观》(《江西社会科学》，2012年第6期）。2014年，他主持麦克卢汉《理解媒介》发表50周年纪念专辑，共有4篇文章（《中国图书评论》，2014年第11期）。2017年，他主编的《美学麦克卢汉》（商务印书馆）开辟了麦克卢汉研究的新天地。

五、媒介环境学的学科优势

三十多年来，我参与传播学三大学派经典名著的译介，对各派理论有所了解。我深感有必要弥补传播学圈子失衡的缺憾，非常希望批判学派和媒介环境学派能够问鼎北美传播学的主流圈子。

从哲学高度俯瞰这三个学派，其基本轮廓是：经验学派埋头实用问题和短期效应，重器而不重道；批判学派固守意识形态批判，重道而不重器；媒介环境学看重媒介的长效影响，偏重宏观的分析、描绘和批评，缺少微观的务实和个案研究。

在传播学发展史上，首先成气候的是经验学派。它在第二次世界大战期间正式诞生，由保罗·拉扎斯菲尔德（Paul Lazarsfeld）、库尔特·勒温（Kurt Lewin）、哈罗德·拉斯韦尔（Harold Lasswell）与卡尔·霍夫兰（Carl Hovland）四位先驱开拓，战后由"祖师爷"威尔伯·施拉姆（Wilbur Schramm）钦定，具有明显的热战背景和冷战背景，其首要关怀是宣传、说服、舆论、民意测验、媒介内容、受众分析和短期效果，其哲学基础是实用主义和行为主义，其方法论是实证研究和量化研究，其研究对象是宣传、广告和媒体效果，其服务对象是现存的政治体制和商业体制。该学派称霸美国传播研究达数十年，其根源在于美国文化里根深蒂固的实用主义和"崇美主义"，骨子里抗拒和恐惧马克思主义，鄙视兴起于北美的媒介环境学。

批判学派的代表有德国法兰克福学派、英国文化研究学派、传播政治经济学派和法国结构主义学派。法兰克福学派对美国传播学产生影响的代表人物有霍克海默（M. Max Horkheimer）、阿多诺（Theodor W. Adorno）、马尔库塞（Herbert Marcuse）、席勒（Herbert Schiller）、本雅明（Walter Benjamin）、斯图尔特·霍尔（Stuart Hall）、雷蒙德·威廉斯（Raymond Williams）等。这些学派对既存的美国体制产生强大的冲击，它们高扬意识形态的旗帜，因不服水土，故只能够在高校和文人的圈子里产生影响。

真正摆脱服务现存体制、解放传播学的是以麦克卢汉为代表的北美传播学的第三学派——媒介环境学派。该学派有强烈的人文关怀、道德关怀、社会关怀，具有明显的批判倾向。

哈罗德·伊尼斯的"传播三部曲"批判了英国和当代资本主义在空间上的极度扩张，警惕美国文化对加拿大文化的负面影响，批判美国的帝国主义和好战倾向。

麦克卢汉的《机器新娘》是极其辛辣的美国广告批评、社会批评和文化批评。

尼尔·波斯曼的"传播三部曲"捍卫严肃文化，批判"娱乐至死"和技术垄断。

媒介环境学以人、技术和文化的三角关系为研究重点，以泛环境论著称，主要旨趣在技术和媒介对人和社会心理的长效影响。这个学派的崛起有力地矫正了经验学派独霸、批判学派式微的局面，为传播学研究开辟了一方新的天地。

在我近年外出讲学的过程中，一些高校师生希望我能再版林文刚教授主编的《媒介环境学：思想沿革与多维视野》。如今有机会出这个中译本的第二版，不亦快哉。

何道宽

2019 年 10 月 21 日

第一版译者前言

一、缘分

1980年,我在留美期间读到麦克卢汉的《理解媒介》,就和媒介环境学结下了不解之缘,迄今26年有余。

1987年夏天,我着手翻译这本传世之作,开始引介媒介环境学派,迄今快20年。

新千年的第一年,我开始认真研究媒介环境学派,迄今发表论文7篇:《麦克卢汉在中国》《媒介革命与学习革命》《媒介即是文化》《硕果永存——麦克卢汉媒介理论述评》《多伦多传播学派的双星》《天书能读:麦克卢汉的现代诠释》《麦克卢汉的学术转向》。

2000年至今,我出版的译著大多数是媒介环境学派的经典或名著,这些译作是:《理解媒介》《麦克卢汉精粹》《数字麦克卢汉》《麦克卢汉:媒介及信使》《思想无羁》《传播的偏向》《帝国与传播》《手机:挡不住的呼唤》《机器新娘》《麦克卢汉书简》《麦克卢汉如是说》《真实空间:飞天梦解析》。

我现在参与主持的4个传播学译丛和媒介环境学关系密切,它们是:"新闻与传播学译丛·大师经典系列"、"麦克卢汉研究书系"、"莱文森研究书系"(中国人民大学出版社)、"媒介环境学译丛"(北京大学出版社）。

在今后的几年里，我的研究重点之一注定是媒介环境学。

二、三分天下

如上所示，迄今为止我的研究重点是多伦多学派。2005 年开始，我的目光开始投向纽约学派。这是媒介环境学的两个重要学派。

多伦多学派第一代的代表人物一共有四人：哈罗德·伊尼斯、马歇尔·麦克卢汉、埃里克·哈弗洛克和埃德蒙·卡彭特。伊尼斯和麦克卢汉已经广为人知。从现在开始，我们要关注哈弗洛克、卡彭特和麦克卢汉思想圈子的其他学者。

如今活跃在多伦多学派里的代表人物有唐纳德·F.特沃尔（Donald F. Theall）、埃里克·麦克卢汉（Eric Mcluhan）、德里克·德克霍夫（Derrick de Kerckhove）等。

纽约学派的领军人物尼尔·波斯曼 2003 年去世之后，纽约学派的薪火越烧越旺，如今该学派最活跃的学者有：保罗·莱文森、约书亚·梅罗维茨、林文刚、兰斯·斯特拉特等。

1998 年组建的媒介环境学会就是以纽约学派为骨干，如今这个学会正在把纽约学派和多伦多学派的学者团结起来，问鼎北美传播学的主流圈子，成为继经验学派和批判学派之后的第三大学派。

林文刚教授撰写和编辑的《媒介环境学：思想沿革和多维视野》说明，媒介环境学派开始了自觉反思、系统总结、清理遗产、推陈出新的阶段。

三、定名

这个最后崛起的学派叫什么名字好呢？它既是麦克卢汉研究、伊尼斯研究、波斯曼研究，又不完全是对这些个别学者的研究。学派的定名始于 1968 年，英文叫 media ecology，首创者是麦克卢汉，但正式使用者是波斯曼。根据麦克卢汉建议，波斯曼在纽约大学创办了 media ecology 专业和博士点。"media ecology"的中文译名起初直译为"媒介生态学"。但这个"媒介生态学"和国内学者关注的"媒介生态学"并不是一回事。应该怎么翻译才妥当呢？

2005 年秋，李明伟博士从中国社会科学院到深圳大学任职。自此，我们开始切磋北美这个学派的译名问题。他的博士论文《媒介形态理论研究》里的所谓"形态理论"就是北美的 media ecology 学派，因为这个学派强调媒介的形式而不是内容。

同时，丁未博士从复旦大学到深圳大学任职，她刚刚翻译出版了媒介环境学派代表人物詹姆斯·凯利（James Carey）的代表作《作为文化的传播》（*Communication as Culture*）。于是，我们三人就开始考虑北美 media ecology 学派的译名问题。

去年底和今年初，台湾政治大学的陈世敏教授和美国新泽西州威廉·帕特森大学的林文刚教授分别访问深圳大学传媒与文化发展研究中心，使我们有机会进一步切磋这个北美传播学派的译名；以后，经过几个月的跨洋飞鸿，我们决定采用究其实而不据其形的办法给这个学派定名，也就是说，根据该学派的根本性质和主要追求，"media ecology"应该名定为"媒介环境学"，而不采用几年来已经在使用的"媒介生态学"。我们先后考虑过的其他译名，比如媒介哲学和媒介形式学，都一一放弃了。

四、长短

林文刚教授撰写和编辑的《媒介环境学：思想沿革和多维视野》既是介绍媒介环境学派的入门之作，也是媒介环境学派的小小百科全书。

林文刚教授现任媒介环境学会副会长，是媒介环境学会的创建人之一，曾任国际中华传播学会会长，是媒介环境学第三代代表人物之一，他活跃于北美传播学界和大中华传播学界，近年频频在大中华地区交流讲学。

该书的12位撰稿人，除已故的波斯曼、阿什克罗夫特、格龙贝克、海耶尔和尼斯特洛姆教授之外，均是活跃在世界各地的传播学者。

该书共14章，除编者林文刚的序跋和波斯曼的讲演辞这3章之外，其余11章用纪传体的方式描绘并评价10位媒介环境学的先驱、奠基人和代表人物，他们是尼尔·波斯曼、刘易斯·芒福德、雅克·艾吕尔、马歇尔·麦克卢汉、哈罗德·伊尼斯、詹姆斯·凯利、本杰明·李·沃尔夫、苏珊·朗格、沃尔特·翁和伊丽莎白·爱森斯坦。

该书凸显几个焦点：（1）媒介环境学的基本理念、理论和主题，即理论价值和学派地位；（2）文化、技术与传播的关系，即本书的多维视野；（3）上述理念产生的社会、政治和思想背景，即学派的现实关怀；（4）媒介环境学的现实意义，即旺盛生命力。

媒介环境学、经验学派和批判学派是比肩而立的三大传播学派，迄今为止，国内学者把研究重点放在经验学派和批判学派之上，对媒介环境学派的研究则用力不够、着墨不多。本书的出版有助于纠正这个偏向，给中国传播学提供新的参照系并注入新的活力。

林文刚教授撰写和编辑的《媒介环境学：思想沿革和多维视野》是媒介环境学思想传统、经典文本和多维视野的集萃，是该学派第一部自觉反省的历史记述的思想批评之作，它系统地提炼、归纳和阐述了该学派从萌芽、诞生、成熟到壮大的历程。由于其杰出贡献，在2006年媒介环境学会的评奖中，它击败34个竞争对手，在候选的35部著作中脱颖而出，赢得了"刘易斯·芒福德杰出学术成就奖"。颁奖辞里有这么一段话："刘易斯·芒福德杰出学术成就奖授予在下列领域作出原创性学术贡献的成果：科技史研究、科学哲学史研究、媒介及其社会文化心理影响的研究、科技社会或信息社会的分析与批评等领域的杰出成就。"

美中不足的是，由于篇幅所限，这部小小百科全书偏重纽约学派，对加拿大学派（即多伦多学派）的成就反映不够。由于同样的原因，媒介环境学走向成熟的历史和成就反映比较多，其萌芽和奠基时期的成就反映比较少；波斯曼的研究比较深，麦克卢汉的研究比较浅。本书编者林文刚教授也认识到本书的遗憾，他在本书绪论篇里说："讲述媒介环境学这个故事并不轻松，原因很简单，其中涉及的问题、视野和阐释太复杂、太枝蔓丛生……我只能提出一个不成熟的、初步的、粗略的历史框架，为理解媒介环境学略尽绵力。之所以邀请12位学者从不同的角度来讲述并解说这个故事，正是由于我感到力不从心。"

一部四十余万字的著作，当然不可能成为媒介环境学的大百科全书。我热切地希望，加拿大的学者能够编辑第二部媒介环境学的小百科全书。等到这部续集完成之时，媒介环境学的双喜日子就来临了。

何道宽

2006 年 8 月 4 日

参 考 文 献

何道宽. 麦克卢汉在中国. 深圳大学学报, 1999 年第 4 期.

何道宽. 媒介革命与学习革命——麦克卢汉媒介思想述评. 深圳大学学报, 2000 年第 5 期.

何道宽. 媒介即是文化——麦克卢汉媒介思想述评. 现代传播, 2000 年第 6 期.

何道宽. 硕果永存——麦克卢汉媒介理论述评. 企业与传播, 香港: 开益出版社, 2001 年 9 月.

何道宽. 多伦多传播学派的双星: 伊尼斯与麦克卢汉. 深圳大学学报, 2002 年第 5 期.

何道宽. 天书能读: 麦克卢汉的现代诠释. 四川外语学院学报, 2003 年第 1 期.

何道宽. 麦克卢汉的学术转向. 杭州师范学院学报, 2005 年第 2 期.

马歇尔·麦克卢汉. 理解媒介. 何道宽译. 北京: 商务印书馆, 2000.

埃里克·麦克卢汉, 弗兰克·秦格龙编. 麦克卢汉精粹. 何道宽译. 南京: 南京大学出版社, 2001.

保罗·莱文森. 数字麦克卢汉. 何道宽译. 北京: 社会科学文献出版社, 2001.

保罗·莱文森. 思想无羁: 技术时代的认识论. 何道宽译. 南京: 南京大学出版社, 2003.

菲利普·马尔尚. 麦克卢汉: 媒介及信使. 何道宽译. 北京: 中国人民大学出版社, 2003.

哈罗德·A. 伊尼斯. 传播的偏向. 何道宽译. 北京: 中国人民大学出版社, 2003.

哈罗德·A. 伊尼斯. 帝国与传播. 何道宽译. 北京: 中国人民大学出版社,

2003.

保罗·莱文森. 手机：挡不住的呼唤. 何道宽译. 北京：中国人民大学出版社，2004.

马歇尔·麦克卢汉. 机器新娘. 何道宽译. 北京：中国人民大学出版社，2004.

马歇尔·麦克卢汉. 麦克卢汉如是说. 斯蒂芬妮·麦克卢汉，戴维·斯坦斯编. 何道宽译. 北京：中国人民大学出版社，2005.

梅蒂·莫利纳罗，科琳·麦克卢汉，威廉·托伊编. 麦克卢汉书简. 何道宽译. 北京：中国人民大学出版社，2005.

詹姆斯·凯利. 作为文化的传播. 丁未译. 北京：华夏出版社，2005。

保罗·莱文森. 真实空间：飞天梦解析. 何道宽译. 北京：中国人民大学出版社，2006.

第一章　绪论：媒介环境学的思想沿革初探

威廉·帕特森大学（Wiliam Paterson University）

林文刚（Casey Man Kong Lum）

我是典型的媒介环境学人，
我觉得自己和神学家有所不同。
我读过一点点芒福德和麦克卢汉，
我对瓦兹拉维克的作为相当清楚，
对列维—斯特劳斯和雅克·艾吕尔也略有所闻。
我常常恭维阿尔梅斯和坎特里尔的学问。
我熟悉信息论和通信的数学模式，
常常围绕它们和你争论，直到我的休假开始。

合唱：

我知道香农—韦弗努力克服信道里的噪音，
我知道早川一会（Samuel Ichiye Hayakawa）和参议员们过从甚密。
虽然当人类学家可能更好，
我还是甘当典型的媒介环境学人。

我熟谙广播电话的历史，
也知道为何科日布斯基的幽灵不是孤魂。
我研究了无声的语言和媒介的偏向，
以及结构主义的概念，我真是无所不晓。
我学过近体学、身势语、语言风格的争论，
我知道为何希腊人偏重口语，修士为何很有学问。
我要朗诵谷登堡印制的《圣经》里的五首颂诗，
我猜想你大概知道沃尔纳·海森伯[1]的物理学原理。

合唱：

早期的电视贴得很近，按摩你的右脑，
它推理的功能总有一天会荡然无存。
虽然当鱼类学家可能更好，
我还是甘当典型的媒介环境学人。

我可以区别"配音""复制"和"母带"；
我能够分清热接片机与华夫饼烤盘；
我能够展示我的电学知识；
激光束和全息术不再不可思议；
我尝试粘贴胶片，录音也不再具有魔力。
总之，我对现代技术略知一二，

---

[1] 沃尔纳·海森伯（Werner Heisenberg，1901—1976），德国物理学家、哲学家和社会活动家，量子力学的创始人之一，提出著名的"不确定性原理"。——译注

自称了解媒介环境学,让我感觉良好。

合唱:
虽然我很勇敢,又敢于冒险,但我的硬件素养
只达到世纪初的水平。
虽然当妇科医生可能更好,
我还是甘当典型的媒介环境学人。

——罗伯特·布莱克曼,《典型的媒介环境学人》[1]

我初次接触这首诗歌就被它迷住了。罗伯特·布莱克曼创作这首诗歌时正在纽约读研,这是他模仿威廉·吉尔伯特和亚瑟·沙利文[2]《现代少将》(*Modern Major General*)的戏作。他在纽约大学一个新的博士点攻读博士,研究的重点是媒介环境学。他把这首诗制作成三分钟的录像带,由他自己做同期录音。这个博士点由尼尔·波斯曼(Neil

---

[1] 罗伯特·布莱克曼(Robert Blechman)拥有《典型的媒介环境学人》(*Very Model of a Media Ecologist*, 1976)的版权。他是纽约大学媒介环境学博士点1977级的博士生。经作者同意全文照录于此,在此致谢。布莱克曼向班上同学提议,每人准备三分钟的谈话,题目是"我给媒介环境学打比喻",他们把谈话制作成录像带,献给1977年的媒介环境学年会。他说:"我们每个人因此而得到三分钟出名的机会,而且我们没有机会去开会的人也可以得到'精神上'出席的安慰。这个多人多部的录像讲话很符合'自己动手'的时代精神。结果,我们还加入了一小段这样的内容:我们是谁,我们当时想的是什么。"(罗伯特·布莱克曼,与林文刚的通信,2003年6月27日)布莱克曼到会上去演唱了这首三分钟的诗歌。

[2] 威廉·吉尔伯特和亚瑟·沙利文(William Gilbert, 1836—1911; Arthur Sullivan, 1842—1900),英国剧作家和作曲家,亦指二人合作写的轻歌剧,吉氏作词,沙氏谱曲。代表作有《忍耐》《艾达公主》《彭赞斯的海盗》《巴伯歌谣集》《狄斯·比斯》《陪审团的审判》《日本天皇》《禁卫队》《威尼斯的船夫》等,19世纪末其作品风靡伦敦。——译注

Postman）教授于 1970 年创建，那时他在该校任英语教育教授。此前，尚无任何学位课程用过这样的名字。实际上，即使对学界而言，这个名字也很陌生，听上去有深不可测的味道。据说，在一些社交场合，有人用这个短语来打破沉默或接过话头。由于它晦涩而颇有歧义，外界也多有议论；有人认为自己对传播的现象略知一二，遂闯入这个圈子；可进入之后，虽兴味盎然，却难入其门，于是就免不了要问：媒介环境学究竟为何物？

"媒介环境学"这个术语是 20 世纪 60 年代末问世的。然而，即使 30 年过去之后，在学术会议期间，人们还是纷纷礼貌而好奇地议论，它究竟是什么意思；如今，它仍然是人们在酒吧邂逅时比较得体的搭讪话。在一个层面上，到了 20 世纪的最后 30 年里，媒介环境学这个研究领域仍然处在传播研究的边缘地带。比如，《传播学杂志》（Journal of Communication，缩写为 JOC）这个首要的主流杂志曾经出过一期特刊《传播研究领域的发酵》（Ferment in the Field, 1983），刊载 10 个国家 35 位学者对传播学科发展状况的评估。如今这个特刊已成经典；倘若它能够用来界定传播学的研究成果，或者给传播学的研究成果提供合法的依据，那么，媒介环境学在传播学"领地"里虽然存在却被人拒之门外。这一期特刊给人留下的深刻印象是，传播研究关注的多半是持续不断的两派之争：一派是经验（或管理）学派，一派是批判学派（Rogers, 1982）；从方法论的角度来说，那就是定性研究和定量研究之争。十年之后，《传播学杂志》又推出了两期特刊，重新评估传播学的最新动态，分别题为《学科展望之一》（The Future of the Field I, 1993a）、《学科展望之二》（The Future of the Field II, 1993b）。"媒介环境学"这个术语再次遭到漠视，没有得到一个字的承认。其他涉及传播学历史的学术著作也出现了类似的漠视（比如：Delia, 1987; Dennis, Wartella, 1996; Dervin, Grossberg, O'Keefe, Wartella, 1989）。

然而，这并不是说，给媒介环境研究的兴起作出贡献的思想家的研究成果，完完全全受到人们的漠视。最突出的例子是马歇尔·麦克卢汉，他是媒介环境研究最引人注目的奠基人之一。在20世纪60年代后期和70年代，他被誉为媒介教师爷，他的媒介理论、探索和隽语引起广泛的注意，在学术界和大众场合都是如此（比如：Finkelstein, 1968; Miller, 1971; Molinaro, McLuhan, Toye, 1987; Playboy Interview, 1969; Stearn, 1967; Theall, 1971）。1980年底麦克卢汉去世之后不久，《传播学杂志》就在1981的一期特刊中开辟了"虽死犹生的麦克卢汉"（*The Living McLuhan*）专栏，刊发了八篇研究麦克卢汉的论文[1]，八位学者从不同角度探讨他的媒介研究成果。自20世纪80年代末以来，学界对麦克卢汉的兴趣重新焕发（比如：Levinson, 1999; Marchand, 1989; E. McLuhan, Zingrone, 1995; Molinaro 等人, 1987; Sanderson, Macdonald, 1989; Strate, Wachtel, 2005; Theall, 2001）。此外，其他媒介环境范式学者的著作也受到不同程度的关注。这些学者有雅克·艾吕尔（Jacques Ellul）（Christians, Van Hook, 1981; Gozzi, 2000）[2]、哈罗德·A. 伊尼斯（Harold A. Innis）（Acland, Buxton, 1995; Carey, 1988b; Heyer, 2003; Stamps, 1995）、刘易斯·芒福德（Lewis Mumford）（Carey,

---

[1] 这一期《传播学杂志》还刊发了一篇麦克卢汉与鲍威尔斯（Powers）合写的论文（1981）。
[2] 请参见国际雅克·艾吕尔研究会网站（http://www.ellul.org/）。

1981；Miller，1989；Strate，Lum，2000）、沃尔特·翁（Walter Ong）（Farrell，Soukup，2000；Farrell，Soukup，2004）和波斯曼（Gencarelli，2000；Jensen，1990；Strate，1994，2003b）。兰斯·斯特拉特（Lance Strate）最近（2004）的一篇论文很好，对各色各样的媒介环境学奠基人和重要主题作了很好的介绍。

尽管如此，正如本书所示，媒介环境学不仅仅是麦克卢汉研究，也不是艾吕尔研究、伊尼斯研究、芒福德研究、翁研究、波斯曼研究，或诸如此类的研究。实际上，本书尝试的是一种历史记述，试图描绘媒介环境研究的思想传统，描绘其中包含的整合一体的理论文献和多维学术视野；同时表述对文化、技术和传播的理解；旨在显示媒介环境学的思想传统如何演化而来。这是一个互相联系的思想网络。用黛安娜·克雷因（Diana Crane，1972）、贝尔维尔·C.格里菲斯（Belver C. Griffith）和尼古拉·C.穆林斯（Nicholas C. Mullins，1972）的话说，这个网络是一些"无形的学苑"（invisible colleges），是联系紧密的非正式的团队，由旨趣相近的学者组成；他们的学术背景不同、兴趣多样，比如媒介与文化（McLuhan，1951，1962，1964）、历史与技术（Mumford，1934，1967，1970）、都市研究（Mumford，1938，1961）、行为科学（Watzlawick，Bavelas，Jackson，1967；Watzlawick，1976）、结构人类学（Levi-Strauss，1966）、技术文化社会学（Ellul，1964）和宣传（Ellul，1965）、感知心理学（Cantril，1960）、信息论和系统论[1]（Shannon，Weaver，1949；Weaver，1948，1950）、普通语义学（Hayakawa，1964；Korzybski，1933）、文化人

---

[1] 亦请参见杰里米·坎贝尔（Jeremy Campbell，1982）那篇综合新闻报道，文章叙述信息科学的兴起，尤其是控制论和信息论兴起的过程。

类学（Hall，1959）、历史与传播（Innis，日期不详）、媒介的时空分析（Innis，1951，1952）、非言语传播（Birdwhistle，1952，1970）、古典研究（Havelock，1963，1976）、印刷史（Eisenstein，1979）、物理学和哲学（Heisenberg，1962）。这个名单仅限于布莱克曼诗歌中提及或暗示的名字。同样，本书仅限于从历史、理论和解释的角度来描绘媒介环境研究的思想源头。具体地说，本书试图阐述媒介环境研究的界定性思想、理论或主题，涉及文化、科技和传播的种种侧面；旨在描绘这些思想背后的学者，展示这些思想产生的社会、政治和思想语境，并且就我们在当代如何运用这些思想提出一些建议，尝试说明我们能够在多大程度上运用这些思想。

然而讲述媒介环境学这个故事并不轻松，原因很简单，其中涉及的问题、视野和阐释太复杂、太枝蔓丛生。我这篇绪论的标题用了"初探"（Notes）这个词[1]，就是因为我不知道故事的全部；我只能提出一个不成熟的、初步的、粗略的历史框架，为理解媒介环境学略尽绵力。之所以邀请12位学者从不同的角度来讲述并解说这个故事，正是由于我感到力不从心。这里所谓"解说"有两层意思。在一个层面上，其意思是对文化、技术和传播关系的各种解释，反映在本书重点研究的主要思想家的学术成就里，这些学者是伊丽莎白·爱森斯坦（Elizabeth Eisentein）、雅克·艾吕尔、詹姆斯·凯利（James Carey）、埃里克·哈弗洛克（Eric Havelock）、哈罗德·伊尼斯、苏珊·朗格（Susanne Langer）、麦克卢汉、刘易斯·芒福德、沃尔特·翁、波斯曼

---

[1] 以这种方式使用"初探"，受到了温迪·里兹－胡维兹（Wendy Leeds-Hurwitz）的启示（1990），她这篇文章是研究跨文化传播思想史的拓荒之作。

和本杰明·L.沃尔夫（Benjamin L. Whorf）。在另一个层面上，我们所谓"解说"是各章作者对这些思想家的解释所作的解说，即所谓"元解说"（meta-interpretations）。我们希望得到的结果是，他们的集体智慧有助于我们理解媒介环境研究的许多侧面。

本章旨在提供一个框架，帮助读者理解媒介环境学自20世纪初以来在北美的发展情况。本章的最后一节对其余各章作了一个总体的扫描。各章将给媒介环境研究的思想源头和理论路径的各个侧面提供更加详尽的描绘、整合和分析。

1.1　媒介环境学的历史述略

凯利的《芝加哥学派与大众传播研究》(The Chicago School and Mass Communication Research, 1996) 回溯历史，富有洞见。文章开宗明义指出："至今尚无传播历史著述问世。"文章稍后有一段话不无自嘲，因为他本人就很善于讲故事，能够最引人入胜地讲述美国媒介和文化研究的历史。他说：

> 大众传播研究的历史势单力薄，这是一个新的文体样式：它是一个具有自觉意识的创新（如今已然成为无穷的再创造过程），它把积累已久的碎片调整、分类、重组，使之成为一个整合一体的叙述文本。由此浮现的故事服务于以下多种终极目的：主要是聚焦于20世纪的一个发明即大众传播，为其辩护，使之合法化，并且给围绕大众传播的专业教学和研究提供方向，亦赋予它相当的思想地位。但我们很难说它是纯真的历史，因为它是服务于政治而产生的发明创造：计算效忠某人某事的人数，用来解决纷争、指导公共政策、扰乱反对者的阵脚，并且给现存制度提供合法性；一言以蔽之，大众传播研究的历史是20世纪社会政治斗争和意识形态斗争大故事中的一个环节。（1996，pp.21—22）

凯利上述言论似乎聚焦于北美的大众传播研究，但我们认为，这番话适用于任何其他类型的学术研究，包括本书要讲述的媒介环境学的故事，我们的讲述在两个层次上展开。

首先，在北美传播研究的谱系中，媒介环境研究这个思想传统总体上处于失声的状态，上文已经对此做了暗示。因此，本书有意识地让媒介环境研究在思想史上发出自己的声音，而且在一定程度上使之在传播学的社会学记述里发出自己的声音。以此而言，本书思想的灵感不仅来自于走在我前面的从事媒介环境研究的学者，而且威廉·昆斯（William Kuhns, 1971）在这个领域的拓荒之作尤其给我提供了激励。他的书《后工业时代的先知：对技术的诠释》（*The Post-Industrial Prophets: Interpretations of Technology*，下文简称《后工业时代的先知》），对从事媒介环境研究的主要理论家进行了简要的历史扫描。给我提供激励的还有《新泽西传播学杂志》（*The New Jersey Journal of Communication*）特刊，这期特刊的主题是"媒介环境研究的思想根基"（The Intellectual Roots of Medca Ecology, Lum, 2000a）。此外，媒介环境学会（Media Ecology Association）2002年创办的《媒介环境学探索》（*Explorations in Media Ecology*）杂志，也给了我特别的启示。同时，我对凯利笔下展开的令人神往的故事表示敬意，他对媒介环境学思想根基的讲述十分精彩。在论述伊尼斯、麦克卢汉和芒福德的著作（Carey, 1968, 1981, 1988b）时，凯利尚未使用"媒介环境学"这个术语。不过，这个术语似乎已经融入他近年的学术词汇（Carey, 1997, 2003a, 2003b）。

在第二个层次上，我们不敢说，对媒介环境研究的思想史进行叙述或构建，是"纯真的历史"，或"自然的历史"。毕竟，学问大体上是人努力下的功夫，它总是受制于具体的社会语境，各门学科的知识社会学都使我们想起这样的语境（比如：Kuhn，1962；Mannheim，1946；Stark，1958）。格特路德·J.罗宾逊（Gertrude J. Robinson，1966）就传播研究思想史的历史研究方法进行了论述。她说："因此，一个研究领域的发展必须被看作一个社会过程，各门派的研究者互相竞争，力求使自己的学术诠释占领一个高地。"（p.158）

要言之，本书讲述媒介环境研究的历史故事，它是北美传播和文化研究传统的一部分。用波斯曼的话来说，这个故事或叙述处在社会科学的总体框架之中，是其中的"写实的部分"（Postman，1988，p.3）。为此目的，故事的引子将用来探索媒介环境学这个学术流派的概念[1]。

---

[1] 斯特拉特（Strate，2003a）以调侃的口吻建议，可以把媒介环境研究视为媒介研究的另一种"样式"。

1.2 作为一个学派的媒介环境学

每一个故事都有一个主张，至少有一个学者讲述的论点。我们这个故事开篇的观点是，媒介环境研究有一个思想传统，本书的标题点明了这个观点。当然，主张"媒介环境学传统"，要冒一定的风险，主要原因是，本书的首要目的之一是说明媒介环境学是什么、在做什么。暂时，我依靠读者的信赖，希望他们接受三个互相联系的预设，以便使我们的论点能够展开。第一，媒介环境学或多或少有一个可以指认出来的思想史，我们可以描绘相关学者及其著作，证明他们共有这样一个历史。第二，重构这个思想史时，我们可以将其置入广阔的社会、经济、政治和文化时代语境中，这个时代始于19世纪末。第三，我们可以再进一步预设，这些著作可以说共有一套相似的理论基础、视野或问题，它们用这一套构想去理解文化、技术和传播的共同特征；这些理论基础、视野或问题被认为是媒介环境学的范式内容；这样的范式内容构成理论方面的问题和研究方法的类型，决定着一个研究领域的实质和特征。

为了检视以上三个预设并界定媒介环境研究思想传统的概念，我借用植根于科学社会学的概念"学派"（theory group）（Fleck, 1979；Kuhn, 1962）。稍早，格里菲斯和穆林斯（Griffith, Mullins,

1972）也用了一个类似的术语"无形的学苑"（invisible colleges）（亦见 Crane，1972）。稍后，斯蒂芬·O. 穆雷（Stephen O. Murray，1994，1998）验证了这个术语，并将其形式化；他的研究领域是学派的历史和北美语言。学派这个概念用来解释特色鲜明的理论家群体，虽然他们科学探询的课题各有不同，但他们的学术著作可以用来界定他们研究范式的内容。这个概念有助于理解，为何一些"理论群体"形成以后难以为继，为何另一些群体根本就不可能形成特色鲜明的学派（Murray，1994）。

典型的学派由关系密切的学者组成，他们或多或少共有一套清晰一致的理念和理论视野；他们的研究和教学推动理论和方法论的进步，使之在现有领域或"常态科学"的范式中运行（Kuhn，1962）。在一些不常见的事例中，经过一段时间之后，一个学术团队主张的理念、理论和研究方法，会促进这个学科的范式转移。这样的转移是一个根本性的变革，它使该学科对自己研究性质的概念（认识论）发生根本的改变；牛顿物理学向量子物理学的转变即是这样一个例子。量子物理学被称为"革命性的科学"。

穆雷（1994，1998）提出理解学派的两个模式，一是功能主义的模式，一是革命性对连续性的模式（亦名"冲突模式"）。功能主义模式设想，一个严密的学派必须具备三个先决条件：好的理念、思想领导和组织领导。穆雷认为，好的理念"是科学家认为能够解决现存难题的理念，或者是开拓新探究领域的理念"（1994，p.22）。这些"好的理念"是自认为优秀的研究者提出的，但是它们在学科范围里如何被接受，在多大程度上被接受，却有赖于它们被阐述的清晰程度，有赖于宣传这些理念的效果，因为互相竞争博弈的"好的理念"多如牛毛。

学派的宣传还需要思想领导,其原因就在这里。穆雷的构想是:

> 思想领导包含:(1)为一条研究路子奠定概念基础;(2)解释"好的理念"隐含的研究命题;(3)认定和验证别人的成果是否胜任、贴切并(或)符合既定框架;(4)一般地说,思想领导还提出一个规划性命题,阐明应该从事什么研究,说明这样的研究如何符合基本理论;(5)做出示范性研究,显示如何进行这样的研究。在一个具体的关键时刻,完成这些任务的科学家可能不止一个人。在一个学派的历史里,有可能产生前后相继的一批领导。(Murray,1994,p.22)

然而思想领导要能够有效地完成各种行政任务,以便有效地提出好的理念,验证、宣传并使用这些理念,使之获得持久的生命力。

因此,组织领导在学派的形成中同样是必不可少的。在这个方面,组织工作可能包括经费的筹措、研究计划和教学计划的管理、宣传的管理、会议的策划,等等。一位学者可能扮演思想领导和组织领导的双重角色,不过一个学派也可能拥有"不止一位身兼两种角色的领导"(Murray,1994,p.23)。一句话,好的理念、思想领导和组织领导是学派形成的必备条件,但一位学者未必同时具备以上三个条件。

另一方面,革命性对连续性的模式(亦名"冲突模式")谋求给现有的学派定位,解释它们相应的思想地位。在穆雷看来,革命性的修辞语言"指的是学派成员号称的学术发展的重要的断裂,而不是指他们在现存体制内受到的迫害或排斥"（Murray，1994，p.23）。简言之，冲突模式指向学派之间互相冲突的论断，他们各自声称自己的范式内容如何与众不同，并且在多大程度上实现了突破，完成了常态科学中的重大进步（此即"连续性的修辞语言"），或者代表着一个范式的转移（此即"革命性修辞语言"；参见 Kuhn，1962）。

所以，从功能主义的角度我们可以问：媒介环境研究如何成为一个学派？什么是它的"好的理念"？什么样的文化、技术和传播理念构成了媒介环境学派的理论基石或范式内容？这些理念是如何产生的？构想这些理念的人为何认为它们是"好"的理念？此外，谁给媒介环境学派的理论表述提供了思想领导？这样的思想领导又是如何表现出来的？什么人为媒介环境学的发展提供了必要的组织领导并使之成为一支整合一体的理论队伍？从冲突模式的视角看，我们则可以问：在媒介环境学的研究队伍中，是否有人声称完成了范式上的突破？

为了回答这些问题，我们首先讨论大背景下的一些范式潮流，这些潮流是在 20 世纪上半叶宏观的社会历史语境中形成的。我们熟悉的传播研究也是在 20 世纪上半叶浮现出来的。

1.3　媒介环境学的史前史

到了 20 世纪 60 年代，媒介环境学派的故事才开始展开，"媒介环境学"这个术语是那时创造的。波斯曼在致朋友的信函（1999 年 3 月）中说，麦克卢汉率先使用这个术语，大约是他在两本颇有影响的著作出版的时候提出的，这两本书是《谷登堡星汉》(*The Gutenberg Galaxy*, 1962) 和《理解媒介》(*Understanding Media*, 1964)。2000 年，波斯曼在媒介环境学会年会开幕式的主题讲演中提到这个术语的滥觞。他说："据我了解，麦克卢汉在致克莱尔·布思·卢斯（Clare Booth Luce）的信里说，也许有必要限定在一种文化中使用媒介的情况，以促进媒介环境的平衡。"（Postman，2000，p.6）[1]

不过，麦克卢汉率先在这次通信中使用这个术语的可能性，似乎不太大，因为到 1972 年的檀香山会议上，他才结识卢斯夫人（1903—1987），两人的通信只能是在此之后，而不会是在此之前的 20 世纪 60 年代。卢斯夫人是一位剧作家，著名杂志出版商亨利·卢斯（Henry Luce，1898—1967）的遗孀（Molinaro 等人，1987，

---

[1] 引语摘自已收入本书的波斯曼的讲演辞。稍后，这篇讲演辞收入了媒介环境学会 2000 年年会的会议录（http://www.media-ecology.org），读者可以在下述网站上检索：http://www.media-ecology.org/publications/ proceedings/vI/humanism_of_media_ecology.html。

p.474）。由此可见，如果麦克卢汉的确创造了这个术语，那一定是在 1968 年之前，而且是在另一个场合；那一年，波斯曼第一次公开使用媒介环境学这个术语。实际上，迄今为止的一切记述证明，创造这个术语的正是波斯曼本人。反过来，这个术语成为一个指针式的比喻。正如托马斯·F. 金卡雷利（Thomas F. Gencarelli）所云，这个术语生成并挖掘了波斯曼"正在琢磨的理念，使他觉察到，在他有选择的阅读范围里，一些重要学者的思想具有潜在的一致性，他们的思想对他产生了影响"（2000，pp.91—92）。

1.3.1 发轫期

20 世纪 50 年代，波斯曼首次邂逅麦克卢汉。彼时，波斯曼在哥伦比亚大学师范学院攻读硕士。而当时的麦克卢汉是多伦多大学的文学和文学史教授，他应邀到哥大作报告，邀请人路易斯·福斯戴尔[1]是该校师范学院的教授（Culkin, 1989）。自此，波斯曼和麦克卢汉建立了持久的友谊，原因之一是相同的旨趣，他们从生态学的角度去理解媒介和文化。这个视角认为，媒介对文化的影响表现在形式上和环境上，而人们的思维方式和社会组织则是由业已内化的主导性的传播模式塑造的——这是媒介环境学派范式内容的核心主题之一。在和林文刚的通信（1999 年 3 月）中，波斯曼回忆说："我清楚地记得他的一个观点，即学校只不过是文化借以传播其重要

---

[1] 路易斯·福斯戴尔（Louis Forsdale）是教育学教授，可是他长期以来对传播学有浓厚的兴趣（比如：Forsdale, 1981）。

思想的媒介之一,而且我理解,在文化中扮演同样角色的还有其他一些媒介。"此前,在纽约州立大学读本科的时候,波斯曼就已经有了这样的想法。1953年,他在这里获教育学学士学位。他这种生态学视角清楚表现在一本影响重大的书里,这就是他和查尔斯·韦因加特纳(Charles Weingatner)合作完成的《作为颠覆活动的教学》(*Teaching as A Subversive Activity*, 1969)。

1969年波斯曼准备出版《作为颠覆活动的教学》的时候,他在哥伦比亚大学获得教育学博士学位已经10年了。在学校课程改革和师范教育的辩论[1]中,他的权威声音已经得到公认,时值动荡的20世纪60年代。他首次公开使用"媒介环境学"这个术语,是在1968年美国英语教师学会理事会的讲话中。后来正式发表时,这篇文章的题目是《改革后的英语课程》(The Reformed English Curriculum, Postman, 1970, 转引自 Strate, 2002)。在讲演中,他先给媒介环境学做了这样的定义:"把媒介当作环境的研究"(p.161),接着又在"把媒介当作环境研究"那一节里作了详细的阐述。很明显,波斯曼那时的思想议程并不仅仅聚焦于媒介研究。实际上,他关注文化与教育如何受大范围的社会环境变革的冲击,这样的变革似乎是由于印刷技术向电子技术的转变而引起的,这个主题是波斯曼学术成就的主要特征(Postman, 1979, 1982, 1985, 1999)。

---

[1] 《作为颠覆活动的教学》和《作为保存活动的教学》这两本书,列在《大辩论中的名人》(*Who's Who in the Great Debate*)的波斯曼词条下。20世纪80年代,美国人又展开了新一轮的教学改革辩论(B. Gross, R. Gross, 1985)。又见《教材:为关心教育的人支招》(*The School Book: For People Who Want to Know What All the Hollering Is about*),该书展示了波斯曼和韦因加特纳(1973)的另一种言论,显示了他们在这段辩论里的立场。

尽管如此，我们有必要在这里强调一个微妙而重要的现象。我们使用"媒介环境学"这个术语的时候，是把它作为一个比喻（传播媒介塑造或界定的环境），然而一旦问世之后，包括麦克卢汉这样的人物也用上了这个术语。这个诗意的文字游戏帮助许多人从一个崭新的角度来审视媒介与文化。于是，波斯曼给它做了一个正式的定义：媒介环境学就是对媒介环境的"研究"。就这样，他从语义上把这个比喻变成一个专有名词，其涵盖范围大大超过比喻的范围，使媒介环境学成为一个全新的领域。在这个意义上，媒介环境学被正式命名为一个学术研究领域和理论团队的年代应该是1968年。

但我们要问，什么样的"好的理念"或范式界定问题导致媒介环境学在20世纪出现呢？媒介环境学的奠基人关注什么样的问题呢？为什么会产生生态学的视角呢？为什么媒介环境学这个学派会登上20世纪60年代北美的舞台呢？

1.3.2　20世纪的技术与变革：前范式潮流

媒介环境学的创生应该放进北美传播研究和文化研究兴起的大背景中去考察才能够理解；传播研究和文化研究的兴起，又是对20世纪重大的社会、经济和文化潮流的回应；社会、经济和文化的大潮流使20世纪成为一个变革的世纪。比如罗宾逊（Robinson）就认为，"美国传播研究的源头和出生必须到社会学家和社会心理学家的研究成果中去寻找，他们在世纪之交苦苦钻研工业化和社会变革带来的问题"（1996，p.159），这就是芝加哥社会学派进步主义学术的标志性特征（比如：Cooley, 1909; Dewey, 1916; Mead, 1934;

Park，1922；亦见 Carey，1996）。工业化和现代化不仅重新界定了人们在过去的农业经济中熟悉的生产生活方式，而且改变了他们彼此之间的关系，即使还说不上改变了人和世界的关系（P. Berger，B. Berger，Kellner，1973）。工业化和现代化加速了都市化的步伐，都市化又加速了美国社区和社区生活的变革（Stein，1960）。大规模的世界移民，比如 20 世纪初从欧洲大陆到美国都市区的移民，促使学者去耕耘新社区形成中的社会传播研究（Carey，1996；Czitrom，1982），他们对报纸在新移民生活中的作用尤其下功夫（比如：Park，1920，1922，1925）。现代广告业和公共关系的兴起本身就是为了回应一种需求：促进和支持"以技术挂帅的美国"（Corporate America）的工业生产和商业利益。广告业和公共关系促进了行为科学研究，使其兴趣日益高涨；行为科学研究的对象是媒介消费，它为广告业和市场营销服务；不仅从业人员对这样的研究感兴趣，而且学界也对其感兴趣（Bernays，1965；Ewen，1976，1996；Marchand，1985；Pope，1983）。在各种全球范围的军事冲突比如两次世界大战中，各种政治背景和学术背景的学者关注宣传的作用和冲击（比如：Ellul，1965；Fraser，1957；Lasswell，1927；A. Lee，Lee，1939；E. Lee，Lee，1979；Lerner，1951；Lippmann，1922）。

与此同时，19 世纪后半叶交通运输和电子通信一波接一波的迅速革新，也成为社会变革的强大动因，刺激了各种各样的媒介研究。这些革新有电报、电话、留声机、轮转印刷机、电影、汽车、飞机、广播、有声电影和电视。和这些新的交通运输技术和媒介技术同时产生的，不仅仅是人员流动或信息传输的新方式，而且还有看不见的社会、经济、政治问题和挑战。发明家萨缪尔·莫尔斯（Samuel

Morse）或许事先对电报产生的后果有所觉察，可是他似乎并未预见到这些后果（Frommer，1987）；这是因为这些后果不仅仅使远距离传递信息的方式更加快捷，而且还产生了新型的工商业惯例、新型的社会关系、新的外交方式或战争方式（Standage，1999）。与此相似，电报还产生了新的社会政治地缘，即使没有给信息本身的定义带来变化，它至少使新闻的定义为之一变；从形而上的观点来看问题，人类想象力中的时间观念和空间观念也焕然一新（Carey，1988b）。在另一个层面上，现代大众媒介的兴起也推动了持续不断的辩论；围绕大众媒介对所谓大众社会产生什么样的文化影响这个问题的辩论经久不衰（Rosenberg，White，1957，1971）。

在第二次世界大战之后的几十年里，发展传播学研究出现了一个高潮（比如：Lerner，1958；Schramm，1964），其他相关的研究领域比如创造革新的传播研究也来势迅猛（比如：Rogers，1995）。在此期间，美国向世界各地新近摆脱殖民主义的国家出口技术、技术知识和管理知识。跨文化传播这个研究领域也肇始于这个时期，因为越来越多的政府官员、公司经理、产业界的技术人员和外国同行打交道，他们需要更好的交流技能（Leeds-Hurwitz，1990）。传播研究的批判意识也随之高涨，一些学者看到美国在全球范围的传播日益占据支配的地位（Schiller，1976，1969/1992；A. Smith，1980；Tunstall，1977）。总之，这些问题和其他许多问题接踵而至，它们伴生在电报及其同胞兄弟姐妹诞生的电子革命中——互联网也包括在这场革命中。这些问题催生了迄今为止的媒介研究和传播研究。

然而，北美传播研究是一个年轻的学术领域，它扎根于许多学科，始终纠缠的理论纷争成为它突出的特点，纷争的部分原因是它缺乏理论的整合（Merton，1967；Robinson 也作过一些解释，1996）。论争之严重使罗伯特·T. 克雷格（Robert T. Craig，1999）说："传播理论尚未成为一个黏合力很强的研究领域。"（p.120）[1]许多论争的原因是，互相竞争的视角导致不同的意见，人们对媒介影响的源头有不同的理解；另一个原因是方法论取向上的分歧，所谓学派的"冲突模式"就有这样的暗示（Murray，1994）。传播的管理学派和批判学派的理论分歧，在《传播学杂志》的特刊《传播研究领域的发酵》（1983）中，是显而易见的。这一期特刊显示了理论的分歧。

管理学派即经验学派[2]的主要关注点是一般所谓媒介影响研究，特点是"定性经验主义、功能主义和实证主义"（Rogers，1982，p.125）。这样的影响研究一般关注的是媒介内容对使用者或消费者的影响，用经验主义的方法去验证媒介对人的短期行为的影响（Bryant，Thompson，2002）。一些早期的媒介影响研究曾经被誉为"里程碑"，美国主流的传播研究曾经为此而欢呼雀跃（Lowery，DeFleur，1995）。这些研究有：20 世纪 20 年代佩因基金会（Payne Fund Studies）赞助的电影对儿童影响的研究；1938 年对奥尔森·韦尔斯（Orson Welles）制作的广播剧所引起的大众歇斯底里的研究，他的"默丘利剧场"播出的广播剧《世界之战》（*The War of the Worlds*）造成了普遍的歇斯底里；20 世纪 30 年代末和 40 年代，传

---

[1] 在同一研究中，克雷格（1999）稍后就传播研究如何并在多大程度上成为一个研究领域进行了阐述。
[2] 林文刚教授说，海外华文学者一般把它翻译为"实证学派"，我则坚持译为"经验学派"（Empirical School）。原因有两个：一是中国内地学界几十年的学术传统；二是有别于本句话里的"实证主义"（positivism）。——译注

播界对日间广播连续剧收听情况和满意程度所做的研究；还有第二次世界大战期间对政治宣传的分析研究。20世纪40年代起对政治宣传的研究；20世纪50年代末关于电视对儿童影响的研究；20世纪60年代对电视暴力的检视。

主流的大众媒介内容的影响研究，也就是托德·吉特林（Todd Gitlin，1978）所谓的"主导范式"，他是媒介批评的理论家和社会评论家。然而，就在这个主流学派之内，始终存在着理论纷争，起初的争论围绕大众媒介内容如何提升或影响媒介对受众的影响而展开，围绕着所谓"魔弹论"展开争论，魔弹论认为，大众媒介对被动和没有自卫能力的受众产生影响；接着的论战围绕所谓舆论领袖在大众媒介和受众之间的中介力量（Katz，1957；Katz，Lazersfeld，1955）；随后的争论围绕着这样的理论：受众能够选择自己需要耳闻目睹的东西，或者只选择强化自己信念之类的东西，所以他们用一切必要的手段来自我保护（Klapper，1960）。

另一方面，在20世纪60年代美国的政治动乱中，马克思主义者或受马克思主义影响的学者也完成了学术的复兴（Marcuse，1965），这一次复兴和稍后的传播批判学派的崛起有连带的关系。批判学派也关注大众媒介内容对社会的影响，然而它的政治意识形态视野和理论视野，始终和管理学派的主导范式绝然对立（*Ferment in the field*，1983；Rogers，1982）。批判学派的源头一部分在法兰克福学派，也就是后来所谓的新马克思主义[1]（Lum，1992），批判学派着重研究的是大众媒介的政治经济学，尤其是媒介的所有权；

---

[1] 必须指出，并非所有的批判学者都是马克思主义者。

另一个重点是政治和公司对媒介的控制，它们如何在媒介内容的生产、销售与获取上扮演重要的角色（比如：Adorno，Horkheimer，1977；Enzensberger，1974；Schiller，1976）。他们关注的问题之一是，所有权的集中造成的信息环境对人敏锐的社会意识和文化意识起到限制的作用，这个信息环境就包括媒介的内容；他们关注的另一个问题是政治和意识形态的多样化，因为信息垄断只会服务于政治、产业和公司的精英（比如：McChesney，2000；Schiller，1991）。

1.3.3 新兴的媒介环境学视野

在美国传播研究领域处于主导地位的也许是大众媒介内容的影响研究，还有与之竞争的批判研究，而批判研究关注的是媒体的政治经济学研究。然而，用生态学的路子去理解媒介和技术的研究已经在许多学科领域里兴起，新兴的媒介环境学也破土而出，这个研究路子关注的是媒介和技术对文化和社会在形式上与根本问题上的冲击。具体地说，它已经在20世纪早期各种理念的王国里萌芽。在《后工业时代的先知》（1971）里，威廉·昆斯对七位重要思想家的跨学科研究做了很好的综合，他们的著作给媒介环境学奠定了理论基础。这七位学者是：芒福德（1934，1967，1970），西格弗里德·吉迪恩[1]（1948，1967），诺伯特·维纳[2]（1948，1950），伊尼斯（1950，

---

[1] 西格弗里德·吉迪恩（Siegfried Giedion，1883—1968），瑞士建筑史学家，在麻省理工学院和哈佛大学执教，任佛大学设计学研究生院院长，著有《空间、时间和建筑》《机械化挂帅》等，对麦克卢汉产生重大影响。——译注

[2] 诺伯特·维纳（Norbert Weiner，1894—1964），美国数学家、美国科学院院士，控制论创始人，获总统勋章，著《控制论》《人有人的用处》等。——译注

1951），麦克卢汉（1951，1962，1964），艾吕尔（1964，1965），巴克敏斯特·富勒[1]（1963，1969a，1969b）。在这个方面，昆斯绝不是唯一对传播学进行思想史研究的学者；在此之前，其他学者已经从各自的角度进行了阐述（比如：Carey，1968）。然而，《后工业时代的先知》一书做了第一次有意识的尝试，昆斯把许许多多重要的学者纳入一个群体来研究，从媒介环境的角度对他们的思想作了一次传记性的扫描；在技术对文化在形式上产生的影响和根本的影响方面，他们有共同的兴趣，虽然他们所作的解释可能会有所不同。

昆斯并没有使用"媒介环境学"这个术语，也没有把这些学者判定为媒介环境学者。从《后工业时代的先知》来看，他没有意识到波斯曼正在纽约大学创建一个媒介环境学的研究生教学计划，波斯曼开出的必读书包括昆斯所研究的七位学者的作品。[2]然而，在昆斯对这些学者所做的整合背后，显然隐藏着媒介环境学的观念。在该书临近结尾的地方，他提出12个假设；在诠释伊尼斯、麦克卢汉及其先驱的过程中，他提出了这样的判断："传播是环境的"；同时他还提出了一些问题，比如"电视基本上是传播媒介呢？还是一种环境现象呢？"（Kuhns，1971，p.257）

同样令人注目的是，尽管昆斯所谓的七位"后工业时代的先知"（现在的叙述话语里叫"媒介环境学者"）作出了各自不同的解释，但是他们有相同的关注点：技术如何并在多大程度上对社会和文化

---

[1] 如果要对富勒的思想有比较全面的了解，请参见Zung（2001）编辑的富勒选集，该书撷取了富勒20余本书的一些章节。
[2] 昆斯《后工业时代的先知》（1971）里的一些参考书，编入了一个6页篇幅的"传播学初级阅读书目"，编者是纽约大学媒介环境学专业早期的老师唐·豪斯多夫（Don Hausdorff，1970）。

产生大规模的影响，或者说技术产生形式的、环境的和结构性的影响。克里斯琴·L.尼斯特洛姆（Christine L. Nystrom, 1973）认为，20世纪上半叶的重要特征是，知识的地位、组织和运用产生了划时代的变化，它从分割肢解、条块切割的学科划分走向跨学科、多学科或元学科的发展方向。学术界大体上看到了这个趋势。

多学科和跨学科研究崛起，与此同时，世人对生态的批判意识也逐渐抬头。稍稍变换一下叙事方式，我们就可以认为，20世纪上半叶兴起的生态意识是一种社会—科学催化剂，它催生了学术界多学科和跨学科的思维方式，也推进了政界和公共知识分子的多学科意识和跨学科意识。昆斯所谓"后工业时代的先知"以多学科的取向写作，其他思想类似的知识分子也用同样的取向思考问题，他们开展了一场公开的讨论，思考社会上继续不断而迅猛的技术革新和传播构成的挑战和机遇。随着技术革新和传播的步伐不断加快，20世纪也遭遇到许多翻天覆地的变革，即使说不上是造成心灵创伤的变革。

变革是必然的，然而变革并非没有付出代价。世界环境日益恶化：自然资源日益衰竭；许多原生态的水体受到有毒化学品的污染；森林和湿地正在被人破坏。越来越多的道路修建起来，交通却日益恶化，城市街道也日益堵塞；都市区的空气充满汽车尾气和工厂释放的污染物。人命的损失加速增长。以美国为例，数以万计的人每年死于车祸。这样的死亡数字还不包括数以千计的其他技术引起的死亡人数、和产业相关的死伤人数以及各种各样的社会和心理病态造成的死伤人数。我们付出的代价还可以继续罗列下去。

有一个重要的事实值得注意，20世纪初期技术的迅速进步带来的环境后果，有助于培养一种生态学的范式或者是生态学的思维方式，人们开始思考生活中许多事物的相互关系。沃尔特·翁（2002）雄辩地指出：

> 我们对宇宙的整体联系和演化史有了深刻而精细的知识，我们的确生活在名副其实的生态的时代。我们时代的特征是事物的相互联系，至少就人类的感知能力而言是这样的；看来，人类的相互联系注定会越来越多，规模会越来越大，气势会越来越盛，这是时代更替的必然趋势；同理，人们在意识里的联系也就会越来越多。（p.11）

这是"生态的时代"。在这个时代黎明期思想语境的大背景下，我们看到多元学术取向的兴趣逐渐合流，这对于理解技术的根本影响和生态影响具有重要意义，对于界定媒介环境学的范式内容也具有重要意义；《后工业时代的先知》论述的就是这种思想合流的历史。

不过，并非所有的后工业时代先知在预测未来时都抱批判的态度，并非所有的先知都是悲观的。比如，巴克敏斯特·富勒[1]完全意识到，新技术可能带来巨大的生态变化，但是他把这些变化当作人类进步的机遇或人类境遇的改善。因此，根据昆斯的综合，在技

---

[1] 巴克敏斯特·富勒（Buckminster Fuller，1895—1983），美国建筑学家、工程师、发明家、哲学家兼诗人，被认为是20世纪下半叶最有创见的思想家之一。建筑设计富有革命性，运用所谓的迪马克喜翁原理（Dymaxion Principle），主张以最少材料和能源求得最佳效果，设计了一批永垂青史的著名建筑，获英国皇家建筑金质奖章，1968年获得美国文学艺术协会金质奖章，著《太空船地球使用指南》等。

术—生态的学术队伍中，你至少可以看见三个主要的立场或"学派"："机器的蚕食"是一派（如芒福德、吉迪恩、艾吕尔、维纳）；"媒介决定文化"是一派（如伊尼斯、麦克卢汉）；"技术繁育乌托邦"又是一派（如富勒）。

昆斯把艾吕尔、伊尼斯、麦克卢汉和吉迪恩纳入后工业时代的先知，这就说明，后来在文化与技术问题上所谓的媒介环境学视野，并不仅限于美国。比如，到1950年，在尼亚加拉瀑布以北一个又一个思想活跃的学者涌现出来，他们来自不同的学科，却围绕共同的兴趣聚集起来，到多伦多大学执教。这方面最令人注目的四位学者是伊尼斯、哈弗洛克、麦克卢汉和埃德蒙·卡彭特（Edmund Carpenter）。伊尼斯在芝加哥大学获政治经济学博士，旋即回多伦多大学执教，直到1952年去世（Heyer，2003）。哈弗洛克从1929年到1947年在多伦多大学的维多利亚学院执教，任副教授。[1]麦克卢汉的研究工作深受伊尼斯的激励，他于1946年回多伦多大学的圣迈克学院执教；此前，他任教于威斯康星大学（1936—1937）、圣路易斯大学（1937—1944）和温莎市的阿桑普星大学（1944—1946）（Kuhns，1971，p.171）。这支队伍里还有一位年轻的人类学家和考古学家，名叫埃德蒙·卡彭特；他和麦克卢汉共同主持学术刊物《传播探索》（*Explorations in Communication*，1960）；他的书《啊，那个幽灵给我沉重的打击！》（*Oh, What A Blow That Phantom Gave Me!* 1972）提供了原生态民族志资料，富有人类学家的洞见，他洞

---

[1] 在多伦多大学任教（1929—1947）之前，哈弗洛克在新斯科舍省的阿卡迪亚学院工作（1926—1929），后来转到哈佛大学（1947—1963）和耶鲁大学执教（1963—1971）。法雷尔（Farrell）的书（2000，pp.198—199）中对哈弗洛克的学术任职有更加详细的记载。

察原始文化里的技术传播以及人类对技术的适应。[1]

饶有趣味而值得注意的是卡彭特如何给自己定位，他直率地宣示他和同仁进行独特观察和分析的视角。他说："站在多伦多，你可以看到一场大戏徐徐展开。你就像身在海岛，研究着大陆。眼前这一场大戏一览无遗。其中的大事就是电子革命。"[2]（转引自 Theall, 2001, p.251）这出大戏的一个次要情节是全球霸权的转移，你看见它从欧洲舞台转向崛起的美国帝国，这个过程在电子传播革命中渐入眼帘。卡彭特及其同事从外面看这出戏，尼亚加拉瀑布以南的同时代人就生活在这出戏里，这些人正在从内部观赏这出戏。

1.3.4 "出了什么事？"[3]

说到这里，我们应该注意媒介环境学派出现的时机。之所以值得注意，那是因为 20 世纪 60 年代是美国历史上伤痕累累的十年，用许多标准来衡量都是这样的。也许是鬼使神差吧，一切社会、政治以及媒介技术的变化似乎都在这十年里碰头了，还不算与之相伴

---

[1] 唐纳德·特沃尔（Donald Theall, 1988）认为，多伦多大学这些思想接近的学者的聚合与成果——包括给《传播探索》撰稿的多萝西·李（Dorothy Lee, 1954, 1959），构成了他所谓多伦多传播学派的基础。
[2] 与"电子革命"同时出现的是托马斯·L. 麦克菲尔（Thomas L. McPhail）所谓的"电子殖民主义"；20 世纪 50 年代，他曾经与麦克卢汉共事。他认为，电子殖民主义"代表欠发达国家对西方的依附关系；确定这种关系的因素有：从西方进口传播技术的硬件，引进外国生产的软件，同时引进的还有工程师、技术人员和相关的礼仪；这些舶来品建立了一套外来的规范、价值和期望值，它们在不同程度上改变了本国的文化、习俗和价值观念，而且改变了本国社会化过程本身"（2002, p.14）。
[3] 取自马尔文·盖伊（Marvin Gaye）1971 年的流行歌曲《可怜可怜我》（Mercy Mercy Me）（这里的"我"指的是生态）。

的躁动、紧张和混乱。媒介技术和通信技术的进步和推广一个又一个接踵而至,从半导体收音机和磁带录像机到通信卫星都纷至沓来,促进了走向媒介产业的大变革。丹尼尔·布尔斯廷[1](1961/1987)所谓的图像革命,尤其是以图像为基础的媒介比如电视机,开始挑战文字和印刷的主导地位。多数以印刷技术为基础的教育家,比如波斯曼及其同时代人,开始觉察到课堂里发生的微妙而深刻的变革;更加确切地说,他们觉察到学生如何学习或者如何理解周围的世界过程;原因之一是,在社会大环境和媒介大环境里,图像革命处在日益上升的支配地位。实际上,学校改革的辩论和运动,可以被看成教育家代表社会发出的呐喊呼号,他们思考并提出这样一个问题:我们熟悉的以印刷媒介为基础的文字素养和教育,究竟出了什么事?

从政治上看,美国因为日益恶化的越战形势而日益分裂,1965年,作战部队投入战场不久,分裂的形势就已初露端倪(Karnow,1983)。反战的示威愈演愈烈,不同政见的声音在全国回荡:从旧金山的街头到纽约北部的伍德斯托克艺术村,从中西部的肯特州立大学到东部的哥伦比亚大学。从种族隔离的南方开始,民权运动辐射到全国,气势磅礴,向国家的种族歧视政策发起挑战,向美国社会猖狂的种族主义发起挑战。与此相呼应的是数以十计的其他挑战现存体制的运动:妇女解放运动、黑人权力运动、美洲印第安人运动、同性恋运动、亚裔美国人运动、新左派运动,等等(Gitlin,1980)。

---

[1] 丹尼尔·布尔斯廷(Daniel Boorstin,1914—2004),美国历史学家、博物学家,曾任国会图书馆馆长,著有《美国人》(3卷)、《神秘的法学》、《发现者》、《创造者》、《探索者》等。——译注

重要性不输于上述运动的还有方兴未艾的环境保护运动，恶化的自然生态触发了这样的运动；环保运动在一定程度上又触发了对开发和利用核能的抗议运动（芒福德是最早最有力的核能批判者之一）。到了 20 世纪 60 年代后期，上述运动和与此相似的许多骚动的事件犹如火上浇油，迅速蔓延开来，形成汹涌澎湃的大潮。据吉特林回忆，1967 年到 1970 年的美国历史宛若"风洞里的龙卷风"（1987，p.242）。

总之，20 世纪 60 年代后期媒介环境学派及其理论视角的兴起，可以被认为是这样的产物：思想类似的学者组成无形的学苑，这些团队又组合成互相交织的网络。对于媒介技术和变革，他们具有相似的关切，这些变革的背景是 20 世纪初宏观的社会、经济、政治和思想变革。从比较具体的学科层面上来看，或者从学派冲突模式的视角来看，这个学派及其理论视角是一种回应；对主流的（大众媒介内容的）影响研究传统的支配地位来说，这个回应和批判学派的回应颇为相似，殊途同归；批判学派也是反叛北美传播研究的主导范式。

1.4 媒介环境学初期的制度构建

在媒介环境学派的形成中，从 1970 年至 1992 年这二十多年是关键的时期，因为它有了一个正式体制的家园。根据穆雷（1994，1998）的功能主义模式，拥有良好的理念固然重要，体现重要而有用的问题并能促进知识发展的范式内容也很重要，而且是必不可少的条件；然而，思想领导和组织领导坚强而长期的同时存在，却是学派形成和长期存在的关键所在。请注意，这样的思想领导和组织领导的提供者或许并不止是一个人。在这个方面，本节探讨的重点集中在一个问题上：媒介环境学派的形成如何且为何发生在 20 世纪 60 年代后期的纽约？具体地说，我们将要仔细考察尼尔·波斯曼及其同事的思想领导和组织领导作用，看看他们的媒介环境研究在纽约大学兴起的过程中扮演了什么样的角色。

1.4.1 尼尔·波斯曼和媒介环境学专业的创建

1968 年，波斯曼公开发表他给媒介环境研究这个新兴领域的定义,这一年,他刚好在纽约大学教育学院晋升为正教授。[1] 1967—1968学年,麦克卢汉凑巧在纽约,担任福德姆大学的阿尔伯特·施韦策人文讲座教授,促成这一安排的是约翰·卡尔金[2]。据波斯曼(2000)透露,他从媒介环境的视角在纽约大学正式创建媒介与文化的课程,多亏麦克卢汉的诸多鼓励。这门课程后来发展成为媒介环境的学位点,成为媒介环境学派的第一个制度化的基地。

到1966—1967教学年底,波斯曼进入英语教育系的硕士导师名单,教授六门课程;其中的三门课程(语言研究、语言和人类行为、语言与文化)纳入"口头传播和书面传播的语言基础"大类,另外三门课程(大众心理、美国文化与传播革命、传播的语言)纳入"教育传播"大类(*New York University Bulletin: School of Education*, 1966)。[3] 稍稍浏览就可以看到,年报对这些课程的描写给人的感觉是,环境学的视野在波斯曼这个阶段的工作里已经萌芽了。[4] 比

---

[1] 请允许我借用标准的新闻行话"充分披露"来做自我介绍。1985年至1989年,我受业于尼尔·波斯曼、特伦斯·莫兰、克里斯琴·尼斯特洛姆和亨利·珀金森,1989年获纽约大学媒介环境学博士学位。有一点很重要:我想强调指出,本章讨论纽约大学媒介环境学博士教学计划的发展过程,那是因为它在媒介环境学派的制度化过程中,是一个重要的发轫期。因此,这里的讨论不应该被理解为对该机构的造势宣传。

[2] 约翰·卡尔金(John Culkin)是耶稣会士和媒介教育家,1968年麦克卢汉回多伦多之后不久,卡尔金就离开福德姆大学,去创建一个非营利性的"理解媒介中心"。1975年,他在"社会研究新学院"(The New School for Social Research)创建了媒介研究教学系,该校目前已经更名为"新学院"(The New School);用他的话来说,该校的办学理念"完全建立在麦克卢汉的思想之上"(1989, p.109)。遗憾的是,他在媒介环境研究传统中作为媒介教育家与活动家的成就,在现有文献里得到的承认,是远远不够的。

[3] 为了了解波斯曼在纽约大学媒介环境学系的发展情况,我查阅了1966年到2003年的《纽约大学教育学院年报》;本书征引的仅仅是其中的一部分。请注意乔治·戈登和我的导师特伦斯·莫兰。莫兰在系里承担重要的教学任务,对课程建设作出了重要的贡献。戈登20世纪60年代中期在此任教,一些课程的重点反映在他的学术著作中(比如:Gordon, 1965, 1969, 1971, 1975, 1977)。他以传播学教授的身份在福德姆大学退休。

[4] 为了更好地了解波斯曼在纽约大学课程建设里的活动,读者可以参照本书托马斯·金卡雷利那一章,作者集中讨论了波斯曼学术成就的四个阶段。

如，关于"语言研究"这门课程就有这样的描述:"考察当代媒介的语言",注意"维纳、塞尔德斯（Seldes）、早川一会、麦克卢汉和理查兹（Richards）的研究成果"（1966, p.145）。与此相似,"语言与文化"这门课考察"语言、感知和文化的关系",特别强调"沃尔夫、李、萨丕尔、卡彭特和麦克卢汉的著作"（1966, p.145）。"传播的语言"这门课研究"人们向他人传递思想、情绪和艺术感情的原始冲动的主要体现,从部落的叙事和洞穴画到现代社会的广播、报纸、电影和电视;同时检讨传播中的审美因素和社会心理因素"（1966, p.123）。有趣的是,后面这一门课当时业已嵌入后来所谓"媒介的划时代历史记述"（见本节稍后的记述）,不仅嵌入了波斯曼后来的学位教学计划,而且构成了媒介环境学的理论基础之一。

1967年到1970年,波斯曼逐渐把媒介环境研究的课程嵌入英语教育的课程范式里,他的课程建设明显转向以传播为中心的学位课程。此间,纳入"教育传播"的三门课程（大众心理、美国文化与传播革命、传播的语言）转入了一个新的教学计划,名字就叫"传播学"。与此同时以传播为基础的新课程也进入这个教学计划;这些课程有:语言环境、语言与劝说。"语言与劝说"这门课后来又拓展成两门课,即传播与劝说:社会宣传、传播与政治宣传。

在这个阶段,波斯曼以传播为中心的学位课程有一个值得注意的重要变化:1970—1971学年完成了两个重要的发展。第一个重要的发展是,传播学的博士研讨班（两个学期授6个学分）的创建,这是波斯曼媒介环境学博士教学计划开始的标志,虽然"媒介环境学"这个名字在1971—1972学年的《纽约大学年报》（*New York*

University Bulletin）上才正式露面（1971）。[1] 后来学校历年的《纽约大学总览》把 1970 年定为媒介环境学博士点的创建时间，其道理就在这里。一旦正式命名确定之后，媒介环境学这门关于文化与技术的学问就开始形成，其发展过程和后来 20 年这个学位课程制度化的历程刚好同步。

第二个重要的发展是，波斯曼被任命为媒介环境学博士点的负责人，这就在文献上确立了他在媒介环境学制度化初期的领导作用。在这个发展过程中，波斯曼是主要的动力。

1.4.2 纽约大学的三驾马车：领导者、组织者、理论构建者和制度规范人

在媒介环境学初创的几十年里，波斯曼是它在美国的精神领袖和公共代言人。如果是这样，特伦斯·莫兰（Terence Moran）和克里斯琴·尼斯特洛姆就是纽约大学该学科最重要的两位幕后建设者。自 1970 年该学科创建以来的三十年的时间里，他们三人成为该学科的台柱子，第一代媒介环境学者的成长就建立在他们奠定的基础之上。尼斯特洛姆和莫兰是波斯曼 20 世纪 60 年代英语教育的博士生，在波斯曼的指导下，两人分别于 1971 年和 1973 年获得博士学位，他们研究的重点是语言与传播。他们对该学位点的贡献虽然可以叙述却难以量化，然而如果说他们两人以各自的方式作出了同样重要

---

[1] 1970—1971 学年，这个博士教学计划叫"传播学"，见《纽约大学年报》（1970，p.169），该计划次年正式更名为"媒介环境学"。

的贡献，那还是公道的。

　　获博士学位之后的第二年，莫兰被任命为1972—1973学年教学计划的负责人（硕士点和博士点兼管），职位是教育学助理教授，他担任这个职位直到1992年。[1]在纽约大学媒介环境学制度化的初始阶段里，他成为该学科组织领导的排头兵。他在日常行政事务方面提供支持，比如课程的设计和实施；波斯曼构想的学科发展和课程实施需要这样的帮助（Moran，友人通信，2003年5月6日）。20世纪70年代中期，在对新生的讲话中，波斯曼用亲切的口吻提及莫兰的贡献，这足以说明莫兰从一开始就承担了组织领导的工作，且十分优异。波斯曼说："我们可以说，尼克松如何成为一个技术帝国的一部分，可是他对这个帝国的控制比不上莫兰对我们这个系的掌握。"（Postman，1975，p.5）。他教学效果好，指导博士论文，[2]对艾吕尔的学术著作有浓厚的兴趣（比如：1964，1962，1965，1980，1981，1990），他成为媒介环境学博士点"媒介与宣传"方向的骨干教师。[3]1986年，莫兰和波斯曼、尼斯特洛姆一道创建了传播研究的学士学位专业。这个日益扩大的本科专业，后来成为重要的财政来源，有力地支持了媒介环境学的研究生教学计划。

　　同样，尼斯特洛姆的教学效果也很好，她指导博士论文，可以说是这个学位点的理论构建者和制度规范者。实际上，她1973年的博士论文《媒介环境学初探：为人类传播系统研究而制订整合一体

---

[1] 2005年夏季，莫兰不再担任纽约大学媒介环境学硕士点的负责人。
[2] 我对莫兰教学效果和指导论文的评估建立在我个人观察的基础上。1985年到1989年，我在此攻读博士学位，他是我博士论文指导委员会的负责人。
[3] 据莫兰确认，戈登（比如：1971）曾经是他在该系读书时的教授之一，戈登对他的研究兴趣产生了重大的影响。

的概念范式》(Towards A Science of Media Ecology: The Formulations of Integrated Conceptual Paradigms for the Study of Human Communication System),就是媒介环境学初期的重要论文。她对萨丕尔、沃尔夫、朗格等人的著作有浓厚的兴趣,一直是该博士点"语言与文化"方向的骨干教师。从1980年到2001年,她一直是这个研究生教学计划的负责人。她为解释媒介环境学的理论命题作出的贡献,决不输人。与此同时,她还向学生散发几十件教案,解释并阐述信息论和一般系统论,诠释沃尔夫、朗格和乔治·赫伯特·米德(George Herbert Mead)的著作,诠释媒介环境学的哲学基础和原理(稍后我们将列举这样的命题)。多年来,她扮演理论构建者和制度规范人的角色,在学位点的思想构建中作出了自己的贡献,她协助波斯曼凝练媒介环境学范式内容的思想。[1]总而言之,尼斯特洛姆和波斯曼、莫兰一道构成了媒介环境学学位点在思想上的三驾马车,形成了该学位点早期理论构建和制度化过程中的三位一体。

1.4.3 创建媒介环境学

(如果)你是这里的老师,如果你想要创建媒介环境学,你会把什么样的内容放进去?(Postman,1975,p.3)

回过头来看,1975年波斯曼向刚入学的博士生提这个问题,并

---

[1] 在2001—2002学年末,尼斯特洛姆从纽约大学全职教学岗位上退休。

不完全是从理论的角度对他们提出挑战。他的意思是，这些学生所受教育的一部分内容是协助老师创造一个新的媒介研究领域。媒介环境学是否有一个思想传统，有一个或多或少整合一体的理论文献，这个问题至今尚有争论。在20世纪70年代初期，这个所谓的思想基础还处在创生的阶段，思想传统就更说不上了。举一个例子，直到1976—1977学年，在《纽约大学年报》（1976）上，媒介环境学才有了一个正式的学位课程简介公之于世。20多年后，波斯曼在和笔者的通信（1999年3月）中回忆，学位点初创的岁月主要是探索和试验时期，媒介环境学的思想品格逐渐定型。

在波斯曼的思想领导下，有了学位点建设的制度保证之后，核心教师和兼职教师队伍逐渐壮大，增加了新的课程，聚合了一批类似的理念和理论，不同的学科背景聚积在一个屋顶之下。从1967年到1970年，波斯曼过去的英语教育课程逐渐转移到以传播为中心的课程上，经过修订或整合之后，它们成为新学位点教学计划的课程。早在1970年，就有一个未公开的初步阅读书目即"传播学初级书目"，发给刚入学的博士生，编者是唐·豪斯多夫（Don Housedoff）。此后，这个书目定期更新，明确了许多作者在这个领域的身份，一些是昆斯《后工业时代的先知》和布莱克曼诗歌里提及的作者。这些著作聚合并整合而成最重要的思想资源，成为培养最初几批媒介环境学人的教育资源。同样重要的是，其他教师和博士生把自己认为相关的著作加入阅读书目，为该学科的建设作出了自己的贡献。比如，助理教授罗伯特·杨（Robert Young）在创始期承担了一定的教学任务，把帕罗·阿尔托小组（Palo Alto Group）的保罗·瓦兹拉维克（Paul Watzlawick）及其同事的著作介绍到教学之中（Watzlawick 等人，1967；Watzlawick，1976）。[1]在初创的岁月里，课程内容里类似的思想有交叉的情况，阅读书目也互相交叉（Postman，与笔者的通信，1999 年 3 月）。然而，这个时期逐渐浮现出一个整合一体的学位课程，一个始终一致的视野；媒介环境学是什么，它在理解文化、技术和传播的相互关系中能够做什么，诸如此类的问题就比较清楚了。

除了学位课程的内容建设和制度构建之外，还有两个至关重要的理论建设场所，我们的讨论应该给它们恰如其分的重视。第一个场所是本校的媒介环境学讨论会。20 世纪 80 年代末之前，这个研讨会每年召开两次，在纽约北部卡茨吉尔一个小型的旅店举行。这是老师和研究生的一个非正式的思想隐修地，同样重要的是邀请客人来讲演。多年来，一个来宾签名簿留下了令人印象深刻的记录：大卫·波尔特（David Bolter，1984），杰罗姆·布鲁纳（Jerome Bruner，1962，1983，1986），凯利（Carey，1988a；亦见 Munson，Warren，1997），爱森斯坦（1979，1983），哈弗洛克（1963，1976，1982，1986），朱里安·杰内斯（Julian Jaynes，1976），谢莉·特克尔（Sherry Turkle，1985，1995），芒福德（1934，1967，1970），约瑟夫·维森鲍姆（Joseph Weizenbaum，1976）。研讨会是一个充满活力的会场——重要理论家济济一堂，共享相关的思想理念，平常却天各一方。同时研讨会又给初露头角的研究生一个难得的机会，使他们能够建立与学术界的联系。与会者相信，客人离会之后，对

---

[1] 杨把瓦兹拉维克的学术成就介绍到媒介环境学的课程里，与他的合作的有 1974 级的一位博士生，名叫休·麦卡尼（Hugh McCarney）（与友人的通信，2003 年 4 月 8 日），还有莫兰（与友人的通信，2003 年 6 月 6 日）。

媒介环境学作为一个理论视角的了解会更加充实，即使说不上更加欣赏；与会者同时相信，客人能够把这个新的视角带回到各自的学科中去。从这个方面讲，它成为媒介环境学这个学位点的师生向外拓展、了解其他学科的渠道，同时又能够提升媒介环境学这个新兴研究领域的知名度，使之跳出纽约大学的范围。

另一个至关重要的理论建设场所是《如此等等：普通语义学评论》(ETC.: A Review of General Semantics, 下文简称《如此等等》)。在纽约大学媒介环境学成形的岁月里，波斯曼担任该杂志的主编，那是在1977年到1986年之间。学术刊物是最重要的渠道，不仅可以使人分享并宣传特定的研究领域，而且可以界定学科规范，并且可以给学术研究提供合法的依据（Felck, 1979; Kuhn, 1962; Murray, 1994）。在这个方面，波斯曼主编的《如此等等》开辟了一个论坛，成为学术交流的场所，为媒介环境学的研究进路提供了合法的依据。

多年来，波斯曼喜欢对学生说，这个学位点的使命之一是探索麦克卢汉著名的隽语"媒介即讯息"。自从它第一次在《理解媒介》（McLuhan, 1964）中被宣示以来，就已经闻名遐迩。其理论实质和精神后来在"媒介环境学教学计划"的介绍中，得到了部分反映。在1976—1977学年的《纽约大学年报》(1976) 里，有这样一段话：

> 媒介环境学研究人的交往、人交往的讯息及讯息系统。具体地说，媒介环境学研究传播媒介如何影响人的感知、感情、认识和价值。它试图说明我们对媒介的预设，试图发现各种媒介迫使我们扮演的角色，并解释媒介如何给我们所见所为的东

西提供结构。（p.114）

后来，在他公开使用"媒介环境学"这个术语勾勒其范式轮廓11年之后，波斯曼首次在正式出版物中表述了媒介环境学教学计划的宗旨，这个重要的表述见诸他的著作《作为保存活动的教学》（1979；亦见 Gencarelli，2000；本书第八章）。请注意，这个语境下的"学位课程表述"并不是狭隘意义上的纽约大学学位点宗旨的表述；相反，这是波斯曼给予媒介环境学范式内容应该是什么的一般信念。在后来的岁月里，他在一连串的书里就自己对媒介环境学范式内容的各个方面作了更加详细的阐述（比如：Postman，1982，1985，1992，1999）。

1.4.4 媒介环境学向外伸展拳脚

上文业已提及，20世纪80年代后期之前，媒介环境学在传播界还是闻所未闻的理论视野。原因之一是它只是一个渐渐浮出水面的年轻的理论团队。此外，作为媒介环境学范式的创建者以及主要的思想领袖和代言人，波斯曼的背景是英语教育，他的著作在传播界没有很快地广为人知。20世纪60年代到80年代，作为公共知识分子和国内学界的知名人物，波斯曼享誉于世的原因主要是由于他在学校改革运动中拓荒的启迪作用。他一般参加全国英语教师协会的年会，也参加与此相关的类似的专业活动。不过，在纽约大学创建媒介环境学的博士点后，他创办自己主持的学术研讨会，以满足志向高远的媒介环境学者的独特兴趣。向外开拓，走向主流的传播界并非他首要关注的问题。毕竟，从吉特林（1978）所谓反叛的观点来判断，媒介环境这个视角的露头，真正是构成了对当时传播界主导范式的反叛。

1985年问世的《娱乐至死：娱乐时代的公共话语》(*Amusing Ourselves to Death: Public Discourse in the Age of Show Business*，下文简称《娱乐至死》)是波斯曼在全国学界地位的一个转折点，这个转折又延伸到他在纽约大学主持的媒介环境学的博士点。诚然，自20世纪70年代起，他倡导的媒介环境学在他论述语言和教育的著作中，就已经发出了越来越强有力的声音，然而，真正使他在教育学之外受人关注的还是《娱乐至死》。这部雄辩滔滔、言辞犀利、力透纸背的著作，是媒介环境学对美国电视文化的有力批判。在美国，它不但作为学术著作走红，而且成为大众市场的畅销书。此外，他还在国外赢得了批评界的满堂喝彩，尤其在德国，该书连续几个星期上了畅销书的排行榜；在这里，他应邀做巡回讲演时受到热烈的欢迎[1]。因此，在一个层面上，《娱乐至死》的成功成了一个载体，推动媒介环境学闯入传播学的领地，至少使它一步走进了北美主流的传播学研究领域。

另一本引起传播界注意媒介环境学的书，是约书亚·梅罗维茨（Joshua Meyrowitz，1985）的《地域感的消失：电子媒介对社会行为的影响》(*No Sense of Place: The Impact of Electromic Media on Social Behavior*，下文简称《地域感的消失》)。梅罗维茨是纽约大学

---

[1] 在20世纪80年代，波斯曼在若干场合告诉他的博士生，他应邀到德国去演说时，《娱乐至死》的德国青少年读者守候在他下榻的宾馆门口，希望得到他的签名。

媒介环境学专业早期的毕业生，波斯曼是其博士导师之一。该书以他的博士论文为基础，把麦克卢汉（1964）的媒介理论和欧文·戈夫曼（Erving Goffman，1959）关于社会交流的戏剧分析手法结合起来，考察电子媒介（尤其电视）如何重新界定人的交往和行为的各个领域。该书赢得批评家的赞誉[1]，使梅罗维茨的学术生涯一路顺风；与此同时，它又推动了媒介环境学的发展。

《娱乐至死》问世前不久，波斯曼携纽约大学同事赴旧金山参加1984年国际传播学会的年会，也许这并非偶然，却也是他们在主流传播界最初露面的几个场合之一。社会研究新学院的媒介研究硕士点主持人彼得·哈拉托尼克（Peter Haratonik）建议，波斯曼、尼斯特洛姆和莫兰围绕语言、媒介和教育主持一个小组讨论。哈拉托尼克是波斯曼的学生，是首先走出去加入传播界主流队伍的第一代媒介环境学者之一。

20世纪90年代，越来越多的纽约大学媒介环境学研究生在全国担任全职教职，拓宽了媒介环境学的学术圈子。与此同时，该博士点的学术重心逐渐发生了一个根本的变化，这样的转移开始扎根。这或许有一点讽刺的味道。90年代中期和后期，赫伯特·席勒（Herbert Schiller）和托德·吉特林分别应聘担任教职[2]。该系更名为"文化与传播系"，就是这种转变的一个标志。席勒和吉特林在波斯

---

[1] 《地域感的消失》曾获美国广播教育工作者学会1986年度最佳电子媒介著作奖。
[2] 1990年，席勒从加州大学圣迭戈分校退休之后，转入纽约大学文化与传播系担任兼职教授；在20世纪90年代，他曾经几次在春季学期任职（《纽约大学年报》，1994）。席勒2000年1月29日去世（关于他的思想历程，参见Maxwell，2003）。吉特林90年代后期在加州大学伯克莱分校任职（《纽约大学年报》，1997）。转纽约大学以后，他由几个教学单位联合聘任，包括教育学院的文化与传播系、文理学院的新闻与大众传播系和研究生院。2002年，他离开纽约大学到哥伦比亚大学执教，受聘于新闻研究生院。

曼主持的系里工作，很容易激发关注者的兴趣，因为他们长期和批判学派联系在一起，并且对媒介环境学的著作提出过最严厉的批评。继后的聘任似乎证实，系里对媒介社会学和文化研究的兴趣日益增加了。

尽管如此，纽约大学学位点学术兴趣的多样化并不会使研究学派的人感到吃惊。穆雷提醒我们说："因为各大学都谋求专家的多样性，所以即使想让很多科学家在一所大学长期维持同一种研究，实际上也是不可能的。"（1998，p.2）这个学位点的重心逐渐偏离起初的轨道之后，最初几批媒介环境学者分散到其他学术环境中去担任教职和行政职务。

然而，媒介环境学者离开他们在纽约大学的诞生地，分散到各地去工作，可能是好坏参半的事情。一方面，通过自己的研究、教学和专业拓展，这些学者宣传普及了媒介环境学的理论成就，把规范的文献带到了各自的机构，使媒介环境学进入传播界更加广阔的圈子（见本书"编后絮语"）。然而另一方面，他们的分散也可能妨碍媒介环境学作为一个整合一体的理论团队的长期发展，甚至会威胁到它的生存。再次借用穆雷的话说："地理上的分散对团队的形成未必是致命的打击，可是学科力量的分散却是一种致命的打击。跨学科的状态使学术团队难以形成，因为学术进步和威望是由学科内部来决定的，而且教育和专业分工也主要是由学科内部决定的。"（1998，p.251）

实际上，从某种程度上来看，波斯曼的学位点之所以能够维持很高程度的学科内部整合，正是由于它有一支严密的始终如一的骨干教师队伍，也就是波斯曼、莫兰和尼斯特洛姆所组成的三驾马车，正是由于这个团队三十年如一日地一心一意专攻媒介环境学。然而，尼斯特洛姆 2002 年退休了，波斯曼 2003 年 10 月不幸去世了，许多纽约大学培养的媒介环境学者又分散到纽约市之外的地方去工作，所以，媒介环境学派是否能够维持其思想上的凝聚力呢？这样的关切就难免了。

1.4.5　媒介环境学兴起简史

说到这里，我们要注意，这一节的讨论并不想吹捧、宣传甚至神化某一个机构及其研究中心和教学计划（比如纽约大学的媒介环境学学位课程和多伦多大学的文化与技术研究所），也不是想吹捧、宣传甚至神化具体的人（比如波斯曼和麦克卢汉）。实际上，我们的目标是在解释媒介环境学的建设中尽一点微薄之力，我们想把它作为一个理论上的事业和社会过程来解释。这不是一个"自然的"演化过程，相反，它涉及许多人的著作，他们组成你中有我、我中有你的网络，其思想和机构方面的背景都有一定的流动性。这也不是一个"纯真"的过程，因为这里有一个他们有意识努力探索的思想议程，他们尝试解决社会、经济、政治、文化和意识形态的各种问题。

同样重要的是，这种精神上的追求必然需要许多思想相近的人在相当长一段时间里努力，并为此而作出自己的贡献。因此，波斯曼显然是我们故事中的领袖人物；同样必要的是，我们承认他的同事（纽约大学内外兼有）的成果，承认思想新锐的学者和研究生的成果，这些人在媒介环境学派的形成中扮演了各种各样的角色。媒介环境学是许多学科里富有头脑的学者集体智慧的积累。稍微变换一下就可以这样表述：媒介环境学不可能（大概也不应该）等同于波斯曼研究或麦克卢汉研究，也不能和芒福德研究、艾吕尔研究、翁研究或朗格研究画上等号。从整体上来看，媒介环境学的思想超过了其思想成分的总和。

现在来做一个小结。如果回头参考穆雷（1994）关于学派概念和特征的论述，我们就可以说，作为学者、教育家和公共知识分子的波斯曼给媒介环境学派提供了必要的思想领导，他构想了媒介环境学，使之得到了初步的制度保证。他与纽约大学的同事尤其是与莫兰和尼斯特洛姆携手合作，给博士点的建设提供了至关重要的组织领导，媒介环境学的正式构建就是在这里完成的。这是在同类学科里第一个授予博士学位的教学单位，因此它具有双重的重要意义。第一，通过研究生课程的教学、论文研究、授予学位，它使媒介环境学的学术合法性有了制度保证。第二，在这个正规的学术—制度结构中，产生了第一代媒介环境学者；反过来，他们又使媒介环境学得到持久的发展，随着时间的推移，媒介环境学就超越单个机构的局限了[1]。

---

[1] 正如本书"编后絮语"所云，纽约大学博士点的一些毕业生后来创建了媒介环境学会。这个学会可以被认为是媒介环境学派的第二个制度化基础。

1.5 研究作为环境的媒介

1968年，波斯曼公开介绍并界定媒介环境学的时候（1970），他的意思是：媒介是复杂的讯息系统，媒介环境学试图揭示其隐含的、固有的结构，揭示它们对人的感知、理解和感情的影响。在这个方面，媒介如何影响人的观念，可以追溯到20世纪出现的生态思想家。帕特里克·格迪斯[1]（1904，1915）率先研究自然环境和人造环境以及人类文化的相互关系。格迪斯最著名的弟子芒福德，是媒介环境学最早的思想奠基人之一。他大量的论著阐述人造环境，比如城市对人和人类文明的影响（Mumford，1938，1961）。在另一个层面上，语言文化学者，比如朗格（1942）和沃尔夫（1956）也作了这样的研究：我们继承或内化的符号系统的形式和结构，在塑造我们与周围世界打交道的方式中，发挥了什么样的作用。与此相似，麦克卢汉（1962）也指出，一旦社会的主导传播媒介变化，符号系统就会发生根本的变化，主导媒介的变化有口语向书写的变化、书

---

[1] 帕特里克·格迪斯（Patrick Geddes，1854—1932），苏格兰生物学家、社会学家，城市规划和区域规划理论先驱之一。深受达尔文主义影响，师从赫胥黎，在印度、巴勒斯坦、墨西哥、美国和英国的苏格兰等地任职、从事研究，从生物学和社会学角度提出新的城市规划学说，著有《城市发展》《演变中的城市》《性的演进》等。——译注

写向印刷的变化。同时他还强调,这样的媒介变化必然使人的感官发生根本的变化;人们依靠媒介进行交流时,感官必然会发生这样的变化。在这一点上,我们至少可以在两个层次上来理解媒介环境学的这个侧面。

1.5.1 作为感知环境的媒介

在生理—感知层面上,我们可以把每一种传播媒介设想为一种感知环境。大体上说,我们感知周围世界时,或多或少地调动着我们全部的感官。在生理层面上,我们如何感知并能够在多大程度上感知到周围的世界呢?一定程度上,这取决于我们靠遗传获取的感觉器官的情况。感觉器官不同的人对周围世界的感知不一样,部分原因是感官赋予他们的感觉资料是不一样的,从周围世界获取的资料、有关周围世界的资料都会有相应的差别。比如,视力残障者的听力、触觉、嗅觉和味觉都会有相应的提高,以弥补视力的缺损。因此,生理现象被认为是我们感知的三大基础因素之一,另外两个因素是我们的需要和已有的经验(Cantril,1960)。

从这个阶段来看问题,正如麦克卢汉(1964)正确指出的那样,传播媒介是我们(感官)的延伸。每一种媒介都体现着一套感官特征。对每一种媒介的使用都要求使用者用特定方式使用自己的感觉器官;一般地说,使用感觉器官的方式有以下一些特征:阅读延伸或强调的是视觉;听收音机延伸的是听觉;玩电子游戏延伸的是视觉、触觉和听觉的组合,如此等等。换句话说,我们通过媒介感知或"构建/重构"的"现实",是现实的一种翻版,这种翻版是透过媒介的感知特征过滤的；因为翻版的"现实"乃是插入周围环境和我们之间的一种东西。当然，这样的表述并没有说清楚，我们如何对被改变了的感官去进行补偿（比如听收音机时如何假设一个视觉的画面）。尽管如此，我们使用媒介的行为必然要调整我们（生物学上界定的）感觉器官的轮廓。这是麦克卢汉（1964）评说的感知层面。当他说"媒介即讯息"时，他的意思是：媒介如何使我们的感官的形貌发生变化，这样的变化又如何改变我们接收感觉资料的方式，我们用这些资料来理解和构建/重构周围的世界。在这个层面上，把媒介作为环境来研究就暗示这样一个要求：利用媒介来理解世界时，我们必然要检查我们进入的感知环境；具体地说，我们凭借感知到的资料来构建外部世界，以便我们能够理解；而我们感知到的资料，就是多种媒介（或某一媒介）按照设计特征必须去进行编码和解码的基本素材。

1.5.2 作为符号环境的媒介

在第二个层面上，即符号层次上，我们可以把每一种传播媒介设想为一种符号环境，由一套独特的代码和句法有条不紊地构成的符号环境。比如，要学会使用标准的书面英语，将其作为传播媒介，我们就必须掌握它的词汇（也就是它的符号及其规定意义）和语法（比如由管束意义构建的句法规则）。为了成为"流利"的电影制片人，我们就需要掌握电影词汇和句法中的声音元素和形象元素。不过，我们掌握多种媒介或一种媒介的时候，我们自己同时又融入这种符号环境中，这个符号环境也就是媒介本身。一方面，我们凭借视觉、听觉、嗅觉、触觉和味觉来感觉或感知我们周围的物质世界;另一方面,我们又从媒介的符号世界内部去思考、感知、言说或表征物质世界。把路德维希·维特根斯坦[1]的话略为变换一下我们就可以说,我们知识的局限就是我们世界的局限,因为我们语言的内部符号结构或逻辑是我们认识世界的参数,在这个参数之内,我们构建关于我们信念之中的周围世界的概念或理念,这个世界是我们"认为"或"了解"的世界。

从上述观点来看问题,对作家而言,世界"读起来"就像一本书;对电影制片人而言,世界"看上去"就像一连串并置的现象和声音,如此等等。在这个微观的符号层面来理解"媒介即环境",我们并没有置身我们正在使用的传播媒介之外;相反,我们就在其中。在这个方面,媒介环境学的兴趣是要理解传播媒介一个固有的角色:它固有的符号结构在人的感知、意识或心灵活动过程中究竟扮演着什么样的角色,比如我们想了解,一种文字如何去建构或界定使用者构想和描写经验的方式。

必须指出,在实际生活中,人们使用媒介来获取信息或与人交流时,并非总是有意识地区分感知层面和符号层面。因此,在这个浑然不分的层面上,我们的研究当然就比较复杂,因为它指望我们不要把媒介当作两种环境(感知环境和符号环境)来理解,我们要研究这两种环境在人们构建周围环境时是如何相互作用的。

---

[1] 路德维希·维特根斯坦(Ludwig Wittgenstein, 1889—1951),20世纪伟大哲学家,生于奥地利,长住英国,代表作有《逻辑哲学论》《哲学研究》等,对逻辑实证论和语言哲学产生影响。——译注

1.5.3 单一媒介环境或多重媒介环境

把媒介当作多种环境来研究很可能变得更加复杂一些。在一个层面上，我们可以只考察单个传播媒介的感知—符号环境固有的特征（比如：Meyrowitz, 1994）。但另一个真实的层面是，我们生活在多媒介的社会中，也就是说，为了交流的目的，我们使用若干种媒介即符号系统的组合。为了获取新闻和信息、娱乐或交流，人们在日常生活中不止使用一种媒介，或者不止暴露在一种媒介之中，只是程度不同而已。可以想象的是，和单媒介的感知—符号环境比较而言，多媒介的感知—符号环境性质上要复杂得多，研究起来也要困难得多；单媒介的感知—符号环境上文已作了描述。在这个层次上，我们的理论关怀不仅是许多媒体人日常使用的每一种媒介固有的感知—符号结构或特征。相反，我们的任务是检查多种共存媒介的动态，考察它们的互动如何产生或构成一个感知—符号环境，这个环境性质上不同于其构造成分的总和。比如，文字传入一个口语主导的民族以后，进入他们的脑子里以后，会发生什么样的事情？对他们的心理活动会产生什么样的影响？同理，我们难以构想互联网这种实体的准确概念，因为它一部分是文字、一部分是（静态和动态）图像、一部分是声音、一部分是电脑、一部分是电话，如此等等；事实上，它是一个独特的符号环境，正如卡彭特（1960）所云，这个符号环境的新语言的密码尚待我们去破译。

1.5.4 理解作为媒介的环境

同样重要的是，在这个多媒介的社会层面上去理解"媒介即环境"时，我们可以构想"环境即是媒介"的命题。从传统上来说，传播学者在谈媒介时，他们指的往往是信息设备，比如广播、报纸、电视、电影、唱片、电脑等。毫无疑问，媒介环境学把这些设备当作自己注意的重点，然而它同时又审视，环境（比如社会环境）的符号结构如何界定人的互动或文化的生产。在这个层面上，我们可以在理论上把媒介当作环境。把波斯曼的话略为变换一下，我们就可以说，学校这种制度是复杂的多媒介的符号环境，自有一套词汇和规则，这一套东西规定师生做什么，如何做，如何互相联系，如何与这个环境之外的一切东西建立互动关系。在这里，我们清楚看到戈夫曼（1959，1963，1974）的社会学思想，一脉相承地通达媒介环境学的研究路子。比如，戈夫曼的戏剧研究学非常有助于我们理解：社会环境的符号结构如何规定着人的行为和互动的参数（Goffman 1959）。从这个角度来看问题，我们可以把电影院、参拜的场所、社会俱乐部或卧室当作社会—符号环境。

　　这里的讨论有两个关于人与媒介的关系的概念。根据传播学里的"常态科学"，第一个概念里的传播媒介主要是指信息设备，比如广播、电视、报纸等。从这个概念来看问题，我们使用传播媒介与他人交流时，仿佛站在传播媒介之外。与此相反，第二个概念是媒介环境学的概念，它把环境当作媒介来理解，或者是把媒介当作环境来理解。从这个概念来看问题，我们身处媒介的符号结构之中，就是说，我们"参与"到媒介中去达到交流的目的。

1.6　媒介环境学深层的理论命题

"媒介即环境"（或"环境即媒介"）的概念里，嵌入了三个互相联系的理论命题。

1.6.1　理论命题 1

首先，媒介环境学假设，传播媒介不是中性的、透明的和无价值标准的渠道，只管把数据或信息从一个地方传送到另一个地方。实际上，媒介固有的物质结构和符号形式发挥着规定性的作用，塑造着什么信息被编码和传输、如何被编码和传输，又如何被解码。在这样的理论表述层面上，一种媒介的符号形式产生它编码的特征，而媒介则用这样的编码来表达信息（比如模拟式符号和与之相对的数字式符号）；同时，媒介的符号形式又决定着符号组合的结构（比如命题式结构和与之相对的表现式结构）。同理，媒介的物质结构指的是承载编码的技术所具有的特征，它又指编码、传输、储存、检索、解码和流通信息的物质设备。

这是一个重要的理论命题，因为它界定了媒介环境学范式内容的一个重要侧面，其主张是：界定信息性质的是媒介的结构。比如，因为自己喜爱的小说改编成电影不太成功，有一些读者会因此而感到郁闷。当然，你的抱怨和主张可能是，令人不满意的改编是剧本改编者、导演、制片人或演员等人的无能造成的。虽然这可能是一个合理的解释，但是媒介环境学的第一个理论命题却主张，这样去看两种媒介里"包含"的东西，是文不对题的，把小说和电影看成是同样的信息是毫无意义的。相反，媒介环境学主张，小说和电影体现截然不同的两套符号结构和物质结构或形式，因此可以说，他们传达给受众的是不同的东西，小说读者和电影观众得到是两套不同的信息或"现实"，即使它们的基础可能是同样的源头（小说中包含的"故事"）。

1.6.2 理论命题2

第二个理论命题是第一个理论命题的逻辑延伸。每一种媒介独特的物质特征和符号特征都带有一套偏向。为了便于理解，我们可以借用尼斯特洛姆设计的一套理论来概括：

（1）由于不同的媒介给信息编码的符号形式是不同的，所以它们就具有不同的思想和情感偏向。

（2）由于不同的媒介给信息编码、储存、传输的物质形式是不同的，所以它们就具有不同的时间、空间和感知偏向。

（3）由于给信息编码的符号形式在被获取的可能性是不一样的，因此，不同的媒介就具有不同的政治偏向。

（4）由于物质形式决定着人亲临现场的条件差异，因此，不同的媒介就具有不同的社会偏向。

（5）由于不同的媒介组织时间和空间的方式不一样，所以它们就具有不同的形而上的偏向。

（6）由于不同的媒介在物质形式和符号形式上是不一样的，所以它们就具有不同的内容偏向。

（7）由于不同的媒介在物质形式和符号形式上是不一样的，因此而产生的思想、情感、时间、空间、政治、社会、抽象和内容上的偏向就有所不同，所以不同的媒介就具有不同的认识论偏向。

总而言之，不同传播媒介中固有的不同的物质形式和符号形式，预先就设定了相应的不同偏向。

进一步描绘这个理论命题具有重要的意义。我们将它放进比较大的语境中来考察，一个原因是，没有任何一种传播媒介起源于或存在于真空中；另一个原因是，我们需要确定一种传播媒介的物质形式和符号形式是何时构建的，它们是为何构建的也需要确定。其实，每一种传播技术里都体现着一些思想。这些思想旨在解决业已存在的传播问题，既可能是真实的问题，也可能是感觉之中的问题。换言之，在任何传播技术的概念和发展的背后，总是存在着人们想到的一些理由即意图。在这个层面上，界定传播技术物质形式和符号形式的，就是这些理由和意图。

1.6.3 理论命题 3

第三个理论命题是第二个理论命题的逻辑延伸。媒介环境学进一步假设，传播技术促成的各种心理的或感觉的、社会的、经济的、政治的、文化的结果，往往和传播技术固有的偏向有关系。这个理论命题直接论述媒介环境学范式内容的一个关键理论问题,即技术和文化的问题(或反过来文化和技术的问题),尤其是传播技术如何影响文化的问题。

1.6.4　理论连续体:软决定论、技术/文化共生论、硬决定论

我们应该看到,这个理论命题是一个连续体,执其两端的是两种不同的解释性视角。一端是所谓"软决定论",其假设是:虽然媒介使事件发生,但事件的形态和媒介的冲击"却是其他因素的结果,而不是正在使用之中的信息技术的结果"(Levinso,1977,p.3)。换句话说,在媒介的发展、传播和使用的过程中,人的能动性是决定性的因素之一。在连续体的另一端是所谓"硬决定论",其主张是:技术是必然的社会变革的首要决定因素,或者更加广义地说,技术是必然的历史变化的首要决定因素(比如:Smith,1994)。

此外,处在这个连续体中部的是我所谓的"文化/技术共生论"。有人认为,人类文化是人与技术或媒介不间断的、互相依存的因而互相影响的互动关系(比如:Lum,1996)。就其实质而言,"文化/技术共生论"虽然处在这个连续体居中的地方,但是它并不因此而取得优先的地位,在理解这个共生关系中,它既不会对媒介/技术抱偏见,也不会对人的因素抱偏见。

简言之,这三种视角都承认传播技术在文化或人类交流中发挥的界定性作用,但是它们的解释各不相同。面对技术传播或媒介变革时,人的因素如何起作用?对于这个问题,它们的解释有所不同。还有一个重要问题必须指出:这些视角仅仅是概念上的辅助手段,

协助我们理解媒介环境学理论基础的这个侧面；一个隐含的前提是，它们并非僵死的、条块切割、黑白分明的范畴。至于如何恰当或有效地运用这些理论命题或"决定性"的解释性视角，那还要看需要解决的是什么问题，还要看问题处在什么样的具体的社会历史背景之中。

1.7 媒介的历史分期

有了上述简略介绍的三个理论命题的基础之后，我们应该来看看媒介环境学核心的、界定性的范式内容之一：传播媒介的变化如何促进文化里根本的、大规模的或生态的变化。在一定程度上，媒介环境学受到芒福德提出的技术的历史分期的影响（Mumford, 1934；亦见 Innis，无日期；Strate, Lum, 2000）。媒介环境学有一个分析历史演化的独特方式，解释所谓"媒介的时代分期"。它根据四个重要的传播时代来构想历史：口语时代（如在口语文化中），文字时代（如在文字或手写文化中），印刷术时代（如在印刷文化中），电子时代（如在电子传播技术主导的文化中）。

1.7.1 第一个传播时代：口语时代

媒介环境学探究口语和文字的历史演进或人类发展中的时代—历史意义。在这个问题上，所谓"口语文化—书面文化研究"贡献良多。"口语文化—书面文化研究"是媒介环境学的一个分支，其灵感来自于许多学科的著作；这些学科有：考古学、古典研究、民俗学、普通语义学、语言学、语言人类学和媒介研究。学者有：杰克·谷迪（Jack Goody，1968，1977），哈弗洛克（1963，1976，1982，1986），早川一会（1964），罗伯特·K.洛根（Robert K. Logan，1986/2003），翁（1967，1982）波斯曼（1965），丹尼斯·施曼特—贝瑟拉（Dennis Schmandt-Bessentrat，1996），爱德华·萨丕尔（Edward Sapir，1956）和沃尔夫（1964）。"口语文化—书面文化研究"考察口语文化各种各样的特征，包括心理、社会、经济、政治、文化和认识论的特征。在这个语境下，口语文化研究的焦点是研究所谓原生的口语文化。所谓原生口语文化指的是没有文字的社会；同样重要的是，生活在原生口语文化的人根本就不知道文字的存在，也就是说，他们说的话既没有视觉的成分，也没有书写的成分。

　　换句话说，对原生口语文化里的人而言，主要的交流手段是口语和其他非文字的工具，比如图画、面部表情和手势之类的身势态语、物体的摆放等。他们用这些非文字的手段来给信息编码、记录、迁移或运输、检索和解码。仅以此而论，媒介环境学提出这样一些重大的问题：原生口语文化里的人如何思考和构想他们周围的世界（或"现实"）？（毫无疑问，他们说话时，脑子里"看"不见任何一个单词，因为一切口语词都是纯粹的声音；我们有文字的人说话时，脑子里会看到口语词的文字成分；道理其实是一样的。）原生口语文化里的人维持什么样的社会、经济、政治和文化体系（哪怕和文字不太普及但确有正式文字的文化比较而言，那显然是不同的体系）？同样重要的是，既然这些原生口语文化没有文字记录可供我们研究，我们又怎么知道它们的这些特别体系呢？

1.7.2　第二个传播时代：文字时代

有些文化里不同程度地存在着文字传播的情况。媒介环境学研究这些文化时，提出了一些类似的问题。比如，文字的启用如何重新界定一个社会里的权力结构？原生口语的民族接触到文字（比如开始学习写字）以后，他们的思维方式［翁（1982）称之为心理动态］会发生什么样的变化？这样的变化又如何改变他们对周围世界（或"现实"）的理解？正式的文字启用以后，它如何重新界定人们的"信息"观念？为什么会重新界定"信息"的观念？反过来可以问，为什么有的文化启用文字所花费的时间比其他文化长得多？换句话说，为什么文字在不同文化里的传播情况会不一样呢？媒介环境学者在考察媒介变化在文化变革中扮演的角色时，提出了许多问题，以上问题仅仅是其中的一部分。

可以用一个例子来说明，媒介环境学用什么研究方法去理解媒介在文化变迁里的作用。从媒介时代分期的视角来看，在原生口语文化或口语文化主导的社会里，长者往往是社会精英，因为他们是这些文化里最重要的信息媒介：他们生活阅历丰富，积累了更多的知识和技能。在这个方面，长者在口语文化里是最珍贵的信息、知识、智慧和实用技能的参考源泉。在口语文化主导的昔日中国，"家有高堂，金玉满仓"的谚语代代相传，主要的原因就在这里。

但书面文化的普及逐渐夺走了长者在社会里扮演的特权者角色，因为在书面文化里，他们不能够像在口语文化里那样控制信息。在文字普及的社会里，人们在幼年时就可以学到比较多的东西，而且学得比较快，凡是学会读书写字并有书可读的人都能够办到。用目前"大学适龄"标准来衡量,到了21岁,书面文化社会里的人业已掌握相当程度的专业技能;在口语文化的社会里,即使不花上几辈子,恐怕也要花费长得多的时间,才能够学会这样的本领。从口语文化向书面文化过渡时发生的媒介转换,产生了深刻的社会影响:一个社会阶级(长者在口语文化里是宝贝)被取而代之。用伊尼斯的观点来说,"知识垄断"的宝座从一个阶级转向另一个阶级,从一个传播媒介时代转向另一个传播媒介时代。

1.7.3 第三个传播时代:印刷术时代

在媒介环境学的历史记述中,第三个传播时代是印刷术或印刷文化的时代。用许多标准来衡量,印刷技术的开发和普及是人类传播在技术上的重大改良。这是因为有了印刷术之后,人们可以用一个原件大批量地复制一模一样的信息。在早期近代欧洲的历史上,金属活字印刷术的推广,大大推进了社会短期或近期的重大变革(Eisenstein,1983);创造了新的劳工职业(活字铸造工、排字工、印刷工等);开创了新的专业工作(比如作家、编辑、书商等),甚至是新的产业(比如印刷机制造业、油墨生产商、铅字铸造业等)。

印刷术的推广还产生了其他意义更为深远的社会、经济、政治和文化影响。比如,印刷术的普及如何重新界定信息的性质?在这里,你可以争辩说,印刷术的一个遗产是使信息民主化的一个手段,它复制信息供大众消费;此前,信息是由社会里的宗教、政治精英控制的,他们的传播手段有限(且几乎没有传播信息的意向)。如果此说正确,信息民主化如何重新界定现存的社会、经济、政治秩序或体制呢？在媒介环境学的历史记述中，爱森斯坦（1979，1983）是贡献最大的学者之一。她是历史学家，退休之前在密西根大学执教。她详细研究了谷登堡印刷机（1979），认为印刷技术促进了早期近代欧洲的深刻变革。具体地说，她认为谷登堡印刷机促进了欧洲政治、经济、文化的根本变革和认识论的变化，这些变化体现在宗教改革、现代科学的兴起和文艺复兴之中。当然，其他许多学者在这个方面也作出了很大的贡献，包括伊尼斯（1950，1951）、麦克卢汉（1962）、波斯曼（1982）、哈弗洛克和翁的一些著作也作了同样的贡献。

1.7.4　第四个传播时代：电子媒介时代

媒介环境学历史记述中的第四个传播时代肇始于电子媒介的兴起，滥觞于19世纪初的电报。放进宏观的历史里去看，快速的技术变革似乎是电子传播时代的界定性特征。人类学会说话花费了数百万年的时间，学会使用文字花费了几千年的时间，但开发印刷术花费的时间就短得多；考虑到这样的事实，电子传播时代的特征就更加明显。在短短的一百年多一点的时间里，数十种新媒介技术就问世了：电报、电话、留声机、轮转印刷机、电影、汽车、飞机、广播、有声电影、收音机、电视、电脑、卫星、激光、视盘、磁带录像机、盒式录像机、电子游戏、互联网、万维网、无线个人通信等。[1] 人类历史

---

[1] 20世纪80年代后期，我修读了波斯曼和尼斯特洛姆主讲的博士生研讨课，我们对电子媒介时代迅速变革的性质进行了上述的观察和评论。

似乎突然被扔进了一个电子通信的时代；在这个时代，变革已经司空见惯，不过更加重要的也许是，变革本身的速度和性质都已经变化了。

无论你在媒介环境方面的取向是什么，这样的说法似乎是有道理的：电子传播技术引进的是一种认识世界和感知世界的全新方式。这是因为和以前三个传播时代里媒介的偏向比较，它们的一套偏向是迥然不同的；它们在时间、空间、符号和物质上的结构偏向，和过去不一样。这是麦克卢汉（1964）的思想闪光，体现在他的名言"媒介即讯息"里。这就是说，电子媒介带来的变化，不是人们所谈"内容"的变化，而是人们认识和谈论世界的方式发生了变化。电子媒介使我们在人类传播和文化里传统的时空观念完全过时了。线性和理性的思维方式是书面文化和印刷文化的界定性特征之一，如今它受到的挑战是思维方式、审视世界和认识世界方式的挑战；这是多媒介、直觉的方式，是后现代文化的征候，电视、互联网、多媒体成为时代的主宰。

然而，电子媒介如何影响文化，在多大程度上影响文化，这仍然是一个争论激烈的课题，多种学术领域的学者参与这场争论，他们沿着上文描写的那个理论连续体展开争论。兹将一些文献（按出版年代顺序）举例如下，以便读者从多种不同的角度对媒介环境研究有一个初步的了解：维纳（1948）、伊尼斯（1951）、麦克卢汉、（1964）、布尔斯廷（1961/1987）、托尼·史华兹（Tony Schwartz, 1973）、维森鲍姆（1976）、R. 默雷·沙菲尔（R. Murray Schafer, 1980）、波尔特（1984）、梅罗维茨（1985）、波斯曼（1985）、詹姆斯·贝尼格（James Beniger, 1986）、加里·冈珀特（Gary

Gumpert,1987)、凯利(1988a)、麦克卢汉父子(1988)、亨利·珀金森(Henry Perkinson,1991)、保罗·泰勒(Paul Thaler,1994,1997)、林文刚(1996)、斯特拉特、伦·雅各布森和斯蒂芬妮·吉布森(Strate,Ron Jacobson,Stephanie Gibson,1996)、罗纳德·戴伯特(Ronald Deibert,1997)、波尔特和理查德·格卢辛(Bolter,Richard Grusin,1999)、小雷伊·戈兹(Ray Gozzi, Jr.,1999)、保罗·莱文森(Paul Levinson,1999)、)、苏珊·巴尼斯(Susan Barnes,2001)、斯特拉特(2005)。

1.8 本书组织结构

本书意在给读者提供一个总体的历史记述框架，便于了解媒介环境学一些主要学者，了解他们提出的问题、理论或主题，了解界定媒介环境学派的范式内容，了解其思想传统。我们的兴趣并不仅仅集中在理论上。在了解这些理论背后的历史背景和思想背景之后，我们对该学派理论的强弱之处就会有更加扎实的理解，就能够更好地用这些理论来解释当代的媒介与文化。

1.8.1 编辑原则

为此目的，第二章到第十三章集中介绍媒介环境学的一些奠基人，研讨他们共享的一些关键的理论问题。两套共同的主题显而易见，但程度略有不同：技术与文化的关系，语言和文化的关系。

接着的讨论以波斯曼的文章《媒介环境学的人文关怀》（The Humanism of Media Ecology，第二章）开头。波斯曼是媒介环境学派的创建人和精神领袖。文章使我们能够管窥媒介环境学初期的构想和人文基石。第三章到第十三章综合并分析媒介环境学的一些学者，介绍他们给媒介环境学提供的范式内容。他们是爱森斯坦、艾吕尔、哈弗洛克、伊尼斯、麦克卢汉、芒福德、翁、波斯曼和沃尔夫;还介绍了凯利,他论述伊尼斯、麦克卢汉和芒福德的著作给许多初生牛犊的媒介环境学人提供了灵感。特别需要指出的是,由于篇幅所限,本书不能涵盖其他媒介环境学者的成果,委实令人遗憾;他们是帕特里克·格迪斯、阿尔弗雷德·科日布斯基(Alfred Koryybski)、维纳等。他们的学术思想为媒介环境学理论视野的拓展作出了贡献。"编后絮语"简略探讨一些最新的动态,尤其是媒介环境学在体制上的最新进展。

篇章顺序的安排还有另一套原则。虽然所有的篇章都对技术和文化感兴趣,但第十章到第十三章的角度显然是从语言和文化方面阐述。第十章和第十一章分别介绍沃尔夫/朗格和沃尔夫,总体的理论取向是语言、思想、文化的基本概念和符号学。第十二章和第十三章探讨媒介环境学三个关键的主题,基本上按照媒介环境学历史记述的传播时代来安排:口语和文字(第十二章论述哈弗洛克、翁和帕利等人的成就)以及印刷术(第十三章论述爱森斯坦、麦克卢汉和波斯曼等人的成就)。许多媒介环境学者对电子媒介均有论述,读者可以从第七章中研读詹姆斯·C.莫理逊(James C. Morrison)论麦克卢汉、从第八章中研读金卡雷利论波斯曼;这是理解媒介环境学的两个视角。

再一条组织结构的原则旨在有利于各章题材的集中和形式上的统一。编者竭尽全力保存每一位撰稿人独特的声音和创新,但为了保证总体的思想展开和形式上的统一,我们还是坚持了一套总体的原则。读者应该注意到,在论述每一位媒介环境学者过程中,都融入该学者学术思想的发展脉络;这样的传记性资料意在突出一个背景：他们接受的教育，他们所处的社会政治环境扮演了什么样的角色，如何影响并在多大程度上影响了他们的思想发展。典型的组织安排是：每一章都根据研究对象的重要主题或理论来展开。每一章都在适当的地方提供了媒介环境学奠基人著作的比较分析，评估其理论的优点和弱点。

1.8.2　各章提要

以下是绪论之后各章的简要介绍，我们参照了撰稿人提供的摘要。

第二章　尼尔·波斯曼的文章《媒介环境学的人文关怀》是他在 2000 年媒介环境学会年会上的主题讲演，取自会议论文集，收入本书时经过了少许改动。他简单地回顾了媒介环境学概念的形成过程，以及纽约大学媒介环境学学位点初期制度化的情况。然而本章的意义在于他阐明了媒介环境学的人文关怀。对他而言（1988），媒介环境学是道德神学的一门分支学科，因此脱离道德和伦理背景去研究媒介环境学是毫无意义的。他提请媒介环境学者注意，在研究媒介对文化的影响时，要站在人文主义的立场。为此目的，他提出了四个富有指导意义的问题：（1）媒介在多大程度上对理性思维的发展作出了贡献？（2）媒介在多大程度上对民主进程的发展作出了贡献？（3）新媒介在多大程度上使人能够获取更多有意义的信息？（4）新媒介在多大程度上提高或有损我们的道德感、我们向善的能力？波斯曼的人文主义或道德关怀构成了他思想和著作的基础，使他成为创新的学者和教育家，而且使他成为有效的社会批评家和公共知识分子。

第三章　本章题名《刘易斯·芒福德与技术生态学》（Lewis Mumford and the Ecology of Technics），斯特拉特和我都认为，虽然芒福德的学术并非专注于传播媒介本身，然而在技术对人类文明的生态影响和根本影响上，他富有深刻的理解，他对媒介环境学的理论基础作出了很大的贡献。我们的研究突出他的导师格迪斯对他的深刻影响。20世纪初，格迪斯创造了"人类生态"这个术语，他对芒福德思想产生了深刻的影响。文章开头简要介绍芒福德的生平，但重点放在芒福德学术所处的文化和历史的宏观背景方面；接着的重点是分析芒福德众多著作的三个方面：他对技术时代分期的历史记述；他有关技术和人类发展的技术有机理论（techno-organicism）；他对"王者机器"（metamachine）的批判。我们还指出，芒福德的一些思想走在麦克卢汉之前。文章结尾探讨的是芒福德著作和生活中的人文主义和生态关怀，以及嵌入他媒介环境学思想的积极精神。

社会学家艾吕尔常常被许多人认为是技术决定论的中坚分子，人们认为他解释技术和人的境遇时持技术决定论的立场（比如：M. Smith, 1994）。但我们认为，这样去理解艾吕尔的思想，忽略他对精神自由和神学的探索，忽略他对摆脱技术局限的探索，只能损害我们对他复杂的学术成果的理解。为了更好地检视他的辩证思想，本书用两章的篇幅介绍他的学术思想，以便使读者更好地了解他的思想，了解常常被忽略的他对媒介环境的精神关怀。艾吕尔不仅是社会学家和神学家，而且试图用两面似乎对立的透镜去理解人的境遇。

第四章　在《雅克·艾吕尔：技术、宣传与现代媒介》（Jacques

Ellul: Technique, Propaganda and Modern Media）里，兰迪·克卢维尔（Randy Kluvwer）确认，艾吕尔是重要的社会理论家，他对现代世界的社会和政治体制分析富有洞见，发人深省，可是他对人类交流问题的深切关怀在传播学界几乎还默默无闻。克卢维尔进一步探索了艾吕尔对技术秩序的社会学洞见，尤其是在大众媒介和现代社会方面的洞见；对媒介消费之下潜隐的预设而言，他的洞见应该是受人欢迎的挑战。本文检视艾吕尔的两个概念：技术至上和宣传。这两个概念构成了艾吕尔思想深刻、影响重大的社会学理论的基础。本文证明，它们对媒介环境学的基础理论的界定性特征作出了贡献。作者还从总体上介绍艾吕尔的社会学思想，说明他的思想对我们理解当代社会和媒介的社会角色有何作用，同时彰显他的学问和媒介环境学传统中的其他学者有什么关系。

第五章 我们请克卢维尔集中分析艾吕尔的社会学著作，同时又委托克里福德·克里斯蒂安（Clifford Christians）撰写艾吕尔的辩证法思想，换句话说，我们请他把艾吕尔的思想放进宏观的背景里去评估，既涵盖他的社会学思想又包括他的神学思想。在《艾吕尔：神学研究的对照法》（Ellul as Theologian in Counterpoint）中，克里斯蒂安从历史记述的角度分析艾吕尔早期的思想，注意到马克思主义对他在政治、经济、社会问题视角上影响。克里斯蒂安指出，艾吕尔的基督教信仰对他产生了重大影响；他读了《圣经·罗马人书》以后改信基督教。自那时起，艾吕尔走上终生求索的道路，他从精神上去理解技术社会和人的现代境遇。文章认为，艾吕尔受巴特辩证神学方法论的影响，他要给主要的社会学理论提供相应的神学理论。克里斯蒂安指出，艾吕尔的辩证法与其说是要调停社会学和神学，不如说是想要了解两者表面上的矛盾，他要探索如何使人真正从技术的暴政之下恢复过来。文章结尾简要地评估艾吕尔的学问及其与芒福德、麦克卢汉、波斯曼的关系，并且对艾吕尔的一些不足提出了批评。

第六章 保罗·海耶尔（Paul Heyer）撰写的《哈罗德·伊尼斯的媒介环境学遗产》（Harold Innis' Legacy in the Media Ecology Tradition），以思想—纪传体的形式考察伊尼斯的生平和学术成就，检讨他的学问在媒介环境学理论视野兴起的过程中扮演了什么角色。文章评介伊尼斯早期的政治经济学成就，既按照其自身的面貌去评估，又评估政治经济学给他的传播学研究提供的概念上的起点，探讨政治经济学如何有助于他探索传播媒介在历史上扮演的角色。伊尼斯对传播媒介的历史记述，被认为是一个提纲挈领的基础，为研究传播与文化的关系提供了创新的研究路子。文章努力解释伊尼斯在研究过程中提出的一些关键的概念：时间偏向、空间偏向、口头传统、知识垄断和文化的机械化。文章结尾审视伊尼斯对传播研究和媒介环境学研究的影响，简要分析其他学者如何利用他的研究成果；这些学者有：詹姆斯·凯利、丹尼尔·齐特洛姆（Daniel Czitrom）、梅罗维茨和波斯曼。

第七章 莫理逊的《马歇尔·麦克卢汉：现代两面神》（Marshall McLuhan: The Modern Janus）分析探讨麦克卢汉的著作。麦克卢汉是媒介环境学界最引人注目、影响最大的公共人物，是媒介环境学最重要的思想奠基人之一。他关于媒介和文化的思想富既富有原创性,又富有争议性;这些思想成为媒介环境学的基石。作者认为麦克卢汉的思想之所以富有争议性,原因之一是富有原创性,它们的问世可能对盘根错节的学术界构成了威胁。然而,麦克卢汉的非常规思想和折中主义的表现手法常常使许多人感到困惑,包括他的支持者和反对者。由于这个原因,莫理逊着手驱散对麦克卢汉思想的一些误解,误解他思想的既有饱经风霜的学者,他们还在苦苦应对他构成的挑战,也有刚刚开始研究他思想的新手。莫理逊仔细分析了麦克卢汉表面上非道德关怀的立场,审视了他扎根于现代主义、后牛顿科学、古代和中世纪逻辑里的思想,考察了这些根源在他媒介学问里的表现。同样重要的是,本章突出阐明麦克卢汉的思想对我们理解今日电子传播环境的现实意义。

第八章 金卡雷利的《尼尔·波斯曼与媒介环境学的崛起》(Neil Postman and the Rise of Media Ecology)对媒介环境学派兴起的一个重要篇章进行分析,这是媒介环境学思想史的重要章节。文章论述两个相关的问题。第一个问题是:波斯曼的思想和著作如何体现媒介环境学的理论?在探讨这个问题时,他把波斯曼的学问放入媒介环境学理论的大背景中。文章第一部分记述波斯曼思想的演化过程,考察波斯曼 20 余部主要著作中的 17 部,探讨这些著作对他总体的媒介环境理论的贡献。文章的第二部分描绘他著作里一以贯之、反复再现的主题,包括嵌入这些主题的标志性思想。金卡雷利认为,这些主题和思想构成了我们今天所指的媒介环境学基本的范式内容。

凯利的身份常常和美国文化研究和新闻学联系在一起，而不是和媒介环境学联系在一起。然而，许多媒介环境学者接受他四十多年来的许多著作，所以在2003年媒介环境学会的年会上，他被授予路易斯·福斯戴尔奖，表彰他在媒介环境学教育领域作出的杰出贡献。[1] 许多人认为，凯利在美国学的文化研究领域中是执牛耳的人物，他对几位媒介环境学者，比如芒福德、伊尼斯和麦克卢汉的主要著作作了最富有洞见的阐述，同时又对芝加哥学派拓荒的研究进行了很好的解释，芝加哥学派对建立北美传播学的基础作出了重大的贡献。凯利本人是传播界最富有创见的学者之一，他的学问激励并推动了传播界的文化转向；以前，传播界专注于实证研究，只研究媒介对人的短期行为的影响（比如：Carey，1975，1988a）。在另一个层面上，他尖锐批评麦克卢汉媒介学术严重的政治冷漠（Carey，1997），对芒福德人文关怀的不足表示不快，对艾吕尔缺乏希望的思想表示不满。他主张，在建立更加富有人情味、人们参与度比较高的社会中，民主的伦理和道德是媒介环境学的基石。

第九章 在上述语境下，弗里德里克·瓦塞尔（Frederick Wasser）的《詹姆斯·凯利：寻求文化平衡》（James Carey: The Search for Cultural Balance）就比较好理解了。文章按照三条共现和交织的思路展开，分析凯利的学术著作：凯利对传播仪式功能作了阐述；他认为技术与传播的关系是互相决定的关系，并借用传播史来探索经济

---

[1] 自20世纪90年代中期以来，凯利也应邀出席（包括做主题讲演）纽约大学的媒介环境学讨论会，参加媒介环境学会（独立于纽约大学）的年会（比如：Carey，2003a）。弗莱汉（Flayhan，2001）也注意到凯利的文化研究与媒介环境研究的关系。

与文化之间的张力；他对新闻教育的用处进行了长期而影响重大的检视。瓦塞尔曾师从凯利，所以他文章的亮点之一是通过引用大量丰富的史料来突出凯利的说服力，这是他方法论的组成部分；他征引的思想家包括托克维尔、约翰·杜威[1]、芒福德、麦克卢汉等。

第十章 上文提及，媒介环境学的主要理论关怀之一是语言、思想和文化的关系。《符号，思想和现实：沃尔夫与朗格对媒介环境学的贡献》（Symbols, Thought, and "Reality": The Contributions of Benjamin Lee Whorf and Susanne K. Langer to Media Ecology）的作者尼斯特洛姆认为，媒介环境学可以界定为：我们的符号系统和媒介技术如何对我们构建"现实"产生影响，这样的"现实"对我们的社会制度、文化习俗和价值观意味着什么隐含的命题。本章开篇探讨阿尔伯特·爱因斯坦（Albert Einstein）和维纳·海森伯20世纪初的物理学著作，重点研究这样一个思想的起源：我们的技术和符号表征系统在"现实"构建中扮演什么样的角色。接着，文章检视这个思想如何在语言、文化与传播的研究中逐渐占据了突出的地位，沃尔夫之类的语言人类学家和朗格这样的符号哲学家的创新研究推动了这个过程。沃尔夫和朗格著作里的一些重要理念，成为媒介环境学的理论基石和思想基础，本文旨在突出并解释这样一些理念。

---

[1] 约翰·杜威（John Dewey, 1859—1952），美国哲学家、教育家和心理学家，实用论学派创立者之一，机能主义心理学先驱，实用论教育的倡导者。代表作有《经验和自然》《学校与社会》《心理学中的反射弧概念》。——译注

第十一章 在上一章里，尼斯特洛姆阐明了朗格一些重要的思想，说明它们和媒介环境学范式内容的关系。在《苏珊·朗格的心灵学说：对媒介环境学的潜在命题》(Susanne Langer's Philosophy of Mind: Some Implications for Media Ecology)这一章里，约翰·鲍威尔斯（John Powers）试图对朗格的符号哲学作一个总体的解释，并提出对媒介环境学者有总体参照意义的框架；有志于从朗格的概念和理论中抽取思想的媒介环境学者能够从中受益；她的思想有助于构建整合一体、比较全面的媒介环境学范式。本章向读者介绍朗格的宏观视野，包括她跨度 50 个春秋的 9 部重要著作，第一部是《哲学的实践》(*The Practice of Philosophy*, 1930)，压轴之作是《心灵：人类情感论》(*Mind: An Essay on Human Feeling*, 1967, 1972, 1982)。文章检视的问题包括：朗格对什么是哲学的理解；朗格研究媒介和符号学的方法论；如何用朗格的学说来使彼此隔绝的理论贴近，使之成为可以更好地彼此支持的学科联盟；如何用朗格的学说来给互相竞争的理论提供一套批判和评价的标准。

第十二章 在《口语文化—书面文化定理与媒介环境学》(The Orality-Literacy Theorems and Media Ecology)里，布卢斯·格龙贝克（Bruce Gronbeck）给我们介绍媒介环境学最重要的原理之一：传播媒介的变革导致人的心理和文化的变革。在这里，他审视古典学家哈弗洛克与人文学家麦克卢汉和翁的学术著作，亦检视人类学家恩斯特·梅尔（Ernst Mayr）、列维—斯特劳斯、谷迪和伊恩·瓦特（Ian Watt）的著作，考察他们阐述的所谓口语文化—书面文化原理，在宏观和微观两个层次上去进行描绘。在宏观层次上，口语文化—

书面文化原理处理的问题是社会大环境里的主导媒介扮演的角色；这一类问题有：口语文化社会、书面文化社会、印刷文化社会和电子文化社会里的媒介决定论或实用论等问题。在微观层次上，这些原理解决的是认知理论问题，尤其关注人脑如何通过声觉、书面和视觉渠道进行心理加工的过程。综合各家理论之后，格龙贝克对这些原理的优势和不足进行评估；对于读者如何有效地利用这些原理去理解今日多媒介环境里的口语文化和书面文化问题，文章对各家之言亦做了评点。口语文化和书面文化体现了媒介历史记述的第一个和第二个传播时代。

第十三章 印刷文化是媒介环境学历史记述的第三个时代。约瑟夫·阿什克罗夫特（Joseph Ashcroft）的《印刷术及其对文化与传播的影响：媒介环境学的诠释》（Typography and Its Influence on Culture and Communication: Some Media Ecological Interpretations）对媒介环境学的相关理论进行小结。文章研究的是：在谷登堡印刷机（金属活字印刷）问世之后的几百年里，印刷术对文化有何影响，首先是对西方世界产生了什么样的影响。作者综合爱森斯坦、哈弗洛克、麦克卢汉、翁、波斯曼、吕西安·费弗尔（Lucien Febvre）、亨利—吉恩·马丁（Henry-Jean Martin）等人的学术成果，探讨印刷术推广之后产生的各种长远影响，比如，在宗教改革、民族主义兴起、现代科学的兴起与变革、个人主义和民主制度等社会变革过程中，印刷术产生了什么样的长远影响。本章思考的问题还有：印刷术如何改变人的观念，比如人与读物关系的观念、与他人关系的观念、与周围世界关系的观念；童年的观念可能是印刷术的产物。作者分析并综合了媒介环境学对印刷术的研究之后得出这样的结论：媒介环境学家感兴趣的是媒介广泛的文化影响，而不是个别的影响。此外他又指出，媒介环境学的方法论多半是定性研究，换言之，它的方法论是构建理论而不是检测理论。媒介环境学也研究个人如何受媒介的影响，但它的研究首先是把个人放进他生活的文化环境里去进行研究。

第十四章 编后絮语。在本书末尾，我把一些松散的线头编结起来，简略探讨本领域的一些最新动态，包括媒介环境学会的成立及其标志性意义和象征性意义。这是媒介环境学派思想史的新篇章。

1.8.3 本章小结

本书意在为理解媒介环境学的发展过程提供一个历史叙述框架。媒介环境学有一个多学科的思想传统，这个传统具有相对整合的一套理论基石。全书共十三章，外加一章"编后絮语"。我们的宗旨是：凸现、综合并分析媒介环境学的一些决定性思想、理论或主题，其研究重点是媒介技术对文化和人类传播在形式上、根本性质上和生态意义上的影响；了解这些思想背后的思想家；了解这些思想产生的思想脉络；了解我们当代人如何利用这些思想。本书各章节在理论上有一定的交叠。但这样的交叠难以避免且必不可少，理由有两点：第一，这有利于使各章节在叙事上一气呵成、结为一体，虽然各撰稿人发出独特的声音，甚至作出各自不同的解释；第二，这样的交叠之所以难以避免和必不可少，那是因为媒介环境学派及其传统，在一定程度上体现在一套多学科的文献和理论视野中。

编者希望，作为一个整体，本书能够给读者提供一个坚实的基础，使读者对媒介环境学的传统有一个初步的认识；迄今为止，这个传统在北美传播学的思想史和历史记述中还是缺失的一章，编者希望本书能够填补这个缺失的环节。要而言之，本书谋求将连接媒介环境学传统的各种理论线索综合成为一个整体。与此同时，我们对众多学者的成就作一番让人兴趣盎然的历史叙述；他们的集体智慧给我们展现了一个生机勃勃的世界，这是文化、技术和传播相互关系的生动景观；至关重要的是，这幅景观展现了我们在现代技术社会里的地位。

第二章　媒介环境学的人文关怀

纽约大学（New York University）
尼尔·波斯曼（Neil Postman）

编者题记：如本文所示，尼尔·波斯曼这篇讲话是媒介环境学会成立大会上的主题报告。他尝试解释纽约大学媒介环境学学位课程和"媒介环境学"这个术语的由来。他的首要观点是，媒介研究如何才能做到最为有用。[1]

应邀在媒介环境学会成立大会上做主题报告，我感到不胜荣幸。我猜想，要我讲话是把我当作恰当的人选，而不仅是因为我有时间来讲话吧，为此我感谢大会组织者。但恰当人选并非总是最好的人选。雅克·艾吕尔应该是好得多的人选，可惜他已去世，更令人遗憾的是，他只能够用法语讲演。麦克卢汉已经去世。埃里克·哈弗洛克和苏珊·朗格也已去世。我不想拿自己和这些伟大的学者比

---

[1] 尼尔·波斯曼教授 2003 年末去世之前不久，同意我将这篇讲话稿收入本书发表。稍后，谢莉·波斯曼（Shelley Postman）也重申允诺将其付印。——编者注

较。毕竟，他们是媒介环境学的亚伯拉罕[1]、摩西[2]、大卫[3]和以斯帖[4]，当然这不是说他们是犹太人，而是说他们的研究成果使媒介环境学的基本问题成形。我知道他们的精神还在我们身边；倘若他们中的任何一位享年更长久一点，我们的学会就会有一个最好的起点。关于谁是做专题报告的最佳人选，我想追加一句话，五六位甚至更多的年轻人是恰当的人选，其中一些是纽约大学媒介环境学的毕业生；有一些不曾在此攻读学位，但他们推进了媒介环境学的理念，而且比我做得更好，我想这样的判断不会引起多大的争议吧。

尽管如此，我也不是不恰当的人选，因为我和克里斯琴·尼斯特洛姆、特伦斯·莫兰组建了世界上第一个媒介环境学的研究生教学单位，我们挑选"媒介环境学"（media ecology）给它命名，意思是想要使它成为大学里的一门学科。所以我想首先说一说这个术语的含意，虽然我无意把我们的观点强加在诸位身上。

我们对这门学科的第一个想法，受到一个生物学比喻的指引，或许你们会为此而感到吃惊。诸位记得自己初次接触皮氏培养皿的情景吧，在那里，所谓媒介的定义就是培养基的一种物质（substance），能够使培养的微生物生长的一种物质。如果你用技术（technology）这个词来取代这种物质，这个定义就能够成为媒介环境学的一个基本原理：媒介是文化能够在其中生长的技术；换句话说，媒介能够使文化里的政治、社会组织和思维方式具有一定

---

[1] 亚伯拉罕（Abraham），《旧约》，希伯来人的第一个族长和先祖。——译注
[2] 摩西（Moses），《旧约》，希伯来人的先知和立法者，率领以色列人逃出埃及。——译注
[3] 大卫（David），《旧约》，以色列的第二任国王。——译注
[4] 以斯帖（Esther），《旧约》，波斯女王，犹太人，拯救人民，使之免遭大屠杀。——译注

的形态。从这个理念开始,我们又用了另一个生物学比喻,也可称为生态学的比喻。生态学的本源意义和我们在这里使用的意义颇有不同之处。亚里士多德使用"生态"(ecology)的本原意义是"家庭"或"家居环境"(household)。他说的意思是让我们的家庭保持精神上的安稳,强调精神安稳的重要性。生态一词的第一个现代意义,是19世纪德国动物学家恩斯特·海克尔[1]赋予的。这个意义就是我们现在所用的意义:自然环境里诸元素的互动,他特别强调这样的互动如何产生一个平衡而健全的环境。在"媒介环境学"这个术语里,我们把媒介(media)放在生态(ecology)前面,意思是说,我们感兴趣的不仅是媒介,我们还想说,媒介与人互动的方式给文化赋予特性,你不妨说,这样的互动有助于文化的象征性平衡。如果我们想要把生态一词的古代意义和现代意义联系起来,那就不妨说,我们需要使地球这个大家庭维持井然有序的环境。

创建这个学科点的初期,我们遭到很多人的嘲笑,有些嘲笑比较温和,有些嘲笑很伤人。人们嘲笑我们使用的术语"media ecology"。我想,反对这个术语的原因是,它太时髦,难免使人产生随大流的疑问;而且它用到生物学里使人感到舒服,用到社会科学里则不会使人舒服,所以它应该待在生物学的圈子里。然而我们认为,我们使用的术语恰到好处,因为我们想要使人意识到:人生活在两种不同的环境里。一是自然环境,其构成要素是空气、河流和毛毛虫;二是媒介环境,其构造成分是语言、数字、形象、全息

---

[1] 恩斯特·海克尔(Ernst Haeckel, 1834—1919),德国哲学家、博物学家、动物学家,支持达尔文主义,提出生物发生律和突变律,著有《人类发展史》《生命的奇迹》等。——译注

图,还包括一切符号、技术和机器。这些构造成分是人之所以成为今天这个样子的原因。

从一开始,我们就是一群强调道德关怀的人。我们想建立的学术单位应该把重点放在媒介环境(media environment)上,我们特别感兴趣的是媒介环境如何使我们生活得更好或更糟,我们想弄清楚媒介环境是否真有这样的作用。并非每个人都认为这个理念不错;在肯定这个理念的人中,马歇尔·麦克卢汉算一个。他建议我们在纽约大学创办这样一个系,但他并没有想到,我们感兴趣的焦点是新媒介尤其电子媒介是否使我们生活得更好或更糟。他多次提醒我注意斯蒂芬·文森特·贝内[1]的长诗《约翰·布朗的尸体》(John Brown's Body)。诗的结尾有两行暗示工业革命:

> 也不要说,它赐福于人,或应该诅咒
> 你只需说:"它在这里。"

这里没有道学家的栖身之地。麦克卢汉说,我们思考现代媒介时应该用同样的观点:它们既不是上帝的恩赐,也不应该受到诅咒,它们只不过是在这里而已。他认为,这种道德中性的观点给人提供最佳的机会,使人能够弄清楚新媒介如何起作用。如果你花很多时间去研究新媒介孰好孰坏,你的注意力就会受到干扰,你就不能够真正理解媒介的作用。结果,虽然我相信他喜欢我,但我敢

---

[1] 斯蒂芬·文森特·贝内(Steven Vincent Benet, 1898—1943),美国诗人、小说家,代表作有以美国内战为题材的叙事诗《约翰·布朗的尸体》、短篇小说《魔鬼和丹尼尔·韦伯斯特》等。——译注

肯定，他对我的书不太喜欢；他一定会认为，我的书太注重道德关怀，说教的口吻太重，或者说即使不那么教训人，至少是太偏重进行裁决了。

我认为，麦克卢汉避免思考媒介善恶问题的观点，确有相当大的优点。但我从来就不抱这样的态度。坦率地说，我认为应该在道德伦理的语境中去研究媒介，用其他的态度去研究媒介是没有意义的。持这个观点的不止我一个人。有些最重要的媒介学者比如刘易斯·芒福德和雅克·艾吕尔论述技术的时候，他们落笔写下的每一个字，几乎都要传达这样一种感觉：技术造成的后果是人性化的或反人性的。我今天要讲的就是这个题目。

从人性化的观点去思考媒介时，你必须考虑一个明显的事实：人们对善恶好坏持不同的观点。今年（2000年），我们纪念约翰·谷登堡（Johannes Gutenberg）600周年诞辰。在2000年时，我想大家会一致同意，把一切因素考虑进去之后，他发明活字印刷机是一件好事，就是说，这是传播史上人性化的进步。但是，在印刷机发明的初期，人们的意见并不相同，尤其对它摧毁神圣罗马教会所起的作用，人们的看法并不一致。印刷机把上帝的福音送到基督徒的餐桌上。既然如此，谁还需要教皇和教士去解释上帝的福音呢？马丁·路德说，印刷机是"上帝最大的恩惠，它推动了上帝的福音"，其道理就在这里。然而在16世纪，很难有一位虔诚的教徒会同意路德的断言。可以说，印刷机引发的天主教徒和新教徒的争吵，花了二百年才平息下来。

这自然引出另一个问题：在评估一种新媒介是否符合人性时，你必须考虑时间因素。我想，诸位有些人了解电视非常负面的后果——至少我看是负面的；其中之一是使童年消逝。我想这是道德滑坡。当然有些人觉得，童年的消逝是一件好事，商人尤其持这样的观点。不过，即使像我这样认为童年的消逝是一场灾难的人也必须记住，一百年之后，情况也许会有所不同。实际上，人们可能相信，童年的概念并没有多大的好处，任何时候都没有多大的好处，对儿童或老人都没有多大的好处，所以他们相信电视摧毁童年应该是越早越好。

由此可见，我们首先要记住，人们对孰好孰坏的看法是不一样的；其次，时间引起的变革可能会使我们对事物的看法发生变化，我们的看法和事物过去表面上给我们的印象不一样。考虑这些因素时，你是不是站在道德相对论的立场上呢？不一定。比如，人们围绕一种新媒介隐含的道德命题有不同的看法时，你可以说，其中一帮人是错误的。同时我又认为，虽然时间可能会使人对新媒介影响的判断发生变化，但时间也可能出错。我的意思是说，一种媒介的负面效应可能会维持不变，并不随着时间的流逝而发生变化。换句话说，时间并非总是能够抹去媒介的弊端。同理，时间并非总是能够削弱媒介的好处。一个很好的例子是苏格拉底对书面词语的预言。在《斐德罗篇》[1]里，他反对文字，理由是：文字削弱我们的记忆力，把最好是保留在隐私里的事情公开，而且会改变教育的惯例。他说，文字迫使学生追随别人的论点，而不是参与争论。我想说，过去的两千五百年并没有改变文字的负面影响。同时我还想补充说，柏拉图看见的文字的正面影响，至今仍然是非常明显的。

---

[1]《斐德罗篇》(Phaedrus)，柏拉图《对话录》里的一篇。——译注

我可以举一个更早的例子来说明有关媒介的预言。请大家注意摩西十诫里隐含的预言。其中的第二条戒律禁止以色列人制造偶像或类似偶像的形象。我的理解是，这条戒律的创始者相信具象的视觉形象一般会削弱抽象思维的能力，尤其削弱构想上帝的能力，因为上帝不会以物质存在的形式显身，只是在福音之中存在，上帝只通过福音而存在。这里隐含着媒介影响心理的观念，媒介对人的心理的影响是确定无疑的，今天和三千年前一样确定无疑。

　　我想说的是，虽然我们应该记住，并非每个人对媒介的利弊有相同的看法，而且时间可能会改变我们对媒介影响的判断，然而具体到一种媒介究竟是有助于或有害于人性化的观念，我们还是可以表达一个明确的观点。接着我想说一说什么是人性化的观念。我们从麦克卢汉和伊尼斯开始。诸位多半知道，他们两人在何谓媒介有利于人的问题上，都有一个明确的观点；两人的区别在于，麦克卢汉常常否认媒介人性化的观念，伊尼斯则从来不否认这个观念。麦克卢汉认为，如果人们使用媒介有助于感官的平衡，那就是比较好的媒介。伊尼斯则认为，如果媒介促进时空观念的平衡，那就是比较好的媒介。我知道，麦克卢汉使用"媒介环境学"这个术语只有一次，那是在和克莱尔·布思·卢斯（Clare Booth Luce）的通信中；他说，为了有利于促进媒介环境的平衡，每一种文化都有必要限制某些媒介的使用。[1] 伊尼斯则担心，倚重空间而不是时间的文化可能会痴迷于军事征服。换句话说，他们两人在估计媒介和媒介变革的方式时，实际上都有一层

---

[1] 麦克卢汉不可能在致克莱尔·布思·卢斯的信件中创造或率先使用"媒介环境学"这个术语，详见本书第16—17页。——编者注

道德关怀的意思。

那么，根据我的看法，我们在理解媒介时应该考虑什么样的人性关怀问题呢？我想用一组问题的形式回答这个问题，我说完之后，希望诸位明白我所谓人性化进步的观点是什么。

第一个问题是：一种媒介在多大程度上有助于理性思维的应用和发展呢？

我认为，这个问题隐含的命题是：理性思维是人类最伟大的天赋之一，因此凡是促进理性思维的媒介，比如文字或印刷术，都应该受到称赞，都应该被赋予很高的价值；凡是不促进理性思维的媒介，比如电视，都会使人恐惧。这并不是说，文字或印刷术没有不足，电视没有长处；只是说，在人类发展这个重要的领域，一种媒介起到辅助发展作用，另一种媒介起到瓦解发展的作用，这个例子是很清楚的。我准备在这个问题上多说几句。比如，我提请诸位注意，所有协助创造电气世界——从电报到互联网的世界——的人，几乎完全是靠书面词语和印刷词语培养出来的，也就是说，他们接受的是笔墨纸张和书本的教育。他们怎么会这么精明呢？诸位知道我的答案是：我们的思维能力是有助于抽象思维的媒介开发出来的。如果诸位需要进一步了解这个观点，我建议你们从阅读18世纪的著作开始。我们继承发扬的大多数人性关怀的理念都是在那时形成的。这些理念有：宗教自由、言论自由、归纳科学、妇女权利、童年、废奴、受治于人者选择治人者的权利，甚至还包括进步这个观念，而且你们也许会吃惊地发现，连幸福观念也是这个世纪的产物。我们把这些观念归属于理性主义，这是印刷术培养的思维方式。戴维·理斯曼[1]曾经说，印刷术是思维能力的炸药。我们不用担心印刷品有泛滥成灾之虞。

第二个问题是：媒介在多大程度上有助于民主进程的发展？

毫无疑问，印刷词语是民主兴起的关键因素之一，部分原因是它瓦解口语传统，且非常强调个性。在《美国的民主》(*Democracy in America*)里，阿历克西·托克维尔[2]担心，印刷词语会使美国人远离社区的亲切感觉，使他们走向自我中心、妄自尊大。他不可能知道后世将出现的广播、电视或互联网，但倘若他知道这些媒介，他一定会考问："社会粘合力的感觉和个性化的感觉对人性化的民主来说，都是必备的条件，这些媒介有助于两种感觉的平衡吗？"我认为，从形态上推动人走向孤独的媒介，并不会给人留下深刻的印象。毕竟，我们可以独自一个人听音乐、看电视、看录像。有了电脑这个辅助手段，我们现在可以在家里购物了，我们将来还可以在家里投票，在家里上大学——孤零零地在家里办事。当然，我们读书是独自一人进行的，而且正如我在上文所示，这正是个人主义发展的一个要素；然而，新媒介引起的感官失衡会产生这样一个问题：我们对民主的理解和惯例，将受到新媒介的重大影响。

1995年，劳伦斯·K.格罗斯曼[3]写过一本书《电子共和国》(*The Electronic Republic*)，他热情地预言，代议制民主将要被参与

---

[1] 戴维·理斯曼（David Riesman, 1909—2002），美国社会学家，代表作有《孤独的人群》。——译注

[2] 阿历克西·托克维尔（Alexis de Tocqueville, 1805—1859），法国作家、政治家，曾游历美国，所著《美国的民主》成为经典，该书分析了美国政府制度的优缺点。——译注

[3] 劳伦斯·K.格罗斯曼（Lawrence K. Grossman, 1931—   ），资深电视记者，先后任美国广播公司和公共广播公司总裁和首席执行官，亦曾在几所大学执教。——译注

性民主取代。他的意思是,数字技术将要使每周一次的全民表决成为可能。换句话说,公民将能够对下列问题投票表决:是否应该派兵到波斯尼亚,总统是否应该受到弹劾,社会保险制度是否应该改革。参议院和众议院在很大程度上将成为并非必需的机构。换句话说,我们成为不必露面的公民,对我们没有时间或地点去讨论的问题,我们是能够进行表决的。对这种可能性,我唯一的评论是:如果美国当初采用了这样一个制度,麦迪逊、杰斐逊和华盛顿早就离开这个国家了。

和前两个问题相关的第三个问题是:新媒介多大程度上能够使人获得更多有意义的信息?

在19世纪,我们显然因为信息的匮乏而吃尽苦头。19世纪30年代,信息的传播速度只相当于人移动的速度,坐快速火车大概就是每小时移动35英里。因此,当时的问题是解决如何获得更多的信息,如何把信息送达更多的人,如何使信息以多种形式传递得更快。19世纪30年代末40年代初,电报和摄影术发明之后,我们开始解决这个问题。但并非每个人对这样的努力都热心。亨利·戴维·梭罗[1]在《瓦尔登湖》(Walden)里说:

> 我们匆匆忙忙架设一条从缅因州到得克萨斯州的电报线,它可能没有重要的电报需要传递……我们急忙在大西洋底铺设电缆,把旧世界到新世界的交流加快几个星期;但可能会出现

---

[1] 亨利·戴维·梭罗(Henry David Thoreau, 1817—1862),美国著名思想家、文学家,远离尘嚣、结庐而居,著《论公民的不服从》《瓦尔登湖》等。——译注

这样的情况：首先披露并送达美国人耳朵的新闻，可能是阿德莱德王妃[1]咳嗽得很严重。

不过，梭罗并没有讨论什么信息重要或有用的问题。在过去的170年里，我们执着地追求快速提供信息的机器，结果是我们淹没在信息的汪洋大海里。

显然，互联网发挥了这样的功能，我们应该赞美其效率。但互联网不能够帮助我们解决什么信息重要的问题，电视也解决不了这个问题，其他的19世纪的媒介或20世纪的媒介也不能够解决这个问题（电话也许算例外吧）。就我的判断而言，新媒介使我们的国家成为信息垃圾堆放场，就是说，我们170年来的努力把信息变成了垃圾。我对信息获取度这个问题的回答是，信息速度、容量和多样性成为干扰，造成了道德赤字；我们心里想，如果我们享有的信息越来越多，当代的严重社会问题就可能得到解决，如果我们这样想就上当受骗了。我希望，不必由我来告诉诸位说：这个世界上有许多孩子吃不饱，并不是因为我们的信息不够充足；街道上犯罪猖獗，那不是因为信息不足；儿童受虐待、妇女遭殴打，和信息不足也没有丝毫的关系。这些问题的解决办法要到其他地方去寻找。比尔·盖茨（Bill Gates）和尼古拉·尼格洛庞蒂（Nicholas Negroponte）们还没有注意到这个问题，他们也不太可能注意到这个问题。

---

[1] 阿德莱德王妃，英国女王维多利亚的二儿子阿尔弗雷德·阿德莱德（Prince Adelaide Alfred）的王妃。——译注

最后一个问题是：新媒介在多大程度上提高或减弱了我们的道义感，提高或减弱了我们向善的能力？

我知道，有人可能会觉得这个问题有一点奇怪，或者是难以回答。无论如何，这是有技术取向的人不感兴趣的问题，甚至有技术取向的大学教授也不会感兴趣。这是让—雅克·卢梭[1]在1849年的一篇论文里所提问题的翻版。这篇文章使他闻名遐迩，更确切地说，这篇文章为今天所谓的浪漫主义观点铺平了道路。卢梭问，科学进步促成了道德的败坏还是道德的净化？我回顾这个问题是因为，他提问题的时刻不像我们现在所处的时刻，那时的科学技术突飞猛进，搞创造发明的热情十分高涨，尤为突出的是当时的人们坚信，技术发明和人性化进步是一回事。在这篇文章里，卢梭讥讽所谓的文明进步，断言这样的进步导致物质主义和无神论，他认为这两种东西贬低了人的精神。他站在自己主张和精神信仰的立场上，其他许多步其后尘的浪漫主义诗人也站在这样的立场上。威廉·华兹华斯[2]、约翰·济慈[3]、威廉·布莱克[4]、萨缪尔·柯

---

[1] 让—雅克·卢梭（Jean-Jacques Rouseau，1712—1778），18世纪欧洲启蒙时代最伟大的思想家之一，激励了美国革命和法国大革命，对浪漫主义运动也产生了影响。他的"社会契约论"超过了英国的"经济自由主义"和孟德斯鸠的"实证论"。他提出了"世俗的宗教"和"自然教育"等伟大思想。其著作《爱弥儿》《社会契约论》等对后世产生了重大的影响。——译注

[2] 威廉·华兹华斯（William Wordsworth，1770—1850），英国浪漫主义运动最伟大的诗人之一，桂冠诗人，"湖畔诗人"杰出的代表。最重要的主题是人与自然。他崇拜大自然，人称"大自然的祭司"。与柯尔律治合作的《抒情歌谣集》（1798）被认为是英国诗歌史的一个转折点。——译注

[3] 约翰·济慈（John Keats，1795—1821），英国浪漫主义诗人。其抒情诗尤为优美，古典意象丰富。代表作有《夜鹰》《希腊古瓮》《无情的美人》《秋颂》等。——译注

[4] 威廉·布莱克（William Blake，1757—1827），英国诗人、版画家，对英国浪漫主义运动产生重大影响。他讴歌自然，抒写理想与生活，写作风格独特。代表作有《天真之歌》《经验之歌》等。——译注

尔律治[1]、乔治·拜伦[2]、海因里希·海涅[3]、查理·波德莱尔[4]尤其是珀西·雪莱[5]都认为,由于科学技术的传播缺乏道义的基础,它们并不会使人的头脑更善于接受道德上体面的东西。当然雪莱认为,诗歌却可以使人更乐意接受道德上体面的东西。他的文章说:"道德向善的伟大工具是幻想力,诗歌对幻想力发挥作用,有助于人向善。"

我不能说,我能够像雪莱那样看得清清楚楚,我不知道道德向善的工具是什么,也不知道道德向恶的工具是什么,甚至不知道道德冷漠的工具是什么。不过,和我一样对媒介环境学感兴趣的人,应该花更多的时间去研究媒介扮演的角色,用卢梭的话来说,就是要思考媒介的作用是使道德败坏呢,还是使道德净化呢。毕竟,20世纪取得的技术进步超过了过去千百年加起来的进步,这是谁也不会争辩的事实。那么,20世纪被屠杀的人超过了过去千百年加起来的人数,受害者还包括在战争中或在其他场合下被残害的1000万儿童——我们又该如何解释呢? 20世纪影响最大的意识形态有纳粹主义和法西斯主义,它们使人的精神堕落,使人不得不千方百计地逃亡,这又该作

---

[1] 萨缪尔·柯尔律治(Samuel Coleridge, 1772—1834),英国最伟大的诗人和思想家之一。他留下了英国诗歌当中最伟大的两首:《忽必烈汗》和《古舟子咏》。他富有穷究疑难的研究精神,总是引导人们去问:这个意见的意义何在?——译注
[2] 乔治·拜伦(Lord Byron, 名George Noel Gordon, 1788—1824),英国浪漫主义诗人,出身破落的贵族家庭,放浪形骸。代表作有《唐璜》《恰尔德·哈罗尔德游记》等。——译注
[3] 海因里希·海涅(Heinrich Heine, 1797—1856),德国诗人、政论家,作品以爱情诗《歌集》为代表,其他作品有《时代诗歌》《德国——一个冬天的神话》等。——译注
[4] 查理·波德莱尔(Charles Beaudelaire, 1821—1867),法国现代派诗人,他对后来的象征主义和现代主义诗人,如T. S. 艾略特等,产生了巨大的影响,代表作有《恶之花》。——译注
[5] 珀西·雪莱(Percy Shelley, 1792—1822),英国浪漫主义诗人,代表作有《西风颂》《致云雀》《解放了的普罗米修斯》《阿多尼斯》等。——译注

何解释呢？在如日中天的技术创新背后，是否隐藏着阴暗而凶恶的东西，并且使我们天使的一面笼罩在可怕的阴影之中呢？

埃斯特·戴森[1]是技术发展最突出的啦啦队队长之一。她在最近的一本书里说，对技术世界忧心忡忡的人可以放心，因为我们可以确信，人性不会改变。然而，仇杀是人的天性之一，热爱人和保护人也是人的天性之一。问题是：我们天性中的哪一部分被释放、被培养呢？哪一部分被压抑并在压抑之下枯萎呢？当然，我们对技术的痴迷和我们道德发展的能力之间，是不是有什么关系呢？最后这个问题正是卢梭、布莱克、卡莱尔[2]和赫胥黎[3]都思考并论述的问题。我们怎么看这个问题呢？

在我看来，现有的传播院系忽视了这些问题，它们关心的是培养技术拉拉队长，培养持道德中性立场的学生，不具备历史或哲学的道德视野的学生；这样的传播学好像有一丝肤浅、脆弱的气质，甚至是超然物外的态度。我想说的是，媒介环境学理所当然是人文学科的一个分支。

当然，在媒介和人性化进步的一般问题上，还有其他许多问题可以提出来讨论。诸位也许注意到，在媒介对艺术表达的促进作用方面，我

---

[1] 埃斯特·戴森（Esther Dyson，1951— ），美国科技咨询家、科技记者，尤以研究新技术经济和网络经济著称，著有《数字时代的生活设计》等。——译注

[2] 托马斯·卡莱尔（Thomas Carlyle，1795—1881），英国散文家、史学家，关心社会问题，批评社会弊端，著有《法国革命》《论英雄、英雄崇拜和历史上的英雄事迹》等。——译注

[3] 托马斯·亨利·赫胥黎（Thomas Henry Huxley，1825—1895），英国科学家，育有子女8人，均有成就。以他为首的三代人中出了许多杰出人物，世所罕见。1859年达尔文《物种起源》甫一问世，他就给予坚决支持。代表作有《人类在自然界中的地位》（即《天演论》）《进化论与伦理学》等。——译注

一字未提；在媒介提升还是降低人们互动的品质方面，我没有说多少话；对媒介在多大程度上促进或促退人们对历史经验的兴趣，我也未置一词。这些都是重要的问题，我希望诸位有兴趣提出并回答这些问题。

请允许我在演讲结束时说，依我的理解，媒介环境学的全部重要命题是，它要推进我们的洞见；我们何以为人，我们在人生路途中的道德关怀上做得怎么样——在这些问题上，媒介应该有助于推进我们的洞察力。你们之中有些人可能自信是媒介环境学者，但不同意我这一番话。如果真是这样，你们就错了。

第三章　刘易斯·芒福德与技术生态学

福德姆大学（Fordham University）兰斯·斯特拉特（Lance Strate）
威廉·帕特森大学（William Paterson University）林文刚（Casey Man Kong Lum）

克里斯琴·L.尼斯特洛姆（Christine L. Nystrom）的博士论文《媒介环境学初探：研究人类传播系统的一体化概念范式》（Towards A Science of Media Ecology: The Formulations of Integrated Conceptual Paradigms for the Study of Human Communication System, 1973），是研究媒介环境学这个新兴学科的第一篇重要论文。在这篇博士论文中，她研究刘易斯·芒福德（Lewis Mumford）的《技艺与文明》（Technics and Civilization, 1934），指出这是媒介环境学的奠基之作。与此相似，威廉·昆斯（William Kuhns, 1971）在研究这个领域的重要学者时，把芒福德当作后工业时代的第一位先知。[1] 昆斯把研究的范围拓展到建筑的研究与批评，所以他把芒福德作为媒介环境学大厦的奠基人，实在是恰如其分的。然而在营造建筑物的过程中，基础往往在建筑的遮蔽之下变得模糊不清了；

---

[1] 昆斯（1971）没有使用"媒介环境学"这个术语，但他的所指正是媒介环境和信息环境。

与此相似，芒福德作为媒介环境学奠基人的角色也常常被人忽视。

一幢建筑可以从结构和谱系两个角度去理解：它从地基上拔地而起，或者从奠基人那里继承下来。芒福德的角色尤其可以从这两个方面去理解。他得到的颂扬不如尼尔·波斯曼，他常常被波斯曼遮蔽，因为率先正式使用"媒介环境学"这个术语的是波斯曼；波斯曼率先在纽约大学创建该学科的研究生学位点，使媒介环境学完成制度化的构建（Nystrom，1973；Postman，1970；Postman，Weingartner，1971）。此外，芒福德还被麦克卢汉遮蔽，因为麦克卢汉在探讨媒介时（McLuhan，1964），率先使用环境隐喻和生态隐喻，从而使媒介环境学的视野得到普及。再者，芒福德又被伊尼斯遮蔽，因为麦克卢汉说伊尼斯是研究传播技术影响的第一人。此外，伊尼斯还被公认为多伦多学派的第一人；这个学派的成员都或前或后与多伦多大学结缘，包括麦克卢汉、埃里克·哈弗洛克（Eric Havelock）和埃德蒙·卡彭特（Edmund Carpenter）。因此，常常看到有人把媒介环境学和多伦多学派画等号，就不足为奇了。

多伦多学派在媒介环境学理论早期的发展中，扮演了核心的角色，这是不可否认的。毫无疑问，伊尼斯是媒介环境学传统形成初期的楷模；然而走在他前面的还有刘易斯·芒福德，而芒福德可以被视为纽约学派的代言人（Strate，1996）。在这里，纽约学派并非专指一所大学（比如纽约大学），而是指整个纽约市。纽约学派早期的成员有：哥伦比亚大学的路易斯·福斯戴尔（Louis Forsdale）、福德姆大学和社会研究新学院的约翰·卡尔金（John Culkin）、女王学院的加里·冈珀特（Gary Gumpert）和查尔斯·韦因加特纳（Charles Weingartner）、纽约大学的尼尔·波斯曼（Neil Postman）和尼斯特洛姆，还包括以曼哈顿为基地的媒体制作人托尼·史华兹（Tony Schwartz）。这里强调的重点并不是要用一个场所取代另一个场所，也不是要用一种谱系取代另一种谱系，而是要用一个复杂而宏观的思想亲缘网络去理解媒介环境学这一幢大厦。

如果说芒福德这位开山鼻祖的地位常常被忘却，毫无疑问，这个结果似乎和该家族常常改名换姓有关系。他晚年才接触到"媒介环境学"这个术语，那时，他的主要著作早已完成。实际上，他很少把媒介或传播推进到前台，虽然他在探讨艺术和文化的同时探讨了媒介和传播，尤其把这样的探讨和他研究的两大主题，即技术与城市联系起来。在城市研究方面，今天的人很容易忘记，大众传播和都市中心的关系是非常密切的，19世纪和20世纪大部分的时间里，这个关系都非常密切。大众传播和都市化是大众社会的两个主要构造成分。至于技术的含义，多伦多学派不再把它局限在物质和技术（与制度和组织相对）层面的定义，而且把各种各样的人工制品（和局限于传播的媒介相对）囊括其中。就这样，芒福德论技术的研究成果被放到媒介理论的总名录之下。

也许可以说，芒福德是从后门进入媒介研究这幢建筑的，然而他的生态学视野却具有非常突出的前瞻性。许多媒介环境学者把生态学当作一种比喻来使用；芒福德则相反，他对媒介环境学的关怀既是具体的又是实用型的，包括人类的生物栖息地和技术栖息地两个方面。米勒对芒福德论城市发展生态的第一本书的选题报告作了这样的描述：

芒福德准备写的书和现有的一切论美国城市的书都不一样。

自1893年的芝加哥博览会以来，美国城市复兴，产生了日益增多的城市研究文献，包括城市策略和调查、城市历史、城市指南；从一切可以想象的角度对都市问题提出报告，重点放在租金和税务、预算和特许状、教育与住房。然而，芒福德发现了一个"被莫明其妙忽略了的"侧面。尚未有人试图"具体描绘城市和环境的关系问题"，尚未有人研究城市与地区环境的关系，把城市作为地区环境的一部分来研究的资料暂付阙如（芒福德把这样的研究叫作生态史）。（Miller，1989，p.84；着重号系编者所加）

20年之后，芒福德才写出这本研究城市的大作（Mumford，1938）；在此期间，他的生态史概念演化为技术生态的概念。笔者将在本章探讨芒福德大量著作中表现出来的论媒介环境学的显著特征：他的技术历史分期、他的技术有机论、他对"王者机器"（megamachine）的批判，最后再说一说他的生态伦理观。但我们首先要考虑他本人的思想生态。

3.1 芒福德的著作和生平

刘易斯·芒福德是土生土长的纽约人，1895年出生在昆士区弗拉辛小区。他的母亲名叫艾尔维纳（Elvina），她的娘家是德国移民，工人阶级，新教徒。在刘易斯出生之前12年，她曾有一段短暂的婚姻，丈夫是英格兰人，名叫约翰·芒福德（John Mumford）。虽然这场婚姻失败了，但她还是在儿子的姓名里保留了芒福德的名字。刘易斯的生父叫刘易斯·马克（Lewis Mack），家庭富有，是德国犹太人。艾尔维纳在刘易斯·马克的叔叔雅各布·马克（Jacob Mack）的家里当佣人，她和刘易斯·马克有染。这段风流韵事和她的初婚一样短暂，她儿子刘易斯·芒福德的法定监护人是雅各布·马克，而不是刘易斯·马克。在刘易斯·芒福德幼年时，雅各布尽力扮演父亲的角色。然而，最重要的是，刘易斯·芒福德是曼哈顿之子。正如他所说，"纽约对我的影响又大又持久，超过了家庭对我的影响"（Mumford，1982，p.25）。在他成长的大部分时间里，在他练笔写作的青少年时期，他目睹了城市和世界快速的变革，这样的变革常常造成心理创伤。在他的成长期，新的建筑、运输和传播形式强有力地改变着城市的面貌，同时又改变着文化的结构。他出生的那一年，M. 古列尔莫·马可尼[1]发明了无线电报，吕米埃兄弟[2]发明了电影摄影机。1903 年，在芒福德 8 岁时，赖特兄弟[3]完成了人类首次有动力的飞行。一年以后，纽约地铁开通，亚瑟·柯恩[4]从纽伦堡到慕尼黑传送了第一张传真照片。

在童年时代，芒福德经常陪爷爷在纽约街头散步，耳闻目睹纽约的物理景观和人口构成的变化。自此，他就爱上了对城市社区的研究。在 20 世纪的前几十年里，一个又一个街区被夷平，为摩天大楼让路，为新的发展规划和马路开道。同样富有戏剧性的是，曼哈顿东下区冒出了一个又一个新居民区，新移民像潮水一样涌入这个地区。米勒权威的《芒福德传》(Lewis Mumford: A life，1989) 充分显示，芒福德成长时期耳闻目睹的经历，似乎在他身上注入了一种浓厚的兴趣，他把城市、建筑和技术作为研究课题的兴趣，经久不衰。

1912 年，芒福德毕业于斯图维森特中学，到纽约城市学院夜校部学习。在一段短暂的时间里，他曾经想过攻读博士，但等不得拿到学士学位，他就放弃了这个念头。后来，他先后在纽约的社会研究新学院（现已更名为新学院）、哥伦比亚大学和纽约大学选修一些

---

[1] M. 古列尔莫·马可尼（M. Gugliemo Marconi，1874—1937），意大利工程师、发明家，1901 年把长波无线电信号传送过大西洋，1909 年获得诺贝尔物理学奖。——译注
[2] 吕米埃兄弟（Louis Ran Lumiere，1864—1948；August Lumiere，1862—1954），法国化学家、发明家，对电影和发明感兴趣，最早的作品有《宝宝的第一餐饭》《火车进站》等。——译注
[3] 赖特兄弟（Wilbur Wright，1867—1912；Orville Wright，1871—1948），美国发明家，1903 年设计、制造并驾驶人类第一架动力飞机升空成功。——译注
[4] 亚瑟·柯恩（Arthur Korn，1870—?），德国科学家，1904 年发明无线电传真，著有《科学家工程师数学手册》等。——译注

课程，但是他更喜欢自己探索思想的世界。他在纽约的几所大学图书馆里度过了大量时光，把图书馆当作世俗的教会，广泛涉猎各种研究领域。芒福德的思想和学术成就的跨学科性质，百科全书式的广度，原因之一恐怕就是他做了广泛的涉猎。同理，他没有提出单一的主张，也没有提出一套理论，原因恐怕也是这样吧。

如果说芒福德的母城是他的课堂，他还需要一位慈父般的老师，这个需求也得到了满足。1915年到1916年，他开始接触帕特里克·格迪斯（Partrick Geddes）论城市规划的著作。格迪斯是苏格兰生物学家，但他的著作范围跨越植物学、生态学、古生物学、社会学、人口学、经济学、人类学、宗教研究和城市研究等领域。他生于1854年，著作有《城市发展》（*City Development*，1904）和《演变中的城市》（*Cities in Evolution*，1915）。然而，他对后世产生最大影响的是在人际交流中实现的：

> 和苏格拉底一样，格迪斯首先是一位靠口头传授的老师。他喜欢说个不停，有时声音低得难以听清。他的独白就像打机关枪，他浓密的髭须和胡子压低了他的咕哝声。他做事没有条理，乱得一塌糊涂，留下数以百计半途而废的计划和任务。他思想的洪流滔滔不绝，又像一团团灼灼闪光的火花。他许多富有创见的思想被别人接过去发扬光大了，他自己却既没有耐心也没有充分的训练去充分发挥这些思想。（Miller，1989，p.52）

格迪斯的思想在美国的土壤里生根了，20世纪初一些领头的知识分子钦佩他，受到了他的激励：

在美国，格迪斯和约翰·杜威、珍·亚当斯[1]、索斯坦因·B. 凡勃伦[2]这样的友人交谈。刘易斯·芒福德成为格迪斯的大弟子，格迪斯的设想体现在新成立的美国区域规划学会身上，研究会的创始人有吉福德·平肖[3]、亨利·赖特[4]和斯图尔特·蔡斯[5]。在这些圈子里，格迪斯激发起一场以电能和社区规划为目标的运动。（Carey, 1989, p.129）

对芒福德而言，格迪斯思想的理论来自于生物学、进化论和生态学的视野：

格迪斯证明，生物学原理能够给人类文化研究提供信息，这对芒福德的思想和著作产生了……重要而深远的影响。格迪斯曾在托马斯·赫胥黎的实验室工作，是训练有素的生物学家，他对贯穿植物、动物和人类的整个自然界的关系深感兴趣。他提出"人类生态"（human ecology）的观念，这是塑造芒福德

---

[1] 珍·亚当斯（Jane Addams, 1860—1935），美国社会改革家、和平主义者、慈善家，诺贝尔和平奖得主，在芝加哥创办"赫尔大厦"专门收容穷人，催生"国际和平与自由妇女运动"。——译注

[2] 索斯坦因·B. 凡勃伦（Thorstein B. Veblen, 1857—1929），又译维布伦，美国经济学家和社会学家，制度学派创始人，论商品供给和创造利润之间的根本矛盾，著有《有闲阶级论》《企业论》等。——译注

[3] 吉福德·平肖（Gifford Pinchot, 1865—1946），美国森林和自然保护先驱、政治家、政府官员、教育家。——译注

[4] 亨利·赖特（Henry Wright, 1878—1936），美国建筑师和城市设计师，著有《美国都市建筑的改造》等。——译注

[5] 斯图尔特·蔡斯（Stuart Chase, 1888—1985），美国经济学家、会计师，曾任美国政府机构和联合国教科文组织顾问。——译注

的历史研究法和广泛兴趣的重要因素。实际上，芒福德宣告，在"为系统的人类文化生态学奠定基础"上，格迪斯比任何一位哲学家都走得更远。（Novak，1995，p.25）

人类生态是其他学者从格迪斯那里捡起来的思想之一，芝加哥学派在这方面的工作尤其引人注目。"人类生态"这个术语和芝加哥大学的社会学家紧紧联系在一起，格迪斯的贡献反而常常被人忽视了。芝加哥学派的社会学家有：罗伯特·E.帕克、欧内斯特·W.伯吉斯和罗德里克·D.麦肯锡[1]（比如：Hawley，1986）。这些学者的相似性构成了格迪斯和芒福德之间令人神往的平行线，格迪斯是人类生态学之父，芒福德是媒介环境学的奠基人。与此同时，格迪斯又是纽约学派和多伦多学派之间那缺失的一环。他既对伊尼斯产生了直接的影响，也通过芝加哥学派对伊尼斯产生了间接的影响（Carey，1989）。格迪斯的人类生态学思想包括技术史，他率先倡导电气技术的革命潜力，詹姆斯·凯利（James Carey）称之为"电子升华的神话"（1989，p.139）。这个主题被芒福德（1934）纳入他早期的著作里，后来又成为麦克卢汉《理解媒介：论人的延伸》（*Understanding Media: The Extensions of Man*，1964）一书的主要母题之一。芒福德认为，格迪斯引进了"社会思想中未来的观念，仿佛是一个法律界定的研究领域的观念"（转引自 Carey，1989，p.185）。换句话说，格迪斯是第一位未来主义者。伊尼斯发现，格迪斯"确认了口头传统，其倚重点是对

---

[1] 罗伯特·E.帕克（Robert E. Park，1864—1944）、欧内斯特·W.伯吉斯（Earness W. Burgess，1886—1966）、罗德里克·D.麦肯锡（Roderick D. McKenzie，1885—1940），都是社会学芝加哥学派的代表人物。——译注

话和辩证法、价值和哲学思辨，口头传统是抵消技术文化的文化，技术文化是感觉的和流动的文化"（Carey，1989，p.135）。格迪斯思想涵盖的范围从口语直到电气技术；我们有理由争辩说，媒介环境学真正的创始人是格迪斯，而不是芒福德或伊尼斯。[1]

关于格迪斯对芒福德的影响，诺瓦克（Novak，1995）总结了三个因素。第一是格迪斯的生态学视角；第二是格迪斯跨学科、通才型的思维方式、治学方法和城市规划视野；第三是格迪斯关于知识分子应该行动的观点，他认为学者应该学以致用，在实践中改善城市生活。这个总结可以用来解释芒福德为何积极推动生态区域规划，并成为美国区域规划学会的发起人之一（Luccarelli，1995）。同样，这个思想可以用来说明芒福德为何与纽约市城市建设的"沙皇"罗伯特·摩西[2]进行长达半个多世纪的论争。他认为摩西设计的公路、公园以及许多住宅区和市政设施，使纽约市面目全非了（Caro，1975）。

格迪斯并不是唯一影响芒福德的人。另一位对芒福德思想发展有重要影响的学者是索斯坦因·凡勃伦，他是芝加哥大学的经济学家。[3]芒福德的传记作者米勒（1989，p.109）说："芒福德兴致勃勃地通读了格迪斯的全部著作，很赞同格迪斯的一个观点，即拒绝

---

[1] 此刻重要的是承认，确认学科创始人是基于文化之必需，而不是神话构建之必需，亦不是逻辑发展之必需（见 Kirk，1983）。思想史的构建是文本互动的结果，文本的互相参照并非不重要，而互文性本身就排除了封闭的立场。因此可以说，格迪斯又受到俄国王子彼得·克鲁泡特金著作的影响。

[2] 罗伯特·摩西（Robert Moses，1888—1981），美国建筑师，曾负责纽约市城市设计，也是公园管理处处长，代表作有联合国大厦及林肯中心等。——译注

[3] 凡勃伦（Thorstein Veblen）对伊尼斯的学业也产生了影响（Stamps，1995），使他成为多伦多学派和纽约学派的另一条思想纽带。

'承认那个不准闯入私人领地的牌子,头脑狭隘的人在自己的专业边缘就竖起了这样的警示牌。'芒福德还受到凡勃伦的影响,凡勃伦既是经济学家,又是语言学家、社会学家、民族学家、人类学家、历史学家、哲学家和民俗学家。"芒福德受到凡勃伦《有闲阶级论》(*The Theory of the Leisure Class*,1899)的影响,这本书是他在纽约城市学院读的,凡勃伦后期影响略低的其他著作对他也产生了影响。凡勃伦批评资本主义,寻求社会主义作为另一条路径,代表着取代马克思主义的另一个选择。这对芒福德具有吸引力,这样的影响反映在芒福德的著作中(Mumford,1934,1967,1970)。他在纽约市的社会研究新学院选修了凡勃伦的一门课;1919 年,他参与了文学批评杂志《日暮》(*The Dial*)的工作,成为凡勃伦和杜威的同事。

到《日暮》杂志工作之前,芒福德在海军服役一年,被派到马萨诸塞州剑桥的无线电学校去接受培训。在《日暮》杂志工作之后,又担任《社会学评论》(*Sociological Review*)的编辑,但时间不长。在 20 世纪 20 年代,芒福德以爆炸性的势头在美国思想界露面,出版了四本书:《乌托邦的故事》(*The Story of Utopias*,1922)、《柱头与石头》(*Sticks and Stones*,1924,这是他第一部论建筑的书)、《黄金岁月》(*The Golden Day*,1926)和《赫尔曼·梅尔维尔传》(*Herman Melville*,1929)。在这段时间,他组建了美国区域规划学会,通过这个学会,他参与纽约市昆士区向阳花园和新泽西州拉德伯恩的美丽草坪规划项目。到 20 年代末,他应聘到达特茅斯学院做访问教授,参与《纽约客》(*New Yorker*)杂志的编辑。紧接着的 1931 年,他出版了《褐色年代》(*The Brown Decades*)一书。1934 年是值得注意的一年,他被聘为纽约市教育董事会董事,此外,他还出版了生命复兴系列里的第一本书《技艺与文明》(Technics and Civilization),这是一套调子乐观的丛书。1938 年,他出版了该系列的第二部书《城市文化》(The Culture of Cities)。在第二次世界大战前夜的年头里,他积极主张美国参战,因此失去了几位朋友的友谊,包括主张孤立主义的建筑师弗兰克·劳埃德·赖特[1]。这场战争还夺去了他的独生子格迪斯(Geddes)的生命,格迪斯 1944 年在意大利阵亡。在此后的几年里,芒福德对军事力量的批判更加严厉,这一点也不足为奇。在第二次世界大战期间,他出版了一系列论著:《人类必须行动》(Men Must Act,1939)、《生活的信念》(Faith for Living,1940)、《以建筑透视南部》(The South in Architecture,1941)、《人类的境遇》(The Condition of Man,1944)("生命复兴"系列的第三本书);接着问世的还有《城市的发展》(City Development,1945)。在这段时期,他还进入斯坦福大学担任人文学院院长。

战后时期对芒福德来说是生活动荡的时期,他参加了反对发展原子武器的运动,和罗伯特·摩西展开了旷日持久的论战,这场论战被称为"20 世纪最重要的城市政策辩论之一"(Miller,1989,p.477;Caro,1975)。1951 年,他应聘担任宾夕法尼亚大学访问教授;1957 年,又应聘担任麻省理工学院访问教授。这期间出版的著作继续不断,包括《生存的价值》(Values for Survival,1946)、纪念他儿子的传记《绿色的追思》(Green Memories,1947)、"生命复兴"系列的最后一本书《生命的操守》(The Conduct of

---

[1] 弗兰克·劳埃德·赖特(Frank Lloyd Wright,1869—1959),美国建筑师,草原式建筑风格主要代表。重要作品有东京帝国饭店、纽约拉金饭店、古根海姆博物馆、威斯康星州拉辛市的约翰逊制腊公司办公大楼,还设计了许多私人住宅。——译注

Life，1951）、用哥伦比亚大学讲稿成书的《艺术与技术》（Art and Technics，1952）、《以心智健全的名义》（In the Name of Sanity，1954）、《从基础做起》（From the Ground up，1956a）、《人类的变化》（The Transformations of Man，1956b），还有《历史名城》（The City in History，1961），该书获全国图书大奖，《公路与城市》（The Highway and City，1963）也随之问世。

20世纪60年代，芒福德参加了反战运动，同时获得了总统自由勋章。60代末，他完成了关于科技史和文化史的两部作品：《机器的神话之一：技术与人类发展》（The Myth of the Machine I: Technics and Human Development，1967）和《机器的神话之二：权力的五边形》（The Myth of the Machine: II: The Pentagon of Power，1970）。在许多方面，这两本书是他学术成就的顶峰，但对有些人而言，其中对技术的苛评引起过分的争议。在这两本书问世的间隙里，他论述城市的最后一部重要著作面世，这就是《都市的前景》（The Urban Prospect，1968）。他晚年的著作有论文集《解释和预言》（Interpretations and Forecasts，1972），还有三部自传：《发现和保存》（Findings and Keepings，1975），《著述与岁月》（My Works and Days，1979）和《生命的素描》（Sketches from Life，1982）。他生命的最后二十年享尽了庆贺、荣誉和嘉奖，包括1972年的全国文学奖章和1986年的全国艺术奖章。1990年，刘易斯·芒福德去世，享年94岁。他的一生是令人叹为观止的一生。

3.2　芒福德的技术历史分期

对历史进行界线分明的断代并不新鲜，值得注意的是，芒福德的历史分期并不是建立在年号或朝代、战争或迁徙、思想或时代精神的基础之上，而是建立在技术发展的基础之上。在《技艺与文明》这本书中，芒福德（1934）不仅给读者提供了发明的历史，而且提供了一整套建立在机器之上的历史分期，用他的话来说，这是"一整套技术复合体"（p.12）。在这里，芒福德又遵循老师的指引继续前进。格迪斯借用古生物学的模型，尤其是旧石器时代早期和晚期的概念，创造了"前技术阶段"（eotechnic phase）、"旧技术阶段"（paleotechnic phase）和"新技术阶段"（neotechnic phase）的术语。他所谓"旧技术阶段"就是以蒸汽机为特征的早期工业化时代；他所谓"新技术阶段"就是以电力为特征的晚期工业化时代。在此基础上，芒福德加上了第三个时期，也就是比较复杂的时期，重点从工业化转向机械化的时期。他把机器和机器文明的发展划分为"三个前后相继、但互相交迭和互相渗透的阶段"（1934，p.109）：前技术阶段（约公元1000年到1750年）、旧技术阶段（1750年之后）和新技术阶段（20世纪发轫）。芒福德对这三个技术阶段进行了描述：

> 每一个阶段发轫于特定的地区，往往采用某些独特的资源和原材料。每一个阶段都用特定的手段利用和生产能量，都有它特定的生产方式。最后，每一个阶段都产生了特定类型的工人，都用特定的方式培训工人，都开发某些方面的能力而抑制其他方面的能力，每一个阶段都从不同的方面利用和进一步发展社会遗产。（1934，pp.109—110）

芒福德强调能源和物质两个方面的特征，把"前技术阶段"称为水木复合体阶段，把"旧技术阶段"称为煤铁复合体阶段，把"新技术阶段"称为电力与合金的复合体阶段（1934，p.110）。划分这三个阶段的标准之一，就是它们特有的能量、原材料、生产方式在多大程度上改变了自然环境（和人类生态）。前技术阶段的特征——水力、风力和木材是可再生的自然资源。在这个阶段，经济活动常常集中在水力和风力便利且效益最好的地区，比如天然水路边或能够人工开凿水道的地区。结果，定居点自然在这些地区形成。与此相反，旧技术时代的煤和铁是不可再生的资源，煤铁的开采（比如露天采矿）造成严重的生态破坏。这个时期的重工业往往靠近矿区，芒福德把这些地区的环境称为最缺乏人性的环境，与此同时，重工业也可能集中在运输成本低廉的地区，比如濒临水道或运河的地区。在《技艺与文明》里，芒福德（1934）对新技术时代潜在的发展势头表示审慎的乐观，尤其对电能表示乐观，因为这个势头象征着旧技术时代的逆转。用他的话来说，新技术时代和旧技术时代的区别，"几乎像黑白一样分明"（p.212）。电能是相对便宜和清洁的能源，电能促进了非集中化的活动，所以他认为，如果电能是防御资产阶级压榨的盾牌，它就有助于恢复生态的平衡。后来他改变了这个观点,因为他看到,新技术仍然支持权力的集中,甚至使集中化变本加厉;而且他发现化石燃料和核电厂的环境构成了严重的威胁(1967,1970)。

区分这三个阶段的另一种方法是它们对人类生活和文化造成的影响。作为原料和工具的木材可塑性比较强,且相对原始,前技术阶段的工匠能够灵活地用木材进行试验,所以他们的技艺既高超且富有个性。比较而言,他们在生产过程中的创新性、多样性和自主性比较高,后来在工厂里用机器生产的工人反而不如他们。与此相对,旧技术时代的特征是量化、机械化和最终达到的工业化。煤和蒸汽这样的新能源使工业生产的重心由艺人和手工业者的作坊转移到重工业的工厂,于是,社会和经济的新阶层和权力精英应运而生。同时,工厂里的工资工人就沦为机器的配件。在旧技术阶段,人的生活以机器为模式。到了新技术阶段,芒福德(1934)看到,旧技术阶段那种机械化、无生物和非人性化的特征也可能颠倒过来。他论述了电的新能源性质,有了电能之后,机器有可能以人类的生活为模式,也可能用来为人类服务,而不是人类为机器服务。但是在这里,他早期的乐观态度随着二战的到来而消解殆尽了。

今天,人们对芒福德技术历史分期的细节比1934年的人熟悉得多了。这个成就的重要意义在于,他勾勒了一个人类历史的新视角:技术的领头作用。昆斯指出(1971),和后来的媒介环境学家一样,芒福德不是用内部结构来给机器下定义,而是用结果来界定机器。因此,文明的不同阶段实际上是机器产生的结果,而技术的形态是产生结果的原因。他的研究成果为后来的技术研究搭建了舞台,比如西格弗里德·吉迪恩(Siegfried Giedion,1948)的《机械化挂帅》(*Mechanization*

Takes Command）、雅克·艾吕尔（Jacques Ellul，1964）的《技术社会》（The Technological Society）、大卫·波尔特（David Bolter，1984）的《图灵人》（Turing's Man）、詹姆斯·贝尼格（James Beniger，1986）的《控制的革命》（The Control Revolution）和波斯曼（1992）的《技术垄断：文化向技术投降》（Technopoly: The Surrender of Culture to Technology）。在《技术垄断》中，波斯曼提出了三个技术时代：工具使用（tool-using）时代、技术统治（technocracy）时代和技术垄断（technopolyy）时代，大体上相当于芒福德所谓的前技术阶段、旧技术阶段和新技术阶段。

伊尼斯也受到格迪斯和芒福德的影响。但用波尔特（1984）的话来说，伊尼斯指出的"界定性技术"截然不同，他构建了自己的历史分期。在《帝国与传播》（Empire and Communications，1950）和《传播的偏向》（The Bias of Communication，1951）这两本书中，伊尼斯将着重点放在传播媒介而不是能源和原材料上。但是，伊尼斯还是从芒福德的思想派生出媒介环境学的观念，以下学者的著作或明或暗地体现了媒介环境学的观念：麦克卢汉（1951，1962，1964）、麦克卢汉父子（1988）、麦克卢汉和帕克（1969）、哈弗洛克（1963，1976，1978，1986）、沃尔特·翁（Walter Ong，1967，1977，1982）、杰克·谷迪（Jack Goody，1977，1986，1987）、波斯曼（1979，1982，1985）、伊丽莎白·爱森斯坦（Elizabeth Eisenstein，1980）、约书亚·梅罗维茨（Joshua Meyrowitz，1985）、保罗·莱文森（Paul Levinson，1988，1997）等。

芒福德没有将传播媒介单独挑选出来，或者说他没有从根本上分离出一种界定性的技术，这使他淹没在具体的细节之中，不能够建立起一套相对系统的技术变革理论。同时，这使他的作品缺乏迷人的魅力，至少不如其他媒介环境学家的著作那样激动人心。另一方面，他对媒介和技术革命的强调常常又有一个如影随形的倾向：相当夸张的语气和技术决定论的调子。有的时候，人们把他和技术决定论联系在一起，这是误解（比如：Smith，1994）。技术决定论本身是一个恍兮忽兮的稻草人。芒福德肯定不主张技术决定论，他认为，有的时候技术之所以失去控制，仅仅是由于人们让其自生自灭。他强调生态平衡和渐进演化，用昆斯的话来说："芒福德将技术看作在一个稳定的宏观框架中的调控方法……他的三个技术发展'阶段'……并不是要强调变化，而是要强调稳定的首要作用。"（1971，p.29）什么是他所谓的"稳定"呢？那就是人类本身的稳定。昆斯（1971）作了这样的解释：

> 人本主义的视角既是芒福德的天才，也是他的陷阱。通过强调稳定而不是变化，他证明：气象万千的技术创新，只不过是辽阔地域里地层的变化而已。无论地形地貌如何改变，地区本身并没有移动，地表还是依托在基岩之上。芒福德把人当作环境变化洪流中永恒的本源；这样做的时候，他不经意之间把人和机器对立起来。隐含在这个视角之下的是这样一个对待人及其技术的基本态度：无论环境怎样改变，人的本质维持不变。他拒绝接受这样的观点：技术变革的分水岭，即某种程度的技术变化真能使人彻底改变，真能彻底改变人类，他反对技术能够影响人类这个物种的观点。因此对芒福德而言，人类作为一个物种发生的技术变革或文化演进的观点，始终是难以接受的

另类的观点。

这是芒福德方法论的不足之处吗？昆斯（1971）认为是他的不足。但是，凯利（1997）认为，这倒是他的过人之处，这使他比麦克卢汉略胜一筹；他是更杰出的学者、地位更高的文化理论家。

3.3 芒福德的技术有机论

技术与生物的结合既是科学问题也是美学问题，并且被视为后现代文化的特征（Bukatman，1993；Gray，1995；Haraway，1991）。虽然芒福德本人没有使用"技术有机"（techno-organic）这个专用术语，但这个观点已经以多种方式体现在他的思想中。对芒福德而言，技术和生物之间的分割是人为的，是机械化和工业化的结果。在《艺术与技术》里，芒福德注意到技术和生物的密切关系："人类的技术发明与生物的活动之间存在着很多类似之处，如蜜蜂按照工程学的原理来筑巢，电鳗能够产生电压很高的电击，蝙蝠用雷达完成夜间的飞行遥遥领先于人类。"（1952，p.17）在这里，他揭示了技术和生物有机力量之间的相似性，但是在《机器神话之一：技术与人类发展》（1967）中，他把这个观点又向前推进了一步，认为技术是有机现象的一部分：

> 若要给技术下一个适当的定义，有一点是显而易见的：很多昆虫、鸟类和哺乳动物远远走在人类的祖先之前，它们制造容器的水平远远超过了我们的祖先。鸟类有精致的鸟巢和凉亭，蜜蜂有几何形状的蜂巢，蚁类有城市一样的蚁丘和蚁窝；直到智人（Homo

sapiens）出现，这一情况才有改变。总之，如果技术水平本身足以鉴别和培养智能，和其他物种相比，人类是长期处于落后状态的。这一点体会的结果显而易见：制造工具并非人类得天独厚的本领，直到语言符号、审美设计和社会知识的传播出现以后，情况才为之一变。在这一点上，产生人与动物的深刻差异的，是人脑而不仅仅是人手；此外，大脑也不可能仅仅是手的产物，因为老鼠这一类四足动物已经具备发达的大脑，但它们并不具有已经解放出来的灵活手指。（p.5）

芒福德援引玛格丽特·米德[1]、恩斯特·卡西雷尔[2]、苏珊·L.朗格[3]和约翰·赫伊津哈[4]的观点并且主张，人之所以独步天下，那不是因为人能够制造工具、从事生产、进行劳动，而是因为人有语言的能力、有艺术的能力并善于游戏。艺术和技术的对立本身，也是人为制造的对立：

---

[1] 玛格丽特·米德（Margaret Mead，1901—1978），美国人类学家，心理人类学的创始人之一，20世纪30年代以《萨摩亚的成年》而一举成名。——译注
[2] 恩斯特·卡西雷尔（Ernst Cassirer，1874—1945），德国哲学家，新康德主义马堡学派的代表人物，著有《象征形式的哲学》，认为象征构成神话、语言、文化的表现形式。——译注
[3] 苏珊·K.朗格（Susanne K. Langer，1895—1982），德裔美国人，哲学家，符号论美学代表人物之一，先后在美国哥伦比亚大学、纽约大学等校任教。主要著作有《哲学新解》《情感与形式》《哲学实践》《符号逻辑导论》《艺术问题》《哲学断想》《心灵：人类情感论》等，见本书第十一章。——译注
[4] 约翰·赫伊津哈（Johan Huizinga，1872—1945），荷兰历史学家、文化学家，曾任莱顿大学校长；二战期间被法西斯占领者迫害致死。擅长印欧语文学、欧洲文化史、比较语言学和比较文化，代表作有《中世纪的衰落》《游戏的人》《伊拉斯谟传》《明天即将来临》《文明复活的必要条件》《愤怒的世界》《17世纪的荷兰文明》《文化史的任务》《历史的魅力》《痛苦的世界》等。——译注

我们这个时代之前，技术从来就不曾脱离整体的文化构架，人总是在整个的文化体系中活动。古希腊词语"*tekhne*"的特点就是不把工业生产和"高雅"艺术或象征性艺术区别开来；在人类历史的大部分时间里，人类文化里的这些不同侧面都是不可分割的……在最初的阶段，技术总体上是以生活为中心，而不是以工作为中心，也不是以权力为中心。正如在其他的生态复合体里一样，不同的人的兴趣和目的、不同的有机体需求，使人类文化的任何构造成分都不可能单兵突进地片面发展。（Mumford，1967，p.9）

芒福德描述的情景是有机力量、审美力量和技术力量之间平衡；如果过分强调技术力量，这一平衡就被打破；自动机器和蒸汽动力的出现就打破了这样的平衡。如同他的老师格迪斯一样，芒福德起初也受到技术力量的诱惑，用凯利（1989）的话来说，诱惑他们的力量就是电子崇拜的神话。芒福德认为，新技术阶段能够扭转旧技术阶段的偏向，从而导致生命的复兴：

各种生命力和有机力量的复兴使纯粹机械的力量土崩瓦解。在过去，生活要给演奏家付费，现在却是由生活来给演奏家定调子……解开现代技术之谜的钥匙是：有机体和生命的力量取代了人为的和机械的力量。就技术本身而言，许多方面的情况都在逆转。我们重新回到了有机论的道路上：在所有的情况下，我们都不再把机械的力量看作是无所不包的和自给自足的力量。（Mumford，1934，pp.371—372）

技术逆转这一主题后来由麦克卢汉继承下来。但是芒福德（1934）把这个主题推进到政治领域，麦克卢汉却在此止步。芒福德认为，有机论的意识形态正在取代机械论的意识形态。他提出的民主社会主义扎根于技术有机论。同样，那个时代的其他社会主义纲领也扎根于技术有机论。这些纲领有：苏联的马克思列宁主义即科学社会主义和德国的国家社会主义。但是，芒福德提出的人道主义的社会主义既与资本主义的劣迹相对立，也和科学社会主义和国家社会主义的集权主义体制相对立。但是有一个有趣的现象值得注意，20世纪初，有机论的比喻是非常流行的。

芒福德早期的著作（1934）就提出了技术有机论，他比麦克卢汉（1964）先行一步。凯利（1997）从很多方面对此作了探讨：技术是生物学意义上的延伸；传播媒介是身体器官的延伸；媒介改变人的感知；一种媒介的内容是另一种媒介；印刷机在西方的机械化中起到了至关重要的作用（虽然芒福德认为，印刷机的重要作用是第二位的作用，它仅仅是放大了机械钟表的作用而已）；电力技术使有机统一和生态平衡得到恢复。和麦克卢汉等媒介环境学家一样，芒福德把媒介当作是无形的环境。芒福德在《历史名城》（1961，pp.563—567）里断言，传播系统组成了一个"无形的城市"。麦克卢汉吸收了芒福德的许多理念，他欢庆电子革命的来临，不过从政治立场来看，他站到了芒福德的右边。稍后，芒福德（1967，1970）的立场略有修正，转而拒绝接受新技术时代的现实，认为新技术在某种程度上继承了"机器的神话"。[1]于是，他对当代技术的批判也包括对麦克卢汉的尖锐批评，也就不足为奇了（Mumford，1970）。

在全局性的生态视野上，在许多具体的细节上，芒福德的技术有机论都走在系统论的前头（Nystrom，1973）。他从格迪斯那里继承了整体论[2]的观点，认为技术、文化和城市是一个整体："早在让·斯穆茨[3]创造出这个术语之前，格迪斯就实践了我们所谓的整体论，他认为，如果离开了生物起作用的整体环境，就没有一样生物是能够被人理解的。这是他传授给芒福德的最重要的思想之一，而芒福德就成为美国整体论思想的领军人物。"（Miller，1989，p.54）此外，芒福德也有类似系统论的主张。系统论认为，整体大于部分之和，事物的现象是其构造成分互动或协同产生的；同样，芒福德也探讨了"技术融合"（technical syncretism）的理念（Mumford，1934，p.107）。控制论关注的重点是控制的科学，即靠通信和反馈来达到控制的科学；与此相反，芒福德（1934）论述的是由钟表来控制和协调人类活动的机制。系统论有这样一个概念：系统与环

---

[1] 凯利（1997）指出，芒福德在电力技术上立场的逆转，正好和麦克卢汉的逆转背道而驰；麦克卢汉的逆转发生在《机器新娘》（McLuhan，1951）和《理解媒介》（McLuhan，1964）之间。波斯曼立场的逆转和芒福德立场的逆转则有相似性。从《作为颠覆活动的教学》（Postman，Weingartner，1969）到《作为保存活动的教学》（Postman，1979）这段时间，波斯曼的立场也发生了逆转。《作为颠覆活动的教学》也欢庆电子媒介时代的来临，和麦克卢汉的立场一样；然而，《作为保存活动的教学》对电视却持严厉批判的态度，认为电视对文化和认知能力产生了不好的影响。虽然人们认为波斯曼观点的逆转是政治立场的逆转，然而实际上，他的立场还是相当稳定的自由主义立场，这使他更加接近芒福德的意识形态，而不是麦克卢汉的意识形态。

[2] 让·斯穆茨把整体论（holism）定义为：现实是有机的和统一的整体，并且大于其部分之和。——译注

[3] 让·斯穆茨（Jan Smuts，1870—1950），南非政治家，整体论的提出者，曾任南非共和国总理，活跃于国际政坛。——译注

境之间有一个分隔的边界；与此相反，芒福德（1961，1967）强调容器是技术的观点。"容器"不同于工具和武器，工具和武器的确是人的延伸；但在芒福德（1961）看来，"容器技术"（container technology）是一种常常被忽视的技术形式。他认为，容器技术是女性器官的延伸：

> 柔软的内脏是女性生命的中心；她的胳膊和腿脚首先是用来把握和拥抱的器官，而不是用于运动的器官，对恋人和儿童都是如此。女性性别特征突出的活动集中在七窍、液囊、嘴巴、外阴、阴道、乳房、子宫等地方。在女性主导的社会里，新石器时代是非常明显的"容器"显赫的时代：这是一个石器和陶器的时代，花瓶、水罐、瓮缸、水池、箱柜、牲口棚、谷仓和房子的时代，这些容器的重要性并不输于灌溉沟渠和村落等"集体容器"。现代学者常常忽略了容器的得天独厚和重大意义，他们用机器的标准来衡量一切技术进步，所以就忽视了"容器技术"的意义。

工具、武器和机器的文化编码是男性；反之，有机体和生物繁殖的文化编码是女性，容器、建筑和城市的文化编码也是女性。芒福德（1961）将城市称为"母性的围场"（maternal enclosure，p.15）、"容器的容器"（a container of containers，p.16）；斯特拉特（1996）则把城市看作"元容器"（metacontainer）。斯特拉特对容器技术的强调使他把芒福德的技术研究和自己的城市研究结合起来。此外，与媒介延伸论的观点相比，技术即容器的观点更加接近媒介环境的观念或技术系统的观念（Eastham，1990）。

3.4 芒福德对"王者机器"的批判

已如上述，在《技艺与文明》里，芒福德（1934）提出了两极对立的机器意识形态和有机论意识形态的观点。半个多世纪以后，波斯曼在《技术垄断》里说："每一种工具里都嵌入一个意识形态偏向，把世界构建成为一种形象而不是另一种形象的倾向，赋予某一事物高于另一事物的价值的倾向，放大某一种技能，使之比另一种技能响亮的倾向。"（1992，p.13）换句话说，没有一种技术是中立的，没有一种技术是能够还原为物质材料的。每一种技术都和一个理念、一种研究途径和一种组织原理相联系。用波斯曼的话来说，每一种技术都是这样的。然而，这个论断同样适用于"那台机器"（the machine），适用于"整个技术复合体"（Mumford，1934，p.12）。机器意识形态的基础是秩序、控制、效率和权力（Mumford，1934，1967，1970）。相反，有机论意识形态扎根于生命、生存和繁殖。用麦克卢汉（1964）的话来讲，机器意识形态实际上是有机论意识形态的延伸，而且这样的延伸最终将切除它所做的延伸，也就是要走向它的反面。芒福德指出：

> 机器由无机物质的复合体发展而来，机器的功能是转换能

量、完成工作，是放大人体机械的和感知的能力，是将生活的进程简化为可计量的秩序和规则。这个进程肇始于把人体器官用作工具的时候，自动化是这个进程的最后一步。开发工具和机器的目的，是为了协调环境，以增强和保持人体的机能：既是为了延伸有机体依傍工具的能力，也是为了在人体之外造就一套有利的条件，以维护有机体的平衡并保证其生存。（Mumford，1934，pp.9—10）

到了哪一个时间点，有机论意识形态才逆转为机械论意识形态呢？就是说，技术有机论什么时候才变成了技术机械论呢？起初芒福德（1934）把这个关节点追溯到中世纪，后来他又把这个关节点提前至古代和史前时期。在《历史名城》里，他把机械论意识形态的源头和文明的滥觞及城市的兴起挂起钩来：

伟大的自然力按照人类意识所指方向上被控制起来：成千上万的人在集中指令下统一劳作，宛若一台机器：修水渠，挖运河、垒城垣、筑神塔、修寺庙、盖宫殿、造金字塔，这都是前所未有、难以想象的宏伟工程。作为这个新力量神话的直接后果，一台神奇机器发明出来了：考古学家长期看不见这样的机器，因为这台机器的实质是人体，它在历史的长河中已经分崩离析、消解殆尽了。（Mumford，1961，p.34）

芒福德对机器起源令人惊叹的洞见建立在他独特的定义之上：他用结构而不是形式来给机器下定义（Kuhns，1971），用机器内在的意识形态而不是它必要的材料来下定义。最早的机器就是"人体机器"（human machine），一种新的人类生态环境使"人体机器"成为可能。芒福德（1967，1970）在他两卷本的《机器的神话》中进一步阐述了这一思想。米勒对这两本书作了以下的概括：

> 芒福德就人的起源和技术进步提出了复杂的、富有极端思辨色彩的理论，他得出的结论恐怕是一个非常富有争议的命题：现代强权国家只不过是古代官僚军事体制的现代版，只不过是古代官僚军事体制极度放大的版本而已；他把这个体制叫作王者机器，也就是用人体配件组成的劳动机器，埃及法老组装这样的王者机器去修筑宏伟的金字塔。（Miller，1986，p.301）

修金字塔需要成千上万的劳工，每一天都需要这么庞大的劳动力，而且需要在数十年里对这些劳动力进行协调和控制。芒福德指出：

> 困难在于如何把这么多劳动力变成一个机械化的群体。他们原本是偶然的聚合，离乡背井，离开了熟悉的劳作，各有不同的意愿，至少各有不同的记忆。困难在于如何使他们成为一个机械僵化、唯命是从、逆来顺受的群体。机械控制的秘诀在于形成单一的头脑和明确的目标，并率领这样一个群体前进。另一个秘诀是一个如何传递讯息的方法，通过一连串的中间环节把指令传达到群体基层里最小的单元。在传达讯息的过程中，每一次复制的讯息都必须精确，绝对的服从也是必不可少的。（Mumford，1967，pp.191—192）

确保顺从的必要条件是一定程度的强制力,至少需要一定的威胁。因此,有组织的军事力量不仅构成了这种"人体机器"的一种形式,即"军事机器",而且是建立和维持其他"劳动机器"的必要条件(Mumford,1967,p.188)。同理,机器意识形态(machine ideology)需要一种机器语言即一套传播系统;有了这套传播系统,军事机器和劳动机器里的人体配件才能够作为一个统一的整体运行,否则劳动大军里的个体将会继续维持时空上分离的个体的原貌。机器、城市和文明的起源和符号系统之间,为何存在着强有力的关联性,其原因就在于:

> 为了使这个大型的机械系统有效运行,以完成建设工程并形成一定的强制力,文字的发明就是必要的条件,倘若真的需要什么必要条件的话。这种将口头语言转化为书面符号的方法,不仅使系统内的冲动和讯息的传递成为可能,而且留下白纸黑字的记录,以便在命令未能执行时追究责任。从历史上来看,追究责任的记录和书面词语的出现,是为了掌握庞大的数字;最早的文字并不是用于传播宗教思想或其他目的,而是用来记录神庙里的谷物、牲畜、陶器、商品,记录贮存和开支的情况,文字的记录功能并不是偶然的。(Mumford,1967,p.192)

在这个意义上,文字也是一种容器技术,文字不是用来储存物质材料,而是用来储存信息和思想。接着,这些信息和思想又成为"容器的容器"加工的材料,这个"容器的容器"就是城市;从功能上来看,城市是第一种电脑(Strate,1996)。这部拟人机器还需要一些聪明的发明,比如"数学、天文观测、文字和书面记录,以及最后发明的是有关宇宙秩序的宗教思想,这样的宗教思想产生于天象观测,并赋予国王神圣的权威"(Miller,1989,p.522),反过来,国王又按照天命行事。皇家的体制确立之后,权力和知识的垄断就在高墙之内形成了(Mumford,1961)。皇家的城堡成为神圣命令和控制的中心,成为命令和权力、饬令和法律的源头,成为军事压迫和官僚组织的源头。在这个体制的作用下,人就变成了机器的伺服设备(servo-mechanism)。由于每台机器都有一个发明者,所以芒福德将国王定义为这种"王者机器"的发明者:

> 为了充分说明神圣王权那种至高无上、至大无匹的权力,说明它神话的性质和活跃的制度,我把王权的一个重要方面留到现在来进一步考察,这就是它最伟大、影响最深远的贡献——它是原型机器(archetypical machine)的发明者。实际上,这个非凡的发明给一切后世复杂的机器提供了最早的工作模型,虽然后来机器的重点逐渐由人体配件变成了更加可靠的机械配件。王权的独一无二的功能在于将人力装配成一台机器,使一个庞大的组织规规矩矩、有条不紊地运转,使之能够完成前人难以尝试的宏伟工程。(Mumford,1967,p.188)

芒福德所谓"人体机器"或"原型机器"还有另一个名字:"无形的机器"(invisible machine)(Mumford,1967,p.188)。他指出:"所有的配件——政治和经济、军事、官僚和王权都考虑进去之后……就构成了一台'王者机器'(megamachine),质言之,'王者机器'就是'大机器'（Big Machine）。"（pp.188—189）"王者机器"是后世一切机器的原型机和模本，"王者机器"也可以称为"元型机器"（metamachine）。

芒福德在《技艺与文明》里说明，机器的发明始于12和13世纪本笃会[1]的修道院。从"王者机器"的广阔视角来看，这是机器意识形态扩散的重要转折点。根据芒福德的分析，发明机械钟表的原因之一是维护修道院生活规律的欲望，另一个层次的原因是强制人守规矩的欲望。芒福德认为："本笃会把修士祷告的次数从一日6次增加到一日7次。7世纪时，教皇萨比尼埃纳斯[2]的圣谕也规定，修道院一天24小时要敲钟7次。敲钟的时间就称为'祷告时间'（canonical hours），用以记录祷告次数，确保有规律的作息成为必不可少的制度。"（1934，p.13）

机械钟表被认为是记录和表示"祷告时间的媒介，它最终成为规范修道院高墙之内行为的手段。维持作息、秩序和管理的欲望和需求，是机械钟表固有的隐性议程"。芒福德又说，修道院的这个发明"把有规律的集体节拍赋予人的行为，把节奏赋予机器。时钟不仅是计时的手段，而且是使人的行为同步化的手段"（Mumford，1934，pp.13—14）。时间的观念曾经和有机论意识形态相联系，那是主观经验的概念，未必有明确形态和边界；那时的时间概念是稳定的、滋养人的环境（万物均有各自固有的时间）的概念；后

---

[1] 本笃会（Benedictine），天主教隐修会，由意大利人本尼迪克特（Saint Benedictus，约480—约547）创建。——译注
[2] 萨比尼埃纳斯（Sabinianus，？—606），意大利籍教皇，在位期间遭遇伦巴弟人入侵，发生饥馑。——译注

来，时间的概念被机械手段重组，以适应机器的意识形态。由于时钟具有界线分明的时、分、秒计时方法，它把"时间从人类的活动中分离出来，促成了一种信仰；于是，人们开始信仰一个可以数量化的、独立于人的世界，这是一个独特的科学的世界"（Mumford, 1934, p.15）。

钟声在修道院的高墙之外回荡，钟表的意识形态弥漫于世俗的社会，"准时敲响的钟声给工人和商人的生活注入新的规律。塔楼传出的钟声几乎就是城市生活的定义。记录时间的观念逐渐过渡到遵守时间、计算时间和分配时间的观念"（Mumford, 1934, p.14）。一般人认为，1760年左右发明的蒸汽机启动了资本主义；有些媒介环境学家的看法则有所不同，伊尼斯（1950, 1951）、麦克卢汉（1962, 1964）和爱森斯坦（1980）等人认为，15世纪50年代问世的印刷机奠定了大规模生产和消费的基础。芒福德则把这个关系颠倒过来，他认为资本主义是机械钟表的产儿。他作了这样一番描述：

> 钟表是一种新的动力机器，其动力源泉和传输机制稳定可靠，能够确保能量在工作的过程中稳定地流动，使正规的生产和标准化产品成为可能。时钟和能源的计量、标准化、自动化有关系，尤其和它自己的独特产品即准确计时有关系，因此时钟是现代技术里最重要的机器，在近现代的每一个时期，它都处于领先的位置，它是完美机器的标志，其他机器都渴望达到它那样完美的程度。（Mumford, 1934, pp.14—15）

机械钟表是机械化、工业化和资本主义时代的"界定性技术"

（Bolter，1984），也就是芒福德所谓"旧技术阶段"。在这个时代里，机器的意识形态广泛传播，广泛被人接受，逐渐取代了有机论的意识形态（organic ideology）。米勒说："在一个强调组织、规律、标准化和控制的思想框架内，主观、直觉和感情是没有立足之地的。按照芒福德的观点，这种对有机论的否定态度使西方国家在机器的面前投降；结果，西方把其他文化，比如中国文化，拥有大量的发明和机械设备都变成了芒福德所谓的'机器'。"（1986，p.300）

芒福德逐渐偏离他早期的那种乐观主义态度，在1934年的《技艺与文明》里，他原本认为有可能回到有机论的意识形态。但他后来得出了这样的结论：电力等20世纪的技术实际上延伸并强化了机器的意识形态，它们是古代那种"王者机器"改头换面的翻版：

> 一种新的"王者机器"悄悄地走来，实际上它组装的时间是在第一次世界大战之后，它随着极权主义国家的兴起而兴起……法西斯独裁的新形式，是一党独裁的政治体制，其基础是自封的革命团体，其首领就像一个古代"君权神授"的血肉之躯；不同之处在于，这样的"国王"不再是由上帝赋予权力，而是像拿破仑一样自我加冕，他们是无情的独裁者、魔鬼般的元首和血腥的暴君。他们宣称自己拥有无限而合法的权力，其实是非法窃取的权力。（Mumford，1970，p.244）

和金字塔时代的先驱一样，现代的"王者机器"强调秩序、控制、效率和权力。为了把人体配件和人工制作的配件这两种零件组合成"王者机器"，它必须依靠传播技术，才能够达到有效运转的目的：

> 没有文字的发明，古代的超级机器就难以想象；文字发明之前的政权由于传播速度的缓慢而土崩瓦解。实际上，比较早的王者机器关注的重点正是水陆交通的改善；陆路靠徒步或骑马接力，水路由奴隶协力划船。电报发明以后，电话和广播接踵而至，长距离控制受局限的现象不复存在。从理论上说，世界上的每一个角落，都能够和其他任何地方实现即时的口头交流，即时的图像传输也只是略为滞后而已。与此同时，几乎同样快的运输人的技术也实现了……能量、速度和控制是一切时代里的绝对君权的主要标志：如何消除交通运输和通信领域里的屏障，是古今一切王者机器的共同课题。（Mumford, 1970, pp.258—259）

在这一段话里我们可以看到，芒福德最终把伊尼斯、麦克卢汉和艾吕尔的洞见糅合起来，形成了自己的技术生态思想。芒福德再次指出军事压力的重要作用，于是他言犹未尽地写了一个续篇《机器的神话之二：权力的五边形》（1970）。他特别关注军事技术，尤其是核武器。第二次世界大战和冷战的结果是，一个军事—产业的王者机器在美国形成；这个王者机器为资本主义服务，同时又享受组织人（organization man）给它提供的服务。芒福德甚至看到，修建金字塔和搞太空计划有一定的相似性；他指出，金字塔里的木乃伊和太空船里的宇航员也有相似之处，两种工程的目的都是把极少数的精英送入想象中的天堂。就这样，神圣王权死而复生。然而，正如芒福德所云,古今王者机器最重要的共同特征是:"古今王者机器都有一个潜隐的共同意识形态的纽带,为了加强权力复合体,为了扩大控制范围,它们都忽视生命的需求与宗旨。"(1970,p.260)终其一生,芒福德都在反抗王者机器的意识形态。

3.5 芒福德的技术伦理观

在本章的结尾，我们有必要考察芒福德在他的著作与生活中表现出来的生态伦理观念。追根究底，他肯定人的能动作用，强调个人责任，即使面对"王者机器"也是如此，也许面对"王者机器"时尤其应该如此。如果说技术就像失控的火车头，我们解决问题的办法就是：重新掌握技术，跳进驾驶室去驾驭火车头。伦理就是对整个世界的关怀，芒福德从来就不是那种躲在象牙塔里的人，从来就不是紧锁在学术城堡里的学究。相反，他是一位公共知识分子，积极参与公共事务；当王者机器运转的时候，他不会袖手旁观，而是立场坚定地组织反抗。

芒福德倡导理性与规划。在今天看来，这似乎是离奇有趣的现代主义，而不是愤世嫉俗的后现代主义。毋庸置疑，用理性、逻辑的观念研究世界的方法，与现代技术的传播和机器意识形态的扩散，存在着相当程度的联系，但是芒福德在技术膨胀里看到了人们渴望权力的非理性驱动力，看到了位于其核心的利润驱动。权力的非理性行为一直在把人推向异化的边缘并导致人性的丧失，正在用战争与环境恶化把人推向毁灭。芒福德认为，唯一的出路就是有意识地践行理性的思考，用理性来指导行动。从格迪斯那里，他学会了运用规划的可能性，学会了用逻辑来设计更加稳定、持久和公平的生活安排。这使他成为启蒙伦理（enlightenment ethics）的领军人物，直到波斯曼承袭了这个地位（Postman，1985，1992，1999；亦见Strate，1994）。

然而，仅仅依靠理性是不够的。从城市发展来看，芒福德倡导规划的时候，心中想到了地区规划，他反对那种超大的都市，主张限制城市社区的规模，坚持人与本地环境的和谐共存。生态伦理的含意是和谐与平衡，是比例均衡的意识。再者，在芒福德呼吁振兴有机论的意识形态里，潜隐着这样一种伦理：生命优先，生命的驱力优先，也就是生存、繁衍和乐趣的优先。享乐和感官的追求、艺术与爱情都是这种意识形态的组成部分。从芒福德的伦理观来看，传统道德对人的压抑太过火了。

最后，芒福德认为，即使面对王者机器和超级技术，通过有机论来获救的可能性也还是存在的：

> 有机论模式已经渗透到人类的一切活动之中……它使机械化避免了很多的尴尬……它就像淳朴的村社风俗和传统，甚至像更为悠久的动物式的忠诚，这些风俗和传统使那些滴水不漏的严密的法令也富有弹性……如果要使超级技术不再进一步控制和扭曲人类文化的各个侧面，我们就必须采用截然不同的生存模式……直接从有机体和生命复合体（生态系统）抽取出来的生存模式……这种新模式将用生物技术取代超级技术，这将是从强权社会过渡到富裕社会的第一步。一旦有机论世界的图景出现上升的势头，富裕经济的目的将不再是用人的功能来喂

养超级的机器，而是进一步发展人所拥有的自我实现和自我超越的无穷潜力。（Mumford，1970，p.395）

芒福德希望和憧憬技术有机论的未来。他并不期盼机器的消亡，而是冀望机器重新回到人们的掌控之中，他希望机器进入有机和谐与生态平衡的状态。在未来世界里，进步将不会终止，但进步应该指向人类的境遇而不是技术的扩张。在这个世界里，人类大家庭可以生活在同一屋檐下，所有人都可以在良好的生态环境中发展，人绝不会再沦为机器的配件。

第四章　雅克·艾吕尔：技术、宣传与现代媒介

南洋理工大学（Nanyang Technological University）
伦道夫·克卢维尔（Randolph Kluver）

雅克·艾吕尔（Jacques Ellul）是闻名遐迩的社会理论家，以精明的洞察和引人注目的分析研究现代世界的社会制度和政治制度；但是，他对人类传播问题的深度关切在他本行学科里却不为人知。他的主要著作问世于三十年之后，传播学领域里的回应也寥寥无几（比如：Christians, 1976, 1981, 1995; Christians, Real, 1979; Real, 1981）。然而，艾吕尔对大众媒介、媒介环境和现代社会的洞察，对隐藏在媒介消费底层的假设构成了挑战，这是值得欢迎的挑战。在许多方面，艾吕尔阐述的重要主题长期未能彰显于主流的传播学研究里，这些主题把媒介运行机制放在社会分析的前列。

在这一章里，笔者将描绘艾吕尔著作里的关键的概念：技术至上（*le technique*）和宣传，我将展示艾吕尔有关媒介环境学的基本概念有何效用。我将证明他的思想对理解当代社会和媒介的角色有何作用，还希望阐明艾吕尔和媒介环境学其他传统思想家的关系。

4.1 艾吕尔小传

雅克·艾吕尔生于法国，在波尔多大学和巴黎大学求学。和许多同时代人一样，他受到20世纪30年代和40年代塑造欧洲的全球性理论的影响，这些理论包括法西斯主义、共产主义和社会主义。青年时代，他接受了两种信仰：一是卡尔·马克思的世界观，马克思为他解释了经济基础和社会结构的关系；一是耶稣基督的信仰，耶稣基督向他解释人性和生命里存在的问题。终其一生，艾吕尔都在锻造这两种信仰的辩证的世界观，他认为这两种世界观并非不可调和。从马克思那里，他学到了一个条理清晰的框架，用以解释和理解经济社会现实；从基督教的信仰里，他学到获得了社会和人生应该如何的眼界，同时获得了对人类前途满怀希望的信心（Clendenin，1989，pp.xxi—xxiii）。

艾吕尔1936年获法学博士学位，从此开始教学生涯。欧洲法西斯运动的兴起使他深感不安，他被受纳粹影响的法国维希政府解除教职。随后，他的父亲被捕，他旋即逃离波尔多，参加反对维希政府法兰西主义的抵抗运动。他认为，战争给法兰西留下的是社会政治结构的"一片空白"，他曾出任波尔多市副市长，但时间不长。然而，由于原有的社会结构重新露头，所以他相信，面对死灰复燃的社会力量占上风的局面,有价值的政治行动难以实现。

艾吕尔成为波尔多大学的法学和政治学教授,从此著书立说,论述现代社会问题,尤其是有关技术、宣传和大众社会总体性质的问题。他最早的成名作是《王国的存在》(*The Presence of the Kingdom*,1948/1989a),该书展示了他对基督教知识分子角色的信仰,同时为他以后诸多著名的主题进行了铺垫。

在以后的生涯里,艾吕尔体现了自己的社会原则和知识分子原则。他始终活跃在遏制青少年犯罪的组织里,积极参与环境保护。他对既定的社会秩序的希望完全幻灭,所以他对青少年群体犯罪的态度不是让青少年"适应",而是让他们对当时的社会"积极地不适应"(positively maladjusted)。艾吕尔的大多数著作(约五十本书和一千多篇文章,包括学术性和普及性两类)围绕互相关联的几个问题:传播、技术和宣传。由于长期生病,艾吕尔于1994年去世。

4.2 技术至上,宣传和媒介

艾吕尔最关注的不是大众媒介,而是他目睹的现代社会的戏剧性变革,大众媒介是这些变革中一个关键的部分,更加具体地说,他关切的是技术、政治和媒介如何使社会"失去人性"。虽然他在当前的"信息社会"来临之前就去世了,但他还是预见到下文分析的许多现象。艾吕尔的核心论点是,在当代世界的技术方法和人的心态造成的社会环境里,人类社会、人的思想方法和传播都发生了变化。他认为,现代社会的复杂性必然导致技术地位的上升,在这个过程中,人的经验必然要失去人性。由于当代大众媒介追求不断提高效率的渠道,所以它们加重对人的影响,瓦解民主,并破坏人的批判能力。关于重大问题的博学的辩论被宣传伎俩取代,富有意义的人际交流不复存在,取而代之的是陈词滥调、半真半假的言论和象征意义强大的流行口号,最后的结果是用图像取代交流。艾吕尔认为,图像等技术优势的信息发送系统和讯息形式喧宾夺主,篡夺了关于价值、目标和媒介的人类话语的重要地位。

4.2.1 技术至上

艾吕尔最著名的概念有两个:技术至上和宣传。艾吕尔认为,技术是一个自我定向、自我扩张的社会进程。为了表达法文"技术"一词独特的意义，使之有别于平淡无味的英语单词 technique 或 technology，本章用斜体的 *la technique* 来表达艾吕尔的概念。艾吕尔并不反对技术本身，他反对的是这样一种精神状态：用技术手段及其价值来取代批判性的道德话语的精神状态。技术先进的社会里固有的进程造成了追求效率的社会价值。当前的一个例子是基因克隆术。一旦赋予技术问题优先考虑的地位（能够做得到吗？），我们就失去了价值论问题（应该这样做吗？）的视野，最终就会考虑纯技术性的问题（什么是做这件事的最有效的方式？）。近来，欧洲科学家已经不考虑对克隆人技术的道德批评，他们说，因为克隆技术存在，所以它终究要被社会接受。这个例子生动证明艾吕尔的重要主张是对的。只要有任何一个人生领域臣属于技术，那些效率和效能的进程必然会使人放弃人性的和道德的批评，转而接受技术的标准。艾吕尔认为，追求效率范式，或者说默许把一切任务交给更加有效的技术的倾向，最终会把道德话语驱逐出公共政策，直接间接地使人类社会失去人性。

艾吕尔认为，"技术现象是我们时代关注的主要问题；在每一个领域，人们都在寻求最有效的方法"（1954/1964，p.21）。结果，数字标准和技术标准优先，压倒任何批评标准或道德标准。他说，一个人的"决策，只能够有利于效率最高的技术"（p.80）。他接着说，人生的一切方面都已让位于技术，包括经济的、政治的、社会的和商业的组织都让位于技术对人的影响。这个论断主要是在《技术社会》（*The Technological Society*，1954/1964）里阐述的，它成为艾吕尔几部最重要著作的基石。这些著作有《宣传：态度的形成》（*Propaganda: The Formation of Man's Attitude*，1962/1965，下文简称《宣传》)、《技术系统》(The Technological System，1977/1980)。

在传播学领域，技术也压倒公共话语，在媒介里尤其如此。"新媒介本质上首先是技术媒介"（Ellul，1977/1980，p.9）。因此，现代大众媒介的特点总体上也是技术社会的特点。有关人类动力的科学发现提供的技法推动了现代媒介体系的发展。这样的发现主要来自于心理学、社会学和人际关系研究；这些"学科"的存在受益于它们在理解人和影响人方面的价值；反过来，对媒介渠道效率的研究又成为剥夺人批判力的"科学"基础。最终，心理学变成广告，社会学变成营销。

4.2.2 宣传

界定艾吕尔现代社会眼光的第二个关键的概念是"宣传"。在传播学者中，《宣传》最广为人知。这本书主张，即使业已入侵政治和劝说的领域，负责公开探讨问题的机构比如媒介系统和政府，如今也使用宣传的手法，结果就压倒了理性的话语和批判的思维。大众媒介的力量，加上它们能够左右人意图的能力，和无情的社会科学结合起来了，而社会科学理解人动机的能力又前所未有；于是，大众媒介就拥有了支配个人的史无前例的威力。

艾吕尔的《宣传》问世时，大多数著书立说研究宣传的人只依靠一个狭隘的定义，他们的概念主要包括修辞技巧、媒介技法，比如第二次世界大战以前纳粹党使用的手段；那时的宣传研究主要还局限于简单的影响模式（Sproule，1987）。艾吕尔（1962/1965）认为这失之过简，他给宣传下的定义是："一套方法……其结果是，大批人积极地或消极地参与宣传行为,由于心理上的操弄,许多个体结成一体,融入一个组织。"(p.61)宣传不是一套有限的修辞技巧,宣传是一整套社会科学的洞见和技巧,包括媒介的大规模传播;结果,多半默不作声的受众就顺从地接受宣传了。重要的是,艾吕尔不接受技术决定论的立场,他的观点是,人们心甘情愿地拱手相让,使技术和技术方法支配人类的事务。

如前所述,艾吕尔的主要兴趣是国家和个人的关系,他的兴趣不在媒介。然而,大众媒介的角色在艾吕尔的主张里占有十分重要的地位,因为媒介是传播集体信念和现实情况的主要手段。在现代社会里,大众媒介业已成为集体生活的媒介,成为塑造集体意识的手段。况且,大众媒介的集中化性质隐含着这样的命题:它们不鼓励思考,相反,它们是使人跛脚的社会控制力量。艾吕尔(1954/1964)认为,如果一个人"经常听广播、看报纸、上电影院",那么他的行为就会被引上这样的路子:他的动机"就会是科学引导的、越来越难以抗拒的动机"(p.372)。

因为一切类型的媒介都支撑和强化某些社会假设和现实,所以个人在自己的经验里就看不到和大众社会预设相矛盾的东西。艾吕尔(1954/1964)把这种情况比喻为电影放映机的汇聚效应,"每一台放映机自有其颜色、强度和方向,但每一台机器发挥作用都只能够以它反映的客体为基础"(p.391)。况且,现代通信技术至上的地位必然产生这样一个后果:单纯的技术人员成为社会问题的最重要的传播者,新闻节目主持人被赋予名人(神化)的地位。比如,成为政治话语的中介力量的,是政治上并不机敏的记者(主持人),结果,他们在塑造公共政策方面就拥有非凡的力量。正如大卫·罗夫金（David Lovekin，1991，p.195）所云："广播电视主持人这样的名人是20世纪一种类型的萨满教巫师，他们颂扬技术的功德，同时又代表这样的美德。"

宣传的结果不是理解和接受，而是顺从。艾吕尔认为，人们是否同意宣传并不重要，重要的是人们对宣传作出回应。在这里，本能和反射是关键问题，理解不是关键问题。你是否认为他们有道理，你是否相信你能够在公道的价格内得到优良的食品，快餐连锁店对此是不在乎的，它们在乎的是你买它们的快餐。因此，社会科学对人性里惧怕、欲望、贪婪、气愤等心理现象的洞见就成了最有效的手段，就能够用来呼唤某些条件反射。对人的动机的科学理解，一旦和大众媒介无孔不入、强大有力的性质结合起来，个人就只能够对大众心理俯首称臣，进步、理想主义和各种意识形态的现代神话诱发的大众心理就称王称霸了。在现代技术社会里，最重要的是社会动员。这样的社会动员并没有具体的目标，它是为动员而动员。艾吕尔（1962/1965）指出：

> 认为宣传还是1850年那样的老面孔，那就是固守过时的观念，那种有关人的观念和如何影响人的观念已经过时……现代宣传的目的不再是改变人的思想，而是激起行动。这个目的不再是改变人对某种教条的信仰，而是使个人非理性地死守一个行动的过程。它不再是导致选择，而是释放被紧锁的反射行为。它不再是转变意见，而是唤起积极而神秘的信念……为了达到宣传的效果，宣传必须要在一切思想和决策中抄近道。

（pp.25—27）

艾吕尔断言，面对面互动是抗衡大众社会势不可挡威力的唯一手段。实际上，技术介入社会生活的特征之一，是人类交流系统的降格，其终极后果是讯息的降格。艾吕尔（1954/1964）说，宣传的结果是"政治主张降格为纲领，纲领降格为口号，口号降格为图画（直接的反射刺激形象）"（p.365）。具体地说，政治、商业和宗教讯息托付给大众渠道之后，这些讯息就降格为琐细的东西了。视觉媒介是使人类政治、宗教和哲学失去品味的最后阶段。在较早的一本书里，艾吕尔（1948/1989a）指出，虽然大众媒介有利于人，但现代传播渠道的介入却摧毁了真正的交流，换句话说，技术本身就取代了人与人之间的调适（p.94）。出路在于寻找一种"新的语言"，这种新语言可以避免大众媒介一网打尽的效应，它能够使人实现真正的互动，艾吕尔在"圣灵"（The Holy Spirit）里找到了这种中介（p.106）。

艾吕尔（1977/1980）认为，人类传播"技术化"（technologization）的结果是，人类传播中的符号支持被技术支持取代了（p.36）。因为大众媒介（技术）已经成为人与人之间仅有的中介，人类"共同分享"（communion）里的固有价值在人与人的互动中就被剥夺殆尽了。再者，人的意识直接打上了大众媒介的烙印，以前各种交流形式中特有的思想中介也随之荡然无存。

艾吕尔认为，区别宣传和信息的尝试是不切实际的。技术社会里的"信息"无所不在，使个人不知所措。随着信息的增加，解释信息就越来越困难了。公民面对的是难以招架的海量话语，所以他们不得不利用宣传者提供的现成的解释，包括广告商、教育工作者和政治人物现成的解释。况且，宣传是我们栖身的总体媒介环境不可分割的一部分，宣传在现代化的大众文化里看到了自己的威力。比如说，宣传者知道，宣传只能够在个人主义的社会里发挥作用，因为在这样的社会里，个人已经脱离了原生的社会集群和忠诚；在过去的社会里，那样的集群和忠诚曾经是个人抉择时提供社会指导和支持的力量。人们已经抛弃小型的社会集群，比如村社、教会和行会，它们曾经是提供指引和社会支持的群体；如今的人不得不完全自主自立了。奇怪的是，都市化和技术化催生的个人主义普及之后，"大众社会"（mass society）却是必然的后果。现在，个体的人转向媒介去寻求信息和意见，去吸收集体的价值和意见，他们已经完全依赖公共舆论了（Ellul，1962/1965，p.90）。

艾吕尔认为，宣传未必是政治宣传，实际上宣传在社会表现中更加强大，他所谓宣传的社会表现是"意识形态凭借社会语境实现的渗透"（p.63），所谓社会语境也就是通过细腻手段强加并强化意识形态的社会文化经济结构。宣传很少涉及深思熟虑的行动，典型的宣传往往是非政治性的。例子有流行的娱乐，它常常采取意识形态或文化的姿态，比如消费主义，使这些姿态长存下去，而不必吸引人们注意这样的事实。

再者，宣传并非总是鼓动性的，宣传对社会、经济或政治的整合是有用的。整合的宣传在舒适、考究和信息丰富的情景中，是最为有效的。这种情景对传统上被认为抗拒宣传的知识分子最为有效："对整合的宣传，知识分子比农民敏感。实际上，即使他们在政治上反对社会，他们仍然分享社会的老套模式。"（Ellul，1962/1965，p.76）换句话说，即使那些对宣传和大众媒介似乎最有免疫力的人，也要受宣传的影响，而且他们所受的影响说不定比农民更加深刻。

艾吕尔关注的首先是体现为社会科学和媒介生产技巧的技术，如何瓦解理性思维和批判思维。他认为，宣传启动之后，它的终极结果是削弱社会的能力，因为个人将失去独立判断和创新的能力。"宣传使什么东西消失？它使一切批判性判断和个人判断的东西消失。"（Ellul，1962/1965，p.169）习惯于宣传之后，个人就不再能够表达异见了。"个人的想象只可能在固定的线路上做一些微小的偏离，只能够在既定的框架之内作出一些稍许偏离的初步的回应。"（p.169）艾吕尔公开承认，宣传和传统的话语观念和民主观念是对立的，他断言，现代世界里的民主实际上已经被颠覆了：

> 显而易见，民主原则特别是民主的个人观念和宣传的方法是对立的。理性人的观念，能够根据理性思考和生活的观念，能够根据科学模式控制感情和生活的观念，能够自由挑选善恶的观念——这一切和宣传的特征似乎都是对立的，宣传的特征有：静悄悄的影响，神话的利用，匆匆忙忙的非理性诉求。（p.233）

在社会层面，宣传的后果是灾难性的。这是因为媒介和宣传无孔不入的性质不允许真正的竞争话语，不允许从容不迫的深思熟虑。民主社会必须用宣传来维护主权，然而这种做法本身就背叛民主的理性。意识形态、哲学思想甚至宗教信仰，包括民主性质的意识形态、哲学思想甚至宗教信仰，纯粹成为宣传机器的工具，宣传机器则支配社会生活。"唯一的问题是效率的问题，效用的问题。重要的不是盘问某种积极主张和思想教义是否有价值，而只是问它是否

能够提供有效的标语口号，是否能够在此时此地将大众调动起来。"（Ellul，1962/1965，p.197）

因为劝说性话语里必不可少的批判要素已经丧失，已经让位于无孔不入的媒介和社会科学力量，普通老百姓只剩下回应文字刺激那一点点力量了。而且，个人和社群都失去了抗衡宣传那种泰山压顶的能力。所剩无几的异见也被疏导到鸡毛蒜皮的问题上去了。社会的基本价值没有受到考问，所剩无几的那一点点冲突纯粹是装点门面而已。

艾吕尔的媒介批评是多维度的，不过我只突出了几个重要的问题。首先，艾吕尔总体上肯定，关于大众媒介固有的集中化机制的批判性研究是有冲击力的；不过他不论述他所谓过度概括的一些关键问题，比如他不论述对媒介垄断关切的问题。倘若所有的五百个有线电视频道、所有的无线电广播和所有的报纸，都肯定某些基本的社会文化假设和老框框，谁占有、谁控制它们就无关紧要了。没有一个频道会挑战深层的文化预设和政治预设，这就强化了缺乏真正批评的社会现象。

其次，虽然大众媒介使社会机制集中，但它们同时又使真正民主意义上的集体行动减少，因为它们对社会进行"受众分割"（audience segment）。艾吕尔（1962/1965）指出，"宣传越多，社会的分割就越厉害"（p.213）。这种分割实际上增加了宣传对人的控制，因为"读报的人形成一群，听广播的人也形成一群，他们不断强化自己的信念……结果，人们越来越彼此忽视"（p.213）。因此，异见就不能够显露出来，就无力制衡难以抵挡的媒介系统了。

最后一点，技术尤其是现代科学方法和传播技术的联合，对人的自由和民主产生的危害是难以觉察的。在过去的几百年里,技术仅限于对物质世界的操纵,如今的现代媒介却打入人的心灵生活,使大规模的宣传伎俩成为可能。个人常常受制于媒介和宣传的伎俩,无法躲避这样的影响。人们批评大众媒介时,常常有人反驳说:"你不用理会呀。"这句话答非所问,因为即使离开电视,你也不能摆脱无孔不入的媒介影响。即使你不看某一个频道,同样的讯息也深透着其余的一切频道、一切报纸、一切书籍,侵入整个社会结构。

艾吕尔不信赖现代媒介的一个例子反映在他对电脑的看法中;对电脑在教育中的作用,对全社会协力推进培训学生使用电脑的技能,他抱不信任的态度。艾吕尔(1990)说,这种"教育恐怖主义"终究对个人和社会有害,这是因为对教学技能的过分强调意味着这样的后果:学生学到的东西不会超过狭隘的技术边界,也就是说,他们会丧失批判性思维和创新才能,最终会丧失真正的多才多艺(pp.384—391)。

艾吕尔的大多数著作包含着对人类交流的深刻关怀,他想把交流和人类"共享"(communion)的根基联系起来。他的许多著作都探讨了真正的话语和宣传伎俩的冲突、形象和语词的冲突,不过他最充分的论述是在《语词的羞辱》(*The Humiliation of the Word*,1981/1985)中。这本书认为,语词和符号过去是人类互动的中介,如今它们正在被形象和图像取代,形象和图像并不是走向逻辑和理性的捷径,而是崎岖的羊肠小道。

艾吕尔断言,语词(语言)的力量和形象(包括图片、电影和图示)的力量根本不一样。每一种媒介形式都有影响人类意识的特征。对人的意识的视觉冲击和听觉冲击根本就不一样,因为视觉倚重视觉图像，所以视觉是现实的王国，也就是环绕我们的直接经验；与此相反，耳闻（和阅读）是真实的王国。举一个例子，一张图片可以传递情感的力量，可是只有解释图片的语词，才能够使它的力量有指向的目标。

在艾吕尔看来，视觉和"现实"相关，也就是与直接的视觉和情感语境相联系。然而，语词和"真实"相关，是达到真正理解的抽象和逻辑的必要条件。视觉把人托付给技术，因为它意味着掌握和方法（Ellul，1981/1985，p.11）。口语话语和书面话语固有的意义和形象的情感力量，是截然不同的。你可以用批判的态度评价和考问语言，从而给聆听者留下自由的余地；相反，面对形象时，你就不能利用评价和考问（p.23）。

在这一切论述中，艾吕尔并不是说视觉和形象不重要。他只是说，形象必须要和语词平衡。形象不能够传递真理，只能够传递现实；这就是说，大众媒介的社会地位越来越重要，公民就越来越远离理性讨论的手段。由于我们"淹没在形象之中"，我们欣赏和回应其他交流的媒介的能力就受到削弱。用艾吕尔（1981/1985，p.114）的话说，"一旦形象显身，其他任何表达都徒劳无功"。

由此可见，视觉媒介（包括电视和电影）在社会生活中扮演的角色有一点比例失调。电视成为社会化的主要手段，最终使社会生活因循守旧、整齐划一，趋于标准化（p.140）。电影打垮自然的抗拒，给观众敞开通向"权势、形式和神话"的大门（p.119）。对社会而言，最终的结局是"语词的羞辱"；由于形象泰山压顶似的影响，连语词都丧失了意义，沦为宣传的奴隶了（p.156）。

艾吕尔探讨形象和语词调和的可能性，或许正是在这样的讨论中，他的神学假设才进入了前景突出的位置。实际上，如果不了解他对媒介形式的神学取向，要充分理解他的思想就是不可能的（Gozzi，2000；Nisbet，1981，p.vii）。艾吕尔（1981/1985）认为，形象在人的生活中有一定的作用，因为它们有助于解释现实的面貌，比如先知看到的幻象。而且，因为语词和形象在"新造的人"[1]身上已经实现了调和，要在人的生活中排除语词或形象就不可能了（p.252）。

---

[1] "新造的人"（New Creation），语出《圣经·新约》。——译注

4.3　艾吕尔与媒介环境学

艾吕尔的研究触及广泛的学科领域，从传播学到神学到政治，都有涉及；在许多方面，正是由于广泛的涉猎使他的著作和媒介环境学的传统具有相当大的关联。虽然他不太喜欢大众媒介的角色，虽然他可能觉得许多媒介研究琐碎而迂腐，然而由于他把重点放在媒介以及媒介与社会的关系上，所以在许多方面，他的研究预示并拓宽了对这个传统至关重要的主题，比如，他关心理解大众媒介的社会语境和政治语境，他提出了许多有关文化素养、话语和媒介的主张。他认为，传播技术对社会组织和社会精神都会产生深刻的影响；在这一点上，他和大多数媒介环境学者的论点一致。他的著作无疑对马歇尔·麦克卢汉（Marshall McLuhan）等人产生了影响，比如麦克卢汉（1965，p.5）就写了这样一段话：艾吕尔的书"把疯狂追求效率和方法中普遍忽略的问题推向了前台，而且他的做法既富有洞见又富有诗意"。另一方面，艾吕尔在各个时期显然也受到麦克卢汉和芒福德的影响。笔者将在媒介环境学传统的框架内探讨艾吕尔和其他重要作者的关系，将谈到三个重要问题：大众媒介和宣传在社会里的影响，技术，以及口语和书面语在人的意识里的作用（地位、情况）。

当然，艾吕尔论大众媒介的书问世之后已经过去三十余年，他的分析似乎有一点过时了。他的主要著作完成的时候，虽然媒体围绕广告业巩固地盘的局面已经开始，但是商业广告还没有完全压倒媒体。在稍后名气较小的《技术的悬崖》(*The Technological Bluff*, 1990b) 里，他对现代社会和现代传播技术的评述是最尖锐的。不过，许多学者包括波斯曼后来也思考同样的主题。波斯曼（1985）在《娱乐至死：娱乐时代的公共话语》(*Amusing Ourselves to Death: Public Discourse in the Age of Show Business*) 里断言，电视媒介固有的属性使之不适合真正富有意义的话语，比如政治和宗教的话语。

而且，伊尼斯和麦克卢汉等人还认为，在一个媒介饱和的环境里，必然会出现文化意识的交汇，用麦克卢汉（1964）的话说，就是要出现地球村。这个论点是许多重要的大众媒介研究包括媒介环境学研究的基础。艾吕尔的观点大体上和这个观点是一致的，虽然他明显从负面角度去看这个趋势。此外，艾吕尔（1977/1980, p.9）觉得，麦克卢汉太强调媒介，媒介决定论的立场太明显，对社会大环境的强调不够味；具体地说，麦克卢汉归咎于媒介的东西，艾吕尔算到了技术化的头上。许多人已经并继续论证，交往越多，彼此就越了解；相反，艾吕尔（1962/1965）论证，越是依靠传播的技术手段，我们就越是不能互相了解（pp.93—95）。媒介不会给跨越边界的交流带来更多的理解，而是妨碍深思熟虑的思想，干扰注意力，使人看不见自己面对的真正的问题，使人不可能实现真正的交流。

然而毫无疑问，艾吕尔坚信媒介无孔不入，必然会堕落为宣传；在这一点上，他和其他媒介环境学者是一致的。大众媒介的世界只适合强化现存的社会结构和已在的现实，而不会对其提出挑战。而且，所谓媒介交汇的观点是早已过时的结论，即使在技术里没有过时，至少在意识形态里已经过时了。

艾吕尔和其他媒介环境学理论家的第二个重要关系是，他强调指出技术是现代社会的界定性特征。在这个方面，典型的看法是把他和刘易斯·芒福德（Lewis Mumford）归为一类（Strate, Lum, 2000）。芒福德（1934）写道，机器（技术）有自己的秩序、控制和效率，而且有意识形态的维度，在这一点上，他为艾吕尔作了铺垫。不过，芒福德把重点直接放在技术本身，而艾吕尔关切的，首先是技术固有的意识方式（mode of consciousness）对技术手段的过分依赖。芒福德的历史分期建立在业已存在的技术类型之上，艾吕尔的历史考察并不把技术类型作为焦点，而是把人对待技术的意识作为焦点。对艾吕尔来说，你依靠的是微波还是魔术都无关紧要，关键问题是你信赖技术，而不是倚重人文价值和伦理选择。过去若干代技术的特征，与其说是技术本身的特征，不如说人在多大程度上有技术的意识。比如，过去的技术显然不是自主的，也不是自我强化的（Ellul, 1954/1964, pp.23—60）。艾吕尔的理解是，技术预设压倒了文化价值，波斯曼（1992）在他的《技术垄断：文化向技术投降》（Technopoly: The Surrender of Culture to Technology）里，显然呼应了艾吕尔的这个观点。在这本书里，波斯曼和艾吕尔持相同的观点：技术话语的自主性使它能够自己滋养自己，这就强化了技术官僚自作主张的决策过程，过去的决策曾经被认为是处在纯粹技术理性的领域之外。

在艾吕尔看来，技术本身不是问题，问题在于人的意识。在这个意义上应该说，艾吕尔技术决定论的立场不如其他媒介环境学者那样强烈，因为他的焦点从来就不是具体的技巧或技术，而总是人的意识，是人对技术的回应，包括人对媒介技术的回应。

最后再谈艾吕尔和其他媒介环境学家第三个共同的重要关切，也就是对语词和不同传播技术的关切。许多学者包括麦克卢汉（1962）和沃尔特·翁（Walter Ong，1982）认为，口语文化和书面文化有深刻的区别。虽然这些理论家具体的重点略有不同，但它们的典型主张是一样的：口头（前文字）文化的运作出自于特定的意识框架。换言之，书面文化的到来在我们的思维方式上产生了真正重大的变革。比如翁认为，在口语文化里，话语的复杂性和抽象性必然是比较少的。因此，思想的复杂性和论辩的复杂性对口语文化是一种障碍，因为口语文化不可能记录和记住复杂和抽象的东西。口语文化里的思想也可能有趣，但它出口即逝，所以它不可能在口语文化中产生深刻的变化。所以当文字这种技术进入一种文化时，它就使过去不可能保存的结构和机制保存下来了（Ong，1982，p.36）。

艾吕尔的视角和翁这个视角不同，他认为，无论口语词或者书面词都产生一种重要的视角和存在，形象则不可能产生这样的视角和存在。对翁等学者来说，口语技术和书面语技术之间存在着重要的断裂。然而对艾吕尔来说，重要的断裂是感知的断裂，听觉和视觉的断裂（目力所及的结果是产生形象，而不是产生文本）。艾吕尔认为，口语也好，文字也好，一切语词都诱发批判性反思和论辩的复杂性。然而，形象却颠覆这种批判性反思，使人受情感的支配。他征引并同意麦克卢汉对电视的分析，认为电视影响人的意识

（Ellul，1977/1980，p.73），但是他不同意麦克卢汉有关视觉和线性结构的关系，认为这是麦克卢汉的误解；艾吕尔（1981/1985，p.26）认为，视觉和线性结构是对立的。

艾吕尔同意，这些不同的传播技术都影响人的意识；但是，他也有不同的主张：口语需要序列结构的、条理清晰的思想，口语有助于抽象和反思（p.36）；与此相反，形象是直接而强大的实体，形象没有鼓励批判性思维的手段，更不会需要批判性思维。

丹尼尔·布尔斯廷（Daniel Boorstin，1973）也研究形象在公共话语尤其在政治领域里的角色。但是他和其他学者有一个重大的分歧：他把形象和宣传区别开来，他对宣传的定义比艾吕尔狭窄得多。但是，他的"假性事件"（pseudo-event）概念显然可以从艾吕尔更宽泛的定义中获益，这是因为布尔斯廷指认的"假性事件"只不过是艾吕尔的技术，艾吕尔认为，制作政治话语的方式具有更大的影响。布尔斯廷争辩说，现代政治话语因为这些技术而变得苍白无力，艾吕尔很可能会同意这个意见，不过他可能会急忙补充说，在我们生活的语境中，这些技术事实上是必然要产生的。

在媒介环境学思想家的框架下简略地辨认艾吕尔的身份，笔者的意图仅限于勾勒他们最明显的联系。然而，在把这一群分散的思想家的视野统一起来时，还要做许多工作，一些人提出的重要的思想和主题，其他人却很很少提到。艾吕尔关心的，主要是兴起之中的技术至上的社会政治维度。他并没有给予具体的传播问题足够的注意，而这些问题正是他分析中欠缺的问题。反过来，艾吕尔更加概括的技术意识视野，而翁等学者则没有给予充分的研究。进一步比较这些学者的理论，必然会给尚未探索的领域提供大量的启示。

4.4 对艾吕尔及其著作的批评

尽管艾吕尔对传播学具有明显的重要意义，可是我认为，他的影响尤其对北美学者的影响还少有人问津。我将简略评论对他研究成果的主要批评，既为了显示其中的不足，也为了说明，大多数的批评既误解了他的思想，也误解了他的意图。第一种批评和他的非正统方法论有关。他不满足于考察人类境遇的一小部分，或传播的一个侧面，试图靠这样的方法来系统而充分地理解人的境遇。相反，他作出最高度的概括，但不提供什么经验的证据。艾吕尔（1981）显然将其学术视野展示为一种辩证关系，他通过检查对立和矛盾来理解现实的全貌（pp.291—308）。作为这个辩证方法的一部分，他不断对比社会学分析和神学论争，他指出，这是他方法论的一部分。

艾吕尔的方法论非常偏重演绎，而不是归纳，他的文字充满激情，反对他感觉到的现代社会的致命特征，包括超然的、非个性化的、一般认为是"学术性"的研究方法。他的灵感源泉是《旧约》里的先知，由于他谴责现代文化，有人甚至把他比作重要的先知（Hall，转引自 Christians，1981，p.147）。

比如《宣传》问世时，有人就严厉批评他那哀怨的语气，批评他油滑地使用证据和实证数据。一位研究宣传的重要学者丹尼尔·勒纳（Daniel Lerner，1964）就说，他的书阐述"派生的、夸大的、富有争议的命题，以非常自信的口吻呈现给读者"（pp.793—794）。勒纳进一步批评艾吕尔"规避……数据搜集和数据分析"，认为他误用了晚近的实证研究传统。勒纳的批评或许有一点夸大其词，不过在批评的过程中，他反而昭示出艾吕尔的核心主题："技术"的心态使我们的视角大变，所以我们不再信赖非实证的或"非科学的"研究。勒纳批评艾吕尔未能去做的，正是艾吕尔鄙视的东西：在追求效率和资格的官僚主义价值体系中，使自我丧失殆尽。罗夫金（1991）指出，最严厉批评艾吕尔的人武断地说，他们"反映了技术意识里的常识"（p.38）。J. 斯普劳尔（J. Sproule，1987）有力地支持罗夫金这个判断。他认为，在20世纪30年代和40年代，批判性的宣传分析，比如艾吕尔的分析，成了修辞研究的标准社会科学框架，但后来至少是不再那么吃香，因为传播学研究走向专门分割和实证主义："传播学研究的理论依据和范式出发点是方法论。"（p.68）

　　由此可见，艾吕尔对传播学研究有限度的影响的原因之一是，社会科学倾向的学者反感他的人文主义的、批判的方法，勒纳（1964）的评论正好显露出这样的倾向。其他批评者认为，艾吕尔的论述同义反复，采用宣传的力量去证明宣传。

　　第二种批评是，艾吕尔的论述不符合我们对技术的积极回应。艾吕尔叹息的技术系统正是给革新和技术提供基础的技术系统，这些革新和技术千真万确改善了人的生活，发达世界的先进医学技术也好，给发展中世界提供纯净水的技术也好，都改善了我们的生活。艾吕尔如此鄙视的"系统"怎么可能成为如此有益发展的源泉呢？

从媒介和传播技术的语境来看,情况似乎是这样的:我们使用媒介和传播技术,那是因为我们喜欢使用它们。也许,我们真喜欢看电影和电视,喜欢用电子邮件和远方的亲友通信。因此可以说,艾吕尔有关技术社会螺旋形下降的断言,不符合我们享受到的正面的好处。

然而,承认具体技术的正面好处,并不能够驳倒他有关技术至上的论断。艾吕尔明确指出,"个别技术的发展是'利弊同在'的形象",其固有本性非善非恶(1963,p.40;1990b,p.37)。毫无疑问,艾吕尔生病时用上了最好的医疗技术,最能够肯定的是,他宣传自己的著作时也用了现代媒介系统。实际上,他的出版商就是这媒介系统的一部分,而他似乎非常强烈抨击的正是这个系统。艾吕尔(1992,pp.44—45)建议,我们先做"技术分析",然后再采取政治行动。艾吕尔论述的不是具体的制度和革新,而是批评我们养成的这样一种习惯和心态:技术解决必然是最好的解决。我们把技术解决办法和答案作为首要的标准时,我们就把自己放到了从属的地位。

第三种批评与他著作内在的悲观主义有关。如果世界真像艾吕尔论证的那样,那还有什么意义呢?比如,L.希克曼(L. Hickman,1985,p.218)批评他的《技术社会》时就抱怨说"五百页左右的悲观主义思想"。而且,艾吕尔似乎没有提出解决问题的办法。比如,接触艾吕尔的《宣传》或《技术社会》时,读者的感觉似乎是太多的谴责,几乎没有什么解决问题的出路。

然而很明显,艾吕尔的确认为解决问题是他写作计划的一部分。他非常清楚,技术至上陷阱是极端的陷阱,同时他又清楚地看到,必须找到解决问题的出路。正如克里斯蒂安(Christians,1981,p.148)所指出的,要通读他的全部著作,你才能够看到他的解决办法，因为他没有在他最著名的书里勾勒详细的行动计划。实际上，在好几个地方，尤其在《王国的存在》里，艾吕尔勾勒了对生活必需的憧憬。在他的愿景里，第一步是真实情况，也就是对社会性质的真正理解。第二步是"更新后的个人身份"，也就是在世上生活里作出有意识的决策，而不是对世界的了解，这显然是基督教的一个观念。最后，艾吕尔提倡行动的生活，也就是亲自参与人类面对的真实问题。

然而说到底，艾吕尔放弃了改变人类境遇的尝试，原因仅仅是他完全相信堕落的后果。人疏离了上帝，因而单纯的努力终究不足以解决问题，但艾吕尔（1948/1989a）仍断言，我们必须采取行动去提供人的意识，必须在圣灵的指引下建立一个更加人性化的秩序，必须勾勒一个行动计划（pp.113—127）。也许，该书外表的神学性质使之成为艾吕尔读者最少的一本书；人们觉得他没有作出什么积极的贡献，这是原因之一吧。

我想要说的最后一种批评是对他技术决定论的指控。因为他有力地批评技术，所以他常常被指责为"反技术"，他常常被说成是严格意义上的决定论者。比如希克曼（1985）指出，艾吕尔（1977/1980）技术自主的观点是严格意义上的决定论观点（pp.217—220）。有的时候，他似乎是决定论者，他曾经说："总体上看，西方的社会政治问题，主要的即使并非唯一的因素是技术系统。"（p.55）然而，艾吕尔既不是砸机器的新勒德分子，也不是严格意义上的决定论者，虽然有人常常把这些观点算到他的头上。他并不主张回到原始技术，也不拒绝现代技术。

然而他断言，技术也就是技术至上破坏了人的反躬自省和人生质量。而且,"自主的技术"是要害问题,技术系统获得了生命,发展成为性质截然不同的一个世界(Ellul,1954/1964,pp.133—147)。艾吕尔认为,对自主技术的强调使当代有别于过去的各个时代,过去的一切时代只有工具,没有现代的"技术至上"。他很强调这种自主技术的性质。正如罗夫金(1991)所云,艾吕尔的"技术观念是一种意识的形式",他这个观点被误解了,因此没有人去探索它(p.31)。

在艾吕尔看来,技术纯粹是问题的一个例子而已,技术不是问题本身。因此,指责他持技术决定论的观点实在站不住脚,因为他清楚地说明,造成社会秩序的是人的心态、人的习惯和人对技术的回应,而不是技术本身。艾吕尔(1977/1980)本人拒绝接受明显带有决定论色彩的人生叙述(p.67),并且指出,推动社会变革的因素总是多种因素,虽然其中一个因素可能是主导的因素;20世纪60年代依赖的西方技术就是主导因素。他进一步指出:"技术存在的唯一理由是,有人参与技术,使技术运转,发明技术,选择技术。"(p.84)

上述对艾吕尔的各种批评显示,他的著作本身有一些问题。他的文字高度概括,范围狭窄,使他显得有一点夸大其词。而且,倘若宣传和技术一步一步地使社会堕落了,艾吕尔对他本人的著作又有什么希望呢?事实上,他的著作正是凭借他强烈抨击的媒介体系来传播的。他的论点分散在几十本书里,如果要充分理解他的思想,除了通读他的全部著作之外,我们实在没有什么选择。他有关技术和宣传的观点似乎没有给我们个人留下什么尊严;每个人在媒介消费和技术上都不得不进行选择,与此同时人们又发现,媒介和技术都具有解放的力量。

　　虽然艾吕尔的观点存在这些不足,但它们是针对技术和媒介乌托邦的一副"现实主义"良药。乌托邦里的人争辩说,技术和媒介本身就具有解放的效应。在世纪之交,这些声音显然正在上扬;此时,艾吕尔先知般的警告有助于我们用既尊敬又怀疑的态度,去考问人们对技术作出的各种断言,因为技术真的正在改变人类生活的各个方面,且常常不会给人提供多少道德指引。

4.5 进一步探索的建议

本文简要介绍了艾吕尔的主要论题,笔者希望能够说明,他如何在媒介环境学传统的范围之内向其他学者学习,又如何给其他学者启迪。在最后一节里,我就如何进一步分析艾吕尔及其著作提出一些建议,同时希望显示一些尚需进一步研究并强化的主题,尤其是传播和媒介领域里的一些主题。

若有兴趣阅读艾吕尔更多的著作,有三本书最突出,值得读者进一步思考:《技术社会》《宣传》《王国的存在》是理解他著作的基础。《语词的羞辱》是在媒介环境学框架里说理最清楚的一本书,这本书探索两种相对的意识:以形象为基础的意识和以文本为基础的意识。《技术的悬崖》进一步提供作者在两个方面的洞见,研究技术虚假的前景和现代媒介的性质,涉及广告、运动和电视等范围。《政治幻觉》(The Political Illusion,1965/1967)探索政治如何最终掉进比较宏观的意识形态陷阱。最后可以读的是《我的信仰》(What I Believe,1989b)和《存在的理性》(Reason for Being,1987/1990a),这两本书进一步界定了作者的愿景,说明他的正统基督教信仰如何影响他的社会分析。

虽然艾吕尔对技术社会的看法比较清楚,但是后来做学问的人尚未探索他的许多思想。比如他断言，技术意识渗入现代媒介产业，正如它渗入社会一样。为了证明这个观点，我们要弄清楚"效率"在多大程度上影响实际的生产程序、社论决策和媒体的价值取向。有没有比艾吕尔更好的解释能够说明现代媒介产业的这些程序呢？艾吕尔关于技术自主的观点有助于解释真实世界语境里的现代媒介产业机制吗？比如他的观点有助于解释广播、电影、音乐、报纸和网络媒介吗？

再者，当代的社会分析并不聚焦在艾吕尔所谓"技术社会"上，而是聚焦于"知识社会"或"信息社会"上。其预设是，信息技术使个人、公司甚至政府从过去的局限里解放出来。然而，艾吕尔（1962/1965）断言，信息不以我们指望的中性形式存在，而是嵌入在宣传之中。显然，艾吕尔没有预见到电脑在日常生活里的作用，但20世纪60年代的任何其他学者也没有这样的预见能力。大多数信息社会理论家完全忽视了艾吕尔的思想（比如：Webster, 1995）。我相信，这是一个严重的错误。对"信息社会"的任何细察都必须考虑艾吕尔把技术和信息当作意识形态的思想。

迄今为止，学界仍然缺少对艾吕尔的回应。最令人遗憾的是，虽然过去了那么多时间，但迄今很少有人运用和检验他的思想。有些理论家已经对他的一些主题作出呼应，大众娱乐里的意识形态角色就是其中一个主题，但是他们的研究多半是在艾吕尔提议的框架之外进行的；这并不能够使我们明白他视野的广阔，我们仍然不了解，他有关无孔不入的媒介系统的视野如何在现代社会起作用。在这样的情况下，我们面对艾吕尔的主张时，就没有办法或数据去判断，他的思想是否正确可靠。

本章旨在推动更多的人来运用和探索艾吕尔的思想。单纯重述他的主题是不够的，我们必须进一步发展他的思想。尤为重要的是，媒介产业正在发生巨变，为了媒介产业的巩固和技术的交汇，我们必须认真对待这位20世纪先知的警世名言，防止上当受骗，以免堕入乌托邦似的幻象和神话，以免堕入别人为我们绘制的技术进步的乌托邦。

第五章　艾吕尔：神学研究的对照法

伊利诺伊大学厄本那—香槟分校
（University of Illinois at Urbana-Champaign）
克里福德·克里斯蒂安（Clifford Christians）

雅克·艾吕尔（Jacques Ellul）是辩证学家。艾吕尔在描述自己学问的性质时说，他把辩证法思想当作自己思想的核心（1981，p.292）。对他而言，辩证法不仅仅是一种使用问答的推理手段，也不仅仅是坚持正反两面（pros and cons）的思想。希腊文 *dialegein* 的意思是"交换"，但 *dia-* 还有"反诘"的意思。"把正电荷和负电荷紧邻并置，就得到强大的电火花，但这是排除正极和负极的一种新现象"（Ellul，1981，p.293）。虽然常规的线性推理以非矛盾（黑不能是白）为预设，但艾吕尔的根基是在卡尔·马克思和索伦·克尔凯郭尔[1]，而尤尔·巴特[2]又把他引上另一条道路，在这里，肯定和驳斥并不互相勾销。"反（negative）只能够在和正相关的情况下存

---

[1] 索伦·克尔凯郭尔（Soren Kierkegaard，1813—1855），宗教哲学家，生于丹麦，存在主义哲学创始人，二战以后，名声日隆，影响至今。——译注
[2] 卡尔·巴特（Karl Barth，1886—1968），瑞士基督教神学家，坚持启示、恩典的先在性，抵制自由派神学向社会、思想观念开放的做法，他的学术被称为"新正统派神学"、"新自由派神学"或"辩证论神学"，著有《教会教义学》《罗马书注释》等。——译注

在；正（positive）只能够在和反相关的情况下存在。"（p.306）

艾吕尔对辩证法精妙的理解可以解释辩证法不同的传统和侧重。他的思考扎根于赫拉克利特[1]、格奥尔格·W. F. 黑格尔、马克思、克尔凯郭尔、《旧约》的希伯来思想和巴特的神学。[2]在论述辩证法的一篇文章的结尾，他提出以下结论，这段文字说明，为什么研究艾吕尔的严肃著作需要把他的神学和社会学思想都包括进去：

> 如果技术系统正如我显示的那样是一个整体的系统，包含一切活动的系统，有自己逻辑的系统，不断吸收一切文化的系统，那么这个系统里就不存在任何辩证的因素。它就趋向于一个整体、一个统一体。然而如果我们相信，辩证机制是生命和历史不可或缺的因素，这个辩证因素的存在就绝对是必不可少的。如果技术系统是一个整体，这个辩证因素就只能够外在于它而存在。然而，在技术将我们置身其中的具体环境里，唯有超验的东西才是生命延续的必要条件，才是历史展开的必要条件，质言之，唯有超验的现象才是人之为人存在的必要条件。然而，这种超验的现象不可能是自存的、未知的现象。面对技术的自主性和普世性，如果人要把握理性和机会以走上辩证法的旅程，这个超验就必须是经过神启示的超验。我这样说并不是要为自己辩护，我只是直截了当

---

[1] 赫拉克利特（Heraclitus，约公元前540—约公元前470），古希腊唯物主义哲学家，辩证法奠基人之一，认为"火"是万物之源，一切皆流，"人不能两次踏入同一条河"。——译注

[2] 艾吕尔（1981）在总论里提供了更多的材料，进一步阐述他20世纪70年代使用的方法论（p.308）。亦参见戈达德对艾吕尔辩证法的总结和征引（2002, pp.53—57）。

地指明我研究工作中不可避免的两种结果：社会学和神学的结果。（Ellul，1981，p.308）

一方面，以社会学家的身份而言，艾吕尔坚持认为，他自己"讲究实际，表述明快，使用准确的方法"；另一方面，作为神学家，他"同样不妥协，尽量推出神启的严谨的解释"。因此在一个层次上，他希望这两个方面"尽可能不互相混淆、造成损害"。对这位名副其实的辩证学家，"整体不能够由两个互不关联的部分组成，两个部分必须要有相关性……且各司其职、互相联系，就像音乐里的对位法一样"（Ellul，1981，p.308）。

对艾吕尔来说，辩证法的两个维度即区隔性（immunity）和关联性（correlation），这不仅是他的思想追求和学问战略，而且是他的亲身体会。在波尔多大学求学期间，马克思的《资本论》戏剧性地解释了他成长过程中家庭的经济动荡，解释了他目睹的波尔多码头工人遭遇的不公正待遇。他写道："19岁时，我成为马克思主义者，花很多时间读他的书……他带给我的是'看'政治经济社会问题的方式——一种解释的方法，一种社会学。"（1970a，p.5）22岁时他皈依基督教："这是一种满怀敬畏心情的体验……它给了我在个人和集体两个层次上的回应。我看见了超越历史的视角，一种权威的视角。"这两种信仰不断给他激励，直至他1994年5月19日去世，虽然他不能使二者调和。他"既不能割舍马克思，又不能放弃《圣经》的启示，也不能把两者融为一体。我不能够把它们放在一起。解释我的思想时不妨以这个矛盾为出发点"（1982，

p.16）。[1]他以这种试探的心态开始写作，他的文章结构越来越好，早期的著作界定了他的基本特征（Ellul，1970c，p.201）。

在一个日益世俗化的时代里，由于没有广泛共享的神学工具来考察艾吕尔的学问，从他的社会学入手倒是比较妥帖的。在评价他对媒介环境学的贡献时，我们发现他的辩证法把他的社会学倾向推向神学一边，在重构这个评价时，神学又帮助我们完成对他的分析。他的技术观念和宣传观念确立了他和媒介环境学的关系，然而这两个观念的辩证转换对我们勾勒他的学问的全貌至关重要。他的技术观念具有无所不包的效率性和必然性，我们需要据此调整心目中的艾吕尔，否则解决对他的评价问题是难以想象的。大众媒介时代无孔不入的宣传，要求我们能够自由地生活在宣传之外，但自由只能够是超验的自由。再者，如果从媒介环境学角度去批评，说他的社会学研究悲观，说他持决定论的立场，那么这样的批评就需要更加丰富的内容，就需要更加细致的剖析，我们要能够解释他何以从辩证角度回答说"你说得对"。

本章解释上述判断，说明神学对理解他至关重要，对了解他在媒介环境学里扮演的角色也至关重要。本章还要证明，如果要解释他

---

[1] 艾吕尔出生于一个塞尔维亚贵族家庭，其家族是一个富裕的造船业王朝；但1929年世界范围的经济萧条使他家陷入贫困。少年时代，他在波尔多的远洋码头游荡，亲身体会到这个港口城市码头工人和水手遭遇的死亡和惨痛剥削。他思考个人经历中的问题时，他发现马克思不能解释一些问题。他不能解释"我的遭遇、我的必死的归宿、我受苦和爱的能力、我和他人的关系"（Ellul，1982，p.15）。同时，他不想加入共产党，因为它的程序琐碎。正如艾吕尔（1991，p.2）所云，"我和共产党人的关系不好。他们认为我是小资产阶级知识分子……我认为他们微不足道，因为他们似乎不了解马克思真正的思想。他们读过1848年的《共产党宣言》，仅此而已。莫斯科审判之后，我和他们完全决裂"。不过，他继续认真对待马克思的思想，无法摆脱马克思坚持的考虑上帝存在的问题徒劳无益的观点。而且马克思"解决经济政治之外的一切维度"（Ellul，1982，p.15）意味着，马克思的思想不可能和《圣经》调和，简单的整合是不可能的。终其一生，艾吕尔在两者之间左右为难，所以他的辩证法常常包含一个基本的冲突（Ellul，1988）。

和媒介环境学传统人物的关系，我们就必须了解他的神学思想。马歇尔·麦克卢汉（Marshall McLuhan）给他启示，使他能够建立《语词的羞辱》(The Humiliation of the Word, Ellul, 1985) 的理论框架。艾吕尔始终给口语传播赋予重要地位，他在这个方面的结论和尼尔·波斯曼（Neil Postman, 1985）在《娱乐至死：娱乐时代的公共话语》(Amusing Ourselves to Death: Public Discourse in the Age of Show Business) 里的结论互相交叠。实际上，在他的很多著作里，艾吕尔以赞赏的口吻大量征引麦克卢汉的观点，只是对某些具体的论点提出异议。了解艾吕尔的社会学思想，就足以明白他们的联系和区别。另一方面，正如本章表明的那样，在比较艾吕尔和其他媒介环境学前辈比如刘易斯·芒福德（Lewis Mumford）时，神学方面的素材是不可或缺的。艾吕尔常常批评他的批评者，说他们没有读他的全部著作，没有把握他的辩证法思想。[1] 正如艾吕尔的一位最佳解释者所云："任何理解他思想的企图，如果太注重一根线头，或忽视另一根线头，都可能曲解他的思想。"（Goddard, 2002, pp.53—54）[2] 戈达德总体上

---

[1] 1981 年，在艾吕尔《艾吕尔文集》里写道："实际上，我并没有写许多不同题材的书，而是写了一本很长的大书，我的那些书是这本大书里的章节。如果相信读者会有耐心去弄明白，我的 36 本书实际上结为一体，那就是一场赌博，那就是有一点精神失常。"（Ellul, 1998, p.22）正如戈达德（Goddard, 2002）所云："艾吕尔这句话概述了希望理解他思想的读者的困境。'虽然通读他的书是很艰难的任务，但他的书的确需要通读。'（戈达德转引 John Boli-Bennett 的话）这句话有一点极端，但如果真正想要认真检讨他的思想并给予恰当的诠释，那就必须要把他的思想放进他的全部著作中去考虑。"（p.52）
[2] 戈达德（2002）认为，这是罗纳德·雷（Ronald Ray）1973 年"一篇极好论文的局限"，"这篇文章只考察了艾吕尔的伦理思想及其问题"。和这篇文章一样，罗夫金的书《技术、话语和意识：艾吕尔哲学导论》(Technique, Discourse, and Consciousness: An Introduction to the Philosophy of Jacques Ellul, 1991) 以及 J. D. 维内曼（J. D. Wennemann）1991 年的文章《技术社会里主体性的意义》(The Meaning of Subjectivity in A Technological Society, 1991) 都有这样的局限，"因为它们都拒绝认真对待他的神学思想"（p.54）。

阐述了艾吕尔的神学思想，同时特别阐述了他的巴特式新正统神学思想，并且兼顾他的社会学思想，这样的研究路子使阅读《艾吕尔文集》的读者能够按照他的本来面目去理解他。

5.1 对 照 法

由于他的双重追求，艾吕尔清醒地采用了"对照法"（composition in counterpoint）的著述方式。对他而言，社会学问题要靠《圣经》和神学分析来回答——不是回答问题那种意义上的回答，而是用认真对待另一极的态度来回答。他的三部经典都含有神学的成分。从《旧约·列王纪下》的角度看，艾吕尔论现代国家的书《政治幻觉》（The Political Illusion，1967）和神学著作《上帝的政治和人的政治》（The Politics of God and the Politics of Man，1972b）就形成对照的关系。《城市的意义》（The Meaning of the City，1970b）和《技术社会》（The Technological Society，1964）就也形成对照的关系。从《圣经》的意义上说，《约拿的审判》（The Judgment of Jonah，1971a）和《宣传：态度的形成》（Propaganda: The Formation of Man's Attitude，1965）形成对照关系。用他自己的话说，"我让神学……知识和社会学分析正面遭遇，不追求任何人为的或哲学的综合；相反，我让两者面对面，相互发明，使我们明白什么是社会意义上的真实，什么是精神意义上的真实"（Ellul，1970a，p.6；比较 1981，pp.304—308）。他让这两种成分在他的身上共存，拒绝让一方为另一方扭曲自己。他构建了一个冲突的神学理论，他的著作展示了"现代世界演化与《圣经》启示内容的矛盾"（Ellul，1970a，pp.5—6）。

5.2　城市的意义

《城市的意义》和《技术社会》对照，具体显示了艾吕尔的二元构建。为了从神学的角度描写技术，他追踪《圣经》里关于城市的叙述。他的追溯之程始于亚当之子该隐，该隐修了一座城，取名"以诺"。艾吕尔强调指出，这位筑城人是杀人凶手。从"创世纪"这个故事一直到《新约》的最后一篇"启示录"，破坏的结论处处适用：一切城市都在同样的咒骂下受罪；上帝咒骂每个人。艾吕尔声称，上帝的咒骂影响了城市的构造，败坏"社会有机体和城市提供的栖息地"（Ellul, 1970b, p.48）。对城市的同样判断和评价，"在七百年里的每一个时期"都表现出来（p.8）。表现在上帝说的"我将毁坏"这句话里[1]，《圣经》自始至终都有这句话。艾吕尔写道，上帝只说谴责的话："直到死亡……因为她代表的一切，所以她被诅咒至死。"（p.46）[2] 上帝责备城

---

[1]《城市的意义》开篇不久（pp.8—9），艾吕尔就否认说："《圣经》里这个一以贯之的教诲"是持怀疑态度的农夫的观点，是叙事中间偶尔插入的一句话，或者是古怪的注经者强塞进去的一句话。因为这句话比比皆是，太"一以贯之"，所以"上帝打在人生、人的命运、人和上帝关系上的烙印"是可以验证的"教义"。

[2] 虽然"iyr"（希伯来语的"城市"）的词源不清楚，艾吕尔（1970b, p.48）仍然认为，它"可能是希伯来人到巴勒斯坦的路上借用的迦南语，以后他们就开始在城市里生活"。虽然这个词隐含的意思不太清楚，但它有"敌人""纵火""气愤""不祥的预兆"等意思（p.10）。

市,警告可能的分裂:"城市表现为这样一个地方,上帝和土地的冲突走向了高峰,一切反叛的力量都聚积在城市里……这些城市心怀人们对上帝的希望。"(p.60)因此,人们用自己的伊甸园取代上帝的伊甸园时,上帝不得不发出诅咒。实际上,上帝对城市的谴责不遗余力,所以城市的存在和机体本身都受到影响。城市不再可能被"想象为与诅咒分离的存在"(Ellul,1970b,p.60)。

同理,技术不等于机器、官僚体制或政治宣传,而是意味着一种底层的风气。艾吕尔对城市的郁闷感觉并不集中在污染的阴霾、清洁工人的罢工和腐败的政府这些现象上。对城市的诅咒只不过是从另一个角度去看待"技术"。[1]从社会学的角度说,这就是财富对人的压制,用圣经的语言来说,艾吕尔把它称为"罪恶的状况"(Ellul,1951,p.16)。据信,城市有自己独特的存在,自有其自主的推进力,独立于城市居民,城市"笼罩在罪恶之中"(《新约全书·迦拉太人》3∶22)。[2]

在艾吕尔的笔下,"技术"是"罪恶",城市是对人的罪恶的谴责。他这里所谓罪恶既不是个人的罪恶,也不是简单的集体的罪恶。

---

[1] 城市不仅是作为对照手法与技术社会相联系,而且作为"枢纽"和"权力的综合体"与国家相联系,"国家的一切活力都集中在大都会"(Ellul,1970b,p.50)。

[2] 为了强化自己的观点,艾吕尔(1970b)广泛征引《新约全书》。比如,耶稣对城市就抱不妥协的态度。"他从来不给城市人施恩。他看到的全是城市的魔鬼性质。"(p.113)耶稣受洗礼之后被魔鬼带到耶路撒冷,这的确耐人寻味。"这是他第一次和城市接触,打上魔鬼烙印的接触。我们不可能肯定,城市有任何正面的价值;城市是诱惑人的工具。"(p.113)耶路撒冷是《圣经》里最大的城市,但它犯了最悲惨的滔天大罪,耶稣在这里被钉死在十字架上,所以它在公元70年遭到史无前例的浩劫(pp.15—138,p.145)。而且,《新约全书》还肯定城市是战争的工具:"战争是城市的形象,正如城市是军事现象一样。两者之一的完善意味着另一个的完善。"(p.51)另一点值得注意的是,《新约全书》两次说到"堕落天使",又指出耶稣是"城市的天使"(p.45)。

他明确否认这两种可能性。他说，个人"被城市的罪恶吞没……城市把人拖进罪恶，这样的罪恶很难说是他们个人的罪恶"（Ellul，1970b，p.67）。他进一步指出，罪孽之中的社会团结（集体责任）"在《旧约》里坚如磐石，但这样的团结并不完全是城市的要害问题"（p.67）。这是因为除了个人和群体的罪恶之外，还有潜隐在城市底层的邪恶的、难以驾驭的力量。从神学的角度说，"技术"就是这样深层的罪恶，这是结构性的罪恶，给人类生活的各个方面抹黑的罪恶。"已故的保罗·蒂利希（Paul Tillich）所谓的'魔鬼'（the demon），使徒保罗所谓的'执政的和掌权的'（principalities and powers），都给艾吕尔留下了很深的印象。作为20世纪的人，艾吕尔竟然还敢于相信这样奇怪的批评。"（Cox，1971，p.354）撒旦的领地是每个人主要的生活圈子，没有例外；"无论我们多么努力、多么虔诚"，这个生活圈子都要使人类"遭遇精神冲突，就像战场上那样残忍的冲突"（Ellul，1951，pp.16，78）。[1]

艾吕尔把他互补的学术思想描绘成"城市的科学"。显然，这"并不是……客观和纯技术的城市科学，而是'寻求真理'的科学"（Ellul，1970b，p.148）。该学科的目的是揭示城市问题的"精神核心"，其他一切问题皆由此而来。这个核心的根本原理是"城市的现实……作为世界的结构，可以在启示之中被人们理解"（p.153）。

在他这种辩证方法里，我们"凭借自然的手段了解城市，凭借历史和社会学了解城市，凭借心理学和小说了解城市"；我们对城市的了解"由于城市的精神核心联系、协调而联结在一起。结果，我

---

〔1〕 艾吕尔常常以现代战争为例，说明技术至上的心态是野蛮和暴力的结构式邪恶。

们的自然资源要依靠启示"（Ellul，1970b，p.148）。

艾吕尔所谓"精神核心"是城市希望和意义的核心，希望和意义又是城市存在的理由，反过来，城市又希望城市居民的承诺。这里声称的意义要打上问号，艾吕尔所谓城市科学就是要揭示重要的意义。据他说，唯有福音能揭示城市提供的精神满足（即希望和意义）的秘密。这门追求真理的"科学"要作出一个决断，也就是要为技术城市提出一种基督教伦理，挑战城市虚张声势的基督教伦理（比较 Fasching，1981，pp.10—11）。

从事这门反精确（counterpunctual）的城市科学是相当大的挑战，需要两种本领。分析者要用两种方式去看现实，要用两种分析语言。这两种语言可能会有相关性，但两种语言的相互转换既不是必然的，也不是客观的。

> 这两个层次不可能结合，它们也不会自然而客观地走在一起。对生活在两个层次上的人来说，这两个过程都是始终如一的。作为社会学家和基督徒，我可以从事这两个层次的追求。我可以说，人正在造成危害，他是罪人，他不幸，他和上帝是隔绝的。不过，那个现代性早已在我的思想里扎根，我的生活经验确立了这种相关性。这不是什么与己无关、可以绕开的东西。（Ellul，1973，p.158）

于是，对艾吕尔来说，从事城市科学研究是一种独特的事业，只有那些生活在《圣经》轴心启示中的人，才能够从事这样的研究。

5.3 巴特的新正统神学教义

艾吕尔向卡尔·巴特学习新正统神学教义，对于理解他对照法的神学因素，这是至关重要的。[1]实际上，巴特理解的上帝的他性和自由这两种思想，是艾吕尔神学至关重要的成分。艾吕尔常常用"完整的他"（Wholly Other）来指上帝。他在巴特对当代神学的贡献中看到，"巴特强调上帝的极端超验性"（Goddard，2002，p.64；比较艾吕尔，1986，pp.44—45）。艾吕尔强调指出，在"巴特'人在上帝自由选择里的自决'这个框架"里，上帝拥有至尊的自由（Goddard，2002，p.66；比较 Ellul，1972b，p.15）。作为对去人性化的技术秩序约束的替换性选择，艾吕尔把真正的人的自由锚泊在上帝纯粹超验的港湾，因为上帝完全摆脱了技术的必然性和效率追求。

对巴特来说，人的自由圈定在上帝的自由选择中。艾吕尔反思

---

[1] 在艾吕尔（1976）看来，今天大多数重要的神学问题"在巴特的《教会教义学》里，都包含进去了，勾勒过了……讨论过了"（p.8）。如果要了解《教会教义学》主题的详细论述，请见布罗米利（1981，pp.32—51）。达雷尔·法辛（Darrell Fasching）认为，卡尔·巴特和鲁道夫·布尔特曼（Rudolph Bultman，1952，1957）、莱因霍尔德·尼布尔（Reinhold Niebuhr，1960，1941/1943/1964）和保罗·蒂利希（1951/1957/1963/1967）并列，是20世纪占主导地位的神学家。他们有一个共同的主题："由于现代技术兴起而产生的社会变革"。不过，艾吕尔倒是更自然地和巴特接近，因为他们两人都强调上帝的自由和他性（见 Fasching，1981，pp.4—6）。

巴特强调的这个关系，认为人的自由和上帝的至尊没有冲突。上帝的旨意总是能够实现的，但这并不成为我们的命运和必然性。人类仍然能够在基督拥有的自由里享受自由；实际上，上帝的活动给人的行为注入了历史和未来（Ellul，1976，p.14 之后）。

艾吕尔决不接受人类决策无用的观点。他主张给人类留下自由决策的空间，给人真正自由的空间。他完全清楚，并非人人都能够自由决策；即使我们认为是自由的许多决策，还是由控制人生的力量决定的。正如他所云，"必然性至今在历史中起作用……历史和社会仍然受制于很多局限"。尽管如此，自由的力量还是"从十字架上释放出来"，使我们能够采取自由的行动，当然是在神的自由范围内的自由行动（Ellul，1972b，p.187）。他坚持巴特最重要的主题："人的自由不能损害神的自由。神的自由总是优先于人的自由，永远如此，在各方面都是如此。然而另一方面，神的自由也不能损害或搁置人的自由"（*Church Dogmatics*，Vol. I，Part 2，p.170）。

对自由如此的执着使基督教的讯息成为解放的讯息。这个讯息在巴特的《教会教义学》（*Church Dogmatics*）里不断重现，艾吕尔以强劲的势头继续张扬这个讯息。他认为，人的解放为当代提供的拯救的定义优于赎罪的定义（Ellul，1976，p.66）。传播福音的目的并不是通过政府的更换来获得政治经济解放。问题比这样的改朝换代深刻。无论在什么样的政府之下，我们都受制于奴役我们的力量。在这样悲惨的境遇中，哲学家唠叨人的解放，神学家满口陈词滥调，革命者受幻觉困扰，他们为历史决定论献身，却误以为是获得解放。唯有免于诱惑的基督才能够给人带来真正的解放。正如艾吕尔坚信的那样，我们的解放者必须是超越社会学的命运决定论、超越死亡的人。基督就是这一位解放者，我们获得的不是解放的一种特性或特点，而是自由中的一种新的存在。(Ellul, 1976, pp.51—53; pp.69—72)。

践行这种解放的主题是《自由的伦理》(Ethics of Freedom, Ellul, 1976) 的实质。在探讨这个主题时，艾吕尔紧紧追随巴特去面对上帝的自由，也就是服务上帝的自由。[1] 如果不能做到这一点，我们的一切努力都将前功尽弃，包括社会行动。服从上帝的自由人的自由，首先是为上帝的自由。对艾吕尔来说，受制于社会决定论并不是听候命运摆布，而是受制于团队的罪恶。因此艾吕尔认为，最深刻的解放就是福音的实质；这不是表层形式的解放，而是摆脱决定论的解放。这也是摆脱集体结构强加的必然性的解放；无论这样的结构是否变化，基督教能够认识并实践真正的解放。

在神学的内容方面，艾吕尔仿效巴特的思想：上帝是完美的自由，是人的真正自由的源泉和保证。在神学的方法论上，他也发扬和巴特紧紧相连的辩证神学传统。他钦佩巴特的神学思想，因为巴特表达了"《圣经》通篇贯穿的令人惊叹的辩证法，即使他最不重要的书都表达得很好"(Ellul, 1972a, p.9; Ellul, 1981, pp.297—304)。艾吕尔的基督教信仰是通过阅读《圣经》获得的。《圣经》锚泊在他的辩证法里。在接受启示的特征时，他再次紧随巴特。巴特对《圣经》的理解是一个动态的概念，唯有上帝通过道

---

[1] 关于巴特论神的自由和人的自由，艾吕尔承认，"巴特的《教会教义学》对这个问题研究得非常透彻……我完全赞同他的表述，所以没有必要在此重复"(Ellul, 1976, p.120)。艾吕尔的《自由的伦理》有41处征引《教会教义学》，征引巴特的次数仅次于卡尔·马克思。《自由的伦理》第1卷的前半部以大量的篇幅分析马克思关于异化的观点。

阐述的道才是上帝之道。艾吕尔解释《圣经·列王纪下》时说了这样一番话："我们存在于生活中，上帝行动，他的行动就是上帝之道。"（Ellul，1972b，p.14）

在《自由的伦理》里，艾吕尔强调上帝通过他的道阐述的自由。在《教会教义学》（Vol. I，Part 2）里，巴特用很大的篇幅探讨上帝自由之道。艾吕尔运用这条教义，追随他所谓巴特"令人惊叹的分析"。"唯一真正的、绝对的和固有的自由是上帝知道的自由"，这是"我们自由的基础和根基"（Ellul，1976，pp.63—64）。用这样的语言，艾吕尔得出了自己作出的决定性的结论："每当阅读并接受《圣经》，人就有了自由和力量，他的力量……相当于上帝之道的自由和力量。"（p.66）

《圣经》的辩证法宣告了上帝之道对世界作出的"反"和"正"（"否"与"是"）的判断。它把上帝的审判和神恩放进这个辩证关系中，这个关系最明显不过地表现在耶稣的殉难和复活之中。艾吕尔认为，现代技术的诱惑想要打破这个"反"和"正"的辩证关系，把它变成历史的二元解读；在这种二元解读里，上帝对世界审判时说的"否"已经被一个无条件的"是"取代，他的"是"是通过耶稣复活表达的。他警告世人说，现代技术打破这个辩证关系时，福音就从意识形态的角度成为现状的自我辩护。这样的历史二元论打破了必须结为一体的辩证统一体（Fasching，1981，pp.6—7）。

> 我们需要维护这个生机勃勃的辩证法。上帝宣告的"是"针对的是此前的"否"。没有"否"就没有"是"……然而正如基督教的生活必须随时更新忏悔一样……正如基督在世界末日

殉难一样，上帝对人及其行为和历史宣告的"否"，是完全、极端、前所未有的否定……我们……必须……维护"否"和"是"的辩证关系……如果没有"否"，"是"就没有意义。我遗憾地指出，"否"走在"是"之前，死亡走在复活之前。（Ellul，1972a，pp.23—24）

巴特的辩证法给艾吕尔的神学方法以启示，通过这种方法，福音审判这个世界，更新这个世界。巴特的新正统神学确立了艾吕尔对照法的神学的一面，同时又让他放开手脚以社会学家的身份去进行研究，于是他就能够集中研究制度的历史和社会学。他有一根轴心扎根于马克思，所以他非常感谢所有的经典社会学家，包括马克斯·韦伯[1]、埃米尔·涂尔干[2]。虽然他的方法论比较新奇，但是他关注的问题是社会学一般关注的学术问题。

---

[1] 马克斯·韦伯（Max Weber，1864—1920），德国社会学家、社会哲学家、历史学家，社会学奠基人之一，著有《宗教社会学论文集》（3卷）、《新教伦理与资本主义精神》等。——译注

[2] 埃米尔·涂尔干（Emile Durkheim，1858—1917），又译埃米尔·迪尔凯姆，法国社会学家、实证主义哲学家，社会学奠基人之一，著有《社会分工论》《自杀论》等。——译注

5.4 技术手段的胜利

艾吕尔从历史和力量两个层次来考察社会制度，他在神学研究里用的对照法使他对20世纪工业社会得出的结论与众不同。

对他而言，技术现象是决定性因素。他认为，作为一个解释的因素，技术现象在20世纪的作用就像资本在马克思解释19世纪时的作用一样。他并不是说，技术的功能和资本相同，也不是说资本主义体制是历史的陈迹。资本尚存，但它发挥的作用不再是马克思声称的作用。对马克思而言，劳动产生价值，但在极端的技术社会里，决定性因素是技术。如今创造价值的是技术，它并非资本主义专有的特征。争夺政治经济权力的人物变了。艾吕尔在成为马克思主义者的早期，把社会划分为资本家和工人；但是他现在认为，如今的情况截然不同了，社会运作处在一个更抽象的层次上。艾吕尔（1977，pp.175—177）断定，我们必须用技术的方式去解读当代世界，而不是用资本主义的结构去解读它。现在两军对垒的形势是，技术组织站在一边，全人类站在另一边，技术受必然性的驱使，人类则要求自由。

从艾吕尔的视角来看，我们已经进入一个技术文明的时代。"技术形成了吞没人类的汪洋大海，人发现自己被囚禁在一个茧壳之中。"(Ellul，1965，p.xvii)技术产物不仅仅是哲学家和社会学家研究的又一个领域，而且是理解自己、理解人的境遇并最终理解现实的一个新的基础。技术效率成为无坚不摧的力量，它把其他一切必需的东西抛到一边。人不能在人造环境之外确定有意义的生活，所以人们把终极的希望托付给人造环境。人们看不见其他安稳的源头，所以他们认识不到他们技术自由的虚幻性，他们成为效率决定一切的奴隶。

艾吕尔认为，向技术社会的过渡比人类五千年来经历过的一切过渡都是更加重要的过渡：

> 技术环境的创生……正在抹掉过去的两个阶段。当然，自然和社会依然存在。然而自然和社会都已经失去权力，它们不再决定我们的未来。现在照样有地震、火山爆发和飓风。但面对这样的自然灾害，人类再也不是束手无策了。人类已经有对付自然灾害的技术手段……自然作为环境仍然是威胁人的一种存在，但自然环境已经处在从属的地位，不再是基本的环境。这个道理也适用于社会，社会是第二位的环境……技术把自己的法则强加在各种社会组织的头上，从根本上搅乱了人们认为永恒的东西（比如家庭），使政治完全失去效用。政治只能够决定技术上可行的东西。一切决策都是由技术发展的必然性决定的。（Ellul，1989，pp.134—135）[1]

---

[1] 艾吕尔《我的信仰》(1989)一书为人类经验的三个阶段各辟一章进行论述，这三个阶段是："史前史和自然环境阶段"（pp.104—114）、"历史阶段和社会环境阶段"（pp.115—132）和"后历史阶段和技术环境阶段"（pp.133—140）。

5.5 伽利略的遗产

对艾吕尔来说，技术社会的历史起始于16世纪，这是从中世纪科学向近代科学过渡的时期，他的这个观点和刘易斯·芒福德（1934）的观点相同。这个过渡时期的核心人物是意大利人伽利略[1]，他用新的方式给现实绘制地图。他把世界分为第一位的世界和第二位的世界，物质和数学在第一位的世界，第一位的世界和第二位世界里的超自然现象和形而上学是分隔开来的。在《化验师》（*The Assayer*，1957）里，伽利略写道："宇宙这本伟大的书……是用数学语言写就的，它的特点是三角形、圆形等几何图形。"（pp.238—239）唯有物质对他重要；一切非物质的东西都不重要。宇宙成为冷冰冰的、毫无生气的寂静的世界。他执着于哥白尼的宇宙图像，不仅仅把日心说当作天文学家计算的结果来提倡，而且把它当作现实结构的普遍真理来提倡。

伽利略非凡的二元论成为经验科学的公理，他把物理学和哲学

---

[1] 伽利略（Galileo，1564—1642），意大利数学家、天文学家、物理学家，现代科学思想的奠基人之一。1632年发表的《关于两种世界体系的对话》，大力宣传哥白尼的地动说，次年被罗马教廷宗教裁判所审判并软禁8年。1983年，罗马教廷正式宣布300年前的审判是错误的。——译注

分开，把一切超自然的东西推向人类经验的边缘。刘易斯·芒福德（1970）用图像化的语言来描绘伽利略的研究方法，说它是"机械化的世界图像"（pp.51—76），谴责它是"伽利略的罪恶"（pp.57—65）。伽利略的二分法使宗教世界开始萎缩。比如，在笛卡尔[1]的思想里，伽利略的第一世界和第二世界就成为物质和精神的二分法。笛卡尔争辩说，实际上，我们只能够验证我们能够测量的真理。精神领域是不能够测量的，精神是信仰和直觉的问题，不是真理的问题。于是，物质的东西成为唯一合法的知识领域。笛卡尔的精神世界留给宗教人士去思辨玄想，他们中的许多人赞同笛卡尔的偏向，认为自己的追求是短暂的追求。

"技术"观念是艾吕尔撬开伽利略和现代性科学范式许多重要维度的杠杆。他用这个观念重组各种问题，指引我们把宗教作为解决问题的丰富资源。他清楚地表明，物体运动的范式在我们的时代成了有害的范式。

的确，伽利略无意之间构想出这个范式，他忠心耿耿的追随者决不会预料道，对物质世界的掌握会威胁人的存在。但他提出的正是这样一种前景，他的命题必然是这样的：技术化世界占主导地位的程度，也就是健全生活消失的程度。自17世纪以来，我们按部就班地出卖了人类经验的总体性，直到剩余的很小一部分产生了一种丧失一切社会目的的技术道德。刘易斯·芒福德（1952）用考问的方式表达了艾吕尔重要的关切："我们的内心生活为什么变得贫乏而

---

[1] 勒内·笛卡尔（Rene Descartes，1586—1650），法国数学家和哲学家，将哲学从经院哲学中解放出来的第一人，黑格尔称他为近代哲学之父，著有《方法谈》《哲学原理》等。——译注

空虚？我们的外部生活为什么变得这样昂贵？我们的主观满足为什么更加空虚？我们为什么成了技术的神祇和道德的魔鬼、科学的超人和审美的白痴？"（pp.137—138）

无论机械成就对人的存活多么重要，艾吕尔反复强调人在自由和健全方面蒙受的损失。伽利略倡导的机械规律性，18世纪以来一直受到许多人的珍视，而且获得了它自己的生命。艾吕尔争辩说，技术产生了一种无所不吞食的文明，它服从内在的程序，是一个封闭的有机体，不受外部环境的影响。留给人的唯一任务就是记录技术产生的后果。技术是一种自导的力量，它"本质上是独立于人的，在技术的面前，人发现自己被剥夺得赤身裸体，被解除了一切的武装"（Ellul，1964，p.306）。艾吕尔认为，如果相信"作为生产者的人仍然是生产的主人"（p.93），那就是最可怕的危险。挑选最好的手段去达到体面的目的是一种挑战，这样的挑战"在我们今天是不合时宜的，就像用石器时代的石斧去打坦克一样不合时宜"（Ellul，1951，p.74）。

"技术"有自我扩张的性质，技术成分可以按照自己的模式组合；这个过程可以不需要人明显的参与和指导。艾吕尔（1964）断言："多种多样微小的细节，都倾向于完美的整体组合，这个特性的决定性作用超过个体的作用，尽管个体可以组合数据，可以追加一些成分……在这些细枝末节上可以留下自己的名字。"（p.86）随着技术手段的胜利，我们在完善方法的忙乱追求中失去了目标。"因为我们拥有海量的技术手段"，所以我们生活在没有目标的文明里（p.430）。[1]"我们忘掉了集体的目的……在技术手段可怕的舞蹈之

---

[1] 艾吕尔（1951）写道："我这里所谓目的是文明的集体目的，个人当然仍然有自己的目的，比如在竞争中获胜，涨薪水等。"（p.63）

中，谁也不知道我们正在走向何方；生活的目的被忘掉了……人类走上了高速前进的道路——但不知奔向何方。"（Ellul，1951，pp.63，69）显然，我们会提出一些高尚的目的，比如幸福或正义。然而艾吕尔争辩说，这些目标再也不可能给人以激励；它们的推力已荡然无存。它们是业已死亡的幻觉，我们再也不可能去认真对待；毫无疑问，"谁也不愿意为这些目标去献出生命"（p.67）。与此同时，技术手段在各个领域都产生新的手段，包括从教育到武器的新手段；这就产生了一个问题，"对我们的文明而言绝对是核心的问题"（p.61）。用刘易斯·芒福德（1970）的话来说，受技术化世界支配的社会，最终会达到"权力五边形"的饱和态；这个权力五边形是：专制政治、权能（能源）、生产率、金钱利润和传媒与公信力。

5.6 通过宗教实现社会振兴

然而艾吕尔围绕手段和目的问题而感到压抑的论述，真的说得上是贡献吗？手段—目的分析在西方思想里有丰富的传统。艾吕尔添加了什么重要的思想吗？在他的《政治学》(*Politics*)和《尼可马科伦理学》(*Nicomachean Ethics*)里，亚里士多德使希腊哲学的神学框架走向成熟，提出自我实现的伦理学，并坚持认为，万物的性质寓于其结局之中。约翰·杜威（John Dewey, 1922）开创了第二条重要的思想之流，他细心地区分目的和手段，认为道德是对目的和手段的认真思考，认为思想品行是指向既定目的的品行（pp.25—38，p.225之后）。除了亚里士多德和杜威这两种选择之外，历史上还有过其他的神学思考，未必受惠于以上两种选择的思考，比如托马斯·阿奎那[1]和马克斯·韦伯的思考。

艾吕尔闯入关于手段和目的那个广泛而复杂的讨论，对讨论的框架作了一些调整。他提出的问题不是以下这一类的哲学问题："目的合理，手段自然合理"，"只考虑目的，只考虑手段"或"目的预

---

[1] 托马斯·阿奎那（Thomas Aquinas, 1226—1274），意大利神学家、经院哲学家，其学说被称为托马斯主义，著有《神学大全》等。——译注

先就存在于手段之中"。我们的存在问题正是目的的终局问题；这就是我们目前面临的革命性境遇。亚里士多德认为，目的不可能在人身内部实现，因为人本身已经成为手段。用杜威的话说，人类面对的也不是选择善恶目的的问题；集体的目的业已消失。艾吕尔坚持认为，以上两种重要的论辩思路完全不足以说明问题。两种思路都采取形而上学的视角却又不证明该视角的合理性，它们的哲学追求是，谴责我们"什么都不懂，虽然表面上看还聪明。实际上，今天的问题完全不同了……我们必须要从'技术'的观点来看问题"（Ellul，1951，p.62）。

人曾经被讴歌为崇高的目的，实际上却成了"可利用的资源"，人成了一个组件，应该服务于"手段的手段"（Ellul，1951，p.63）。人被技术主宰，"经过恰当的裁剪之后进入一个人造的天堂"（Ellul，1964，p.227）；经过这个改造之后，血肉之躯的人成为消费者、工人、市场、纳税人：一个抽象的人。难以接近的内心生活是贫乏的，效率取代了美德，机械行为取代了创造行为，使人异化的"技术"预先就排除了人的个性；机械的秩序压倒一切时，这些令人不安的结果随之产生（Ellul，1990）。

技术化的现象获得了自己的生命，也就是说它们在一个自足的圆圈内运动；在这样的情况下，艾吕尔把唯一希望寄托于"外在的"干涉。他有一个非常强烈的信念，在克服当代机械化的弊端中，宗教能够给人提供最强大的康复力量，最丰富的内心滋养，最富有创造性的财富。艾吕尔（1969a）写道："价值与神圣的纽带似乎是不会断裂的"，宗教是道德源泉（p.156）。艾吕尔的宗教动机是他坚守古典学术的社会学理论，他认为神圣的观念是基本的观念。基督教早期历史令马克思和恩格斯着迷。奥古斯特·孔德[1]推崇一种"人类的宗教"。涂尔干关于社会团结的论述给人留下深刻的印象,其论述建立在神话、仪式、圣礼和图腾崇拜的基础上。西美尔[2]认为,虔诚是充分理解社会现象的必要条件。马克斯·韦伯对领袖气质和欧洲资本主义的研究是发人深省的研究成果。神圣情怀是主流社会学形成期间的一个基本概念。在那几十年里,主流社会学认为,宗教是精神生活和社会生活根深蒂固的构造成分。

古典学者的关怀不是抽象的思想关怀,而是强烈的个人和道德关怀。他们努力重建一个受到威胁的社会体系。他们心目中的社会科学的终极贡献,不是操作层面上统一的解释,而是社会的和谐。一切持久的、涵盖面广、富有创造性和实质内容的古典理论,都不是在经验体会中成长起来的,而是出自于这样的意识:社会进入了黎明期。他们拒绝这样的观念:神圣情怀本来就是第二位的;于是,宗教现象有机会戏剧性地浮出水面,成为社会振兴的一个源泉。他们认为社会是道德实体,他们努力发现使社会真正人性化的基础。艾吕尔知道,这些社会学理论家追求神圣情怀的意图是什么。正如古典社会学家为它们的时代忧心一样,艾吕尔意识到20世纪社会生活受到的威胁。和他们一样,他关心社会的道德重组,他感兴趣的是作为思想源泉和精神指向的神圣情怀。因此,他认为宗教是融会意义和成就的关键的奋斗精神。他认为,人类精神振兴最好的营养是宗教的源泉;在那里,

---

[1] 奥古斯特·孔德(Auguste Comte, 1798—1857),法国实证主义哲学家,社会学奠基人之一。——译注
[2] 格奥尔格·西美尔(Georg Simmel, 1858—1918),德国社会学家、新康德派哲学家,以社会学方法论著作闻名,同时致力于形而上学和美学研究,著有《货币哲学》等。——译注

人类信仰的符号使人身心一体并获得一种目的意识。

然而，艾吕尔的宗教视角并不是号召人们固守一种不相宜的气候。我们不能够拒绝他的宗教关怀，他不想复活过时的生活方式。他充分意识到，自启蒙运动以来，宗教没有成为社会生活的基本发酵剂和整合性力量。他有意识地赞同这样的说法："宗教时代已经走到尽头。"（Ellul，1970b，p.175）他指出，制度本身不能够恢复并再现生机，因为历史不会重复曾经给人出路的环境。基督教的君士坦丁堡模式——强调制度化的宗教，并没有得到他的关注，因为他认为这条路子已经过时，他觉得关键的问题存在于其他的领域。此外，古典社会学家的时代鄙视外表的宗教习俗，法国革命时期则颁布了令人瞩目的非基督教化的法令。同理，艾吕尔的思想勇气使他能够穿透制度化的习俗，他考虑的是，宗教精神是否仍然适合现在的情况。像圣奥古斯丁[1]一样，艾吕尔发现，区别组织形式和有机体现实具有重要的意义，他把自己的精神追求牢牢地建立在后者的基础之上。[2]他认为，现代"宗教"的困境不会预先就排除把个人的观点浸泡在"虔诚的氛围"里，这个观点有助于给社会团结等重要论题的学术研究注入活力；杜威（1934）在另一个语境下意识到类似的结论。艾吕尔（1970b）认为，我们必须找到一种包含有机体现实的创造性方式，也就是要找到一种放射到生活各个角落的精神核心，否则我们就只能够

---

[1] 圣奥古斯丁（Saint Augustine，？—604），罗马本笃会圣安德烈修道院院长，公元597年率传教团到英格兰，使英格兰人皈依基督教，同年任坎特伯雷大主教，曾任希波勒吉斯地区（现阿尔及利亚）主教，著有《忏悔录》《上帝之城》等。——译注

[2] 圣奥古斯丁教会有机体和教会组织的概念，表现在他和多纳图派（Donatist sect）信徒的冲突中，表现在他在《上帝之城》（第19—22章）的主张中。他认为，基督教并不是罗马陷落的原因。

沦为"心血来潮的工具",堕落到"死亡的不毛之地"(p.148)。

艾吕尔肯定了宗教冲动的价值,认为它有助于维护人类精神的活力;在技术手段占上风的时代里,它有助于加强人在道德问题上的敏锐性。如果人的存在没有真实可靠的定义,没有选择的终极标准(宗教研究提供这样的标准),人的存在就沦为任意的东西、毫无意义的东西。他说,对生活中不和谐因素的回答是显而易见的:"只有那些接受超验和绝对价值的人才能够回答生活中不和谐的因素,因为这种价值决定其余的一切价值。在其他任何价值中,我们都在迷惘中游荡。"(Ellul,1969a,p.146)按照艾吕尔的预见,"美好生活"没有定见时,就会出现混乱。涂尔干描写失范(anomie)时,敏锐地感觉到这样的混乱;同样,艾吕尔承认,自我瓦解时,就不会有道德上诉法庭。他强调指出,我们对人精神富足的关怀和社区的关怀,应该包括对宗教情怀的注意,也就是对那些道德权威的专注;这样的道德权威最终能够对互相冲突的价值作出裁决,能够培养一种鉴别能力,使我们能够识别有助于强化社会文化的东西。在人类历史上,宗教始终注意的正是信仰的终极性、目的和基础,只有这样的关怀才能够使我们逃离技术化生存的困境。

然而,艾吕尔并非简单地向一般的虔诚者发出诉求;他坚定地相信,文化价值的根源就在人的身上。如果要让生命充满意义,人的革命是必不可少的。[1] 真正的人的革命应该给人以启示,这样的

---

[1] 终其一生,艾吕尔对革命情有独钟,在两个关怀的极端上都是如此。见《王国的存在》(*The Presence of the Kingdom*,1948)、《暴力》(*Violence*,1969b)、《革命的剖析》(*Autopsy of Revolution*,1971b)、《放弃时代的希望》(*Hope in the Time of Abandonment*,1973)、《基督教的颠覆》(*The Subversion of Christianity*,1986)、《无政府状态和基督教》(*Anarchy and Christianity*,1991)等。

启示和艾吕尔的宗教视角产生共鸣。这样的革命产生在技术化的文化之外，推动我们向相反的方向前进。对艾吕尔来说，苏格拉底被重新排列组合的推力并不是人们对制度的反感，也不是更加强大的技术手段，而是烛照通明的意识。唯有一种决定性的力量，在我们内心开花结果却又起源于人身之外的力量，才能够改造当代的环境。任何其他东西都不能够穿透今天难以抵挡的"技术"。精神现实不能够靠物质手段去恢复。作为一个使用对照法的神学家，艾吕尔把他的关怀置入来世论的框架之内。再者，他希望替代目的和手段的二分法，他强调"手段和目的合一"的领域，这个结合的领域就在人的身上（Ellul，1951，p.79）。不过，那样的局面和我们今天的现实刚好相对；唯有在历史上神给人启示的终局里，目的才能够充分而公开地实现。然而，现在就可能出现神启的迹象，它们将作为神启事件的第一批成果来到人间；目的将在神启事件中占据主导地位。实际上，人可以接受、体现并成为内心的目的。

由此可见，人不应该仅仅受高尚活动的激励，不应该仅仅为某一目的而努力。在艾吕尔（1977）的视野里，目的已经确立，人应该做的是再现目的（p.27）。他不号召为和平而奋斗，因为我们自己就是爱好和平的。人的目的可以靠形而上的思辨来确立，我们的目的可以神奇地达到。于是，我们享受真实的生活，我们能够"存在"而不是行动。这不是一个"行善的问题，而是体现信仰的问题，这是根本的特征"（Ellul，1970b，pp.118—119）。艾吕尔和马克斯·韦伯所见略同，他认为，重要的问题不是抵御一种先入为主的观念，以免"因为被官僚主义的生活方式控制而转让自己的灵魂"。因此，"就解决办法而言……它只能是用生命的语言来表达的解决办法"

（Ellul，1951，p.18）。活生生的生活是我们逃避技术手段胜利的唯一出路。[1]

---

[1] 有人批评说，他试图复活被误导的新教徒的个人主义，艾吕尔予以反驳（Ellul，1951，pp.82—85）。此外，他并不主张自由意志论的个人主义。他说，这样的个人主义已经"过时"，试图再现它是徒劳无益的（Ellul，1968，p.748）。他也不准备回到"纯粹个人的自我安慰"（Ellul，1951，p.103）。任何有道德的判断必然涉及选择；真正的选择只能够由实现了形而上转化的个人来作出。在此基础上，整个社群必然会跟上。按照艾吕尔（1976）的构想，结果必然是"出现社会、政治、思想和艺术的团体，协会和利益集团——完全独立于"技术力量的团体，能够反对技术力量的团体（Ellul，1976，p.221）。这些新人组合成新的模式，不受"技术"的监护；这个重组的意识将会使技术必然性铁板一块的结构窒息。

5.7 必然性与堕落

技术手段占上风的世界受必然性（necessity）驱使。对艾吕尔来说，必然性是"自由的对立面"，是"堕落世界的首要特征。他所谓必然性既是社会学概念，也是神学概念。自世界堕落之日起，技术就成为必然性的萌芽"（Gill，1984，p.110）。艾吕尔神学方法的重要主题是"自由和必然的辩证互动，……一条金线"成为"诠释他思想的钥匙"（Clendenin，1987，p.xi）。

在当代世界里，技术已经成为必然性无所不包的特征。"人的生活业已堕落，与上帝的他性世界隔绝开来，因而它受到环境条件和决定性因素的制约。"（Gill，1984，p.110）堕落的世界遵守它自己的要求，而不是行善和公义的要求。艾吕尔拒绝称之为命运，也不愿意"用机械眼光看世界"。他坚持认为（1976），"有一些必然性我们是逃避不了的"（pp.37—50）。这些必然性的体现就是技术的奴役。

必然性的宇宙并不是一个技术产品的世界，而是技术思维模式主宰文化指令、道德、政治和教育的世界。当我们声称技术的终极性和普世性时，当技术崇拜不可攻克时，这个世界的堕落似乎很富有戏剧性。我们给技术罩上一个神圣的光环，我们成为社会变革的奴隶。

在社会学层次上，艾吕尔坚持主张对无坚不摧的技术入侵抱定坚定不移的现实主义态度。当代困境的严峻现实有可能使我们走向平庸和退缩，艾吕尔却为无情的诚实态度发动一场圣战。在神学层次上，艾吕尔在《新魔鬼》(*The New Demons*)里争辩说，堕落的必然性世界必须要去掉神圣的面纱。我们必须摧毁我们的现代偶像，揭露用技术名义说出的妄言，剥掉技术威力幻觉的神秘色彩。我们提倡的道德革命必须要以一个戏剧性的评价为出发点，要摧毁技术领域和官僚主义领域一切罩着神圣光环的言论。

艾吕尔反对主流教会和技术专家提出的调适廉价解决办法。经过公元4世纪君士坦丁大帝的"政教合一"（Constantinism）和"17世纪以来的杂合"，如今的基督教又和现状联姻，因此它不可能领导现在的拯救。普通的民主自由主义用科学进步来自吹自擂。这些宗教修辞或政治修辞最终只能是走进死胡同（Ellul, 1975, chap.1）。[1]

空想主义改革家那可怜的激进主义也许能够在边缘和表层发动一些运动。但艾吕尔坚持认为，它们并没有触及"当前世界局势里最具决定性的力量……那些构成要素"（Ellul, 1951, p.33）。他认为，最大的动荡未必产生有价值的变化，相反，它们加强了现有的制度，给强者披上圣徒的外衣。教会改革和政治改革本身徒劳无益；它们试图解决边缘的问题，在虚构的争论、虚假的回答和清晰度不够的界定上耗尽了精力。艾吕尔（1973）以鄙夷的口吻说："多么大的骗

---

[1]《天国的虚假在场》(*False Presence of the Kingdom*)完全是对基督教的批评，尤其是对法国新教的批评。在《革命的剖析》(第4章)里，他尤其抨击政治自由主义。

局，多么大的欺诈，唯一的结构是无情地强化国家的权力"，打的旗号倒是把被压迫人民从暴政下解放出来（p.278）。

然而，破除神圣崇拜并不等于出于气愤而胡乱打碎偶像；他的意思正好相反，我们决心要堵死那些误导的出口。除非一切有道理的可能性都被堵死，除非我们意识到妥协是不可能的，否则真正的革命是不可能发生的（Ellul，1971b，pp.245—246）。如果我们假定，我们只需要清除有缺陷的部分，或需要更加有组织的社会秩序，或需要平衡政治经济的失衡，或弥补明显的差距，我们就会追求这些改革，而不是认真地去对付无处不见的弊端。"技术"扫除了人类过去受到的束缚，但"技术"并没有使我们获得解放。摧毁"技术"而不是从管理上去改革"技术"，这必须是我们变革的出发点（Ellul，1991）。

有人抨击艾吕尔的悲观主义，他们没有意识到，艾吕尔积极破除神圣崇拜的观点，仅仅是他宏大视野的一部分，是长远征途上迈出的第一步。他对危机的揭露并不聚焦于怀疑和绝望，而是集中在拯救上。艾吕尔（1975）写道："只有在破除神圣崇拜的同时，又提出充实生活的理由，且给予真正令人满意而清楚的答案，才能够达到去除神圣化的目的。"（p.208）我们必须要打破我们制造的僵局，我们必须最终解决我们提出的问题。显然情况正好相反，艾吕尔（1951）在寻找一种改善情况的选择，能够"传播善良、赋予生命……真正能够使事情走上坦途的变革"（p.31）。用超自然的思辨验证的目的能够达到，借助这个目的的力量，我们能够生活在一种新的存在之中。极端革命的力量兴起于技术化的自然之外，在与自然相反的方向上运行；这些力量"属于另一个城市"，有"另一个主宰"（Ellul, 1970b, pp.118—119）。其他任何力量都不能够穿透难以抵挡的技术。物质手段不能够恢复精神现实。当艾吕尔面对基督徒受众时，他使用明显的神学语汇：这些力量"只有遵循耶稣基督牺牲自己的精神，人才会以人的方式生活"（Ellul, 1970b, p.167）。圣灵的干预和复活的力量使我们能够体会自由，战胜邪恶。

在艾吕尔的辩证法里，上帝谴责的"否"就是人获拯救的"是"，上帝的他性无处不在，与必然性的封闭秩序相对立。"上帝他性的自由"是人的自由的核心和启动力，但它"不能被社会力量吸收"。上帝的独立性是我们独立性的保证（Ellul, 1972b, p.142）。"目的业已存在于世界上……目的不是我们活动的结果。它已经是一种秘密的力量，既利用又刺激我们的技术手段。我们必须要服从这个目的，不是把它作为必须达到的目标，而是要把它作为既定的事实，业已存在的事实，而且是一种活跃的存在。"（p.136）

5.8 结　　语

芒福德和艾吕尔都相信，在技术化秩序的统治下，人生被机械化了，而且被非人性化了。他们都认为，核心问题是"盲目崇拜技术，认为技术是神圣的力量，技术给人满足一切需要和欲望的幻觉，虽然它正在使我们沿着自我毁灭的道路滑下去"（Fasching，1997，p.2）。芒福德和艾吕尔都认为，技术本身并不是魔鬼，但"机器崇拜"是魔鬼；其中存在的魔力维护"'王者机器'的神话"。他们共同的目标是"去除技术文明的神话色彩，还原技术适当的但建设性的角色，使之进入人生一个更加有机论的视野，进入为人谋利的更加广阔的视野"（Fasching，1997，p.2）。

然而，芒福德和艾吕尔也有分歧，芒福德对技术威胁的回应是人性化的回应，而不是神学方法论的回应。有几位人道主义者呼应芒福德大智若愚的宣示："下一步该由我们来走了"，这是他作出的结论。他接着说，"一旦我们选择走出囚笼，技术囚笼的大门就会自动打开，即使它的铰链已经生锈"（Mumford，1970，p.435）。他认为，我们的主要成就并不是我们的机器和组织性巫术，而是我们人类的创造性。在这一点上，艾吕尔的范式和芒福德的范式没有什么可比之处。艾吕尔认为，唯有维护神的原理，我们才能够捍卫人性化的价值；如果没有个人的绝对价值，社会必然会确立专断的价值，始终会这样的。

通过他有关"技术"和宣传的社会学观念，艾吕尔丰富了媒介环境学的分析理论。他和麦克卢汉交换看法，补充尼尔·波斯曼的思想。他有关"技术"的术语和哈罗德·伊尼斯的"帝国"概念和"知识垄断"概念产生了共鸣。不过他独特的贡献是，只有实现人性的转化，才能够完成真正的革命。然而，艾吕尔对媒介环境学的这一馈赠又是含混不清、富有争议的。如果要恢复其本来面目，使之成为条理清晰的论述，弄清他所谓转化和真正自由的含义，我们就要对他的大部分著作进行细密周到的内容分析。艾吕尔很早就知道问题所在，然而过了 20 年之后，他才清楚认识到解决问题的办法。只阅读他 1971 年之前著作的人，可能会被误导，因为他最著名的著作均在此前问世，但这些早期的著作没有提出什么解决办法。[1]

况且，艾吕尔的辩证方法模式也并非总是发挥稳定的功能。比如在《城市的意义》里，艾吕尔的辩证方法的跨度就很大，大到跨越巴比伦和耶路撒冷。但他的重点始终放在他辩证法两极中的正极。直到该书的末尾，"上帝之城"才得到一定的篇幅，"正""反"两极的张力在全书不见踪影。至尊的效率把一切囚禁在必然性之下，解放就成了唯一的出路。人面对的问题是暴政；反对暴政就是解放。但解决办法只出现在他无情范式的终端。

---

[1] 此后问世的、比较集中研究希望和出路的书有：《革命的剖析》（1971b）、《放弃时的希望》（1973）、《自由的伦理》（1976）和《活生生的信仰》（Living Faith, 1983）。然而，艾吕尔最重要、最流行的三部曲是此前问世的：《技术社会》（1964）、《宣传》（1965）和《政治幻觉》（1967）。

由此可见，读者往往发现他的判断没有得到上帝的垂青，部分原因就在于他这个研究方法。在《自由的伦理》中，艾吕尔（1976）集中研究解决办法，但他的解决办法来自于个人的觉悟，他的个人觉悟从来就不曾与社会和集体的觉悟协调，虽然他到篇幅过半的时候提到了这样的协调（p.270）。此外，有时他的定义有点奇特（比如他给祈祷、等待和隐匿身份的现象加上了一点点激进的味道），这一点日益被误解为含糊其词。他表述思想时常常不加限制性修饰。当然，给他贴上教条的理性主义者标签，这也不符合他辩证法家的实质；这一看法之所以出现，还是因为只看到了他论辩的一个侧面。尽管如此，他本人并非总是能够帮忙化解误读的；他扫视的范围太宽，往往贬低了细节和反证的价值。[1]

批评艾吕尔的人往往假设，无论他用什么样的社会学伪装，他作出的选择基本上都是出于神学的理由，这样的批评有失公允。不过，读艾吕尔书的人往往接受基督教的观点，而他毫无保留地担当了使人倾向于基督教的角色。在这个过程中，他和当代文化的冲突很容易被搁置到学术的边缘。比如，在《自由的伦理》中，艾吕尔（1976）坚持主张，明显的信仰和真正的自由存在着严格的相关性。唯有信仰才容许并赋予我们能力去实现基督徒的自由（p.89）。

> 和其他任何人一样，基督徒也受到压力、诱惑、决定性和必然性的影响。像其他任何人一样，基督徒显然知道什么是饥

---

[1] 在《活生生的信仰》译者序里，布罗米利（Bromiley）对艾吕尔的风格和方法作了这样的评论："是夸张法和悖论危险的结合"；不过凭借这种风格和方法，"那无可争辩的深度，鞭辟入里的洞见和激情洋溢的文字使艾吕尔值得一读"（Ellul, 1983, p.vii）。

饿。但他有一个得天独厚的优势，他私下与主同在，这使他在同样情况下作出的回答不同于任何其他人，这使他能够用上一根自由的杠杆，在一团乱麻似的必然性中得到自由。我们相信，只有基督徒才可能享受到这样的自由，因为必然性被耶稣基督的神圣性一劳永逸地克服了，因此，唯有在和基督明白宣示的关系中，我们才能够得到这样的自由。（p.87）

艾吕尔把技术产物作为当代人的环境，他从这个角度从事媒介环境学研究。然而，他独特的贡献扎根在神学里，换句话说，人转化以后的存在是革命变化的必要条件。但是，如果要人家把他当作使用对照法的严肃神学家来接受，我们就不得不从根本上去重建他的辩证法，因为他的辩证法只限于向基督徒诉求，而且用起来不太灵光。当辩证法的正反两方面同时起作用，当人的堕落就处在创始的大背景中时，艾吕尔坚持主张的人的转化就比较可信。即使在艾吕尔明白宣示的基督教框架之内，仍然存在着艾吕尔信仰之外的诉求，正面向神发出的诉求。再用他追随的巴特新正统神学的话来说，巴特区分理论上的状态和实际上的状态。从理论上说，上帝无所不包的前世俗"肯定"（God's all-inclusive pre-temporal "Yes"）适用于任何人；从实际上来看，唯有信徒才能够理解和上帝的圣约（*Church Dogmatics*, Vol. IV, Part 2；见 Outka, 1981, pp.210—215）。

信徒的自由和其他任何自由之间的断裂并非艾吕尔所说的那么完全彻底，即使在他自己的基督徒世界观中也没有完全断裂。实际上，不同的世界观常常也有共同性和一致性。艾吕尔肯定的转化后的生活被区分出来，那是因为它在性质上是新鲜事情；只有把它放在内在心灵的语境中，你才能够理解它的意思；这样的生活自有其完整的性质，它不能够被简化为其他任何东西。在构想这个观念的性质和理据时，神学框架是必不可少的。只要他的对照法和辩证法经过一番重构和激活，艾吕尔的规定性版本可以产生共同性和一致性的概念。在这个过程中，艾吕尔的神学必须要符合宗教多样化的标准，否则它就是不可信的。[1] 为了打磨辩证法这个利器，为了从整体上完善媒介环境学，我们需要深入研究艾吕尔对待技术的神学研究方法，我们要挖掘这种方法完整的价值，但同时又要信守对学术多样化的忠诚。

---

[1] 原则上说，艾吕尔不难达到这个标准。他捍卫普世拯救的力度甚至超过了卡尔·巴特（Ellul, 1983, pp.188—209）。在《以色列人中的基督徒》(*The Chrétien pour Isreaël*) 中，艾吕尔指出，在把自由引进技术文明方面，犹太教是基督教之外的另一个社区。

第六章　哈罗德·伊尼斯的媒介环境学遗产

维尔弗里德·劳里尔大学（Wilfrid Laurier Uinversity）
保罗·海耶尔（Paul Heyer）

哈罗德·伊尼斯的原理是，新传播技术不仅给我们提供思考的新事物，而且给我们提供思考新事物的手段。这是值得回忆的遗产。

——尼尔·波斯曼（1982）

本章讲哈罗德·亚当斯·伊尼斯（Harold Adams Innis）遗产的故事。在北美20世纪传播和媒介研究领域里，伊尼斯是最富有原创性、最深刻的思想家之一。具体地说，笔者拟记叙并分析伊尼斯对政治经济学和传播学的贡献，说明他如何推动媒介环境学的兴起，以及他对这个思想传统和理论视野作出了什么样的贡献。[1]

也许在知名度上，伊尼斯（1894—1952）不及他多伦多大学的同事和精神继承人马歇尔·麦克卢汉（Marshall McLuhan），然而，他对当代批判性的媒介研究和传播研究的影响和麦克卢汉一样深

---

[1]　本章素材取自保罗·海耶尔2003年的出版物，编入本书时得到了出版商的授权。

刻。丹尼尔·齐特洛姆（Daniel Czitrom）说："至于最激进、最繁复的北美媒介理论，你必须注意哈罗德·伊尼斯和马歇尔·麦克卢汉这两位加拿大人的研究成果。"（1982，p.147）在美国媒介学者中，齐特洛姆当然不是唯一作出这种评价的人。詹姆斯·凯利（James Carey）评价这个遗产时，用的是更加不对称的评语。他说，"在这块大陆上，对传播学作出最伟大贡献的"，是伊尼斯的著作，而不是麦克卢汉的著作（Carey，1989，p.142）。尼尔·波斯曼（Neil Postman）也表现出类似的倾向，他断言，伊尼斯是"现代传播学之父"（Postman，1992，p.8）。由此可见，在媒介环境学的传统里，伊尼斯在本书探讨的名人殿堂里呈现出高大的身影。

为了充分评价伊尼斯的贡献，有必要回顾一下他的思想历程：从他早期从事的政治经济学研究，到他后来闯进尚无人踏勘的传播研究领域；有必要考虑影响并塑造他思想的一些因素，包括在个人关系上和学术上对他的影响。不过，本章多半集中研究他后期著作里的批判性媒介研究和传播史研究。我的目标是帮助读者更好地把握他的贡献，既了解他的贡献本身，又了解他的贡献对媒介环境学传统的意义。

伊尼斯后期的著作有以下三个特征：第一，他勾勒了现在所谓传播史或媒介史的轮廓，在这个领域，他仍然是最权威的"制图师"；第二，他详细阐述了传播和文化研究里的几个理论概念，比如媒介、时间偏向、空间偏向、口语传统和知识垄断；第三，他表明，他的历史研究法和视野可以给当代世界的文化批评和技术批评提供启示，其研究方法和视野就是近年评论家所谓的媒介环境学和媒介理论。

当然，和任何重要的思想家一样，任何研究都不能替代原著的阅读。遗憾的是，伊尼斯后期的著作既内容宏富，又艰深难懂。不过，艰深难懂的原因是行文风格引起的，而不是观念本身引起的，研究他的人或许能够从中感到一丝安慰。这几乎使每个人处在同等的地位，在研究伊尼斯这个问题上，不存在诠释的专家，他的基本概念是可以理解的。不过，我还是可以就如何阅读或反复阅读他的著作提一些建议，这些建议可以使他更容易接近，也许这些建议可以激发潜在读者对他的兴趣。[1]

---

[1] 为了对伊尼斯的学术历程有一个一般的了解，读者可以参阅克里斯蒂安（1980，1981）、德拉克（1995）、哈弗洛克（1982）和海耶尔（2003）的著作。为了从历史演变的角度对伊尼斯的主要著作有一个扎实的了解，请参阅伊尼斯的著作（1923/1971，1930，1930/1962b，1940/1954，1942，1945，1946，1950/1975，1951/1995，1952，1962a），伊尼斯、哈维和弗格森编辑的《西蒙·珀金斯的偏向》（1969）。请注意，征引文献中斜线前面的年代指的是书的初版年代。

6.1 通向政治经济学的道路

哈罗德·亚当斯·伊尼斯出生于 1894 年，他是乡村之子而不是都市之子，和奥尔都斯·赫胥黎与奥利弗·温德尔·霍姆斯[1]同年，是加拿大最令人尊敬的学者之一。据说，他的出生证上的名字拼写为"先驱"（Herald），而不是后来的 Harold。如果真是这样，"先驱"这个名字真是恰如其分地预示着他后来的新方向。早年，他研究政治经济学，后来在传播学研究中不断拓宽视野，直至不幸英年早逝于 1952 年。

伊尼斯的一生和 20 世纪上半叶的许多重大事件关系密切。他亲身经历了运输和通信的重大革新，并就此著书立说。他眼前展开的世界是铁路运输巅峰、日常生活电气化、广播黄金时代、电视露头的世界，也是两次世界大战军事技术和大屠杀的世界。他以士兵的身份经历了第一次世界大战。

他来自安大略省西南部的一个农业小镇奥特维尔。向东 90 英里就是省会和该省最大的都市多伦多。他将在此上大学，不过他沾满

---

[1] 奥利弗·温德尔·霍姆斯（Oliver Wendell Holmes, 1809—1894），美国医师、幽默作家，以"早餐桌上"系列短文而闻名，曾任哈佛医学院院长，著有《早餐桌上的霸主》等。——译注

泥土的早期生活却不像有上大学的可能性。他年轻时代的生活还是被束缚在土地上的。[1]

务农生活中难以预测的天气和变化莫测的市场，对他早年的思想意识产生了重大的影响。他小学学校是典型的只有一间农舍的学校，母亲鼓励他好好用功；就当时的标准而言，他的母亲文化水平算是很高的。他能够上中学，部分原因是家里的另外三个孩子帮助父母做家务。他上学往返的铁路叫大干线，这是他生平相当重要的经历。经常接触这一种交通运输工具，耳闻来来往往的人讲述这种交通运输工具，不仅开阔了他的眼界，也使他接触到历史地理思想，这些思想将在他的学术生涯中再次露面。

他渴望继续求学，于是到浸礼会的麦克马斯特大学求学。他喜欢历史和政治经济学，最喜欢詹姆斯·本·布洛克（James Ben Broeke）和W. S. 华莱士（W. S. Wallace）两位老师。布洛克就知识性质提出的反思在他的脑海里打上深深的烙印。"我们为什么要注意我们所注意的事情？"这个问题，进入他1951年的经典著作《传播的偏向》(*The Bias of Communication*, Innis, 1951/1995)的自序，为他的书增光添彩。华莱士主张，虽然从经济角度解释历史并非唯一的解释，却是最能给人启示的解释。这个观点对伊尼斯的研究生学习和早期学术生涯产生了更直接的影响。然而，学术生涯到来之前，战争爆发了。

刚刚在麦克马斯特大学毕业，伊尼斯就应征入伍，战场的经历对他的意志是最严峻的考验。他成为信号兵，这个岗位对他后期的

---

[1] 欲了解伊尼斯生平的详细情况，请看克雷顿（Creighton, 1978）和海耶尔（2003）的两本书。

媒介史研究或许具有相当重要的意义。第一次世界大战是可以验证的技术史和传播史的一个横剖面，战争中动用的运输工具无所不包，从牲口到飞机都编入了现役，动用的通信工具也无所不包，从信鸽到无线电都派上了用场。他立即被送上战场，成为恐怖舞台上主要剧目中的主要演员，他参加了维米岭（Vimy Ridge）战役。在侦察巡逻途中，他被炮弹击中，腿部受伤。他的战场搏杀就此告终。

在英国康复后，伊尼斯回国。在此期间，他学习经济学。战争摧毁了和他一样年青一代的生活，作为回应，他做的硕士论文叫《归来的士兵》（The Returned Soldier），他的母校麦克马斯特大学接受了这篇论文。接下来合乎逻辑的一步似乎是专攻法律，因为他读本科时磨砺了辩论术，不过他还是迷恋经济学。为了满足自己的强烈愿望，他决定在 1918 年夏天到多伦多大学去上暑期班，学那门"令人沮丧的学科"。然而，在老师法兰克·奈特（Frank Knight）的手里，经济学绝对不是"令人沮丧的学科"。他受到激励，当然这样的暑期班远远不能满足他的需要。计划之中的法律生涯仍然对他具有吸引力，但他入学时选择的却是全日制的经济学博士生。

在风城芝加哥求学期间，伊尼斯的主要兴趣是政治经济学和经济史，但他还受到另一个更加直接的思想影响。当时的美国正在发现自己。美国人已经认识到，美国的历史、地理和文学值得进行认真的学术研究，但加拿大尚未实现这样的飞跃。十年之后，当这个飞跃来临时，伊尼斯成了一位关键人物。他挑战面向英国的欧洲偏向，自殖民时代以来，这个偏向一直主宰着加拿大的教育。而鼓励他从事加拿大研究的是他在芝加哥大学的指导老师切斯特·W. 赖特（Chester W. Wright）。赖特教授鼓励他写一篇有关加拿大的博士论文。《加拿大太平洋铁路史》(A History of Canadian Pacific Railway)就是这样的研究成果。在芝加哥求学期间，他担任几门经济学基础课的教学，这使他看到后来学术业生涯的命运。这个命运的一部分安排是成就了一桩婚姻，他的妻子是他在芝加哥大学教过的一位本科生玛丽·魁尔·伊尼斯（Mary Quayle Innis）。[1]

拿到博士学位之后，他返回多伦多大学执教，在政治经济学系教书。虽然20世纪30年代中期芝加哥大学反复请他回去执教，给予他优厚的待遇，他还是婉言谢绝了。1923年，伊尼斯的博士论文《加拿大太平洋铁路史》正式成书出版（Innis, 1923/1971）。该书结构庞大，他以前所未有的方式描绘了这个交通运输系统的历史地位，描绘太平洋铁路这样的运输系统（运输旅客、货物和信息）如何锻造了一个国家，描绘它不得不克服和适应的地理条件。

在评估铁路的过程中，伊尼斯认识到，在道钉和枕木之前，船桨和陆上转运成就了皮货贸易，皮货贸易又推动国土的开发，促进移民的到来和农业的发展。这个研究项目的终极成果是1930年出版的《加拿大的皮货贸易》（The Fur Trade in Canada, Innis, 1930/1962b），一般认为这是他政治经济学的杰作。诚然，这个研究项目使他钻进故纸堆，但他又从故纸堆里钻出来，开始加拿大历史的研究，历史就是在这片土地上展开的。他坐汽船，划独木舟，沿着拓荒者开辟的道路探索，终于描绘出皮货贸易的详细情况：商业竞争、移民定居、皮货贸易的通信运输水路等因素，成了孕育之中

---

[1] J. 大卫·布莱克（J. David Black, 2003）比较详细地介绍了玛丽·魁尔·伊尼斯对伊尼斯的影响。

的国家的生命线。

在接下来的十年里，其他大宗资源比如木材、矿产品、捕鱼业、小麦，成为他的主要研究领域，这方面的研究成就了他的"大宗货物主题"。这个主题是：对大宗资源的依赖产生了经济垄断和地区差别，促进了大都会中心的发展。1940年，他的研究领域超出了加拿大，《鳕鱼业：一部国际经济史》(*The Cod Fisheries: The History of an International Economy*, Innis, 1940/1954) 问世。他的研究穷尽无遗、富有洞见，说明鳕鱼业不限于捕鱼：它造成了国际竞争和国家之间的商业竞争。这导致贸易线路（发挥运输和交流的功能）的开辟和定居点的建立，同时又导致国家之间的战争、条约和经济政策。

6.2 传播史

第二次世界大战爆发时,伊尼斯已经获得许多荣誉。他已经晋升为教授,又担任政治经济学系的系主任。战争期间,他不信任在国内搞冲突的政客和平民。他宁可坚守学术,捍卫学者教书和出版的权利,即使有些学者的观点被认为是不受欢迎的。1941 年,他参与创建经济史学会,创办其会刊《经济史杂志》(*The Journal of Economic History*)。他继续研究政治经济学,并出版这方面的著作。不过,在政治经济学领域里,他感觉到一个新领域的胚胎正在孕育,他认为这个分支学科应该催生和哺育。

如果说大宗产品的研究使他触及商品和信息运输的重要性,那么对其中之一的大宗产品纸浆和纸张的研究就为他敞开了一扇大门,这扇门通向新兴的传播研究领域。他专心致志地穷追不舍,从纸浆和纸张追溯到后继的各个阶段——报纸和新闻、书籍和广告。换句话说,起初他考察以工业为基础的一种自然资源,然后他把注意力转向文化产业;在文化产业里,信息和终极的知识变成了商品,这个商品进入流通领域,有了自己的价值,使控制它的人拥有权力。他着手做大量的笔记,这些笔记成了一件大部头的手稿,手稿就叫

《传播史》(History of Communication)，可惜未能出版。[1]

伊尼斯对这个新的兴趣的宣示见诸《报纸在经济发展中的作用》(The Newspaper in Economic Development)，这篇文章成为1946年出版的《政治经济学与现代国家》(Political Economy and the Modern State)文集的首篇。在这篇34页的文章里，他考察了三个国家报纸的演化过程。倘若他用充分的篇幅为给人启发的关系提供语境、拓展细节，就像他此前对皮货和渔业的研究那样详尽，这篇文章完全可能写成一本300页的书。然而，报纸仅仅是他想要探索的媒介之一，所以他的方法很像是粗放型的刀耕火种。不过，这篇筚路蓝缕之作采用新的眼光看待报纸。他知道，前人写的关于报纸的历史已经覆盖了类似的领地，但他们强调的是报纸在历史上的政治影响，尤其注意与新闻自由相关的问题。

报纸吸引伊尼斯的原因之一是广告的力量，19世纪上半叶小报的兴起使广告的力量有增无减。他说，广告使报纸成本降低，拓宽了商品和服务的领域，吸引消费者。他这篇文章告诉我们小报的普遍影响，接着又探讨其他相关的问题，比如蒸汽机的来临、电报（及稍后的海底电缆）的重要性。文章认为，这些技术给报纸提供了更多的新闻，产生了美联社之类的新闻社。

鉴于他在第一次世界大战中的经验，他指出，美国内战初期电报和新闻的联姻，不仅加快了人们对远方新闻的需求，而且

---

[1] 关于这部手稿的充分评估，见威廉·巴克斯顿（William Buxton, 2003）的文章 The Bias against Communication: On the Neglect and Non-publication of the "Incomplete and Unrevised Manuscript" of Harold Adams Innis. *Journal of Communication*, 26 (2/3): pp.114—117。

产生了一种浓缩的说明文风格，以便让报纸拥有更多的读者。这些变化在世纪之交大大加速，其中包括对大字标题的采用；约瑟夫·普利策[1]和威廉·伦道夫·赫斯特[2]的竞争使这些变化加速。毫无疑问，伊尼斯一定喜欢奥森·威尔斯[3]1941年的电影《公民凯恩》(*Citizen Kane*)，因为影片以戏剧化的形式表现了这一段历史。

转向20世纪初的时候，伊尼斯回顾了小报兴起的过程，这个过程起始于1919年在纽约问世的《每日新闻》(*Daily News*)和赫斯特1924年创办的《纽约镜报》(*New York Mirror*)。他指出此时报纸的变化，连百货店的广告也成了新闻，报纸的政治力量下降。许多令人难忘的新闻史细节嵌入了他富有神秘色彩的散文，其中之一是论述广播的作用；他论述广播如何成为独裁者有效的宣传载体，麦克卢汉在《理解媒介》(*Understanding Media*)里更加详细地对此作了探索。

另一个影响伊尼斯传播学转向的因素是古典学术。他转向传播学，尤其转向传播在古今文明历史上的作用。多伦多大学的古典学系是北美最优秀的系科。要不是该领域的领袖人物在多伦多大学任

---

[1] 约瑟夫·普利策（Joseph Pulitzer，1847—1911），美国报业主，新闻工作者，匈牙利移民，美国"从穷光蛋到富豪"的样板，创办《圣路易快邮报》，收购纽约《世界报》，以他命名的普利策奖是美国威望最高的新闻奖。——译注

[2] 威廉·伦道夫·赫斯特（William Randolph Hearst，1863—1951），美国报业巨头，创建赫斯特报系。曾经拥有25种日报、11种周刊和多种杂志，以轰动性新闻、醒目的版面和低廉的售价竞争取胜。其加州故居如今成为旅游胜地。——译注

[3] 奥森·威尔斯（Orson Welles，1915—1985），美国演员、导演、制片人，他自导自演的《公民凯恩》是世界著名电影，其他作品有《安倍逊大族》《上海小姐》《奥赛罗》《罪恶的接触》《审判》等。——译注

教，伊尼斯是不会沿着这个路子做学问的。古典学的领军人物有查尔斯·诺里斯·柯克雷因（Charles Norris Cockrane）、爱德华·托马斯·欧文（Edward Thomas Owen）和埃里克·哈弗洛克，其中，柯克雷因教授的影响尤其重要，他来自安大略省乡间，是新教徒，毕业于多伦多大学，第一次世界大战期间也上了战场。他去世之前一年出版了《基督教与古典文化》（Christianity and Classical Culture，1944），柯克雷因尽力使自己在多伦多大学获得的知识惠及他人，这些因素激励了伊尼斯的学术研究。1950年，伊尼斯在《帝国与传播》（Empire and Communications）的自序里正式表达了谢意："已故的柯克雷因教授和欧文教授激发了我对这个问题的兴趣。"（Innis，1950/1975，p.xiii）

1947年，伊尼斯被任命为研究生院院长。不久，牛津大学邀请他去做系列讲座，内容与不列颠帝国的经济史相关，题目自定。讲演由贝特基金会赞助，安排在次年，讲稿最终成书为《帝国与传播》。讲稿的素材取自他的手稿《传播史》，加上论古代文明和古典文明的材料，以比较和系统的方式组织，表现出明显的旁征博引的伊尼斯风格。支撑他广泛的历史记述的是一系列与传播和文化相关的概念，这些概念成为他蓄势待发的思想，他在次年出版的《传播的偏向》进一步阐述了这些思想。

虽然《帝国与传播》以讲稿为基础，但它还是表现出结构严密、详细分析的特征，符合人们对比较历史学专著的期待。绪论篇之后的各章依次讲埃及、巴比伦、口头传统与希腊、文字传统与罗马、羊皮纸与纸张以及印刷媒介的早期历史。也许正是因为其基础是讲稿，该书的文风比他的其他论媒介的文章更平易近人。这并不是说，

《帝国与传播》读起来很轻松——那众多的参考文献、那广博的思想即使对饱学之士也是一场挑战。然而这本书有一篇思想精湛的九页序文，比他其他书的序文长，这助了读者一臂之力。想要探索伊尼斯传播学著作的研究者最好从这篇序文入手。

6.3 时间，空间和口头传统

《帝国与传播》用一套典型的伊尼斯概念来探索新近出现的媒介史研究领域；在次年出版的更加著名的《传播的偏向》里，占据主要篇幅的就是这些概念，而不是历史个案。在阐述这些概念时，伊尼斯的文风刚好是明白晓畅的反面。这样的风格和他早期政治经济学著作的风格形成强烈的反差。早期的著作虽然有细节使人应接不暇之嫌，但他的论述却始终不会离题。在后期的著作里，被牺牲的却是细节，论说的思路很难得是直截了当的，读者会因此而叫苦不迭。在没有过渡的情况下，一个富有启迪意义的观点才刚刚破题，同一个段落里又突然会冒出来另一个观点，而这两个概念却相差十万八千里；况且，他又匆匆忙忙引进另一个话题。既然是这样，它给研究者留下什么余地，使他们能够弄清楚这种格言式的、飘忽不定的陈述方式呢？我们只能够希望，他们心甘情愿去把伊尼斯星罗棋布的观点连成一片。如果在单个的段落里花费很多的时间，那只会令人丧气。

他后期的传播学著作很像是松散的笔记，原因之一可能是它们提纲挈领的性质：它们只是给严肃的学术研究的广阔领域勾勒边界。也许，健康恶化的身体使他感到时间紧迫；想必他认为，粗线条地勾勒时空范围比详细的研究更加重要，时间不允许他再走早期研究政治经济学的那种路子了。

伊尼斯没有给他的关键术语提供现成的定义，这不足为奇。他影响最大的书名把"偏向"和"传播"联系起来，这是异常的用法。一般地说，我们心中"偏向"的意义是"偏见"和"个人无道理的判断"，就像韦氏词典里的定义一样。偶尔，伊尼斯也按照词典里的定义使用这个词，比如他说，他喜欢加拿大民族主义和口头传统，他有这样的偏向。近来，我们心中想到这个词和媒介的关系时，会把它和裁剪新闻使之带有偏向性的报道联系在一起。然而奇怪的是，伊尼斯似乎从来就不这样使用这个词。他不太关心内容的问题——内容是可以说成媒介偏向的；他比较关心的是传播的形式可能会对传播的内容产生的影响——我们可能想要给这种影响贴上一个"媒介偏向"的标签。由此可见，伊尼斯使用传播的偏向这个术语的方式，可以被认为是麦克卢汉传奇式的断语"媒介即讯息"的先驱，只不过伊尼斯的术语不如麦克卢汉的断语那么华丽而已。

《传播的偏向》里有一篇文章用了与书名同样的标题。文章的宗旨是显示而不是解释这个概念，说明如何用这个概念去评估媒介与文化的关系，它考察的媒介包括从泥版到台式收音机的各种媒介。这个概念像打开一套概念的包裹，这些概念始终被用来考察媒介与文化的关系——麦克卢汉把这些概念叫作"探针"。其中两个最重要的概念是时间偏向和空间偏向。伊尼斯认为，历史上的一切文明试图用各种方式控制时间和空间。当这两种关切平衡时，社会稳定就是必然的结果。过分强调其中一个时，社会崩溃就必然产生——"空间偏向"太严重的罗马帝国就是一个例子，《帝国与传播》比较详细地描绘了这种情况。

在伊尼斯看来，一个文明里的主导传播媒介"偏爱"某些形式的空间取向和时间取向。比如，耐久的媒介难以运输，它们透露出的偏向是时间偏向而不是空间偏向，石头、泥版和羊皮纸就是这样耐久的媒介。它们"促成"社会去倚重风俗和血缘的传承及神圣的传统。这种偏向妨碍个人主义成为革新的动力，但从表情性的传播中，它却允许个人主义的兴盛。"时间偏向"的文明通常以社会等级制度为特色，等级制度使精英群体，如巴比伦祭司和中世纪的天主教教士组成强大的社会阶级，他们有知识垄断的特权。

乍一看，把文明的主导媒介和它的文化取向挂钩，似乎是失之过简，甚至是一种决定论的态度。不过，仔细阅读伊尼斯的论述就会明白，他使用传播媒介这个术语时，不仅仅是指使用的原材料比如石头、泥版、羊皮纸和纸张，而且是指体现在媒介里的传播形式——象形文字、楔形文字和拼音文字。由此可见，媒介本身加上传播的形式，使社会倾向于用特定的方式组织和控制知识。比如，虽然埃及和罗马使用同样的莎草纸，然而它们的传播及其后果却截然不同；这是因为这个相同的媒介使用的是不同的文字，因此同一个媒介并不完全相同。对伊尼斯来说，他对媒介和传播的兴趣并不是要研究文化里一个自主的方面，这是他早期政治经济学兴趣的派生物，因为政治经济学认为，物质因素扮演重要的角色。一个显著的例子是，他关心媒介生产的经济学，关心媒介在调节社会劳动分工中的作用。

被伊尼斯当作具有时间偏向的最早的文明是世界上的首批文明——苏美尔、埃及和巴比伦文明。苏美尔文明和巴比伦文明使用泥版，埃及文明（在最早的具象化雕塑里）使用石头。他描绘了这三种文明的历法，描绘宗教在控制时间范畴、确保社会秩序稳定中扮演的角色。作为政治经济学家，他要考虑的就不只是传播媒介："在依靠灌溉的农业体系中，时间的计量很重要。这里要预测周期性的洪水，预测重要的岁时节令、播种期和收获的时机。"（Innis，1951/1955，p.65）

伊尼斯列举了其他一些历史例证。也许最引人注目的例子是他对欧洲中世纪的兴趣。天主教盛行，羊皮纸（皮革耐久，制革却昂贵）是教会的主要书写媒介，所以中世纪文化是极端的时间偏向文化。历法时间计算的范围有所拓宽，日常时间的计量也包括在内；起初的计时器是水钟，最后出现了机械钟，小时的概念也因此产生了，这个概念成为我们如今普遍使用的、用来规定工作日的概念。肇始于修道院的对时间的调控，到14世纪已经成为城镇日常生活里不可或缺的一部分。伊尼斯借重的文献之一是刘易斯·芒福德（Lewis Mumford）的《技艺与文明》（Technics and Civilization，1934）。

伊尼斯还论述了纸张和印刷术的兴起使世俗利益和教会利益发生冲突。除了其他冲突之外，教会和国家争夺时间控制权的斗争加剧了，伊尼斯用亨利八世[1]和都铎王朝[2]的遗产来说明这样的斗争。

---

[1] 亨利八世（Henry VIII，1491—1547），英国国王（1509—1547年在位），因与王后离婚而与罗马天主教决裂，成为英国国教教主，凌驾于教会头上。他兴办学校，鼓励学术，摧毁修道院。——译注
[2] 都铎王朝（The Tudors，1485—1603），英国王朝，历经亨利七世、亨利八世、爱德华六世、玛丽一世和伊丽莎白一世共五位国王。都铎王朝的集权倾向加速了文艺复兴的影响，促进了宗教改革。——译注

伊尼斯认为，时间是文化取向的一部分，现代世界需要对文化取向有更加充分的认识。"空间的问题"（The Problem of Space）这一章的标题本身就警告我们说，我们拥有的空间过剩，应该加以制衡。和时间一样，空间拥有很长的历史。人们开始关注空间的时间正是一种文明渴望建立帝国的时间。伊尼斯研究了时空关系从倚重时间走向倚重空间变化的趋势，在评估倚重空间的趋势时，他再次使用中东、希腊、罗马的例子，又征引了中世纪向现代过渡的例子。在每一个例子里，轻便媒介尤其莎草纸或纸张的使用，都催生了建立帝国的渴望。

比如，随着印刷术的来临，中世纪晚期的空间偏向很快就形成了；伊尼斯把印刷术看成是早期现代主义的界定性技术。然而，伊尼斯和麦克卢汉不同。麦克卢汉（1962）的标志性著作《谷登堡星汉》（The Gutenberg Galaxy）断言，15 世纪初，印刷术催生了我们和现代性联系在一起的几乎一切的历史现象——民族主义、个人主义、科学方法、文化逻辑里的视觉取向，等等。相反，伊尼斯则认为，印刷术使这些现代性要素得到延伸。他认为，这些要素在 14 世纪就已经出现了，因为纸张已经在大批量生产。而且他认为，印刷术并非导致现代空间偏向的唯一媒介，现代性是多种媒介作用的结果。他补充的媒介有指南针、望远镜、数学和透视法；指南针在发现的时代里发挥了作用，望远镜在开拓天文知识方面发挥了作用，数学和透视法在艺术和建筑方面发挥了作用。

在探讨 20 世纪的空间偏向时，伊尼斯只略微触及电子媒介，他对广播发表了少许的意见，对电视只介绍了三言两语，因为电视来到加拿大的时间是 1952 年 12 月，在他去世后一个月，这真略带一丝讽刺意味。然而他断言，这些媒介加剧了印刷媒介固有的空间偏向。在外表上，电子媒介使知识更加普及和民主化，实际上它们倾向于使知识的主导模式经久不衰；在许多方面，这些媒介产生的主导模式和几个世纪前产生的模式有异曲同工之妙。

空间偏向媒介的后果之一是口头传统的重要性日渐式微，伊尼斯为此而感到惋惜。他认为，在时间偏向的社会里，原生性口语（沃尔特·翁语，Walter Ong's term）这种传播形式具有强烈的民主化倾向，即使这并非它固有的天然属性。口语偏爱对话，抵抗知识垄断；使用耐久媒介的文明采用国家的高压手段才压垮了口语的抵抗。伊尼斯在他的著作里经常论及口语的积极因素，他的预设主要是建立在公元前5世纪末之前的希腊经验上。

偶尔，有人认为伊尼斯的口头传统有夸大价值的天真一面。这样的看法诚然有道理，但他最尊敬的口头传统是要感谢拼音文化的口语传统："字母表挣脱了圣书经文的局限，使有效的表音成分能够保留下来，使希腊人能够保持丰富的口头传统，并使之完好无损。"（Innis，1950/1975，p.53）他谋求重新捕捉的正是口语和文字的"平衡"，这是伊尼斯的一个重要概念。他谋求的不是某种失落的田园牧歌。比如，他在《传播的偏向》中说到教育改革时，就敦促教师"把书本和会话及口头传统结合起来"，以便"建立书面传统和口头传统的联系"（Innis，1951/1995，p.214）。

6.4 知识垄断和文化批评

伊尼斯认为，他的媒介史论著为我们对这个世界的批判性评估提供了基础；这个世界受到两次世界大战的蹂躏，如今又受到大众媒介和无节制的广告机械化趋势的困扰。他指出，虽然现代性给世人许多好处，但是现代性并没有兑现所有的承诺："思想自由的条件正处在危险之中，它有可能被科学技术和知识的机械化摧毁。和这些条件处在同样危险之中的，还有西方文明。"（Innis，1951/1995，p.190）有人傲慢地认为，我们置身在历史之外，或者说我们终于超越了历史的局限，他质疑这种傲慢的态度。和埃及、巴比伦、罗马一样，今天的我们也可能走向衰亡，因为使那些古代文明崩溃的"偏向"并未完全从我们的生活中消失。就这样，"知识垄断"成了伊尼斯后期著作里一个重要的术语。他没有给这个术语下一个正式的定义，这一点也不足为奇。他只是说，这是经济学术语在知识领域里的延伸，是"经济学概念尤其是垄断概念"的延伸（转引自 Drache，1995，p.85）。他这个术语用得比较宽泛，涵盖了我们一般纳入知识、文化素养和科学范畴的事物，涵盖了一般所谓的信息，比如经济档案和人口普查数据。有的时候，更加具体的经济因素比如运输和市场组织也被他放在知识垄断的大类别之下。

历史个案研究给他提供了几个先例，使他能够对自己的时代作出简要而意味深长的评估。比如在希腊，拼音文字容易学会，但是在埃及和巴比伦，学会读书写字却需要很长的时间；希腊的情况不容易形成知识垄断，起初的确是这样的。不过，希腊口头传统和文字传统初期的平衡后来终结了，复杂成文法的兴起导致"令人压抑的司法控制和沉重赋税"（Innis，1950/1975，p.82）。罗马如法炮制；虽然罗马的文化已经相当普及，但帝国收罗的许多著作与其说是用于学习，不如说是用于炫耀地位；著书立说本身日益指向编制更加复杂的法律。由于"教会控制下积累的知识垄断"，中世纪就更加使人感受到强大的控制（Innis，1950/1975，p.139）。在中世纪，抄书人/教士不仅控制着知识的获取和羊皮纸的生产，而且还控制着书籍的抄写，他们决定哪些有"知识"的书应该抄写；凡是被认为没有知识的书籍，他们就予以压制，甚至销毁。

纸张最终对依赖羊皮纸的教会知识垄断提出挑战，到 16 世纪，印刷媒介已经使修道院和世俗的抄书人成为明日黄花。然而伊尼斯认为，既然知识垄断是历史过程中难免的现象，那么印刷术既要给予我们知识的普及，又要拿走这样的知识普及。法定的审查制度和出版商享受的经济垄断，逐渐成为一个问题；其结果是"印刷工业的急剧扩张和对出版自由的强调，都助长了垄断的成长"（Innis，1950/1975，p.167）。

伊尼斯只略为论及 20 世纪。《传播的偏向》收录的一篇文章《美国的技术和公众舆论》（Technology and Public Opinion in United States）颇能给人启迪。在这篇文里，伊尼斯考察了"合众社的垄断地位"，回顾了合众社与赫斯特的冲突，检视了赫斯特创办报系的雄心。在他最后的一本书《变化中的时间观念》(*Changing Conepts of Time*, 1952/2004)里，伊尼斯记述了大众媒介的迁移，这样的变革近年来促成了大量的论著。过去，大众媒介和政治利益的关系，可以直接挂钩；20世纪50年代初却出现了另一个议程，他认为这个议程对加拿大产生了强有力的影响："我们正在为生存而战。期刊里尤其有害的美国广告，商业主义势头不减的强大冲击，体现在加拿大生活的各个方面。"(Innis, 1952, p.19)[1]这本身并不是准确意义上的"知识垄断"；虽然他继续用无所不包的方式使用这个术语，但是他试图沿着美国资本主义信息控制或宣传的路子去思考知识垄断的问题。

伊尼斯在《变化中的时间观念》一书的第一篇文章《文化战略》(The Strategy of Culture)里，详尽地论述了这些主题。他在这里论述的美国文化问题，和今天新闻媒体上激烈辩论的问题颇为相似。今天热门的问题是：北美自由贸易协定和世界贸易组织应该被授予多大的权力去进行裁决。而他论述的是加拿大20世纪中叶面对的问题；他看到，美国文化产业正在压倒并阻碍加拿大文化产业的发展。今天，其他国家正在呼应伊尼斯的关切，尤其是对他没有论及的电视电影媒体的关切。

伊尼斯把美国文化影响下的传播和危险联系起来，他认为危险之一是美国根深蒂固的军事主义。《变化中的时间观念》收录了一篇文章，题为《美国宪法的军事意涵》(Military Implications of the American

---

[1] 亦见《变化中的时间观念》(*Changing Concepts of Time*) 2004年新版（有詹姆斯·凯利的序文）。

Constitution）在这篇文章里，他探讨了美国的军事主义。从今天的地缘政治看，这个危险使人不安，伊尼斯的确是有先见之明。他以旁观者的身份窥探美国文化，这个角色颇像法国人阿历克西·托克维尔和英国人布赖斯爵士[1]的角色。伊尼斯审视美国历届总统的政策，从华盛顿直到艾森豪威尔，并由此追溯美国军事主义的历史。

除了考虑民族主义的议程之外，扎根于机器工业专业分工的现代文化孕育着另一个危险：机械化。伊尼斯认为，机械化既发轫于技术，也是技术的发展过程。他在这个问题上的观点和技术批评的传统存在着密切的亲缘关系，这样的批评家有西格弗里德·吉迪恩［Siegfried Giedion，伊尼斯没有征引他 1948 年的《机械化挂帅》（*Mechanization Takes Command*）］、雅克·艾吕尔（1964，艾吕尔沿着伊尼斯写作）和刘易斯·芒福德（1934）。他探讨机械化对文化的冲击，他在这方面受到的最直接的影响来自于格雷厄姆·华莱斯[2]的《社会判断》（*Social Judgment*, 1934）一书。

伊尼斯沿着华莱斯的路子继续前进，他认为机械化使人摆脱对口头传播的倚重："阅读来得快，听人讲话来得比较慢；个人集中精力思考问题来得快，在争辩中阐述与反驳来得比较慢。印刷机和收音机诉求的对象是世界，而不是个人。"（1951/1995, p.191）（原书所注出处有误，不是《帝国与传播》，而是《传播的偏向》——

---

[1] 布赖斯爵士（James Bryce, 1838—1922），全名詹姆斯·布赖斯，英国外交官、历史学家，曾任驻美大使、海牙国际法庭法官，著有《美利坚共和国》（3 卷）。——译注
[2] 格雷厄姆·华莱斯（Graham Wallas, 1858—1932），美国教育家和政治学家，倡导用实验的方法研究人的行为，长期在英国牛津等大学执教；对社会问题基本上持乐观态度；激烈抨击现代社会科学，认为它缺乏科学性，著有《社会判断》等。——译注

译注）伊尼斯还援引亚瑟·叔本华[1]的观点：书籍是思想的障碍。其实他不妨再征引索伦·克尔凯郭尔和弗里德里希·尼采[2]的观点，因为他们在自己的著作里都支持一个类似的观点。伊尼斯这样一位学者，非常倚重印刷词，非常倚重用手写书，可是他竟然责备自己的手，这似乎有一丝讽刺的意味。他的观点看上去有点极端，然而他绝不是砸机器的新勒德分子，并不会损毁书籍或机器。他的目标是平衡。他的答案或许有些含糊，然而他持久不变的问题是相当清楚的：既然传播技术和机械化带来的损失和好处如影随形，我们在充分利用它们的好处时，如何才能够把损失减少到最低限度呢？

---

[1] 亚瑟·叔本华（Arthur Schopenhauer，1788—1860），德国哲学家，唯意志论的创始人，认为意志是人生命的基础，也是整个世界的内在本性。代表作有《意志和表象的世界》《论自然界的意志》等。——译注
[2] 弗里德里希·尼采（Friederich Nietzsche，1844—1900），德国哲学家、诗人，唯意志论的主要代表，创立"权力意志说"和"超人哲学"。代表作有《悲剧的诞生》《查拉图什特拉如是说》等。——译注

6.5 伊尼斯对媒介环境学兴起的持久影响

伊尼斯1952年去世之后，大多数赞辞都推崇他的政治经济学成就。即使在加拿大，许多同事也对他后期的传播学研究迷惑不解。有人认为他后期沉溺于入侵加拿大尚未形成的一个研究领域，这似乎构成一个云遮雾罩的障碍，使人无法看清他真实的个性特征。不过还是有一些显著的例外，多伦多大学的传播学研究并没有因为伊尼斯的去世而消亡。马歇尔·麦克卢汉就在这样一个时刻闪亮登场，他坚持不懈地弘扬伊尼斯的遗产，虽然他的做法引起一些争议。他的名气远远超越了伊尼斯，有一段时间，公众头脑里的麦克卢汉几乎和媒介环境学是同义词。其名气也引来诸多评论。但有一位批评家把伊尼斯和麦克卢汉的遗产联系起来，他竭力推崇伊尼斯，使伊尼斯的地位在新兴的媒介环境学传统里位居前列。

1967年，在伊利诺伊大学执教的詹姆斯·凯利在《安提阿评论》(*Antioch Review*) 撰文《哈罗德·伊尼斯与马歇尔·麦克卢汉》(Harold Innis and Marshall McLuhan)。那时，介绍伊尼斯而不和麦克卢汉进行比较的文章，是不会引起读者兴趣的，凯利肯定知道这个情况。他对麦克卢汉的批评表现出得体的尊敬和严肃，同时他又指出，在承认传播技术的核心地位方面，伊尼斯走在前面，而且伊尼斯对传播技术了解得更加透彻。凯利承认两位加拿大传播理论家的相似之处，但他同时明确界定两人在各自议程上的重大差异："伊尼斯认为，传播技术主要影响社会组织和文化，麦克卢汉则认为，传播技术主要影响感知系统的组织和人的思想。"（转引自Rosenthal，1969，p.281）

在接下来的每一个十年里，凯利总是要发表文章以多种方式研究伊尼斯：伊尼斯与芝加哥学派的关系，美国地理思想和传播学研究的新动向。上一代和这一代研究伊尼斯的人包括笔者本人认为，凯利的研究是评估伊尼斯学术成就的基准点，又是进一步评估伊尼斯遗产的出发点。不过，凯利对伊尼斯的赞赏并不限于评论。正如凯利1989年的论文集《作为文化的传播》（*Communication as Culture*）所显示的那样，他把伊尼斯的思想融入一个崭新的视角，他用这个崭新的视角去研究媒介和现代性。这本书值得注意的一篇文章题为《技术与意识形态：电报研究》（*Technology and Ideology:The Case of the Telegraph*），凯利在文章中评估伊尼斯粗略提及的电报，对这个重要传播技术的研究给人以启示。不久前，他还为伊尼斯2004年版的《变化中的时间观念》作序。

凯利借人们对麦克卢汉推出的研究课题产生广泛的兴趣，以此使伊尼斯的传播研究复活，威廉·昆斯（William Kuhns）在《后工业时代的先知》里进一步发挥了伊尼斯的理论。昆斯把伊尼斯和麦克卢汉的成就和20世纪萌芽的思想传统联系起来，这个传统以悲观主义和乐观主义两种态度评估技术对自然环境和社会环境的影响，研究技术自身如何成为一种环境。一座思想家的殿堂建立起来，并成为他考察的对象。在这座殿堂里，位于悲观主义一侧的先知有刘易斯·芒福德、西格弗里德·吉迪恩和雅克·艾吕尔，位于乐观主义一侧的先知有诺伯特·维纳和巴克敏斯特·富勒。人们对伊尼斯和麦克卢汉的评估则根据他们对媒介环境学的贡献来进行，结果伊尼斯偏向圣殿中批判的一侧，麦克卢汉则和谨慎度比较小、面向未来的思想家更加接近。

到 20 世纪 80 年代，许多后续研究巩固了伊尼斯的地位，伊尼斯被公认为传播学领域的重要人物。运用他的思想取代了单纯解释他的思想。紧随凯利之后，丹尼尔·齐特洛姆、尼尔·波斯曼和约书亚·梅罗维茨，用伊尼斯的思想来研究他轻轻带过的地方，或者他根本没有触及的地方。他们的研究也复活了麦克卢汉研究，使媒介环境学的传统牢牢扎根。

齐特洛姆（1982）的《媒介与美国精神》（*Media and the American Mind*）采用有趣而有效的两篇章结构。第一部分考察美国历史上三种重要传播媒介的形成和制度发展。这三种媒介是：启动电力时代的电报、早期电影和无线电广播。第二部分考察传播思想的三种主要传统。第一种传统是芝加哥学派查尔斯·霍顿·库利[1]、约翰·杜威和罗伯特·E.帕克[2]的传统，他们探索现代媒介的"整体性质"；第二种传统是"影响"研究方法的传统，其中形象最高大的是保罗·拉扎斯菲尔德[3]，这个传统产生了当代美国传播学里占主导地位

---

[1] 查尔斯·霍顿·库利（Charles Horton Cooley，1864—1929），美国社会学家和社会心理学家，传播学研究的先驱，著有《人类本性与社会秩序》《社会组织》《社会过程》。——译注

[2] 罗伯特·E.帕克（Robert E. Park，1864—1944），美国社会学家，以研究少数民族尤其是黑人著称，社会学芝加哥学派的主要人物，传播学先驱之一。——译注

[3] 保罗·拉扎斯菲尔德（Paul Lazarsfeld，1901—1976），美国社会学家，传播学先驱，著有《人民的选择》《美国收听广播》《投票行为研究》等。——译注

的经验主义范式；第三种传统是伊尼斯和麦克卢汉历史取向的传统，考察的是媒介对社会和心理组织的影响。

在 20 世纪 80 年代中期，经过差不多十年的思考之后，约书亚·梅罗维茨的《地域感的消失：电子媒介对社会行为的影响》(*No Sense of Place:The Impact of Electronic Medlia on Social Behavior*) 问世，他仔细思考当代大众媒介尤其电视对日常生活动的影响。两个源头影响了他的研究：在媒介方面，他受到麦克卢汉和伊尼斯的影响；在（微观）的社会研究方面，他受到欧文·戈夫曼（Erving Goffman, 1959）的影响，戈夫曼研究面对面"情景式"语境中的社会行为，并因此而著称。梅罗维茨把两种不同的传统贯穿起来，他的分析详尽细腻、引人入胜，一切细节都在他的考虑之中，从性别角色到政治形象的塑造无所不包。他研究麦克卢汉和伊尼斯，以及埃德蒙·卡彭特（Edmund Carpenter, 1960, 1972）、杰克·谷迪（Jack Goody, 1968, 1977）、埃里克·哈弗洛克（1963, 1976）和沃尔特·翁（1967, 1982）的相关著作——人们有时把这些学者称为传播学的"多伦多学派"；他们给梅罗维茨提供了一种方法论框架，梅罗维茨把这个方法论称为"媒介理论"。他给媒介理论下的定义是"不同传播媒介创造的不同文化环境的历史研究和跨文化研究"（1985, p.29）。

最后要说的是，在日益壮大的以伊尼斯为源头的学者队伍中，最雄辩、最多产地阐述伊尼斯媒介理论的是尼尔·波斯曼（1931—2003）。《童年的消逝》（1982）是一个标志，自此，他的著作从主要论述教育转向探索当代文化中媒介的作用，他用明确的历史视角去从事媒介研究。接着撰写的书有《娱乐至死》（1985）、《技术垄断》（1992）和《构建通向 18 世纪的桥梁》（1999）。于是，他成为最坚持不懈、很受欢迎的批评家,他批评技术对我们时代的影响。在这个过程中,他激励媒介环境学者"把哈罗德·伊尼斯的教诲作为指针",伊尼斯"强调指出,传播技术的变革必然产生三种影响:它们改变人的兴趣(考虑的事情)的结构,改变符号(借以思考的手段)的性质,改变社区(思想发展的地域)的性质"(Postman,1985,p.23)。

6.6 结　　语

从伊尼斯后期著作来看，他肯定不是那种典型的史学家。他的概念框架回避详细的分析，偏向于作涵盖整个历史时期的总体概括。他的出发点不是为历史而历史，目的是用历史来衡量当前。他的背景始终是政治经济学，本章对这个背景略而不表；他确信，大宗资源、交通运输技术之类的物质材料在历史转变中一定会被赋予主导的地位。

在历史研究中，他引进辩证思想去了解变革，认为在历史变革中，新媒介挑战旧媒介。他用辩证思想去研究传播与文化的碰撞，研究社会构成的起伏，有时研究整个文明的兴衰。在估计这种推拉作用中，他采用了一套给人启迪的概念：时间偏向、空间偏向、口头传统、知识垄断和文化的机械化。

然而在伊尼斯看来，整体总是大于部分之和。他的研究成果可以叫作传播理论、媒介理论或媒介环境学的早期版本等，但他的研究总是提纲挈领式的。在有生之年，他的理论没有来得及完成；也许，即使再假以十年岁月，他的研究成果还是会保持这种不完全的面貌吧，因为它的固有属性是开放的——这是一幅草图，伊尼斯只给一块学术次大陆勾勒大致的地貌，以吸引人进一步探索，而不求关上大门。尼采曾经说,凡是想在工作上有所成就的人,都应该挑战它、拓展它,而不是详细地解释它。福柯[1]也呼应了尼采的观点。很可能,哈罗德·亚当斯·伊尼斯也有同样的感觉吧。

---

[1] 米歇尔·福柯(Michel Foucault, 1934—1984),法国哲学家、历史学家,著有《精神病与人格》《疯狂与非理性》《语词与事物:人文科学的考古学》《知识考古学》《性史》《异常者》《主体的诠释学》等。——译注

第七章　马歇尔·麦克卢汉：现代两面神[1][2]

爱默生学院（Emerson College）

詹姆斯·莫理逊（James Morrison）

媒介环境学有这样一层意思：如果印刷文字或书写词语处在危险之中，另一种媒介就可以拯救它，或支持它。我们不能够让它像脏水一样从下水道流走而不提供对抗的力量。

——马歇尔·麦克卢汉在哥伦比亚大学师范学院的讲演

1978年7月17日

本章介绍赫伯特·马歇尔·麦克卢汉（Herbert Marshall

---

[1] 本章借用的示意图取自麦克卢汉父子（M. McLuhan, E. McLuhan, 1988）的《媒介定律：新科学》(*Laws of the Media: The New Science*. Toronto, Canada：University of Toronto Press)。承蒙埃里克·麦克卢汉慨然应允。

[2] 在编辑《媒介环境学会论文集》(第1卷) (http://media-ecology.rog/publications/proceedings.html)的时候，我意识到，我在借用保罗·莱文森两面神的比喻。2000年，他在媒介环境学会年会的讲演中用了"两面神"这个比喻，我在座听他讲演。本章由我在纽约州传播学会第57届年会上宣讲的论文改写而成（Morrison, 2000），标题的修改完全吻合莱文森的措辞和意思。两面神"杰纳斯"（Janus）是罗马守护神之一（引进希腊万神殿之前的罗马神祇），是首尾均逢好运的神祇。"杰纳斯"神庙的两扇门分别面向东方和西方，两扇门之间是他的神像，一张面孔年老，一张面孔年轻。一月份既是年终又是岁首，两面神就是用一月（January）命名的（Hamilton, 1942/1953, pp.44—45）。就这样，"杰纳斯"既回首过去，又前瞻未来，他把两种目光统一起来。

McLuhan）的思想。也许，他是影响最大、最著名同时又是最富有争议的媒介环境学家之一。他是该领域的集大成者，他把公众的目光聚焦于媒介环境学。一般认为，他在20世纪60年代末首创了"媒介环境学"（media ecology）这个术语（Gencarelli,2000,p.91）；可以说，他是媒介环境学的教父，因为在60年代，他抓住公众的幻想力，使公众首次注意媒介环境学的思想。然而，他为了宣传媒介环境学而使用的标语口号式和公式化的语言却受到很大的误解。这样的误解至今犹存。本章的目的是帮助驱散对他研究成果的普遍误解，为那些苦苦应对他的思想挑战的人澄清一些观点，向那些首次接触麦克卢汉思想的人介绍一些情况。

　　本章探讨的主要内容有这几个重点：

　　（1）一般人认为麦克卢汉是电视的提倡者，这和他个人的态度刚好相反，不失为一种讽刺；主要原因是他在公开分析中拒绝用卫道士的立场去对待电视的内容，他倾向于更加客观地理解电视媒介的符号形式。

　　（2）麦克卢汉牢牢扎根于20世纪现代主义的传统中，他提出的思想和现代的后牛顿主义科学有相似之处。然而，他的思想渊源深深地扎根在古代修辞和中世纪修辞之中。

　　（3）今天，他的研究成果的现实意义广受赞赏，比过去任何时候都更能得到恰当的评价。如今，他的思想体现在全球通信、互联网和万维网中。

7.1 不太被看好的冉冉升起的明星

1965 年，理查德·施克尔（Richard Schickel）写了一篇比较看好麦克卢汉的文章《马歇尔·麦克卢汉——加拿大的思想彗星》（Marshall McLuhan-Canada's Intellectual Comet，Marchand，1998，p.186）。在将近十年的时间里，他的星光划过长空，既使人惊叹又遭人鄙视。没有一位堪与他相比的知识分子能够闪现在人们的脑海里，虽然其他一些人比如克利夫顿·法迪曼（Clifton Fadiman）、本尼特·切尔夫（Bennet Cerf）在电视上出名比麦克卢汉还要早。[1] 也

---

[1] 麦克卢汉成名比以下一些公共知识分子来得晚：克利夫顿·法迪曼、富兰克林·P. 亚当斯（Franklin P. Adams）、莫蒂默·J. 阿德勒（Mortimer J. Adler）和本尼特·切尔夫。他们都是著名的资深文人。法迪曼 1933 年至 1943 年任《纽约客》编辑，1938 年至 1948 年任流行广播节目《给您提供信息》（Information Please）的主持人，1959 年至 1998 年任《大英百科全书》（Encyclopedia Britannica）编辑，有许多著作进入多种"文选"。亚当斯或许是现代通俗报纸专栏的"教父"，是《给您提供信息》广播节目的访谈嘉宾，他以诗才和风趣著称，从 20 世纪 30 年代到 50 年代成为家喻户晓的人物。阿德勒是哲学家、教育家，《大英百科全书》编辑，在芝加哥大学和校长罗伯特·M. 哈钦斯（Robert M. Hutchins）合编 54 卷本的《西方世界伟大的书》（Great Books of the Western World），还参加其他项目的编辑工作（比如 Encylopaedia Britanica Online，2001）。他抽烟斗的风度多年在印刷广告里大出风头。切尔夫是"蓝登书屋"的创办人之一，既出版通俗读物又出版"严肃"的当代文学和思想著作（包括"现代书库"系列），因为 1933 年在法庭上推翻对詹姆斯·乔伊斯（James Joyce）小说《尤利西斯》（Ulysses）的禁令而名噪一时。不过，切尔夫的公开形象既枯燥、世故，又逗人喜欢。这个形象牢牢扎根，比他在电视节目《我的台词是什么？》（What's My Line?）做嘉宾时的形象更加出名；他从 20 世纪 50 年代中期到 60 年代一直上这个节目。

许，麦克卢汉是第一位又是唯一的一位名气颇有争议的媒介环境学家。他是大众偶像，家喻户晓，很大一部分公众都知道他的思想，也知道他这个人，有些知道他的公众是有知识追求的人，有些却未必。

赫伯特·马歇尔·麦克卢汉 1911 年 7 月 21 日生于加拿大阿尔伯达省埃德蒙顿市，父亲是地产和保险销售员，母亲善于朗诵，在北美巡回演出、教学。麦克卢汉在曼尼托巴大学获英语文学硕士学位，1934 年入剑桥大学三一学院求学，1936 年获剑桥大学学士学位，旋即到美国威斯康星大学英语系担任助教。在这里，他生平第一次遭遇到接触过很多通俗文化的学生；在他们身上，通俗文化反而压倒了麦克卢汉接受的高雅文化。为了自存自保，他决定了解通俗文化，并且用他在剑桥学到的分析技巧来研究通俗文化，以便弥合他和学生之间的鸿沟，同时又以阻力最小的路子给学生灌输文学研究方法（Marchand，1998，pp.48—49）。

在此期间，他 1937 年改宗罗马天主教，成为耶稣会主办的圣路易斯大学的英语教师（pp.50—53）。1939 年与科琳·凯勒·刘易斯（Corinne Keller Lewis）结婚后，偕新婚夫人回剑桥大学攻读博士，在此度过两年。随即回圣路易斯大学执教。1943 年获博士学位，晋升助理教授。此间，他对两位作家产生兴趣，这两位作家是西格弗里德·吉迪恩（Siegfried Giedion）和刘易斯·芒福德（Lewis Mumford）（pp.77—78）。他们关于技术的思想对麦克卢汉产生了影响。他开始在文学刊物上发表文章。这些刊物有《肯尼恩评论》（The Kenyon Review）、《斯瓦尼评论》（The Sewanee Review），它们和南方的农业文化和新批评运动有渊源关系，其领军人物是艾伦·泰特（Allen Tate）、约翰·兰塞姆（John Ransom）、克伦斯·布鲁克斯（Cleanth Brooks）和罗伯特·沃伦（Robert Warren）（pp.75—77）。

麦克卢汉和英国批评家、小说家和画家温德汉姆·刘易斯（Wyndham Lewis）（1927）邂逅之后，立即结下了深厚的友谊。麦克卢汉在剑桥读过他的《时间与西方人》（*Time and Western Man*），自述深受刘易斯的影响（1998，p.79）。刘易斯正在安大略省温莎市的阿桑普星学院执教。两人的友谊使麦克卢汉在该校英语系谋到系主任的职位（p.81）。据麦克卢汉的第一位传记作者记载，刘易斯的影响表现在几个方面：他强化了麦克卢汉对艺术和文学的态度，对异常清晰准确定义的价值很推崇，同时又认为广告和科普有害。他又向麦克卢汉展示，在敌对环境中无情地剖析环境、保持道德操守是人的价值所在（p.84）。再者，刘易斯的书《美国和宇宙人》（*America and Cosmic Man*，1948）里的一句话也对他产生了影响。这句话暗示，电话和空运促进国际联系，它可能给麦克卢汉的"地球村"概念提供了一点灵感（1998，p.83）。

1946年春，麦克卢汉在多伦多大学圣迈克学院谋到一份教职。和阿桑普星学院一样，圣迈克学院也是由圣巴西勒修道会主办的。麦克卢汉使许多同事感到不快，但他用幻灯片、漫画、报纸文章等实物和图片推出的一套分析北美文化的讲座，形成了他的第一本书《机器新娘：工业人的民俗》（*The Mechanical Bride: Folklore of Industrial Man*，1951）。该书并没有引起批评界的注意，只卖出去几百本；《纽约时报》刊载了一篇评论（Cohen，1951年10月21日），但批评缺乏同情态度。剩下的书他自己买了1000册送到一些书店试销，或送给朋友，甚至卖了一些给听课的学生（1998，p.119）。

大约在这个时候，他参与一个非正式的同仁聚会，朋友们每天在皇家安大略省博物馆的咖啡厅清谈，"直至咖啡厅打烊"（Carpenter，2001，p.251）。这帮人中有人类学家埃德蒙·卡彭特（Edmund Carpenter）和多萝西·李（Dorothy Lee）、设计师杰奎林·提尔惠特（Jacqueline Tyrwhitt）、建筑历史学家西格弗里德·吉迪恩、社会学家阿什利·蒙塔古（Ashley Montagu）、政治经济学家卡尔·波拉尼（Karl Polanyi）。在传播与文化的关系上，他们对麦克卢汉的思想都产生了深刻的影响（Theall，2001）。1949年4月，政治经济学家哈罗德·伊尼斯（Harold Innis）参与聚会，就印刷机和广播的影响发表讲话（Marchand，1998，p.121）。麦克卢汉大量引用伊尼斯的著作，为伊尼斯的《帝国与传播》(*Empire and Communications*) 作序（Innis, 1972, pp.v-xii）。不过，伊尼斯和麦克卢汉没有成为亲密的朋友；在这篇序文里，麦克卢汉按照自己认为妥当的方式指出伊尼斯的局限。他的传记作者指出伊尼斯对他的影响（Gordon，1997；Marchand，1998），但那时思想上和他更接近的朋友指出，经常参与同仁聚会的朋友对他思想的影响更大一些（Carpenter，2001，pp.248—252；Theall，2001）。

1953年，麦克卢汉和卡彭特得到福特基金会赞助。他们发起了一系列的跨学科研讨会，研究媒介与文化；这个过程中产生的丛刊《探索》(*Explorations*) 发表了作为"麦克卢汉招牌"的媒介环境学的重要文章。卡彭特担任总编辑，在麦克卢汉主编的最后一期（一共出了九期）后，《探索》在1959年停办。这一年，他得到美国教育广播者学会赞助，经费来源是美国国防教育法案，任务是制订第十一年级的媒介意识教学大纲。但他在研究报告中提出的大纲太高深，不适合十一年级的学生（Marchand，1998，p.157）。然而，这个研究报告使他能够进一步探索同仁在文化与传播研讨会上闯出的路子。这个报告最终促使他写成专著《理解媒介：论人的延伸》（Understanding Media: The Extensions of Man，1964），而且成为一个跳板，为他以后论述媒介的著作奠定基础，尤其为他论电视对个人和社会的影响提供了一个平台。

在研究电视影响的著述方面，麦克卢汉的生平就是一个极大的讽刺；他的名字和大众脑袋里的电视媒介联系在一起，而他对电视的影响则是抱彻底不信任甚至是抨击的态度。有些支持者和所有的批评家都认为，他是"电视教师爷"，鼓动人们信仰电子革命，他对电子媒介的态度接近那位鼓吹迷幻剂的萨满巫师提摩西·利尔瑞（Timothy Leary），人们常常分不清他的主张和利尔瑞的主张，说他的主张是"开机，收看，退出"。[1]但是，如果我们扫描麦克卢汉的整个思想频谱，看他论媒介影响的思想，我们就可以看到，他热情支持电子媒介的形象遮蔽了他对电子媒介的态度，实际上他对电子媒介的社会心理影响是非常不信任的。

有一次，他和多伦多大学的同事汤姆·兰根（Tom Langan）一道看电视的时候说："你真想知道我对这玩意儿怎么看吗？如果你要我保留一点点残余的犹太—希腊—罗马—中世纪—文艺复兴—启蒙运动—现代—西方文明，你最好拿一把斧头把所有的电视机全部砸个稀

---

[1] 从20世纪50年代末到60年代初，提摩西·利尔瑞（Timothy Leary）和同事理查德·阿尔珀特（Richard Alpert）在哈佛大学进行正式和非正式的迷幻剂试验，把迷幻剂当作治疗工具和自我实现的手段。他们未经授权就以研究生为试验对象，事情败露之后被学校开除。利尔瑞成为反文化的代表人物，他引诱人们服用裸头草碱和麦角酸二乙胺（LSD），以求所谓飘飘欲仙的感觉，对许多流行歌手及其崇拜者产生影响（Encylopaedia Britanica Online，2001）。

烂。"（Gordon，1997，p.301）他给儿子埃里克·麦克卢汉发出类似的忠告，对于其如何养育女儿，他在1976年的一封信里说："让艾米莉少看电视，不要让她看个没完。电视是可恨的毒品，它传遍神经系统，尤其渗透进青少年的神经系统。"（Gordon，1997，p.212）

这种反讽的根源也许是他对媒介的一个判断：时代的主导媒介的威力是无法逃避的，最自觉的反制也徒劳一场。当然必须指出，电视完全适合麦克卢汉喜欢的交流方式——口头忠告；而且他就是自己阐述的"冷"形象特征的典范：需要受众去补足。他的"冷"形象就很适合电视（见本章稍后一节"媒介冷热"对这个概念的讨论）。

我们还可以把他和另一位著名人物进行比较。这个人出现在以前的语词传播变革中，那是欧洲的手稿时代向印刷时代转变的时期。1494年，德国美因茨（Mainz）附近的斯波恩海姆修道院有一位修士，叫约翰尼斯·特里特海缪斯（Johannes Tritheimius），他出版《抄书人礼赞》（*In Praise of Scribes*），旨在捍卫修道院制作手抄本的传统，迎接印刷机的挑战。然而，为了把书送达尽可能多的读者手中，以求最有效地传播自己的思想，他的书却是由印刷机印制的，他使用的媒介正是他反对的媒介（Eisenstein，1979，pp.14—15）。但这还不是特里特海缪斯借重大批量出版的唯一事例。实际上，根据编辑他著作的一位现代编辑的记述，他把许多书交给美因茨的一家印刷厂，"这家印刷厂几乎可以用斯波恩海姆修道院来命名了"（Arnold，1974，p.15，转引自Eisenstein，1979，p.15）。[1]

---

[1] 第一本活字印刷的书是著名的42行《圣经》，1456年在美因茨出版，由肖费尔公司（Schöffer & Fust）印行，据说他们使用的是约翰·谷登堡的技术。所以，美因茨可以被视为西方印刷书籍的摇篮。

与此相似，麦克卢汉经常在电视上露面，借以传播他的讯息，原因是《理解媒介》的问世引起了世人的极度关注。这样高涨的兴趣和两位加利福尼亚州的"星探"的努力不无关系；杰拉尔德·费根（Gerald Feigen）和霍华德·戈萨吉（Howard Gossage）自称能够发现天才，他们要推销麦克卢汉，安排他到公司去做出场费很高的演讲，为他在纽约市举办一系列的鸡尾酒会，把他介绍给重要杂志社的杰出出版商。通过这些鸡尾酒会，他会见了"新新闻者"（new journalist）汤姆·沃尔夫（Tom Wolfe）；沃尔夫宣传他的思想，让他分享自己的荣耀（Marchand, 1998, pp.182—187; Wolfe, 1968）。麦克卢汉成为名噪一时的人物，但也有一些负面的名声；他是加拿大英语教授，默默无闻，地处美国文化边缘，这个身份和名气形成鲜明的对照。麦克卢汉把他这样的处境当作一个优势，因为他可以把美国文化当作陌生的环境来观察，而不是成为这个环境的一部分。

1962年，麦克卢汉的《谷登堡星汉》（*The Gutenberg Galaxy*）出版，他的时运和曝光率出现转机。这本书比《机器新娘》的影响大得多，荣获1962年加拿大非文艺作品总督奖，有威望的思想杂志《新政治家》（*The New Statesman*）和《接触》（*Encounter*）发表了评论。《接触》上的评论引起历史学家伊丽莎白·爱森斯坦（Elizabeth Eisenstein）的兴趣；她拜读《谷登堡星汉》以后，着手写作她自己的杰作《作为变革动因的印刷机》（*The Printing Press as an Agent of Change*, Eisenstein, 1979, p.x）。[1] 他高涨的知名度使

---

[1] 爱森斯坦始终注意把自己和麦克卢汉的方法区别开来；她研究西方文化里口语和书面文化的关系，注意有别于麦克卢汉的一些宣示。她研究的重点是印刷术对学术活动的影响，尤其是对有文化修养的、会读会说拉丁语的精英的影响，她的研究重点不是（转下页）

他的文章进入《纽约时报文学副刊》（*TLS*），而且他作为名人进入该刊的另一篇论先锋派思想家的文章，编者认为，这些思想家在"开垦新的土地"（Marchand，1998，p.166）。他还应聘担任亨利·卢斯（Henry Luce）麾下的《时代》（*Time*）、《生活》（*Life*）和《财富》（*Fortune*）的顾问。这使他在纽约传播界和广告界的声望有增无减（Marchand，1998，pp.166—168）。不过，《谷登堡星汉》本身最大的影响不是在一般公众身上，而是在知识分子之中。

当然，产生重大影响的部分原因是，该书引用了大量深奥的文献，这反映了他多年创新活动中的学术研究成果。虽然这本书的风格是他所谓"马赛克"拼图风格（McLuhan，1962，p.iv），但他的意图是反映电子技术养成的意识方式，目的是要人们注意电子技术对印刷文化遗传价值的侵蚀：

> 如今我们生活在一个新时代的发轫期，印刷文化的意义对我们变得陌生了，就像手稿文化在18世纪变得陌生一样。1911年，雕塑家翁贝托·博乔尼[1]说："我们现在是一种新文化的原始人。"我决不希望贬低谷登堡机械文化，而是觉得我们必须非常努力去保存这种机械文化的价值。（p.135）

（接上页）印刷术对中下层阶级文化水平提高以后的心理影响（1979，pp.xii-xiv）。她与麦克卢汉的争论不是围绕这样一个观点：谷登堡技术是近代欧洲意义深刻的催化剂。相反，她反对的是麦克卢汉的研究方法，不敢恭维缺乏历史叙述、不精确的研究方法，主张区别印刷术在不同地点和时间产生了不同的影响（Eisenstein，1979，p.129）。她的同事把她和麦克卢汉联系起来，这使她感到尴尬（p.xvii）。麦克卢汉难以在传统的学问里得到专家的接受，爱森斯坦恐怕就成了传统学者反对麦克卢汉研究方法的象征。

[1] 翁贝托·博乔尼（Umberto Boccioni，1882—1916），意大利画家、雕塑家，未来主义流派的代表人物，著有《空间艺术的唯一形体》。——译注

但是，1964年《理解媒介》出版之后，麦克卢汉成了他想要反制的媒介的常客，也许他成了丹尼尔·布尔斯廷（Daniel Booristin, 1961/1992，p.57）给名人画像的最好写照："由于知名而知名的人物。"麦克卢汉名气达到顶峰的时刻，恐怕是他进入亨利·吉布森（Henry Gibson）的"诗歌"以后。吉布森的一首诗描写著名的电视节目《洛万和马丁偷着笑》[1]，里面有这么一行诗："马歇尔·麦克卢汉，你在干吗？"（Playboy Interview，1969，p.54）1969年《花花公子》这篇访谈录的标题是"马歇尔·麦克卢汉袒露心扉"（Marshall McLuhan: A Candid Coversation），副标题是"流行崇拜中的高级祭司和媒介形上学家"。这个标题正是他如日中天的象征。他进入了当代流行文化的神殿，和利尔瑞、披头士、"打坐飞跃"参禅法的马哈里希[2]、彼得·麦克思[3]、玛丽·匡特[4]、特维吉[5]、罗伊·利希滕斯坦[6]和安迪·沃霍尔[7]齐名。这个地位使人不胜尴尬，因为他当时就声称："我觉得大多数流行文化面目狰狞、令人作呕。我研究通俗文化是为了自保求存。"（On the Scene. *Playboy*，1967年2月，转引自Marchand，1998，p.49）

---

[1]《洛万和马丁偷着笑》（*Rowan & Martin's Laugh-In*）是美国20世纪60年代和70年代全国广播公司（NBC）的电视综艺节目，主持人为丹·洛万（Dan Rowan, 1922—1987）和迪克·马丁（Dick Martin, 1922— ），先后有几十位演员参与演出，收视率很高。——译注

[2] 马哈里希（Maharishi）"打坐飞跃"参禅法（Maharishi Mahesh Yogi），半个世纪前由印度人马哈里希创建的瑜珈。——译注

[3] 彼得·麦克思（Peter Max, 1937— ），德裔美国波普画家，据说最接近于毕加索的风格，曾在中国上海生活。——译注

[4] 玛丽·匡特（Mary Quant, 1934— ），英国设计师，迷你裙的发明者。——译注

[5] 特维吉（Twiggy, 1949— ），英国时装模特，20世纪60年代成名。——译注

[6] 罗伊·利希滕斯坦（Roy Lichtenstein, 1923—1997），美国波普艺术家。——译注

[7] 安迪·沃霍尔（Andy Warhol, 1927—1986），美国波普艺术先驱，因用垃圾做"雕塑"而出名，代表作有蒙娜丽莎、梦露、猫王等的画像等。——译注

7.2 新媒介时代

麦克卢汉走上神坛的时间正是电视成为界定、促进和传播战后一代人的通俗文化的时期。1964年《理解媒介》出版时，电视已然成为每个家庭里展现的民族生活和剧场的现代联合体。几个划时代的电视直播事件吸引了数以千万计的观众，把这些事件变成大家共同的、动感情的经验，过去的受众从来就没有这样的感觉。猫王[1]的出现（1956年起），披头士[2]在《艾德·沙利文秀》[3]的节目里现身（1963年和1964年）；副总统理查德·尼克松和参议员约翰·肯尼迪参加总统竞选的首次电视辩论（1960）；肯尼迪总体的葬礼，刺杀肯尼迪的嫌疑人哈维·奥斯瓦尔德（Harvey Oswald）在电视直播的众目睽睽下被杰克·卢比（Jack Ruby）枪杀（1963）。结果，当麦克卢汉宣布"地球村"的概念时，"电子地球村"的观念已经是大家能

---

[1] 埃尔维斯·普雷斯利（Elvis Rresley, 1935—1977），美国歌手，流行音乐之王，绰号猫王。——译注
[2] 披头士（The Beetles），英国利物浦的摇滚乐队，又译"甲壳虫乐队"，核心人物是列侬和麦卡特尼。如果说20世纪50年代摇滚乐的代表是美国的猫王，那么60年代摇滚乐坛的主要代表就是英国的披头士。——译注
[3] 《艾德·沙利文秀》（The Ed Sullivan Show），美国哥伦比亚广播公司电视节目，娱乐类喜剧，由沙利文主持，历23年（1948—1971）经久不衰，成为美国历史上持续时间最长的综艺节目。猫王和披头士等也因上这个节目而更加有名。——译注

够感受到的经验。麦克卢汉在《谷登堡星汉》(1962)里宣布"地球村"的来临,在《理解媒介》(1964)、《媒介即按摩》(*The Medium Is the Massage*, McLuhan, Fiore, 1967)和《地球村里的战争与和平》(*War and Peace in the Global Village*, McLuhan, Fiore, 1968/1997)里,又进一步阐述了这个观点。

自然,麦克卢汉这颗彗星闪耀的时候,必然会吸引一些支持者,也必然要引起一些人的反对。[1]虽然许多知识分子捍卫他,但他的思想还是很快就遭到一些人的鄙视,在学术界的鄙视多支持少。尤其在多伦多大学,有的同事对他的扬名显声表示强烈的不满,这样的反弹形成强大的压力,他甚至不得不警告自己的研究生在论文中抹掉他的痕迹,以避免论文评审委员会的报复。[2]据埃里克·麦克卢汉说,"至少有两次集体签名(当然是静悄悄地进行),要求撤消他的终生教职资格"(个人通信,1998年8月)。20世纪70年代,虽然他以强劲的势头发表著作,又在伍迪·艾伦(Woody Allen)执导的电影《安妮·霍尔》(*Annie Hall*)里客串了一把,但麦克卢汉这颗彗星似乎还是淡出了我们的视野。起初,他的思想太引人注目,

---

[1] 对麦克卢汉最全面的评论见斯特恩(Stearn, 1967)和罗森塔尔(Rosenthal, 1968)编辑的两本文集。第一本书《麦克卢汉:冷与热》(*McLuhan: Hot & Cool*)似乎做到了比较好的臧否平衡,因为它给麦克卢汉及其支持者的篇幅和恶评者的篇幅一样多。最后一章是编者和麦克卢汉的对谈,麦克卢汉对批评者的误解作了最彻底的批驳。一如他的习惯,这篇对话里的麦克卢汉也忽略批评者的公开论战,转换话题,所以这给读者提供了很难得一见的机会去洞悉典型的麦克卢汉思维方式。罗森塔尔(1968)编的书《麦克卢汉:毁誉参半》(*McLuhan: Pro and Con*)在平衡方面似乎就差得多,编者序的口吻给全书展示的外貌是一次揭发批判,虽然里面也收录了几篇重要的支持者的文章。两本书收录的篇目有一些交叉,正反两方面的文章都有。

[2] 在约克大学召开的"重新思考麦克卢汉"研讨会的"麦克卢汉生平"专题讨论会上,布鲁斯·鲍伊(Bruce Powe)作了这样的发言(安大略省北约克,1997年3月21日)。

曝光率太高，因为它们看上去很有革命性；它们的过分曝光和引人注目，最后也成为他逐渐淡出的原因之一。他和儿子埃里克合作写的《媒介定律》（Laws of Media，1988），在他去世以后出版，这是他学术生涯大厦的拱顶石，然而这本书并没有得到很多人的理解和赞赏（Sturrock，1989），因为它的对象是学术界（E. McLuhan，个人通信，1998年8月），因为它回归《谷登堡星汉》那种高雅的精神境界。《媒介定律》问世时，几乎没有人注意它。实际上，马歇尔·麦克卢汉在1980年的最后一天去世时，人们的反应更多的是沿袭"他究竟怎么啦？"，而不是感觉到失去了一位当代的伟人。[1]

然而，20世纪90年代中期以来，公众的互联网意识和万维网意识日益提高，麦克卢汉的声望出现了惊人的高涨。显然，这种兴趣复苏的原因是全球电视网比如CNN的出现和万维网的萌芽。凡是耳聪目明的人都感觉到，他三十年前试图让我们看见的潮流出现了。他警醒我们的全球意识，他探讨的文化影响成了人人关注的事情，《连线》（Wired）杂志把他当作"先师圣贤"（patron saint，Wolf，1996a，1996b）。自1989年以来，他已经成为十来部著作的研究对象。这些著作有：与麦克卢汉基金托管会合作完成的一本思想评传（Gordon，1997）；麦克卢汉第一部传记的修订版（Marchand，1998）；一张互动式光盘（Southam Interactive 公司发行，1996）；一套传记加电视谈话加讲演的六盒录像带（McLuhan-Ortved，Wolfe，1996）；阐述他的思想在互联网和万维网时代重要意义的一本专著

---

[1] 这句话是《纽约客》一幅漫画带有预见的主题，漫画是在他去世之前多年发表的，配图的文字是："'麦克卢汉究竟出什么事啦？''你敢肯定这样问不是太早了吗？"（Gordon，1997，p.301）

（Levinson，1999）；重新透彻检视他思想遗产的一部传记，作者是一位杰出的学者，麦克卢汉的第一位博士生（Theall，2001）；探讨他的声觉空间和视觉空间的一本书（Cavell，2002），还有加拿大电影局制作的一部90分钟的电影，为新时代观众阐明他的思想（McMahon，Flahave，2002）。

再者，对他思想评价的提高显然受到了超文本的强化；无疑，我们对超文本多重线条的话语结构日益重视。我们现在承认，麦克卢汉思考和写作的方式都很像西奥多·霍姆·纳尔逊（Theodor Holm Nelson，1992）的超文本观念：多重的线条，互相联系的思路，强调现象的多重联系。一般地说，印刷文化取向的意识，只能够对付抽象分类的现象，把它们铺展在一条固定的线性序列中。在观众的头脑里，麦克卢汉和电视是连在一起的。然而，从电脑网络成长的第一天开始，麦克卢汉就意识到这个发展趋势，并且在他的著作里反复谈论这样的网络；可是我们到了现在才开始欣赏他这种意识产生的成果。麦克卢汉是一位思想家，他是那个时代的人，也是超越时代的人，他呈现出两面神的形象（Levinson，2000，p.19）。[1]他要求我们仔细考察他实际上说的话，要我们避免看错人，不要把他看成是追随潮流、新奇和兜售技术的江湖术士。

---

[1] 丹尼尔·J.齐特洛姆（Danier J. Czitrom，1982，p.165）也用这个两面神形象来描绘麦克卢汉，但所指略为不同：他认为，麦克卢汉是远距离科学观察和宫廷弄臣伎俩的矛盾混合体。

7.3 作为环境的媒介

麦克卢汉的目的不是担任即将到来的电子乌托邦的预言家，而是击一猛掌，使人考虑电子媒介的心理影响和社会影响，使我们能够做好准备对付这些影响。另一个目的是造成一种意识：一切"人造物"，一切艺术或技术，无论和交流有无关系，都要产生一个背景，也就是产生一个环境和相关技术的复合体；大多数情况下，我们对这样的背景浑然不觉，因为我们把它们看成是理所当然的既定事实。他写的《文化是我们的产业》（*Culture Is Our Business*）里有这么一句话："鱼到了岸上才知道水的存在。"（McLuhan，1970，p.191）当然，他是在用隐喻的方式说，我们有幸享受技术创造的环境，对环境却浑然不觉，直到出了问题比如污染才有所醒悟。

在这个意义上，麦克卢汉非常明显是一位媒介环境学家，他努力造就一种意识，使人考虑多半情况下浑然不觉的电子技术的影响；他的努力和雷切尔·卡尔森（Rachel Carson，1962）颇为相似。在《静寂的春天》（*Silent Spring*）里，卡尔森揭露了人类无意之间用杀虫剂造成的环境问题。此前，她在美国内政部做研究工作，默默无闻；在20世纪60年代初，她在《纽约客》发表的一系列论文使世界为之震撼。她用极具震撼力的实证案例证明，滥用杀虫剂尤其是 DDT，是高级野生动物种群不断减少的原因，是许多物种尤其是秃头鹰濒临灭绝的原因。这些文章集结成书，震撼了工业化世界的良知；她几乎是单枪匹马地发动了一场环境保护运动。和麦克卢汉一样，她遭到谩骂诽谤，保护现状的人攻击她的动机和方法（Graham，1976）。不过，她的观点最终占了上风。没有她拓荒的工作，70 年代美国环境保护局的成立是难以想象的。按照麦克卢汉的本来面目，他是一位技术环境保护主义者，这样的观点就可以暴露误解他的批评家的狭隘眼光；他们把麦克卢汉看成是通俗文化和电视的鼓吹者；事实上，他并不提倡通俗文化和电视，就像卡尔森不提倡 DDT 一样。

不过，由于他搞人文学科，这些领域里不存在证实或证伪的既定程序，麦克卢汉的研究方法是深深打上感知烙印的、非常独特的方法。他研究方法的源头是文学批评，尤其是实用批评学派的训练；他在剑桥求学时，受业于该学派奠基人 I. A. 瑞恰慈（I. A. Richards，1925，1929）[1]和 F. R. 利维斯（F. R. Leavis，1930，1932）[2]的门下。耐人寻味的是，他的儿子埃里克说，《理解媒介》"有意识地用这个书名和克伦斯·布鲁克斯（Cleanth Brooks）和奥斯丁·沃伦（Austin Warren）的《理解诗歌》（*Understanding Poetry*，1938）并列，这本书是把实用批评介绍到北美的关键文本"（mediaecology@ube.ubalt.edu，1999 年 11 月 19 日）。

---

[1] I. A. 瑞恰慈（I. A. Richards，1893—1979），英国文学评论家和诗人，新批评代表人物，代表作有《意义的意义》《实用批评》《内心的对话》《科学与诗》等。——译注
[2] F. R. 利维斯（F. R. Leavis，1895—1978），英国"文化研究"的先驱之一，新批评代表人物，创办《细察》，著有《伟大的传统》《大众文明与少数人文化》《英诗新方向》《教育与大学》等。——译注

"实用批评"（Practical Criticism）的实质是声音和意义、形式和内容的融合。它认为，语言艺术作品通过语言的形式来传达意义，语言的形式潜意识地改变我们的意识。语言艺术的作用在于，作者语言风格使读者作出心理回应，而且读者心理回应要反映或强化作品的意义。这就是说，艺术生产本身就是一种体验，"实用批评"的目的是要改变读者的意识，而不是给读者提供信息、忠告或教化。从作品的影响来看，作者的传记的细节与读者猜想的作者意图，并没有相关的意义。总之，媒介即讯息；读者参与完成媒介的宗旨，与媒介和讯息结成不可分割的一个整体。说到底，读者就是讯息。

显然，这种参与性的神秘体验，不能像托马斯·库恩（Thomas Kuhn, 1996）所谓"常态科学"那样用实证的方法去求解。只有通过训练观察者的审美感知能力，你才能够理解并体验参与性的奥秘。然而这样的鉴赏能力是可以传授的，潜隐的原理是可以展示并让人接受的。不过，这是靠归纳得到的证据，其根子不是科学的逻辑实证主义，而是体现在中世纪三学科的人文传统中。中世纪的三学科是：语法（语文研究），辩证法（逻辑和辩难）和修辞（用语言形式劝说读者或听众）。这种三合一的传统是麦克卢汉（1943）研究英格兰启蒙时代作家托马斯·纳什（Thomas Nashe）的基础，这是他博士论文的研究课题。今天的人们不了解，三学科是西方高等教育的基础，从西塞罗之前开始一直到19世纪后期；到那时，美国大学开始采纳德国分科结构的模式，由德国大学的知识（*Wissenschaft*）观念确立的模式（Kernan, 1990, pp.34—35）。在《媒介定律》里，麦克卢汉父子（1988）对这段历史作了这样的勾勒：

希腊的伊索克拉底[1]，加上随后罗马的西塞罗[2]和昆体良[3]建立西方文明教育的基本模式，四个世纪之后，圣奥古斯丁重申这个制度，肯定它是百科智慧和雄辩口才的结合……在长达1500多年的时间里，多半的西方历史、西塞罗的教育计划以及它继承的希腊教育体制（Marror，*A History of Education in History*），是德育教育和基督教人道主义的基础。由于谷登堡发明了机器印刷术，偏重视觉的拼音字母的地位进一步上升。在法国辩证学家彼得·拉米斯[4]的率领下，现代人（辩证学家）与古人（修辞学家和语法学家）之间展开了新的较量，辩证"方法"胜出，古人的传统过时了。（pp.124—125）

对麦克卢汉而言，从古至今，古今之间的任何时候，这样一个教育体制都是正确的道统，这和他的宗教信仰是一致的。实际上，这正是西方教育从滥觞期起就坚持的立场，直到125年前才发生变化；在这一百多年的时间里，我们的知识分割体制渗透到自然科学和社会科学里，而且进入人文学科，这就使我们远离西方传统的源泉。这样的假设把知识看成是一系列分割的"学科"而不是一个统一的整体，持这种观点的人觉得，麦克卢汉好像是一个异人，甚至是格格不入的怪人和"幻想家"。之所以这样看他，仅仅是因为他再

---

[1] 伊索克拉底（Isocrates，前436—前338），雅典雄辩家、修辞学家、教育家。——译注
[2] 马库斯·图留斯·西塞罗（Marcus Tullius Cicero，前106—前43），罗马政治家、律师、古典作家、演说家。有大量哲学作品、政治学作品、演说辞存世。——译注
[3] 马库斯·法比尤斯·昆体良（Marcus Fabius Quintilian，约35年—约96年），罗马修辞学家。著有《雄辩术原理》（12卷）。——译注
[4] 彼得·拉米斯（Peter Ramus，1515—1572），法国哲学家、教育家，新教徒，革新亚里士多德和西塞罗的修辞学。——译注

现了西方文化的核心价值，他探讨这些价值如何受机制的影响，尤其探讨直接影响人的本质的技术，即直接影响语言的技术。从西方思想传统和一切伟大文化的思想传统来判断，实际上古怪的正是我们自己；如果我们认为，知识和经验可以分割、解剖，而不是要重新整合起来，我们就是怪人了。

7.4 风格与实质

为了矫正这种不平衡的局面，麦克卢汉想要我们理解，人创造的技术和其他人造物一样，是人的功能的"外化"（outerings）或"说话"（utterings）（outerings 的中古英语词根是 utterings）。无论技术是否用于传播，技术都是人的延伸，而不是劣质科幻小说里狂想的冷冰冰的、格格不入的、外在的力量。如果把技术看成是"说出来的话"，技术就是修辞格，我们可以阅读技术，可以分析技术的认知、社会和文化效应。为此目的，麦克卢汉故意用格言警句似的风格来传达他的思想，他有意识地用这种风格来表现一个观点：媒介即讯息。其目的不是追随连续、线性、连绵的思路，而是创造一种棋盘格子式的思维模式，其中镶嵌的每一块思想马赛克都反映总体模式里的某一个侧面。麦克卢汉的最后一本书出版之后才流行起来的一个领域，叫碎形（fractals）研究（Briggs, 1992; Gleick, 1987）；就像碎形一样，总体模式已经包含在每一个微小的碎片中。麦克卢汉把文艺复兴时期的培根[1]散文作为典范；他认为，培根的

---

[1] 弗朗西斯·培根（Francis Bacon, 1561—1626），英国散文家、哲学家、政治家，古典经验论始祖，近代实验科学方法鼻祖，著有《论科学的价值和发展》《新工具》等。他的大量散文作品产生了经久不息的影响。——译注

风格激发独立思维的力度大大超过了四平八稳的文风，四平八稳的作家追求平顺、连续和同质的线性论述方式。

> 培根孜孜不倦地比较冷散文和热散文。他撰写论述"方法"的文章或一揽子论题相似的文章，并且把论述"方法"的文章和格言警句性的文章进行比较。他的警句有："复仇是私人的执法。"他认为，被动消遣的读书人要的是内容充实的一揽子文章。然而，意在追求知识、探究原因的人，却需要采用格言警句的风格。其原因正是：格言警句言犹未尽，需要读者深入地参与其间。（McLuhan，1964，p.31）

麦克卢汉挑选这种风格，因为他认为这种风格也是现代社会的有机组成部分；在现代世界里，电子传播的实时通信性质对平顺连续的思路进行分割，平顺连续的思路是印刷媒介的视觉偏向培养起来的。因此，他借用口号、格言警语、名言、重复和探索，以便使受众警醒，使之意识到新的感知模式；感受认知环境里的变化就需要这样的模式。埃里克·麦克卢汉在《媒介定律》的序言里作了这样的描绘：

> 《理解媒介》的风格是有意识挑选的风格，因为这种风格有棱角，具有非连续的性质，是一再修订之后才形成的风格。设计这种风格是为了有意识地刺激读者，是在震撼之中使朦胧的感知变成清楚的意识，这种意识对题材能够起到更好的补足作用。这是一种高超的诗歌技巧（你不妨称之为科学），讥讽读者

是训练读者的手段。(M. McLuhan, E. McLuhan, 1988, p.viii)

麦克卢汉指出,象征主义艺术家和现代艺术家正在创造探究非连续性的洞见,他喜欢断言,"象征主义正是这样的意思,这个词的源头是希腊词 *symbaline*,原来的意义是'打碎并重组成为模式'"(Stearn, 1967, p.282)。[1]根据这个观点,斯特凡·马拉梅[2]、詹姆斯·乔伊斯[3]、T. S. 艾略特[4]、巴勃罗·毕加索[5]、马塞尔·杜尚[6]等伟大的艺术家正在创造洞见,使我们能够洞察现代世界及其与过去的关系;他们使用的方法不是从一个思想向另一个思想的顺利过渡,不是提供一个固定的视角,不是创造同一个调子始终如一的话语——这一切方法都是印刷媒介培养的思维习惯。相反,他们给观察者提供的是现实的破碎形象,迫使观察者参与重组,把这些碎片组成有意义的模式。因此,为了弄清现代世界的意义,麦克卢汉也

---

[1] 麦克卢汉对这个词词源的解释似乎有问题。根据《韦氏大学词典》(第九版)(*Webster's Ninth New Collegiate Dictionary*, 1991, p.1195)的解释,symbol 的词根是希腊词 *symballein*,意思是"扔在一起",然后延伸出 *symbolon* 的意思,即"与自身的另一半比较而证明为同等的象征",然后又产生拉丁词 *symbolum* 的意思,即"标记、符号、象征"。

[2] 斯特凡·马拉梅(Stephane Mallarme, 1842—1898),法国象征派诗人、理论家,法国文学史上最有影响的人物之一。早期诗作受波德莱尔的影响,在作品内容和形式上均有创新。——译注

[3] 詹姆斯·乔伊斯(James Joyce, 1882—1941),20 世纪最伟大的小说家之一,用意识流手法,著有《尤利西斯》《芬尼根的守灵夜》《都柏林人》《一个青年艺术家的肖像》等。——译注

[4] T. S. 艾略特(T. S. Eliot, 1888—1965),20 世纪伟大的文学家、现代派诗人、剧作家、文学批判家,生于美国,卒于英国。著有《普鲁夫洛克情歌》《荒原》《四个四重奏》等,1948 年诺贝尔文学奖得主。——译注

[5] 巴勃罗·毕加索(Pablo Piccasso, 1881—1973),立体派创始人,20 世纪最富有创造性、影响最深远的艺术家。其作品数量惊人,风格技巧变化多样。——译注

[6] 马塞尔·杜尚(Marcel Duchamp, 1887—1968),法国画家,达达派代表人物。——译注

采用了类似的方法。

麦克卢汉探索的目标不是演绎推理的逻辑。他认为，演绎方法纯粹是为了满足令人愉快的纯视觉的观念，由构造成分组成的令人愉悦的视觉形象。这样的认识揭示了感知的背景，人们专注的外形在背景的衬托之下凸现出来。以任何媒介的情况来看，彰显在外的内容是它的外形，我们意识到的并集中注意的就是这个外形。它的外形是整体的环境，这个环境是技术产生的利弊兼有的系统。

然而，这些非连续性的方法为什么适合现代世界呢？为什么它们适合研究印刷媒介和电子感知的冲突呢？答案取决于两个观点：（1）口语文化和读写文化根本不同；（2）电子传播再现了口语文化的思维模式和文化模式。第一个观点可以在现代民族学、文学和语言学研究里去探索，在原生的口语文化和书写文化的比较研究中去探索，本书其他章节在这个方面作了更加充分的探索。第二个观点是建立在"声觉空间"和"视觉空间"的对比之上，麦克卢汉认为，这两种感知的差别是："声觉空间"在口语文化中占优势，"视觉空间"在书写文化和印刷文化中占主导地位（Carpenter, McLuhan, 1960）。麦克卢汉认为这两种观点关系密切，所以他断言，电视是"听觉—触觉"媒介，而不是"视觉"媒介。他认为电视正在再现口语文化的许多认知的、社会的和文化的形式。

7.5 通　　感

在麦克卢汉对媒介影响的理解里有一个核心的成分，这就是通感（synesthesia）的机制；感官之间的自由互动，大脑把一种感知转换成另一种感知的正常机制，就是通感的机制。比如，阅读的过程就是符号转换的过程，就是把言语和感知解码并还原为原来符号的过程，虽然有些符号比如标点符号并不会形成观念，也不会变成声音，既不会变成内部语言的声音，也不会变成外部语言的声音。[1] 按照麦克卢汉的假设，存在着一种由五种感官输入集合而成、但经过第六感官调节的感官系统（sensorium），他把这种第六感官叫作"偏重触觉"的感觉（haptic sense）（1964，p.107）。一方面，他把这种感觉和触觉等同起来；另一方面，他又认为这种感觉超越了单纯的触觉，认为它促进了各种感官之间的"互动"：

> 我们不妨说，在有意识的心理生活中，感官的相互作用是

---

[1] 维克多·波吉（Victor Borge）喜剧的惯用手法"语音标点符号"揭示，用戏剧化的朗诵，标点符号就获得了自己的音响效果。这说明，我们对如何加工标点符号和"内容"符号的区别，实在是浑然不知。当然，默读的时候，我们试图用同样的方式去加工这两种不同的符号；不过，研究者发现，我们默读的时候，声带和其他发音器官也在微微颤动，只是我们没有注意到而已（Chaytor, 1945, p.7, 转引自 McLuhan, 1962, p.86）。

构成触觉的原因。也许接触并不只是皮肤与实物的接触，而且还是头脑中事物的生命力吧。希腊人有一个观念叫通感或"常识"的官能，它能把每一种感觉转换成其他的感觉，并且赋予人意识。（p.108）

意识的理想状态是，感官系统的成分保持平衡，"将感觉的结果不断以统一的表象展现给人脑。实际上，各种感知比率统一的表象长期被认为是我们理性的标志"（p.60）。他把这种理想的理性和偏重书面文化的西方人比较狭隘的理性区别开来。他认为，西方人狭隘的理性建立在脑子里纯视觉结构的基础上，它是由拼音文字的延伸性、线性和同质性培养起来的，这种视觉结构由于印刷术的作用而进一步强化。一种理想的文化应该是一切人造物促进感知比率平衡的文化，这里的人造物包括语言、音乐造型艺术、教育等。然而，制造工具的人总是不断创造技术，借以延伸天赋的一种感知或功能，从而打破感知系统的平衡。然而，人体（麦克卢汉的所指隐含着脑子）谋求随时保持平衡或稳定。感官系统的不平衡是可以缓解的（当然下文即将肯定，这是有代价的），减轻的办法是他所谓"关闭"机制（p.45）。

实现这种"关闭"靠的是放大或延伸某一感官而使之麻木，于是，它表面上——但并非真正——恢复了与其他感官的平衡，比如：

震耳欲聋的厮杀声所造成的战场上的震慑效应，经过修正被用于一种名为"止痛耳机"的装置之中。病人戴上耳机，转动旋扭将噪音调到需要的音量，直到他感觉不到牙钻引起的疼痛为止。挑选一种感官去对付强烈的刺激，或者挑选一种延伸的、分离的、"截除的"感觉用于技术，在一定的意义上说，这是技术使创造者和使用者麻木的原因。因为中枢神经系统要调动全身的麻木反应，去对付专门化刺激的挑战。(p.44)

在默读的情况下，拼音文字给言语解码的效率很高，读者几乎只依赖眼睛，耳朵的资源受到相应的压缩。拼音文字在解码时非常规整，效率很高，所以它成为眼睛的延伸，不需要口语记忆的资源去传达意义。柏拉图（1961，英译本）在《斐德罗篇》(*Phaedrus*)里探讨了这样的效应。他叙述特乌斯（Theuth）神的一个故事，特乌斯把自己的发明之一文字送给上埃及王塔姆斯（Thamus），声称文字有助于记忆和智慧。塔姆斯答道：

> 文字是你的孩子，由于你喜欢它，你的断言就刚好和它真正的效果相反。如果人们学习它，它就会把遗忘植入他们的灵魂；他们的灵魂停止记忆，因为他们依赖写下的东西，不再把外在的东西召唤到心灵深处去记忆，而是凭借外在的记号去记忆。你发明的文字不是用来记忆的秘诀，而是辅助记忆的手段。你给弟子们提供的不是真正的智慧，只是智慧的伪装；你告诉他们许多东西，却不给他们传授智慧；他们似乎知道许多东西，但大多数情况下他们什么也不知道；当人们脑子里塞满的不是智慧而是智慧的幻想时，他们就会成为同伴的负担。(p.520)

于是，一种新的感觉比率就建立起来，眼睛成为主导的感官。

因此文字和更加强大的印刷媒介就给我们以这样的教益：不依靠耳朵来确认真相，而是依靠眼睛来确认真相——"眼见为实"。相反，在口语文化里，"耳听为实"，因为你可以盘问一个人，但正如柏拉图在《斐德罗篇》里借用塔姆斯的嘴巴说的那样，你却不能够盘问一个文本。

更加重要的是，这个教益的效能不是彰显在外的，而是隐含在潜在意识里的。不同的人用不同的术语来表达这个教益。哈罗德·伊尼斯（1951）把它叫作传播媒介的偏向，尼尔·波斯曼（Neil Postman，1985，pp.16—29）把它叫作传播媒介的"认识论"。无论怎么称呼，它的主要特征是在潜在意识的层次上运作，否则它根本就不起作用。常规的观念是，一切媒介都是中性的容器，我们只不过把内容装进去，并且把内容传递给受众，然而麦克卢汉认为这个观点很天真。他的看法是：我们有意识的头脑塞满了显形的内容，我们的无意识容易受到媒介的潜意识影响。他喜欢借用艾略特的一个比喻：内容是一片滋味鲜美的肉，侵犯媒介的敲门贼用这块肉来干扰头脑的看门狗（McLuhan，1964，p.18）。不知不觉间，我们的感知系统已经受到媒介的塑造，成了我们挑选感知和经验"现实"的过滤器。没有这样的过滤器，我们就会因为输入信息的超载而精神失常。与此同时，我们逐渐把这些过滤器的特征和理性本身等同起来，至少把理性等同于知识、智慧和真理的"自然"结构。这些特征劝说我们接受这样的观点：这些过滤器是"普世的"过滤器；凡是与这些过滤器特征不同的、竞争的和冲突的过滤器，都被认为是缺乏理性特征和"自然"结构的过滤器。于是，文化冲突由此而发生，民族的、意识形态的和几代人之间的冲突就难以避免了。

印刷媒介偏向于平稳的连续性、线性、序列性、同质性和效率；相反，其他书写文本的偏向和电子世界的偏向往往刚好是与之对立的。所以，麦克卢汉的批判者发现他们难以理解甚至不可能理解或接受他使用的手段，也难以甚至不可能理解或接受他的讯息。他的手段是用马赛克结构安排的格言警句；他的讯息是"媒介即讯息"。因为我们的脑子已经接受了印刷术的塑造，显形的或下意识的塑造，所以这些批评家的态度是可以理解的。他的批评者和一些喜欢赛博空间的支持者，都把他的探索误解为热情拥抱电子媒介；其实，这纯粹是他拉开距离客观描写电子媒介的努力而已。如果这样去看问题，这两种人的误解就容易理解了。麦克卢汉的意图一直是帮助保存文字及谷登堡技术培养的正面的文化价值，可是两个阵营都误解了他的意思，把他视为电子星汉的推崇者。误解的原因很简单，他想要使人震撼，他想用探索的手段使人摆脱自满自足的无意识状态，使人意识到媒介"按摩"意识的方式。

这种麻木或"自我截除"是我们付出的代价。通过技术延伸我们的感知时，我们就不得不支付这样的代价。这是因为只有让自己意识不到技术对我们整个感知系统的影响时，我们才能够使自己的感官得到延伸。于是，我们把技术创造的感知环境当作"真实的"环境，因为它们进入我们的感知系统时造成了我们的麻木或昏睡状态。因此，技术最强大的影响是我们最意识不到的影响，我们适应环境的自然进化机制是造成这种无意识的原因。

从这样的角度看，麦克卢汉给媒介的定义是：媒介是我们适应环境时产生的无意识效应。每一种媒介承载的感知或意识偏向——我们最意识不到的方面，正是对我们影响最大的东西，比媒介"内容"产生的影响要大得多。因此,"媒介即讯息",因为媒介的内容各有不同,甚至互相矛盾,但媒介的影响维持不变,无论内容是什么。实际上,内容起干扰作用,使我们意识不到媒介如何塑造我们的意识。这突出说明两个问题:媒介偷偷潜入我们的意识;之所以如此,那是因为我们的脑子继续不断地渴望满足、成就或关闭。这种渴望背后隐藏着通感机制,这是正常的感知平衡机制,一般都处在潜意识里,差不多每个人都是这样的;不过在有些人身上,通感机制突破底层进入表层;这些人叫作有通感的人;其中一些人觉得,字母和数字好像是不同的颜色,另外一些人觉得,味道好像是几何图形(E. McLuhan,1988,pp.160—179;Cytowic,1993/1998)。

对变化中的环境来说,感知关闭似乎有好处;然而实际上,关闭对我们不利,尤其是因为我们意识不到关闭的运行机制。在关闭的情况下,我们最容易受到媒介"沉降"对脑子的负面影响。有的时候,主导媒介尤其是某种传播媒介的偏向在我们意识不到的情况下潜入我们的意识里,但和文化里既定的价值又格格不入;在这个时候,负面的影响就在意识之下的底层瓦解我们的意识。正如麦克卢汉和费奥雷(1968/1997)合作所著《地球村里的战争与和平》的副标题所示,主导媒介受到另一个偏向不同的媒介挑战时,文化就陷入"痉挛性的处境"。在西方历史上,曾经三次出现过这样的大环境:第一次是在古希腊,希腊人改进了腓尼基人的拼音字母,成功地开创了第一种完全拼音化的文字;第二次是在中世纪末期,谷登堡创造高效的活字印刷,推翻了中世纪的手稿文化;随后一次的大环境始于电报的发明直到现在。如今,印刷文化受到无孔不入的电磁波通信的挑战,回归典型口语文化的部落主义的倾向又出现了。

7.6 媒介冷热

什么是部落主义的属性？它和口语交流有什么关系？什么因素使部落主义消失？为什么今天它又会以不同的形式重现？麦克卢汉（1964）解释他为什么要区别"热"媒介和"冷"媒介：

> 象形文字或会意文字之类的冷媒介，与拼音文字之类的热烈而爆发性的媒介，也具有大不一样的影响。拼音字母抽象的视觉程度被推向高峰时，就成为印刷术。带有专一视觉强度的印刷文字，冲破了中世纪团体性行会和修道院的束缚，创造了极端个体性模式的企业和垄断现象。但是，极端的垄断使集团组织卷土重来，它把没有个性的大帝国强加在许多个体身上，于是情况就发生逆转。文字媒介逐渐升温，热到可以多次重印的强度时，就导致了 16 世纪的民族主义和宗教战争……与此相似，一种非常之大的加速现象，比如随电力发生的加速现象，又可能有助于恢复参与强度高的一种部落模式。收音机在欧洲推广之后出现的情况就是一个例子。电视在美国的普及如今又倾向于产生这样的结果。专门化的技术产生非部落化的影响，非专门化的技术又产生重新部落化的后果。（pp.23—24）

麦克卢汉的术语取自变化中的通俗俚语，尤其是20世纪40年代和50年代的爵士乐（p.27）。热媒介是清晰度比较高的媒介，它提供清晰度高的一揽子信息包，它并不需要观察者参与补足信息。与此相似，热爵士乐是乐谱严密的爵士乐，每一位演奏人的角色都界定得清清楚楚；在聚光灯下的独奏中，演奏者只有几小节即兴创作的机会。与此对照，冷爵士乐是20世纪40年代末出现的，革新者有查理·帕克[1]、迈尔斯·戴维斯[2]、和迪齐·吉勒斯比[3]，他们几乎演绎出一种完全参与性的风格：开篇简明陈述主题，末尾简单重述主题，除此之外的演奏过程中，乐手都在互相影响，几乎完全靠即兴发挥，每一位乐手在创作中固然有一个角色，但没有一个界定分明的安排。与此平行的是，相对冷的媒介的清晰度低，需要更多的参与和互动去完成经验过程；我们不能够用观察者的字眼，必须把使用这种媒介的人叫作参与者。

比如，会话是比较冷的媒介，因为它要求双方大量的参与去完成交谈的经验：交谈人用面部表情、身体语言、你来我往去进行互动；在有些文化中，交谈者甚至动用触觉和嗅觉去完成交流的感觉。相比之下，印刷媒介是相当热的媒介，因为它完全占用一种感官即视觉，把热性的言语和热性的文字都转换成视觉，而我们一般是意识不到视觉的。手稿把言语转换成文字，因而它比言语热，却比印

---

[1] 查理·帕克（Charlie Parker, 1920—1955），美国爵士乐巨擘，人称"大鸟"，是一位极具个性的音乐家，曾与迪齐·吉勒斯比同台演出。——译注
[2] 迈尔斯·戴维斯（Miles Davis, 1926—1991），美国爵士乐巨擘，善于创新，人称"爵士的毕加索"。——译注
[3] 迪齐·吉勒斯比（Dizzy Gillespie, 1917—1993），美国20世纪最伟大的爵士乐手之一，原名John Birks Gillespie，"迪齐"（Dizzy）是绰号，意思是"令人眼花缭乱的"。——译注

刷媒介冷，这是因为手稿的触觉程度比较高，和口语世界的联系比较紧密：直到欧洲手稿文化的晚期，手稿里的词语才分开来书写，即使到了那一步，"破译"手稿的意义仍然需要阅读者和手稿进行大量的互动，仍然需要阅读者大声朗诵——大声给自己读或者给别人读（McLuhan，1962，pp.82—99）。

电话是冷媒介，因为它传输的信号是相当低清晰度的信号：频率幅度小，和面对面的交谈比较，打电话的人不得不参与补足电话上的讯息。开汽车打手机引起车祸的比率上升，大概就是由于电话要求的参与吧：用手机的人积极参与补足听觉的讯息，这就损害他们集中精力去完成视觉任务。比较而言，广播尤其调频广播和现在兴起的数字广播，是相当热的媒介，因为它们竭力提供完全的信号，不要求收听者去补充。当然，调幅广播是相当冷的广播，因为它的信号清晰度比较低，鼓励相当程度的参与和互动。这个差别证明，不同媒介的冷热程度，仅仅是相对于它们和文化及媒介环境的关系：20世纪30年代希特勒用的广播，是非常热的媒介，比较而言，他使用的广播的热度，超过了二战以后英国和美国印刷媒介环境里使用的广播的热度，因为英国和美国的广播因为被赋予娱乐的地位而降温了（McLuhan，1964，p.31）。

电影是又一种相当热的媒介，其原因尤其表现在它与机械技术的关系里。虽然它通过一连串的轮子、遮光器和链齿而映射到屏幕上，但那一连串的图像是非常完整的，因为它每秒钟放映的速度是24格画面。和印刷媒介一样，电影的形象和观众是拉开距离的，已经被转化为客体；观众把电影看作屏幕上的光反射，而电视屏幕上的光线是从电视机里透射出来的。电视机上的光线更像是穿透彩绘玻璃的光线。

和电影、文字和印刷术比较，电视肯定是要冷得多，因为它要求看电视的人积极参与去完成屏幕上的形象。和卡通一样，电视提供的形象不那么鲜明和清晰，观者的眼睛始终探索不断变化的形象轮廓，以便能够重构匆匆闪现的图像。结果，看电视的人需要最大限度地深度参与，以便能够重构屏幕上的形象；看电视的经验抹掉了印刷媒介造成的使用者和媒介客体化的关系；于是，印刷媒介造成的个人主义、距离感、隐私观念的认知结构就受到损害了。

7.7 口语的再现

此刻进一步探索以上论断的技术基础是不无用处的。电子通信和以前的传播不同，有了电子通信之后，传播者在场的非连续性立即实现了。远程通信不仅抹掉了传播和运输的区别，而且使讯息脱离了发送人的肉体。正如托尼·史华兹（Tony Schwartz, 1973）在《回应的心弦》（The Responsive Chord）里描绘的那样，电磁波和声波一样，以圆形传播（实际上是以球形传播），而不是单向的线性传播，所以电磁波的传输方式就像口耳相传的传输方式（pp.11—13）。而且信源在讯息传输的范围内立即同时存在于每一个地方，为了呼应布莱士·帕斯卡[1]（1669/1961），我们就说讯息到达了球体的每个角落吧；在这个球体里，处处是中心，无处是边缘。[2]信源人的肉体化解为无形无象的讯息，这就使传播完成非中心的转化，创造了信源人身份无所不在的非连续性。在一定意义上，信源渗透到传输范围内的一切角落：只要有一个接收器，信源的再现就创造出来了。

---

[1] 布莱士·帕斯卡（Blaise Pascal, 1623—1662），法国数学家、物理学家、哲学家，著有《沉思录》。——译注

[2] 处处是中心，无处是边缘（C'est une sphère infinie don't le centre est partout, la circonférence nulle part.）。麦克卢汉把中心和边缘联系起来考察（McLuhan, Forsdale, 1974, 转引自 Benedetti, deHart, 1997, p.46）。

电视马赛克结构的网格状效果大大超过广播，它需要感知者参与完成电视形象。麦克卢汉认为，这使电视成为"听觉—触觉"媒介，这个属性大大超过了电视的"视觉"属性。视觉机制是把其他感官的产物转变成符号代码的过程，这种代码只能够靠眼睛来解码。因此，阅读的过程是在脑子里把声音的编码还原为言语的过程，言语是文字的内容（正如文字是印刷媒介的内容一样）。与此相似，阅读的解码过程和乔治·贝克莱[1]主教的视觉理论相似；用透视法在两维平面上描绘三位物体，是脑子里的解码过程。

贝克莱（1709/1929）认为，我们感知到的是平面的马赛克结构，它没有任何深度，但是在加工这些感觉时，我们的脑子用空间运动知觉的经验把这些平面连接起来，创造出深度。麦克卢汉认为，我们给透视图解码去再现三维空间，因为我们在阅读印刷书籍时学会了类似的经验。阅读把抽象和任意的形象还原为言语，在平面上构想三维空间就是把平面上的线条还原为空间。有些文化缺乏印刷媒介的训练，这里面的人不能把一种感知转化为另一种感知，他们储存"部落百科全书"（Havelock，1963）内容的主要手段，是口语和听觉，而不是视觉；这些文化的艺术不用透视法；透视法就好像同时从许多方向，甚至是通过不同的框架去触摸物体。在一定的意义上，眼睛就像是一只手，摆弄物体，去体会它的各个侧面，去拥抱它的弧线和棱角，使感觉形成一个整体。西方艺术里的立体主义就尝试在平面上去逼近这个整合的过程，它与没影点（vanishing

---

[1] 乔治·贝克莱（George Berkeley，1685—1753），爱尔兰基督教新教主教，哲学家，认为"存在即被感知"，存在的只是我的感知和自我，著有《视觉新论》《人类的知识原理》等。——译注

point）透视法决裂，同时表现物体各个侧面的外观。

在麦克卢汉看来，我们看电视时，眼睛必须不断探索并重构电视图像的轮廓，就像手触摸一尊雕塑一样。这就产生了最大限度的深度参与，但看电视者参与的不是电视形象的内容，而是由感知系统组装电视形象的外观。这和阅读过程的反差非常明显。在看书的时候，眼睛和脑子不是通过参与去补足不断变化的、复杂的文字形象，而是对一连串相对简单、完整的文字形象进行解码和解释，字形的连续和结合构成意义，扫视文字的速度完全处于眼睛和脑子的协同控制之下。

拼音字母表是这个过程中最有效的文字，因为它最接近于同形、同音的结构，它的语码和音位最相似，字母表最接近它要解码的言语。拼音字母表和"不发声的音节"（比如腓尼基文字、希伯来文字和阿拉伯文字）和混杂文字（比如埃及的象形文字和汉字）不一样，混杂文字是象形字、会意字和字谜的混合物。拼音字母表是言语加工最有效的媒介，因为拼音字母的编码是晦涩程度最低的编码（Havelock，1976，pp.22—38）。再者，拼音字母本身没有意义，是原子式的而不是整体式的，其意义只能够存在于拼音字母的组合排列之中。因此，看书的人没有必要也没有诱导因素在拼音字母上花心思，除非它们写得不清楚，除非书法家或版面设计师想要做一点研究而把书弄得比较花哨。即使在这些情况下，字母本身并不承载超越自身的意义，并不表现其他的概念。字母是在序列里加工的，其意义是在序列中产生的，字母组成的词汇单位、意义单位和结构可以由脑子加工。阅读拼音文字是最有效、效率最高的阅读，因为拼音文字对字符的连续加工不存在什么障碍——序列、线性和同质字符的组合不会遭遇什么障碍。

符号越晦涩，符号自含的意义越丰富，解码的过程的非连续性越高，感知系统参与挑选正确意义的程度就越高。在这样的情况下，符号的序列变成了一种提醒或辅助记忆的手段，它需要一种口头学会的记忆之中的辅助知识基础，去完成这个获取意义的过程。借用埃里克·哈弗洛克（Eric Havelock）的话说，这种符号系统附带着比较多的"残存的口语"——除了实际已经编码的口语之外，在补足文字记录的思想时，阅读者需要这种"残存的口语"。以汉字为例，中国的许多方言似乎并不互通，但这些方言通用汉字，其中一些汉字还用在韩语和日语里。虽然某一个汉字在这三种语言里表示的概念有可能相同，但是它的解码过程激发出完全不同的声音。如果这个汉字是会意字，就是说如果它代表一个概念而不具备真正符号的功能，声音和字形的非连续性就更大一些。比如，普通话把表示"good"的"好"字读作（hau），但是它的字形是"女"（读作ny）人加"子"（读作dzə）（Ong，1982，p.87）。在这样的情况下，阅读与其说是一般的解码，不如说是破译密码的过程。

这样的区别在读者的脑子里产生完全不同的思维过程。一方面是拼音字母的读者，它的阅读过程具有最大限度的连续性；另一方面是其他文字的读者，它们不得不填补符号单位的空隙去完成意义的连接。差不多与此相同的是，看电视的人补足阴极射线投射的图像，他们也在一个非连续的过程中"连接那些投射点"。

史华兹（1973）解释说，看电视的时候，眼睛的动作就像耳朵的动作，这个观点有助于揭开麦克卢汉一个观点的神秘面纱：麦克卢汉说，电视是"触觉"的媒介，史华兹使我们意识到一个事实：自然界无所谓"声音"这样的物体，声音只不过是一个物质媒介最大限度和最低限度气压交替的间隙，我们的鼓膜在空气的压迫下随着声波振动。鼓膜向大脑传送类似空气振动的信号时，大脑加工和组合一连串正压和副压，我们就把这些振动构想为音高高低不等的频率，声音就是这样发生的（p.12）。

看电视的时候，阴极射线管投射的不是一连串完成了的图像（不像电影的那种完成了的图像），仅仅是每一次投射一个光点。扫描枪投射光点的速度非常快，我们意识不到它的运动，不像鼓膜对空气压力的感觉。于是，眼睛不得不发挥耳朵的功能，去接受光线一连串的"压力"，因此，感知系统就构成由非激活点（暗点）和激活点（亮点）组成的模式，把这些射线重组成图像（pp.14—16）。

全亮点和全暗点不同比例的混合，决定着黑白图像里的明暗度。彩色电视的每一个光点有红绿蓝的荧光，决定色彩的因素是相邻荧光点的组合。光点本身是不连续的、分离的，它们以马赛克网眼的模式存在，感知系统承担着加工荧光点模式的任务——填补其中的空隙去补足人对图像的感知。

在无中介的感觉里，在静照和动照图像里，情况显然不是这样的——脑子里感觉到的图像是立即完成的，完全是整体的。在电影里，图像本身不存在固有的动态；动态是由脑子提供的，脑子调节一格又一格画面里物体的位置，用模拟的办法重组动作。因此，电影也是不连续的，不过，脑子重建幻象的任务不太繁重，因为它只需要重组每秒钟24格已经完成的画面。至于看电视，脑子加工的量实在是太繁重——每1/60秒要重组屏幕上每一条扫描线里数以十万计的明暗相间的闪亮点。在电脑显示器上，重组的任务至少又翻了一番，因为显示器上的像素线并不是像电视那样的隔行扫描，而是在1/60秒里闪亮的，而且显示器上闪亮点是每 1/75 秒更新一次，甚至更快。我们觉得电视像巫术一样迷人，觉得电脑显示器把人搞得很疲倦，实在是不足为奇的，因为我们的脑子全神贯注于重组一连串的图像。

你不妨合理地问，电视的清晰度提高之后，会出现什么样的情况呢？比如，高清晰度电视的扫描线是 1000 条以上时，会发生什么事情呢？早在 1960 年，麦克卢汉就预期到这一种情况。他应邀为美国教育广播者学会做了一个项目，该项目获得美国卫生、教育和福利部教育署的资助。他在《理解新媒介项目报告书》(Report on Project on Understanding New Media) 里说：

> ……工程师们声称，1000 扫描线的电视图像的清晰度将和现在的电影差不多。假定电视真正达到这样高清晰度的视网膜印象，它的多点马赛克结构在我们身上会产生什么影响呢？（McLuhan，1967，p.154）

你也许会期待一个不假思索的回答："那就会使电视成为一个比较热的媒介，把'常态'电视的影响颠倒过来。"但麦克卢汉从来不用问答法把任何观点强加于人。比较确切地说，他把这样的问题当作探索，他期待人们得出自己的结论。在稍后的学术生涯里，他再现古代同步因果关系的观念，借此设计出把这个探索过程系统化的手段。在过去的岁月里，由于实证主义直接因果关系的影响，同步因果关系的观念被遮蔽而失去光彩；印刷媒介的象形结构养成了直接因果关系的概念。同步因果关系的系统体现在他所谓的"四元律"里，这是下一节要讨论的问题。

7.8 非线性因果关系

麦克卢汉探索我们重组和使用技术的后果，其中涉及回归四元因果关系的问题。17世纪之前，这种因果关系一直在西方占主导地位。麦克卢汉探索的目的是识别模式，他把模式识别作为理解文化与技术关系的手段。他的探索不是线性的或三段论的解释，而是多侧面的解释，类似于立体主义画派同时表现物体许多侧面的风格。因此，他这些解释不提倡单一的观点，而是同时采用许多观点；他放弃没影点透视法那种平顺的空间连续性，也就是放弃视觉空间，他倾向于使用声觉空间那种时而可能具有的非连续性。他的探索放弃了只对因果关系的依赖，他不把直接因果关系作为解释现象的手段，而是转向形式上的因果关系，麦克卢汉把形式上的因果关系等同于模式识别。

从古代到启蒙运动，因果关系并没有被看作台球桌似的宇宙中的线性的、直接的作用，而是被认为有四个侧面，而且这四个因果关系是同时发生的。这种概念来自于亚里士多德。他在《形而上学》（*Metaphysics*）里说：

> 另一方面，如果有几种解释原因的科学，而且每一种原理

的解释就是一种科学，我们应该把哪一种科学看成是我们正在追求的科学呢？或者说，我们应该把这些科学里的哪一位大师看成是最有学问的人呢？这是因为，各种各样的原因用来解释同一个对象的可能性是存在的。以一幢房子为例，建房意向的源头是艺术和建筑，终极的原因是功能，物质材料是泥土和石头，形式是它的轮廓。（Bk Ⅲ，chap. 2，sec. 996 b）

到了中世纪，亚里士多德的追随者保留了他的"终极因"（final cause），但是把"意向的源头"叫作"动力因"（efficient cause），把"物质"叫作"质料因"（material cause），把"形式"叫作"形式因"（formal cause）。对中世纪的哲学家而言，这个四元因果关系的观念适用于"自然之书"，而且和注解《圣经》的四元说达到了"完美的对应"（M. McLuhan，E. McLuhan，1988，p.218）。这个四元说注经法是圣波拿文彻[1]提出的：

> 世俗的文本有一个直接的、字面的意义，但其中也有寓言的意义，我们用这个比喻意义来发现文字隐含的信仰的真理；文本还有一个比喻的意义，我们借以发现历史叙述文本背后的道德训诫；文本也有一个神圣的意义，我们的灵魂借以上升到热爱并渴望上帝的高度。同样的道理，我们决不能只注意《圣经》的字面意义和直接意义，我们还要寻找其中内在的意义，

---

[1] 圣波拿文彻（Saint Bonaventure，1217—1274），意大利神学家、经院哲学家，方济各会会长，认为上帝的存在无需理性来论证，上帝的意志是万物的"原因"和"形式"。——译注

即神学、道德和神秘的教益。以这样的态度去读经书，从一个领域进入另一个领域的过渡就容易完成，因为它们实际上是不可分离的。（Gilson，1938，p.17，转引自 M. McLuhan，E. McLuhan，1988，p.218）

麦克卢汉认为，亚里士多德的四元说和圣波拿温彻的四元说能够对应：形式因和文字的层次相对应，质料因和比喻（寓言）的层次相对应，动力因和解经（道德）的层次相对应，终极因和神秘的（末世学的）层次相对应（M. McLuhan，E. McLuhan，1988，p.218）。这个图式为解决媒介分析家的道德说教提供了理论依据，这些分析家专注媒介的内容，或者说他们专注媒介的外形而忽略其背景，也就是忽略媒介本身传递的效应。此外，这个图式还证明香农和韦弗（1949）模式的不足，他们的通信模式是线性模式，影响虽然大，但真正用来理解媒介却显得不足：

当今的媒介分析家觉得，不可能不从道德的角度作解释，或者说他们用道德解释代替理解，这一点不足为奇。旧科学只提供抽象的方法，只提供香农—韦弗[1]的管道模式及其变体；这种方法和模式的基础是左脑阐述的动力因，既缺乏形式因提

---

[1] 克劳德·香农和沃伦·韦弗（Claude Shannon，Warren Weaver，1949）的"主要关切是寻求最有效使用通信信道的方法"。对他们而言，主要的信道是电话线和无线电波。他们的理论使他们能够解决如何在一个给定信道里输送最大限度信息的问题，解决如何计量信道传送信息的问题……他们基本的通信模式表现出一个简单的线性过程。这个模式的简单性质吸引了许多派生的模式，它的线性、以过程为中心的性质吸引了许多批评者（Fiske，1982/1988，p.6）。亦请参考麦克卢汉父子的著作（M. McLuhan，E. McLuhan，1988，pp.86—91）。

供的背景，也缺乏动力因和其他原因互动而提供的背景。这四个层次和四种原因一样，是同时并举的；既然如此，让一个层次发挥作用而排斥其他层次，正如突出视觉形象而忽略其背景一样，必然会产生严重的扭曲。这个道理是显而易见的。这样的四个层次分析具有强大的解释力……可以说明，在应对电力信息变化中的背景时，旧科学或哲学为何显得无能为力。（M. McLuhan, E. McLuhan, 1988, p.218）

动力因是现代逻辑实证主义及其延伸的基础，社会"科学"就是一个例子。实证主义的思想绝不会在此止步，它已经延伸到人文学科中，成为对麦克卢汉持批评态度者的基础；这些批评家声称，麦克卢汉没有证明自己的观点。然而，在人文学科里也好，在社会科学里也好，甚至在"硬"科学里也好，实证主义的词汇并没有真正的地位；爱因斯坦、普朗克[1]、波尔[2]、薛定谔[3]和海森伯的新科学，业已证明这个道理（M. McLuhan, E. McLuhan, 1988, pp.39—66），混沌理论也肯定了这个道理（Gleick, 1987）。实证主义的词汇是形式逻辑的词汇，是封闭系统的词汇，而不是活生生的开放系统的词汇，在开放系统里，论证的起点不应该是确立证据，而是增加赞同的程度（Toulmin, 1958）。批评麦克卢汉的人，甚至

---

[1] 马克斯·卡尔·恩斯特·路德维希·普朗克（Max Karl Ernst Ludwig Planck, 1858—1947），德国物理学家，量子力学创始人之一，获1918年诺贝尔物理学奖。——译注
[2] 尼尔斯·亨利克戴维·玻尔（Niels Henrik David Bohr, 1885—1962），丹麦物理学家，量子力学先驱，获1922年诺贝尔物理学奖。——译注
[3] 埃尔温·薛定谔（Ervin Schrödinger, 1887—1961），奥地利物理学家，量子力学创始人之一，获1933年诺贝尔物理学奖。——译注

他的一些"弟子"带着实证主义的倾向去专注他著作的"内容",对他试图确立的媒介意识的背景,反而忽略了。

举一个例子,我们可以说,抱怨麦克卢汉"误读"莎士比亚和乔伊斯的人完全是离题万里了。麦克卢汉没有使用建立在实证主义证据和证明基础上的模式,他重新解读莎士比亚和乔伊斯的目的是要揭示,媒介变化在作家头脑里产生的效应背后隐藏着什么样的东西。这个背景既可能隐而不显,莎士比亚的作品就是这样的;也可能显而易见,乔伊斯的作品足以为证。不知不觉间,这些批评者误解麦克卢汉意图的视觉偏向暴露无遗;他们说看不见麦克卢汉建立的联系。麦克卢汉的目的是完全超越视觉原理——至少是要人按照视觉原理的本来面目去认识视觉原理;他鼓励人们养成这样的意识:电子时代瞬间完成的意识和身不由己的参与,推翻了直接的因果关系,恢复了理解媒介的形式因,换句话说,我们重新认识到意识场里的关系模式。麦克卢汉绝对没有远离现代思想的主流,他显然身处当代思想的潮流之中。罗伯特·特罗特(Robert Trotter,1976)在因纽特人中所做的大脑半球研究,尤其能够证明麦克卢汉的理论。特罗特的研究反映了埃德蒙·卡彭特(Carpenter,McLuhan,1960)的研究成果。在20世纪50年代,人类学家卡彭特对多伦多大学那些研讨会作出了贡献(M. McLuhan,E. McLuhan,1988,pp.67—91)。

麦克卢汉父子提出一门新科学,以取代旧科学,显然他们用《媒介定律:新科学》作书名的目的是要呼应18世纪社会理论家维科[1]

---

[1] 詹巴蒂斯塔·维科(Giambattista Vico,1668—1744),意大利哲学家,提出历史循环说,认为人类社会要经过"神的时代""英雄时代""凡人时代"三个历史阶段,其《新科学》是人类历史上的不朽巨著。——译注

《新科学》(*Scienza Nuova*)的书名。他们提出的新方法包含四个问题，这四个问题可以用来考问任何人造物，以探索其社会文化效应。他们把这种方法称为四元律：

> 这门新科学的基础包含严格而系统的程序。我们不提出潜隐的理论去攻击别人或捍卫自己，而是提出一个启发式方法，包含四个问题。我们称之为四元律。任何人在任何地点、任何时候都可以对任何人造物提出这些问题（并检查他们作出的回答）。四元律是在回答以下问题的过程中发现的："对一切媒介，我们能够作出什么一般的、可以验证（即可以检验）的表述？"我们只发现了四种表述，我们用问题的形式将其表述如下：
>
> 1．这个媒介使什么得到提升或强化？
> 2．它使什么东西过时或者说它取代什么东西？
> 3．它使什么过时的东西得到再现？
> 4．它被极端挤压之后产生什么东西或变成什么东西？（M. McLuhan, E. McLuhan, 1988, p.7）

为了弄清这四个问题有何实际用途，让我们来看看《媒介定律》里的几个例子。为了强调四元律的多线条的、同步的、多重原因的性质，该书用一个四元图式（图7.1）来表现它，而不是用线性、单向序列的方式表现它，那样的图式是直

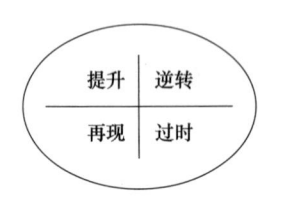

图 7.1 麦克卢汉父子《媒介定律》四元律示意图

说明：图式选自《媒介定律》，麦克卢汉父子借此表现的是产生媒介效果的四重因果关系的同步作用（1988, pp.132—214）。按顺时针方向从左上角开始依次展开的是提升（enhancements）、逆转（reversals）、过时（obsolescences）和再现（retrievals）。

接因果关系难以避免的扭曲：

图 7.2—7.4 这三幅图复制的四元律结构示意图与图 7.1 相吻合。

我们可以用图 7.5 的四元律来补充说明图 7.1 和图 7.2。

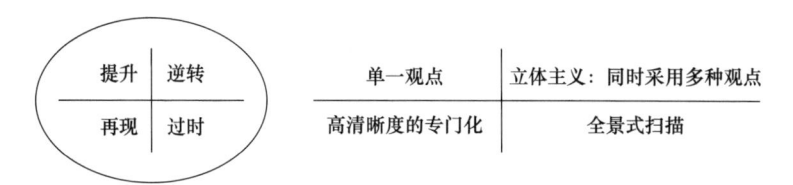

提升	逆转		单一观点	立体主义：同时采用多种观点
再现	过时		高清晰度的专门化	全景式扫描

图 7.2　四元律：绘画中的透视（1988, p.132）

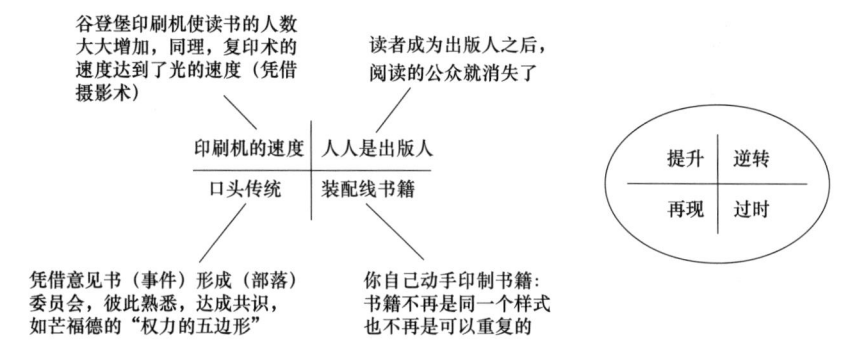

谷登堡印刷机使读书的人数大大增加，同理，复印术的速度达到了光的速度（凭借摄影术）

读者成为出版人之后，阅读的公众就消失了

印刷机的速度	人人是出版人		提升	逆转
口头传统	装配线书籍		再现	过时

凭借意见书（事件）形成（部落）委员会，彼此熟悉，达成共识，如芒福德的"权力的五边形"

你自己动手印制书籍：书籍不再是同一个样式也不再是可以重复的

图 7.3　四元律：复印术（1988, p.145）

麦克卢汉的四元律给人启示，使我们能够在媒介环境里组织有关变革的思想。用四元律探索根基牢固的媒介之后，它的效用就可以延伸到对新兴媒介的观察分析了：电子游戏、按需要定制出版物、数码视盘、数码多功能光盘与索尼公司超级音乐 CD 的制式之战、网上文件交换、在线游戏、数字报纸杂志和学报等新兴技术。在这些新兴领域里，媒介环境学大有用武之地，因为在这些领域里，我们能够用媒介环境学计量预期的效果，并确保一定程度的控制，其他的观察分析手段没有这个能力。《媒介定律》说："只要你愿意去注意，就不存在不可避免的东西。"（p.128）

```
"弥散式"广播：         奥森·威尔斯的
多地域场所            《火星人入侵》

                     世界逆转为有声电影：
                     观众即演员，期待参与

        通达全球
        人人可得    地球村剧场
        处处可得

    部落生态环境：   电线和连接
    创伤，妄想狂     和物体

                    理性和线性印刷文化的终结
广播入侵西方文化，使2500年的文
化和文字素养逐渐过时。它使部落      欧几里得空间的终结
对酗酒危害的敏感浮出水面……对
"朗姆酒恶魔"超级敏感；广播是         西方时空的终结
背景，再现的禁酒令是外形。
```

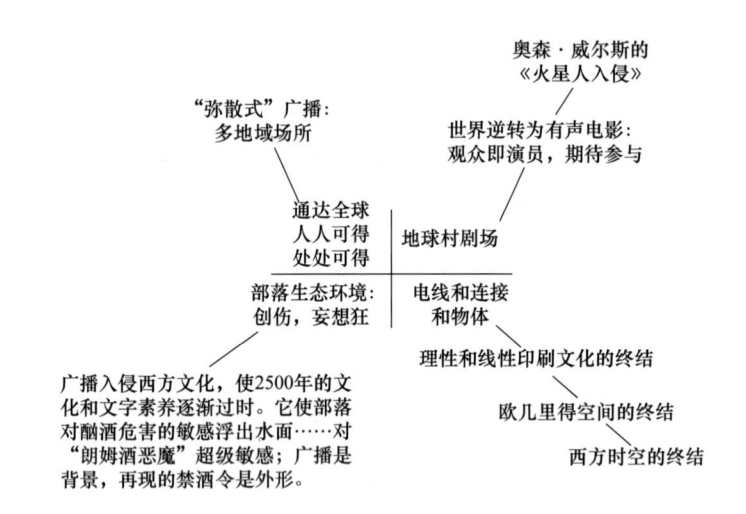

提升	逆转
再现	过时

图 7.4　四元律：广播（1988，p.172）

把媒介当作外化或表达来 理解：人性的延伸	新科学
作为自然哲学的物理学	C. P. 斯诺僵硬的二 分法："两种文化"

提升	逆转
再现	过时

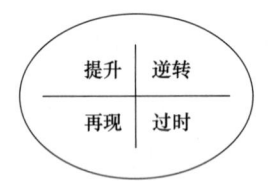

图 7.5　四元律：麦克卢汉的媒介定律

说明：麦克卢汉的媒介定律。斯诺（Snow, 1959）声称，现代思想世界无可挽回地分割成了两种老死不相往来的文化：科学文化和人文文化。

7.9 中心与边缘

电子传播瞬间即达和非连续的性质意味着这样的后果：政治实体不再以集中化的官僚体制运作，不再从中心向边缘投射权力。有了电力网格状的存在之后，任何边缘都可以自成中心，我们生活在一个没有边缘的世界里，其隐含的后果深深影响着印刷媒介养成的制度，比如民族国家；民族国家的权威和影响同时受到两个方面的威胁。从内部来看，民族国家受到日益巴尔干化和分割肢解的群体的威胁，因为电子通信的能力赋予他们新的权力，强化了他们的身份；来自外部的威胁是：大型跨国公司刹那间就可以跨越国界运送金钱和信息，不受传统海关和关税控制的影响（Deibert，1997）。之所以会产生这样的后果，那是因为"我们的感官因电力而膨胀，一张宇宙之膜迅速把我们的地球包裹起来了"（McLuhan，1962，p.32）。

麦克卢汉的地球村不是高度和谐的乌托邦，而是人们互相深度卷入的地方，更加容易滋长冲突和恐怖：

> 除非意识到这种互动，我们会立即卷入一个恐怖的时期，完全适合部落鼓、互相依存、互相叠加共存的那种小世界的时期……恐怖是任何口语文化的社会里的常态，在这样的社会

里，一切东西都在同时影响着其余的一切东西。(McLuhan, 1962, p.32)

全球传播刹那间即达的性质意味着这样一种后果：我们的联系越紧密，就会有越多的人寻求自己的民族、语言、宗教身份，或其他亲和的关系，借以反制这种超级卷入产生的心理威胁。

毫无疑问，麦克卢汉（1962）同意保存"机械的谷登堡文化""实现的价值"（p.135）。然而，倘若他享年略长，他也可能会接受新媒介创造的环境；这些媒介可能会重新捕捉住感官平衡，在更高意识层次上实现感官的平衡。在《理解媒介》"书面词"（The Written Word）那一章的结尾[1]，麦克卢汉（1964/1994）表达了这个可能性，他的表达方式不同于平常的超脱风格：

> 我们新的电力技术以拥抱全球的方式使我们的感觉和神经延伸，它对语言的未来蕴含着巨大的意义。电力技术不需要语言，正如数字型电子计算机不需要数字一样。电能指向意识延伸的道路——在全球范围内的、无需任何言语的道路。这样的集体知觉状态很可能是人类语言出现之前的状态。作为人的延伸的语言，其分割和分离的功能是众所周知的，这一功能很可能是人借以登上九重天的巴贝尔通天塔[2]的功能。今天，计算机展示了瞬间将

---

[1] 作者有误，这段话不是出自"书面词"那一章，而是出自"书面词"前面那一章"口语词"。——译注

[2] 巴贝尔通天塔（亦译作巴别塔），《圣经》记载亚当及其子孙最初只说一种语言，挪亚的后裔决心修一座通天塔。因语言统一，交流顺当，故起初进展顺利。上帝的万能权威受到挑战，怕世人说一种语言而无法控制，遂让他们说各种不同的语言。因语言不同而无法协调工作，通天塔以失败告终。——译注

一种代码和语言翻译成任何其他代码或语言的前景。简言之，计算机用技术给人展示了世界大识大同的圣灵降临的希望。合乎逻辑的下一步似乎不是翻译，而是绕开语言去支持一种普遍的寰宇意识。它也许很像柏格森梦想的集体无意识。"无重力"状态——生物学家说它预示着物质的不朽——可能会和无言语的情况同时出现，无言语的状况可能会赋予人一种永恒的集体和谐与太平。

于是就出现了这样一个问题：有了电脑辅助的传播之后，恢复古人交流方式的前景如何？这种多媒体、超媒体和虚拟现实的前景又如何呢？

也许，如果我们愿意探索这些新媒介正在产生的效果，探索它们如何影响我们的感官系统，我们就能回答这个问题吧。为此，我们还需要进一步提出问题。新电子媒介对认知的影响是什么？虚拟现实使我们逼近通感，抑或使我们远离通感？用超文本作者迈克尔·乔伊斯（Michael Joyce，1988）的话来说，超媒体是电视对文本的报复吗？或者说超文本和超媒体只不过把文本变成电视？或者如大卫·波尔特（David Bolter，1992）所云，超媒体把形象和声音转换成其他形式的文本，以便于操作呢？或者说超媒体的作用刚好相反——把文本降格为形象？如果是第二种情况，虚拟现实的超媒体是否过分刺激右脑，妨碍左右脑的交流呢？我们需要什么样的课程改革来补偿这种不平衡的状况呢？如果当前的多媒体和超媒体系统对实现通感来说，是不令人满意的媒介，我们又需要什么样的变革和发展来实现通感呢？[1]麦克卢汉显示，寻求这种答案的手段是探索的方法和四元律的原理，而不是依靠意识形态，也不是用卫道士的态度去面对媒介的内容而自寻烦恼。

麦克卢汉使用这些手段，说明他并非真正意义上的"预言家"，他也不准备当这样的先师。说到媒介和其他技术，预言的模式难免有未卜先知的谬论，这样的谬论多半是由于热爱和恐惧技术而引起的，是由于把非真实的"假如"景象映射到未来引起的。这样的"假如"缺乏洞见，因为它忽略背景，注重外形，它忽视技术变革的环境效应。麦克卢汉的研究方法刚好相反；在《花花公子·访谈录》里，当记者问他如何预测美国的巴尔干化时，他说："在这个问题上，实际上就像在我的大多数论著中一样，我是在'预测'已经发生的东西，仅仅是把当前的进程推向一个逻辑结论而已。"（Playboy Interview，1969，p.68）

迈克尔·德特劳佐斯（Michael Dertrouzos，1997）之类的电脑"梦想家"相信，它们预测的"未来会怎么样"不会错。麦克卢汉与之不同，他总是集中研究"现在的情况是什么样子"，他的价值就在这里。这是因为他不聚焦在不确定的未来，而是给人启示，使我们能够检视现在的真实情况，让我们自己判断应该怎么样。凭借探索和四元律之类的方法，我们就可以评估目前的情况，预期真实时间里的效应。由此可见，那些把麦克卢汉当作电子未来时代梦想家或先师圣贤的人误入了歧途，和那些把他当作不真实过去的怀旧者是一样错误的，因为他们没有看到麦克卢汉研究方法的关键所在。

---

[1] 埃里克·麦克卢汉（1998）在《电力语言》（*Electric Language*）里论述了这些问题。这本书是《媒介定律》的更新版本，其形式模仿多媒体；不过，他后来却诘难互动的多媒体和虚拟现实，认为它们是虚假的通感。

7.10　媒介环境学的集大成者

麦克卢汉以媒介教师爷、预言家、先师、先知等身份而闻名，然而实际情况刚好相反。他这位媒介环境学家深深地扎根于此时此地，他的主要目的是唤醒人们的意识，使人理解媒介对我们集体意识的沉降效应（Media Fallout）。他的诋毁者和一些支持者都存在同样的误解，原因有三个：（1）他用可获得的最先进的技术即电视来唤醒人们对电视影响的意识；（2）他以充满格言警句的文风作为探查的手段；（3）他摆脱逻辑实证主义的限制来进行研究。他不是形单影只、稀奇古怪地向大众兜售思想万灵药的人；实际上，他的背后是一支阵容强大的学者队伍，他们常常受到忽视，但他们研究口语文化和书面文化的关系，涉足许多领域。他的研究方法实际上是由文学批评的实用批评学派派生而来的。这是他20世纪30年代在剑桥大学接受的教育，此后，他一直应用实用批评去唤醒人们的媒介意识，他要使人认识到，一切技术都是媒介，一切媒介都是我们自己的外化和延伸。一旦获得这样的意识，我们就可以在一定程度上控制媒介，正如我们能够从修辞的角度控制我们说话一样。他不是媒介极乐世界新时代的预言家；他凭借诗意的手法，给人们提供探索的手段；他用外形—背景分析法和四元律判定媒介变革的影响，使人能够预见并抗衡媒介最坏的影响。

第八章　尼尔·波斯曼与媒介环境学的崛起

蒙特克莱尔州立大学（Montclair State University）

托马斯·F. 金卡雷利（Thomas F. Gencarelli）

我们不妨说，第一位来自纽约的媒介环境学家是萨缪尔·芬利·布里斯·摩尔斯（Samuel Finley Breese Morse）。他是艺术家、发明家、企业家，纽约市市长候选人、纽约大学的艺术教师（见 *Samuel F. B. Morse Biography*）。当然，他最大的名气源于发明电报，这种媒介技术引起了人类传播史上的电子革命。1840年，他获得发明电报的专利，1844年5月24日，他发出第一封从华盛顿特区到纽约市的电报。电文"上帝赐予我们什么？"载入史册、尽人皆知。这个电文就是考问媒介环境的问题。在各种可能的词语中，他挑选这几个词，既表达惊叹新媒介创造传播突破时空的奇迹，又表达对电报所带来的影响的考问。

不过一般认为，刘易斯·芒福德（Lewis Mumford）是第一位来自纽约市的媒介环境学家（Nystrom, 1973; Strate, 1996; Strate, Lum, 2000）。有两个理由说明，作为这个第一人，芒福德的确是实至名归。第一个理由是，贯穿他众多著作的重要主题是技术对人类文明的影响（特别参见 Mumford, 1934, 1952），尤其那种间接的、常常隐蔽的影响，而不是那种意图明确的、期待之中的影响。第二个理由是，他出生在纽约外围昆士区的弗拉辛，受到曼哈顿的影响，"那时，新的建筑、交通运输和通信形式，不仅强有力地变革着纽约市的面貌，而且在改变着它的文化结构"（Strate, Lum, 2000, p.58）。

媒介环境学之父马歇尔·麦克卢汉也在纽约度过了一段时光。20世纪50年代，他进入了纽约市知识界和学术界的轨道，哥伦比亚大学师范学院的英语教授路易斯·福斯戴尔（Louis Forsdale）捍卫麦克卢汉的主张。后来，随着《谷登堡星汉》（1962）和《理解媒介》（1964）带来的名气，麦克卢汉进一步打入纽约这个圈子。1967年，他在福德姆大学任访问教授（多伦多大学同事卡彭特与他同行，卡彭特后来成为纽约市永久居民，见 Carpenter, McLuhan, 1960）。在这段时间里，一些媒体从业人员和学者在新兴媒介研究领域里也受到麦克卢汉的影响。

这些学者、教师和媒体人士有：著名的约翰·卡尔金（John Culkin），他是福德姆大学耶稣会士，在社会研究新学院（现名新学院）创办媒介研究专业；托尼·史华兹（Tony Schwartz, 1973），著《回应的心弦》（*The Responsive Chord*），他是录音师、广告商，曾经为林登·约翰逊（Lyndon Johnson）1964年竞选总统制作"雏菊女孩"（Daisy）广告；纽约城市大学女王学院的加里·冈珀特（Gary Gumpert, 1987），初次看到麦克卢汉时在韦恩州立大学攻读博士，后来为麦克卢汉制作了一个电视节目；保罗·莱因（Paul Ryan, 1973），新学院的录像师，麦克卢汉助手，著有《诞生、死亡与赛博空间化》（*Birth and Death and Cybernation*）；最后一位是福斯戴尔教授的研究生尼尔·波斯曼。

波斯曼抓住了"媒介环境学"（media ecology）这个令人眼花缭乱的词语。也许，这两个词是20世纪60年代什么时候从麦克卢汉的嘴巴冒出来的，麦克卢汉喜欢不断地玩文字游戏，当然也有可能不是他说出的。反正，波斯曼抓住了这两个词，他看到这个术语能够包容我们对人类传播媒介的思考，并成为其跳板。与此同时，他广泛接受麦克卢汉的思想，因为它们适合并推进了他自己的思想，成为他思想演化的催化剂。他自称是"教育工作者"和英语研究者。（1958年，他在哥伦比亚大学获英语教育博士学位。）一方面我们可以说，他45年的学术生涯雄辩地说明了他自己作为作家、教师、公共知识分子的品格和才干，另一方面我们又可以说，他把自己学术生涯的精力用来使麦克卢汉的探索合法化，给这些探索提供坚实的基础，澄清并延伸麦克卢汉的探索。

在这个过程中，波斯曼逐渐扮演了创建媒介环境学的首要角色，这是我们今天普遍指称、承认和理解的媒介环境学。他把这个术语制度化，并于1970年在纽约大学创办了媒介环境学的博士点。这个术语及其定义首次在出版物里露面是他1968年的讲演稿《改革后的英语课程设置》（The Reformed English Curriculum, Postman, 1970）。[1]总之，波斯曼的名字最紧密地和媒介环境学及其一切所指联系在一起的。他对我们理解媒介的根源、沿革作出的一切贡献，

---

[1]"媒介环境学考察媒介传播如何影响人的感知、理解、情感和价值；考察我们与媒介的互动如何促进或妨碍我们生存的机会。其中的'生态'（ecology）一词的含义是对环境的研究：研究环境的结构、内容以及环境对人的影响。毕竟，环境是一个复杂的讯息系统，这个系统把某些思维、感觉和行为的方式强加于人。"（Postman, 1970, p.161）

构成了媒介环境学的总体的理论，提供了一个内涵严密、说服力强和富有孳生力的视野，有助于我们理解媒介、文化以及作为文化的媒介。

　　本章旨在勾勒和解释体现在尼尔·波斯曼著作和思想里的媒介环境学的一般理论，为此而分为两部分。第一部分推演波斯曼思想的沿革，分析他15种最重要的著作，陈列每一种书给我们的启示（波斯曼的著作一共25种，其中独著13种，合著10种，合编2种）。第二部分从这些著作中抽取反复重现的主题来进行考察，同时考察嵌入这些主题里的显赫的思想。我们认为，这些主题和思想构成了重要的哲理基础，为波斯曼给我们传递的媒介环境学提供一个概念框架。

　　作为第一步，我把波斯曼的著作分成一连串各具特色的阶段，具体分为四个阶段。我的根据是，波斯曼本人承认，他学术生涯中的著述围绕他感兴趣的事情展开；同时他承认，一旦研究之中的课题不再引起他的兴趣，他就会转向其他课题（Gencarelli 等人，2001，p.135）。

　　然而，这四个阶段不能容纳波斯曼的全部著作。他的第一本书《电视和英语教学》(*Television and the Teaching of English*，1961)可以说是他整个学术生涯的开场白。不过，这本书自成一体，并不是因为其题材或思想，而是因为它和以下七本书在时间上相隔比较长；这七本书叫"新英语"系列教材，由霍尔特出版社出版。它们是：《新英语前瞻》(*The New English: A forward Look*，1963，独著)、《发现你的语言》(*Discovering Your Language*，1963，合著)、《语言的用处》(*The Uses of Language*，1965c，合著)、《语言与系统》(*Language and Systems*，1966，合著）、《探索你的语言》(*Exploring Your Language*，1966a，独著）、《语言与现实》(*Language and Reality*，1966b，独著）。

这七本"新英语"系列教材没有被纳入本章讨论的范围，并不是因为它们在波斯曼的著述生涯里不重要，而是因为它们的构思和写作都是用作英语教材。[1]《电视和英语教学》是波斯曼最重要的著作之一，我们必须把它纳入本章，并且首先在这里讨论，然后才讨论他学术生涯中四个阶段的著作。

---

[1] 本章略而不论的书还有三本。（1）《疯狂之根》(*The Roots of Fanaticism*，1965b，合编），由霍尔特出版社出版，但没有收入"新英语"系列教材。这本书已经绝版，几乎买不到。（2）《如何鉴别一所优秀学校》(*How to Recognize A Good School*，1973a，合著），由 Phi Delta Kappa 教育基金会出版，起初发行量有限。在此存而不论的主要原因是，该书多半是《教材：为关心教育的人支招》(*The School Book: For People Who Want to Know What All the Hollering Is about*，1973b) 一书里文章的重印或重述。（3）《神话、人与啤酒：啤酒广播电视广告分析》(*Myths, Men, & Beer: An Analysis of Beer Commercials on Broadcast Television*，1987，合著）是一本小书，出版和发行的范围有限，由美国汽车协会安全交通基金会出版。本书很大一部分内容由兰斯·斯特拉特（Lance Strate）执笔。不过，如果稍微调整一下视角来分析，就可以把它放进波斯曼生涯的第三个过渡阶段去分析。

8.1 电视和英语教学

《电视和英语教学》(1961)封面上的署名是尼尔·波斯曼和美国英语教师学会电视研究委员会。波斯曼是第一署名人，因为实际研究和写作这本书的正是他。不过我们要指出，他并非本书结构和宗旨的终极负责人。

美国英语教师学会的主席是路易斯·福斯戴尔。在本书序言里，福斯戴尔解释说，该学会的电视研究委员会负责本研究"项目的构想"，"自始至终"和作者密切合作（p.vi）。福斯戴尔还感谢波斯曼合作时表现出来的"极其可爱的幽默，波斯曼与委员会的'八个老板'合作，老板提出总体计划，而且对他的七次手稿评头论足"（p.vii）。

《电视和英语教学》试图给各级教育工作者提供知识和工具，包括"方法、材料与活动"（p.2），试图给学生提供"电视教育"。该书的策划正值一个重要的文化时刻，电视已经迈出几步，风头正盛，成功地进入美国人的生活。因此，本书的宗旨是对电视的影响作出回应，看看它对美国教育制度有何影响，对美国教育制度服务的美国文化产生了什么影响。

波斯曼在导论里解释说，为什么电视教育的责任落到像他本人这样的英语教师身上：

> 本书的最高宗旨是对学生的"电视教育"作出贡献，它眼前的目标则是给英语教师提供动力、帮助和信心，使老师帮助学生得到这样的教育。
>
> 我们挑选英语教师作为对象，那是因为他们在给学生传授相关技能方面，承担着主要的责任，他们要帮助学生对各种传播形式作出满意而聪明的回应。英语老师比其他人更加关心媒介，他们关心那些赋予我们的语言文学特定形式的媒介。（p.1）

该书对我们本章的分析很重要，原因有两个。第一，它能够说明波斯曼对媒介的兴趣为何持久，根源何在。他首先是一位教育家，献身语言、文学和印刷文化素养的教育家。当时，大多数集中探讨媒介的教学计划和著作，都是从社会学的视角进行研究（比如在研究暴力方面，从社会心理学的角度去研究）；与此相反，波斯曼从偏重文学的教师的角度着手研究电视。他第一个阶段的关切贯穿在整个的学术生涯中，他担心电视对文化素养构成威胁。波斯曼和委员会努力保持中立立场，甚至是肯定电视的立场，他们尽力客观研究电视导入英语教学计划的情况，这个体制是建立在语词的大厦之上的；然而，波斯曼的首要关切是电视的存在和吸引力，是电视对教育的未来预示着什么样的后果。更加重要的是，倘若电视压制并取代现代印刷文字的基础，它对人类行为会产生什么样的全局性的后果呢？这就是波斯曼所关切的。

第二，《电视和英语教学》在初期的电视研究中作出了贡献；

在电视的历史、电视产业、电视影响［他征引了 Klapper（1949，1960）和 Schramm（1954）等人的著作］以及电视样式（波斯曼称之为电视"文学"）等方面，该书第一章是他作出的最持久、最重要的贡献。他在这里展示了媒介环境学的基本蓝图。

该章开头以一位老师为例，他能够回忆起没有电视的世界，可是他面对的学生是第一代不了解过去那个世界的学生。波斯曼一开头就首肯历史的重要意义、引入历史的视角，然后就勾勒人类传播史的轮廓：现在这个轮廓已经成为一个理所当然的图式，它包括口语、文字、印刷等时代，还包括波斯曼所谓"传播革命"的时代。最后这个时代的起点是"19 世纪中叶，媒介发明的溪流连续不断，前所未有的大量信息滚滚而来，造就了新的感知模式和新的审美经验品质"（Postman，1961，p.11）。在后来的著作中，这一段历史经过反复提炼而被界定为"电子革命"，他进一步意识到，传播史上一切重要的发明都是"革命"，因为它们全都改变了人类。

同样重要的是，他对人类传播史这四个时代的表述及其重要影响进行描绘的时候，论述其中个别时代的重要著作也在陆续问世，并产生了影响。比如，沃尔特·翁《语词的在场》(*The Presence of the Word*，1967）支持并普及了米尔曼·帕利（Milman Parry）等人论口语文化的著作；哈弗洛克（1963，1976）的分析证明，西方文字发轫于希腊字母表；麦克卢汉（1962）和爱森斯坦（1979）论述了印刷机的影响。波斯曼的《电视和英语教学》是最早用铅字表现这种媒介历史观的著作。

8.2 第一阶段：语言和教育

波斯曼生涯的第一个阶段著作最多，一共六种，全都是论语言、教育或两者兼顾的书。这个重点和他论著的广度，是我们评估他思想演化的关键因素，也是评估他的总体贡献和媒介环境学的关键因素。

这六本书里的四本是和查尔斯·韦因加特纳（Charles Weingartner）[1]合著的：《语言学：教学革命》(*Linguistics: A Revolution in Teaching*, 1966)，《作为颠覆活动的教学》(*Teaching as a Subversive Activity*, 1969)，《软性的革命：以学生为主动力的教育改革提案》(*The Soft Revolution: A Student Handbook for Turning Schools around*, 1971)，《教材：为关心教育的人支招》(*The School

---

[1] "查理"·韦因加特纳（"Charlie" Weingartner）及其对这类文献的贡献，常常在波斯曼的光照下令人遗憾地被遮蔽了，波斯曼的名气越来越大，积累的遗产也越来越多。部分原因是波斯曼的人格因素和自我表现的能力（包括他的幽默、讲述奇闻逸事的口才），部分原因是后来他独立完成了许多著作，还有他写作的天赋、他是第一署名人等原因。实际上，我这篇文字的分析也有处理不当的过失，因为本文把他们的合著当作波斯曼著作的一部分来处理。然而，我想要强调指出，韦因加特纳在他们师从福斯戴尔时就是波斯曼的思想伙伴和亲密朋友；和波斯曼一样，韦因加特纳对他们的合著作出了同样的贡献，甚至在某些情况下和某些时候作出了更大的贡献。我们为未来研究工作推荐的一个课题，就是分割他们两人在合著里的贡献。再者，我认为，韦因加特纳本人就有资格引起学术界的关注。

Book: For People Who Want to Know What All the Hollering Is about，1973b）。第五本书是波斯曼、韦因加特纳和特伦斯·莫兰三人合编的，莫兰是波斯曼的学生，后来成为他的同事，在纽约大学文化与传播系执教。这本书叫《美国的语言：关于语义环境退化的报告》(*Language in America: A Report on Our Deteriorating Semantic Environment*，1969）。第六本书是波斯曼作为单一作者发出的抨击：《疯话，蠢话：我们如何败于自己说话的方式，我们又应该怎么办》（*Crazy Talk，Stupid Talk: How We Defeat Ourselves by the Way We Talk，and What to Do about It*，1967）。

我们按照出版的顺序介绍这六本书。

8.2.1 《语言学：教学革命》

和《电视和英语教学》一样，《语言学：教学革命》(Postman，Weingartner，1966，下文简称《语言学》)，论述媒介和教育。不过其重点是教学用的首要媒介：以口头、书面和印刷形式表现的口语。

《语言学》问世的时间正值公共教育里的语言学运动高涨时期。实际上，波斯曼和韦因加特纳正在主持纽约大学语言学示范中心的工作。解读这本书的方式之一是，波斯曼既利用当时英语教育理论的锋芒，同时又回头向他起初的打算倾斜；写了《电视和英语教学》之后，他要向语言学回归了，毕竟在那个领域他是科班出身。

然而，另外两种解读能够更好地说明这本书在他的思想沿革里的重要地位。第一种解读是：《语言学》几乎是对《电视和英语教学》的反动。《电视和英语教学》试图把电视融入英语教育，《语言学》显然是向后倒退的一步。实际上，它再次重申语言教学的重要性，不仅因为语言教学在"三 R 教育"[1]里占有两个"R"，而且，有效、成功、牢固地掌握语言，是一切教育及其成果的核心要素。换句话说，除了位于前列的通识教育课程之外，我们必须要研究并理解我们借以学习和理解的语言手段。我们必须认识到，语言这个手段如何影响、控制、决定甚至限制我们能够认识什么，我们又如何认识我们的认识对象。两位作者试图这样来界定语言学的作用：

> 我们需要的语言学定义应该是这样的：它把语言学变成行动，其结果是语言能力的提高和学习行为的改善。
>
> 所谓"语言能力的提高和学习行为的改善"是，学生使用语言的方式（听说读写）有所提高，他们要更好地了解如何学习那些尚未学到手的知识。我们相信，如果把语言学定义为用科学方法探索语言在人类事务中的作用，语言学对这两个提高的目标就能够作出重要的贡献。（p.29）

《语言学》的第二种解读承认，在 1966 年，许多学科的学术理论仍然受结构主义范式的影响。这里所谓语言学就是研究语言学科的结构主义研究路径，结构主义研究的是语言如何运作，我们如何更加有效地达到我们使用语言的目标（向自己和他人表述经验，让人明白自己的意思，说服他人等）。语言学要揭示语言底层隐形的

---

[1] "三 R 教育"（Three "r's"），西方传统基础教育读、写、算（Reading, Writing and Arithmetic）的基本功。——译注

管束原理。它是关于语言规则、语言基础的学问，表面上看超越意义，实际上具有意义（或者揭示我们表达意义和理解意义中遭遇的问题）。

简单地说，波斯曼和韦因加特纳要我们注意语言学里的语言媒介，而不是注意通常比较一目了然的、事物的外表现象；我们使用和依赖语言听说读写的时候，常常过分注意外表的东西。

他们主张的核心，表现在波斯曼受到的另一个重要影响。这个重要影响见于《语言学》第六章的导语，这一章讲语言学的分支"普通语义学"。在此，两位作者追溯了语言、思想和行为理论的沿革，包括下列著名学者的贡献：查尔斯·凯·奥格登[1]和艾弗·阿姆斯特朗·理查兹（Ivor Armstrong Richards，1923），恩斯特·卡西雷尔（Ernst Cassirer，1946）、查尔斯·桑德斯·皮尔斯[2]（1932）、伯特兰·阿瑟·威廉·罗素[3]（1953）、阿尔弗雷德·诺思·怀特海[4]（1959）、路德维希·维特根斯坦（Ludwig Wittgenstein，1933）、萨

---

[1] 查尔斯·凯·奥格登（Charles Kay Ogden，1889—1957），英国语言学家、心理学家及教育家，基本英语（Basic English）创始人，创办《剑桥杂志》，著有《基本词汇》《基本英语》《基本英语体系》等。——译注

[2] 查尔斯·桑德斯·皮尔斯（Charles Sanders Peirce，1839—1914），美国哲学家、逻辑学家、自然科学家，实用论奠基人之一，留下《论文集》（8卷）。——译注

[3] 伯特兰·阿瑟·威廉·罗素：（Bertrand Arthur William Russell，1872—1970），英国哲学家、数学家、社会评论家，分析哲学主要创始人，对符号逻辑、逻辑实证论和数学产生很深的影响，代表作有《数学原理》、《哲学问题》（与怀特海合著）、《数理哲学导论》、《西方哲学史》等，1950年获诺贝尔文学奖。——译注

[4] 阿尔弗雷德·诺思·怀特海（Alfred North Whitehead，1861—1947），英国数学家、教育家和哲学家，与罗素合著的《数学原理》被称为永久性的伟大学术著作，创立了20世纪最庞大的形而上学体系。——译注

丕尔（1921）、沃尔夫[1]（见 Carrol, 1956）、约翰逊[2]（1946）和早川一会[3]（1943）。最后，他们对这个思想沿革的把握追溯到普通语义学的创始人阿尔弗雷德·科日布斯基[4]（1941）。

两位作者在《语言学》里说："如果科日布斯基的体系有一个核心的话，那就是：语言必须和'现实'建立密切的对应关系。"（p.131）这一句话正是解读《语言学》的关键。这是波斯曼首次尝试回答他不断回头论述的问题：语言如何并多大程度上允许我们再现现实——用科日布斯基的话来说，语言如何并在多大程度上允许我们去给现实"绘制地图"？与此同时，语言作为现实和经验的中介如何并在多大程度上脱离现实？最后，我们在多大程度上认识到：语言能够且的确把我们往这两个方向上引导？语言如何、何时、为何这样引导我们？如果人们看不到这些问题，他们又能够在多大程度上意识到这些重要的问题呢？

8.2.2 《美国的语言：关于语义环境退化的报告》

《美国的语言：关于语义环境退化的报告》（Postman, Weingartner,

---

[1] 本杰明·L. 沃尔夫（Benjamin L. Whorf, 1897—1941），美国语言学家，结构主义大师，与老师萨丕尔一道提出著名的"萨丕尔—沃尔夫"假说，代表作有《论语言、思维和现实》等，见本书第10章。——译注

[2] 温德尔·A. L. 约翰逊（Wendell A. L. Johnson, 1906—1965），美国言语病理学家，著有《人在窘境》《因为我结巴》等。——译注

[3] 早川一会（Samue Ichiye Hayakawa, 1906—1992），日裔美国语言学家、世界著名语义学家、符号学家、政治家，曾执教于威斯康星大学、哈佛大学、芝加哥大学、旧金山州立大学，共和党人，任加利福尼亚州参议员，著有《思想和行为的语言》等。——译注

[4] 阿尔弗雷德·科日布斯基（Alfred Korzybski, 1879—1950），波兰裔美国哲学家、普通语义学创始人，著有《科学和健全精神：非亚里士多德体系和普通语义学入门》等。——译注

Moran，1969，下文简称《美国的语言》）的副标题"关于语义环境退化的报告"有两层意思：第一，它说明波斯曼对普通语义学继续感兴趣。《语言学》试图确立并揭示普通语义学的宗旨和价值（当然仅限于该书主题的大框架之内）；与此相对，《美国的语言》的意图更加直率：它要考察语言运行的情况，且要用普通语义学检验真实的世界。第二，这个副标题显示，在波斯曼封面署名的许多著作中，这是第一本集中探讨媒介环境学核心思想的著作：把媒介（此地为语言）构想成为一种环境。当然这个构想受到伊尼斯（1950，1951）的启发，从伊尼斯对媒介偏向和媒介平衡的阐述中得到启示，然而，这本书却是把媒介环境作为核心来论述的第一本书。

《美国的语言》也是论文集。波斯曼等人编辑的这本书收录了22篇文章，这些文章主题一致，侧重则有所不同，撰稿人围绕这个主题从不同侧面各自表述。作者和标题的涵盖面非常宽广：从非洲裔美国人演员奥西·戴维斯（Ossie Davis）的《种族主义语言》(The Language of Racism)、报纸专栏作家彼特·哈密尔（Pete Hamill）的《新政治语言》(The Language of the New Politics)到人类学家和社会批评家阿什利·蒙塔古[1]的《自我欺骗的语言》(The Language of Self-Deception)。不过，既然是论文集，波斯曼的贡献除了编辑工作之外，主要是他写的序文和首篇论文《意义的降格》(Demeaning of Meaning)。

该书序文里有这样一句话：《美国的语言》这本书"在人类生存

---

[1] 阿什利·蒙塔古（Ashley Montagu, 1905—1999），美国人类学家、社会批评家，著有《女性的自然优势》《肤色问题》《人种——人类最危险的神话》《体质人类学导论》《人类的遗产》《人类学手册》《文化与人类发展》等。——译注

的问题上……听上去似乎很傲慢"（p.vii）。波斯曼的确有一点霸气，他引用科日布斯基进行论述，因为语言本身是

> ……人类生存的关键。正如科日布斯基所云，语言是地图，它描绘我们肌肤内外正在发生的事情。这幅地图不准确或不妥当时，我们的生存机会就会减少，而且不仅是肉体层次的生存机会要减少。我们可以在言谈之中走向情感上的死亡或道德上的疯狂。我们甚至可能把西西弗斯[1]那样的任务强加在语言身上，企图让语言驱赶不确定意义的魔鬼。实际上可以说，这是一切人类符号首要的同时又是最危险的功能——在永恒变动不羁的环境中创造安危的幻觉。
>
> 无论如何，有一点是显而易见的：人借助并通过语言给他赖以生存的现实编码。同样明显的是，语言是人得天独厚的生存工具，而且是任何层次上的工具——但有一个条件，他要知道语言是自己的工具，他要时常核查语言产生的后果。（p.ix）

这段引文显示，我们应该如何用语言调节和管理我们与生存环境的关系。作为这样一种工具，语言描绘了一种媒介（此地为语言）和我们理解的环境之间的关系。然而，序文其余部分和波斯曼的文章《意义的降格》却超越了这个简单而明显的关系。两篇文章都认为：（1）语言并不是和环境明显区别、与环境分离的东西，而是环境的一部分，正如人是环境的一部分一样；（2）实际上可以说，语

---

[1] 西西弗斯（Sisyphus），希腊神话中的人物，科林斯国王，生前作恶多端，死后堕入地狱，被罚推石上山，但石头推上又滚下，永远循环不息。——译注

言凭借其本质就构成或创造了环境。我们和自己创造的世界共存；我们利用语言创造一个世界，这个世界包括我们的文化、社会结构、时代风尚、社会规范、成文法律和技术。正如受自然环境的影响一样，我们试图按照自己的目的来塑造这个世界，与此同时，我们又在各方面受这个人造环境的影响。

《意义的降格》实际上相当于该书的第二篇序文，它的副标题也在问环境："今天语言的污染指数是多少？"这篇文章论述的是语言环境，因为这是该书的焦点，然而波斯曼并不就此止步。相反，他在此引进一个观念：人类的一切传播媒介都是环境，《意义的降格》就涉及其中一些传播媒介。

比如，他把我们不相信的话语和"废物""垃圾"画上等号，并且用了一个比喻，"语言环境的污染"。一方面，他仍然依靠《电视和英语教学》给"传播革命"下的定义，另一方面开始论述大众媒介的语义环境：

> 在研究语义环境的生态时，我们要考虑什么是传播革命。各种新的大众媒介的发明，使许多人能够发出自己的声音，使自己的声音享有许多受众；没有这些新媒介，他们的意见就得不到说出的机会。这些人里有许多是娱乐界人士，比如约翰尼·卡尔森[1]、休·唐斯[2]、乔伊·毕晓普[3]、戴维·萨斯坎德[4]、

---

[1] 约翰尼·卡尔森（Johnny Carson, 1925—2005），美国全国广播公司《晚间秀》节目主持人。——译注
[2] 休·唐斯（Hugh Downs, 1921— ），美国演员、制片人、美国广播公司科技节目主持人。——译注
[3] 乔伊·毕晓普（Joey Bishop, 1918—2007），美国喜剧演员。——译注
[4] 戴维·萨斯坎德（David Susskind, 1920—1987），美国制片人、谈话节目主持人。

罗纳德·里根[1]、芭芭拉·沃尔特斯[2]和乔·加吉奥拉[3]。传播革命之前，他们在公共场合说的话几乎就是依样画葫芦，重复比较有学问的人笔下的遣词造句，否则，他们可能根本就没有机会在公共场合露面……

　　传播革命造成的另一个问题是媒介数量的庞大。即使报纸、广播、电视主要是用来传播最有学问的、革命的意见，它们还是会产生大量的垃圾。即使聪明人也有说话捉襟见肘的时候，实际上，他们无话可说的时刻比他们自己的预期来得快。如果一个人每天必须要写一个专栏，或每周必须要写一篇文章，或必须在30秒钟内回答复杂的问题，他胡说八道的东西很快就会改不胜改，也许他一辈子都无法挽救了。换句话说，大型媒体需要许多玩意儿，而且要得很急；一般地说，它们不太区别各种不同的东西。（pp.14—15）

　　此外，《意义的降格》预示波斯曼在后来的著作中将反复考虑的那些主题。比如，《娱乐至死》就阐释宗教语言和政治语言，《技术垄断》就简略论述了科学的语言。

　　总之，《美国的语言》是波斯曼的一部创新之作，开辟了媒介环境学这个新的领域。媒介环境学这个术语并没有在这本书里露面。

---

[1] 罗纳德·里根（Ronald Reagan, 1911—2004），美国演员、广播节目主持人，美国第40任总统（1981—1989）。——译注

[2] 芭芭拉·沃尔特斯（Barbara Waters, 1929—1995），美国记者、作家、电视节目主持人。——译注

[3] 乔·加吉奥拉（Joe Garagiola, 1926—2016），美国棒球运动员、演员、电视节目主持人。——译注

"生态"这个词也只露面两次,《意义的降格》说到语义环境时用了一个短语"生态平衡"(pp.14,18)。与此同时,他1968年的讲演稿《改革后的英语课程设置》一年之后收进一本书,被印成铅字了(Postman,1970)。所谓开创新领域指的是,《意义的降格》介绍了媒介环境学的基本观念:媒介是环境,媒介环境有问题时,负面的后果就会产生。

8.2.3 《作为颠覆活动的教学》

《作为颠覆活动的教学》(Postman,Weingartner,1969)使波斯曼在知识地图上占有一席之地,确定了他公共知识分子和教育理论家的身份。这本书洛阳纸贵,在校园里、师生中畅销,风靡全国;最重要的原因是,它论述了当时美国公共教育的状况,另一个原因是,它的宗旨是为改善教育开处方,为问题提出解决办法。

这样一本书似乎和本章分析的思路有一点偏离。然而这并不是说,书中没有媒介环境学的思想。论"语言"(Languaging)的第七章提炼并再现了《语言学》和《美国的语言》两本书里的许多思想。第十章"新语言:媒介"(New Language: The Media)在此阐明《电视和英语教学》里提出的四次传播革命(注意,第四次革命的措辞尚未改变,仍然是"传播革命")。

总体上看,《作为颠覆活动的教学》对媒介环境学的主要贡献有两点。第一个贡献是,两位作者超越了原来提出把电视融入通识教育的主张,此时他们申明,有必要在这个基础上考察和理解一切媒介。这样表述之后,这个思路就首次在正式出版物里露面了,他们主张媒介教育和媒介素养教育。作者写道：

> 学校只关注印刷文化，环境却要求把学校的关怀延伸到一切新形式的媒介，新媒介和环境的变化是不可分割的；换句话说，虽然新媒介的重大影响还在评估之中，如今的趋势却要求，凡是给教育增加现实意义的努力都必须充分考虑新媒介的作用。(p.161)〔1〕

《作为颠覆活动的教学》对媒介环境学的第二个贡献，在于它对麦克卢汉及其思想的介绍。该书对麦克卢汉的介绍，表示波斯曼首次公开承认麦克卢汉的影响。这是非同一般的认可：麦克卢汉在书里的影子赫然可见，显形和隐形的影子都放被得很大。

第一条引语出现在序文第4页，作者借以发挥自己的论点：教育机构为什么要改革，为什么这样的改革需要极端革命性的思维方式和首创精神，以至于被认为是"颠覆性"的改革。〔2〕麦克卢汉那条引语说，如果教育体制"脱离实际"，那就必须改革教育体制（p.xiv）。两位作者把《理解媒介》（McLuhan, 1964）当作"休克疗法"的典范，认为它有助于教育体制的改革并使之恢复活力（p.xv）。

不过，这两处征引仅仅是开始。该书充满了麦克卢汉思想和警

---

〔1〕 有人说，"新媒介"是互联网时代创造的新词。我想强调指出，波斯曼和韦因加特纳《作为颠覆活动的教学》里的新媒介，指的是电视和广播、密纹唱片、磁带录音机、漫画书、小报、电脑以及平装本图书等（p.166）。
〔2〕 也许值得指出的是，媒介环境学里的"生态"一词、《作为颠覆活动的教学》的标题和主题里使用的"颠覆"一词，都是那个时代的标志——20世纪60年代是社会政治动荡的十年。

语的花絮，他们用征引麦克卢汉的言论作为由头来展开自己的论述，指出麦克卢汉思想、警语和其他学科比如教育学、语言学和心理学理论家的关系。比如，"媒介当然就是讯息"（The Medium Is the Message, of Course）那一章不仅揭示和拓宽了标题里的思想，而且把麦克卢汉作为教育家来介绍。作者认为，之所以说麦克卢汉是教育家，那是因为他的思想引申了其他教育理论家的思想，因为他拓宽了我们需要认识的范围，以及为何需要了解这些事情的道理。第二章起首的一段话是：

> 此刻最危险的人物之一是马歇尔·麦克卢汉，他危险，因为他似乎在颠覆传统的预设。然而，他的著作正在抓住知识分子和新闻界的注意力，其他教育家从来没有享受过那样的的注意力。原因之一是他的语言独出心裁；另一个原因是他展开思考的方式是非常规的方式；第三个原因是，一般人认为他不是教育家……
>
> 然而，麦克卢汉是一位操作型的教育家。再者，他的一些所谓"探索"非他莫属，多半是由于这些比喻的神韵（他是教书的，但他使用非同寻常、行云流水的双关语和诗意语言）。他的许多短语重新肯定了其他教育家比如约翰·杜威和怀特海表达过的意思。麦克卢汉重申的思想曾经且继续被忽视，而忽视它们的人往往是最能够从中受惠的人。我们尤其感谢他用另一种方式来重述杜威的信念："我们做什么就学什么。"（We learn what we do.）麦克卢汉的警句"媒介即讯息"表达的意思几乎和杜威这句话相同……从这个角度来看问题，我们就容易明白，

神经系统最深刻的印象来自于环境的性质和结构，神经系统是在环境中运行的；环境控制着参与其中的人的感知和态度，所以环境本身就传达着关键而主导的讯息。（pp.16—17）

第三章征引了麦克卢汉的另外三个比喻："标签—侮辱"（label-libel）策略，"后视镜"（rear-view mirror）综合征和"故事线索"（story line）（pp.25—29）。"标签—侮辱"策略的意思是"为了方便而给一个想法命名，然后就产生不再重视这个思想的倾向……如果你对某个问题有所了解，你就不必再去思考这个问题"（p.25）。"后视镜"指的是这样一个论点："我们大多数人能够理解新媒介的影响，因为我们就像开车人，眼睛不是盯住前方，而是看着我们从何而来。"（p.26）"故事线索"的比喻，在麦克卢汉坚持的表述中豁然开朗了，"电力时代扰乱……信息流的线性结构（着重号是两位作者所加），从而提升了我们对结构的感知"（p.28）；麦克卢汉相信，我们不再是"'ABC 分割思维定式'（ABCED-minded）的人，不再是序列性思维的人，不再是条块切割的人"（p.28）。因为过去我们的思想和生活受到印刷品指令的约束。

最后，在"新语言：媒介"那一章，作者开宗明义断言，麦克卢汉引申了萨丕尔—沃尔夫假说："语言为我们对现实的感知提供结构。"（p.160）在这里，《作为颠覆活动的教学》对媒介环境学的两个贡献就非常清楚地描绘出来了。换句话说，借助麦克卢汉，波斯曼和韦因加特纳敦请我们承认，不仅语言而且一切媒介都给我们对现实的感知提供结构。结果，《作为颠覆活动的教学》继续推进《语言学》和《美国的语言》两本书作出的贡献，它证明，不仅语言研究而且一切"媒介研究成为新教育里的至关重要的教育"（p.160）。

8.2.4 《软性的革命：以学生为主动力的教育改革提案》

《软性的革命：以学生为主动力的教育改革提案》（Postman, Weingartner, 1971, 下文简称《软性的革命》）也是论教育的书, 虽然它和《作为颠覆活动的教学》有两点不同。第一, 它的对象是学生而不是专业教育家。第二, 其表现方式颇为调侃, 很像《媒介即按摩》（McLuhan, Fiore, 1967）, 受《媒介即按摩》的影响颇有证据：《软性的革命》没有目录, 没有索引, 没有参考文献; 用了各种不同型号的字体、大量的配图, 借用了大量的卡通图片, 章节短小, 有时一页就是一"小章"。

对"软性的革命"的书名可以作以下解释：它紧随《作为颠覆活动的教学》问世, 响应其号召, 寻求美国教育制度的改革, 旨在颠覆时代僵化的积习, 因此《软性的革命》也可以被认为是一本"革命的"书。然而, 它的目标受众是学生, 它出版的时间紧随1970年5月肯塔基州立大学的动乱与枪击事件[1]; 这次事件之后, 历时十年的支持民权运动和反对越南战争的学生运动宣告结束。本书的意图是在这个脆弱的时期向学生发出诉求, 不是刺激猛烈的革命去反对教育制度, 而是要发动一场"软性的"革命。软性革命的

---

[1] 1970年5月, 肯塔基州立大学三千多名学生举行游行示威, 抗议尼克松政府入侵柬埔寨, 警察向学生开枪, 死伤数十人。——译注

目的"是帮助我们大家团结起来，为了共同的生存而努力"（1971，p.4）。作者作了这样的解释：

> 软性革命的基本比喻是柔道。如字面意思所示，其首要用处是捍卫个人、反对体制。你练柔道的时候，你不用力量对抗对手。你借力打力，使对手自顾不暇（实际上他自己打败自己）。比对手强时，你不会用柔道。在那样的情况下，如果你愿意，你可以把他打得稀烂。但你和教育的关系显然不是这样的情况。一方面，管理教育机构的官僚体制可能不如社会上的其他势力强大；另一方面，给它们撑腰的还有先例、法律、学术偏见、经济压力、传统和惰性。（p.5）

本书在媒介环境学原理中的价值姗姗来迟，奇怪的是，它出现在"纳德[1]的突击手"（Nader's Raiders）那一章（pp.138—146）。简单介绍之后，作者就把纳德赞誉为"美国最有效的软性革命者之一"（p.138），因为他巧妙利用国内的法制，"他提醒大家注意，强大的公司利益如何侵犯消费者的利益"（p.138）。两位作者建议在大学里办一个专业，"调动研究生的才能和精力，给国家提供第一条对抗愚昧和平庸的防卫线"（p.139），在日常生活的一切领域构筑这样一条防线。两位作者给这样一个专业的描绘见以下引文，实际上就是纽约大学媒介环境学博士点的介绍文字，包含了波斯曼在一篇长文里首次使用这个术语并给它所下的定义：

---

[1] 拉尔夫·纳德（Ralph Nader, 1934— ），美国律师，保护消费者利益运动的先锋。——译注

媒介环境学研究人的交往、人交往的讯息及讯息系统。具体地说，媒介环境学研究传播媒介如何影响人的感知、感情、认识和价值，研究我们和媒介的互动如何促进或阻碍我们生存的机会。其中包含的"生态"一词指的是环境研究——研究环境的结构、内容以及环境对人的影响。毕竟，环境是一个复杂的讯息系统，环境调节我们的感觉和行为。环境给我们耳闻目睹的东西提供结构，所以，环境就构成我们耳闻目睹的事物的结构。（p.139）

这一章的其余部分勾勒这个专业的情况，集中讲四个问题，即"媒介史，媒介素养和创造性、媒介研究、媒介视角和媒介批评"（p.140）。关于媒介史，两位作者建议，学生应该"学习技术和传播的历史，'探索'技术和传播的未来"（p.140）。未来被纳入历史论述的目的之一，是希望学生能够利用历史知识，以便在"解决研究未来遇到的具体问题"（p.140）。"多媒体素养"是为了让学生理解"各种媒介结构"的问题（p.141）。媒介研究只针对那些"尚未探明"的传播研究领域和媒介研究领域。作者在这里引用了麦克卢汉的论述，并且指出，就在几年前，"还找不到论述印刷术对感知影响的只言片语"（p.143）。最后，这样一个专业"最重要的特征是继续不断地参与媒介批评"（p.143）。

8.2.5 《教材：为关心教育的人支招》

《作为颠覆活动的教学》针对的是教育家，《软性的革命》以学生为对象；这两本书加上《教材：为关心教育的人支招》（Postman, Weingartner, 1973b，下文简称《教材》），组成一个三部曲，论述当时的学校改革运动，诉求对象是学校改革成功所涉及的各方面的人。

在波斯曼的著作中，《教材》表面上看和媒介环境学的原则和宗旨的关系最少。就是说，媒介环境研究在这本书里更多的时候是隐而不显。然而，它符合媒介环境学的追求，而且在三个方面对媒介环境学作出了贡献。

第一个贡献见于"阅读问题"（The Reading Problem）那一章。作者指出，教育界批评学生不读书的问题实际上是一个更加宏观的问题，即面对电子革命的挑战时，读写文化眼看将要走下坡路的问题。他们写道：

> 即使没有马歇尔·麦克卢汉这个人，电器插头还是存在的。你未必是媒介决定论者、传道的使徒或诸如此类的人，但你能够指出一个明显的事实：印刷品在我们今天的生活中的重要性远不如过去了。（p.83）

这一章接着证明，波斯曼终身捍卫印刷文化的主张，就建立在这个基础上。他要捍卫印刷文化给人类经验带来的一切有价值的东西，还要捍卫印刷文化容许我们所做的一切。我们需要印刷文化维持我们集体生存的健全，即使这未必能够改善我们的生存境遇；波斯曼要捍卫我们需要印刷文化的一切理由。从这本书开始，他的"颠覆"倾向开始转向对"保存"的兴趣。"颠覆"倾向很大程度上是20世纪60年代文化进程和动乱的产物，"保存"则是印刷文化在电子革命的冲击之下坚守自身阵脚的特点。

在"人物"（People）那一章里，作者列举"大约70位有贡献的人，他们对当前围绕学校的思考作出了贡献"（p.198），而且简单介绍了每个人的贡献。这个名单对媒介环境学的意义是一望而知的，其中有约翰·卡尔金和马歇尔·麦克卢汉（麦克卢汉的传略最长）。这个名单还包括一些教育理论家，比如：阿德尔波特·艾姆斯[1]、保罗·费莱雷[2]、伊万·伊里奇[3]、乔纳森·柯佐尔[4]、玛丽亚·蒙台梭利[5]、亨利·珀金森[6]。还包括一些心理学家，比如：布鲁诺·贝特尔汉姆[7]、杰罗姆·布鲁纳[8]、埃里克·埃里克森[9]、罗纳德·大卫·莱

---

[1] 阿德尔波特·艾姆斯（Adelbert Ames，1880—1955），美国军人、政治家、心理学家，发明著名的"艾姆斯室"，以此显示视觉的扭曲。——译注
[2] 保罗·费莱雷（Paulo Freire，1921—1997），巴西教育家，哈佛大学教育学院客座教授，联合国教科文组织顾问，世界基督教协会第三世界国家成人教育专职顾问，被认为是教育理论"第三次革命"的开创者和实施者。——译注
[3] 伊万·伊里奇（Ivan Illich，1926—2002），奥地利裔美国哲学家、社会理论家，20世纪70年代以激进观点著称，著有《非学校化运动》《废除学校的社会》《医学的报应》等。——译注
[4] 乔纳森·柯佐尔（Jonathan Kozol，1936— ），美国教育家、作家、社会活动家，著有《早夭》《野蛮的不平等》《文盲美国人》等。——译注
[5] 玛丽亚·蒙台梭利（Maria Montessori，1870—1952），意大利医生、教育家，创办"儿童之家"，提出蒙台梭利教育法，强调儿童潜能的自由发展，著有《蒙台梭利教育法》《启发人的潜力》等。——译注
[6] 亨利·珀金森（Henry Perkinson，? —? ），美国教育史家，著有《美国两百年教育史》。——译注
[7] 布鲁诺·贝特尔汉姆（Bruno Bettelheim，1903—1990），奥地利裔美国儿童心理学家，著有《魔法的利用：童话故事的意义和重要性》等。——译注
[8] 杰罗姆·布鲁纳（Jerome Bruner，1915—2016），美国心理学家、教育学家，对心理理论的系统化和科学化作出贡献，曾任美国心理学会主席，1962年获美国心理学会杰出科学贡献奖。——译注
[9] 埃里克·埃里克森（Erik Erikson，1902—1994），德裔美国神经病学家、发展心理学家和精神分析学家，提出心理发展的8个阶段，指出每一阶段的特殊社会心理任务，认为每一阶段都有一个特殊矛盾，矛盾的顺利解决是人格健康发展的前提。——译注

恩[1]、亚伯拉罕·马斯洛[2]、让·皮亚杰[3]、卡尔·罗杰斯[4]、伯尔赫斯·弗雷德里克·斯金纳[5]。他们不仅参与"如何办学的大辩论"（p.198），而且我们还可以说，他们的研究成果可以作为媒介环境学的基础读物。

8.2.6 《疯话，蠢话：我们如何败于自己说话的方式，我们又应该怎么办》

《疯话，蠢话：我们如何败于自己说话的方式，我们又应该怎么办》（Postman, 1976，下文简称《疯话，蠢话》）是波斯曼和三驾马车分手的标志。在此之前，他的教育系列著作是和韦因加特纳等人合作完成的。此刻，他回头关注语言和普通语义学的研究方法。同时，本书的问世标志他跻身名人前列，他的幽默和讲故事的才能、善于用轶事和例证的天才使他发出了自己的声音。

和《语言学》一样，本书用了大量的普通语义学原理。不过，

---

[1] 罗纳德·大卫·莱恩（Ronald David Laing, 1927—1989），英国作家、医生，著有《经验的策略》《生命的真谛》等。——译注
[2] 亚伯拉罕·马斯洛（Abraham Maslow, 1908—1970），美国社会心理学家，人格理论家，人本主义心理学创始人之一，其动机理论被称为"需要层次论"，曾任美国心理学会主席。——译注
[3] 让·皮亚杰（Jean Piaget, 1896—1980），瑞士儿童心理学家，创立发生认识论。著作50余种，要者有《儿童的语言与思维》《儿童的判断与推理》《儿童智能的起源》《儿童的早期逻辑发展》等。——译注
[4] 卡尔·罗杰斯（Carl Rogers, 1902—1987），美国心理学家，人本主义心理学代表人物之一，从事心理咨询和治疗，曾任美国心理学会主席，1956年获美国心理学会杰出科学贡献奖。——译注
[5] 伯尔赫斯·弗雷德里克·斯金纳（Burrhus Frederic Skinner, 1904—1990），美国行为主义心理学家，新行为主义的代表人物，操作性条件反射理论的奠基者，美国科学院院士，1958年获美国心理学会杰出科学贡献奖，1968年获美国国家科学奖。——译注

《语言学》是学术著作,针对英语教师;《疯话,蠢话》借用了《教材》里的一页书对广大市民的诉求的内容。这是他第一部独自完成的书,同时又是真正意义上的大众读物。结果,这本书为他以后对媒介环境学的独特贡献定下了基调:媒介环境学家应该是公共知识分子。我们还可以说,他的影响直逼麦克卢汉,因为他对麦克卢汉的许多思想做了澄清和过滤的工作,把麦克卢汉的思想送到更多人的手里。

什么是"疯话"和"蠢话"?据波斯曼说:

……除了其他难以理解的困难之外,方向混乱、语气不妥、词汇不适合语境的说话,就是蠢话。因此,蠢话达不到目的。指责说蠢话的人就是指责他使用语言的效果不好,就是指责他犯了有害但还可以纠正的错误。这是一个严重的问题,但一般还不那么可怕。(p.xi)

疯话

……几乎总是可怕的……疯话有可能完全是有效的谈话,但是它总是有一些没有道理的、邪恶的目的,有时完全是鸡毛蒜皮的目的。疯话为自己造成一个非理性的语境,或者在人的互动中维持一个非理性的观念。(pp.xi—xii)

要而言之,疯话"反映'坏的'目的";蠢话"打败合法的目的"(p.74)。举一个蠢话的例子:人家的寒暄语"嗨,你好吗?"

本来就不是问题，你却给人家报一个流水账，啰啰嗦嗦地说你什么好，什么不好。疯话有这样一个例子：在纽伦堡战犯审判庭上，保罗·布罗贝尔（Paul Blobel）被控在乌克兰的巴比亚尔屠杀了30,000犹太人和俄国人，他否定指控说："人的生命对他们（犹太人和俄国人）没有对我们那样珍贵。我们的士兵在枪决这些人的时候忍受的苦难超过了他们的痛苦。"（p.78）

《疯话，蠢话》的第一篇深入考察语义环境，这是波斯曼等人合著的《美国的语言》（Language in America, Postman, Weingartner, Moran, 1969）初步论述过的问题。语义环境是疯话和蠢话发生的环境，有时这个语义环境本身就造成这样的胡说八道。波斯曼说：

> 语义环境的比喻……说，交流不是内容或零星的东西或讯息。在一定的意义上，交流甚至不是人们的所作所为。交流是一种环境，人们参与其中，就像植物参与生长过程一样……如果没有阳光或水，植物想要生长也不会有任何作为。如果没有语义环境，我们想要交流也无能为力。交流的发生不仅需要讯息，而且需要有序的环境，讯息只能在有序的环境里获得意义。（pp.8—9）

提出这个概念框架之后，第一篇尝试给我们的整个语义环境下定义，依据的标准是：（1）说话的目的，（2）我们的关系（说话时近身而显然的语境），（3）说话的内容。波斯曼引用瓦兹拉维克（Watzlawick）的话只有一次（p.218），只从《变革》（Change,（Watzlawick 等人，1974）引用了"第一层级的思维（first order thinking）和第二层级的思维（second order thinking）"这样的观念。然而毫无疑问，《疯话，蠢话》受到瓦兹拉维克的重要著作《人类传播语用学》（*The Pragmatics of Human Communication*，1967）的影响。《疯话，蠢话》用几章的篇幅论述：关系和内容是语义环境的构造成分，这些论述和《人类传播语用学》颇为相似。《疯话，蠢话》认为，内容和关系是传播的"层次"。反过来，瓦兹拉维克等人把传播的关系层次叫作"语境"。

在第二篇里，波斯曼对各种疯话和蠢话进行分类和分析。比如，在"传播万能药"（The Communication Panacea）那一章里，按照他的分类，以下想法应该归入有局限甚至是错误的预设：我们随时随地需要完全开放、直率明快的交流，而且每当我们的关系出现问题时，我们唯一需要的就是完全开放、直率明快的交流。在"IFD 病"（IFD Disease）那一章里，波斯曼说明，我们自言自语用"理想"的话谈论自己时，为什么可能会使自己"沮丧"；他解释，事情没有按照我们自己的说法发展时，结果常常是"打击自己的志气"。这一章显然从温德尔·约翰逊的《人在窘境》（*People in Quandaries*，1946）得到了一些启示。"说具体"（Reification）那一章讨论的是常常把语词和事实混淆的错误。用他自己的话说，这样的混淆也许是"最诱惑我们说疯话、蠢话的原因，因为混淆的源头深深嵌入了语言的结构"（1976，p.135）。最后，在"艾希曼疯话"（Eichmanism）那一章里，波斯曼把纳粹集中营主管阿道夫·艾希曼当作广告人物来显示什么是疯话："对我们来说，维护我们自己在时局里的角色和地位，比时局总体的目的更加重要。"（p.179）

总之，如果矫正疯话和蠢话的症状和严重的病态就是承认并理解疯话和蠢话出现的语义环境,那么这就是波斯曼告诫我们注意并努力去做的事情:提高语境意识以求更好地理解和使用语言,用麦克卢汉的话来解释就是,语境如何成为讯息。这就是波斯曼所谓的"元语义学"(meta-semantics):

> 元语义学使我们的头脑守规矩。元语义学是控制疯话和蠢话并且把疯话和蠢话减少到最低限度的最佳途径,是使我们比别人少说疯话和蠢话的最佳途径。
>
> 元语义学最基本的策略是从心理上把自己置于语义环境之外,以便能够看到这个语境的全貌,至少是能够用多维视野去看这个语境。从这个立场或多种立场出发,我们就能够评估说话的意义和质量与总体环境的关系,就能够拉开相当大的距离去评估这个关系,我们直接参加语义环境的兴趣就会降低,观察语义环境的兴趣就会上升。(pp.236—237)

说到这里,我们对本书的讨论还剩下最后一个重要问题。在最后一章"注意你的意义"(Mind Your Meaning)里,波斯曼有一段话呼应他在《教材》里开始出现的一个趋势:从"颠覆"走向"保存"。制度化的余音进入了他的下一本书,我想借此说明他生涯的下一个阶段。他写道:

> 从以上论述,你或许想到,我很重视社会秩序及其四根支柱——同感、传统、义务和礼貌。我意识到,这四个词极其抽象,难以界定。我用它们是想提出一个社会保守观点:在大

多数语义环境下，总有一点值得保存的东西。我所谓"语义环境"毕竟是长期的人类经验塑造的情景，我们绝不能轻视这些情景的宗旨和惯用的语言，决不能贸然轻率地修改这些情景。（pp.250—251）

记住这一段话之后，我们就进入波斯曼生涯的第二个阶段，转向他的下一本书《作为保存活动的教学》。

8.3　第二阶段：媒介环境学的崛起

波斯曼著述的第二个阶段有一个特点，这个阶段的三本书可以说是媒介环境学发展过程中的核心著作。其中的第一本并非总是被当作这样的著作，部分原因在于其书名《作为保存活动的教学》（*Teaching as a Conserving Activity*，1979）。第二本《童年的消逝》（*The Disappearance of Childhood*，1982）论述的是，在电子大众媒介的时代里，童年的性质和概念是什么。第三本是波斯曼最畅销、最广为人知的著作——《娱乐至死：娱乐时代的公共话语》（*Amusing Ourselves to Death: Public Discourse in the Age of Show Business*，1985）。

8.3.1　《作为保存活动的教学》

《作为保存活动的教学》尽管用了这样一个书名，但它的确是媒介环境学的入门书。除绪论之外，全书十二章有八章专讲媒介、媒介教育和媒介环境。其余四章的论述也包含媒介研究的内容。

波斯曼开篇就谴责"教育改革运动终结的端倪"（p.4）。他解释实际发生的情况：虽然有那么多良好的意图，那么多受到激励的推动者,那么多进步和发人深省的观点,虽然投入了那么多的精力,实际的变革并没有实现。书末有一句优雅的话:"说到底,教育是对思想威力的信仰,思想能够产生意料之外、难以估量的结果。"(p.230)波斯曼在书里承认,这本书里的观点是对《作为颠覆活动的教学》里的视角的再思考。原因也许是他变了,或者是情况变了,或者是因为他一直承认反面意见的价值,或者是这几种原因兼而有之。这是他第一本明确论述媒介教育的著作。

在"恒温器观点"(The Thermostatic View)那一章里,波斯曼重温"生态"(ecology)这个术语,他开始构建自己有关媒介环境学的观点。他认为:

> ……生态学本质上不是关于DDT、毛毛虫的学问,也不是有关麝鼠筑坝影响水流的问题。生态学研究的是环境变革的速度、规模和结构,它既关注森林的平衡,也关心心态和社会和谐的问题。因此,生态学既关心自然机制、树木、河流和苍鹭,也关心社会制度、推土机、高速公路、人造物和思想的问题。实际上,从词源上说,"ecology"的希腊词根原本与自然环境无关。它原来的意义是住房或家居环境,亚里士多德则把它用作政治词汇:国家对社会事务干预的增加,个人家庭的稳定性就遭到削弱。(pp.17—18)

接着,波斯曼引用诺伯特·维纳(Norbert Weiner)的控制论原理,提出一个平衡取向的观点:"教育的最佳构想是恒温器"(Postman, 1979, p.19)。提出恒温器比喻的是维纳:

> 控制论……是控制和平衡的科学，"反馈"研究……控制论要我们注意维持系统平衡的手段。维纳发明了反馈的科学，对他而言，控制论起作用的最明显例证是恒温器，这是对立互补的原理，是触发对立力量的机制。（p.19）

波斯曼把这个比喻用于教育，这可以用来解释为什么他的意识形态从颠覆向保存的转变，他要保存那些可能被遗忘的事物：

> 从这个观点来看问题……环境呈现出创新势态时，教育就尽力保存传统。换句话说，社会受环境约束时，教育就表现出创新的态势。无论社会是快速变化或是静止不动，教育都需要不紧不慢。教育的功能总是对潮流进行反制，并推出反面的景象。教育的恒温器观点并不是以意识形态为中心，而是以平衡为中心。（pp.19—20）

由此可见，"恒温器观点"推出的是一种教育哲学思想，其核心关怀是，教育在它服务的社会/文化里要保持平衡。这样的平衡要求我们考问并抗衡社会/文化当下的主导倾向。结果，教育的首要目的就成为拯救并维持主导潮流影响之下失去的东西，也就是被忽视的、看不见的或被遗忘的东西。在他看来，这个目的是一个非此即彼的命题：教育必须要对前瞻性的时代作出保守的回应，如果情况相反，教育就应该作出革命的回应。

显然，这条思路扎根于他在前瞻的教育改革运动里的经验和失望，当时的改革本身就受到20世纪60年代社会革命的影响。与此同时，情况逐渐明朗开来：他正在构建的力量并非只涉及教育，而且还涉及媒介与教育的关系。因为"恒温器观点"那一章结尾留给读者的问题是：我们的文化/社会里需要平衡的究竟是什么？用波斯曼的话来说就是："如果不予以钳制，什么样的文化偏向会给我们的青年留下无能的心智和扭曲的人格呢？"（p.25）

解决这些偏向的答案见下一章"信息环境"（The Information Environment）。波斯曼写下的答案是："必须随时给文化里的信息偏向提供平衡"（p.46）；"教育的主要任务是弄清这些偏向，知道用什么办法来使之平衡"（p.46）。不过，这个平衡观点提出的是第三种平衡理论。此前的两种平衡理论是：生态平衡，保存与革新的平衡。虽然靠近本章结尾（p.45）的时候，波斯曼才引用伊尼斯及其《传播的偏向》（The Bias of Communication，1951），但波斯曼的主张建立在伊尼斯警示的基础上，而且逐渐接近于伊尼斯的告诫（虽然缺乏末日逼近的弦外之音）：一种文明/文化里的媒介偏向失去平衡时，平衡不可挽回地被扰乱之后，文明毁灭的种子就要发芽了。

波斯曼对伊尼斯的补充，加上这三种平衡理论的交叉，使波斯曼终于形成了一个新的理念。这个理念是他的教育理论和媒介理论的核心，他用这个理念把两者联系起来。这个理念是生态的理念，换句话说，我们有中介的环境必须要维持平衡。于是，在《作为保存活动的教学》里，我们发现了媒介环境学的另一个定义：

> 媒介环境学研究信息环境。它致力于理解传播技术如何控制信息的形式、数量、速度、分布和流动方向，致力于弄清这

样的信息形貌或偏向又如何影响人们的感知、价值观和态度。（p.186）

然而，必须强调指出，这种媒介环境和寻求平衡的努力有两个构造成分。第一个成分是理解媒介的需要，我们尤其需要理解一种文化及其时代的首要媒介的偏向。为此目的，波斯曼提出了一个分析框架的四维图式，也就是理解媒介时的四个注意事项：（1）一种媒介提供的信息形式，（2）信息的数量和量级，（3）信息允许的传播速度，（4）信息在多大程度上能够被获取，被谁获取。在接下来那一章"人生第一课"（The First Curriculum）里，波斯曼集中讲电视"无疑，新信息环境里有一个最强有力的新成分，这个新成分就是电视。"（p.47）

正如波斯曼揭示的那样，电视是"第一课"，因为儿童进入正规的公共教育系统之前，电视就是他们的老师，就教他们如何理解世界及其事物。在"技术主题"（The Technical Thesis）那一章里，他也借重芒福德（1934）和艾吕尔（1964）来支持自己的观点：

> 我们的下一代正在信息环境里成长。一方面，这个信息环境偏向于视觉意象、非连续性、直接性和非逻辑性，因而是反历史、反科学、反观念、反理性的。另一方面，这种情况发生的语境又具有技术化程度最高的宗教偏向或哲学偏向。这就意味着，我们失去了思考和判断的信心和能力，于是我们心甘情愿把这些观念交给机器。机器曾经被认为是"人的延伸"，可是如今人却成了"机器的延伸"。（Postman，1979，p.100）

在"恒温器观点"那一章的结尾,波斯曼对媒介环境学的第二个成分作了明白的宣示。他的媒介环境即是他的文化和时代,这个环境需要我们回头审视语言教育和印刷术文化。

8.3.2 《童年的消逝》

《童年的消逝》(1982)是波斯曼第一本明确谈论教育的书。在这本书里,他用媒介环境学理论考察围绕教育展开的生活世界,考察大范围的文化。其理念是,我们的信息环境或媒介环境不仅影响文化而且创造文化,媒介环境就是文化。具体地说,该书阐述了两个理念。第一个理念是,我们承认和谈论的童年那个人生阶段是印刷文化的产物。童年观念之所以来临,那是因为印刷术产生了一条分界线,把儿童挡在这条分界线之外,使他们得不到读书识字的成年人才能够获取的信息。第二个理念是,电子媒介尤其电视把这条分界线抹掉,同时被抹掉的还有童年的现代观念和经验。

因此,这本书分为两篇。第一篇论证的是,童年的"消逝"及其根源就是印刷术的发明和推广。第二篇论证的是,童年之所以消逝,是因为电子媒介很容易获取且产生影响。显然,第一个论点比较而言更难以证明,因为它言下之意是说,童年是技术这个决定性原因的副产品。所以,该书这一部分需要我们给予更多的注意和审视,我们需要总结并充分解释其中详细的论证。

在第一章"昔日无童年"(When There Were No Children)里,波斯曼追溯我们现在理解的童年从希腊文化、罗马文化到中世纪的历史流变。他指出,希腊人"很少把童年当作一个特殊的年龄段来注意"（p.5）；希腊人"儿童和青年两个词至少是非常含糊的，似乎涵盖了从婴儿到老年的任何一个年龄段"（p.6）。他接着说，现存的希腊雕塑里就"没有一件表现儿童的作品"（p.6）。最后他说：

> 希腊人对学校的重视不应该这样理解：他们的童年观念和我们的相似。斯巴达人的训练方法可能会被许多人当作折磨，即使我们排除斯巴达人不予考虑，其他希腊人也不会用如今许多人认为正常的训练方法去训练年轻人，他们不会采用我们那种感受和理解的尺度。（pp.7—8）

波斯曼接着说，罗马人"借用希腊人学校的观念，形成童年的意识，在这一点上，他们超越了希腊人的观念"（p.8）。罗马人在这个方面的主要进步是他们把童年和羞耻观念联系起来。波斯曼用着重号写道："不养成良好的羞耻观念，童年就不可能存在。"（p.9）波斯曼认为，虽然罗马人未必在育儿时心里想到了这个观念，但这种联系成为产生现代童年观念的分界线：这条分界线是"需要保护儿童，不让他们知道成人的秘密，尤其是性的秘密"（p.9）。

关于中世纪的童年，波斯曼对这个历史时期的总结见以下一段文字：

> 每一位受过教育的人都知道北方野蛮人的入侵、罗马帝国的崩溃、古典文化被遮蔽、欧洲陷入所谓黑暗时期即中世纪时

期。我们的教科书对这样的转变讲述得很清楚,但忽视了四点,这四点和童年观念的演变具有很大程度的相关性。第一点是文化素养的消逝,第二点是教育的消逝,第三点是羞耻观念的消逝,第四点是童年的消逝,童年的消逝是前三种消逝产生的后果。(p.10)

从这一点出发,波斯曼在"印刷机和新成人"(The Printing Press and the New Adult)和"童年的摇篮"(The Incunabula of Childhood)这两章里指出:童年显然必须在它与成年的关系中去理解;如果成人世界随着活字印刷机的发明而急遽变化,随着文化素养的推广而变化,随着印刷文化的文化革命而变化,那么显而易见,童年观念也必然随着这个历史而变化。在这里,波斯曼受到志同道合的学者很大的影响。他拜读了伊丽莎白·爱森斯坦《作为变革动因的印刷机:早期近代欧洲的交流和文化革命》(*The Printing Press as an Agent of Change: Communication and Cultural Transformations in Early-modern Europe*,1979),这本书比《童年的消逝》早五年。他在论证中征引的学者还有伊尼斯、芒福德和小林·怀特(Lynn White, Jr., 1962)。

在"童年的摇篮"那一章里,波斯曼得心应手地运用"摇篮"(incunabula)这个比喻。他指出这个词的直译是"摇篮时期"。他写道,印刷术走出摇篮时,"童年观念就走进摇篮"(p.37)。换句话说,到16世纪末和17世纪,"人们承认童年的确存在,而且童年是顺理成章的、自然而然的特征"(p.37)。届时,儿童被看成是界线分明的一个群体,"因为在他们的文化里,他们必须要学会读书写字,必须要学会如何成为印刷文化要求的那一类人"(pp.37—38)。

用这一切打牢基础之后,波斯曼转而论述本书的真正目的:他担心当代电子媒介文化及其后果对童年的影响,而童年是近代生活一个必需的阶段。童年之所以必不可少,那是因为它继承了代代相传的文化模式:每一代人都要成长起来到成人世界里去栖身,目的是发扬文明的遗产,发扬印刷文化的文明成果;在这个过程中,每一代人都要为下一代负责。然而,用波斯曼的话来说:

> 电视从三个方面消解了童年和成年的界线,这三个方面都和电视无差别的、能够轻易获取的性质有关:第一,不需要别人传授就可以捕捉其形式;第二,电视对脑子和行为都没有复杂的要求;第三,电视不区隔不同年龄的受众。在其他电子媒介、非印刷媒介的帮助下,电视复活了14世纪和15世纪的传播情景。从生理机能上来说,我们大家天生就有条件去观看和解释形象,都能够听到给这些形象提供语境的语言。可是,正在出现的新媒介环境给每个人提供的是同步的、同样的信息。由于我描绘的这些情况,电子媒介不可能保守秘密。没有这样的秘密,童年就没有了。(p.80)

波斯曼在本书结尾时写道:"如果我们的文化忘记它需要儿童,那是难以想象的。然而,它已经走到半途,快要忘记儿童需要童年了。那些坚持牢记儿童需要童年的人,必将作出高尚的贡献。"(p.153)因此我们可以说《童年的消逝》归根到底是论教育的书。之所以这样说,那是因为它告诉我们需要知道什么,才能够给儿童灌输对自己文化的理解和欣赏。我们需要知道如何生活才能够更加出彩、更加成功，需要知道如何确保文化的永续长存。

8.3.3 《娱乐至死：娱乐时代的公共话语》

和《童年的消逝》一样，《娱乐至死：娱乐时代的公共话语》（1985，下文简称《娱乐至死》）特意研究当代媒介环境的一个特别显著的后果。它探讨电视对我们话语的影响，我们的文化凭借这样的话语来维持，我们凭借这样的话语来推进自己的文化，以正面的方式把我们的文化推向未来。简言之，该书说明，我们严肃的话语经过电视过滤之后，如何与电视的需要捆在一起，电视的需要是吸引并抓住我们的注意力；它需要给我们提供娱乐、消遣，使我们愉快。本书同样关注电视给人提供愉悦的事实。

《娱乐至死》是波斯曼作为公共知识分子的生涯达到顶峰的标志。该书一路畅销，不仅在美国而且在世界各地，尤其西欧畅销。在西欧一路走红的主要原因是，当它印行的时候，有些西欧国家刚好处在阵痛的时期，它们的部分电视体制正在向美国那种商业模式转轨。许多文化领袖、政治领袖和知识分子担心这次转轨隐含的后果：他们担心，即使不威胁到文化的生存，这次转轨也会影响自己文化的传承；他们还担心这次转轨对个人文化的影响，担心它对本国信息充分的政治生活的影响。波斯曼直接向他们述说这样的担心。

罗杰·沃尔特斯（Roger Waters）也受到《娱乐至死》的影响。沃尔特斯是平克·弗罗伊德摇滚乐队（the rock group Pink Floyd）的领唱，弹低音电吉他，乐队的主要写歌手。他放弃了正在录制的唱片，不再痴迷它，领悟到一套新思想和新灵感之后才重回录音室。他的灵感来自于《娱乐至死》，他在跨越大西洋的飞行中读了这本书。这个新唱片终于在1992年面世，取名就是《娱乐至死》。

和《童年的消逝》一样，《娱乐至死》分为两篇。第一篇展示媒介环境学的基础，为作者的论辩奠定基础。波斯曼认为，在以电视媒介为象征的当代媒介环境里，印刷文化最辉煌的成就正受到玷污，正在被削弱，严肃的文明、政治和社会话语正在被破坏。在他看来，这种状况与其说是我们把电视当作利润驱动的产业造成的后果，不如说是电视媒介的性质和特征产生的结果。对他而言，电视演变成如今这样的媒介，纯粹是因为我们最终必然要学会利用它的长处，利用它最善于给我们提供的东西。该书的第二篇考察，电视处在媒介文化前列的地位对公共话语各个领域会产生什么冲击，考察它们已经受到什么样的冲击。这些冲击包括：把一切电视节目还原为娱乐，电视内容的非连续性和分割肢解性，对宗教和政治的"羞辱"（Ellul，1985），还有儿童教育电视那种浮士德[1]式的交易。

《娱乐至死》的开篇颇为有名。波斯曼并列20世纪文学中两个"反乌托邦"预言——奥尔都斯·赫胥黎的《美丽新世界》（*Brave New World*，1832）和乔治·奥维尔的《一九八四》（*1984*，1949），并提出一个问题（在他1985年的序言里）：赫胥黎笔下的噩梦是否已经成为现实？在现实生活中，我们从未受到奥维尔

---

[1] 浮士德（Faust），欧洲中世纪传说中的一位术士，为获得青春、知识和魔力，向魔鬼出卖自己的灵魂，德国作家歌德曾创作同名诗剧。——译注

幻想的极权主义、无所不包、无所不知的压制力量的控制。情况刚好相反，波斯曼警告说，我们受控制的原因是，我们自己欢迎并心甘情愿地接受压迫我们的东西。我们自己陷入了一种催眠的状态，我们在追求愉悦中耗尽精力，不注意文明被控制的方式，也不注意我们被控制的事实。我们最终被控制的原因正是我们自己。随时监控我们的不是奥维尔笔下的"老大哥"，而是我们看的电视，电视成了忠诚而可爱的家庭成员，电视是我们成为被控制的受害者的主要媒介。作为当代首要的媒介和文化力量，电视最有力地传播我们的文化，它就是我们最有力的文化。与此同时，凡是被它触摸过的东西都被它变成纯粹的娱乐。结果，我们的文化生活世界只不过是娱乐而已。

该书的第二篇提供了大量的例证和逸事，电视业界的读者更容易读懂。不过，对媒介环境学者而言，具有增益价值的是第一篇。第一章和第二章主要是澄清而不是拓展他的媒介环境学理论。第一章"媒介即隐喻"（The Medium Is the Metaphor）显然是麦克卢汉"媒介即讯息"的延伸。波斯曼认为，一切媒介都是隐喻，因为它们都有自己的偏向，而且我们把特权赋予一种媒介而不是其他媒介时，就表现出一种偏向，这种偏向透露出的信息就是有关我们自己和我们时代的信息。第二章"作为认识论的媒介"（Medium as Epstemology）阐述，一种文化的主要媒介如何成为决定人们认识的主要因素，如何决定人们知道什么、有兴趣知道什么且能够知道什么。第三章"印刷时代的美国"（Typographic America）和第四章"印刷时代美国人的思想"（The Typographic Mind）回头进一步审视作为隐喻的印刷术和印刷术的认识论。这两章为第一篇最后一章

"躲躲猫[1]的世界"（The Peek-a-Boo Mind）作了铺垫。在这里，波斯曼论证了作为比喻的电视，论证了电视对知识的影响。与此同时，他开始向书里的其余内容过渡。关于整个电子革命，他写了这样一段话：

> ……电子技术的庞大阵容催生了一个新世界——躲躲猫的世界；在这个世界里，一会儿发生这样的事情，一会儿又发生那样的事情，这些事情都昙花一现、刹那间消逝。这个世界没有多少整体性，也没有什么意义；它不要求我们做什么，实际上也不允许我们做什么；它就像小孩子的躲躲猫游戏，是一个自足的世界。但就像躲躲猫一样，它又是没完没了给人愉悦的世界。
>
> 当然，躲躲猫游戏没有一点过错，娱乐也没有过错。一位心理学家说得好，我们大家都修建空中楼阁。但如果我们企图生活在空中楼阁里，那就有问题了。19世纪末20世纪初的传播媒介，以电报和摄影术为核心的媒介，召唤躲躲猫的世界并使之诞生，但直到电视来临之后，我们才进入这个世界去生活。电视最有力地表达了电报和摄影术的认识论偏向，使形象和瞬间性的互动达到精湛和危险的完美高度，并把这种完美的结合送进了千家万户。（1985，pp.77—78）

总之，电视成了"新认识论的指挥中心"（p.78）。在当代生活

---

[1] 躲躲猫（peek-a-boo），把脸一隐一现逗小孩的游戏，多见于美国。——译注

的任何领域里，没有任何一个对象能够逃避媒介的触摸和掌控，一旦被抓住之后，任何一个对象都不可能逃避被塑造的命运。即使这样的塑造意味着贬低或污损整个的领域及其重要性，那也是无可奈何的事情。因此，如果人们到电视那里去寻求认真的公共话语，即使并非寻求全部而仅仅是大多数认真的公共话语，人们都会发现：与其说自己是主动的市民，不如说自己是被动的消费者；与其说是主动地发生了兴趣，不如说自己是被动地接受娱乐且没有得到什么启示；与其说是激发了行动的主动性，不如说是被麻木了。

8.4　第三阶段：过渡期和技术垄断

波斯曼著述生涯的第三阶段始于《认真的反对：给语言、技术和教育找麻烦》(*Conscientious Objections: Stirring up Trouble about Language, Technology, and Education*, Postman, 1988) 和《如何看电视新闻》(*How to Watch TV News*, Postman, Powers, 1992)，终结于《技术垄断：文化向技术投降》(*Technopoly: The Surrender of Culture to Technology*, Postman, 1992)。

8.4.1　《认真的反对：给语言、技术和教育找麻烦》

《认真的反对：给语言、技术和教育找麻烦》(1988，下文简称《认真的反对》) 出版的初衷是在《娱乐至死》洛阳纸贵的风头上乘势而上。第一版问世于《娱乐至死》出版三年之后，《娱乐至死》的冲击依然能够感觉到，仍然是争辩的话题，波斯曼仍然如日中天，尤其是在欧洲。

《认真的反对》收集了十八篇文章。其中，八篇是重印，四篇是讲演稿，两篇是《童年的消逝》和《娱乐至死》两本书的概要。在序言里，波斯曼解释这些篇目的内在粘合力，说明这个集子的合理性。他说,"这些文章有一个主题,更准确地说,由三个主题合成的一个主题",它们"构成我三十年来学术兴趣的核心"(p.xii)。

第一个主题是反对"独眼龙技术的胜利"(triumphs of one-eyed technology,p.xiii)。他所谓的"独眼龙技术"是不能"看见"语境、历史或后果的技术,只能看见"眼睛跟前鼻子底下那一点点东西"的技术。然而,更加重要的是,他在序言里这样解释本书的第一个主题(假定有理由说是第一个主题吧)的方式显示,波斯曼的术语有一些变化,也许从他比较固定的术语"媒介"向更加麦克卢汉式的术语"技术"转移。用波斯曼自己的话说,他仍然关注"我们正在被无限制的技术发展引向何方,这个方向对谁有利"(p.xiii)。

第二个主题是"对语词的羞辱"(humiliation of the word,p.xiii),这是向艾吕尔(1985)借用的话。第三个主题是"教育"(education),教育这个主题"从来不会远离技术和语言提出的问题"(p.xv)。《捍卫难以捍卫的东西》(Defending against the Indefensible)这篇文章回头去看波斯曼对语言和教育的论述。奇怪的是,到了学术生涯的此刻,他还在回顾《作为颠覆活动的教学》里那种颠覆性的学习。正如他所云,本章标题"从奥维尔著名的文章《政治与英语》(Politics and the English Language)演绎而来";奥维尔"论述现代政治思想降格到危险的地步,使政治思想的语言用于'捍卫难以捍卫的东西'"(p.20)。波斯曼借用这个观点的目的是要主张,我们需要教年轻人学会防御机制,抗衡这样的政治语言及其后果,以便把我们自己解放出来,用西塞罗的话说,就是要从"当前的暴政"中解放出来(p.22)。

在进一步发展波斯曼思想的篇目里,《作为道德神学的社会科学》（Social Science as Moral Theology）最为重要。这是全书第一篇。波斯曼在一个博士班讨论课上曾经说，这是他"写得最好的文章"。这篇文章主张，社会科学不是科学，不应该和科学混淆，不应该用自然科学和物质科学那样的标准来给社会科学提供合法性，也不应该用这样的标准来衡量社会科学产出的学问和知识的价值。用他自己的话说，更加正确和更加妥帖的说法是，社会科学是一件"讲故事"的事情。他对搞社会科学的人包括他自己作了如下的论述：

> 我把社会科学家的工作叫作讲故事，有这样一个意思：作者给一些事件作出他独特的解释，他用各种形式的例子支持自己的解释，他的解释既不可能被证明是错误的，也不可能被证明是错误的，他的吸引力来自于他语言的力量和他解释的深度，来自于他例子的相关性和主题的可信度。"正""误"这样的词语在这里不适用，因为这两个词是用于数学或科学的。这是因为，这样的解释里不存在任何普世接受的或不可挽回的"正""误"标准。这些解释里并没有嵌入任何假设。它们受到时间、情景的局限，尤其受到研究者文化偏向的限制。社会科学家的解释很像是讲故事。（p.13）

根据这个论点，支持研究工作的形式可以是量化数据的统计数字，也可以是小心翼翼推理的争辩，形式并不重要。形式仅仅是我们挑选来讲故事的形式而已，它们给愿意阅读和使用的人提供价值，引起读者的共鸣。用波斯曼的话来说，所谓社会科学家真实的目的，正如"我们文化里最重要的心理学和社会学故事高手"（p.16）的目的一样，是扮演"社会神话创造者和叙述者"的角色（p.17），其首要目的不是"对我们的领域作出贡献，而是对人类的理解和体面作出贡献"（p.17）。具体对媒介环境学家而言，社会科学的目的是"讲述技术后果的故事；是告诉人们，媒介环境如何创造语境，这样的语境如何改变我们的思维方式或组织社会生活的方式，如何使我们的境遇更好或更坏，使我们更加聪明或更加迟钝，使我们更加自由或更加受奴役"（p.18）。

最后那篇文章《新闻》（The News）讲电视新闻。作者的理解是，原则上说，新闻是人们能够得到的最重要的社会信息，新闻的功能是帮助人们作出公民的贡献。在这个方面，文章不仅回顾了波斯曼"新英语"教材《语言与现实》（*Language and Reality*，Postman，1966b）论新闻的各个章节，而且展望了他的下一本书。

8.4.2 《如何看电视新闻》

《如何看电视新闻》（Postman，Powers，1992）的合作者斯蒂夫·鲍威尔斯（Steve Powers）是一位资深广播电视新闻记者，在纽约广播电视市场上的知名人物，也是曾经受业于波斯曼的博士生。这是波斯曼唯一面向市场、面向读者的书。[1]学者和广播电视专业人士配对写书的目的就是要维持平衡的观点，因为波斯曼以媒介批评著名，而鲍威尔斯以专业修养著称。他们的目的是平衡两位作者

---

[1] 可以说，《娱乐至死》也是面向市场的书，从他一般的国际读者的规模和范围就可以这样认为。

各自令人生疑的偏向，提供双方的长处和知识，把该书的基本论述送达尽可能多的读者（更不用说让读者人人各有所获了）。

不过，他们的基本论点来自于一个共识。在电视新闻的性质和后果上，两人从一个职业篱笆的两边提供各自不同的视角，但意见一致。序言写道："几年前我们就得出一个结论，电视新闻声称它报道的内容和它实际上报道的内容，是两码事。"（p.x）所以，该书讲述的是两件事。第一，它解释电视新闻实际上播报的事件是制作人和主持人的表现方式相互调整的结果，互动的结果就构成电视新闻报道。第二，它给电视观众提供一连串的讲授提纲，以帮助观众能够识别和使用电视新闻，使之了解电视新闻是什么，又不是什么。

比如，在"你在看电视呢，或者是电视在看你呢？"（Are You Watching Television or Is it Television Watching You?）那一章里，作者指出，观众把电视作为家用电器，电视的功能是给观众提供信息和娱乐，这是观众典型的看法；然而实际上，电视是产业，是工具，它给广告商提供入侵千家万户隐私的机会，电视使广告商有机会吸引潜在顾客的注意力。"什么是新闻"（What Is News?）那一章不是回答问题，而是使这个问题获得重要性，是在试图回答的过程中揭示一些问题，在试图界定新闻是什么、应该是什么的过程中让读者了解一些问题。第三章"把观众拉进电子帐篷"（Getting Them into the Electronic Tent）介绍电视人用什么手段吸引观众收看他们的新闻节目；这是因为，既然当天的新闻基本上相同，谁报道、如何报道就大同小异，所以观众挑选某一个电视网或电视台的理由，必须要靠电视人来制造的。第四章到第六章观察"幕后"的新闻工作室，看各部门如何制造新闻，看各道工序里个人的工作，看那些限制、压力和动机,看新闻人和大公司结构的关系。到了第八章,媒介环境学明显地抬起头,这一章题名"语言的偏向,图像的偏向"(The Bias of Language, the Bias of Pictures)。这里的要点是,电视新闻和其他任何媒介报道的新闻一样,表现的是有中介的现实。两位作者写道:"在一定意义上,所有的新闻节目都是我们耳闻目睹事件的再现,是再现真实事件的努力,而不是事件本身。"(p.97)这一章接着解释说,这种偏向用什么方式体现出来,又用什么方式掩盖起来。最后一章"你能做什么?"(What Can You Do?)列举了八种建议,人们可以用这些建议去看新闻从而得到最大的收获。

最后我想说,和《认真的反对》一样,《如何看电视新闻》也是《娱乐至死》的续篇。我之所以这样说,不仅因为它是另一本论述电视对当代生活影响的专著,而且,《娱乐至死》的主要论点是,电视的最佳功能是娱乐,而《如何看电视新闻》却是从另一个角度看电视,它是为不接受上述娱乐论点的读者写的书。如果75%以上的美国人把电视作为获取新闻的第一源头即使并非唯一源头的话,如果有些人仍然指望电视执行它最不适合的新闻任务的话,本书的目的就是给这些人提供一些对付电视的办法,使他们能够对付新闻里娱乐的成分,以便达到成功而健康的目的。

8.4.3 《技术垄断:文化向技术投降》

《技术垄断:文化向技术投降》(Postman, 1992,下文简称《技术垄断》)是一本优雅的书,很像《童年的消逝》。简言之,《技术垄断》认为:在人类文明演进的过程中,我们经历了三个文化阶段。第一个阶段是制造工具（tool-making）的文化阶段。第二个阶段是技术统治（technocracy）的文化阶段。第三个阶段是技术垄断（technopoly）的文化阶段，这是我们正在经历的阶段。在这本书里，波斯曼谋求弄清楚，究竟应该用什么因素界定第二阶段和第三阶段，两个阶段有何区别，为什么我们需要知道这些东西——换言之，在技术垄断的世界里，生活产生的后果究竟是什么。

但是，本书还有一个同样重要的意义。它使波斯曼对技术的关注走向成熟，使之进入学术视野的前列。波斯曼始终是麦克卢汉迷，就此而言，他发现麦克卢汉把媒介和技术画等号的观念有一定的好处。[1] 媒介和技术都是人的延伸，我们把它们放在我们自己和环境之间，以便使自己能够拓展潜力——即使说不上是操纵、影响和超越极限的能力。这里有两个极限，一是我们作为人的极限，一是环境强加在我们身上的极限。波斯曼关注的重点可以追溯到《作为保存活动的教学》里"技术主题"那一章。这是他在众多主题中明确承认的第一主题，贯穿在《认真的反对》里的主题。不过正如波斯曼在《认真的反对》序文里披露的，这一直是隐含在他一切著作里的主题。这是因为虽然他以英语研究专家的身份起步，但他的研究方法一直是把语言放进它作为人类传播媒介的语境中去进行考察，始终是把语言作为一种技术革新来考察。这必然导致他把重点放在语境中去考察，他要把大众传播的电子技术放进一切人类传播形式的历史中去考察。同时，这又促使他向其他学者比如麦克卢汉、芒

---

[1] 波斯曼一直喜欢下面这个比喻，这是从麦克卢汉思想引申而来的比喻："技术对媒介的关系就是大脑对精神的关系。"（Postman, 1985, p.84）技术是硬件或容器。媒介是软件或者说是我们使用技术的方法。

福德和艾吕尔学习，他们把这个语境延伸并扩大到一切人类发明的历史、目的和后果。

《技术垄断》勾勒的三个文化阶段肇始于简单的工具制造阶段。在这个阶段，人类谋求解决近身的问题，试图对世界施加一点点影响。波斯曼论述了这样的文化（有一些尚存，一些无疑正在从地球上消失）：

> 一切工具使用文化的主要特征都是相同的，发明工具的目的主要是做两件事：一是解决物质生活里具体而紧迫的问题，比如使用水力、风车和重轮犁头的问题；二是为艺术、政治、神话、仪式和宗教等符号世界服务的问题，城堡和教堂的修建和机械时钟的开发就是这样的问题。无论是哪一个目的，工具都不会侵害（更加准确地说，发明它们的目的不是要侵害）它们即将进入的文化的尊严和完整。除了少数例外，工具都不会妨碍人们去相信自己的传统和上帝，不会妨碍他们相信自己的政治、教育方法或社会组织的合法性。实际上，这些信仰指引着工具的发明，限制工具的用途。（p.23）

另一方面，技术专家统治到来的原因有两个，一是我们学会了制造先进而复杂的工具和技术，二是工具和技术导致急遽的变革，不仅事物的自然秩序变了，而且我们人类也变了。用波斯曼的话说，技术统治是"工具没有整合进文化……它们企图变成文化"（p.28）。接着他提出，中世纪欧洲的三种发明是产生西方技术统治时代的主要原因。这三个发明是：机械钟表、活字印刷机和望远镜。机械钟表使时间原子化，使日常生活遵守严格的规定［他从艾吕尔的《技艺与文明》(Technics and Civilization，1934）得到这一点启示］。印刷机产生巨大而有力的变革，它从教会夺取了现有的知识，把世俗的民众带出黑暗时代，它改变了时代的认识论。不过波斯曼最强调的变革动因是望远镜，因为它摧毁了这样一个观念："地球是宇宙恒定的中心，因此人类对上帝具有特殊的意义。"（p.29）

技术垄断是这个演化轨迹必然的终端游戏，这是一个冲撞的过程，冲撞的一方是被赋予技术垄断的人类，另一方是造成技术垄断的人类。技术垄断是技术统治失控的产物；技术垄断是"极权主义的技术统治"（p.48）。波斯曼把技术垄断解释为一个生命的世界，这个世界"把宏大的还原主义作为自己的目的，在这个还原的过程中，人的生命必然要到机器和技术里去寻找意义"；这个过程的结果是"一切形式的文化生活都屈从于技术的王权"（p.52）。他接着解释说，我们在"泰勒主义"（Taylorism）里找到这种心态的最突出表现。所谓泰勒主义指科学管理原理，从弗雷德里克·泰勒[1]（1947）的《科学管理原理》(The Principles of Scientific Management）衍生而来。泰勒

率先明确而正式地勾勒技术垄断的种种预设。这些预设包括：即使效率并非人类劳动和思想的唯一目标，它至少是劳动和思想的首要目标；在所有这些方面，技术性的计算总是胜过

---

[1] 弗雷德里克·泰勒（Frederick Taylor，1856—1915），美国发明家、工程师，创立科学管理制度，被誉为"科学管理之父"，著有《科学管理原理》《论传送带》《计件工资制》等。——译注

人的判断；实际上，人的判断并非稳妥可靠，因为它受到粗疏大意、晦涩不清和节外生枝的困扰；主观性是清晰思维的障碍；凡是不能计量的东西要么并不存在，要么没有价值；公民的事务最好由专家来指导或管理。（p.51）

然而简单地说，艾吕尔（1964）的"技术至上"（*la technique*）观念显然是人类境遇的基础，他认为，人类处在自己发明的掌控之中，遭遇到这些发明的极端后果。艾吕尔敦促我们认识清楚：我们为了控制我们的世界而发明的机器，反过来成了控制我们的机器；每一种机器至少内嵌着这样一种思想：它有别于人给机器预定的用处；人类制造和使用机器的内驱力、追求技术进步的内驱力，是一种统治世界的观点——和其他世界观一样，这个观点也有潜隐的后果。

总之，我们这篇文章论述波斯曼媒介即文化观点的发展过程，这个观点显然是突现出来了。麦克卢汉把媒介与技术混为一体之后，我们对技术也可以持类似的观点了：技术成为文化——技术就是文化。"*la technique*"一词里包含的文化是：由于我们太依赖技术，由于我们几乎以宗教那样的虔诚崇拜机器，我们反而受到机器的控制，结果我们自己就变得类似机器了。波斯曼和艾吕尔都告诫我们警惕当前这个暴政：机器的暴政。他们把这样的警示当作自己的使命。

8.5 第四阶段：回归教育研究

波斯曼学术生涯的第三个阶段集中论述技术垄断。从他生平著述这个整体来看，这个阶段的著述似乎是《娱乐至死》成功之后的后续作品。在第四阶段，他不仅回归始终如一的主题，而且回归他教育家的根基。这个阶段的两本书是：《教育的终结：重新界定学校的价值》(*The End of Education: Redefining the Value of School*, 1996)和《修建通向18世纪的桥梁：历史如何帮助改进未来》(*Building a Bridge to the 18th Century: How the Past Can Improve Our Future*, 1999)。

8.5.1 《教育的终结：重新界定学校的价值》

《教育的终结：重新界定学校的价值》(Postman, 1996, 下文简称《教育的终结》)这个书名显然是时代的回声。波斯曼始终不愿意和后现代主义扯上什么关系，他对后现代主义的信条已不感兴趣——虽然兰斯·斯特拉特论述波斯曼的贡献时称之为"媒介和技术的视角……是后现代主义的理论"(1994, p.160)。这是对他极大的恭维。尽管他不赞成后现代主义，但是这个书名无疑受到20世纪末大量的后现代主义文献的影响；这些文献论述后现代时局的结果和后现代的理论：我们可能遭遇"终结"之类的东西，追求真理的终结，理论和哲学演化的终结，艺术多种可能性的终结等（比如：Fukuyama, 1993）。

事实上，波斯曼这本书既不相信也不主张，我们已经达到美国教育的终点。他对现状持怀疑的态度，但不愤世嫉俗，他仍然抱有希望。他提出的是一个双刃剑似的观点：书名里的"终结"（end）是文字游戏（他在序文里承认是故意玩弄双重意义）。就是说，一方面我们面对教育的终结，因为我们丧失了教育基本宗旨的意识；另一方面，这种失落感又打开了一道门户，我们能够重新评估和引进真正的教育"目的"（ends），能够重新认识教育的目的应该是什么。这样一本书反映了他向批评家角色的回归，他要批评教育体制的缺点和失败，他的目的和希望是，人们会阅读并注意他"认真的反对意见"和思想，甚至能够导致教育工作的纠偏和改进。

该书的基本主题是，美国教育对不起年轻人，没有给年轻人激动人心的、宏大的叙事，不能够让年轻人理解生活的意义。第一章"神乃必需"（The Necessity of Gods）引用尼采的警语："明白为什么生活的人几乎可以忍受一切如何生活的磨难。"（p.4）问题的症结在于，寻求当代生活目的这个问题，始终没有在美国公共教育体制中得到解决，在当代生活的其他领域里，这个问题没有解决好；症结就是由于缺乏生活目的而产生的模糊而空虚的渴望。年轻人常常把宗教当作文化中离奇的一面，认为宗教的黄金时代已经过去。在许多方面，家庭及其价值已经崩溃。虽然电视、娱乐和狂热的物质主义暂时稳住了年轻人，一定程度上填补了这个真空，令人痛心的倾向还是很明显，娱乐和狂热的排遣不过是徒劳无益的尝试，它们并不能够填补年轻人生命中那个生存的漏洞。

为什么学校要提供这个缺失的、急需的故事？《教育的终结》开篇不久就回答了这个问题。这并不是说，学校是这种叙事里涌现出来的唯一源泉。不过作者呼应诗人艾玛·拉扎勒斯[1]说，事实上学校是我们

> 借以塑造美国人的手段，我们把成群结队来自大洋彼岸的悲惨潦倒的穷人塑造成美国人。学校给失落的、孤独的人提供共同的依恋情绪，让他们爱上美国的历史和未来，让他们依恋美国神圣的象征，爱上它自由的前景。总之，学校给下面这个问题提供了一个肯定的答案：在传统不同、语言各异、宗教纷呈、人数众多的情况下，一个粘合力强、稳定而统一的文化能够创造出来吗？（p.14）

然而，指望教育提供这个缺失的叙事，并非作者论点的全部意义。同样重要的一点是，教育提供的故事里的确有失败的故事。其中之一是，教育是达到目的手段，是成长和谋生的手段——教育之必需仅仅是因为它是谋求薪酬好的工作的一个先决条件而已。另一个失败的故事是多元文化主义，波斯曼认为，多元文化主义是对文化多元性的"排他性的专注"（p.50）；他担心，多元文化主义会产

---

[1] 艾玛·拉扎勒斯（Emma Lazarus, 1849—1887），美国犹太诗人、社会活动家，主张犹太复国，著有《新的巨像：献给纽约港口的自由女神像》《一位闪族人之歌》等。——译注

生对部落主义和族群差异的厌恶情绪。还有一个失败的想法：技术训练尤其电脑训练是教育体制压倒一切的责任。形成这个思想误区有若干原因：认为电脑和电脑网络有利于学习过程，认为电脑是未来经济和工作的关键，认为谁也不能够在著名的"信息高速公路"上掉队。

在最后这一个论点上，《教育的终结》对今天媒介教育的贡献最为显著。这个观点是他《技术垄断》思路的继续。在第九章"词语的编织者/世界的创造者"（The Word Weavers/The World Makers）的结尾，波斯曼提出了十条原理，提请大家注意，我们也应该对这十条原理作出回应，至少是把它们纳入学校讲述的技术故事里去。这些原理在很大程度上是媒介环境学框架的总结，也是上述思想的总结：

（1）一切技术变革都是浮士德式的交易。一种新技术的每一个长处总是有一个相应的短处。

（2）新技术的利弊从来不会在所有的人身上平均分布，就是说新技术使一些人获利，一些人受害。

（3）每一种技术里都内嵌着一个或两三个强大的思想。像语言一样，技术预先就决定我们喜爱和珍视某些视角和成就，使我们把其他技术置于次要地位。每一种技术都有一种哲学理念，其表现形式为：技术如何使我们用脑子，它使我们用身子做什么，它如何给世界编码，它把我们的哪一种感官放大，我们的哪一种情绪倾向和思想倾向被弃之不顾。

（4）一种新技术往往挑战一种旧技术。新技术在时间、注意力、金钱、威望和"世界观"上向旧技术发起攻击。

（5）技术变革不是叠加性的，而是生态性的。一种新技术并非仅仅是追加什么东西，而是改变一切。

（6）因为信息的编码是符号的形式，所以不同的技术就有不同的思想和情绪偏向。

（7）因为获取技术信息的容易程度和速度不一样，所以不同的技术就有不同的政治偏向。

（8）因为有不同的物质形式，所以不同的技术就有不同的感知偏向。

（9）因为我们注意技术的情况不一样，所以不同的技术就有不同的社会偏向。

（10）因为技术的内部结构和经济结构不一样，所以不同的技术就有不同的内容偏向。（1996，pp.192—193）

8.5.2 《修建通向18世纪的桥梁：历史如何帮助改进未来》

该书封二文字的最后一句话说，这是波斯曼最"激进"的一本书。这似乎有一点矛盾：一本回顾启蒙时代的书怎么可能被认为是"激进"的呢？须知，启蒙时代是印刷时代和印刷文化的思想成就登峰造极的时期，而且波斯曼这本书正是在谋求拯救和保存启蒙时代的思想啊！

这个问题有两个答案。第一个答案是，在这个时代里，我们向进步的神祇尤其向技术进步的神祇低头哈腰；这里的一个咒语是，教育技术将提高并强化学问和知识，并胜过前所未有的进步；既然如此，向后看而不向前看的尝试，和普遍接受的大文化的视角是非常不合拍的，所以它不应该被认为是非常激进的。第二个答案是，在这本书里，波斯曼解决了他长期学术生涯里一个张力的问题，其典型表现是《作为颠覆活动的教学》和《作为保存活动的教学》两本书名中存在的张力。有了《修建通向18世纪的桥梁：历史如何帮助改进未来》（1999，下文简称《修建通向18世纪的桥梁》）这本书之后，波斯曼后期生涯里的保守倾向和论辩，就和他的激进和颠覆观点融合起来了。原因可能是时代观念的变化，或者是15本书与38年思想发展和深思熟虑的结果，或者是两者兼而有之。

总之，《修建通向18世纪的桥梁》认为，教育迷路了，我们总是努力赶上时代，而且永远向前推进，以便适应时代需要，以便吸引电子时代的学生。在这样做的过程中，我们抛弃了现当代公共教育依据的印刷文化标准。明显而不幸的后果是，我们教育界的人和其他人一样，丧失了历史感，忘记了历史的重要性。我们把文化素养越来越推向废物箱。我们发现，大学教授要学生读十年以前的书的时候，学生就认为老师可怜地落伍了，并且认为老师和该领域前沿的东西格格不入。最重要的是，我们赞成时髦和当下思想的同时，牺牲了维护和主张普世思想的工作。须知，普世的思想不仅是当下的思想，而且是一切时代的思想，它们永远是强有力的、富有孳生力和重要意义的思想，这些思想正是使我们达到今天境界的思想。

在最后这一点上，本书论战的对象是后现代主义、后结构主义、批判理论和文化研究。就是说，本书是对近年学术史和知识史运动的批判性回应。这些运动谋求把我们的"宏大会话"推向前进，波斯曼认为这些观点是荒诞的甚至是错误的。

为了补救这种局面造成的问题，波斯曼提出了一个治病良策：我们重新发现和开垦 18 世纪兴起的遗产、文学和思想，尤其注意名为启蒙时代的理性主义爆发（和颠覆）期。他在第一章里写道：

> 18 世纪是歌德[1]、伏尔泰[2]、卢梭、狄德罗[3]、康德、休谟、吉本[4]、裴斯泰洛齐[5]和亚当·斯密[6]的世纪；也是托马斯·潘恩[7]、杰斐逊、亚当斯和富兰克林的世纪。在 18 世纪，我们开发了归纳科学、宗教自由、政治自由、大众教育、理性交流和民族国家的思想。在 18 世纪，我们还发明了"进步"的理念，而且你也许会感到奇怪的是，我们还在那个时候发明了现代人的"幸福"观念。在这个世纪，理性战胜了迷信。18 世纪，牛顿当选皇家学会会长；在他的激励下，作家、音乐家和艺术家

---

[1] 约翰·沃尔夫冈·冯·歌德（Johann Wolfgang von Goethe，1749—1832），德国诗人、作家，青年时代为狂飙突进运动的代表人物，集文学、艺术、科学、哲学、政治等成就于一身，代表作为诗剧《浮士德》和小说《少年维特之烦恼》。——译注
[2] 伏尔泰（Voltaire，1694—1778），法国启蒙思想家、作家、哲学家，主张开明君主专制，信奉洛克的经验论，著有《哲学书简》等。——译注
[3] 德尼·狄德罗（Denis Diderot，1713—1784），法国启蒙思想家、哲学家、批评家和文学家，《科学、美术与工艺百科全书》主编，著有《对自然哲学的解释》《达朗德和狄德罗的谈话》等，另有小说、剧本、文艺理论、书信等传世。——译注
[4] 爱德华·吉本（Edward Gibbon，1737—1794），英国著名史学家，其《罗马帝国衰亡史》是启蒙时期代表作，在近代史学中占重要地位。——译注
[5] 约翰·亨利赫·裴斯泰洛齐（Johann Heinrich Pestalozzi，1746—1827），瑞士教育改革家，认为教育的目的在于全面而和谐地发展人的天赋能力，著有《隐者夕话》等，为 19 世纪的教育改革奠定了基础。——译注
[6] 亚当·斯密（Adam Smith，1723—1790），英国经济学家，古典政治经济学派的代表，主张自由放任，反对重商主义和国家干预。代表作有《道德情操论》《国富论》。——译注
[7] 托马斯·潘恩（Thomas Paine，1737—1809），美国独立战争时期的政治家、革命家，民主主义者，发表名作《常识》鼓动革命，参加独立战争，著有《人的权利》《理性时代》等。——译注

把宇宙构想为有序、理性和可知的宇宙。贝多芬的第一交响曲是在这个世纪创作的,韩德尔[1]、莫扎特和海顿[2]的作品也是在18世纪创作的,我们不应该感到奇怪。(pp.17—18)

不过,这一段话是他举例说明当今教育界、思想界和文学界存在的问题之后才推向读者的。对让·鲍德里亚[3]和后结构主义的范式,他留下这样一段评论:

> 法国人让·鲍德里亚偏偏要说,不仅语言错误地表现现实,而且语言表现的现实本来就不存在(也许,这终于可以用来说明,第二次世界大战期间,法国人为什么对德国人的占领表现得那样的冷漠:他们不相信德国人的占领是真实的)。在此之前,语言不能给现实绘制地图的念头即使不被当作精神病,也一定会被认为是胡说八道的。实际上,这个念头的确是一种精神病。然而,到了我们这个时代,这个念头居然成了一些有威望的学术部门的组织原理。你可以在诸如此类的系科里拿到博士学位。(p.8)

---

[1] 乔治·弗里德希·韩德尔(George Frederick Handel,1685—1759),德裔英国作曲家,创作歌剧、清唱剧70余部,代表作有清唱剧《弥赛亚》、管弦乐曲《水上音乐》等。——译注
[2] 弗朗茨·约瑟夫·海顿(Franz Joseph Haydn,1732—1809),奥地利作曲家,维也纳古典乐派的代表人物之一,创作了大量的交响乐、弦乐四重奏、三重奏、歌剧等。——译注
[3] 让·鲍德里亚(Jean Baudrillard,1929—2007),法国20世纪70年代之后的著名思想家,几乎推翻了法兰克福学派在二战前批判资本主义大众文化的理论,从一个全新的视角来分析资本主义消费社会文化的意识形态,著有《消费社会》《符号政治经济学批判》《生产之镜》《象征交往与死亡》《仿真与仿像》等。——译注

这个强烈的反差（波斯曼引用的反差贯穿全书）是：鲍德里亚、雅克·德里达[1]、米歇尔·福柯[2]之类的人追求理性中表现出来的那种虚无主义、悲观主义和最终走向死胡同的观点，和他的看法形成强烈的对照。在回归并承认启蒙时代传统和思想价值的过程中，我们一定能够找到更加积极、多产、充满希望的道路和可能性。

《修建通向18世纪的桥梁》建立在波斯曼多年著述和思考的全部基础之上，表现为以下的布局安排。该书的章节按照他关注的主题构建。第一章之后，各章依次探讨的主题是：进步、技术、语言、信息、叙事、儿童、民主和教育。每一章的要点是伟大的启蒙运动人物的思想对我们的重要意义，是他们在上述主题上能够给我们的启示，换句话说，哪些思想值得我们牢记、学习、维护甚至拓展。

这样一本书非常适合作为波斯曼生涯的结局。这使他回归教育，回归他学问的滥觞。该书突出偏重印刷文化，这是他保守思想的源泉，甚至使他的保守思想显得激进。他在书里继续论述对他重要的一切，对我们的文明重要的一切，他谋求挖掘这些东西对我们的意义。他在18世纪思想的基础上构建新的思想，因为这些思想最终使我们创造了今天的文明。

---

[1] 雅克·德里达（Jacque Derrida，1930—2004），法国著名语言哲学家，解构主义的代表人物，20世纪60年代成为《泰凯尔》杂志的核心人物。关注文字和语言结构的关系，认为言语是造成文字不利地位的首要原因，哲学言语的结果与基本前提都是由逻辑性决定的，强调符号的物质性。著有《文字与区分》《人的目的》等。——译注

[2] 米歇尔·福柯（Michel Foucault，1926—1984），法国20世纪著名思想家，跨越哲学、医学、历史、政治学、文学和性学等领域，著有《疯癫与文明》《性史》《临床医学的诞生》《词与物》《规训与惩罚》等。——译注

8.6 波斯曼媒介环境学的四大主题

在最后这一节里，我从波斯曼的 15 本著作里抽象出他主要的思想，尝试勾勒这些思想，将其编织成一个一以贯之的思想结构。我的目的是小结我们所理解的由波斯曼传承下来的媒介环境学；在这些著作里，他发展媒介环境学，给我们提供一个概念框架，首先让我们明白它包含的整个领域。换句话说，我的终极目的是澄清媒介环境学的"核心"——波斯曼以其睿智、视角、目的等传输给我们的核心思想，或许我还可以说通过他的人文关怀传输给我们的遗产。

为此目的，我推出四个互相交迭、反复重现的主题，它们构成了波斯曼关怀和贡献的主要冲击力。在这四个主题之内，我一一评述其中重要、显著和重现率最高的概念。这四个主题是：教育与媒介教育，从媒介的角度看语言，作为文化的媒介与技术，文化的保存 / 文化保守主义。

8.6.1 教育与媒介教育

波斯曼首先是教育家；实际上，他的职业生涯始于小学教师。他还是英语教育家，学术生涯以此起步。最后，他还可以被视为美国媒介教育、媒介素养运动的奠基人。

从媒介环境学的角度来看，重要的是，这几个方面是互相纠缠的。他不仅是教师，而且是学者。然而，他又是不囿于教育界的学者。其驱动力是一种教育思想：教育对培养文明的个体和文明的群体都是必不可少的；只有用这样的目的去从事教育，只有继续不断地改进方法，以培养我们自己及养成我们的文化，我们才能成为有修养的人。波斯曼还是一位语言学家。他认为，语言是教育的媒介，是一切学习和知识的基础，是人类理解世界、独步天下的工具。再者，他还有这样的研究兴趣：在充分反思、充分理解、使用得当的基础上，语言才能够产生成功的、积极的学问和知识，而不是相反。这使他走上研究语言性质的道路，而且使他进一步研究一切传播形式的性质，他将传播形式作为比较和对照的手段。这是因为，每一种传播形式都会对教育的手段和目的产生影响并最终对教育培养人的宗旨产生影响。

这就是波斯曼媒介环境学构建的基础，有了这个基本的理解之后，我们就可以进行以下阐述了。

8.6.1.1 媒介环境学以教育为根基

媒介环境学发轫于一个独特的视角，有这样一个假设：媒介影响教育，又必须是教育的主要课题。

媒介影响教育有两种表现：每一种媒介既直接影响我们使用和依赖媒介时能够知道什么，又影响我们如何了解这些东西。当我们追溯跨越口语、文字和印刷术三个时代的教育时，媒介对这两方面的影响就一目了然了。比如，在口语世界里的学习时，你需要记住学习的材料，根本就没有其他手段或地方去储存学习的材料。然而，文字和印刷世界里的学习却是另一回事，我们学习的材料不仅可以储存在人造物里，使我们可以反复查找，而且我们可以把自己的思考和思想记录下来。有了书面文字和印刷文字以后，我们的脑子就可以解放出来，再也不必把相当多宝贵的脑力花在记忆上了。我们可以把脑力花在思考问题上，或者花在综合、整合并延伸已经到手的信息上。

如果你对照印刷时代的教育和我们电子时代的教育，这一点就更加明显。在波斯曼的第一本书《电视和英语教学》里，他就作了这样的对比。电子或"信息"时代造成雪崩似的信息，把我们埋葬其中，我们发现自己很难自救脱身。在这里，发现什么信息宝贵同样成为困难的任务，这和口语世界里要完全牢记信息是一样困难的。

由于同样的原因，媒介必须要成为主要的教育课题。用麦克卢汉的话说，如果媒介对我们而言是"看不见"的，教育界的责任就是使媒介能够看得见。换句话说，教育不仅要包含课程即内容，而且要关注我们的学习手段的性质，无论学习的手段是听讲课、读书还是看纪录片。对我们的教育而言，了解如何学习和学习的结果就成为至关重要的任务，就像学习各门课程一样重要，甚至是更加重要，因为这将影响我们如何、为何在学校教育完成之后继续靠自学完成终身教育。

8.6.1.2 媒介环境学是媒介素养/媒介教育的一种形式

上述观点明确之后，把媒介教育纳入普通教育的论点，就成为把媒介素养或媒介教育纳入教学计划的第一个论点了。可以说，到了 1969 年的《作为颠覆活动的教学》，波斯曼才充分阐述了这个观点；但是他从第一本书起就在向这个目标努力，则是显而易见的。显然，他在语言学和普通语义学领域所有的研究成果，包括麦克卢汉对他的影响，都是他迈向这个目标的步伐。

《作为颠覆活动的教学》出版时，媒介教育理论已经得到充分的阐述；《作为保存活动的教学》问世时，媒介教育理论又得到最好的阐述。有趣的是，美国人的媒介环境学研究是走在广为人之的英国媒介教育运动前头的，但得到承认的却是英国的媒介教育运动。英国媒介教育运动以英国电影学院（British Film Institute）为基地。英国媒介教育的起飞是在 20 世纪 70 年代末（Mediaed.org.uk，Paragraph 2），那时，波斯曼的《作为保存活动的教学》已经出版了，而英国媒介教育运动里的关键人物比如戴维·白金汉（David Buckingham）的著作，到了 20 世纪 80 年代中期和后期才露面。〔当然，关键的区别在于，英国这场运动已经成为"英国教育制度里牢牢扎根的一部分"（Paragraph 2）。遗憾的是，美国的情况却不能说是这样的。〕

8.6.1.3　在波斯曼的著述里，媒介环境学赋予印刷文化优先的地位

波斯曼的媒介教育和媒介素养理论，与媒介教育的其他视角有这样的区别：波斯曼的媒介环境学把重心放在印刷文化的成就上。他拥抱印刷文化，他认为，印刷文化是现代教育制度的试金石，而且是文明世界和现代世界许多最光辉成就的试金石（这正是波斯曼

1999 年《修建通向 18 世纪的桥梁》的论点)。

最重要的是,在波斯曼的媒介环境学里,印刷媒介成为其他一切媒介"衡量、比较和对照"的标准(Gencarelli,2000,p.99)。这是他从学术生涯起步时就持有的观点,也是他继续理解媒介的视角。如果说媒介环境学里的"生态"一词提醒我们注意平衡,如果说伊尼斯的教益是,文化或文明必须要抗衡使它倚重某一种传播媒介的偏向,那么我们就可以说波斯曼的视角有这样一个好处:他希望我们保持平衡,希望我们不要一头闯进电子时代和未来;我们要防止媒介的偏向,要承认印刷文化仍然有美好的前途和价值。

8.6.2 从媒介角度看语言

我在本章开头就指出,波斯曼的教育训练和最高学位是英语教育。在以上几段里我又强调指出,即使在他主张平衡的情况下,即使在他呼吁媒介环境学的情况下,他还是偏向于印刷文字为基础的语言。

然而此刻我们必须澄清两个问题。第一个问题是,波斯曼贡献的源泉不仅仅建立在他所接受的教育上,而且建立在语言和语言教育上——事实上这两个方面是不可分割的。这可以用来解释,我为什么把他第一个阶段的学术研究命名为"语言和教育",也可以用来解释为什么"语言和教育"这个短语尾随"新英语"系列教材问世,还可以解释这套丛书的第一本书名为什么叫《语言学》,而且可以解释为什么它的副标题是"教学革命"。第二个问题是,如果要尝试对波斯曼的媒介环境学作任何全面的概括,我们都必须要把印刷文化和他的印刷文化偏向放进这样一个语境:承认一切人类语言的历史,包括口语、书面语和印刷文字，而且要把这种历史延伸到传播革命，也就是当今电子时代的传播革命。

8.6.2.1 语言是一种技术

波斯曼对语言的兴趣起始于一种认知：语言是人类的一种发明。

口头语言不是集体的行为。口语不是物质材料建立或打造的。虽然作为声音的口语是我们给空气分子施加压力产生的，但口语本身是看不见摸不着的，口语并不是我们肉体的延伸。然而口语是工具。口语和后来的文字是人发明的系统，而且我们继续不断地发展它们，并使之越来越精湛。了解这个事实特别重要，因为人们一般把口语视之为理所当然的现象，并且把口语当作自然秩序的一部分。

更加重要的一点是，语言的确是人类历史上最重要、最有力的工具。有了口语之后，经验的内化才有可能，这就是人的思想。波斯曼在《教育的终结》（1996）里引用苏格拉底的话："脑子思索的时候，它就在对自己说话。"（p.188）语言还是弥合人与人之间鸿沟的手段，它使我们能够共享我们有意识的个体经验。此外，弥合这条鸿沟的桥梁架设起来之后，这座桥梁就使我们能够毗邻而居、互助合作、口耳相传，这些交流活动既是工具制造水平提高的关键步骤，也是我们自己文明开化的关键步骤。

8.6.2.2 语言是一种媒介

一旦意识到语言是发明之后，我们就可以不再把语言当作理所当然的自然现象，而是思考它的奇怪和神奇的属性。在这里，语言开始成为看得见的媒介，我们可以开始思考语言如何运行、有何长处，同样重要的是，我们可以思考语言有何短处。

这可以解释波斯曼为何对语言学和普通语义学有那么强烈的兴趣。这两种学问既是了解语言的学问，也是把语言当作手段的学问，目的是更加有效和成功地使用语言。这两种学问试图了解语言如何并为何工作（当然也有运行不好的时候），了解语言使用的底层原理，了解语言如何决定并限制我们能够知道的东西。只有通过对语言媒介的了解，我们才能够指望语言包含的内容达到最好的效果，才能够最好地用各种方式使用语言，在各种需要的理由中用好语言。再者，当他发现阿尔弗雷德·科日布斯基和温德尔·约翰逊等人之后，波斯曼语言学研究和普通语义学研究的终极方法就形成了。这里最重要的原理是这样一个理念：语言并不是现实的表征，而是现实的中介，正如"地图不是版图"一样。

如果追溯到他的第一本书《电视和英语教学》，我们就可以发现，波斯曼还依靠另一个理解语言的框架：从传播历史观点衍生出来的比较视角。换句话说，检视口语、文字和印刷术的区别，有助于显示每一种媒介形式的性质。比如，我们觉得"先思而后说"这句话有点怪，因为这会导致会话时频繁的停顿：先听完，而后想如何回答，最后才说出来。文字则是另一番景象，它给我们提供的正是慢慢思考、慢慢反思，甚至编辑自己写下的文字，思想外化成文字、落在纸上之后还可以慢慢进行编辑。与此相似，了解我们的字母如何表征口语里的语音，了解字母表把口语和书面语联系起来之后如何成为文字的终极产物，这一点很重要；与此对照，了解比较早的会意文字比如汉语并不会像拼音字母表那样建立口语和书面语的关系，这一点同样重要。普通话和广东话用相同的文字。有些汉字或部首的确表征汉语语音和汉语的形态变化，但大多数汉字和它们表征的声音没有什么联系；反过来也是这样。结果，中国的读书人操这样那样的方言，他们阅读的文字却是一样的，不过他们交谈时未必能够听懂对方的意思。

8.6.2.3　语言是一种环境

以上讨论的是不同的语言形式，顺理成章的判断是：每一种语言形式都产生各自的环境，每一种语言形式都产生一幅地图。口语要求人身在现场，话一说出口，就消失得无影无踪。口语是在非正式的交流中学会的，多半是浸泡在那种口语所在的文化里学会的。相反，书写和阅读打破身在现场的要求，改变口语的时空偏向。你可以在根本不认识波斯曼的情况下读他的书，你可以独自一人在图书馆里读他的书，也可以在跨越大西洋的飞行中读他的书，还可以二十年以后读他的书。人们需要足够的正规学习才能够获得基本的读写能力。最后一点判断是：印刷术使文化素养民主化，第一步是把书籍变成商品，最后由现代教育制度来走完这个过程；现代教育制度建立在书籍的大厦之上，书籍是我们的第一种大众传播媒介。

再者，在《美国的语言》和《疯话，蠢话》这样的著作里，波斯曼指出，在使用一种语言形式的时候，存在着多重环境。波斯曼把这样的环境称为语义环境，因为它们证明人们使用一种语言形式的多重方式。语言形式的多重方式有：区隔人的语言形式；不能互通的语言形式；对一个人有意义的话对另一个人却没有意义；一个人能够达到目的的语言对另一个人来说却达不到目的，因为别人没有这样去接受或解释他使用的语言。承认语义环境有这样一些好处：语言构建的方式正确与否看得见了；语言用于好坏目的或相反目的的方式也看得见了；语言用得有效无效的方式亦看得见、变得清楚了。于是，语义环境就成了波斯曼一个论点的基础：普通语义学和语言教育至关重要。我们有责任使语言发挥作用，发挥它最大的潜力，使我们彼此获益，并达到彼此的目的。语言是达到这个目的的最有效的手段，也是我们达此目的的唯一手段。

8.6.3 作为文化的媒介与技术

继麦克卢汉之后，波斯曼在一定程度上以互相替换的方式使用"媒介"和"技术"这两个术语。毋庸赘言，一切媒介都是技术。然而，如果反过来说，一切技术都是媒介，那就需要我们承认，两者都是我们自己的延伸，我们把两者作为自己和外部世界及其事物的中介。正如麦克卢汉所云，媒介实际上是我们中枢神经系统的延伸；是高级脑和原始脑的延伸，也是大脑和直觉的延伸。[1]

同样重要的是，评述波斯曼的第三个主题时就必须指出，除了集中论述语言的三种形式之外，波斯曼的著作集中而不断研究的主要

---

[1] 作者在这里对麦克卢汉的解读不一定准确。实际上，麦克卢汉区别两种延伸：电子媒介是大脑和中枢神经系统的延伸，其余一切技术和媒介是人的肢体的延伸。比如麦克卢汉说："过去的一切技能（除言语之外），事实上都使人的某一部分肢体延伸，而电力却可以说使我们的中枢神经系统本身（包括大脑）实现外化。"（《理解媒介》，麦克卢汉著，何道宽译，商务印书馆，2000，第305页）。——译注

媒介只有一种：电视。他论语言和教育的书大约是论其他媒介的书的两倍。但是，在这些其他题材的书中，实际上只有两本不研究电视的影响，不把电视当作电子革命里最有力、影响最大的媒介。这两本书是：《认真的反对》和《技术垄断》。集中研究电视的书有：《童年的消逝》《娱乐至死》和《如何看电视新闻》（需要补充说明的是，《电视和英语教学》跨越了三个主题：语言、教育和媒介）。

记住这一点之后，我们再讨论这一节的三个重要理念，同时强调波斯曼对电视的执着和论述。

8.6.3.1 一切技术都强加在自然秩序上并使之变化

这个理念突出表现在波斯曼的一句话里，这句话在他的著作中不只露面一次，最后一次露面是在《教育的终结》里："技术变革不是叠加性的，而是生态性的。"（Postman，1996，p.192）

事实上，技术发明的目的是要解决人们面对的问题，使我们的生活在某个方面更好、更舒适。这是外显的目的。然而，原子武器进入人类文明之后，我们拥有的就不只是战争史上最新、威力最大的武器了。这个武器改变了战争的性质，也改变了和平的性质。我们经常并永远处在这样一个境地：整个人类随时有可能被摧毁。如果说现代世界的特征是，技术有希望提升和改善人的生存境遇，那么，美国在广岛和长崎投原子弹就使我们意识到后现代境遇的来临。原子弹的爆炸充分揭示，这个现代技术具有浮士德式交易的性质。

与此相似，我们把文字引入口语的世界时，我们得到的世界不只是可供支配的两种传播媒介。文字使这个世界的认识论重新定向，既是因为文字的特性,也是由于它使口语的性质重新定位。口语并不会因为文字的发明而过时,不会废止,不会完全消失。口语经历了一个适应的过程,随着新媒介的开发,一切旧媒介都要经历这样一个过程。苏格拉底惋惜,文字会摧毁记忆和诗歌。这样的事并未发生。但文字的确创造了一种储存和再现记忆的手段。文字使诗歌延伸到白纸黑字的书页上,使诗歌展现出视觉形象。文字开创了一个新的世纪,口语不再是继承传统、口头传说和历史的唯一手段;在这个时代里,口语不再用来记述历史,因为需要用口语来记述历史的情况不复存在,口语最适合记述历史的情况也不复存在。在文字开创的新时代里,口语最重要的功能是,我们如何利用它来建立和维持人与人的关系。

电视外显的功能是给它的前身收音机追加一个图像的维度。但是在这个过程中,电视成了最有效、最强大的营销工具。正如波斯曼在《童年的消逝》里争辩的那样,电视使成人世界和童年世界的界线土崩瓦解,电视无所不在、使用方便的特性使儿童能够看到成人世界的秘密。正如他在《娱乐至死》里指出的那样,电视那吸引人的图像、有趣的故事,电视给人愉悦的功能似乎是力大无边、无穷无尽的;电视终极而必然的后果是产生这样的文化习俗:我们使电视触摸的一切向营销的目的倾斜。

8.6.3.2 一切媒介/技术都有一种隐而不显的偏向

一切技术的发明都有明显的目的。波斯曼敦请我们注意一个重要的现象,要我们意识到嵌入我们自己的延伸里的隐蔽的偏向,且用相应的办法去依靠并利用这些偏向。这些偏向多半是预料之外的，也不是有意安排的。往往要过一段时间，这些偏向才能够形成并显露出来。尽管如此，一切媒介和技术都有这样的偏向。

波斯曼在他的著作中多次指出，一切媒介都有思想情绪偏向、政治偏向、感知偏向、社会偏向和内容偏向；在《教育的终结》结尾的时候，他再次指出这样的偏向。比如电视的偏向使图像的功能压倒讯息中听觉的比例；图像正是电视吸引人的功能，也是电视人制作节目时强调的地方，无论娱乐节目还是新闻节目都是这样强调的。结果，语言的力度和重要性被图像削弱了。既然思想以语言为基础，那么电视就偏离思想的内涵。

电视的情绪偏向出自同样的原因。电视图像引起直觉的回应，而不是思想的回应。电视打动人、吸引人时，人们无法从正在收看的节目转移注意力时，电视不是通过语言来传递思想时，人们往往就称赞电视。电视报道肯尼迪被刺、航天飞机的爆炸和"9·11"悲剧，就是最能够说明电视情绪偏向起作用的例子。

波斯曼所谓电视的政治偏向可以这样来解释：谁能够拥有电视，电视给人提供什么节目？谁被排除在电视之外，谁被剥夺了使用电视的权利？普通电视容易使用，进入了99%的美国家庭，是最民主的大众媒介。与此对照，只有2/3的美国家庭是有线电视订户；其余的1/3家庭不是订户的主要原因是，他们没有这个财力。更强烈的对比是，订购"高级"有线电视节目比如家庭影院（HBO）的统计数字刚好颠倒过来：大约1/3家庭订购或有财力订购这样的收费电视。最后，如果我们把电视和个人电脑的拥有量相比，和订购网上服务的用户相比，普通电视的民主性质就更加清楚了，个人电脑和网络服务的政治偏向也更加清楚了。(电脑的购置仍然受到价格的限制,个人电脑过时较快的速度、不是那么用户友好的性质,也限制了电脑的拥有量,家庭上网还受到额外收费的限制。)

电视的社会偏向不断演变。在电视历史的起点上,电视偏向于家庭收视,电视机固定在客厅或家庭活动室。但是,电视的传播范围越来越广,有线电视和卫星电视使频道大大增加,控制技术比如录像机和影碟机越来越多,在这个过程中,电视这个媒体逐渐从以家庭收视为基础的经验转向了个人的、更加私密的追求。

以本章目的而论,电视内容偏向的最大特点是波斯曼在《娱乐至死》里提出的论点。对电视娱乐节目何以优先、电视内容灰色区域的兴起,这个论点都能够予以说明;我们把这个灰色内容叫作"信息娱乐"(infotainment)。此外,电视的内容偏向也可以解释《如何看电视新闻》这一类书的重要意义。

8.6.3.3 媒介技术是环境

波斯曼经常提到"媒介"这个术语的科学定义。这是他和同事们在纽约大学筹建媒介环境学博士点的时候提出的定义:"媒介是文化发展的环境。"这个定义的比喻指向两个观点,它们既适合人类的传播媒介,也适合皮氏培养皿里有机体的生长。

第一个观点是:媒介即环境。其余的一切技术包括人们一般不会认为是媒介的技术也是环境,比如前文提到过的枪炮和核武器这样典型的技术也是环境。媒介和技术是环境,因为它们影响我们所处的世界,成为这个世界的一部分,并且渗透到世界的各个角落;

它们影响我们个人和集体的生活方式。换一种说法，媒介未必改变我们文化中的一切，但它们必定改变有关我们文化的一切。

第二个观点是：在这个方面，媒介不仅影响文化，而且变成文化，媒介就是文化。人类发明的各种符号系统，必然和我们继承、维护和发扬在地球上的生存联系在一起，这一点毋庸置疑。由于这样的联系多种多样，且非常密切，所以我们不能不做出这样一个定义：我们的文化由传播活动组成，其构造成分只能是传播活动，包括一切传播活动，除此之外，别无其他。因为特定的地点和时代主导的、最强大的，甚至占统治地位的媒介的运作方式和主导程度各有不同，所以波斯曼关于媒介环境学的最重要的观点是：我们必须要理解媒介的这个偏向、这个环境、这种文化，并找到抗衡和平衡的办法。

8.6.4　文化的保存 / 文化保守主义

波斯曼的媒介环境学谋求用保存印刷文化的办法来抗衡电子革命的偏向。这是第四个主题里最重要的一个观点。这也是波斯曼的著作和思想传承给我们的媒介环境学的最后一个要素。

从他的第一本书《电视和英语教学》和最后一本书《修建通向18世纪的桥梁》来看，从他其余的著作和讲稿来看，这个最重要的观点是波斯曼一切贡献的基础，他对我们理解媒介作出了巨大的贡献，这是显而易见的。尼尔·波斯曼是印刷文化人的典范。以他教育家的身份，事情就应该是这样的，因为思想完全且只能以语言为基础，因为谷登堡印刷术最重要的成果就是对古希腊和古罗马学问的再发现和延伸，谷登堡技术影响的巅峰就是启蒙运动思想的成就和贡献。波斯曼有力地提醒我们，印刷文化馈赠我们的礼物就是利用语言天赋，他要我们注意：我们成为文明开化的人，我们走到今天这一步，我们将来怎么走，这一切和印刷文化的馈赠密不可分。这就是波斯曼在现今世界里的偏向；迄今以电视为主的传播电子革命正在威胁并削弱印刷文化，威胁并削弱印刷文化继续给我们提供的东西。保存印刷文化就是波斯曼寻求出路的办法，在我们目前的处境下，他主张平衡。

8.7 结　　语

在文章的结尾，我们可以说，波斯曼的成就呈现出一条拱形曲线，然而这个拱形的巅峰并不是许多人想要说的《娱乐至死》，而是《作为保存活动的教学》。这是因为该书是他媒介环境学三种平衡理论的完美交叉。人们说，其他的书只不过是该书的评注而已。这三种平衡理论是：

（1）自然环境中生态与平衡的观念；

（2）把这个观点应用于我们创造的文化，寻求文化各个侧面里保存和革新两种倾向的平衡，尤其是传播/媒介/符号系统的平衡，因为这些系统是我们论述和理解平衡及其必要性的关键所在；

（3）最后是伊尼斯式的告诫：实现这样的平衡是我们的利益或意愿所在，失衡不是我们的利益所在，当代文明的命运就在这里。

最后，很明显的一点是，波斯曼特别和主要的偏向是，他赋予文字素养优先的地位。然而，在本章结尾处，我必须承认波斯曼偏向的另一种表现，表现在《作为道德神学的社会科学》这篇文章中。这是《认真的反对》收录的第一篇文章。我将引用文章的最后一段话来说明问题，因为这是媒介环境学终极目的最优雅的表述，是媒介环境学"事业"最好的表述。引这一段话的另一个原因是，我们在本章就他在理解文化、技术和传播方面的贡献,已经说得够多,应该让波斯曼本人站出来唱压轴戏了,这段话能够显示他滔滔雄辩之才:

> 我敢肯定,读者会原谅我们来一点偏向。我敢说,媒介环境学者讲述的故事比其他学者讲述的故事重要。这是因为传播技术塑造人们生活的力量,并不容易进入人们意识的前列,虽然我们这个世纪屈从于新媒介君临天下的统治——无论我们是否喜欢这样说。所以为了人类的生存,我们不得不讲述这样一些故事:什么样的天堂可能会得到,什么样的天堂又可能会失去。我们不会是首先讲这类故事的人。然而,除非我们的故事洪钟灌耳、经久不衰,否则我们就可能是最后一批讲故事的人。(1988,pp.18—19)

第九章　詹姆斯·凯利：寻求文化平衡

纽约城市大学布鲁克林学院

(Blooklyn College, City University of New York)

弗里德里克·瓦塞尔（Frederick Wasser）

詹姆斯·凯利对媒介研究和媒体实务的影响大致起始于四十年前。传播研究正日益疲敝，后继乏力，即使并非真的这样，表面上看也是如此。管理学派完全靠定量研究，计量的是一些界定狭隘的问题。另一个批判研究的传统才刚刚开始，它试图为大众媒介时代重新界定文化。它紧紧和一种还原式的大众社会范式拴在一起，显然和"高雅"文化是否贬值的论战密不可分。凯利坚持主张，传播学界认真地把传播当作文化来研究。于是，分散的线条聚集在一起，形成一个共同的领域，给传播学注入新的活力，明确指出原来走的道路是死胡同。

就这样，他加强了文化研究和媒介环境学的洞见。这些研究方法是20世纪60年代冒出来的，雷蒙德·威廉斯[1]和麦克卢汉等人提出新的分析方法，使大众媒介巧妙潜入一切生活领域。他们既拒

---

[1] 雷蒙德·威廉斯（Raymond Williams, 1921—1988），英国文化研究学派奠基人之一，提出"文化唯物主义"，著有《文化与社会》《漫长的革命》《关键概念》《传播》《电视：科技与文化形式》等。——译注

绝对这种现象作定量分析,也拒绝对它作就事论事的分析。英国学者把这种方法命名为文化研究。与此同时,一群北美学者把自己的研究领域命名为媒介环境学。这些方法对传播研究作出许多共同的回应:

(1)跨学科的文化关怀,把文化界定为一种生活方式,而不是一个品位高低的等级系统。

(2)把媒介影响的社会分析置于文本分析之上。

(3)敏锐体察媒介受众和媒介技术的新形式。

以上特征是凯利著作的核心特征,凯利已经成为文化研究、媒介环境学和整个传播学领域的重要人物。他并不认同自己与媒介环境学或文化研究的关系,虽然他同情地把两种研究路子都放进北美实证主义思想传统中去看待。对凯利而言,多种研究路子的综合一直是一个抽象的概念,直到他清楚阐明媒介研究的症结在哪里;他认为,关键问题是国家民主话语的健康发展。坚持把民主当作话语的观点,是他对世纪之交全球化潮流的深刻回应,潮流中日益明显的一种现象是公共责任的缺乏。自从他20世纪60年代初发表文章以来,公共话语是他著述和讲演的轨迹产生的自然而然的结果。他的根子是天主教工人联合会[1]传统,在回应全国性危机的过程中,他用文化和生态的研究方法给一个混杂的对象提出问题,这个对象包括学者和媒介从业

---

[1] 天主教工人联合会(Catholic Workers),全名为罗马天主教青年天主教工人联合会(Roman Catholic Association of Young Catholic Workers)。——译注

员，希望他们了解传播对大众民主隐含的命题。

因为他倾诉的对象是混杂的受众，所以他阐述的人性化视野比较宽广，超越了个人讯息的解说，也超越了具体媒介效应的解释。自20世纪60年代起，他针对新闻记者写文章，所以他一直在询问，信息技术系统对每一位公民解读新闻的能力有何影响。在考问新闻功能的过程中，他坚持传播仪式功能的核心地位，如今这个观点已经非常著名。仪式分析把传播研究从纯粹描写的死胡同里拯救出来，它考问的是传播行为如何推动民主社群的发展。实际上，凯利的贡献是坚持这样一个原则立场：传播是一个具有重大责任的领域。这给他坚持不懈反对知识垄断的斗争带上了一丝紧迫的味道。

在回应20世纪60年代实证主义统治传播界的状态中，他完成了理论的综合；对今天文化两极分化的现状，他的综合具有更加重大的意义。在过去自主的人生领域，市场价值完成了殖民化；现状对理论界的挑战进一步加深。如今的文化成了这样的文化：报纸的对象是按人口统计的分类受众，不再是笼统不细分的所谓读者；过去的广播把为公众利益服务的空话挂在嘴边，现在连这个空话也不必说了；在追求跨国媒体的过程中，过去和未来都不再受尊重了。

9.1 生　平

詹姆斯·凯利[1]生于 1934 年，刚好处在这样一代学人的年龄段：在 20 世纪 70 年代，他们处于令人信赖的地位；在这十年里，合法性的危机席卷一切机构，包括高等院校。[2] 他在罗得岛州首府普罗维登斯度过青少年时代，那时的社会氛围是天主教信仰和对社会主义的同情兼而有之的氛围。他身体欠佳，但他积极参加邻里的活动，学会了欣赏把务工谋生的邻里团结起来的纽带（Munson，Warren，1997，p.xii）。他获得伊利诺伊大学博士学位，成为该校教授，曾短期任教于宾夕法尼亚州立大学和衣阿华大学。时间最长的职务是在伊利诺伊大学厄巴纳—香槟分校执教，从 1979 年到 1992 年任该校传播学院院长。1993 年，他转到纽约市哥伦比亚大学新闻学院任教。笔者撰文时，他仍然在此执教。

在伊利诺伊大学攻读硕士期间，凯利在老师的鼓励之下已经在发表学术文章，同时又写新闻稿。这些文章有利于他的学术生

---

[1] 詹姆斯·凯利（James Carey，1934—2006），美国新闻学家、传播学家，媒介环境学第二代代表人物，著有《伊尼斯与麦克卢汉》《作为文化的传播》等。——译注
[2] 20 世纪 60 年代，以反对越战、争取民权为代表的社会危机席卷美国，直到 70 年代余波未息，教育改革也成为社会焦点之一。——译注

涯（詹姆斯·凯利与友人通信，2002年6月）。年轻的教授把新闻教育学会（现已更名为新闻教育与大众传播学会，Association for Education in Journalism and Mass Communication，缩写为AEJMC）当作他的思想之家，是很自然的事情。1978年，他当选为该会会长；使他感到骄傲的是，他在担任传播学院院长之前就已经当选这个全国学会的会长。他当选并接受这个头衔表明，他想要把新闻学当作精神追求。目前他在哥伦比亚大学新闻研究生院任教，这个职位使他能够鼓励他人追求精神理想。实际上，这个理想是他工作的核心信条。

在四十余年学术生涯的大部分时间里，凯利把伊利诺伊放在核心的位置；这是他观察美国和全球发展的"场所"。但我不十分肯定，他的观点只扎根于一个地方。他的足迹在边缘（美国的中西部）和大都会（新英格兰和纽约市）之间迁移，因此，他完成了各种传统和不同场所研究的综合。

9.2 研究方法

凯利到伊利诺伊求学时,那里有一种跨学科的传播研究方法,所以他学会了抵制今天学术界希望专门化和分割的压力。他有一句话令我没齿不忘,在一次讨论会上,他对台上辩论人评论时说的第一句话是:"我同意你们大家的意见,虽然你们彼此不同意。"有人抱怨说,这种态度缺乏锋芒,然而他用这种综合的研究路子并不是出于直觉,他是要防止骄傲。他不能够轻易放弃一些表面上看来"错误的"立场,他必须首先检验它们,看看其中是否有或多或少的价值。

他这个方法是最广义的历史研究方法。他认为,事件和趋势都内嵌在政治/社会/文化的母体之内,预先就排除了分割、孤立和概括的研究方法。实际上,我们可以从那些思考过文化和传播问题的人那里学到一些智慧,他们在问题出现和发展的时候,就在对这些问题进行思考。这是一种强大的实证主义的思想史。在他的诸多论文里,没有一篇是从基本原理入手,然后才有条不紊展开的。他既不搞田野调查,也不搞原始数据研究。这不适合他的任务。他是写思想性文章的学者,对他讨论的思想家有细致入微的了解。在传播研究中,这是难得一见的现象,因而维护这种研究形式就成了至关重要的任务。

民主制度下的传播问题是根本的问题。然而人们有一种感觉，在第一手的传播研究中，我们正在见树不见林。在他的学术生涯中，凯利能够承担这个紧迫的任务，他提醒我们注意那一大片树林，也就是当前的时间维度。他的文章常常用古老的智慧来检验新的激情。在这种形式的检验中，他把鲁伯特·默多克[1]与阿列克西·托克维尔（Alexis De Tocqueville）、沃茨拉夫·哈维尔[2]与本杰明·富兰克林并置起来考察。在他工作的每一个星期里，他都对十分钟为一个新闻周期的小报化倾向作出反应，他用充分的证据反对追名逐利的投机分子给大学施加的压力，揭露媒介对我们集体记忆的侵蚀。

凯利区分一些重要的概念，并产生相当大的影响，因此他给当前有关媒介的辩论加上自己的分量。在长期突出的贡献中，他的观点没有什么重大的变迁，但有逐步的演变和细化趋势。早在20世纪60年代，他就探测了哈罗德·伊尼斯把经济学范畴用于传播学研究的情况。从伊尼斯那里，他采纳了对传播现象物质属性的关切。这使他和媒介环境学及其兴趣建立了密切的关系，他对技术/文化母体也产生了浓厚的兴趣（Lum，2000，p.2）。到70年代，凯利思考文化的方式近似于伯明翰文化研究学派的思路了。

然而到这个时候，凯利又复活了约翰·杜威对传播的思考和

---

[1] 鲁伯特·默多克（Rupert Murdoch，1931— ），自20世纪60年代起，大量并购世界许多新闻社、报业集团和广播影视公司，建立起一个庞大的报业和娱乐业大帝国。——译注
[2] 沃茨拉夫·哈维尔（Václav Havel，1936—2011），捷克作家、剧作家、政治家，20世纪60年代起从事民权运动，1989年12月当选捷克斯洛伐克联邦共和国总统，著有《难以集中精力》《花园聚会》等。——译注

克里福德·吉尔兹[1]的文化研究方法，这两条线索的影响似乎被文化研究的经济学派忽略了。1975年，在细心研究杜威和吉尔兹以后，他建议区分传播的仪式功能和传输功能，借以在传播和社会控制的关键问题上向前迈进一步。这两种功能的区分给新闻学的中心重新定位，因为新闻业每天的产出里都存在这种区分，民主的仪式是一目了然的。这成为他许多涉猎广泛的文章的基础；他撰文论述技术与传播、经济学与传播、芝加哥学派社会思想的遗产、麦克卢汉和芒福德互相矛盾的决定论等问题；他还论述媒介为监察的市民（monitorial citizen）服务的新概念；他始终关注的一个问题是，这些概念是否有助于给民主仪式注入新的活力。

传播的仪式功能使我们注意到，凯利拓宽了伊尼斯研究传播的物质属性的路子，目的是把一切社会关系纳入研究视野。他提出这样的要求：文化分析应该用当地的历史来支撑，在他的研究里，就是用大陆美国的历史来支撑。他从事传播物质属性的研究，借以防止晚近文化研究的过度理想化，防止麦克卢汉那缥缈的玄想。这些历史研究揭示了传播垄断的形成过程，证明重要的垄断既不是自然而然的，也不是不可避免的，而是具体的权力结构产生的结果。为了反对这些垄断，凯利寻求媒介的平衡。

媒介的平衡是动态的而不是静态的。凯利对民主制度的理想是，交流应该是开放的，是有取有予的交流、有机会探索的交流。历史上出现过的一切媒介形式都应该有用武之地。遗憾的是，目前的形

---

[1] 克里福德·吉尔兹（Clifford Geertz, 1926—2006），解释人类学代表人物，著有《文化解释学》《地方性知识》《爪哇宗教》等。——译注

势让人怀疑,各种形式的媒介是否能够在动态互动中共生共存。凯利的文章试图辨认各种平衡：离心力与向心力的平衡,全球、地方和国家力量的平衡,个人生活与公共生活的平衡。本章将逐一研究这些问题。我们首先看看传播的文化转向,然后研究技术和意识形态。最后,我们研究他具体的媒介关怀,研究市场价值与民主精神融合的问题。

9.3 文化之重要

文化批评是凯利学问的基础。他起步于大众社会理论批评和媒介批评。和大众社会批评联系在一起的，有这样一些人：C. 赖特·米尔斯（C. Wright Mills）、德怀特·麦克唐纳（Dwight MacDonald）、乔治·塞尔德斯（George Seldes）、保罗·拉扎斯菲尔德（Paul Lazersfeld）和罗伯特·默顿（Robert Merton）。他们阐述大众社会组织和大众文化功能的互动。在阐述两者的相互关系时，他们辩论的问题是，大众文化以咄咄逼人的低品位和庸俗化，在多大程度上使一切文化的格调下降。庸俗也许是最严重的攻击，因为这是大众文化窃取高雅文化并使之普及的方式（比如从古典交响乐演绎吸引人的小调）。

凯利（1977/1988b）评述这些论点时持同情的态度（习惯使然），但他回避问题（pp.37—45）。这些问题之所以成为强弩之末，那是因为它们的前提是一个狭隘的"品位"观念。凯利遵循的是一个拓宽了的观念：文化是整个生活方式，这个术语与理查德·霍加特（Richard Hoggart）和雷蒙德·威廉斯的名字联系在一起。凯利（1977/1988b）审视吉尔兹的人类学观念，阐述文化是整个生活方式。有人从具体的角度对巴厘人[1]的斗鸡提出各种各样的解释，吉尔兹拒绝认可这样的解释，他坚持在活生生的斗鸡语境中阐述斗鸡的多种意义。这样"深描"（thick description）的结果显示文化的网络，凯利用这个网络进一步研究传播问题。

凯利写道："文化概念进入传播研究时，文化浮现出来的样子是需要维护的有机体或系统的环境，或者是控制主体的力量环境。"（p.65）以后他又进一步细化文化的概念。粗糙的文化概念是，文化与人的活动范围分离；细化的概念包含这样的直觉：文化是人创造的意义王国，文化就存在于人的行为里。

环境问题使凯利和麦克卢汉难以捉摸又给人启示的关系浮出水面。麦克卢汉首先使用环境这个比喻，以便把媒介的外形（内容）和背景（形式）颠倒过来。表面上看，凯利（1967）批评麦克卢汉，说他在处理技术和人的生物学属性的关系时太机械（pp.24—29），认为麦克卢汉对文化的关注还不够到位。然而，凯利从来就没有忽视麦克卢汉的成就（Grosswiler，1998，pp.134—135）。凯利1960年在伊利诺伊结识麦克卢汉，在以后的四十年里，他多次回头重新评估麦克卢汉在文化与环境上的观点。在《马歇尔·麦克卢汉：谱系与遗产》（Marshall McLuhan：Genealogy and Legacy）这篇文章里，他回顾麦克卢汉在传播研究里的重要突破，介绍麦克卢汉批驳了一个占主导地位的概念：传播问题不仅仅是传输信息的问题（Carey，1998，p.300）。

---

[1] 巴厘人（Balinese），印度尼西亚巴厘岛上的土著人，其文化曾经是人类学家研究原始社会、部落文化、原始宗教、社会组织、奇风异俗的天堂。——译注

凯利没有直接追溯麦克卢汉对他的影响，但是我们能够看到，在 20 世纪 70 年代中期，他已经准备完成自己的外形与背景的逆转。他这个逆转发生在 1975 年的那篇文章里，这篇文章谈传播的文化研究方法。在这里，凯利（1975/1988a）要我们考虑，传播有一个仪式的功能，仪式的功能和传输信息的功能一样重要。实际上，我们的一切传播行为都有一个超越传输功能的意义。许多意义可以叫作仪式，比如我们交换和共享讯息以便重申友谊和归属感时，就是在进行仪式性的交流。共享、纽带、重申共享符号（比如语言）的社会行为，都是仪式性的交流。用广义的视野解读仪式时，我们就意识到，仪式性传播就存在于日常的读报习惯里，存在于办公室闲聊最新的电影里。这是我们人性的重要组成部分。仪式性传播既是世俗的，也是精神的，是人们共享的润滑剂，并不限于宗教仪式里的涂油仪式。

他这个区分使我们感到奇怪，因为我们习惯美国人的清教徒观点，强调传播的实用性，因为我们生活在全球科学文化崛起的环境中。在这样的情况下，对传播的理解僵化了：传播被界定为信息的传输，并且被用于控制的目的。两次世界大战产生了数学驱动的通信理论，发展了公共关系和其他传播的工具性研究计划。沿着传输路子思考的人集中研究信号（指向明确的讯息）和噪声（其他一切意义）的分离，可是他们没有注意到，如果工具性传播取代各种媒介的仪式化功能，工具性传播就很可能会引起社会纽带的分崩离析。

确认仪式性传播无所不在的需要是凯利的贡献，这有助于社会现实构建理论在学术界的日益普及。他之所以能够作出这个贡献，是因为他完成了一个认识论的决裂，他告别了个人／集体哲学二元论的认识论，美国人的这个思想是从约翰·洛克[1]、乔治·贝克莱和勒内·笛卡尔那里继承下来的。这些哲学家假定，个人在完成社会化之前就具有理性。这个假设断定，现实独立于社会交往、语言和观察者。但也有许多人不赞成这个理性主义的假设。凯利的异见就是从杜威那里继承而来的。20世纪初，理性主义享有崇高的威望时，杜威就宣告，至少有一种现实没有脱离观察者而存在，这就是社会现实。他说，"社会不仅靠信息传输和信息交流而存在，而且我们有理由说，社会在信息传输和信息交流的过程中存在"（Dewey，1916/1961，p.4）。

凯利拓展了杜威的理论，他写道："传播是一个符号交换过程，现实就是在这个过程中产生、维护、修补和转化的。"（Carey，1975/1988a，p.23）

这个决裂和斯图尔特·霍尔等人在伯明翰大学的当代文化研究所完成的决裂，几乎是完全相同的。这个小组把人类学方法延伸到对工业国家的研究中。[2] 他们特别感兴趣的是，从一个文化事件推演出许多不同的意思是有可能的。这种"多义"研究方法是霍尔调整弗兰克·帕尔金（Frank Parkin）的模式推演出来的，帕尔金的模式是有关文化生成与接受的编码和解码模式。伯明翰小组用这个工具强调，一部电影、一则电视新闻、一个传奇故事，都不能够压缩为单一的意义。意义是文化生产者和受众互动的一个协商场所，受众可能接受生产者的意图，也可能修正生产者的意图，有时甚至可能颠倒生产者的意图。

---

[1] 约翰·洛克（John Lock，1632—1704），英国唯物主义哲学家，反对"天赋观念"论，在认识论、政治、教育和医学上均有贡献。——译注
[2] 伯明翰学派在英国研究上的观点和人类学家一致，但其成员又拒绝接受20世纪70年代人类学界隐性的功能主义。

9.4 技术与社会

伯明翰小组有关意义协商的观点有仪式性的侧面，这个观点支持凯利对信息交流的关切。从20世纪70年代末开始，凯利撰文论述并提倡这个文化研究运动。伯明翰小组强调对意识形态和电报的分析，这激起他浓厚的兴趣，他的一篇重要文章的标题里就用了"意识形态"和"电报"这两个词（Carey，1983/1988d）。反过来，英国和澳大利亚从事文化研究运动的学者也学习凯利对媒介物质属性的历史关切（Morley，1992，pp.278—279）。

这种兴趣上的互相影响不应该被夸大。凯利是这个运动的同情者，而不是参与者。他从来没有多大的兴趣把文化当作一套待解的编码。他和这个运动的差别是一个程度上的差别。大卫·莫利（David Morley）、罗杰·西尔弗斯通（Roger Silverstone）、安妮·格雷（Ann Gray）等文化研究学者把技术问题当作微观社会学问题处理。他们询问的是人们如何在家庭生活中使用电视、随身听、录像机。在意识形态分析方面，文化研究学派的研究领域常常是家庭使用的媒介。这和凯利截然相反。凯利总是对各个领域感兴趣，他问的是宏观问题：技术尤其是传播技术如何塑造社会，如何把远距离的社区结合起来，如何使边缘臣属于中心，我们又如何保护民主的公开性等问题。莫利

（1992）在他的书里蜻蜓点水地提到凯利的影响，可是就在这一段里，他并不说明究竟是什么影响，而是急匆匆地转向约书亚·梅罗维茨（1985）更加微观的思想。凯利需要把传播当作民族文化来理解。对于那些不太敏于全国文化动态的研究方法来说，凯利这种宏观的研究方法是一个很好的补充。人们有一种感觉，至少在两个北美国家里，媒介扮演着一个独特的角色。可以肯定，有人执着于这样一个观念：媒介必须在全国范围的框架里去理解。

比如，我有这样一个感觉，凯利开创这个研究方法有一个特别的目的，他要研究越战后遗症，这个社会病超越了20世纪60年代和70年代美国外交政策失败的问题。在一个比较深的层次上，这些失败揭示了这样一种无能：美国人不能够利用和表达自己的集体智慧。倘若这种集体常识早就露头，我们本来可以避免或减轻这些失败的。自大狂蒙蔽了我们的常识，凯利问，造成这种自大狂的原因，是否在一定程度上和美国人想象中的技术的作用有关系。他并非唯一有这种想法的人。

必须说明，这样一个角色建立在对技术的宏观理解上。技术不仅是一个具体的设备而是一个文化系统。因此，自动技术的后果包含超级商城的出现、人行道的消逝、大环境服从于州际公路系统等。传播技术也以同样的方式运作，它是一种环境而不是单个机器。用上电视之后，我们不应该只过问它对收视者的影响，还要过问它对印刷媒介、电影和广播的影响。我们研究媒介对全民的社会影响时，再也不能以一个个分离的单位去思考技术。

1970年，凯利和约翰·奎克（John Quirk）合写了一篇论文，文章追溯技术哲学家表现出来的各种希望和失望。两人希望我们把这篇文章当作思想史来读，这是它们对越战的回应，也是他们对自由主义共识瓦解的回应（Carey，Quirk，1970/1988）。在这个思想轨迹中，他们追随刘易斯·芒福德对机器的兴趣，芒福德感兴趣的是，一连串的技术如何界定大规模的社会/政治组织。起初，芒福德受到19世纪一些历史人物热情的影响，帕特里克·格迪斯（Patrick Geddes）和克鲁泡特金[1]王子引起他的注意，因为他们断言，电能将要缓减工业革命最恶劣的影响，将会培养一种新的地方社群和全国社群的感觉。刘易斯·芒福德在他1934年的《技艺与文明》里表达了这些思想。但是，到20世纪60年代时，芒福德已经感到幻灭。电能反而放大了美国政治机器的集中化权威。芒福德的毁灭感提醒了凯利，使他注意到，技术决定论是没有希望的。

所以我们看见，走向成熟的凯利创造了自己研究传播的方法。他受到杜威的激励，所以宣扬以文化为核心的观点。他受到麦克卢汉的影响，所以不接受这样的命题：传播问题可以还原为科学范畴。不过，此刻的凯利身上，只隐约闪现一些思想苗头，关于什么是现代传播系统理想的问题，他考虑得还不是很清楚。但我觉得，关于理想的传播系统，凯利实际上有一个多维度的视野。凯利的理想系统来自于杜威，也来自于一位加拿大人，这个人曾经在芝加哥大学求学，后来回多伦多大学执教。这个人就是哈罗德·伊尼斯。

伊尼斯的著作里表现出对英国帝国主义的失望，对稍后美国的

---

[1] 彼得·阿列克谢耶维奇·克鲁泡特金（Pyotr Alexeyevich Kropotkin, 1842—1921），俄国无政府主义者，政治学家、地理学家，认为改善人类生存境遇的方法是合作而不是竞争，参加民粹主义运动，历经放逐、监禁、流亡，对俄国和英国的无政府主义运动产生了很大的影响，著有《1789年到1793年的法国大革命》《互动论》等。——译注

冷战态度也感到失望，他的失望和凯利20世纪70年代对政治的失望类似。他的学术生涯起步于经济学，研究大宗产品比如鳕鱼和皮毛的运输，得出这样的结论：最重要的大宗产品的运输是一个传播问题。以这个意识为起点，他看到，传播赖以进行的媒介是社会政治偏向的关键因素。如果一种媒介有时间偏向［讯息的长时期保存（运输）］，权力精英就围绕传统和集中化的意识形态组织社会。历史例子有法老时期的埃及、中世纪的欧洲和帝国时期的中国。如果一种媒介有空间偏向［讯息很容易远距离传输（运输）］，权力精英就拓宽控制的范围，而不太顾及传统。我们的西方社会能够很好地说明这种组织上的空间偏向。

伊尼斯本人受格雷厄姆·华莱斯的影响，华莱斯惋惜现代社会口语的衰落（Innis，1951/1964，p.191）。口语传播之所以受到重视，那是因为它大体上维持了空间和时间的平衡。然而，批量生产的廉价纸张促进印刷文化的发展，随后的电子传播也有了长足的进步，这样的态势非常有利于空间偏向。这样的空间偏向造成少数群体对媒介的公开操弄，结果就产生知识垄断。一个开放的社会必然既产生传播过剩又维持大致的平衡，这样的平衡态至少和有力的面对面交谈有相似之处。

伊尼斯把经济分析和文化/政治历史分析结合起来，这给凯利留下了非常深刻的印象。然而，伊尼斯论述媒介时，行色匆匆、语焉不详、令人沮丧，留下许多工作需要后人去完成。比如，伊尼斯只设想，电报具有重要的文化意义；于是凯利就进一步探测这个问题，结果证明，电报和社会变革有一种"软"决定性的相关性。凯利断言，电报的应用改变了美国人的时间观念，侵蚀了人们对地方控制的感觉，使市场价格和地方的具体情况脱钩。读一读他的文章

《技术与意识形态：电报研究》(Technology and Ideology: The Case of Telegraphy, Carey, 1983/1988d, 下文简称《技术与意识形态》) 令人获益匪浅, 因为迄今为止它仍然是范例, 告诉我们如何揭示技术的文化维度, 使我们既可以避免麦克卢汉的硬决定论, 又可以避免伯明翰把研究重点仅限于接受场所的狭隘视野。

《技术与意识形态》开篇时让读者驾车到美国乡间观光。他指出那些平行走向的河流、运河、铁路、电报线 (Carey, 1983/1988d, p.203) (此刻他还可以加上长距离的光纤)。在这些平行的运输通信线路中, 电报表现出明显的突破, 它把运输和通信明显地区别开来。电报传送讯息的速度比人快得多。最早利用电报长处的是运输公司。起初, 铁路运行的日程和调度主要靠电报。于是, 电报就用于铁路系统的空间控制, 但它很快进入了时间控制的范围。到1883年, 铁路公司 (并非政府) 在美洲大陆实行了标准的四个时区制。电报的空间控制导致了地方时间的死亡。这就是铁路和电报联手垄断以后对经济和讯息进行控制的征兆。

电报发布全国各地的价格差异, 于是, 地区差异就开始消失。电报出现之前的经纪人曾经利用价格上的差异, 把价格低的商品运到价格高的地方。电报出现之后, 倒运获利减少, 因为用电报从价格低的地方订货成了很简单的事情。期货交易商取代了经纪人, 这就使知识竞争成为可能。他们了解远方期货看涨的势头, 于是就出售发运小麦的收据, 以便锁定价格, 防止丰收以后价格被迫走低的无奈。18世纪资本主义开创了商品使用和商品价格的分离。到19世纪中期, 电报引起的知识垄断进一步加速了这个分离的势头, 马克思从这个势头得到灵感, 构建了他的商品化理论 (Carey, 1983/1988d, p.221)。

9.5 经济学与传播学

凯利研究伊尼斯，寻找文化决定论模式。他注意到电报和19世纪经济理论的关系。他关心媒介的物质属性，并由此通向马克思。然而，他和马克思的关系有其特点，既不同于对传播进行政治经济分析的人，也不同于英国文化研究小组（Flayhan，2002，p.37）。政治经济学家集中研究生产并考问：谁占有媒介，他们如何把媒介塑造成为资本主义体制的一部分？做文化研究的人感兴趣的则是意识形态分析，他们考问的是：媒介的编码讯息是什么？这个讯息又如何再生产资本主义的价值？凯利充分参与左翼对资本主义的批评，但他的立场不能和意识形态以及政治经济学混为一谈（Pauly，1997，pp.11—12）。在这个方面，凯利使我们注意媒介偏向造成的损害，在文化批评的派别争论中，这样的损害被人忽视了。

雷蒙德·威廉斯特别注意把文化研究和古典马克思主义区别开来，他拒绝接受经济基础和上层建筑的模式。马克思写道，占主导地位的"物质生活的生产模式决定着一般的社会、政治和精神生活进程。不是人的意识决定人的存在，而是人的社会存在决定人的意识"（Karl Marx，转引自 Williams，1977，p.75）。威廉斯觉得，在20世纪这句话听上去还原论的味道太浓重，因为它把文化还原为经济现象。他转向安东尼奥·葛兰西[1]的霸权观念,指出文化和经济在人的"整个生活方式"中是同等重要的因素。霸权价值被灌输到各种社会制度中,成为普遍接受的常识。葛兰西和威廉斯认为,如果人们觉得,信仰和态度是他们文化的一部分,他们就会接受这样的信仰和态度,并不以他们对经济的理解为转移。威廉斯采用葛兰西的霸权理论,这对文化研究的兴起具有决定性的作用。

凯利同情威廉斯的批评,尤其同情这种批评起源的话语:欧洲的批判思想。然而,欧洲批判思想越洋而来时有那么一点变化。凯利指责美国教授们把霸权简化,于是"种族和性别获得了新'基础'的地位……文化简化为意识形态,意识形态简化为种族和性别"(Carey,1992/1997c,p.276)。凯利并没有拒绝种族和性别研究给人的启示,问题是这样的解释常常被泛化为涵盖一切的新概念,它们常常忽视具体的物质属性、连续性和美国生活问题。种族和性别政治实际上干扰了学术界的注意力,同时,媒介公司又偷换了这场游戏的概念,侵蚀媒介时代开头时那么一点点的公共领域意识。也许,凯利在批判这种干扰时太温和,因为他害怕左翼学者内部的否定论,但他字里行间的不安是显而易见的。

实际上,我们可以把凯利对构建社会现实的极端版本的不安情绪放在一起来看;这些版本有:法国的后结构主义(Carey,1986/1988c,p.105),葛兰西把种族和性别问题简化为霸权的倾向,甚至还有麦克卢汉关于媒介引起的生理和心理变化的观念。他的每一种不安都是对过

---

[1] 安东尼奥·葛兰西(Antonio Gramsci,1891—1937),意大利共产党创始人之一,马克思主义理论家,强调社会关系中的文化因素,主张渐进式革命,提出"文化霸权"理论,著有《狱中札记》等。——译注

分理想主义的回应，这些理想主义都抹杀了物质环境里具体的轮廓。

在英国文化研究产生的社会里，阶级分割可以回溯到现代媒介发展之前。霸权政治扎根在历史悠久的制度里，表现为共同感觉到的传统。在美国或加拿大这样年轻的社会里，制度威望的传统就稍次，稳定性也稍次。在新的社会里，价值和共同纽带要通过大众媒介完成仪式化过程。因此，批评思想家必须要直面以下问题：媒介环境如何形成偏向，这些偏向如何给造成知识垄断的人提供机会；这一点至关重要。总之，如果我们想要在新世界揭示和欧洲人霸权价值对等的现象，我们就必须对技术系统的问题练就敏锐的感觉。主流传播界的分析师和文化研究的民族志作者都强调接受场所，因为双方都倾向于认为，当代资本主义社会还有正常运转的性质（虽然他们对这种社会的意识形态提出了挑战）。与此同时，伊尼斯和凯利集中研究意义的生产和分配，因为他们担心信息传播的失衡正在导致信息功能的丧失。

技术系统给美国媒介学者提出了难题，因为人们创造技术系统的目的不是为了拓展公共的领域。技术系统的生产和分配仅限于市场内部，而市场肯定是以私利为导向的。相比之下，传播是公共领域，语言和一切符号是我们共享并构成社群的要素。从这个观点来看问题，凯利（1994/1997a）写道："经济和传播构成矛盾的框架……经济是分配稀缺资源的实践。信息传播是生产意义的过程，是绝对不会短缺的资源，实际上它是极端丰富而免费的商品。"（pp.63—64）尽管这两种资源的框架是矛盾的，但是日益技术化的传播使传播更加成为私利的资源，而不是共享的公共领域。凯利捕捉到这个道理，注意到我们在语言里的无意识转变，我们已经完成从传播到信息的过渡，从公众到受众的过渡。

9.6 新闻的特殊问题

凯利明白无误地把传播重新定位成文化。他这个传播的文化定位和传播的经济学定位截然相对，他坚决反对把传播简化为意识形态的传输问题。他把媒介研究整合进美国人技术思想的传统。这几点贡献已经对传播领域产生了重大的影响，许多人对他表示感谢。然而，如果就此搁笔，那就失去了重头戏。这些只是一般的范畴。虽然凯利并不是一位构建体系的学者，但他的每一篇论文、每一条陈述都自成一体。笔者还希望探讨推动他这个思想的具体任务，这就是新闻教育的日常程式。

把凯利和新闻教育而不是新闻业本身联系起来，我们就可以看到他如何把媒介问题置入美国民主的仪式里。

教育是媒介研究领域里许多杰出学者的出发点，从杜威到伊尼斯到麦克卢汉再到尼尔·波斯曼都是这样的。新闻教育是一块突出的阵地，它反对把教育说成是职业培训，顶住了为此辩护而受到的压力。迄今为止，大学是美国社会顶住市场压力的唯一阵地。当然，职业培训未必就服务于市场，也未必在学术界没有立足之地；然而，职业培训和就业培训的确容易和市场混淆起来。为了防止混淆，在培养未来的新闻工作者时，应该有一种精神使命，凯利在这一切媒介批评中的努力就是要阐明这个使命。这个问题就是新闻工作者的特殊使命，他们在服务民主话语时扮演着特殊的角色。

比如，1969年凯利考问客观报道的前提时，明白无误地征引麦克卢汉对印刷媒介线性结构的批评。他写道："客观报道的陈规是在报道另一种文化和另一个社会时逐步形成的；它把日常的事件……转化成'谁对谁说什么'这样的套路……在这样的报道中，通过新闻的既定程序，混乱、流动、非直线性的（越南）战争变成了有条理的、平衡的、直线式的运动，变成了山地、吨位、伤亡、师团和数字的战争。"（Carey，1969/1997b，p.140）

这段话选自一篇一般的传播论题的文章，的确富有深刻的洞见，因为它用一个很好的比喻来论述美国体制内的意识形态和新闻工作者精神的关系。两方面的人都试图把越南战争限定在"直线性"框架之内。然而，这种观察是否仅仅停留在暗示的水平，是否还需要丹·哈林（Dan Hallin，1986）后来提供的详细的历史呢？凯利在后续的研究中坚持与众不同的路子，他审视新闻学院里的价值。这些价值是否促成了脱离实际的新闻报道的错误呢？这个问题在他常常被人征引的文章《新闻业的历史问题》（The Problem of Journalism Industry）里开花结果，文章是在五年以后发表的（Carey，1974/1997d）。

文章开头抱怨说，新闻史陷入大记者大编辑的泥潭不能自拔。新闻学院传授的是"辉格党[1]人"解释的新闻报道传统。这个术语借自赫伯特·巴特菲尔德（Herbert Butterfield）的历史记述。辉格

---

[1] 辉格党（Whig Party，1833—1856），19世纪美国的政党，奉行高关税政策，对宪法的阐释也较松散且不严谨。——译注

党式的历史把过去表现为一连串事件，而事件则稳步展开走向当前，仿佛过去的人们就知道历史的目标。这样的新闻史把历史事件展示为一个线性的序列：新闻报道的自由度越来越大，新闻记者的能力日益增强，它们能够把新闻送达更多的公民手中。根据这样的解释，新闻记者的自主性总是不断增加，政府的角色总是恶棍。

这样的解释有正确的因素，凯利通常拒绝责备辉格党式的新闻史。他典型的说法是，这种新闻史已经玩完了，不再有用。加速前进的故事忽略了我们这个时代新闻业路子越来越窄的事实。我们可能会在几秒钟之内收到来自世界各地的新闻稿，但我们对世界的了解并没有相应地增加。口诛笔伐的新闻编辑已经成为历史文物，而不是英雄人物。独立自主的新闻记者越来越害怕表达自己的观点，更不用说并非大家一致同意的观点。与此同时，广播的竞争使广播稿记者放弃了直截了当和视觉描写的分割，他们采用了专家分析的中性立场。

一个比较实在的问题是，新闻学院对变化中的文化结构注意得不够。他这篇文章就号召大家注意新闻的文化史，取代目前课堂上使用的就事论事的新闻史。在这个召唤中，凯利摸索如何把传播的仪式纽带贯彻到新闻教育的历史里去。呼吁建立文化史就是呼吁训练学生发挥幻想力，以穿透原来那些简单的事实，并理解其意义。传播学者慢慢地发现了这种历史观，一条路子是沃尔特·翁回溯到麦克卢汉再回溯到过去的文化哲学即维科的路子（M. McLuhan, E. McLuhan, 1988）。另一条路子是从杜威到伊尼斯再到凯利的历史。

文化研究路子的意思是说，新闻记者不能把自己当作科学工作者，他们不能够置身于报道的社会之外。换句话说，新闻工作不仅要迅捷达成仿真陈述和责问之间的平衡，不仅要在这两个同等尖利的声音之间寻求平衡。它应该表现当前争论框架内的许多立场。凯利责难匆忙描绘"谁、什么、何时、何地"但轻轻地一笔绕过"为何、如何"的新闻记者。他的意思要是说服记者，他们的报道不是用透明的方式传递干巴巴的信息，常规的学问是民主对话的框架，新闻记者从事的就是这样的民主对话。

在《大学传统的诉求》（A Plea for the University Tradition）这篇文章里，凯利（1978）强调了他在新闻教育学会就任会长时发出的呼吁。当时讲话的对象是大学里执教的老师，对于大学和新闻教育的结合，他们还不是很有把握，所以他决定利用就职演说的机会，呼吁会员们不断提高新闻思想史的意识。这篇文章借用了伊尼斯一篇文章的题目"大学传统的诉求"，主旨是驳斥把新闻训练从大学里剥离出来的观点，终极目的是防止大学的崩溃（Carey，1978，pp.853—854）。

虽然这篇文章是对法学和医学两个专业的忠告，但他心中的对象还是新闻学院。引用伊尼斯的话是刻意为之，因为媒介素养训练在大学保存公共记忆的使命里具有独特的地位。保存公共记忆是开始对公众施行一般改革的地方。他不想用伊尼斯的空间—时间偏向给读者增加负担，但他的论点还是以这个模式为核心。他告诉我们说："在媒介的压力之下，公共舆论失去了锚泊的港湾，因为报界痴迷于眼前的东西，对当下的深刻关注使人们对过去和将来的兴趣难以维持……"（Carey，1978，p.847）选择空间—时间模式作为担任会长的就职演说，的确是聪明之举，因为新闻专业可能是最容易犯错误因而使公众丧失集体记忆的专业。由此可见，虽然凯利主张搞新闻的文化史，他实际上是主张，目前对公众失忆症推波助澜的新闻业，必须要恢复时间的意识和历史的记忆，将其贯彻到自己的工作和公众的话语中去。

新闻教育最有可能指导学生去培养这样的意识：新闻必须既是信息的传输又是传播的仪式。在这样的精神里，凯利（1999）和杰伊·罗森（Jay Rosen，1994）等人的观点完全一致，他们谋求在新闻从业人员中推动公共新闻的意识。

9.7 结　　语

　　我发现，凯利的文章越来越带有一点规定主义的味道。从精神上保存公共文化的任务始终贯穿在他的著作里，在他那篇会长就职致辞里特别突出。这个任务是媒介研究里重要问题的试金石。比如，丹尼尔·达彦（Daniel Dayan）和埃利胡·卡茨（Elihu Katz，1992，pp.25—53）提出一个描写性模式时，凯利就把这个模式带到联邦参议院听证会上去检验，看看它在审议罗伯特·伯克（Robert Bork）作为联邦最高法院法官提名时的情况，结果他发现，媒体充分参与了贬低或放逐候选人仪式的作用。这个媒介事件的作用是瓦解公众文化里礼貌和宽容的精神。凯利很动感情地断言，媒体应该抵抗对这件事的政治操纵。

　　凯利在分析隐含的命题时，嵌入了一些忠告。他相信社群里的人，但他不太主张迁就随大流的情绪。实际上，大众的分裂和分割，比如一些地区性运动里表现出来的那一套分割倾向，是对全球性媒体铁板一块的性质作出的考虑不周的反应。换句话说，他很少论述人们如何形成不同于主流媒体的选择，也难得论述"被委以权力"的受众的概念。他大量论述的是主流媒体回归民主使命的主题。他不赞成技术的知识垄断。他主张抵抗技术的知识垄断偏向。他关切经济对传播的决定性影响，但他觉得，传播不能够也不应该被简化为经济问题，在不断回头去研究媒体在美国社会的试验里一开始就作出的承诺。

美国人关于社会试验还可以再改革的概念，本身和激进的政治前提是矛盾的。对凯利最普遍的批评是，称他为改革的浪漫派。迈克尔·特雷西（Michael Tracey）指责凯利是田园牧歌派，说他回避权力分配不均的问题（转引自 Munson, Warren, 1997, p.xv）。丹·席勒（1996）诘问凯利为何认为人人分享语言："凯利观点隐含的命题是，语言就是'共享'，这个观点是难以用面具掩盖的：英语如何并且在多大程度上是人人的共享的？……标准英语是凯利所谓共享语言的一个例子吗？"（p.156）提一提迈克尔·舒德森（Michael Schudson, 1998）的变化或许能给人启示：起初，他提供了凯利呼吁的那种文化史，如今，他似乎已经转向，批判凯利的观点：过去一些时代比当代更加有助于民主话语。这些看法陈述了一个固执的历史观，它或显或隐地瓦解了凯利的多元历史观。

这些批评者都没有把握住凯利思想史研究方法的前提。语言社群的特点是否总是人们充分而公开的参与，这是一个实证主义的问题，这个问题并不是凯利的要点。实证主义的目标是寻找一个遗产，希望这个遗产能够对我们目前建设社群的努力有用处。凯利的做法是，检查并重新阐述有关社群建设的社会思想史。也许在这一点上，凯利和麦克卢汉的共同之处比较多，和芒福德或伊尼斯的共同点比较少。麦克卢汉不太关注对媒介环境的形而下研究，他更加关心艺术家等人如何对环境作出回应。明显的证据是，他在《谷登堡星汉》（1962）的第一章里用很大的篇幅论述莎士比亚的《李尔王》（King

Lear）。凯利借用许多前人的思想来标记传播与社会领域的互动。他用过去的思想来阐明当前的问题，其原因正是：我们的讨论常常受制于空间偏向。我们容易忘记前人对生机勃勃的民主的希望和渴求。因此，我们太容易犯骄傲和玩世不恭的错误。

托克维尔钦佩美国人在19世纪30年代进行的辩论。至于这些辩论的程度是否能够计量，这对凯利的方法来说并不重要。重要的是，托克维尔目睹了一个民主社会冉冉上升的理想。同理，林肯和道格拉斯的总统竞选辩论成为我们的信念之一。思想史能够阐明媒介如何有助于美国大社群和小社群的成长，个案研究是做不到这一点的。

特雷西和席勒的批评证明，他们拒绝分享凯利学术研究的目的。凯利（1991/1997c）曾经用本杰明·富兰克林的话"建立一个共和国，如果你们能够维护它的话"（A Republic, If You Can Keep It）作为这篇文章的题目。这肯定是他工作的座右铭，我们可以这样来给他的工作命名："我们需要一种共和国的文化，如果我们能够交流的话。"他这个方法总是要指出交流的可能性。他总是坚持这样一个解决办法，把它作为我们必须要走多远的标准。至于过去的实际情况在多大程度上不那么理想，这并不是实证主义者很关心的问题。

凯利接受了芝加哥学派隐性的命题，并且将其用于电视时代的媒介研究。通过应用芝加哥学派广泛的社会命题，他提出了新闻教育的思想史目标。他给媒介技术思想的贡献是，既放眼社会组织的大趋势，同时又承认文化研究学派和微观社会学的民族志的成果。这个方法使他能够让当前针对新闻学的批评增加一点跨学科的分量。

许多人看到，目前的媒体巨头用新闻来赢利，而不是用赚取的利润来追求新闻，这就是本末倒置（比如：Bagdikian，1983）。还有人担心，全球化会加剧一些公司不负责任的行为（Herman，McChesney，1997）。凯利把这一关切糅合成整合了文化方法、政治方法和经济方法的媒介哲学。我们必须教育公众，让他们对新闻工作提出更高的要求，新闻记者必须成为新闻教育的一支力量，他们必须要有敏锐的观察力去发现由此而产生的需要。

我们要以真诚的态度去读凯利，但这样的阅读可能也有不足。尽管我们读他的书之前就有信赖他的倾向，但是他的论辩风格并不是很让人信服。他没有花时间去系统地剥离其他人的立场。因此，他对左翼分析中过分"经济主义"的批评，令人难以捉摸。尤为重要者，他没有充分直面通俗文化问题，没有回答媒介受众的解读能力问题。当然，他拒绝接受麦克卢汉媒介决定论里受众极端被动的观念。另一方面，他的文化研究方法有一种张力，它假设并尊重读者/受众积极参与解读意义的角色。其实我是从凯利的立场推导出文化研究的这种张力的，他坚持伊尼斯似的媒介平衡、相互作用和充分互动。等我们把解读意义的场所从制作人转向受众时，这样的张力还会存在吗？不会。那只不过是把知识垄断转移到个人的私密空间，这就背离了意义的公共性质。这是凯利批评必然导致的结论。这是因为他对左翼过分"经济主义"的批评，提醒我们注意，经济问题是个人的领域，是"那对我有何好处"的问题。

凯利当前的研究重点是后网络时代，是媒体国家体制的瓦解。触发他这种关切的，同样是新闻教育的作用问题。全球化加重了媒体不平衡的问题，毁掉了长远的历史观，因为全球运作的公司可以在任何地方营运，不必要什么归属感。鲁伯特·默多克的新闻公司似乎一心一意要分散各国公民的注意力，让他们不去关注他们应该考虑的问题。当然，默多克并非孤例。"哥伦比亚广播公司（CBS）和维尔康姆公司（Viacom）的子公司喜欢的是音乐电视（MTV）和音乐频道（VH-1），用户个性化网络公司（UPN）的对象是无形无象的小众，他们在自己接收的'新闻'里没有什么利害关系，和同时收看同样节目的社群没有什么身体的接触。凯利一语双关地描绘了这样的情况：仿佛是这样一种局面，'我们有欧元（Euro），但我们没有欧洲（Europe）'。"（Alterman，1999，p.10）

　　凯利把注意力转向民族国家的命运。民族国家的媒体比如美国的三大电视网在瓦解，欧洲国家的广播公司取消了国家管制，这些潮流把民族文化撕裂为地方文化和跨国实体。这两种趋势是否满足过去的杜威和如今的凯利希望看到的那种社群，这是一个很难回答的问题。两种趋势都已经表现出令人恐慌的不负责任的态度。地方文化缺乏对邻居的关心，甚至表现出敌视的态度，仅仅是因为邻居的文化与自己不同。全球文化又大而无当，谁也感觉不到彼此要尽什么义务。也许，国家是规模适中的单位，大到足以给人人提供服务，又足以形成真正的民主交流。

9.8 谢　　辞

感谢康涅狄格州州立中心图书馆的琳·约翰逊—柯克兰（Lynn Johnson-Corcoran）、海迪·克洛甫（Heidi Kropf）、查尔斯·马尔洛（Charles Marlor）和约翰·卢瑟福德（John Rutherford），感谢他们在我研究及撰写这篇文章时提供的帮助。

第十章　符号，思想和现实：沃尔夫与朗格对媒介环境学的贡献

纽约大学（New York University）
克里斯琴·L. 尼斯特洛姆（Christine L. Nystrom）

20世纪初，一种石破天惊、极具冲击力的思想崛起，它对我们理解现实具有重大的意义，它刷新了科学研究和人文研究的一切领域。这个思想大约可以用一个词来概括：相对论。更加具体地说，这个观点认为，人们接触的现实并非外在于人的存在，而是我们的感知、探索、表征和传播工具提供的外在现实的版本。我把这个思想当作20世纪具有界定性的思想，而且是媒介环境学赖以建立的思想，所以它很值得我们在这里先多说几句话，然后才去探讨本杰明·李·沃尔夫（Benjamin Lee Whorf）和苏珊·K. 朗格（Susanne K. Langer）如何把相对论思想转化为媒介环境学的基石。

10.1 相对论之根

首先应该指出，虽然关于相对性现实的思想在20世纪得到最有力的表达，而且对人的理解产生了最有力的影响，但是它并不是起源于我们的时代。早在公元前5世纪，柏拉图就知道爱因斯坦1905年知道的东西：人不可能直接接触现实，只能够站在和现实相关的某一点去看现实，只能够通过感知工具去接触现实；这样的知识在我们构建未知领域中扮演了积极的（和转化的）角色。柏拉图的洞穴寓言说明了现实的相对性、现实的社会构建的相对性以及感官偏向的相对性，这个寓言很简明，和我们在20世纪的著作里类似的论述一样地简明扼要。这个寓言处在柏拉图认识论的核心，虽然如此，它仅仅是一个寓言、一个故事，而不是一篇科学论文，仅此而已。和柏拉图的大多数思想一样，随着启蒙时代的来临，这个寓言作为严肃思想工具的潜力，还是被经验科学的扫帚扫到不起眼的角落里了。

近代启蒙时期的重大科学成就，和随之而来的技术进步稳健的步伐，都牢牢建立在牛顿思想的预设上；牛顿认为，时空框架是固定的、绝对的，观察者完全能够针对他们阅读自然之书得到的结果，提出中性而客观的报告。这些预设不能够完全清除18世纪和19世纪的相对论暗示，[1]然而君临天下的牛顿科学客观主义范式，使这些暗示不可能有什么重大的进展。牛顿范式认为，世界最终是可以认识的，而且（至少从理论上说）是可以被充分认识的，其工具和程序决不会影响它们在客观现实里的运转机制。

然而到19世纪末，在异常现象（Kuhn，1962）的重压下，牛顿范式步履维艰。有些科学发现并不能够安安稳稳地放进牛顿物理学既定的框架、预设和原理中。这些非常态现象，既有巨大天体比如太阳系和银河系的运行情况，也有非常小的物体比如电子和其他亚原子粒子的运行情况；它们的直接结果是20世纪初两场伟大的思想试验；这两场试验不仅使科学发生革命性巨变，而且在我们了解人类知识及其与现实的关系上产生了一场革命。第一场试验围绕爱因斯坦的问题："如果你骑在一束光线之上，你将看见什么？"他的答案是，观察结果依靠两个条件：（1）观察者的位置和被观察对象之间的关系；（2）观察者运动的速度。此外，不仅观察者受到相对位置和运动速度的影响，而且计量工具也受到影响：时钟或慢或快，标尺或涨或缩，两者都随着运动速度而变化。时间和空间本身发生变化，随着物体和观察者的相对速度而变化，成为服务于物体和观察者的一种功能。再者，观察者不可能在这些关系之外维持一个固定的位置；如果观察者不包容在现实里，不作为现实的一个界定性因素，观察者就没有立足之地，就不可能构建一个拉开距离的、中性的、客观的描绘记录。简而言之，多重现实是存在的，我们可以

---

[1] 波斯曼（1999）准备了一个非常好的启蒙时代思想家的语录汇集，它们预见到后世学者关于寓言塑造现实观念的思想。

描绘这些多重现实,每一种现实取决于观察者在和现实相对的关系里所处的位置。

第二场思想试验是海森伯的试验,其意图是预测电子在电子壳层里的运动。牛顿范式假设:完全认识世界是可能的;我们可以一步步完成这个构建过程,首先用牛顿物理学定律去观察最小的物质积木块的相互作用,然后观察稍大一点的构建单位的相互作用,接着又观察再大一点的构建单位的相互作用,一直到观察大如星体比如星星、恒星、太阳系、星系的相互作用,我们就可以逐步完成这个构建过程。为了维护这个假设,必须要有一个基本的条件:物理学定律必须要能够精确地说明自然界最简单的构造单位的相互作用,否则,一切构想都会崩溃。因此,海森伯问:"氢原子只有一个电子,是自然界最简单的积木块,如果要确定这个电子的准确位置和速度,需要什么样的条件?"他的回答是,为了得到这样的信息,观察者需要使这个电子看得见。这就需要将一束光打在原子上,因为我们只能够看见反射回来的光线。但是,爱因斯坦业已证明,光本身由粒子组成,粒子影响它们反射的光的位置和速度。如果使电子看得见,电子的位置和速度就会改变,在位置或速度这两个变量中,一个变量以接近精确的结果计量出来之后,另一个变量就无法精确计量了。简单地说,无论测量之前这个原子在哪里,在测量的过程中,它都已经不在原来的位置了,这是因为我们观察的过程中的需求也在变化,这样的变化是无法充分说明的。于是,海森伯得出结论:我们对物质世界的了解,存在着不可能再压缩的不确定性,至少在亚原子层次上存在着这样的不确定性。因为其余的一切知识都建立在这个基础上,所以我们永远不可能充分而准确地了解现实,绝不可能得到牛顿范式许诺的那种现实。你能够了解的唯一现实是观察条件需要的那种现实。况且，观察条件又很复杂，包括感官的运作，延伸感官的技术的运作；包括感官为了获得信息而需要的媒介（比如光或声音）以及媒介的结构。观察的条件不仅限制了我们能够了解到什么东西，而且改变了被观察的现实，这样的改变是不可能充分预测的。由此可见，我们所了解的情况，以及外在于我们的东西，有时存在着细微的差别，有时还存在极大的差异。

从上述物理学相对论的概述[1]看，为什么我说相对论是媒介环境学仰赖的核心思想，应该是清楚了。媒介环境学研究我们如何构建和重建知识，研究我们如何构建和重建人栖息其间的现实；研究的范畴包括：我们的认识工具即感官和中枢神经系统，我们的探索工具，我们的探索工具需要的物质媒介（比如光线、声音和电能），以及我们使用这些媒介的条件。在这一点上，媒介环境学深深感谢爱因斯坦、海森伯等20世纪的物理学家，感谢他们具有指导意义的假设和问题。他们使相对论成为现代的界定性概念。

然而，方才描绘的物理学家的相对论、媒介环境学的定义，还缺少一个非常重要的条件。这个缺失的东西和知识的意义相关，和认识工具相关。在爱因斯坦和海森伯的描绘里，在柏拉图的洞穴寓言里，认识工具首先是感官和延伸感官的技术，知识是通过这些手段接收到的感知数据。然而，感知数据仅仅是构成知识的很小的一部分。如果没有用记录、整理、分类、组织、再现和传播的办法来

---

[1] 关于物理学相对论的思想，L. 巴内特（1968）、海森伯（1962）和F. W. 马特森（1966）的著作里的描绘相当全面，而且可读性很强。

处理眼耳口鼻舌身五种感觉器官接收到的信息，知识就仅仅是一堆杂乱无章的印象，是存在于我们的肌肤之外的现象，转瞬即逝，支离破碎。为了构建和维护对感知经验整合一体的理解，我们还需要感官之外的东西，我们需要表征这些经验，以便回忆、再加工、阐述和传递我们的知识，以便用语词、句子、图画、图形、标尺等代码系统和符号系统向别人传递这些知识。在构建我们所知的现实或者我们认为自己所知的现实时，代码和符号也发挥积极的作用。实际上，它们扮演的角色比我们的感官和技术工具扮演的角色更加重要，这是因为以语言为首的表征代码，不仅管束着我们如何记录和报告我们之所见，而且决定着我们观察什么对象，并界定我们如何构建其中的意义。海森伯有一句著名的话说，"我们所了解的自然是我们考问自然的结果"，其中的暗示和我们这里说的一样。问题是语言的产物，在这个意义上，海森伯的意思是承认，语言是认识工具，它改变我们有关现实的观念。同样，爱因斯坦承认，语言在塑造现实结构中起到关键的作用；他说，他的理论遭遇到的最大对手是语言；他认为，空间和时间是时空一体这个单一现象的两种功能；而语言偏偏要把空间和时间分割成两种不同的东西。

  语言及一切表征经验的符号系统扮演重要的作用，影响我们如何构建现实，进而影响我们在现实里如何做事。然而，把这个思想放在相对论核心和媒介环境学核心里的，既不是爱因斯坦，也不是海森伯。最系统、最有力地表达这个观念的并不是物理学家，而是人类语言学家本杰明·李·沃尔夫和爱德华·萨丕尔。

10.2 沃尔夫和语言相对论

沃尔夫和萨丕尔这两个名字总是联系在一起，以便于指称他们两人提出的强有力的假设，他们认为，语言在塑造人关于现实的观念时扮演着重要的角色；就是说，这个假说既可以叫作沃尔夫—萨丕尔假说，也可以叫作萨丕尔—沃尔夫假说。我在这里把沃尔夫放在前面，既这样指称他们的假说，也突出他对媒介环境学的贡献；这是因为虽然萨丕尔名气更加大（学术上更加受尊敬），然而最充分阐明那一套思想的却是沃尔夫。这一套思想后来就被称为语言相对论或语言决定论。顺便需要指出，后面这两个指称沃尔夫—萨丕尔假说的术语并非不重要，因为它们反映了对这个假说的两种不同的解读，反映它不同的隐含命题。不过，转向探讨这个理论及其解说之前，让我简单介绍一下这两位人类语言学家。

爱德华·萨丕尔我不多讲，不是因为无话可说；相反，他对语言研究和文化研究的贡献实在是极其广泛而杰出的，任何想要用几句话概括的尝试，都徒劳无益，而且是不知天高地厚的。只说几句吧。在20世纪20年代和30年代，他是弗兰茨·博厄斯[1]创建的人

---

[1] 弗兰茨·博厄斯（Franz Boas，1858—1942），美国人类学创始人之一，著作宏富，对体质人类学、语言学和美洲印第安人的研究都作出了巨大的贡献。——译注

类语言学派里领头的语言学家,研究美洲印第安人语言的权威,芝加哥大学杰出的教师,稍后转到耶鲁大学执教;在耶鲁大学,沃尔夫1931年开始受业于萨丕尔的门下(虽然此前两人曾经在语言学家的学术会上见过面)。[1]但是,早在他们见面之前,萨丕尔就已经对沃尔夫思想和著作产生影响,而萨丕尔(1921)重要的且读者面很宽的《语言》(*Language*)一书,不可能不引起沃尔夫的注意,而沃尔夫对萨丕尔书中论述的许多问题和语言都很感兴趣。他感兴趣的问题之一是语言和思维的关系,萨丕尔认为,这是一个非常复杂的关系,虽然两者的涵盖面并非完全一样大(p.15);另一个问题是语言和文化的关系,他认为两者必须分开来考虑(pp.218—219)。一般可以说,两人一旦以师生关系共事以后,萨丕尔对沃尔夫比较激进的思想施加了比较温和的影响,反过来,沃尔夫显然劝说过更加富有书卷气的、细心的和稳健的萨丕尔,请他在论述语言和思维的关系时,作一些更加大胆的论述。[2]

沃尔夫是语言学家里的另类。他的学术背景是化学工程师,自己选择的职业是终身火险销售员,他在哈特福德火险公司负责协调和管理。在语言学方面,直到1931年正式到耶鲁大学修读萨丕尔主讲的"美洲印第安人语言"前,他并没有接受过正规的训练。然而,

---

[1] 本段及下一段里的生平素材取自卡罗尔在《语言、思维与现实》(*Language, Thought and Reality*,Whorf,1956)里的序文和传略。一切有关沃尔夫的引文均出自该书所收沃尔夫的文章(Whorf,1956)。

[2] 萨丕尔(1921)在《语言》里的观点表达得相当温和,但1934年沃尔夫阐述他的话时却未必很温和:"事实上,'真实的世界'很大程度上是无意识地建立在群体的语言习惯上……我们的眼睛、耳朵和其他感官体会到的东西,在很大程度上是我们的社群的语言习惯预先决定的,语言习惯预先就决定了我们选择什么样的解释。"(转引自Whorf,1956,p.134)

他如饥似渴地读书，特别喜欢语言，且有语言天分，是博物馆和图书馆的常客，喜欢大学水平的语言学藏书和关于美洲印第安人文化的藏书。他不知疲倦地和美国与墨西哥的美国研究专家和语言学家通信。到20世纪20年代末，他已经在美国研究和语言学研究的学术会议上宣讲了不少论托尔特克人[1]的历史和阿兹特克人[2]文化的文章。在20年代和30年代，他的学术成果不断发表，名气稳步上升，论述阿兹特克语、肖尼语（Shawnee）、霍皮语（Hopi）的文章在语言学和人类学的专业刊物上发表，收入哈里·霍耶尔（Harry Hoijer）等著名语言学家编辑的论文集里。但他不幸英年早逝，享年44岁。在他去世之前的两年里，他在麻省理工学院的《技术评论》（*Technology Review*）上发表了三篇文章，把他的思想送达更多非专业人士的读者。这三篇文章和后来不断重印的1939年写的文章《习惯性思维、行为和语言的关系》加在一起，把语言相对论的主题讲得非常有力而透彻。

10.2.1 语言相对论

在《科学和语言学》（Science and Linguistics）这篇文章里，沃尔夫（1956）对语言相对论的主题作了这样的表述：

---

[1] 托尔特克人（Toltec），墨西哥中南部印第安人，10世纪至12世纪建立了一个繁荣强大的帝国，因阿兹特克人的入侵而崩溃。——译注
[2] 阿兹特克人（Aztec），墨西哥印第安人，文化发达，13世纪初建立帝国，1521年被西班牙殖民者征服。——译注

每一种语言背景中的语言系统（即语法）不仅是表达思想的再生工具，而且它本身还塑造我们的思想，规划和引导个人的心理活动，对头脑中的印象进行分析，对头脑中储存的信息进行综合。思想的形成不是一个独立的、像过去了解的那种严格的理性过程，而是特定语法的一部分；思想的形成过程在不同的语言里或多或少有所不同。我们用本族语所划定的路子切分自然。我们从现象世界中分离出来的范畴和种类并非现象世界里的客观存在，并不是由于它们在那里眼睁睁地看着我们。相反，呈现在我们面前的大千世界是万花筒式的印象流，必须要由我们的头脑组织加工，也就是说，它们在很大程度上必须靠我们头脑中的语言体系去组织。我们切分自然，把自然组织成各种概念，赋予它们不同的意义。在很大程度上，这是因为我们要按照契约去组织自然，这是我们的语言社群必须遵守的契约，我们用自己的语言给自然编码。当然，这个契约是隐性的契约，并无明文规定，但它的条文具有绝对的约束力；如果我们不遵守规定对数据进行组织和分类，我们就根本不可能说话。

这一事实非常重要……因为它意味着没有人能够对自然进行绝对没有偏颇的描述，人人都受到一些阐释方式的限制，即使他自认为能够自由地表达自己想说的东西……我们在这里看到了一个崭新的相对论原理，它认为，并非每个观察者会在同样的物质证据的指引下走向相同的宇宙图像，除非他们的语言背景相似，或者能够被调校到类似的模式。(pp.211—214)

我引用这一大段文字是因为，里面包含了沃尔夫主题的大多数重要思想。当然，并非他所有的重要思想都在这里。仔细阅读他的论文集后就可以看出，他作了以下比较详细的阐述。每一种语言都是切分和重组感官所经验的现实的特殊方式。我们的感官是不能够单独给我们这种指令的，比如它们不能够告诉我们一件客体止于何处，另一件客体起于哪里。我们可以说，"瞧那杯子"。然而，谁也没有看见过脱离一个更大整体的杯子：手中杯子，桌上杯子或书架上杯子。同样的道理也适合手、书桌和书架的情况。每一件客体都是由一种感知经验和其他更多的事物联系在一起的。然而，凭借命名的方式，我们可以切断这样的联系，把杯子与手或书架分离开来，而且通过语法常规，我们可以随意重组自然：把山羊的角、狮子的鬃毛、人的头、马的腿和它们的身子分离开来，我们可以幻想怪物的现象，噩梦连连。总之，用上语词之后，我们可以构建一个我们的感官无法进入的世界，这是生物学还不能够理解的地方。另一方面，尽管语词力量强大，但它们不可能包含生物学意义上的东西。语言表征经验或经验的一部分；语言不复写经验。实际上，这正是语言力量之所在：语言是一种代码，不是感官所知的世界的复制品。通过语词，我们可以构建我们无法耳闻目睹或触摸的宇宙。我们可以在头脑里唤起对我们的感官来说并不存在的东西，可以幻想未来与过去，我们可以发明杯子和桌子，幻想自然从来没有产生过的独角兽和嘴巴滴水的怪兽。正因为语言是代码，所以它运行的规则并不是我们人体经验的规则，并不是感知—动觉—生物化学世界的规则。而且语言不能够使世界适合语言的结构和规则。语言赋予我们的现实和感官数据赋予我们的现实，是根本不同的。

10.2.2 语词和世界观

沃尔夫认为，没有两种语言会以完全相同的方式去切分世界。首先，每一种语言都有它独特的词汇，使人注意使用该语言的人们的生活中这样那样的特色。我们习惯上注意我们的词汇造成的那些特色。这一点并不奇怪；即使操同样语言的人使用的词汇也存在很大的差异，这也不奇怪。比如，你可以预料，滑雪的人会使用更多的词表示不同类型的雪，而对于在干旱地区居住的人来说，表示类别的一个词"雪"就够了（或许再加一个"雪泥"）；又比如，靠纺织品为生的人用一大套词汇来表示不同的编织法和纺织品的表面，其他人用的这一类词汇就不如他们多。然而很值得注意的是，任何语言的词汇特色都不足以反映自然界无穷的细微差别。比如，每个人的性生活感觉和行为都不一样。在这一点上，英语提供的一套词汇就不多，它只用了几个词给一个大得多的频谱分类：男性、女性、同性恋、男同性恋、女同性恋、双性恋。这样的结果告诉我们，这种文化认为，哪些分别值得注意，哪些差别不妨（由于社会原因）忽视。更加重要的是，它暗示这些差别就是真正自然区分的性行为范畴。沃尔夫指出，语言提供的词汇范畴界定人们构想现实的方式。尽管如此，沃尔夫仅仅是对语言之间的词汇差异投以匆匆的一瞥，他仅仅指出，一个言语社群的词汇特色决定人们对事物差别的注意；反过来，不同的语言还是倾向于使用相同的词语表达同样的事物。在他语言相对论的主题中，有一点的重要性远远超过词汇差异的重要性：不同的语言把世界切分为单位的性质更加重要，换句话说，语言如何构造词汇和语法范畴以整理不同的现象，是更加重要的。沃尔夫指出，英语（和大多数欧洲语言）把世界切分成成千上万分离的自主的事物：杯子、桌子、椅子、猫、狗。从语法上来说，它还区分"事物"（名词），区分我们构想的行为和过程，比如跑、生长、爱、走（动词）。此外，英语有一套语法规则，容许动词转化为名词，比如 loving、growing、thinking 就转化为 love、growth、thought。他认为，英语的这些语法特征在决定操英语者（以及有同样语法特征的操其他语言的人）的倾向中，就发挥了重要的作用，他们倾向于把现实构想为分离客体的集合，倾向于把根本不像客体的现象变成实在的客体（即变成事物）。比如，还有什么东西比爆炸更加不像事物、更加像一个动态过程的吗？英语容许把这个过程伪装成一个客观的客体，它只是简简单单地给它一个动词的外形就万事大吉了。反过来，我们的言行举止仿佛把这些关系、活动和过程变成和同一名词范畴里的"事物"一模一样的东西，变成和猫、狗、苹果一样的东西，仿佛它们真的以物质形式存在于物质世界中；这个语法特征仿佛使我们到物质世界里去寻找抽象的现象，就像人们寻求爱情、成功、权力一样，就像人们抱怨不公平的分配或哀悼他们的损失一样。

沃尔夫用对比的手法研究肖尼语、阿兹特克语、霍皮语、努特卡语[1]等极端不同的语言，沃尔夫把它们的构词法称为综合法。在这些语言里，每一个词都不是一个语义分离的单位比如狗、苹果等，

---

[1] 努特卡语（Nootka），努特卡人的语言，这个印第安部落居住在加拿大不列颠哥伦比亚省温哥华岛和美国华盛顿州西北部的弗拉特里角。——译注

而是一个基本的语义成分，在这个基础上嵌入相当多的前缀、后缀和其他语素，借以表明具体的状态、关系、强度、观察条件等。换句话说，这样的综合语切分经验得到的自主或孤立的片断比英语（和其他欧洲语言）要少得多，它们的语言里包含的感知、社会关系、互动关系环境比英语多。沃尔夫认为，这样的语法特征有助于这样的构想现实的方式：它们把重点放在关系和伴随情况上，而不是放在孤立的实体及其行为上。操英语者构想现实时，就把重点放在孤立的实体及其行为上。

10.2.3 语法结构和思维

据沃尔夫的论述，霍皮语之类的语言不容许把非空间的、主观经验的现象对象化为客体，比如，时间长度（时间流逝的感觉）、情感、愿望、希望、思想、期待等，都是不能够客体化的。实际上，表达这种概念的语言需要的语法形式是一类，用于具有空间感知特征的语法形式是另一类，两者似乎完全不同，而且也不能互换，就像英语里的动词时态不允许互换一样。比如，"他跑到商店"（He ran to the store.）里的过去时态"ran"和"他明天要跑到商店"（He will run to the store to morrow.）里的将来时态"will run"就不能够互换。英语必须要挑选一个动词形式，以表示动作已经、正在或将要发生；同理，霍皮语必须要挑选一个动词形式，以表示事情处在客观世界（说话时感知到的世界）还是处在主观领域（记忆中的、幻想的或希望的事物，但说话时不在感知范围之内）。在霍皮语之类的语言里，客观世界和主观领域的语法区别甚至延伸到计数的方式。

在英语里，基数词（1、2、3、4……）可以用于能够感知到的客体比如房间里的椅子、手里的粉笔，还可以用于纯粹幻想的集合，比如多少天（谁也没有看见过并肩站立成一排的若干天，像成排成林的树木或住宅一样站立的若干天）。与此相反，霍皮语的语法结构不允许用基数词来计算幻想里的集合。相反，它需要用序数词来表达记忆或预期中的一连串事件。霍皮人不能说十天或六年，他必须说第十天的来临，第六个春天的来临。沃尔夫认为，这样的语法强化了这样的现实构造：一段时间里发生的事件不是被理解为若干个单位，它们不是沿着一条想象中的线条从过去延伸到未来的（英语的结构就引导我们做这样的构想）；相反，这一连串事件被当作一个连续不断的圆环。在这样的世界观影响之下，"进步"等西方观念不仅是难以表达的，而且更加重要的是，诸如此类的西方观念是难以（即使并非不可能）思考的。同理，操英语者执着于节省时间、花费时间、浪费时间、投入时间等观念（和难以压抑的行为），也是难以表达、难以想象的。这类观念兴起的主要原因，是语言构建的观念把时间当作一个事物，而且这个事物在真实世界里存在，是一套可以计算、集合、储存和摆弄的单位，就像其他可以感知到的客体一样。

　　霍皮语用语言结构代码编定的循环时间观和霍皮人的文化史有关系。霍皮人是农耕民族，至少起初的年代里是农耕民族，他们紧紧地受到耕种、收获和侍弄土地季节周期的束缚。于是就出现了这样一个问题："什么先出现？是他们的语言及其产生的思维习惯和行为习惯走在前头呢？抑或是他们的文化活动走在前头，而文化活动又塑造了语言的发展呢？"这个问题是有关语言与文化起源和演化的问题,在我们试图理解自己的过程中,这个问题占有重要的地位。但这不是沃尔夫想要详细讨论的问题,它只是强调,语言和文化在起源和演化的过程中携手并进,而且两者难分难解地纠缠在一起。然而从当前情况看,不同的语言如何得到语法结构不同的结果,那倒是很大程度上不相关的问题。每一个儿童都出生在一个社群里,而这个社群已经有了充分发展的语言系统。他在学习说话的过程中,同时学会了切分并重组现实的方式,这是他的语法结构需要的现实。在这个学习过程中,每一次说话、书写或思考的时候,我们都无意之间把语法结构投射到现实里去。于是,在某种程度上,我们都成了囚徒,并非我们感官的囚徒,而是我们语言的囚徒。

10.2.4 语言相对论还是语言决定论?

关键的问题是,语言在多大程度上囚禁我们的思想。如前所述,有人误解沃尔夫的主题,以为他是为语言决定论张目。这就是说,按照他们的理解,沃尔夫说的意思是:(1)一切思维都是语言的思维;(2)语言的一切侧面对思维、感知和行为都施加同等的、必然的限制;(3)语言完全指令(决定)思维和文化。当代论述语言和思维关系的学者史迪芬·平克(1994)就这样断言沃尔夫的主题,他讥讽这一套观点(无疑是想要用比较的手法来拔高自己主张的重要性)。实际上,这样的立场是荒诞的。然而这是平克的构拟,而不是沃尔夫的构想。在上文引述的那一大段话里,沃尔夫小心翼翼地说:我们之所以那样组织万花筒式的感知印象流,这在很大程度上是凭借我们头脑里的语言系统进行的;我们之所以那样切分和组织自然，那是由于我们在很大程度上是按照契约去使用语言，而这个契约是由我们的语言模式编定的。很大程度上不等于完全；沃尔夫的观点是，在语言变异的表层之下，还有更加重要的心理过程。正如沃尔夫（1965）所云：

> 我认为，语言的极端重要性未必就是说，在传统所谓"心灵"的背后，就没有其他的东西。我的研究说明，语言虽然有帝王一样的重要作用，然而在一定程度上，语言是浅表的刺绣，底下是深层的意识过程；在这个基础上，表层的交流、信号和象征等才可能发生。（p.239）

沃尔夫希望他所谓比较语言学最终能够发现普世的亚语言和超语言心理过程，经过各种不同语言的转化之后，比较语言学提供的线索，可能会把我们结为一体，使我们成为人类大家庭的成员。在这个方面，他走在乔姆斯基[1]的前面，乔姆斯基研究多样化语言底层的共同现象。然而，沃尔夫的研究具有独特的冲击力：他证明，大不相同的语言族群的语法结构提供一套现成的模式；有了这些模式之后，习惯性的感知和概念模式就具有非常不同的色调，说话人细腻的思维也各不相同了。

上述引文里的一个短语使那些认为沃尔夫持语言决定论的人感到非常不安，他们常常引用这一段话。他们认为，这一段话和"绝

---

[1] 诺姆·乔姆斯基（Noam Chomsky，1928— ）美国语言学家、社会批评家，经常抨击美国右翼政客，1957年以《句法结构》成名，成为当代著名的语言学大师之一。——译注

对约束力"（absolutely obligatory）有关系，意思是说：不同的语言都有约束力给思维编码。如果认为这段话的意思是，语言的一切方面都具有绝对的约束力，那么沃尔夫的主题就不仅是决定论的，而且是极容易批驳的，因为最明显不过的事实是，说话人（书写人）说每一句话时都要进行挑选。我现在写的这句话里，没有什么东西能够阻挡我用"使用"（use）这个词而不是用"挑选"（choose）或"选择"（select），我也可以用"rather than"来表达"而不是"（instead of）的概念。实际上，如果一切语词都具有同等的强制性，书写和说话（思考就更不用说了）反而会容易得多。但那不是沃尔夫的意思。赋予复杂思想强制性特色的是语法结构和语言范畴，而不是语词的选择。比如，英语语法结构要求我们在每一个动词的形式里表明时间：过去、现在或将来。我们不能够选择不表明时间。相比之下，霍皮语的动词没有时态，可是它把其他的需要强加于人；除了用不同的动词形式来区别客观的和主观的事件和现象之外，它还要用不同的词尾去表示说的话是报道、期待还是概括。按照英语语法结构的要求，我们表达思想时要用名词（或主语）和谓语造句，于是，我们构想的世界就是由行动者和行为构成的世界——即使我们所用的词语里根本就没有行动者可言。（比如在"Is it raining?"这句话里，"it"这个词在做下雨的动作吗？）霍皮语的语法结构并不要求动词和一个主语匹配，所以它构建的现实图像是截然不同的。

在我们的语言的语法结构之外，我们能够思考吗？换句话说，我们能够完全把握另一种现实，比如没有过去、现在或将来等时间观念的现实吗？以英语为母语的人真正能够理解并接受完全理想的现实构建吗？比如，他能够把蔷薇和蔷薇的概念当作两个独立的事物而不是同一现象的两个不同而又互相影响的阶段吗？毫无疑问，你能够以这样的念头思考，而且沃尔夫决不会否定这样的可能性。倘若不能够这样想，他就不能够理解霍皮语、阿兹特克语或努特卡语如何构建现实了，他的读者也不可能理解他试图解释这些语言的尝试了。然而，以这样的方式来思考问题是极其困难的，只能够坚持很短的时间，而且习惯上我们不这样去思考问题。

10.2.5 语言与文化

习惯性思维在语言结构提供的路子上轻快地流动。如果它不流动，我们的思考和说话将是无休止的苦苦挣扎，人们就会不断与自己的文化产生矛盾。这是因为语言编码的世界观是通过说话来表达和强化的，不仅如此，无数的其他符号系统、文化习俗和社会制度也在表达和强化世界观。比如，时间的客体化是英语和其他均质欧洲语（Standard Average European Languages）的结构特征，这个客体化的过程产生了机械钟表、年历、数字表、时间卡、夏时制、迟到受罚、记事册、约会，还产生了数以千百计的其他人造物、习俗和文化价值；所有这些东西都派生于一个投射的过程，我们把时间映射到一个想象的视觉空间里，使时间能够在那里切分、计数。当然，语言结构并不是这一类技术和文化习俗的唯一的原因。许多媒介环境学家尤其埃里克·哈弗洛克（1976）、马歇尔·麦克卢汉（1964）和沃尔特·翁（1982）指出，在主观经验的空间化和客体化的过程中，大约3500年前文字的发展也发挥了主要的作用。文字使思想、企望、情感和时间流动的感觉成为固化、可见的现实而外在于人体，成为石头、泥土和纸张上的记号。它把主观经验投射到视觉空间里；由于把主观经验固化在那里，主观经验就可以被用作分析的对象了。你不可能看见十颗升起的太阳像树木一样一字排开，但你肯定能够看到十个表征日出的符号一字排开刻在石头上，而且能够数这些记号，就像你数其他可以感知的客体的集合一样。或许，语言结构的存在本身并不是时间客体化和主观经验空间化的主要因素，很可能文字才是这样的因素；凡是拥有文字的文化都有这种客体化和空间化的特征。沃尔夫把美洲印第安人世界观的许多特征归因于他们的语法结构。实际上，麦克卢汉和翁等人认为，这些特征最好是用文化因素来解释，因为沃尔夫研究的印第安文化主要是口语文化；换句话说，这些文化没有开发自己的文字，或者直到前不久才依靠文字。沃尔夫在世时来不及对这样的说法作出回应。倘若他有机会回应，他有可能回答说，文字的发明本身受口语的影响；他可能会说，语言结构在文字的演变中发挥重要的作用，文字的演化从语标形式（苏美尔和埃及的文字）到音节形式（西腓尼基的文字），最后到独特拼音字母的形式（希腊的文字）。虽然沃尔夫（1956）没有追溯到那么久远的历史，但是他指出，用空间语汇和语言结构指称非空间的现象，早就见于古典语言了，最明显的例子是受希腊语影响的拉丁语，大多数均质欧洲语都由拉丁语演变而来（pp.156—157）。

无论如何，沃尔夫会很爽快地承认文字的一个重要作用：它加强业已存在的语言空间化偏向。他知道，语言等表征系统和社会、环境、技术条件的相互作用是极其复杂的，它们在重要的互动中创造并继续不断地改变文化的生态。他非常明确地指出了这样的互动及其结果：西欧人的世界观和美洲印第安人的世界观为何、何以获得迥然不同的形式。对这个问题，他作了简要的回答：

> 早在中世纪，拉丁语已经形成空间化的形式，这些形式和其他日益增长的因素交织在一起，其他的因素是：机械发明、工业、贸易、经院思想和科学思想。工业和贸易需要计量，各种包装箱和库房里的货物需要盘点，商品的类型需要处理，度量衡的标准化，钟表的发明和"时间"的计量，档案、账目、编年、历史的保存，数学的发展及数学和科学的伙伴关系等——这一切要素协同产生了我们今天这样形式的思想和语言。
>
> 倘若我们能够读懂霍皮人历史的话，我们就应该发现另一种类型的语言，另一套互相作用的文化和环境影响。一个平和的农业社会由于地理特征的限制和游牧的人的袭扰而与世隔绝。在降雨稀少的土地上，人们只能够栽培旱地作物，若要收成好，唯有靠坚忍不拔的精神（因而重视坚持与重复的价值），所以互助互利就势在必行（因而强调团队协力和广义的精神因素）。粮食和雨水是重要的价值标准。在贫瘠土地上和多变的气候中，充分的准备和小心的预防措施是播种后有所获的必要保证。靠天吃饭的深刻意识推动了祈祷和宗教的发展，祈祷和宗教指向永远需要的上苍和神祇的庇佑，指向祈雨。这一切因素和霍皮语的特征相互作用，既塑造了霍皮语的模式，又反过来被他们的语言特征塑造，霍皮人的世界观于是就一点一点地逐步形成。
>
> （Whorf，1956，pp.157—158）

实际上，沃尔夫不是语言决定论者。确切地说，他是早期的媒介环境学者。他深刻理解并令人信服地论断说，人不仅生活在客观世界里，而且还生活在思想、交流和文化的象征性环境里，这样的象征性环境建立在表征性经验系统上。最早、最根本的表征性系统是语言。沃尔夫最紧迫、最坚持不懈的观点是，语言并非思想的中性的容器和传送带，而是自有其特点的思想工具；在不同的语言社群里，语言的结构是不一样的。这些语言结构插在人与现实之间。天文学家的望远镜、生物学家的显微镜和物理学家的光线使我们看见不同的现实，并且使我们改造这些现实；同样的道理，不同的语言结构建构不同的世界观。具体地说，每一种语言的结构都为形而上的观念编码，这些形而上的观念是一套有关空间和时间的设想，是关于物体和事件的时间关系和空间关系的设想。反过来，在我们形成这些观念的过程中，它们把我们的注意力指向某些经验，使人想到解决具体问题的不同的社会布局、不同的文化习俗、不同的发明。社会布局、文化习俗和发明又反馈给语言模式，并且在继续不断的语言、思维和文化变迁过程中，反过来改变语言。

沃尔夫本人并没有把媒介环境学这些基本原理推广到一切表征系统和传播系统。他的激情和学术关怀是语言。他只是简略地提及绘画、音乐、舞蹈和建筑这一类符号系统，只是偶尔提到广播媒介（在沃尔夫有生之年，广播还相当新鲜）。除此之外，他没有追问这样一个问题：符号表征和传播的不同形式切分和重组形式的方式，是否和语言不一样，是否随着每一种媒介的不同而有所不同。尽管如此，沃尔夫的研究成果把这个问题推到了研究工作的前列，在这个方面发挥了重大的作用，所以我们说，他为媒介环境学的发展奠定了基础。

10.3 朗格和经验的符号转化

最早意识到沃尔夫著作背后宏观问题重要意义的学者之一是苏珊·朗格,她系统地研究了这个问题。在她最早研究符号哲学和美学的著作《哲学新解》(*Philosophy in a New Key*, 1942)里,她指出,书名里的新解(new key)是一个问题(20 世纪哲学研究核心里的新问题):符号表征的本质是什么?符号表征在各种变化形式里、在人的思想和回应的构建过程中又如何起作用?在一套成为她毕生研究核心的著作中,尤其是《哲学新解》及其续篇《情感与形式》(*Feeling and Form*, 1953)里,朗格着手回答这两个问题。在这个过程中,她不仅提出了一个全面的符号理论,而且分析了不同的符号结构,分析了推理性语言的功能,以及绘画、雕塑、建筑、文学、音乐、舞蹈、喜剧和电影的功能。她的著作对艺术哲学产生了世界范围的影响,依然被认为是美学研究者的必读书。更加具体地说,她的著作是媒介环境学者的必读书,至少是应该读的书;对理解各种表征代码和模式的区别及其对人的思想和回应产生的影响而言,她的著作尤其是《哲学新解》提出的许多思想,具有非常重大的意义。笔者探讨的重点仅限于《哲学新解》的核心论点,我们的重点不放在《情感与形式》对音乐、舞蹈、建筑等艺术形式的详细分析上。

10.3.1 一般性符号、表征性符号和心灵

朗格主题的核心论断是，人的语言能力也好，人在仪式和舞蹈之类的形式里表达感情的能力也好，都不是人类心灵的区别性特征。更加准确地说，这些能力产生于一种更加基本的区别人与动物的活动。人类心灵的底层活动是这样一个过程：它抽象经验、表征经验，用激发观念的符号来抽象和表征经验，就是说，它唤起头脑中的观念。把经验转化为表征性符号（symbol）的过程，和动物使用一般性符号（sign）的过程，是根本不同的。一般性符号（一般可以定义为发出信息这套东西，对某人或某一个动物指示另一个东西或另一种状况）发挥两种截然不同的功能。[1]一种功能是用一般性符号来表示某种状况的存在，比如一只黑猩猩高叫的信号就是向部落的同类发出警告，表示有入侵者来临。一般性符号是行为的触发剂或者是指令；其功能是刺激条件反射，接收者以行为回应，仿佛入侵者已经在场。在这个意义上你不妨说，一般性符号的意义是它触发的行为。其信号功能在一切生物中普遍存在，是功利主义的，以生存为导向。我们人能够用表征性符号对一般性符号作出回应，比如我们听见消防车的汽笛声时就把汽车停在路边，虽然我们还看不见消防车。然而，人还能够用表征性符号对一般性符号作出回应。在一般性符号的功能中，这种信号并没有触发明显的行为反应，仅仅

---

[1] 为了澄清概念，我根据朗格后期著作《情感与形式》里使用的意义，对她在《哲学新解》里使用"symbol"和"sign"的情况作了一些修正。她自己也认为，现在的用法更加准确（Langer, 1953, p.26, n1）。

是唤起了头脑中的观念。如果汽笛声的结果不是使那个人把车停在路边，而是让他想到消防车及其美丽的颜色，想到消防员的勇敢事迹，或者想到火既孕育生命又毁灭生命那颇有讽刺意义的后果，那么观察者对一般性符号作出的回应就是表征性符号的回应，而不是一般性符号的回应。如果这样做，他有可能会被消防车撞上，区分这两种功能的意义不在这里。重要的是在人的身上，一般性符号既可以发挥信号的功能，也可能发挥表征性符号的功能；表征性符号的意义不是它唤起的行为反应，而是它唤起的观念。

众所周知，其他动物不会把一般性符号当作表征性符号使用。黑猩猩、大猩猩经过训练之后能够使用特定的表征性符号（美国手势语或键盘上的信号）索取香蕉。但迄今尚无证据显示，它们能够把一般性符号当作表征性符号来使用。比如，它们不会思考香蕉的功效，也不会思考香蕉和鱼肉相比的食用价值孰高孰低。它们比画手势要"香蕉"似乎是为了把香蕉拿到手，而不是唤起香蕉在头脑里的观念。[1]

朗格区别符号的一般性功能和表征性功能，目的是要反驳一个观点：人类语言仅仅是在其他动物信号系统经过精细加工以后得到的比较复杂的符号系统，和其他的信号系统一样，人类语言的功能首先是交流和实用的功能。她认为，这个思路必然导致推理性、命题性语言（discursive, propositional language）优于其他符号表征形式的结论，因为逻辑和科学及其实际的功利之所以可能，那是推

---

[1] 当然在这个问题上，当前还有很大的争论。在这里讲述的是朗格的观点（当然也包括我的观点）。

理性、命题性语言的作用。这个观点还把艺术放到比较次要的地位，放到人类符号演化频谱上一个偶然的位置，因为艺术似乎注定就不能服务于实用的目的；（根据这个观点）建立在实用目的上的是语言，语言必然要走向实用的目的。与此相反，朗格认为，语言起源时并不是实用信号的产物，语言是人类心灵把经验转化为表征性符号的体现，人类的心灵有这个倾向；在这一点上语言和艺术一样。朗格把艺术和推理性语言放在同等的位置，把它们作为表征性活动的两种形式；表征性活动是人类一切思想的特征。

朗格认为，人把经验转化为表征性符号的独特需求产生了两种截然不同的表征模式。两者都具有同等的表征性，两者都反映了高级的精神活动，但两者的形式和结构大不相同：它们表现的人的感知在频谱上不同，它们产生的回应也不同。朗格把这两种独特的编码模式分别命名为推理性模式和表征性（非推理性）模式。朗格认为，推理性符号模式（discursive symbolism）多半是真实性的或命题式的语言和数学。这一类编码系统和表征性符号模式（presentational symbolism）不一样，在形式和逻辑上都不一样；表征性符号系统包括一般所谓的艺术：绘画、摄影、音乐、舞蹈、雕塑、建筑、文学戏剧和电影。

10.3.2 数码符号与推理性符号形式

以上两种模式的主要逻辑区分来自于它们表征的客体，即它们在脑子里唤起的概念。首先，真实性的或命题式的语言和数学的推理性模式表现的思想呈离散式单位，有时称为数字符号；它们和表现的对象存在着自然的或结构上的对应关系。[1]一个数字符号是纯粹任意的记号或声音，与一个概念相联系，应用于事物或事件，为它们命名。数字符号的形式（其性质、声音、颜色、长度、大小等）和它代表的东西可以感觉到的特征，没有任何对应的地方。人们只不过一致同意用这个声音、记号等去代表另一个东西（它们所指的概念和客体、事件等）。比如，你看见三个字母"man"，至于它们所指的客体是大是小、是长是圆、是有生命还是无生命，你是无从知道的。你不会改变符号形式去表示它所指客体的形式变化。你不会用三个大写字母 MAN 去表示一位个头大的人，不会用字母多的长词去表示长的物体，也不会用短小的单词去表示短小的物体。这个问题纯粹是社会约定俗成的问题，于是你用"此"（数字符号）去代表"彼"（概念、客体或事件）。沃尔夫等语言学家指出，由于长期的历史演变，不同的文化形成迥然不同的约定和常规，什么声音和记号代表什么概念、给什么事物命名就这样决定下来。一位俄国妇女用语词（数码符号）描绘猫时，旁人听不懂（除非他们会说俄语），道理就在这里；同理，一位德国男人用德语描绘他的住宅，旁人也听不懂。

　　语词并非唯一的数码符号。任何东西都可以行使数码符号的功能，只需我们一致同意它起这个作用就行。人们可以同意用红色表示停，用绿色表示行，用铃声表示停，用汽笛表示行。在交通图上，我们可以用黑色表示双车道，用红色表示公路干线，用绿色表示快

---

[1] 虽然朗格一贯用"模拟"（analogues）指表征性符号，但她本人没有使用数字符号和模拟符号这两个术语。我创造这两个术语的目的是把话说得更加清楚，使之更加符合目前通用的术语使用习惯。

速道路和收费道路。你怎么知道的？因为数码符号约定所代表的东西是可以变得明白显豁。如果你看地图天头上的图例，就会明白，黑色就是双车道。词典相当于词汇的文化地图：它解释清楚语词表示的概念，并举例说明语词所命名和指示的事物和事件。

由此可见，推理性形式比如真实的语言的个体单位，是任意的数码符号，它们有两种功能：一是唤起即暗示某些抽象的概念（比如和"狗"联系在一起的概念）；二是命名（直指）经验世界里符合那些概念（四足、摇尾、冷鼻、多毛、汪汪叫欢迎你回家的那种动物）的事物。但那仅仅是开始。为了构建经验的表征，推理性形式还必须依靠造句法。

句法是一套规则，显示单词所指事物的关系。重要的是，这些规则和语词符号一样，是数码符号，是文化契约或常规惯例。不同的文化用不同的方式去表明事物之间的关系。以英语为例，事物安排的顺序告诉我们，在某种情况下，什么是主语（或行为者），什么是宾语（或行为接受者）。一般规则是："首先指明行为者，然后指明行为，然后证明行为作用其上的事物。"这条规则使我们知道，"狗追猫"是什么意思；这一串词汇的意思是：那只狗在追那只猫（因为这是句中指明的顺序）。然而在其他一些语言里，词语的顺序无关紧要。这些语言有另一套规则，比如"给一个词加上一个词尾表示它是主语，给另一个词加另一个词尾以表明它是宾语"。用这些规则表明词语所指事物的关系，是可以办到的。我刚才的行文就是这样做的：告诉你英语如何表示主语和宾语的关系。如果你用教科书学一门外语，它会告诉你表示各种关系的规则。

真实语言的特征是用数码符号，数码符号的意义和表示意义的关系都可以是很清楚的；这些特征使真实语言具有强大的能力去表征经验并且把经验传递给他人。句法规则尤其能够表示复杂情况，而且能够非常清楚地区别一种情况和另一种情况。句法使我们能够断言，"这个符号模式和真实世界里特定的情况相联系"。句法使我们作出这样的陈述：只要遵循明确的规则，他人就能够解读这些陈述，并且根据真实世界的情况去检验或反驳。但这里有一个两难困境。

10.3.3　是非正误和命题

是非正误判断有一个两难困境：第一，并非一切陈述都是可以靠观察世界来检验或反驳的。比如，有些话就不是关于我们身外世界的，就没有说正在发生什么事情。许多话是说，什么事应该发生。这些话一般叫规定性陈述，以便和描述性陈述相对照。指令也是一种规定性语言。逻辑学家指出，规定性语言，指令也好，陈述也好，是关于什么应该发生的语言，所以规定性语言并不能够靠观察世界去检验或反驳，因为这些话不表示什么事情正在发生或已经发生。你不能够说，这样的话是正确（和非语词世界里的某事精确对应）还是错误（和我们身外发生的事情不对应）。

第二，我们不一定随时随地把语词的意义说清楚，不一定非常具体地表明我们身外看到的事物。换句话说，某人说话的意图所指并非总是清楚的。比如我说，"这页书的左上角有一只小狗"，而你又不知道"狗"这个词所指何物，你就不能够判断，它是否在那里，因为你不知道你需要看到是什么，也不知道如何判定是否是子虚乌有。许多常用词，比如"山羊""灵魂""智能""美"，也是这样的情况。除非说话人把意思说清楚（公开表明意思），使我们能够肯定，我们正在寻找某种东西而且我们正在寻找的是同样的东西，否则谁也没有办法判定，它是否存在。简言之，除非你清楚知道一句话里的词语究竟所指的是什么，否则你就不能够说，那句话是对还是错。

还有一种类似的情况：你不知道用什么规则去解读一个句子，就是说，它不遵守约定俗成的语法或句法。如果有个人随意安排词序，你就无法判断他／她想说什么，甚至不知道他／她作了什么判断。如果我们不知道一句话的意思，我们就不能够说它是对还是错。为了用英语作一个判断，你就必须对某一主语作出某一表述，也就是围绕它说一点什么。

最后，除非有一种可以想象的方式去进行检验，就是说，除非有一种可以想象的程序去检验或反驳，否则你就不能够说，某件事情是真还是假。比如我说，"针头上只能够同时站立 23 个天使"，同时我又说清楚我所谓天使的含意（比如形象如人、肉眼不见等），而且说清楚了针的尺寸大小——即使在这样的情况下，你仍然需要知道，如何去判断这句话正确与否。如果回答是，"无法弄清楚，因为天使从来不会在有人在场的时候站在针头上，也不会在有机械设备在场的时候站在针头上"——那么你判断这句话的对错就没有意义，因为你没有办法检验它或反驳它。

根据其他符号学家的传统，朗格用"命题"（propositions）或"命题式话语"（propositional utterance）指称那些满足上述标准的表征。命题可以成长为正误是非陈述（statements），这是因为：（1）它们用的符号有明白而公开的所指；（2）它们符合可以挑明的句法规则；（3）它们建议或判断（断言）某件事情；（4）它们是描述性的而不是规定性的；（5）它们原则上能够接受反驳和验证的测试。

这一切都需要我们了解，因为朗格认为，一般地说，命题式话语既是真实语言的符号形式和使命，又是推理性的表征形式。符号表征的推理性形式的构造成分是命题式语言和数学，是人们进行理性思维和推理的代码，凭借这样的代码，人们积累有关世界的科学知识和逻辑知识。

10.3.4　模拟式符号和表征性形式

然而，人的心灵凭借把经验转化为符号的形式，并非只有真实的语言和数学两种形式。朗格认为，符号表征的推理性形式（discursive forms of symbolic representation），只构成我们总体符号表征经验的很小一部分。大部分符号表征经验采取了另一种形式，她把这种形式称为非推理性表现形式（nondiscursive）或表征性表现形式，这第二种形式和推理性形式有许多重要的区别。首先，表征性表现形式比如素描、油画、照片、音乐、舞蹈等，并不是由数码符号组成的，它们用模拟式手段表现客体（它们在脑子里唤起的东西）。模拟式符号（analogic symbol）和数码符号不同，数码符号完全是任意的，模拟式符号用形式表现它代表的客体的一些主要特征；客体的特征一变，符号的形式随即跟着变。图片、草图、素描是模拟式符号的典型例子。如果我想要向我的妹妹送一张新餐桌的草图，而桌子是圆形的，那么我的草图就必须是圆形的。如果餐桌是方形的，我在纸上画的形状就必须变成方形的，以反映这个变化。

如果我要画两张桌子，一张鸡尾酒桌子，一张餐桌，那么鸡尾酒桌子的腿就要短，餐桌的腿就要长，以对应两种客体不同长度的桌腿。交通图表现道路的图例也是模拟式符号的典型例子：道路的长度和方向改变，表现道路的线条的长度和方向就随即改变。模拟式符号不必表现客体的每一个特征，就能够在脑子里唤起客体的形象。一些模拟式表征非常详尽，照片往往就是这样的；另一些（如交通图）就非常抽象，也就是说它们省略了大多数细节。模拟式表征有一点很重要：符号的一些特征必须符合在脑子里唤起的客体的一些特征。

更加准确地说，模拟式符号以其形式表现脑子从感知经验里抽象出来的客体各部分关系的结构。比如，大家熟悉的微笑的视觉符号，在脑子里唤起一张人脸，那不是因为真实的面孔由三个黑点和一条弧线构成，而是因为符号里点线的结构关系和五官的结构关系吻合，五官的结构关系来自于人脑对人脸的感知抽象。重要的是符号成分关系的总体结构，而不是单个的点线成分，总体结构才是有意义的。换句话说，模拟式/表征性符号的单个单位或因素，在构造成分的结构关系之外并没有独立的意义。比如，微笑的面孔的（部分）构造成分是三个完全相似的黑点，然而上方的两个点在脑子里唤起的是眼睛的形象，中间那一点在脑子里唤起的是鼻子的形象。在另一种完全不同的点线布局里，同样的黑点使人想到的却是草莓上的斑点，或从云团里掉下来的小雨点。总之，素描或乐谱上的表征性符号的构造成分，不是和语词等同的东西，语词的意义可以从一个语境迁移到另一个语境。然而，你却不能够说，图像式表征里的点具有什么一般的意义，也不能说一条直线、一条弧线具有什么一般的意义。与此相似，你不可能说 C 大调的声音唤起什么意义，也不可能说短笛或小军鼓有什么独立的意义，离开它们与作品里其他和弦和乐音的关系，它们并不具有什么独立的意义。换句话说，一个复杂的表征性符号，比如绘画或乐曲，并不具有独立的或固定的含义；在这一点上，它们和语词不一样。同理，舞蹈、绘画或交响乐并不直指经验世界里具体的事物或事件。比如，乐音尤其是在复合关系里的乐音可以暗示（在脑子里唤起）思想情感（如激越的心潮或紧张情绪的释放），然而它们却不能够直指气象万千世界里这样那样的事件或客体；在这一点上，它们和事物的名字是不一样的。在一些情况下，一部作品里的某些乐音被用来专指某些事物，比如《彼得和狼》（*Peter and the Wolf*）音乐剧里的一些器乐和旋律就专指彼得，其他的乐音和旋律则专指这出音乐剧里的其他人物。然而，你必须把这样的用法告诉观众，而且要用语词解释清楚并印在节目介绍里。如果没有这样的指导，单从声音本身，你就听不出来，什么声音指的是什么人物或什么事件。再者，离开了这部作品，同样的乐器就不可能再指同样的人物和事件了。

同理，视觉构图本身，比如毕加索的名画《格尔尼卡》[1]，并不直指或专指任何具体的事件。构图要素的具体布局暗示或唤起不和谐、不平衡、毁灭、混乱、悲伤的思想／观念／情感，但是这些要素并不给具体的客体或事件命名，这些情感（和作品的表征性要素）并不和作品的布局一一对应。实际上，如果没有作品的题名（"格尔尼卡"这个词）和相伴的文字说明，你就不能说，整个作品所指或

---

[1] 格尔尼卡（Guernica），西班牙中北部城镇，1937年4月遭德国飞机轰炸，毕加索创作的名画以此为灵感。——译注

所暗示的究竟为何物。

10.3.5 表征性形式和语言陈述截然不同

表征性符号的构造单位既没有固定的暗示意义，也没有明确的直指意义，因此给它们编词典之类的东西就谈不上，你不可能到词典里去查点、线或弧形的意思，也不可能去查提琴或短笛的声音，亦不可能去查舞蹈家挥舞手臂的位置。同理，给它们编的语法书也没有，你不可能把视觉表现单位和音乐表现单位构建成更大的意义结构，这样的语法书是没有的。这并不是说，绘画、交响乐和芭蕾舞没有结构，而是说它们的结构截然不同，完全不同于命题性语言和其他推理性形式的结构；这样的结构不能够分解成独立的、具有固定意义的单位，它没有明确规则把成分组合为语言陈述。朗格认为，表征性形式不能够用语言来陈述。它们推出的是"主语"，呈现出有结构的符号，这些符号唤起概念和情感，但它们不对"主语"进行判断或断言。比如，一张令人注目的风景照能够在脑子里唤起许多不同的观念——宏伟永恒的山峰、飘逸的流云、变幻莫测的光线、自然比人类天长地久、造化令人敬畏的宏伟设计。然而照片本身并不对这些观念作出判断。判断的能力是我们用语言思维的能力；正如沃尔夫所云，我们能够把绘画、照片、音乐、舞蹈、雕塑产生的无词语观念转化为词语表达的句子。但是这些句子并不存在于上述艺术作品中。我们常常用比喻去表现电影形式，但即使电影也不使用语言陈述的结构（虽然其中的人物说话时用了语言陈述）。电影不是书写、断言、陈述或命题的媒介。绘画、摄影、音乐、舞蹈、建筑、雕塑也不是语言媒介。它们的表征形式不允许它们作判断或陈述，因为它们的成分没有更多的暗示意义或直指意义。它们安排构造成分的结构关系并不是语言句法的结构关系。由于这些原因，朗格认为，表征性符号的表征形式处在语言表达的范畴之外，正误是非这样的词语不适合表征性符号的表征形式。如果麦当劳在电视广告里说，它的汉堡包每个重1/4磅（烤熟之前），那是在命题性话语领域的断言；这个断言是可以用验证或反驳来检测的，在检测的基础上你可以说，麦当劳的广告词或正或误。形象却是不能检测的；儿童在麦当劳标牌前的草坪上翻滚，和小狗一道玩耍，依偎在爸爸妈妈的怀里，吃着薯条，幸福地微笑——这样的形象是无法检测的。这样的形象不作出任何判断，它们并不是诸如此类的话："麦当劳提供小狗给孩子们玩"，"薯条使孩子们依偎在爸爸妈妈的怀里"。由此可见，形象本身并无对错之说。你可能喜欢也可能不喜欢，你可能感动得欢笑或落泪，可能对这些形象抱好感，也可能感到厌恶。但你不能够和这些形象辩论，也不能够反驳它们，因为它们并不属于话语的表征性领域。话语是由一套具体的再现形式或逻辑特征来界定的，话语仅见于书籍里有限的一套代码中，尤其仅见于真正的语言和数学中。除语言之外的其他代码，比如形象、音乐和舞蹈，有一些特殊的符号转化方式，它们的转化方式既没有话语、论辩或推理的形式，也没有话语、论辩或推理的功能。由于这个原因，朗格希望我们不要用语言比喻来述说摄影、电影、绘画、音乐或舞蹈，因为语言比喻暗示，它们的结构和功能像语言，这就模糊了比这重要得多的性质。实际上，艺术和语言是截然不同的。

10.3.6 表征性形式与情感

如果说再现的表征性形式（representational form）不像语言，如果说它们不具备话语、理性思维、论辩和推理的功能，那么，它们究竟具备什么功能呢？它们再现的究竟是什么呢？我们为什么需要它们呢？朗格在《哲学新解》的续篇《情感与形式》（Langer, 1953）里回答了这些问题。用一句话概括她的论辩就是，符号再现的表征性形式表明的是情感生活。这种通过结构提供的是符号式模拟（symbolic analogue），模拟的对象是我们能够用眼睛看到、用身体体会到、用耳朵听到的东西，是一切情感，包括感知和情绪，也就是我们这种最复杂的生物在接触世界时产生的情感。我们需要这样的表情和交流，这是因为，语言切分和重组世界的方式，和我们用感官体认世界的方式，是不一样的。我们最深层的情感混合、连接、振荡并且跨越语义学（和神经学）的边界，其方式不同于语词的数码符号系统和数学的数码符号系统，这两种数码符号系统绝不可能充分再现深层的情感。在技术意义上，编码的数码系统是一种抽样的方式，只在某种现象比如声波或光波中抽取一部分样品，而不是再现整个频谱。命题性语言是这样的：我们经验的样品，高度选择性的压缩的代码，只代表我们生物—感知—运动经验的波峰和波谷；在我们的文化史上，这些现象对我们的生存而言，是必需的零碎片断。在我们这个生物体的体验里，"声波"的其余部分静寂无声，因为我们没有合适的语词表达这些静寂的成分。如果用数码的、命题式的语言，我们就找不到语词去充分表达以下的情感：重力如何牵拉我们、把我们往下拽的感觉，冬天、雨水和某些光线似乎能够增加重力的感觉；与此相反，春天的满目苍翠和明媚阳光使我们得到解放。如果要表达我们在深秋里的感觉，我们就发现舌头打结，欲语不能。这是什么样的感觉啊：一丝惆怅，因万物流逝、蹒跚、垂死、坠落、昏暗、螺旋式下降直至停顿而扼腕叹息；一丝朦胧的悲凉、哀伤的渴望，随着光线的明暗变化而郁闷压抑。马克斯·布鲁赫[1]的大提琴声乐民歌《科尔·尼德尔》（*Kol Nidre*）就是这种悲秋的作品。乐曲表现的舞蹈给我们时起时落的感觉：负重和失重、上升和下降、紧张和松弛、压迫和自由、悲伤和欢乐。

总而言之，朗格认为，表征性形式的结构提供的是感知经验和情感的复杂模拟态，凡是难以纳入命题式话语简明结构的东西，都属于这种模拟态。表征性形式还呼唤另一种回应模式。真正的语言有利于分析性推理和线性思维，有利于拆解并重构思想使之以逻辑和语法序列展开；与此相反，表征性形式促进瞬间的确认、格式塔式的完形领会，这是因为对图片、音乐、舞蹈的意义必须要总体地把握，否则你就根本无法把握它们的意义。命题性话语即真正的语言和话语，有利于推延的回应，这不仅是由于其中的成分只能够连成一串，每次只能够容纳一个成分，以便后续的成分修正前面成分的意义，而且是因为命题性话语的价值标准是正误对错。命题性话语需要时间来验证或反驳，需要在非语词世界里寻找证据，看看什么命题与之对应。于是，话语使我们的注意力指向身外的世界。与

---

[1] 马克斯·布鲁赫（Max Bruch, 1838—1920），德国作曲家，擅写小提琴曲，作品有《G小调第一小提琴协奏曲》《苏格兰幻想曲》以及歌剧《罗勒莱》等。——译注

此相反，表征性形式的价值标准并不是正误对错的问题，而是与感知经验和情感的结构和谐的问题。表征性形式使注意力指向内心。

推理性符号模式和表征性符号模式，形成互补的关系。两种表现方式的结合使我们能够完成两者不可能单独完成的任务：把一切知识和经验、思想和情感全部转化为符号，从而清楚表达人类心灵基本活动的任务。

10.3.7 代码、模式和媒介环境学

朗格20世纪40年代写《哲学新解》，1953年著《情感与形式》，由此完成了她对两种表征符号（presentational symbolism）的分析。她没有预见到，随着电视的成熟，几十年后会增生大量新的表征形式；因此，她无法探讨今天媒介环境学家关注的许多问题。比如，面对文献电视片和商业信息片这种混合形式时，人们如何在推理性表现和表征性表现分别要求的回应和评估中进行选择呢？同理，她无法思考这个问题：年轻人越来越多地浸没在表征性形式里，是否导致他们思维和回应习惯的重组呢？显然，他们在逻辑、推理、论辩和严谨的举证中有困难，而老一辈的老师又习惯于推理性表现形式，这会不会使老师感到困惑呢？朗格把虚拟空间、虚拟事件和虚拟现实这些术语从物理学家的领域里解放出来，把它们送进符号、代码和媒介的人文主义研究的普通词汇中，但她没有谈到电脑及其独特的符号形式。实际上，《情感与形式》研究的几乎就是虚拟空间、时间和现实，以及如何用不同的符号形式对它们进行构建和操作的问题。她的分析对我们理解比较传统的表征形式及其独特功能

至关重要，对理解电脑中介形式在构建现实和回应里的作用，也具有至关重要的意义。

在这里，我集中研究了《哲学新解》，不仅是因为这本书是理解她后期著作的前提，而且是因为它为媒介环境学奠定了坚实的基础。在这本书里，朗格大大拓展了沃尔夫语言相对论的洞见，将其用于更加广阔的表现代码和模式的领域。她认为，语言并不是人构建现实的唯一途径，语言仅仅是途径之一而已；符号转化的不同系统对人类经验频谱的不同侧面进行编码。她率先系统地提出这样一个问题：不同的符号系统结构如何限制它们所能表达的东西，如何塑造人类回应的性质？

正如海森伯所云：我们所知道的一切都是我们所提问题的结果。本杰明·李·沃尔夫和苏珊·朗格是媒介环境学的奠基人，并不是因为他们对语言和其他符号形式的分析是充足的、完全的，也不是因为他们的每一个论点都是正确的，而是因为他们提出了应该问的问题。

第十一章　苏珊·朗格的心灵哲学：对媒介环境学的潜在命题

香港浸会大学（Hong Kong Baptist University）
约翰·H. 鲍威尔斯（John H. Powers）

媒介环境学家着手构建一个井然有序的思想框架，以便系统地发展理论、推动研究时（Lum，2000），他们最有价值的资源之一恐怕就是哲学家苏珊·K. 朗格（1895—1985）那九本著作，她的学术生涯有六十余年。朗格的思想非常缜密系统，她兴趣广泛，其涵盖范围包括：对符号媒介性质的理解，媒介之间的复杂关系，人脑特有的那种符号活动。本章旨在介绍朗格的思想，探索其中隐含的一些命题，这些命题对正在兴起的媒介环境学构建其思想基石不无裨益。首先，我将介绍她的主要著作，使读者了解她研究课题的范围和她著述的发展过程。然后，我从中抽取出若干原理，这些原理应该能够为媒介环境学的理论和分析提供有用的思想参照。

11.1　朗格的主要著作

朗格最著名的两部著作是《哲学新解》(1942/1957a)和《情感与形式》(1953)。《哲学新解》主张,如果要理解人类的独特心灵,关键就是要承认,人脑存在无穷的潜力,能够把日常的感知经验转化为各种不同的符号形式。在发展这个论点的过程中,朗格逐步形成了一个详细的符号理论。首先,她在结构基础上区别一般性符号(动物心理的基础)和表征性符号(人类独特的心灵基础);然后,她提出了人类两种符号范畴的理论,它们是推理性符号形式(严格地说就是语言)和表征性符号形式(实际包括其余的一切表现形式)。在该书后半部,她探索语言系统的性质,她挑选仪式、神话和音乐三种形式的表征性形式作进一步的思考。

在《哲学新解》的基础上,朗格在《情感与形式》里非常详细地阐述了许多表征性符号中的一种形式——创造性艺术。《情感与形式》的副标题是:从《哲学新解》演绎而来的艺术理论(*A Theory of Art Developed from Philosophy in A New Key*)。该书共三篇,第一篇首先说,作为一个整体的艺术品是独特而统一的符号,接着她考察艺术品和艺术家所理解的人类情感有何关系。篇幅最大的第二篇分别探索每一种艺术的性质,认为每一种艺术媒介(音乐、绘画、建筑、舞蹈、文学等）各有特性，分别适合表达某一种人类经验：时间、空间、伦理、种族、记忆、命运等。用朗格的话说，每一种艺术都创造一种独特的虚拟经验，使我们能够更加容易地感知到某一方面的真实经验，有利于我们的反思和深入理解。换句话说，艺术符号直接呈现艺术家对某一方面人类情感性质的理解，所以通过这样的符号映射，你可以更好地审视这方面的情感。《情感与形式》的第三篇从逐一分析艺术后退一步，探索艺术的共同特性，看看它们为何可以被当作表征性符号的一个大类来考虑，这个大类就是创造性艺术。

即使只出了这两部书，朗格在媒介环境学的发展中也扮演了重要的角色。她的一般性符号和表征性符号理论仍然是这两种人类经验逻辑基础的最好说明，她的艺术理论产生了理解不同艺术媒介的最富有洞见的方法论。不仅如此，这些理论还阐明了分析许多表征性媒介类型所需要的精致的思想，有助于我们深入细致地理解媒介环境学。

《哲学新解》和《情感与形式》这两部书固然重要，但在此之前，其他两部书也同样重要，因为它们为朗格的普通符号学理论和后来的艺术理论奠定了思想基础。朗格（1930）的第一部书《哲学实践》(*The Practice of Philosophy*)是重要的哲学导论。这部书强调，哲学的特色不应该是专业哲学家传统上探讨的问题，比如真理、伦理、知识或美的性质。相反，对哲学的最好理解应该是，哲学是这些传统追求底层的观念过程，也就是说，在探讨一个题材所用术语的意义时，哲学家有何思想活动，尤其是哲学的这样一个任务：指示现象的意义有何深层的含意，如何推演出这样的含意。如果把她的思想用来为媒介环境学提供一种学说，以便系统地从事理论和经验工作，朗格的哲学方法就可以激励媒介环境学者去做以下一些工作：确认少数重要的核心术语；精细地定义这些术语，以构建一个概念系统；探讨这些术语和定义的思想后果，看看它们会引出什么结论；最后，当媒介环境学者用这个哲学构架去从事系统的探索时，如果这些结果导致观念上的矛盾和经验数据上的异常，那就应该创建新的术语。在朗格看来，理解一个新领域，比如媒介环境学的思想进步，有赖于研究者乐意从事大量细心的哲学建设。她认为，传统的社会科学还没有勇敢接受这一挑战。

朗格强调，无论从事什么研究，我们都应该构建其哲学基础，所以《哲学实践》这本书提供的是一些初级的功课：哲学手法如何起作用，形式逻辑训练为何在精细的观念分析中成为最坚实的基础。在探讨的过程中，朗格推出了符号理论的早期版本，后来的《哲学新解》充分发展了这个符号理论。

哲学研究的逻辑分析在朗格（1937/1967a）的哲学手法研究中处在核心的位置，所以她的下一本书是《符号逻辑导论》(*An Introduction to Symbolic Logic*)。许多现代的符号逻辑导论著作匆匆忙忙端出许多术语——归纳法形式、有效演绎模式、真值表、逻辑谬误、生成演绎证据的方法等。与此相反，朗格的《符号逻辑导论》首先详细分析现代理论与实践底层的观念。读者在这里看到，一些最常用的语词被给予了细密的哲学思考：形式与内容、要素与关系、抽象与解释、（逻辑）项与度、命题、语言、结构、逻辑推理、直觉、概念、系统、符号等。对我们而言，这些概念中最重要的，也许是媒介的概念。《符号逻辑导论》的前80页，思想明晰、文字清丽，直接通向稍后的《哲学新解》推出的符号理论，我们几乎可以把这 80 页文字当作《哲学新解》的导论和铺垫。对《哲学新解》里许多粗略解释的术语，《符号逻辑导论》利用当代哲学手法作了比较详细的解释。

在《哲学新解》后期版本的自序里，朗格表明，她的终极目的是要生成一种心灵哲学，早期的著作应该是走向这个终极目标的阶段性成果（Langer，1942/1957a，pp.vii，ix）。《情感与形式》之后的两本文集和讲演录也可以看作是这样的阶段性成果；这两本书是《艺术问题》（*Problems of Art*，Langer，1957b）和《哲学断想》（*Philosophical Sketches*，Langer，1962）。《艺术问题》是讲演录，听众背景各异，阐述的问题是《情感与形式》里提出的问题，首要目的是澄清艺术理论提出的问题，比如艺术家在创造性艺术里"创造"什么、艺术抽象的性质、艺术抽象与科学抽象的比较、艺术和人类情感有何关系、艺术创作为何必须要有"生动的"形式以便成功、艺术品如何表达艺术家有关人类情感性质的理念等问题。然而，由于朗格的艺术理论在奠定她的人类心灵理论中起到了核心的作用，所以《艺术问题》也是通向她心灵哲学问题的指路标，心灵哲学已经在她的思想里占有核心的地位。

《艺术问题》仅仅略为提及人类心灵起源和发展的问题，《哲学断想》里的文章倒是非常有意识地论述她头脑中正在涌现出来的心灵哲学，最后的专著题名《心灵：人类情感论》（*Mind: An Essay on Human Feeling*，Langer，1967b，1972，1982，下文简称《心灵》）。在她看来，想象生物有机体情感起源和发展的问题是她心灵哲学的出发点。《哲学断想》的第一篇文章论述作为哲学问题的人类情感的性质，很容易读懂。接着它论述了语言的起源、符号概念新论、情绪和抽象的概念、艺术的文化意义、都市人生活与蜜蜂蜂巢生活的区别、如何想象人是个体的人、科学知识的兴起等诸如此类的问题。尽管《心灵》的几种版本广泛流传，《哲学断想》仍然是非常有用的洞见之源，因为《哲学断想》写作的目的是为了让外行能够读懂，它回避了许多详细的论辩；而详细的论辩正是《心灵》的特色，因为它充分展开论述作者的思想。对研究她心灵哲学的读者而言，只读《哲学断想》是不够的，因为它没有覆盖《心灵》里的许多真正富有原创性的分析。尽管如此，《哲学断想》还是她最明白晓畅的书，对她的许多核心思想解释得非常清楚，而她的心灵哲学和人类符号论就建立在哲学思想的基础上。

上文已经暗示，朗格哲学生涯的巅峰是她三卷本的心灵哲学著作《心灵》。该书出自她此前的符号逻辑理论，来自于她对人类情感的艺术表达的洞见，其目的是给人文科学和社会科学研究提供一个新的思想基础；这些学科包括心理学、社会学、人类学、传播学，当然也包括由此引申的媒介环境学。她为人文学科构建这种思想基础的理由是，她认为哲学学科在理解人类心灵方面几乎尚未取得思想上的进步，因为它们建立在非常虚弱的基础上，因此不足以承担了解人类心灵性质的重担。她认为，从我们心灵生活的生物学源泉开始，直到我们用符号构建的心灵的独特的进化过程，这一切都应该是能够描绘的，并且在科学的自然框架内最终是能够理解的——然而，只有在这个框架足以承担人类心灵世界的重任时，这一切才有可能实现。

《心灵》试图给人文科学研究提供崭新的思想构架；这个任务既

大胆又艰难，既是挑战又很重要。全书分五篇（第六篇未写完，因为在1985年去世之前的几年里，她的视力逐渐下降，几乎完全丧失），囊括了她此前所有著作里的所有论题，且赋予它们新的意义，还建议如何把这些论题编织成一个超过一切成就的、扫描更宽、更有洞见的研究路径，以了解独特的人类心灵现象和社会现象。

《心灵》的前两篇基本上是全书的预备篇，第一篇《问题和原理》（Problems and Principles）确定了一个核心问题，任何有关心灵的自然理论必须科学地回答这样一些问题：人类情感的演化问题，从感知的前人类根源和内在经验到今天许多高度发达而明显的符号形式问题，都必须回答。对朗格而言，情感问题是她要研究的核心问题，这是因为人文学科未能构想我们感觉到的情感究竟是怎么回事；如果不把情感贬低到毫无意义的大脑活动的附现象（epiphenomenon），不把它当作业已熟知的常规进化过程之外的神秘现象，人文学科就无能为力。换句话说，人文学科未能解决长期存在的心灵/身体/大脑概念问题，因而使我们建立具有充分解释力的心理学的努力遭到挫折，迄今为止，我们还不能够解释人类的符号心灵现象（symbolic mentality）。

朗格所理解的我们物质维度和心理之间关系的研究方法，是把情感当作有机体进行的一种活动，而不是把它当作有机体拥有的一种实体。如图11.1所示，她主张，我们的心理情感（总体意识、感知意识、逻辑直觉等）和物质身体（material body）是底层的行为结构过程（act-structured process）（很像龙卷风来临时物质本质和放电现象之间的关系，因为底层有一个大气活动的模式）。因此可以说，我们的情感和不断产生我们血肉之躯的有机体活动，始终是相同的

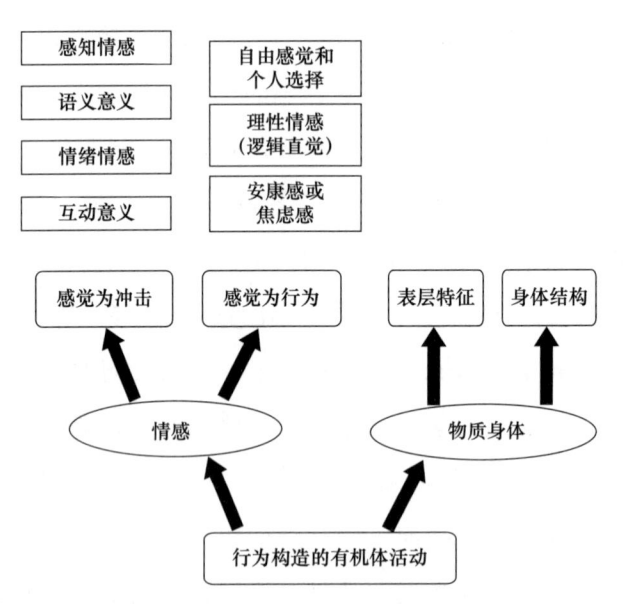

```
感知情感        自由感觉和
                个人选择
语义意义        
                理性情感
情绪情感        （逻辑直觉）

互动意义        安康感或
                焦虑感

感觉为冲击  感觉为行为    表层特征  身体结构

         情感              物质身体

              行为构造的有机体活动
```

图 11.1 朗格行为本位的心灵 / 身体 / 大脑示意图

说明：这是行为本位（act-based）的解决办法；图中说明，有机体行为概念产生物质身体和情感；我们感觉到，情感是在物质身体中产生的。

活动。此外，即使我们只能够感觉到强度超过最低阈限的有机体活动，我们的情感也可以分为两类；我们觉得是内在产生的情感（朗格说这些情感是感觉到的"行为"）以及我们觉得是来自有机体之外的情感（朗格确定这些情感是感觉到的"冲击"）。这种划分方法提供的有机体基础，可以用来解释我们体会到的两种情感：主观情感和客观情感。

《心灵》第一篇介绍朗格心灵哲学必须解决的核心问题。除此之外，它还考问为何人文科学在想象人类心灵本质方面收效甚微，并探究其中的原因。概括地说，人文学科失败的原因是，它们匆匆忙忙做出一副科学的样子，可是并没有提出有说服力的概念，也不能够解释研究之中的心理现象。换句话说，它们没有耐心做好理论功课，就急忙提出自己的"科学"方法论。这一篇以篇幅不大的一章结尾，这一章解释为何艺术家及其作品能够提供一把钥匙，提出一种更有说服力的研究方法，去构想自然语境下的人的情感；这是因为几千年来，艺术家一直在创造人类情感的形象。

《心灵》第一篇打下基础之后，第二篇《艺术的意义》（The Import of Art）论述哲学方法，朗格用这个方法去构建科学的概念框架，第三篇进一步展开论述这个框架。朗格在艺术家自发使用的创作原理中，发现了一把解决理解人类心灵问题的钥匙；艺术家用象征手法表现他们对人类情感的理解。《心灵》第二篇共四章，这一篇以更加集中、内容更新的版本，拓展了她在《哲学新解》里推出的思想，完成了抽象出这些原理的任务。这四章里令人望而生畏的论点可以概括如下。

无论用什么媒介创作，艺术家都把自己有关感觉经验的本质投射到自己的作品里。为了完成这个符号象征的使命，艺术品必须要呈现一种逻辑上充分的类推（logically adequate analogy），借以象征作品试图映射的情感。艺术品的工作原理是逻辑类推，艺术创作底层的原理就是有机体原理的象征性对应，有机体原理在活生生的个体身上产生情感。因此可以说，如果我们恰当地把握艺术作为艺术运作的原理，我们就掌握了构建一个概念框架的蓝图，这个概念框架足以了解实际的人类情感及其演化过程。因此，朗格的哲学方法就是用艺术原理去指导哲学思考，去思考产生有机体生理过程的本质，研究有机体生理过程如何产生实际的人的情感。她这一套艺术原理起初是在《情感与形式》里发现的，后来又在《心灵》第二篇的四章里作了概括。

《心灵》第三篇题为"自然的产出"（Natura Naturans），一开头就直奔朗格心灵哲学的主要目标。它把人类心灵的艺术形象作为指南，借以开发心灵的生物基础之下隐藏着的原理。这一篇共四章，涉及的生物学理论很高深，其主张难以用一两段话来概括，因为对人文科学而言，个中理论隐含的命题大胆泼辣，令人叹为观止。

从本质上说，朗格认为，理解动物界情感的生物学源头的解决办法建立在一个事实基础之上：情感是有机体活动或有机体机制，所以心灵哲学的首要目标就必须是更好地理解实际的有机体活动的本质。在这个方面，朗格提出了行为过程理论（act theory of process）；这个理论的第一步是一个可以实证检测的论断：一切有机体本位的过程（organically based process）都采取行为的形式。行为形式（act form）有一个四阶段冲动结构（four-phase structure of impulse）：经过加速、高潮和减速这三个阶段之后，回到相对静止的第四个阶段。行为形式的四个阶段见图11.2。

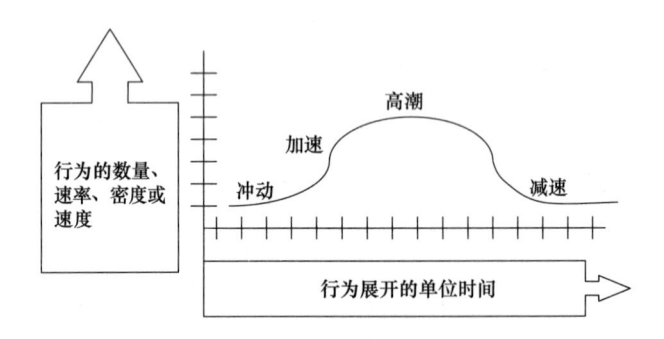

图11.2　朗格行为形式四阶段概念示意图
说明：根据朗格的行为形式概念，一切有机体活动都呈现出四个阶段。

朗格认为，一切有机体过程都呈现出这种形式，意思是说，在我们调查有机体行为时，我们在各个层次上都可以用经验的手段发现行为形式;产生最初级运动的细胞、神经元、肌肉层次是行为形式,说出一个词、一句话、会话中的转折直到整个会话的层次也是行为形式,整个人生这个最高层次也是行为形式。

朗格认为行为的四阶段结构是一切有机体过程的基本单位,她用实证材料做了验证;接着,她确认了一套原理;这一套原理有两个相关的因子:一是行为的内在动力(在四阶段展开的过程中始终维持结构的完整性,遭遇抵抗时顽强推进直至行为结束的倾向),二是许多不同类型的关系(动机关系、夹带关系、节奏关系、推进关系等),这些关系是有机体行为彼此的关系。在阐述的过程中,朗格提出了一整套理论:进化原理的行为本位理论(act-based theories of the principles of evolution)、个体渐进性的个性化过程(progressive individuation of the individual)的理论、社会参与本质(the nature of social involvement)的理论,还有其他类似的过程本位现象(process-based phenomena)的理论。从本质上说,这四章旨在推演出一整套繁复的行为本位原理;这些原理是一切有机体本位过程运作和演化的原理。她断言,人类心理现象是有机体世界自然进化的一部分;在有机体世界里,一切解释性原理归根到底是由行为原理派生出来的。传播现象是行为概念意义上的过程(它们显然像是过程)(Powers,1981,1982),朗格在《心灵》第三篇里提出的原理在解释有机体过程方面,应该是有用的。

假设人文学科里的一切解释性原理终究都是行为原理,问题就变为:我们首先需要解释什么样的现象?对朗格而言,首先需要解释的是人类符号心灵的自然进化及其对人类产生的独特后果。在《心灵》第三篇的概念和原理的基础上,第四篇(1972)和第五篇

（1982）具体应用上述哲学的行为本位系统，在动物心理和人类心灵的几个领域里解决重大的理论问题。

《心灵》第四篇（整个第二卷）题为"伟大的转折"（The Great Shift），转向人类符号心灵的演化，这个演化过程是在她的行为理论框架里构建的。这一篇共分七章，提出三个互相关联的问题：（1）如何区别非符号的动物心理和人类心灵？（2）人类特有的符号心灵现象是如何从动物心理演化而来的，我们符号心灵现象最显著的表现是语言的演化过程吗？（3）语言的演化如何影响其后永不停息的人类心灵演化？

在论辩的每一步，朗格都运用从她的行为理论推演出来的原理，借以对大家熟悉的动物行动学以及进化论有关动物心理的理论和人类心灵的理论作出新的解释。她最令人瞩目的重新诠释是：因为交流依赖人类符号心灵的进化，所以唯独人类能够交流。动物的互动，即使看上去互相协调、非常复杂的互动（比如蜜蜂在蜂房里的配合），都是在非符号的行为本位原理之上运作的。这些重新诠释的目标是逐步拼合成一幅详细的图像，描绘动物的心理，包括感觉、价值、动机、本能和全套的行为，同时又弄清动物心理的特征，看动物心理如何区别于人类进化产生的符号心灵。她首先论证，在动物心理和人类心灵的一切层次上，都存在着种类的差别，接着她又构建这样一个行为本位理论：人类心灵尤其是人的语言是如何在自然进化里产生的。《心灵》第四篇的最后一章思考这样一个问题：新近产生的符号心灵和动物心理的重大差别在于，如何促进所谓"人类世界"的建立。"人类世界"这个说法把人类用符号体会到的世界和动物栖息的非符号"环境"区别开来。第四篇这七章是一个说服力很强的范式：我们如何系统地利用现有行为理论的科学资料，去构建一个重要心理现象的行为本位理论。由于这个原因，这七章就显得特别重要。

《心灵》第五篇题为"道德结构"（The Moral Structure），占第三卷的大部分篇幅，结尾有一篇文章短小精悍，题为"数学和科学的统治"（Mathematics and the Reign of Science），还有一篇文章题为"论知识和真理"（On Knowledge and Truth），意图是把它作为作者学术生涯的拱顶石。即使《心灵》的第六篇来不及完成，这第三卷已经是鸿篇巨制，充满思辨色彩，勾勒了人类心灵和最根本理念的进化理论，从语言的滥觞（第四篇已有讨论）到晚近"事实"的观念，"事实"的观念是一切当代科学观念的基础。

论述"道德结构"时，朗格的目的不是提出恰当行为举止的具体理论——有人或许会这样想。相反，她提出的是一个宏大的人类学理论，解决人类心灵进化的"价值"理念问题。换句话说，第五篇论述的首先是人类的伦理道德意识怎么会产生的问题，无论一种文化具体的伦理价值和其他文化的伦理价值是多么不同。朗格把大量的人类学资料整合成一个详尽的理论，解释历史上不绝如缕的思想的有机体基础，说明从这些思想中如何产生当代社会的道德结构观念。

如果用最粗略的线条勾勒，在朗格的视野中，历代的人类心灵一定经历了以下的思想阶段：

（1）原始的万物有灵论：感觉的世界里充满了神灵和怪力，人必须要竭尽全力应付这些神灵和怪力。

（2）交感巫术：人凭借交感巫术增加个人力量，部落凭借交感巫术诱使神灵为自己谋求最大的利益。

（3）力量危机：个人身份观念兴起，与此相应，承认个人必死无疑的观念随之兴起，巫术对死亡没有驾驭的能力。

（4）对付死亡观念的各种大型宗教兴起：力量从个人身上转移到至上神，至上神对人的来世惩恶扬善。

（5）城市生活取代乡村生活：城市成为社会组织的新形式，成为地球上的一种符号，既反映个人日益重要的地位，又反映世界秩序的等级结构观念，大型宗教的万神殿就反映了这种观念。

（6）大型宗教观念逐步瓦解，科学技术思想兴起的黎明期到来。

对媒介环境学者而言，第五篇"道德结构"独特的贡献之一是，它显示了人类思想进化和表达这些思想的符号媒介的相互关系。在论述的这个过程的每一时刻，朗格都明确指出观念发展中涉及的媒介，这些前后相继的观念导致了我们今天所知的世界。

《心灵》三卷本的内容非常艰深，往往掩盖了朗格论述丰富而详尽的思想；尽管如此，它们却显示了人类心灵的广度，作者对此作了非常认真的探索。如果朗格的研究方法是正确的，人类心灵的演化就不能够简化为建立在"生存需要"等思想基础上。相反，人类符号心灵的故事渗透到我们心灵的各个角落。人类心灵是在强大的进化压力下锻造出来的，偶然事故和特殊性产生的紧张情绪首先导致语言的滥觞。凡是回避人类思想情感（conceptual feeling）或用简单的词语掩盖思想情感的理论构架的做法，都无助于我们理解人类心灵的神秘性，尤其无助于我们理解推理性媒介和表征性媒介揭示出来的神秘性；但我们的确希望理解这些媒介和人类心灵发展的关系。

11.2 朗格的表达性媒介理论：八大命题

上文按其著作顺序介绍了朗格主张的总体发展过程，这一部分提出理解符号媒介的八大命题，这些命题是从她的著作中尤其是从她的心灵哲学的语境中推导出来的。以下各节的题名应该是朗格著作提供的重要主张，各节的标题是组织材料的中心，意在阐述一个建立在朗格心灵哲学基础上的概念框架。

11.2.1 表征性符号媒介是可以表达观念形式的内容

媒介环境学者所用的术语"媒介"，除了一些广泛流布的观念之外，还有其他意思。广泛流布的意思所指的媒介有：广播电视这样的大众媒介，电话、录放机和互联网等电子媒介。除了这些媒介之外，还有什么意义上的媒介呢？对朗格而言，媒介有一个相当技术性的意思，这个意思来自于她的逻辑理论。这个理论为她的整个符号系统奠定了基础，它还有助于解释，很不相同的媒介，比如护身符、日常说话、都市景观和各种电子媒介，都是互相联系的。所以，为了挖掘朗格给媒介环境学提供的洞见，我们首先要看看她的逻辑理论。

在《符号逻辑导论》里，朗格（1937/1967a）认为，任何事物最基本的特征都存在于它的形式之中。它的形式就是它的结构，也就是构造成分组成的一个模式。因此，每当我们描绘某一事物的形式时，我们都要考虑两个方面：（1）该事物的组成部分，（2）其组成部分中存在的模式或安排，否则我们就不能够把它称为某物。事物的组成部分叫作成分。赋予它模式的成分之间的联系叫作关系。为了强调指出，形式这个观念不限于物质的东西，它还用来指过程、特性、事件等，朗格用逻辑形式（logical form）这个术语来指"结构"或"有序性原理"，而"有序性原理"可以是一切研究对象的特征。图11.2 行为形式四阶段的图式准确地描绘了她有关形式的概念。

以形式的定义为基础，朗格下一步对两个相互关联的概念进行界定：内容和媒介。她说，"内容是表达形式的媒介"（p.27），意思是说，媒介是在特定场合下形式的物质体现，也就是在物质对象身上的体现，媒介当然是一种物质的"东西"。因此，如果媒介是一只杯子，其成分就包括斜面的圆筒形杯体、平坦的杯底和一只手柄。但杯子的形式可以用许多媒介来表达，每一种媒介代表不同的内容：细骨瓷器、棕色塑料、防水纸、套色玻璃、透明水晶等。每一种媒介都可以说表现了形式，因为它使形式成为可以感知到的对象。

形式和内容的分别也可以用来指非物质的事物，比如传播学者研究的过程。例子有不同的说话形式——经验、会话、叙事、问候、连锁笑话、打油诗、修辞格和商店柜台上的问答，而且每一种形式都可以有不同的内容（话题、题材、涉及的人等），但都可以辨认出来是表现同样的形式。连锁笑话总是遵守同样的模式，打油诗等也是如此。实际上，辨认一种话语为打油诗、另一种话语是连锁笑话的根据，正是它们的形式。打油诗和连锁笑话只不过是这些语言形式的名目而已。

在不同的内容里发现相同形式的能力，通过抽象的过程而得以完成。在这里，有这个能力的人忽略表达这种形式的具体媒介的特征，他的注意力集中在媒介里的表达成分和关系上。我们即将看到朗格的这样一个观点：人能够利用多种人造物和行为媒介，借此有意识地生成逻辑类推的能力；她相信这是一切象征主义方式的基础。如果我们不能够生成这样的类推，我们就不可能用可以感知的形式来明确表达自己的思想。

抽象也是日常观念形成的基础。一个概念就是一个抽象出来的形式。这就是说，一旦通过抽象发现了一种形式，由此产生的心理形式就是一个概念。在《哲学新解》里，朗格区别概念（concept）和概念过程（conception）。概念过程是抽象过程尚不完全的心理过程，还保留着形式初次抽象出来时具体例子的烙印。朗格《符号逻辑导论》显示两者差别的例子是"振动"这个概念，即一种来回重复的运动。一个人看到的是吉他演奏时琴弦的振动，另一个人心中想到的"振动"是落基山里白杨树叶在微风吹拂下的颤动。任何两个人共有的一个概念肯定是完全抽象的形式，个人想到的具体内容之间是没有关系的。他们不共享的内容是个人那个概念在脑子里呈现出来的那种不完全的概念过程。

概念的重要性在于，一旦抽象完成之后，它就可以用作样板，去搜寻更多类似的类推，即更多的形式例子。当一个概念形式被用作样板去发现更多的例子时，朗格就把这种形式叫作解释。解释是用抽象出来的形式去发现更多例子的过程，这些例子是在类似内容里的例子。

上文提到,朗格(《符号逻辑导论》《哲学新解》等)争辩说,一切符号媒介都按照逻辑类推的原理运作。她是这样进行论证的:符号的目的是用可以感知到的媒介来表达我们的思想,可以感知到的媒介有话语、行为或物质实体。因为我们的思想可以采用许多不同的形式,因为重要的是形式,因此我们创造的符号必须能够用逻辑类推来表达我们思想的形式。换句话说,某物要够资格成为某思想的符号,它就必须能够表达这个思想的形式,表达的方法就是利用逻辑类推的某种原理。

当然,通常被确认为符号媒介的是语言,语言给构成思想的概念成分和关系命名,办法就是用词汇提供的标签。此外,语言利用语法和句法原理来表达构成思想的成分和关系。如果两个人共享一定的概念标签,如果他们共享一些把标签安排进句子的语法,他们就能够交流思想;正如朗格(1937/1967a)所云:"句法就是我们语言的逻辑形式,句法尽可能准确地复制我们思想的逻辑形式。"(p.31)因此,语言的句法结构表现的是"思想在我们脑子里的秩序和联系"(p.37)。语言创造出模拟思想的类推,办法是用一套范畴标签和句法原理;语言表达的思想只能够是可以靠语言资源类推出来的形式。

因为非语言媒介有自己作为表达性媒介(expressive media)的固有属性,所以它们拥有各自胜过语言的表达形式,各自模拟不同思想的属性;非语言媒介有建筑或雕塑用的石头、音乐里的声音、舞蹈和仪式里的运动等。人们开发的思想越来越多,表达这些思想的新媒介也越来越多,于是,人们就抓住机会用新发明的媒介来表达自己的思想。不过，对这里的主题十分重要的一点是，一切符号媒介都是可以感知到的内容，不同的概念形式可以在内容里表达出来。如果两个人能够使用某一种媒介去感知同样的概念形式，这种媒介就可以用来创造一些符号，这些符号就具有表达那些思想的形式的本质。

11.2.2 区别一般性符号意义和表征性符号意义的结构基础

在《哲学新解》里，朗格用上文描述的逻辑原理发展出一种一般性符号意义和表征性符号意义的关系理论，从根本上告别了建立在查尔斯·桑德斯·皮尔斯成果基础上的各种理论，这些理论至今在传播学的符号学分析里占有支配的地位（比如：Liska，1993）。因为这里的分歧对媒介环境学的发展既重大又重要，所以有必要在这里简单地介绍皮尔斯理论的一些要点，然后才把他的理论和朗格的理论进行比较。

图 11.3 显示皮尔斯符号理论的基本特征。皮尔斯认为，当三个要素之间存在关系时，符号的意义就产生了。这三个要素是：（1）某物用作符号，（2）一个有机体解释某物为符号（解释者），（3）某物以某种方式代表另一物（客体）。因此，如果某人把另一人微笑的面部表情解释为幸福的符号，这三个要素就同时产生了相互关系：（1）微笑被用作符号，（2）观察者是行为的解释者，（3）解释者相信，那微笑代表着一种可能的情绪。

除了确认符号意义的关系本质而外，皮尔斯感兴趣的还有：有多少不同类型的意义。正如图 11.3 所示，皮尔斯相信，一切形式的意义

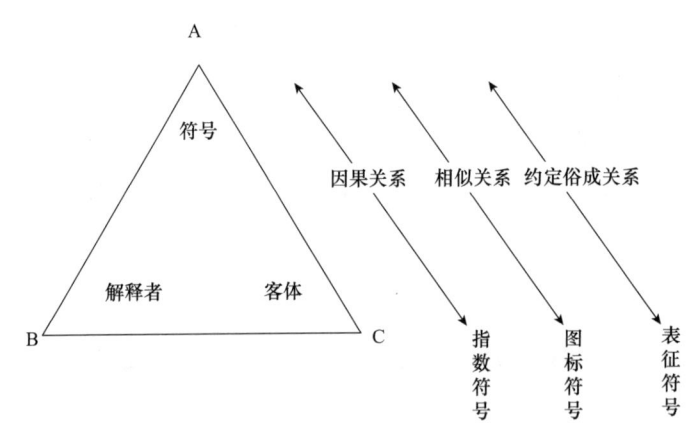

```
              A
             /\
            /  \
           / 符号\
          /      \      因果关系  相似关系  约定俗成关系
         /        \        ↑        ↑          ↑
        /          \       |        |          |
       / 解释者  客体 \     |        |          |
      B──────────────C     ↓        ↓          ↓
                          指数      图标        表征
                          符号      符号        符号
```

图 11.3　皮尔斯符号分类法

说明：皮尔斯的符号分类基础是符号及与之对应的客体之间的三种关系（AC 关系）。

都依赖一个三元关系（所以用三角形模式表示）。然而，该图又显示，总体的三元关系至少包含着三对二元（两个子项）关系：AB（符号和解释者的关系）；AC（符号和客体的关系）；BC（解释者和客体的关系）。以此为基础，他认为，符号和客体之间的关系有三种类型：（1）以客体为原因的关系，（2）和客体相似的关系，（3）由社会常规或约定形成的关系。于是皮尔斯断言，符号可分为三大类：指数符号（indexes）、图标符号（icons）和表征符号（symbols）。

意义归根结底是一套成分之间的关系，而不是任何一个成分的一个属性。在这一点上，朗格和皮尔斯的观点相同。然而，皮尔斯传统的理论认为，一切意义关系终归是三元关系。换句话说，指数符号、图标符号和表征符号各自需要三个成分和三个主要关系，以产生各种意义结构。因此，皮尔斯学派把表征符号意义（symbolic meaning）当作一般符号意义（general sign meaning）的子范畴。指数符号、图标符号和表征符号被当作三种类别，三种平行的符号范畴，其区别以关系类型（因果关系，相似关系和约定俗成关系）为基础；每一类符号和它对应的客体都有这样的关系。

朗格对各种意义结构里的成分和关系的分析与皮尔斯不同。早在1942年，朗格就提出，一般性符号意义（皮尔斯的指数符号）和表征性符号意义建立在大不相同的分歧之上，其逻辑结构截然不同——一般性符号意义只需要三元（三个子项）关系结构，而表征性符号意义却需要不可能再简化的四元（四个子项）关系结构。因此，一般性符号和表征性符号并非同一基本事物属下的子类。它们是根本不同的，因为它们来自于不可能再简化的不同的逻辑结构。如果朗格是正确的，一般性符号意义和表征性符号意义需要的关系结构就是截然不同的，这样的分别就可以给一个新的研究方法提供一个基础，我们可以用这种新方法去理解各种符号媒介之间存在的系统的关系。这一点将在稍后的一条原理中去讨论。不过，在转入下一步的论辩之前，有必要检视朗格研究一般性符号意义和表征性符号意义不同逻辑的方法，这就是一般符号意义原理和表征符号意义原理。

11.2.3　一般性符号意义在三元关系结构里的运作

朗格和皮尔斯有一个共同的见解：符号意义（但仅限于皮尔斯的指数符号）依靠一个三元关系；虽然如此，朗格就符号和客体之间关系（图 11.3 里的 AC 关系）的本质所作的解释，和皮尔斯的"因果关系"解释是不一样的。在她看来，符号意义总是指某事物、事件或状况的存在——过去、现在或将来的存在。因此，符号可以这样来界定：符号是可以感知到的表示另一事物、事件、过程或状况的人造物或行为。符号意义的关键是：（1）符号可以被有机体的感觉器官感知到，（2）使用者认为它和另一物有关系，这另一物通常不那么容易感觉到。朗格把这方面的意义（即符号及其所指的关系）命名为指示意义（signification）。符号的指示意义是一种推定的情况，原本不如符号本身那么容易被人感知到的一种情况。

然而符号若要获得意义就需要一些条件，它必须和某一有机体相关，有机体需要感知到符号和隐蔽情况之间的关系。因此，符号意义需要三个成分之间的三元关系：（1）比较容易感知到的符号，（2）不那么容易感知到的情况，（3）把符号解释为表示情况里的一个存在物（人或非人）。只有当有机体注意到符号和情况的关系时，我们才得到符号意义关系的例子。倘若某人注意到某一行为和某一人造物，但没有把它和另一物的存在联系在一起，那么这个行为和人造物就没有被解释为符号——"符号意义"也就谈不上了。

为何某物可以被当作表示另一物存在的符号？朗格对此作了解释。她认为，符号解释者假定符号和情况之间有一个结构关系，并且认为符号指示这种情况的存在。具体地说，解释者总是把符号当作某情况下实际的构造成分，这些成分就是符号。正因为符号被使用者认为是情景的构造成分，而情景又是它所指的意义，因此，符号的存在又被认为具有这样的意思：情景里的其他成分也存在。[1]因此，符号及其客体的关系不是因果关系（皮尔斯提出的因果关系），而是局部和整体的关系。因果关系是符号关系的偶然特

---

[1] 为简明起见，"存在"始终用的是现在时态。然而必须记住，符号还可以指示过去和将来的事件。比如，化石记录被认为是一个符号，表达恐龙在远古的存在；任何被用作预告将来事件基础的东西，都被认为是一个符号，表示那些事件已经开始存在。

征，但因果关系不能够用来界定一切关系。社会科学家进行观察时，一般承认这个分别；当他们解释统计数字符号时，他们说"相关性并不能够证明因果关系"。总之，符号的运作根据结对的原理——符号在结构上和它所指的意义结对，它们都是某个复杂情况的构造成分。

将朗格的符号意义理论用于理解日常社会交往，可以收到立竿见影之效，交往者看到的符号本身未必有什么意义（毕竟眼神仅仅是眼睛的动作而已）。然而社交者觉得这眼神有趣，原因有两个。首先，眼神容易察觉。别人发出的信号很容易看到、嗅到、听到或尝到，所以这些信号能够吸引使用者的注意力。再者，观察者能够把这些符号和其他的情况配对；这些其他的情况（比如对方的动机、意图或价值）不那么容易觉察，却很重要（除非了解对方的动机、意图或价值，否则我们就不能够有效地计划自己的交流方略）。因此，打呵欠、脸红或凝视未必有什么固有的意义，但如果对方把它们和疲劳、尴尬或无聊配对之后，这些动作或表情就可能给成功的交往提供信息。交流者学会搜寻外表无特别意义的信号，他们关注的是内隐的有意义的情况；按照他们的预设，这些内涵的意义和外表的信号有自然的配对关系。

11.2.4　表征性符号意义在四元关系结构里的运作

从结构上来看，表征性符号意义和一般性符号意义有两点根本不同的地方：在产生这两种意义时，它们关系结构里的成分和关系的数量不一样，这些成分和关系的本质也不一样。图 11.4 显示这两种不同。

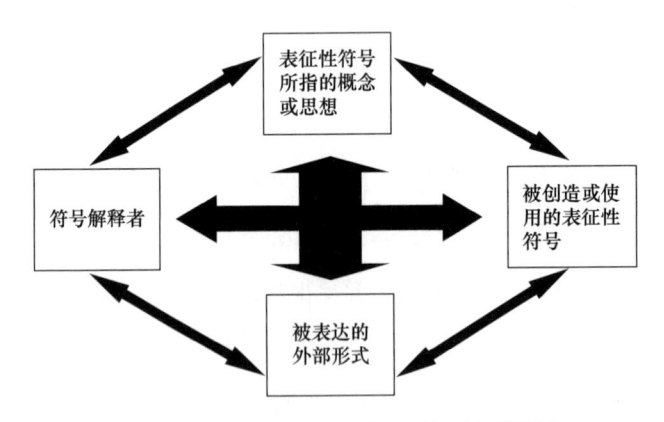

图 11.4　表征性符号意义里成分和关系的逻辑结构

如图所示，必须把四种成分纳入同步关系，才能够产生哪怕是最简单的表征意义。这四种成分是：（1）能够用作表征性符号的可以被感知的某物（如一个词、一个手势或一件人造物），（2）把某物用作表征性符号的某人，（3）表征性符号表达的一个概念，（4）表征性符号指示或指向的真实世界或幻想世界里的某客体。一般性符号意义和表征性符号意义之所以产生很大的区别，是因为表征性符号意义总是受到表征者概念的限制，而不是受到外部情况的限制。一般性符号意义之所以产生，是因为符号表达的是与其有结构关系的某些情况的存在；与此相反，表征性符号意义之所以产生，是因为表征性符号表达的是与其有结构关系的概念。因此，一般性符号总是被认为是某情况的实际构造成分，表征性符号的位置却总是逻辑地处在它们表达的思想之外。作为表性征符号的表现成分，绝不会是它们用作表征的概念情景的组成部分。

除了构造成分里的表征性符号意义之外，图11.4还以直观的图式说明其中一些关系的特征。最值得注意的或许是，只需补充一个成分，两两相配的结对关系就从三个翻一番增加到六个，这个事实增加了表征性意义结构的复杂性。此外，由于成分不同，成分之间的关系也不同。比如，根据《哲学新解》推出的理论，语词符号和它表达的概念的关系叫作内涵意义（connotation），语词符号和它所指对象的关系叫作指示意义（denotation）。换句话说，内涵意义和指示意义被当作逻辑结构里产生的关系，但它们绝不会出现在符号关系里。

当符号媒介并非语词时，符号关系就会产生，内涵意义和指示意义就不会产生。但无论那些非符号关系叫什么名字，它们并不见于符号之中。如果朗格对一般性符号意义和表征性符号意义的分析是正确的，表征性符号意义是不能够简化为一般性符号意义的，这是因为它产生于一个完全不同的逻辑结构。表征性符号和一般性符号的区别是，它们表达的对象不同。表征性符号表达概念、思想和理念（这里所谓理念是表征性符号的结构方式和表达对象），而不是表达它们单纯的物质存在。

11.2.5 许多表达成分可以参与一般性符号关系结构和表征性符号关系结构的运作

根据上文所论，对表征性符号可以作这样的界定：任何被创造或使用的可以感知到的用来表达理念的人造物和行为。在最简单的表征意义里，没有任何固有特征能够像变魔术一样把某物变为象征，除非当事人觉得它对表达理念很有用，除非那个人造物或行为从逻辑上看就能够参与表征性符号关系结构的运作。因此，几乎任何人可以想到的任何东西都可以用作表征性符号。

使某物成为表征性符号而不是一般性符号的环境，是它正在参与运作的关系结构，所以，许多符号能够同时发挥两种功能，既是一般性符号又是表征性符号。然而，当它们同时行使这两种功能时，它们作为成分同时参与了两种完全不同的关系结构。

比如，如图11.5所示，结婚戒指这个简单的人造物既可以是一般性符号，表明某人已婚，也可以是一个表征性符号，表明婚姻的文化概念。由这个婚戒，解释者可以凭直觉判断，某一事情业已发生（把它解释为一般性符号），同时他也可以联想到其中涉及的社会制度。在一种情况下，戒指作为人造物以一般性符号的身份参与三元关系结构，又成为一个文化情景的常规成分，它参与表达这个情景的存在。在第二种情况下，戒指以表征性符号的身份参与四元关系结构，其中的主导成分是婚姻这个观念。就像闪光的面料一样，这两种意义快速闪光，虽然它们的关系结构截然不同，但观察者难以体会到它们的不同。然而，即使最简单的符号的区别性特征，也是符号参与的关系结构的本质，作为符号的事物的类型倒不是关系结构的本质。

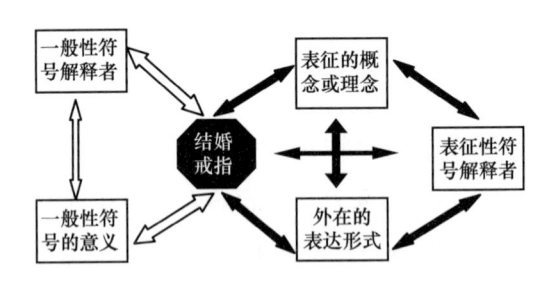

图11.5 人造物与人的行为参与互动的三元结构

说明：许多人造物和行为可以同时参与两种关系结构，一是以一般性符号的身份参与三元关系结构，二是以表征性符号的身份参与四元关系结构。

对媒介环境学的发展来说，朗格的符号学理论最珍贵的贡献之一是，它有助于我们从理论上区分各种不同的符号媒介，同时又把它们系统地联系起来。在接下来的两条原理中，我们借用朗格在一般性符号和表征性符号上的研究成果，提出一些重要的区分，为媒介环境学做出一些富有洞见的符号分类。第一条原理和人类的符号活动有关，第二条原理集中研究朗格理论分类思想的影响，看看它对我们理解种类繁多的符号媒介有何帮助。

11.2.6　一般性符号的意义分类：以逻辑因素和心理因素为基础

从技术的角度看，人类的符号活动是"无中介的"，因为符号直接指向它们参与的情景；然而，朗格的符号理论有助于揭示几个复杂的层次，媒介环境学者和其他传播学者也许会对这样的分层感兴趣。第一个层次在上一条原理中已有暗示，但没有道破。因为意义是成分之间的关系而不是任何一个成分的属性，所以有中介的成分发挥符号功能时，同时可以成为其他东西的符号，比如信仰、态度、价值、心态、文化背景、民族源头等，还可以是这些东西的创造者和使用者的符号。比如，交流者选择词语作为自己思想的表征性符号时，这些词语又可以被解释为他们的意识形态、偏见、同情等，因为每一个被挑选的词语都是从一整套选项中挑选出来的，那么多选项在社会的和文化的许多方面和它形成对照（Gozzi，1999）。批判性话语分析常常采用这样的对照手法去解释文本，除了把文本作为明确表达思想的符号去理解之外，它还揭示说话人隐性的意识形态。

第二种主要的区分是朗格在《心灵》的有机体过程分析中提出

的区分：用作符号的成分既可以是人造物，也可以是行为。如果某物被用来表示另一物的存在，人造物符号就包括物质文化中生产的一切东西，包括货币、钟表、卡拉OK机和书写用的笔。正如上文婚戒所示，这样的客体还可以用作使用者思想的符号，也可以解释为使用者人格、目标、需求等的符号。

这样的人造物符号可以和行为符号进行对比，行为符号有盯视、面部表情、手势、体姿、触摸，还有会话中共同生成的取向框架。所有这些符号都是广为人知的行为符号，会话人互动时始终观察着这些符号，所以这并不奇怪。凡是介绍"非言语交际"的材料无不用比较大的篇幅讲解这些行为符号。

朗格的新视野使她意识到，行为符号的一切标准范畴是行为而不是状态。这就是说，手势、体姿、面部表情、取向框架等的发展，都呈现出阶段性，作为行为构成的事件，它们逐渐积累而来，然后又逐渐退潮而去。此外，它们遵循《心灵》第三篇推出的行为原理，所以我们可以给每一种主要的行为符号建立一个行为本位的理论，说明它们如何影响自己参与的广阔的会话行为。

当然，即使用行为语言去探讨一个范畴的行为符号，我们也会偏离主题太远；然而朗格所谓一切解释性原理归根到底是行为原理的断言，应该能够对行为符号作出特别生动而详尽的描绘，应该能够产生革命性的洞见，使我们对这类符号的运作深入了解。况且，由于人类语言具有口语的行为本质，由于行为本质是它最重要的区别性特征，对沃尔特·翁的口语文化—书面文化（作为符号媒介的说和写）理论感兴趣的媒介环境学者应该发现，如果用行为语言想象口语能够打开新的门户，我们就能够了解人类历史和当代社会交往里言语的"口语性质",了解这种性质隐性的命题(Gronbeck,2000)。

朗格的另一个区分是自然符号和人造符号的区分,媒介环境学者或许也会觉得,这个区分理论上很有趣。自然符号是一切符号—客体结对的情况,它们是自然而然发生的,不需要人有意识的干预。换句话说,人们觉得它们是总体情景固有的部分,它们在总体的情景里发挥符号的功能。于是,春天树叶的生发是一个自然符号,显示气温上升、白昼延长。人造符号是使用符号的社群有意识涉及的符号,以便把它们和某种情景的存在联系在一起。比如,一只婚戒是一个人造符号,显示戴戒指的人已经结婚。再者,人造符号既是任意的,也是约定俗成的,这两个特征一般是皮尔斯理论用来界定符号的特征。换句话说,人造符号是一个社群自由挑选的、能够感觉到的指示物,说明某事的存在;如果没有这个人造符号,这个事物就不那么容易感觉到,但它在文化上却更重要。就这样,人造符号成为任意强加、常规期待的文化构造情景的组成部分,但即使没有这一点情景,它也会成为符号。[1]

11.2.7 符号媒介分类:推理性符号和表征性符号

对媒介环境学学者而言,朗格符号学的巅峰,大约是她区分不同符号媒介的固有特征的详细分析,是她有关符号媒介如何系统地相互关联的详细论述。比如,在《哲学新解》里,朗格就区分推理

---

[1] 我们还可以区分另一种现象,可以称之为偶生符号的现象。偶生符号是人造符号,可是它们貌似自然符号,由于"时机"问题,它们偶然和一种情景形成结对关系。比如,一只黑猫在某人面前横穿过去之后,或者有人打破镜子或在梯子下面走过之后,紧接着就发生了另一件事情,这就是偶生符号。正如这些例子所示,偶生符号可能常常成为许多迷信思想的基础。

性符号模式和表征性符号模式；推理性符号（discursive symbolism）是对世界上许多自然语言的命名，表征性符号（presentational symbolism）指的几乎是其余的一切符号。这两种符号的基本区别有一个基础：看它们如何创造一种逻辑类推，把符号使用者的思想和表达思想的符号联系起来。

在推理性符号中，类推性的创造过程是这样的：若干独立的意义单位（语词）组成一个线性序列（产生一个句子），语词序列凭借的是句法规则，规则又管束语词序列如何描绘语词和思想之间的类推性。所谓推理性（discursiveness）指的是：作为符号形式的语言需要将思想的形式（成分和关系的结构）分解为标准的范畴（句中名词所指），将语词安置进一个线性序列。因此我们说，每一门自然语言提供了一大套语词，将语词用来命名成分和关系范畴；语言社群通常用这些语词来谈论世界，也用一套句法规则来谈论世界；句法规则的功能是把语词排成序列，以产生说话人的思想和用来表达思想的语词的结构之间的类推性。诺姆·乔姆斯基（Noam Chomsky）的转换—生成语法及其派生理论，就是为了模仿这个复杂的过程而绞尽脑汁的尝试；在这些尝试里，句法规则把思想的逻辑结构映射到句子的逻辑结构中。

推理性符号在映射我们的思想时具有强大的表现力和高度的可视性，但它还是存在固有的局限性。我们有许多想要传达的经验并不经常发生，所以它们还没有获得标准的范畴命名。还有许多经验的结构非常复杂（比如一位朋友独特的面孔），这些经验很容易淹没推理性符号为它们准备的有限资源，比如，描绘朋友面孔需要的大量的结构细节，从成分和关系上都太复杂，语言常常就显得捉襟见肘。

问题之所以产生，那是因为推理性符号使用的是标准化的范畴和序列性的映射规则，而复杂的结构（如面孔）的关系却盘根错节。在某一时刻，我们的记忆受限，没办法对付长串的语词，没办法清理长句子里盘根错节的关系的复杂链条。为了克服这些局限性，人们常常开发出大量非推理性形式的符号，以表达比较复杂的思想。朗格把这些非推理性符号放进一个大类，将其命名为表征性形式，因为它们把自己的关系结构"呈现"在使用者面前，让他们直接去感知，而不是要求使用者按照排列顺序一个接一个给那些组成部分命名。

由此可见，所谓用符号表征就是在一个复杂符号内展示全部与表达思想相关的成分和关系。表征性符号形式不会给组成思想的成分和关系命名，而是凭借那种类型的大量媒介，用物质手段展示这些成分和关系；这正是媒介环境学者专门要研究的领域。表征性符号包括一些明显的符号形式，比如艺术品（绘画、雕塑、舞蹈等）、宗教仪式和神话。此外，因为具有文化意义的活动（如足球和上学）和人造物（如货币、玩具、办公室设备）在起源时都是表达思想的物质手段，所以它们也可以归入表征性符号的类别。

把所有这些类别纳入一个单一而独立的范畴不同于推理性符号的特征是，表征性符号的构造成分不是成分和关系的标签。在特定符号的圈子之外，它们未必有什么意义。中 C 调是音乐表征的一个成分，但它并不是某一观念具有独立意义的名字。与此相似，虽然我们可以把十字架设想为基督教传统里有独立意义的宗教符号，然而它的意思还是可以发生戏剧性的变化，所需条件仅仅是融入不同的表征性符号。一个实在物体的十字架含有的宗教意义，和语词标签的十字架的意义不尽相同。我们要研究的一个理论问题当然是判定这些差异究竟是什么。

有些表征性符号只有时间的一维，音乐即是一例；另有一些表征性符号只凭借空间模式去投射思想，比如绘画或雕塑；有些时候，表征性符号既用空间投射规则又用时间投射规则，舞蹈即为一例。再者，表征性符号使用的媒介是信手拈来的（有时包括小说、电影、诗歌和戏剧里的语词），以便能够直接表现说话人想要表现的成分和关系。然而，表征性符号从来就不给它们代表的关系结构命名。它们仅仅表现这些结构，表现的方式就是给予这些符号独特的意义。正是由于这个原因，我们常常感到很难用表征性符号来描绘电影或小说，尽管其中的语言成分是那么明显。这里的语词仅仅是用来创造一种独特的形式，而不是表达它们本来的意思。此外，表征性符号不直接判断思想的真伪。它们仅仅是端出思想让人审视、让人思考；它们不会用近似于句子的东西来宣示思想的真伪。

表征性符号展示而不是命名它们投射的成分和关系，所以在表达非常复杂的思想时，它们比语词干得好。不过，因为表征性符号不能直接判断真伪，所以它们就不能直接推出一个命题或"作出一段陈述"。为什么我们在只用图画来描绘自己的思想时，并不觉得它完美，就可以用这个道理来解释。如果不用以语词为本位的推理性符号去解释表征性符号，接受符号的人就不知道艺术家作那幅画的原因，不知道艺术家"想要说"什么。

为了克服这两种符号各自的不足，人们常常使推理性符号"趋同"（assimilate）于表征性符号，以补足推理性符号。比如这样的例子：复杂的表征性符号，比如一幅画，可以用语言命名（如《蒙娜丽莎》），于是通过命名，这幅画就进入了推理性符号的成分。每当我们用转喻的修辞格给艺术品命名时，我们就展现了艺术品的某一点表征意义，我们就在使表征性符号和推理性符号趋同。我们描绘一位朋友面带"蒙娜丽莎"似的笑容时，我们使用的就是这种"趋同化"的手法。这种趋同化能力使表征性符号具有强大的表现力；表征性符号之所以能够轻而易举地跟上我们交流的需要——无论世界看上去多么复杂，其趋同化能力就算是原因之一吧。

11.2.8 表征性符号用法的分类：以它使用的媒介固有的表达机会和局限为基础

符号媒介各有其固有的表达机会和局限；在此基础上，每一种表征性符号都有它自己的"逻辑"，即一套结构原理，这一套原理决定着该符号的表达潜力，也决定着它表达的逻辑形式，无论这一逻辑形式表达的思想是什么。如图 11.6 所示，朗格对表征性符号的研究方法能够推导出一个表征性符号的等级分类系统，这个系统不仅确认范畴之间的区别，而且揭示彼此在一个种属关系之下的联系。详细阐述整个分类系统需要一大章的篇幅，这里只能够简单介绍各范畴表征性符号的区别和联系。

我们遵循上文描写的行为符号和人造符号的分别，把表征性符号分为行为符号和人造符号两个平行的类别，划分的依据是：表征过程产生的是物质形式还是由此及彼在时间上展开的事件。在人造表征性符号媒介之下，列出了三个子类：人造创造性艺术、神圣人

```
表征性符号 ──┬── 人造表征性符号系统 ──┬── 人造创造性艺术
            │                        ├── 神圣人造物
            │                        └── 世俗人造物
            └── 行为表征性符号系统 ──┬── 行为式创造性艺术
                                     ├── 神圣行为
                                     └── 世俗的日常行为
```

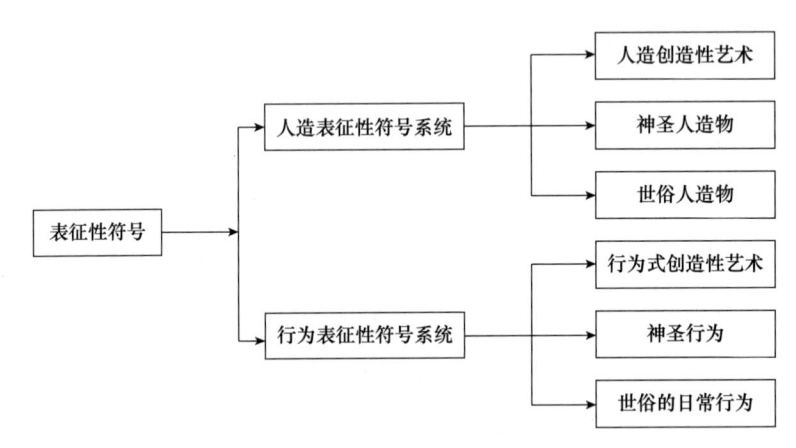

图11.6 以朗格表征性符号论为基础的符号分类法

造物和世俗人造物。

　　在人造创造性艺术这个子类下面列出的有雕塑、绘画和建筑。它们作为一个类别的特征是：它们创作出前所未有的东西，即艺术幻觉。如本章开头所云，每一种创造性媒介都产生一种幻觉。朗格认为，雕塑创造虚拟体积，绘画创造虚拟场景，建筑创造虚拟人居领地。在这些人造艺术和其他人造行为中，原有的材料（如画布、油料）消失，成为艺术幻觉（如阳光洒在草地上）。相比之下，神圣人造物和世俗人造物创作出来之后，构建它们的原材料依然保存原来的属性。再说神圣人造物和世俗人造物的区别：它们表现的思想类别不同，世俗人造物赋予日常思想物质的形式，而神圣人造物表达的思想则不妨称为宇宙意识。上述一切人造符号对媒介环境学者都盎然有趣，因为它们映射到媒介里的思想是可以体会到的。于是，新媒介（如塑料）出现之后，新的表达形式就可能出现，以前难以表达的思想后来就可以表达了。

行为表征性符号之下同样划分出三个类似的子类：行为式创造性艺术、神圣行为和世俗的日常行为。行为式创造性艺术有舞蹈、音乐、戏剧等，它们也创造出初步的艺术幻觉。朗格认为，舞蹈创造的艺术幻觉是虚拟力量，音乐创造的艺术幻觉是虚拟时间经验，戏剧创造的艺术幻觉是虚拟命运（喜剧和悲剧）。神圣行为符号（如"展示旗帜"和"向旗帜敬礼"）可以等同于神圣的仪式，诸如诞生仪式、成人仪式、婚礼、葬礼；正式规定其中思想的逻辑结构之后，这些表达宇宙意识的艺术形式就成为神圣的仪式了。世俗的表征性行为可以是任何日常重复的个体活动和集体活动，这些行为的目的是表现关于某些生活方式的思想。

11.3 下一步走向何方？

本章介绍了朗格哲学视野的广度，又介绍了她的一般性符号理论和表征性符号理论一些重要的细节，旨在推导出她的著作对发展媒介环境学理论和研究工作的潜在贡献。当然，我们能够从朗格那里吸收的思想很多，绝非一个小小的章节所能描述；运用她的行为理论去发展人的传播理论这个更加广阔的课题，尤其不是一个章节所能完成的。

凡是读过朗格著作的人都会找到自己的灵感源泉，发现令人振奋的后续应用潜力；许多年来，我个人关注的是如何用她的哲学去推演出一个传播学可以利用的总体思想构架，如何在综合许多侧面和兴趣领域的基础上，把传播学整合成在理论表述和研究工作上都结构严谨的学科。在两篇文章（Powers，1995，2002）里，我提出了一个理解人类传播学的分层研究方法，我用这个分层研究法来说明传播学理论构建的过程，我相信，朗格的符号理论使这个构建过程成为可能。

如图 11.7 上部所示，我相信，在传播学理论追求的底层，潜隐着一个总体的思想构架，我们可以把这个思想构架想象为互相联系的四个层次。第一层研究讯息理论，用来了解所有的讯息表达资源，

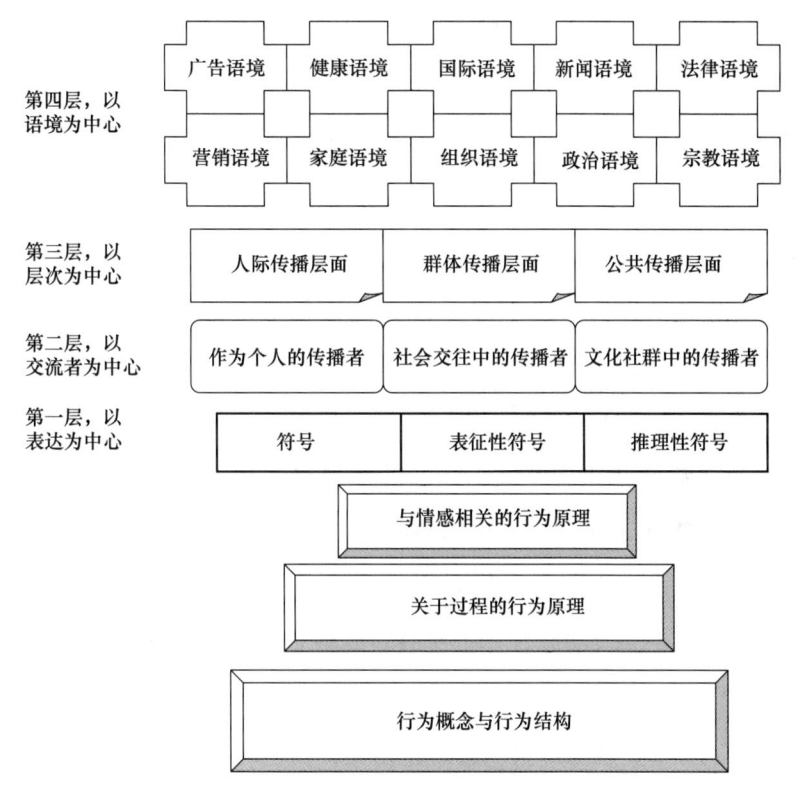

图 11.7 鲍威尔斯传播学思想架构分层模型

第四层，以语境为中心：广告语境、健康语境、国际语境、新闻语境、法律语境、营销语境、家庭语境、组织语境、政治语境、宗教语境

第三层，以层次为中心：人际传播层面、群体传播层面、公共传播层面

第二层，以交流者为中心：作为个人的传播者、社会交往中的传播者、文化社群中的传播者

第一层，以表达为中心：符号、表征性符号、推理性符号

与情感相关的行为原理

关于过程的行为原理

行为概念与行为结构

说明：此模型为覆盖在朗格过程行为理论之上的示意图。

这些资源是以一般性符号和表征性符号为基础的一个复合体。本章用大量篇幅论述朗格对理解第一层各种现象的贡献。第二层人类传播理论研究的是传播者个人，研究他如何参与社会交往，研究作为文化社群成员的个人。我们所知道的有关人类符号结构的一切提供了基础，使我们能够理解第二层的三个方面。此外，我们探索第二层时，可能会发现余波向下的现象，使我们对各种与讯息相关的理论重新进行思考。第三层建立在前面两层的基础上，它强调传播研究的传统层次，我们用人际传播、群体传播和公共传播这三个模式来表述三个传统层次。最后一层进一步考察前三个层次确认的细节，考察它们在具体传播语境下的情况。当然，刚才提到的各个层次上下波动的现象贯穿在整个系统的四个层面中。

然而，图11.7在此基础上又迈进了一步。它还展示分层研究法如何以朗格的心灵哲学为基础，尤其以她的行为概念及其派生出来的解释原理为基础，力求把传播学理论建立在心灵哲学的广阔基础上。换句话说，我构想的传播学分层理论构架将非常认真地研究这样一个思想：归根到底，人类艺术和科学中的一切解释原理都来自于她所谓的行为原理。这个信条的意思是：把一切最基本的概念、原理和解释都建立在朗格著作基础上的传播理论，是可行的，应该是能够用她的行为理论来表达的。

图11.7的总体分层模型，是吸收朗格心灵哲学的关键要素演绎出来的。以此为据，我们可以为传播学（媒介环境学在其中占有一席之地）建立一个更加条理清晰的理论构架，我们可以把传播学的理论问题有条不紊、井然有序地组织起来。图11.8显示如何完成这个任务，该图用分层模型展示其中的细部，确认传播理论必需的重要研究问题，所有的问题都应该是理论上可以解决的问题。问题自下而上依次展开，因为这个理论是一个所有问题互相关联的复杂体系。

换句话说，朗格完成了这个总体理论框架的行为部分，凡是想在这个概念体系里推导出派生构架的人，必须要考虑其中固有的概念。如果我们要认真对待朗格的心灵哲学，我们就不能够执意按照自己的方式给那些关键术语下定义。图中显示朗格在概念体系的较低层次提出的定义，既是给我们提供的思想指南，也是对我们思想的限制，除非我们发现，它们在解决模型里较高一个层次的传播问

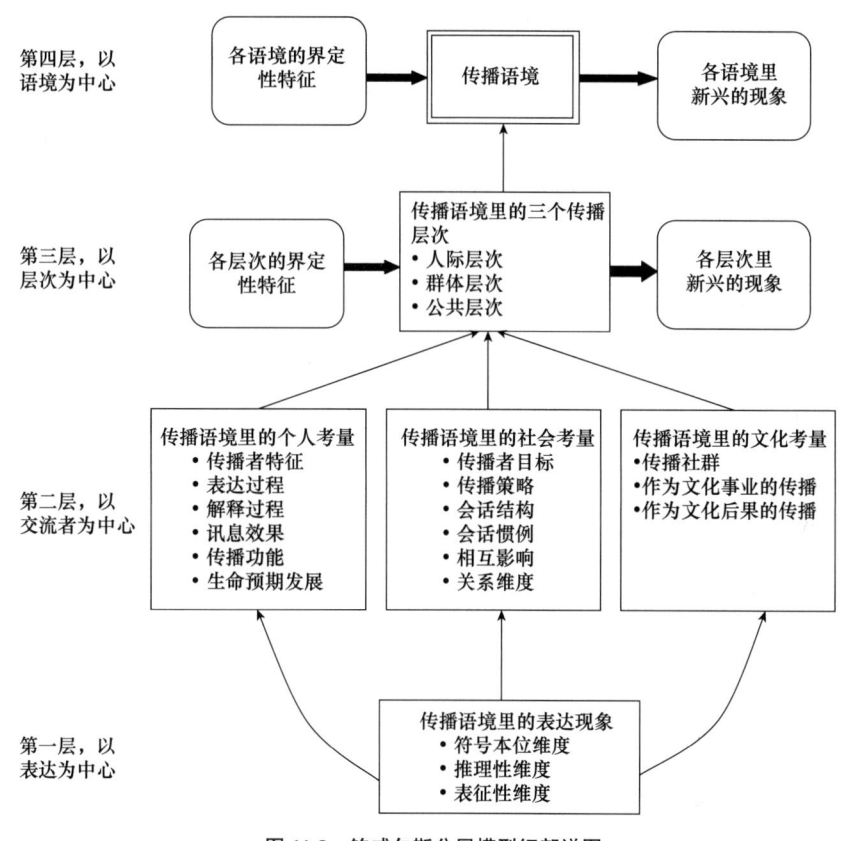

第十一章 苏珊·朗格的心灵哲学：对媒介环境学的潜在命题

第四层，以语境为中心
- 各语境的界定性特征 → 传播语境 → 各语境里新兴的现象

第三层，以层次为中心
- 各层次的界定性特征 → 传播语境里的三个传播层次
  - 人际层次
  - 群体层次
  - 公共层次
- → 各层次里新兴的现象

第二层，以交流者为中心
- 传播语境里的个人考量
  - 传播者特征
  - 表达过程
  - 解释过程
  - 讯息效果
  - 传播功能
  - 生命预期发展
- 传播语境里的社会考量
  - 传播者目标
  - 传播策略
  - 会话结构
  - 会话惯例
  - 相互影响
  - 关系维度
- 传播语境里的文化考量
  - 传播社群
  - 作为文化事业的传播
  - 作为文化后果的传播

第一层，以表达为中心
- 传播语境里的表达现象
  - 符号本位维度
  - 推理性维度
  - 表征性维度

图 11.8　鲍威尔斯分层模型细部详图

说明：该图含关键性研究问题。

题时造成了概念上的问题。

朗格还为讯息理论（message theory）做了初步的奠基工作，但她未能从理解行为符号的行为理论中演绎出其中隐含的命题。这就是我们需要在第一层补足的工作。此外，虽然她的心灵哲学旨在给一切人文艺术和科学提供扎实的研究基础，然而她本人仅仅沿着一条思路研究问题，也就是人类符号心灵演化理论。图 11.8 细部显示的大多数传播领域，在朗格的著作里根本就没有涉及；解决这些问题需要一支强大的传播学研究队伍，等待着我们去建立一个思想构架，在朗格心灵哲学准备的基础上去完成这个任务。

最后，我们可以断言，在朗格研究成果的基础上为媒介环境学构建整合一体的概念框架，是一个广阔而开放的领域。我们追寻的一些方向已经被清楚标记出来，朗格已经为我们指明了前进的道路。然而还有许多方向等待当今的学者去探索，他们在辛勤耕耘的过程中将有许多意想不到的发现，他们能够以崭新的方式完成许多细节，他们能够从媒介环境学的视角去想象人类的心灵。就我自己而言，这是长期以来最令我激动的研究计划。

第十二章　口语文化—书面文化定理与媒介环境学

衣阿华大学（University of Iowa）

布卢斯·E. 格龙贝克（Bruce E. Gronbeck）

1986年，耶鲁大学斯特林古典学教授埃里克·哈弗洛克（Eric Havelok）荣休后[1]完成《缪斯学会写字：论远古到如今的口语文化和书面文化》(*The Muse Learns to Write: Reflections on Orality and Literacy from Antiquity to the Present*，下文简称《缪斯学会写字》)。他认为，这本书概括了他对西方学术的主要贡献。他追溯了自己所谓"口语文化问题"的思想发展历程（Havelock，1986，p.24）。他说，我们所谓"口语文化—书面文化定理"（orality-literacy theorems）问题在1963年以雷霆之势登场，"释放出洪水泛滥般的令人震惊的新认识，人们突然认识到许多相关的问题"（p.24）。从1962年春到1963年春，五部著作从三个不同的国家纷至沓来，全都用来界定口语文化，一致认定口语文化是某些社会的界定性特征。除了他自己的《柏拉图导论》

---

[1] 埃里克·哈弗洛克（Eric Havelock，1903—1988），美国古典学家、媒介环境学家，先后在加拿大和美国几所最负盛名的大学执教，是媒介环境学派第一代代表人物，多伦多学派和纽约学派之间的"桥梁"，著有《柏拉图导论》《缪斯学会写字》《希腊的拼音文字革命及其文化影响》《希腊政治的开明气质》《西方书面文化的源头》等。——译注

(*Preface to Plato*, 1963) 外，哈弗洛克所指的著作或文章是：克洛德·列维—斯特劳斯（Claude Lévi-Strauss, 1962）的《野性的思维》(*La Pensée Sauvage*)、杰克·谷迪和伊恩·瓦特（Jack Goody, Ian Watt, 1963/1968）的长文《书面文化的结果》(The Consequences of Literacy)、马歇尔·麦克卢汉（Marshall McLuhan, 1962）的《谷登堡星汉》(*The Gutenberg Galaxy*) 和恩斯特·梅尔（Ernst Mayr, 1963）的《动物与进化》(*Animal Species and Evolution*)。在那一段时间里，古典学、人类学、文化史和进化生物学都在对"口语文化—书面文化定理"的研究进展做出各自的贡献。

梅尔的《动物与进化》是达尔文生物进化论的全面总结。它只在附录里用四页纸的篇幅论述人类进化，但就是这几页纸令人深思。他的论证是这样展开的：人类进化靠的是向后代传递两种信息，即遗传信息和语言信息。这里的信息一词借用的是人类符号密码，但是这个词应用于生物机制，多多少少渗透到基因机制和语言机制之中。根据梅尔的分析，人的头颅在进化过程中长出了颚骨、面颊和喉腔，使人不仅能够吃饭/吞咽，而且能够表情达意、交流思想，于是，智人在进化过程中不仅获得了传递基因信息的能力，而且获得了传递语言信息的能力。对研究"口语文化—书面文化定理"的学者而言，最有趣的是梅尔把生理学和社会学的理论糅合在一起。在他看来，生理学和社会学都可以通过突变而进化（变化和发展）：基因通过 DNA 密码从父母传递给子女，语言符号通过语言习惯用法上的文化传统烙印传递给后代（见 Havelock, 1963, pp.26, 55—56, 99）。

梅尔的思考和哈弗洛克对口语文化的道德问题的钻研之间有

直接的关联。1957年，哈弗洛克著《希腊政治的开明气质》(The Liberal Temper of Greek Politics)时，早已对格言警句、隽永小语产生了兴趣。他得出了一个重要的结论："完美句子的生涯在文字之前的口语传播时代里业已开始，在那时，思想的灌输依靠口耳相传，教义的保存依靠记忆。"(Havelock, 1957, p.126)稍后，哈弗洛克在1963年那本了不起的《柏拉图导论》里拓展和发挥这句话里的断言：在口语社会里，道德信条即关于个人举止和公共言行正误的文化传统，唯有仰赖口语的某些特征才能保存下来，才能够正常运行。格言警语不只是《圣经》之类的大部头里的只言片语，而且是浓缩而紧凑的口语形式，道德指南可以注入其中；正因为它的口语形式，它才容易被牢记心间。

"Birds of a feather flock together"（同类羽毛的鸟儿一道飞/物以类聚，人以群分）这条谚语显示了口语的道德指引力量和容易烂熟于胸的特点。其道德寓意是：依靠同类，依靠你的部落。这个寓意被一个容易理解的比喻捕捉住了。鸟儿这个比喻容易记住，大多数人看见过鸟儿成群飞的景象，它们春天飞到北方，秋天飞往暖和的南方。鸟儿飞行一定是成群结队的，于是谚语的寓意就是，人也应该这样。同时请注意这句话的格律。节奏把句子分成几段（希腊语法叫kola）。"birds of a feather"这一段的模式是"重—轻—轻—重—轻"；"flock together"这一段的模式"重—轻—重—轻"也类似（仅仅少了一个轻读音节）。由于它唱歌一般的模式，这条谚语既容易理解，又容易牢记。

这一点为何重要？请记住，我们说的口语社会，是没有任何文字记忆的社会；但没有文字记录的信息却能够从一个人传递给另一个人，从一代人传递给下一代人。凡是必须记住的东西，都必须要使用能够储存和重新使用的方式（Havelock，1986，p.56），在人与人之间传递的东西也必须借重这样的方式。因此哈弗洛克认为，用语言说出话是一种技术，既有心理学的一维（心到心），也有社会学的一维（人到人）。我们很快还要回到他这个论述，并探讨哈弗洛克的其他思想。

和以上关于口语文化的思考方式相关的还有人类学家列维—斯特劳斯的著作，虽然其重要性稍次，但也很重要。他是追随涂尔干（Emile Durkheim）的结构主义人类学家（见 Durckheim，Mauss，1903/1963）。他的兴趣之一是，原始民族如何学会分类和加工环境，在生活中构想进步的观念。他在这段时间的许多著作研究的是神话的结构，但《野性的思维》还是论述了原始神话和语言在结构逻辑上的重要关系，神话借重语言表达。他对用名字赋予神话力量的情况特别感兴趣；在这一点上，他和涂尔干对氏族图腾崇拜里的动物感兴趣有相似之处。神话里说名字时两两对立的安排成为他了解原始民族焦虑的线索，他借此揭开神话的奥秘。想想詹姆斯·邦德（James Bond）电影里恶棍和美女名字的两两对立，他们的特点捕捉在名字里（有疯狂科学家 Dr. No，还有"金手指""八爪女"）。童话故事大量使用名字作为人物的代称，迷人王子、白雪公主、灰姑娘的名字都确认了自己的道德立场。

列维—斯特劳斯仅仅暗示了内容和传播媒介的关系，但这个课题成为麦克卢汉（1962）《谷登堡星汉》研究的重点。这本很受欢迎的书的核心论题是，西方人意识里的重要断裂启动了印刷机的发明；手稿是前谷登堡文化，印刷术是后谷登堡文化。麦克卢汉对印刷术的来临作出进退两难的反应,这样的情绪贯穿全书。一方面,印刷术有去人性化的趋势,因为它粉碎了人们面对面交谈的需求,而且它还可以推动私密的思维甚至秘密的思维。另一方面,麦克卢汉也可以断言,印刷术是解放的力量(使《圣经》和各种民主思想资源流传)和革命的力量(重造个体意识和集体意识的载体)。读这本书时,我们可以看清,他正在急不可耐地指向他的下一本书《理解媒介:论人的延伸》(Understanding Media: The Extensions of Man, McLuhan, 1964, 下文简称《理解媒介》)。在《理解媒介》里,他可以更加集中精力研究电子传播技术,更加具体地阐述他的名言"媒介即讯息。"这是他的思想纲领。不过,即使在《谷登堡星汉》里,他也展示了"口语文化—书面文化定理"的宏大规模,他试图找到一个公式;这个公式能够表明传播媒介、文化内容和结构、个人意识和集体意识之间的关系。

在哈弗洛克确认的1962年到1963年那一年里问世的五部著作里,第五部作品是谷迪和瓦特的文章《书面文化的结果》,收录进谷迪(1968)编辑的《传统社会里的书面文化》(Literacy in Traditional Societies)[1] 文章探讨口语文化直到现代文化(书面文化和电子文化并存的文化)里遗存给我们的隐性命题,同时为古希腊经验里口语文化和书面文化的关系提出了一个模型。在论述希腊文化的那几节里,作者探索口语在保存口语文化里的作用,比较了希腊字母表(记录口语更加灵活)及其前身的区别,就希腊的文学和

---

[1] 关于两位作者的背景,参见哈弗洛克(1986, p.28)的介绍文字——瓦特在新加坡沦陷时成为日本人的俘虏,谷迪是研究非洲口语文化的人类学家。

哲学与早期的行为文学进行了对比研究。文章关心的上述三个问题，成为后来研究"口语文化—书面文化定理"学者们共同关心的核心问题，尤其是沃尔特·翁和埃里克·哈弗洛克关心的问题。

哈弗洛克1986年在《缪斯学会写字》一书里提出的论点大体是：来自不同学科的各种思路在20世纪60年代初交汇在一起。无疑，他把另一位古典学者哈佛大学的米尔曼·帕利（Milman Parry）当作他的先驱。不过哈弗洛克认为，虽然帕利理解口语套路对作诗和背诗的重要性，但他却认为，口语是即兴的而不是持久的，只能够储存传统信仰和态度于一时。[1]与他相似的另一位核心人物是沃尔特·翁，他是麦克卢汉的硕士生，麦克卢汉在圣路易斯大学执教时他受业于麦克卢汉门下（见Gronbeck，Farrell，Soukup，1991，p.xii；详见Farrell，2000）。如前所述，谷迪和瓦特正在吸收涂尔干19世纪后期的成果，同时还在吸收20世纪30年代社会人类学家提出的语义学思想。1962—1963年是瓦特成果丰硕时期，他介绍了多学科思想和论争在学术界井喷情况。从事古典学、人类学、文学阐释学理论和批评、进化论生物学和其他社会理论研究的学者们，开始阅读彼此的著作，他们感兴趣的是，它们各自的知识基础如何影响我们对传播、文化和意识的关系。在这样一段共享研究成果的时

---

[1] 帕利详细剖析了《荷马史诗》，分离出其中的创作手法。在吟诵那些令人望而生畏的巨型史诗比如《伊利亚特》时，就需要这样的创作手法，比如节奏，以及具有各种韵律特征的基干词语和其他预制的语言特征。实际上，《伊利亚特》不可能逐字逐句一成不变地记下来。相反，古希腊的口头诗人的做法是，学会希腊寓言里的故事情节，学会一系列可以编进史诗里去的有韵律的描绘性缔号。帕利证明，我们所知的最后定稿并写成文本的《伊利亚特》，实际上是由数以百计的套语组成的。希腊行吟诗人（*rhapsôidein*）这个词的意思是："宛若用针线把歌串起来。"哈弗洛克描绘自己的书时就说，它偏重道德文化特征，而不是口头创作的技术特征。欲知其详，请见翁（1982）和帕利（1971）。

期,"口语文化—书面文化定理"以及媒介环境学应运而生。

在本章里,我分三个步骤探索"口语文化—书面文化定理":(1)首先在宏观层次上看口语文化—书面文化,就总体上支配社会的主导媒介的地位进行论述;(2)然后把范围缩小到微观理论,看看人脑如何加工各种媒介输入的讯息,尤其是声觉、文字和视觉媒介输入的讯息;(3)最后对口语文化—书面文化的宏观理论和微观理论的视角和语汇进行对比研究,这将有助于我们从两个方面对媒介环境学者的成果进行研究,既从总体上作广泛的扫描,又从技术上作小范围的考究。这将使我能够指出媒介环境学者未来的需要。

首先,"定理"这个词需要我们注意。数学里的定理是一个理论命题,可以用公理或业已存在的公式来证明,类似于逻辑学家理解的判断,即可以从业已接受或证明的前提推导出来的命题。用更加通俗的话说,我们许多人都倾向于用这个词去表示一个无须证明程序或直接证据就普遍接受的判断。媒介环境学者使用这个术语的方式既不像神学家那么精确,也不像通俗用法那样随便。沃尔特·翁(1982)在《口语文化与书面文化:语词的技术化》(*Orality and Literacy: The Technologizing of the Word*,下文简称《口语文化与书面文化》)里的理解可以作为我们的指南:"我将用定理的形式进行表述;或多或少是假设性的判断,但这些假设和业已解释过的判断有多种多样的联系。"(p.156)于是可以说,我们的目的是阐述所谓的口语文化—书面文化定理,阐述的方式使我们能够探索公理、公式和前提,它们位于人类有关生命世界观念的底层。换句话说,本章所谓定理应该被认为是底层的,有时甚至并不提及的各种假设,这些假设帮助我们进行理性的思考,弄清楚对人类世界作出判断的命题里使用的一连串观念。

　　实际上，如何表述这些定理是棘手的问题，因为提出这些定理的学者有不同的兴趣。粗略地说，一套关于定理的思考来自于社会历史学家，他们试图对具体历史时期里不同团体的公共传播的特点作一些描述。另一套给予定理的思考来自于研究具体媒介和传播习惯的学者，他们试图理解人们为何在符号交换中用这一种媒介而不是那一种媒介；这些研究者非常细心地审视具体语境里的具体讯息。我分别启用"宏观理论"和"微观理论"这两个术语，描写这两个核心的思想倾向。请务必注意，不要用这两个图式把这些学者分成两类，因为像沃尔特·翁和马歇尔·麦克卢汉这样的学者涉及两种研究，为了证明自己的定理，他们在宏观研究和微观研究两个层次都作出了贡献。此外，每一类学者的情况又有所不同，他们可能有好几个研究重点。比如，你可以发现，埃里克·哈弗洛克一篇文章写的是媒介（如口语文本），另一篇文章说的是意识（如希腊人的心灵），又一篇文章讲的是社会组织和整合（如希腊节庆里的口头表演）。我们区分宏观理论和微观理论，以探索大体上可以划分的两种叙述，看看它们如何处理口语文化—书面文化定理；同时我们充分意识到，这样的划分首先是为了方便，它们未必是生命世界准确的复写。

12.1 宏观理论：社会主导媒介

麦克卢汉在学界成名，是由于他宏观层次上的社会文化著作。在其他技术史学者和社会史学者，尤其是刘易斯·芒福德（1934）的著作之后，麦克卢汉（1962）的《谷登堡星汉》研究机械复制文本产生的影响，研究潮水一般地汹涌而来的印刷品。他的主要假设是，"技术环境并非容纳人的被动容器，而是积极地重新塑造人和技术的过程"（p.7）。他认为，印刷术强有力地使西方社会发生革命性变化，创造条件使宗教改革爆发、富有竞争力的城邦兴起，推动了民主冲动和科学发展，甚至带来了建筑的变化。无疑，促进他思考的是他昔日学生沃尔特·翁的两本书：《拉米斯，方法和对话的式微》（*Ramus, Method, and the Decay of Dialogue*，Ong，1958a）和《拉米斯和爪饰物一览》（*Ramus and Talon Inventory*，Ong，1958b）。第一本书研究的是表达思想的声音、视点和方法，研究它们如何随着活字印刷的发明而成为一时之尚，研究法国学者彼得·拉米斯（Peter Ramus）如何把它们变成修辞的惯例。独白代替对白，成为学术著作的主导方式，视觉表达取代了话语的口语形式，甚至教学方法都随着书籍的兴起而发生巨变［见 A. J. 帕尔梅利（A. J. Palmery）文章对翁、印刷术和拉米斯修辞的小结，1991］。

简单地说，媒介环境学理论[1]在宏观层次上集中关注人的经验变化，这样的探讨往往既在社会广度上展开，又在自我意识和自我反思的层次上展开，这样的变革往往紧随着社群里的主导媒介的变革而来临，或者是和主导媒介的变革同时发生。

12.1.1 技术决定论

如果主张社会组织和运作的变革紧随着主导媒介的变革而变革，那么持这种主张的学者就被称为媒介决定论者。[2]在上文引用的话里，麦克卢汉似乎是技术决定论者；毫无疑问，他在多伦多大学的先驱之一哈罗德·伊尼斯常常被认为是技术决定论者。伊尼斯在《帝国与传播》（*Empire and Communications*，1950/1972）里断言，自足的、相对封闭的社会（口语文化社会，比如把法律镌刻在石头上的古巴比伦）受到难以运输的媒介的支配，因而是他所谓的时间偏向的社会。在时间偏向的社会里，过去（传统）在很大程度上决定着现在和未来。镌刻在石头上时，法律就经久不衰，就受到祭司或世俗崇拜者（如律师）的保护，他们垄断着有关过去的知识。相比之下，使用便于运输的媒介（如莎草纸文化和纸张文化）的社会往往就组成帝国，就是他所谓的空间偏向的社会。便携式媒介有利于制度、法律和生活规则从权威中心传播到遥远的地方；而且这些

---

[1] 一些媒介环境学者对口语文化—书面文化定理特别感兴趣，他们认为自己的研究领域是"媒介理论"（如 Deibert，1997）。
[2] 见戴伯特（1997，p.28）关于技术决定论立场的模式；又见丹尼尔·钱德勒（Daniel Chandler）的网站 http://www.aber.ac.uk/media/Documents/tecdet/tecdet.html. 。当然你还可以争辩说，新传播媒介受到推动的驱力还有"新信息处理需求"（Logan，2000，p.3）。

媒介灵活，经常变化，尤其是在印刷术使重新颁布法律和规则轻而易举之后。在时间偏向的社会里，即使不说知识垄断不可能，至少可以说知识垄断是比较困难的；因此，时间偏向的社会往往是比空间偏向的社会要进步一些。对伊尼斯来说，也许对麦克卢汉也是这样，媒介技术塑造了不同社会里的不同的社会结构——这是一种明显的、因果关系的结构。[1]伊尼斯无疑是技术决定论者，麦克卢汉也许也有这个嫌疑［不过请参见对麦克卢汉后期思想的讨论，尤其见格龙贝克的文章（Gronbeck，1981）］。[2]

12.1.2 技术实用论

如果选用的动词不是"紧随"而是"伴随"，那么被评说的传播学家就没有被贴上技术决定论者的标签，而是比较像技术实用论者；技术实用论者感兴趣的是技术如何与某时某地社会里的其他力量相互作用。[3]詹姆斯·凯利就是这样的实用论知识分子。比如，在《作为文化的传播》(*Communication as Culture*)里，凯利（1989）告诫我们警惕"传播工具化"（p.84）的问题。如果传播仅仅是办事的工具，比如建立关系、传递知识或指令甚至重建集体的制度，那么它就使思想和行动分离，把做事情的行为从正在办事的

---

[1] 你还可以争辩说，新传播媒介塑造了心理—意识，甚至是埃里克·戴维斯（Erik Davis，1998）所谓的精神和灵魂。换句话说，他认为，不同程度的神秘化和神秘主义在回应新媒介特征的过程中兴起。
[2] 然而，克罗克（Kroker，1984）告诫我们不要匆忙下结论，他说："如果把麦克卢汉贬为技术决定论者，那就完全忽略了他重要的思想贡献。"（p.548）
[3] 戴伯特（1977，尤其p.29）把这个立场叫作社会构建主义的立场。

语境中分离出来。技术决定论者倾向于从工具的角度思考问题，我们用这样的工具去重建环境，重建自我观念。凯利倾向于把媒介当作场所，我们在这样的场所里看人们在特定环境中追求的希望和梦想（p.110）。对凯利而言，我们不能够假定传播、文化和意识之间的因果关系，而是必须通过所有这些层面同时研究人间发生的事情。正如人们倾向于预期的那样，几乎所有的传播媒介史学家都倾向于技术实用论的解释。

我们以19世纪后期和整个20世纪为例，电力来临，电器（最终是电脑）普及。麦克卢汉就采取了决定论的立场。在给伊尼斯（1951/1964）的《传播的偏向》（*The Bias of Communication*）写的新序中，他大胆地把电子时代描绘成这样一番景象：创造"寰宇的人文意识""普天之下理解的那种圣灵降临前的状况"，并在此过程中"使时空差别不复存在"（转引自 Carey，1989，p.116）。麦克卢汉（1962）对电子革命的后果作了这样的解释：

> 1905年，爱因斯坦确认弯曲的空间，谷登堡星汉正式消解。线性的专门分割和固定的透视点走到尽头，条块切割的知识再也不可能被人接受了，正如它本来就文不对题一样。（p.302）

相比之下，凯利认为，这样的说法并不是历史因果关系运作的描绘，而是历史叙述中的华丽辞藻。和里奥·马克斯（Leo Marx，1964）的观点一样，凯利（1989）把这样的话称为"技术升华功能的华丽辞藻"（pp.120—141）。凯利认为，电力并没有造成社会情况和个人自我意识的改变。确切地说，主导媒介、社会变革和个人自我意识的变化同时发生，以复杂的方式彼此影响。关于电力的公共话语并非世界状况的报告，而是语言集体希望和幻想汩汩冒出的表现，这样的话语早已在社会上流传。早在电力技术被利用起来之前，西方人对技术的依赖已经存在；早在18世纪后半叶，寻找表述难以描绘的、崇高情感的办法就已经存在；早在19世纪浪漫主义运动和所谓个人至上运动（personalist movements）中，探索意识的追求就已经存在。

由此可见，电力的用途、关于电力对内外生活领域影响的思维方式，早就受制于思维方式和行为方式了。当然还得承认，电力对西方的深刻影响是毋庸置疑的：从机械化到电子化再到数字机械化的转变；电力提升、电脑生成（合成）的音乐；把世界变成特大村落的电视革命（见McLuhan, Fiore, 1968）；在赛博世界里，身心和自我的内在状态（interiority）都受到监控和修整；世界经济从工业转向以服务业为基础；如此等等。[1]

然而，无论他是技术决定论者还是技术实用论者，在宏观层次上思考问题的媒介环境学者都试图理解，在特定媒介主导的情况下，社会是如何运行的：一般地说，口头的、面对面的媒介在所谓口语文化社会里占主导地位；文字媒介和印刷媒介在所谓文字社会里占主导地位；基于电力的个人媒介和公共媒介在所谓电子社会里占主导地位。虽然有些学者（如Chesebro, Bertelsen, 1996; Couch,

---

[1] 关于电力环境对西方社会影响的技术决定论观点，参见波斯曼（Postman, 1992）的《技术垄断》。关于另一种看法，参见温斯顿（Winston, 1998/2000）。

1996；Innis 1950/19672；Logan，2000）雄心勃勃地认真研究如何对一切有文字记载的西方文化来一番扫描，大多数学者还是集中研究一种媒介主导的社会。

12.1.3 口语文化

对口语文化运作最精当的记述之一的著作是埃里克·哈弗洛克的著作。他感兴趣的重点之一是弄清楚，在口语社会里，文化里的"律法"（*nomoi*）和"民俗"（*ethea*）是如何构建、维持和传播的（Havelock，1986，p.57）。他认为，讲演，尤其是诗歌，是口语社会里管理生活的钥匙；传统被理解为历史的产物和未来的向导。习惯法是一些把握祖先智慧的谚语和格言；民俗是普遍接受的日常通用的办事方式——如何与人相处，如何构想周围环境，如何完成日常的任务。

当然，教育包括在家庭里学会说话和思考问题的过程，这就是基本的社会化过程。但口语社会往往有一些公共活动即节日，人们聚会是为了重申他们的忠诚，是要强化对自己在世上位置的理解。西方世界古代的大型娱乐竞技场是喜剧、史诗和音乐节等活动的滥觞，是集体庆贺节日、假日和英雄业绩的地方。"律法"和"民俗"在庆贺的声音中不绝于耳，诗人、先知、祭司、雄辩家、演员等调动起公众喜庆的情绪。这些庆祝活动在口语社会里承担了文化工作的任务，其奥妙就是哈弗洛克（1986）所谓图像化的形象（pictorialized image）。任何关于如何生活（民俗）的忠告不是被当作注意事项来记诵，而是表现为个人决策的具体行为,而且由这些人作为代理人针对具体的对象表演出来。习惯不是空洞抽象的,而是表现为实在的行为。所以,哈弗洛克(引用自己的话)指出,一个概括和抽象的理念比如"诚实总是上策"表现典型的书面文化,而套路式(formulaic)行为比如"诚实者总是发财"反映的是典型的口语文化。(p.76)

抽象推理模式的表现形式是"用人表演的形式表现的习惯和行为的游戏"(Havelock,1982,p.230),于是,抽象推理模式不仅说出来了,而且用图像化的方式表演出来了。因果关系之类的推理模式在人的表演中实实在在地看到了、听见了,而不仅仅是用文字表述的抽象形式。

因此,口语社会的关键是记忆。记忆把诗歌—音乐朗诵和表演活动转化为创造和再造社会化自我的承载手段,成为个人身份进入集体的载体(关于记忆的介绍,见 Yates,1966)。按照哈弗洛克的构想,个人记忆是由许多提示激活的;在面对面的表演里,在一种记诵的经验中,声觉、视觉、叙事、情景或环境的提示激活了个人的记忆。声音的流泻不是断续分离的,个人的体验不会独立于讲故事的声音、讲故事者的举止和体姿,也不会脱离讲故事的物质环境。相反,听讲故事的人受到声音、视像、故事留下的记忆、物质环境的提示(巨型的表演场、观众的拥挤等)的狂轰滥炸。这样的刺激轰炸、过去的表演在记忆里的复活等产生了哈弗洛克(1978)所谓的唱和原理:

唱和必须要有行为的重申相伴，唱和和重申不能太新奇也不能太富于创新；为了适合记忆的需要，重申必须要和以前的表述（或经验）有相似之处，以便诱使脑子从一种状态跳进另一种状态，诱使嘴巴用恰当的发音紧紧跟上。（p.15）

请想一想无数次听《金发姑娘和三只小熊》（Goldilocks and the Three Bears）故事的小孩子。孩子熟悉这个故事，熟悉其中的词语，熟悉小姑娘声音的特征，熟悉那些小熊，也熟悉讲故事的最佳时间和地点——上床以后、入睡之前。孩子的嘴巴真的想要"用恰当的发音"呼应讲故事的大人。每讲一次，孩子就强化一次以下的生活经验：（1）叙事结构在加工生活经验里的重要地位；（2）故事的道德寓意；（3）讲故事的人和听故事的人之间的信赖关系；（4）记住传统故事和入睡之间的关系（带着关于社会关系积极的思想入睡，这是社会纽带的经验）。

在这里，孩子听讲故事和一切说话产生的社会事件有相似的地方。哈弗洛克（1986）在讨论节日时指出，听众"一起鼓掌、舞蹈、唱歌，呼应那位歌唱者的歌声"（p.78），于是，口语社会的成员共享重要的经验，即"历史、伦理和政治的经验……大家模仿城邦的精神和习俗"（p.93）。个人和歌唱者、表演人一道践行社会约定，因为传统在当下得到共鸣，传统为将来所用的合法性也就确立起来了。经过表演的记忆把口语社会的部件组合成一个整体。纯美的戏剧（和大范围的诗歌）和社会戏剧（日常生活的细节）之间的清晰而重要的纽带就建立起来了。[1]

---

[1] 维克多·特纳（Victor Turner）和理查德·谢赫纳（Richard Schechner）的著作对唯美戏剧和社会戏剧的关系进行了探索。卡尔森（Carson, 1996, pp.19—24）对他们的评论有参考价值。

口语文化活跃在这种展开的当下之中,并建立在过去传统的基础上,而传统就在公众不断的重述和重演中得到共鸣;共鸣则常常以诗歌的形式进行,有时以讲演的形式进行;反过来,重述和重演的共鸣就能够设定并指明未来。于是,面对面的交往和个人力量的行使,就成为口语文化生存所必需的条件。

12.1.4 书面文化

媒介环境学者认为,书面文化里的社会组织和集体意识状态,和口语社会里的文化和意识是截然不同的。[1]我们已经指出麦克卢汉所作的分析:从手写到印刷术(机械复制)文化的转变,使宗教、政治、教育和科学都发生了革命性的变化。其他一些学者也对这样的革命进行过论述。请参考波斯曼和戴伯特的著作(同时比较 Eisenstein,1983,1979;Stock,1983)。

波斯曼(1985,1999)用两本书捍卫书面文化。在《娱乐至死:娱乐时代的公共话语》(*Amusing Ourselves to Death: Public Discourse in the Age of Show Business*)里,他首先指出,"真理的观念和表达形式的偏向紧紧地联系在一起"(Postman,1985,pp.22),意思是说,社会认识论即人们对自己和世界一般的看法,扎根在主导媒介的形式中。因此,当一个国家开发一种新的主导媒介时,连人们对真理的理解也会发生变化。这样的设定导致他分析"印刷文

---

[1] 令人注目的例外也有。丹尼(1991)否定口语文化和书面文化的重大差别。他认为,两者的区别被人为地夸大了;两者的区别仅仅是非语境化的区别,所谓非语境化是从当下具体的此时此刻抽象出思维或思想的能力。

化的美国"。美国建国的基础是这样一些文件：作为契约的《五月花》(*Mayflower*)、《海湾圣诗》(*Bay Psalm Book*)、托马斯·潘恩(Thomas Paine)的《常识》(*Common Sense*)、联邦宪法，还有许多源源不断的书面材料。这些文件之所以颇具威力，那是因为在17世纪后半叶，马萨诸塞州和康涅狄格州（其他州情况类似）大约85%到90%的男人能够读书识字——"很可能这是当时世界上有文化的男人比例最高的地方"（Postman，1985，p.31）。公共学校体制建立起来了，文化更加普及；报业发达；订购书报的图书馆在19世纪繁花似锦；全国的公共讲演以"印刷词语为基础"（p.41）。一切公共事务靠书面词语流通："印刷机不仅是机器，而且是一种话语结构，既排除某些内容，又坚持另一些内容，比如形成特定形式的读者群。"（p.43）

波斯曼（1985）接着讲美国"印刷文化的头脑"——全国统一的集体心理，也就是经过训练形成的以散文为基础的思维，即使讲演也要用这样的思维方式。这种印刷时代集体意识的核心见诸以下引文（p.51）：

> 每当语言成为主要的传播媒介时，尤其是当语言受到印刷文字的严格控制时，一个思想、一个事实、一种宣示必然随之发生。思想也许会平庸，事实也许会不搭界，宣示也许会错误，然而当语言成为指引思想的工具时，逃避意义就没有出路了……作者和读者围绕语义苦苦求索时，它们参与的是对心性的最大的挑战……（阅读）当然是必不可少的理性活动。

于是波斯曼发现，印刷术不仅派生了美国文化而且产生了有意识的加工公共事务的方式：复杂的、用文字构造思想的方式是由集体理性管束的。在稍后的一本书里，波斯曼（1999）寻找在今天的电子世界里重新确立这种书面文化理性的办法。

跟随波斯曼进入集体意识世界的有戴伯特（1997）。他的书《羊皮纸，印刷术和超媒介：世界秩序变革时期的传播》（*Parchment, Printing, and Hypermedia: Communication in World Transformation*）的构建基础是机械—文字革命对两代人的影响：社会配置的变革和社会认识论的变革（p.31）。他断言，新主导媒介之所以产生预料不到的后果，那是因为它们成为"物质景观的一部分，使用媒介的人和群体在物质景观里互动"，目的是要避免决定论者的缺陷（p.29）。新媒介是环境而不是简单的工具，它们能够成为人内心和外表变化的场所。[1]

社会配置的变革表现的是社会政治基础结构受新媒介影响的方式。戴伯特提出两条定理来解释社会配置的变革：（1）"第一条是媒介环境学最基本的命题：传播环境有一种'逻辑'或'本质'，并非决定论意义上的'逻辑'或'本质'，而是说环境'使某些类型的传播比其他类型更困难或更容易而已'"（p.32，转引自 Ruggie, 1986）；（2）第二条定理是，一般情况下，社会行为的群体在利用和开发新技术时，总是有不同的利益和目标。当然任何时候都有许多雄心勃勃的群体，但目标和组织都适合新媒介特征的群体不在多数。于

---

[1] 一般认为，麦克卢汉普及了媒介即环境的思想。他对雅克·艾吕尔（1965/1973）有关宣传和文化的论述的反应，大概有助于他这个观点的发展。欲知麦克卢汉论媒介和环境的文章（1966），参见 E. 麦克卢汉利秦格龙编的《麦克卢汉精粹》（1995，pp.219—232）。

是，人的抱负和欲望与媒介环境互动就产生和安排社会政治的变革。

另一方面，社会认识论的变革是思想和思维方式的"外部"世界的变革（p.33），也就是法国社会学家所谓的"集体心态"的变革。虽然自从马克思以来的许多社会理论家都认为，意识的变化是社会、政治和经济力量的产物，但媒介理论家把一些具体的物质因素加入考虑的因素之中，即传播技术的变革。[1]

有了上述定理的武装之后，戴伯特继续实施他的研究计划：探索中世纪"世界秩序"向现代世界秩序的转变。他追溯的详细结果是，现代世界出现这样一个趋势：逐渐远离中世纪统一的精神社群。在那样的社群里，神秘的实体被构想为一个伟大的链环，基督、教会、教皇是其中的环节，世俗世界和自然世界各得其所。这里的逻辑是"非领地的组织逻辑"（p.13）。戴伯特认为，随后的现代世界走走停停，发展长期不稳定；领地欲成为一个重要的因素："一切交际、社会和文化活动都分割肢解为互相排斥、功能上相似的实体，或者叫领地'包'（bundle）。"（p.14，转引自 Elkins, 1995）这一场变革的工具之一是印刷技术，因为它具有"一种认知偏向，倾向于视觉、线性和统一表现空间的方式"（p.204）。此外，标准化成为受珍视的观念，契约、报纸和制度等社会抽象的印刷品到处流通，也成为人们珍惜的观念。

所以我们说，麦克卢汉、波斯曼和戴伯特的著作，是从口语文化—书面文化定理看社会文化史的范例。本章稍后对他们的分析进

---

[1] 戴伯特构建技术革新和社会认识论关系的主张时，借助了刘易斯·芒福德1934年版的《技艺与文明》。

行评论。

12.1.5 电子文化

我们现在来探讨自己的时代,达得莱·安德鲁(Dudley Andrew,1997)把它叫作意象富有争议的时代。意象有争议成为电子文化讨论中一个重要的标记。许多学术成果用来研究机械复制和电子复制的图像、文字和声音,从 19 世纪最后二三十年直到今天的资料都有,但这些成果都充满疑惑、惧怕和严厉的谴责。约翰·罗斯金[1]的一句话招来了众说纷纭的评论。在英格兰到印度的跨洋电缆开始铺设时,罗斯金说:"但我们对印度有什么话要说呢?"从这一句话开始到报纸上最新的一篇评互联网上盗窃的文章,电子文化产生了难以计量的负面评论。我们刚开始积累一点点比较温和的分析电子时代的文章。

每一种新的电子媒介包括电报、电话、无声片和有声片、广播和计算机辅助通信以及发送这些媒介的技术革新(从电缆到通信卫星),都引起暴风雨般的公共评论,对它们的美好前景和病态后果总是众说纷纭、各执一词。也许,每一种新媒介既会产生社会活力,也会产生腐朽的东西。[关于围绕无声片、广播、有声片和电视比较流行的评论,参见 R. Davis 的书(1976);关于电报、早期电影和早期广播的评论,参见 Czitrom 的书(1982);关于电报的影响,参见 Carey 的文章(1989)《技术与意识形态:电报研究》(Technology and Ideology:The Case of the Telegraph);关于对电视的抨击,参见 Gronbeck 的文

---

[1] 约翰·罗斯金(John Ruskin,1819—1900),英国艺术批评家、社会理论家,主张社会改革,反对机械文明,大力支持前拉斐尔派。——译注

章（1988）]。不存在争议的后果是：电子媒介使社会发生了革命性的变化，毫无疑问地影响文化的基础，或好或坏的影响兼而有之（见Medhurst，Gonzalez，Peterson，1990，尤其参见 pp.x—xi）。

应该如何描绘这一场革命呢？麦克卢汉（1964）最流行的书《理解媒介》描绘这场革命的威力时，就使用了书名里的核心比喻：延伸。每一种新电子媒介都是人的延伸：电影和电视延伸的是眼睛；广播延伸的是耳朵；铁路延伸的是双腿；电脑延伸的是中枢神经系统。每一种新媒介都重组了人的感知系统，从而重组了人的心灵（比较 Nevitt，1982，chap.7）。麦克卢汉的基本定理显而易见："技术变革具有有机体进化的特性（直截了当！），因为一切技术都是人的延伸。"（p.164）他稍后论媒介定律的书用更广阔的视野来看社会过程，把它们描绘成一个四阶段社会进程的渐次展开：放大或提升、过时、再现、逆转。于是，印刷术放大个人的著作权署名，使俚语和方言过时，再现了精英成果（凭借书面文化），用大批量生成读者群的方式使社会的部落趋势发生逆转（见 Gronbeck 的介绍，1981；M. McLuhan，E. McLuhan，1988 年的书又有拓展；McLuhan，Powers 1989 年的书又有发挥）。下文检查微观理论时，我将回头看麦克卢汉关于感知系统的思想；此刻提一点足以说明问题：在他的整个学术生涯里，他自始至终强调详细描绘社会政治—文化变革，也就是从媒介尤其是电子媒介使用的转变引起的变革。

沃尔特·翁对电子文化观念的主要贡献之一是他提出的次生口语文化（secondary orality）的概念。这个概念的意思是：电子公共领域恢复了古代口语文化的一些特征。他强调，口语文化占据了电子世界舞台的中心，虽然其形式和原生口语文化（primary orality）

的形式有所不同。我们说口语文化不是真实的会话，而是虚拟的仿真会话，是一种感觉，一种言语—视觉—声觉构建的公共会话，以电影、广播、电视、电话和互联网等为载体发生的公共会话。关于次生口语文化，他最有说服力的论述见诸《口语文化与书面文化》（1982）。他写道："次生口语文化产生了强烈的群体感，因为听人说话使人形成群体，使人成为真正的听众……不过，次生口语文化产生的群体感大大超过了原生口语文化里那种群体感——这就是麦克卢汉的'地球村'。"（p.136）次生口语文化同样具有原生口语文化那种自发的特征，虽然我们已经吸收了印刷媒介的分析性质。"我们精心谋划我们想要做的事情，以确保它们彻底的自发性。"（p.137）连原始社会里那种竞争性习俗也以电视辩论的形式回来了，当然和昔日的原生口语文化有一些差别：

> 在电视上，总统候选人竞选时不在讲台上来回踱步，挥舞胳膊，甚至不走到户外讲演（直到克林顿1992年破例！），不像过去讲演人用转喻的手法宣称自己胜出，而是站在讲桌背后温文尔雅地你来我往，表现圆满的自我形象，而不是在讲台上来回踱步，互相挥舞胳膊。（Ong，1981，p.142）

沃尔特·翁有关次生口语文化的观念追求这样一个目标：痛痛快快地承认，过去的主导媒介口语媒介、印刷媒介等在新时代不会消亡。和这个简单的观念携手而来的问题是如何构想过去和现在的关系。它们如何联系？过去并非简单地转化为现在，因为它不可能转化为现在；无论用手机交谈感觉得多么像"真实的"面对面交谈，它的确不是面对面交谈,面对面交谈是两人在场的交谈。确切地说,次生口语文化的确是次生的、第二位的,和电子媒介相比,口头交谈本身(带有口语文化的残余)只扮演相对次要的角色。这一切的含意是,电子传播带有解释者的形象,过去那种口语交谈的感觉在新世纪重新浮出水面,但形象已经有所变化。[1]

最后需要指出的是两代评论家和电子时代理论家穷于应付的风云变幻的奇观,尤其是社会政治生活里的共享形象或动态形象的角色。图像政治或图像修辞领域里的著作迅速蔓延。人们经常引用的著作有默雷·艾德尔曼(Murray Edelman,1988)分析电视政治新闻的《构建政治景观》(*Constructing the Political Spectacle*);嘉什琳·霍尔·詹米森(Kathleen Hall Jamieson,1988)的《电子时代雄辩术:政治演说的转变》(*Eloquence in the Eletronic Age: The Transformation and Political Speechmaking*),该书论电视上政治辩论的再造;丹尼尔·达彦和埃利胡·卡茨(Daniel Dayan,Elihu Katz,1992)的《媒介事件》(*Media Events*),论述的是重大历史事件重建的直播;约翰·费斯克(John Fisk,1994)的《媒介至关紧要:日常文化与政治变革》(*Media Matters: Everyday Culture and Political Change*),论媒介"事件"如何

---

[1] 构想古与今的关系对媒介环境学者是比较困难的任务。麦克卢汉用后视镜的比喻,指出新媒介的内容必然是前一种媒介内容的翻版(关于麦克卢汉立场的观念分析,见 Theall,1971)。同年,翁(1971)普及了"口语遗存"的观念,用这个观念来表示嵌入书面形式的结构[哈斯金斯(2001)认为,这样的嵌入自伊索克拉底以来一直是修辞的部分内容]。哈弗洛克(1986)用"书面形式的口语"来表述这个概念,但同时认为它是一个悖论。戴伯特(1997)用今天通用的一个术语"超媒介"来描绘使用印刷术和其他符号的数字形式,同时用它描绘19世纪后期传播技术发明高峰期的经验。再举两个人为例:诺兰(1990)把通常的顺序颠倒过来,考察文学作品里的视觉形象即反映;梅萨利斯(1994)把两百年里的研究归结成为视觉素养,归结为解释"阅读"视觉经验的运动。

成为"真正的"政治,借用的个案有辛普森被捕和庭审前的听证会、希尔—托马斯听证会、家庭价值辩论和洛杉矶暴乱;罗德里克·哈特(Roderick Hart,1994/1999)的《诱惑美国》(*Seducing America*),论电视节目中的政治如何摧毁理性决策,倾向于情绪诉求;兰斯·巴内特(Lance Bennett)(1983/2001)的《新闻:幻觉的政治》(*News: The Politics of Illusion*),该书提出信息偏向理论(个人化、戏剧化、分割化和权威混乱等偏向)。论述电子媒介的中介如何改变政治信息,20世纪90年代的几个版本尤其好。这些书仅仅是论述镜像失真和社会政治生活的少数样本而已,这类书不胜枚举,尤其是在美国。[1]

这些论公共生活习俗的书从商业出版社和大学出版社源源不断地流向市场。与此同时,理论家争先恐后地对这样的生活进行解说。社会理论家的著述涉及社会生活的一切领域,从法国情境决定行为论者居伊·德波(Guy Debord,1967/1983)著名的《景观社会》(*Society of the Spectacle*)到史蒂夫·琼斯(Steve Jones,1995)的《赛博社会》(*Cybersociety*)再到麦克·费瑟斯通(Mike Featherstone)和罗杰·巴罗斯(Roger Burrows,1995)的《赛博空间/赛博实体/赛博朋克》(*Cyberspace/Cyberbodies/Cyberpunk*)。《景观社会》作了一系列反思,思考当代社会形象主导的局面,忧心人与世界的联系、人与人关系被毁的后果。《赛博社会》集合了众多乌托邦和反乌托邦幻象,即所谓"技术体现的文化"。这一类新社会理论纷纷解释电子文化的生活,它们受到后现代社会思想,尤其是里奥塔德(Lyotard,1979/1984)后

---

[1] 类似描写数字化社会政治文化的书数量不少,大多数回溯到莱因戈尔德(Rheingold)极受推崇的《虚拟现实》(*Virtual Reality*,1991)和《虚拟社群》(*The Virtual Community*,1993)。和一切赛博公民一样,他的书也受惠于吉布森(Gibson,1984)的书。

现代社会思想的影响，也受到最新文化研究形式的影响；这些新潮的文化研究强调形象创造或形象表征理论（如 Hall，1997）。后现代和文化研究这两种社会思想处在这样一个阶段：它们都强调社会经验的破碎性，而且强调社会经验主导着甚至控制着公共形象流。[1]

总之，宏观理论阐述口语文化—书面文化—视觉文化定理，又用这些定理来进行推理。这些理论被用来解释社会政治生活的变迁和循环，特别注意解释西方世界的变化；这些解释和主导媒介的观点牢牢地拴在一起，认为主导媒介总是在特定的时间地点运行。下文讲微观理论时我们再回头讲这些宏观理论的优缺点。

---

[1] 见雷亚尔（Real，1996）《媒介文化探索》(*Exploring Media Culture*)，这本书囊括了当代许多媒介文化的理论基础，提供了大量的案例研究。

12.2 微观理论：声音、书面文化和作为信道的视觉形象

如果我们收缩视野，如果我们审视口语文化—书面文化定理时，不是看它们对社会总体情况的论述，而是看它们就获取和加工外部世界的信息的各种认知渠道所发表的意见，我们就看到相互联系但迥然殊异的很多思考。理解"媒介即讯息"的一个办法是探索人在加工不同媒介传递的讯息时，有何特别的方式。"特别"一词在此既可能重要，也可能不重要。之所以用"特别"是想要提醒我们注意，媒介的使用受到文化的制约。你接受的教育不是如何察看结果，而是如何去寻找该看的现象：考虑你的视域里什么值得你去搜寻，什么值得（或不值得）你去审视。同理，其他媒介的使用也受到文化的制约。你"听见"的是自然而然的生理现象，但你接受的教育是如何去"聆听"；来自触觉的感知数据伴随着如何对其编码的倾向——你如何理解你触摸到的东西有既定的方式，因为你受到文化的制约。

换句话说，虽然本节的焦点是对有中介信息的认知加工和情绪加工，然而我们的确不能够忽视宏观的定理，不能够忽视它们对口语、文字和电子的社会结构及其对人的影响所作的判断。况且，正

如上文所示，宏观/微观的划分纯粹是为了分析之用，未必是客观的描写。在媒介运作的实际的历史研究中（参见本书其余研究），这样的划分无助于事，虽然理论上说是有用的；明确这一点之后，我们再来审查微观理论层次上的解释。

12.2.1 口语刺激的加工过程

作为理论家，沃尔特·翁提出了最完善的口语文化里的信息传播理论。《口语文化与书面文化》（1982）第三章集中研究"口语文化的心理动力"，更加准确地说，这一章提出了面对面交流的九大特征。翁认为这些特征造成了口语文化的精神状态，[1] 换句话说，在口语文化里，这些特征决定：个人的脑子在认知和习惯上如何组织起来，又如何按照实用的方式运行。兹将这九大特征表述如下：

（1）追加的而不是从属的。口语社会里的脑子往往将输入的信息条目相加，而不是把它们组织成金字塔型的等级结构，酷似儿童讲故事的倾向："然后……然后……然后……"，只说而不加解释。读写社会里的人往往把上位和下属关系引进话语。

（2）聚合的而不是分析的。口语社会需要固定的套路把重要的信息聚合在一起。这些套语可能是陈词（"美丽的公主""勇敢的武士""油滑的威利·克林顿"），也可能是格言警语（"小洞不补，大洞吃苦"/"防患于未然"）。格言警语不分析情况，只是把智慧集合

---

[1] 翁早期的著作相当一部分集中研究"心理动力学"，尤其是意识的进化。见托马斯·法雷尔（Thomas Farrell, 1991）研究意识的很出色的论文。后来在他的书（2000）里又作了进一步的阐述。

起来、传播开去。

（3）冗余的或"丰裕"的。口语文化里的人老是重复；他们用多种形式表达同样的意思，帮助别人理解并记住（我们刚才这句话就用了重复）自己的意思。会话的时候，听话人是没有办法"后退"的（p.39），所以就需要说话人重复以助于澄清思想并帮助别人记忆。

（4）保守的或传统的。倘若没有用文字笔录记载文化智慧规则的机制，那就必须要用其他的办法——重复的故事、格言警语、吟诵的宗教仪式等。在口语社会里，这种惯例给历史和传统赋予巨大的力量。

（5）贴近人生世界的。既然没有办法用文字笔录若干清单，人们就只好用富有节奏甚至韵律的诗歌进行复制（"九月里来三十天，四月、六月、十一月啊，同样都是三十天……"）。技能一代代往下传，不是用说明书，而是靠师父教徒弟。具体直观的传授使知识得到保存；没有文字，只能靠演示—口授的办法传承。

（6）带有对抗色彩的。因为决策是靠部落人集会时面对面进行的，意见分歧很容易表现在个人身上。口舌之战和智谋之战是口语社会里生活的核心内容，比如，恶语伤人就有许多说法：戏弄、嘲讽、取笑、叫阵、骂娘等。当然称赞（亚里士多德用 *epainos*）也很讲究、很丰富并且仪式化，抵消集体决策中的舌战，以求得平衡。

（7）移情的和参与式的，而不是疏离的。如上所示，听众参与是口语文化里的核心要素；反应不是个人的，而是集体的、趋同的。换句话说，口语社会里的人参与活动，很像美国黑人教堂里那种召唤—回应的形式，他们不断重复且牢记讯息，浅唱低吟、高声唱和，甚至叫喊、鼓掌、跳跃或用其他的肢体语言，以便全身心地参与集体的交流活动。

（8）衡稳状态的。口语社会寻求新的语汇去表达新的经验，抛弃不再需要的语汇和意义，借以追求社群交流的平衡或稳定。因为没有词典固化语词的定义，没有书本温习历史，口头用语就必须要随时调整，以适应变化中的世界，以流动的方式改变语言和集体记忆。

（9）情景式的而不是抽象的。如果生活经验是具体的、一幕接一幕的，那么口语社会里人们的交流在很大程度上就取决于情景。一般不会用"圆形""方形"等抽象的词汇来表示形状，而是具体地给物体命名："盘子""门"。当然口语社会也能够开发出抽象词汇（如"公正""善"），然而其推理往往是因情景而定的：这种情况下什么才是公正？此时此刻什么才是善？口语世界里是没有哲学记录的。

请注意，翁提出这个心理动力学清单里的主旨：他谋求捕捉住口语社会里个体经验发展的认知—情感维度。他吸收了古典学家和语言人类学家（尤其见 Luria，1976）的成就，把各种历史—族群经验糅合起来，给他的定理提供最大限度的支持。他的著作被人广泛征引，当然他的研究方法不是学者们研究口头信息加工的唯一的方法。[1]

---

[1] 比较哈弗洛克［1986，尤其见其中的第八章；又见格龙贝克（2000）对他几本书的重述］的理论，其调子的主观色彩要强烈得多。参见切斯布罗和伯特尔森（Chesebro，Bertelsen，1996，第四章）的理论，他们把情景因素的涵盖面拓宽，从声音和语言学拓宽到嗅觉研究、空间关系学、人体动作学、时间变异学、物体标记和颜色学（色调/量度/饱和度）以及声音学（语调或发声特征）。

12.2.2 书面文化心态

翁（1982）在《口语文化与书面文化》第四章"文字对意识的重构"（Writing Restructures Consciousness）里探讨书面文化。他吸收了 E. 希尔施（E. Hirsch，1977）"不依靠语境的话语"的观念和 D. 奥尔森（D. Olson，1980）"自主话语"的概念，认为书面文化在心理文化层次上和口语文化大不相同。在他看来，书面文化全然是人造技术，足以改变人的意识。当文字可以再现人说话的这个经验时，改变的关键因素就来临了（1982，p.84）：

> 进入知识新世界关键而独特的突破在人的意识里实现了。单个的符号设计出来时，这个突破不会来临；只有等到视觉符号一套完整的编码系统发明之后，这个突破才会完成。这个系统发明之后，作者就可以判断，读者将从他写的文本里生成什么样的词语了。

对这个转变至关重要的还有文字的视觉特征：文字依靠视觉而不是声音，它把人的交流经验外化，使讯息脱离人体。外化的结果是，思想从记忆转向书面记录，产生"文献"和哲学，它把证据的观念从人脑内部转向人脑之外，使科学从内省中分离出来（Ong，1982，chap.4；Havelock，1963）。

研究文字经验的另一条思路，把握在哈弗洛克（1986，chap.5）的"碰撞"概念中。他纵览古希腊的经验，尤其是希腊公元前 5 世纪的文化时，注意到口语文化—书面文化这种复合媒介产生的一种文化碰撞：口语思维模式闯进书面文化模式的理性之中。柏拉图的唯心主义哲学就是这种碰撞的产物，四个世纪以后问世的《新约全书》（*New Testament*）也是这种碰撞的产物（见 Kelber，1983，对福音书里口语和书面语的研究）。当然也有人说，我们的时代正在发生一种类似的碰撞——文字和电子媒介的碰撞（见 Postman，1985；Ellul，1985）。无疑，你不必说这就是碰撞；你可以满足于说，口语和文字是反差强烈的两种认知模式和话语习惯（如 Olson，Torrance，1991）。所以，大学老师不妨用文字投影或黑板板书，把它们作为口头授课的补充手段。

第三条分析思路集中研究文字能力，把文字能力当作一个认知过程，儿童成长为书面文化成员的过程中逐渐发挥作用的一个过程。语言习得的研究在让·皮亚杰（Jean Piaget）奠定的基础上取得了爆炸性的成就，而且已经过渡到文字素养的比较研究，以及文字在多种文化里的社会意义的研究（如 Cope，Kalentzis，2000；Barton，Hamilton，Invanic，2000）。弄清楚受文化制约的头脑如何习得文字技能，尤其弄清楚文字技能的习得和口头交际技能的习得有何反差，这样的研究似乎意味着另一种断言：印刷革命的功劳似乎超过了我们业已赋予它的功劳。如果回头去看本章开头引述的梅尔的观点，我们能不能够说，印刷革命对人类进化具有重大意义呢？（Postman，1999，chap.7）

12.2.3　电子世界里多重中介的认知加工过程

现在我们来看看电子复制刺激是如何进行的，尤其看看图像编码是如何加工的。已如上述，麦克卢汉提出了媒介延伸人体特定感官或生理属性的观念。他提出感官系统的观念，借以描绘：（1）人同时用各种感官接收信息；（2）人一般通过媒介使自己的感官延伸甚至"外化"。一旦感官被媒介延伸，比如照片使视觉延伸，他就假定人存在"媒介偏向"（McLuhan，1964；比较 Nevitt，1982，chap.7）。

由此可见，麦克卢汉的理论是以感知为基础的媒介信息加工理论。这样看来，他这个理论可以补足现在所谓视觉素养的研究工作，看看它如何有助于视觉经验的编码，看看视觉经验如何通过编码而具有意义。编码被认为是覆盖在感知数据上的整套的意义。在符号学家的推动下，视觉编码的研究工作有了长足的进展，罗兰·巴特（Roland Barthes 1968）学术生涯中期的著作《符号学要义》（*The Elements of Semiology*）在那一代视觉编码定理中起到了核心的作用。巴特令人信服地证明，视觉经验的各个方面（如明暗、深浅、动静画面、颜色、色调的感觉），可以用对个人和社会有意义的方式进行编码。

然而，承认基于媒介的编码习惯的重要性仅仅是第一步。再进一步，我们必须记住，表征性视觉媒介和 E. 罗杰斯（E. Rogers 1986）所谓的远程通信媒介和互动式媒介，是截然不同的。[1] 远程通信媒介包括广播、电影、电视，它们把经过编码的声象和视象

---

[1] 阿尔梅斯（Armes，1988，p.213）设想，表征性媒介和互动媒介是一个连续体的两极，"19 世纪的媒介系统的典型例子是电影摄影机和放映机：精确的机械工程加上直接可以感知的和现实的直接联系。电脑处在另一极端：能够在十亿分之一秒钟内运行，它缺乏移动的部件，它处理抽象的信息"。

带给人；与此相反，互动式媒介特别是电脑辅助通信以及（以比较弱的形式起作用的）电话和电报，却需要很高程度的个人参与和人际互动。[1] 当然在我们的时代，由于数字化的作用，远程通信媒介具有越来越强大的互动性；如今，你可以再现 DVD 电影、重新剪辑或交切音乐并刻录成自己的光盘；而且，通过一些新型的录像和编辑技术，你可以重编和交织电视节目。实际上，如罗伯特·洛根（Robert Logan）所示，数字化是"远程通信和电脑技术的杂交"（2000，p.42），完全有可能使我们超越 20 世纪初那场视觉—电子革命。

这一切对你在电子文化里的个人经验具有什么意义，现在还难以详细说明。不过有一点毋庸置疑，被动收听者—收视者的形象肯定是一幅不完全正确的画面。那个只懂解码的人物形象，那种被训练成为被动解读电子辅助视听广播节目（如 Winn，1977；Postman，1985）的人，肯定是一幅不完全正确的画面，你在这一点定格里不能够理解解码的过程。切斯布罗和伯特尔森（Chesebro, Bertelsen, 1996）断言，远程通信（表征性通信）媒介和互动性媒介的区别，到了电子游戏、只读记忆技术、互动电视和数据库里，即将被抹掉而不复存在："结果，使用者不会被严格的线性特征束缚手脚，显性特征是文字（和传统电讯）系统可能会强加于人的特征。"（p.138）

那么，我们能够做什么呢？要理解一个人使用当代电子媒介的

---

[1] 今天所谓表征性媒介和互动媒介的分别是对麦克卢汉（1964）热（表征性）媒介和冷（参与性）媒介的回应。

经验，我们就必须研究多种感知渠道体验到的多重中介事件。即使看电视，你也在加工听觉、视觉和文字的多种媒介，不是分别加工单一的媒介，而是同时加工所有的媒介。在稍早一些的著作里（Gronbeck，1993，1995，1998；Vande Berg，Winner，Gronbeck，1998），我探讨了多重中介的收听—收视—读者经验的信息加工潜隐的命题：

（1）多重中介的信息加工经验的意义性（meaningfulness）绝不会存在于其中的一个渠道或编码里，而是贯穿在这一切渠道或编码里，或者是存在于它们的混成结果里，也就是消费者生成的结果里。

（2）意义性既是学习刺激的产物，也是消费者记忆的产物。电视广告的声音会产生消费者熟悉的歌声或过去经验的回声；其中的画面可能会使消费者想起一部电影、家庭生活的一幕或熟悉的风景；剪辑的技术可能会暗示速度与激情、深度与沉思，因为消费者经历过这样的事件（有中介的或直接经历的）。实际上，广告商就是要引起这样的共鸣和记忆，让消费者去填补他们非常高明的"嵌入"式广告的空白。用怀斯（Wise，1997）的话说，"位于技术和社会空间互动地带的是习惯。习惯是头脑的记忆和身体的记忆。技术不会被遗忘，相反，技术从意识的记忆走向了身体的记忆"。（p.188）

（3）于是，多重中介讯息的生产者和消费者之间存在着一种重要的张力：生产者能够指引甚至控制消费者市场意义的活动吗？讯息成了争夺意义的场所。（Fiske 的观点，1987；比较

Sillars, Gronbeck, 2001, chap.7）

举例来说，你可以考虑如何观看或体验一则汽车广告。实际上你根本不思考，你不会这样去想："这些画面是在弧形道路上的汽车""有一位解说员告诉我驾车的体验，他在播放一些背景音乐""屏幕上打出了一些印刷体字母"。实际上，你同时从这三种编码里提取信息，构建广告讯息的是你——"把那辆福特牌扔进垃圾坑，赶快到奥迪代理商那里去买新的TT型！"生产广告讯息的正是你自己。你把自己有关汽车的生活经验塞进屏幕的广告里。你在获取这三种主导编码的讯息时，把它们打造成一条讯息；你这个接收者把讯息转化为思想——转化为情感的反映、命题的判断、权威的指令。你说服自己去买奥迪。

有关电子媒介内部加工的这些定理，是否准确地把握住了解码的心理生理过程？这个问题并不重要。毕竟我们对付的是一些比较新的现象，每一期的《连线》杂志（Wired）都在勾勒它们的形象。我们要不断努力探索"我们时代里的一些认识论基础，探索一些常识性的研究方法，了解技术在我们的生活、社会和文化里扮演的角色"（Wise，1997，pp.189—190）。也许，最后的判断应该归功于让·鲍德里亚（Jean Baudrillard，1987/1988，p.17），他创造了一个术语"电子脑化"（electronic encephalization），用以描绘电子时代交流的极乐的源泉。电流路径和大脑路径酷似，在数字世界里，它们足以发挥非常相似的功能。[1] 至少，鲍德里亚的定理给我们启示，

---

[1] 对大脑及其认知过程的研究已经取得相当大的进展，使我们能够就视觉智能作一些理论表述——我们可以就如何构建和理解周围的世界提出一些认知规则（见Hoffman，1998）。

使我们对今天的虚拟世界能够作微观理论的思考。

总之，口语文化—书面文化定理的微观版本使我们能够走完一个循环的路程：从一种传播参与的形式即面对面交流的形式，通过远距离的和外化的文字世界里的心理生活，然后回到参与式的经验，即超文本的、电子邮件和用数字技术重新掌握视觉形象的经验；有了今天的电脑之后，我们就能够体验这样的生活了。

12.3　口语文化—书面文化定理的平衡

我们给定理（theorem）下的定义是：演绎而来的陈述或命题，或者用前提、公理或预存的公式推导出来的命题。回顾这个定义时，我们如何评价本章探讨的这些口语文化—书面文化定理呢？其中存在着一些比较突出的问题：

（1）进步主义。一个倾向是把每一次主导媒介宏观的变革看成是进步。比如，我们常常把口语文化称为"前文字"文化，以至于给后来的一些文化也贴上这样的标签（Ong，1982，p.13）。波斯曼（1985，1999）认定的文字世界和电子世界之间的争斗被说成是一种传播环境战胜另一种传播环境的斗争。但变化并非总是进步的。翁把我们的时代叫作次生口语文化时代，这个称号说明，对主导媒介进行比较时不必做孰优孰劣的价值判断。

（2）还原主义。"主导媒介"的概念本身需要仔细描绘。用主导媒介来思考问题，有可能会使人忘记同一社会里同时起作用的其他媒介。

（3）失之过简。忘记非主导媒介的作用，会使人过分简单地理解社会政治进程。我们这个时代也许是电子时代，但正如安娜贝拉·斯雷贝米—摩哈马迪（Annabelle Sreberny-Mohammadi，1991）

所证明的那样，伊朗的文化多半还是靠口头的训诫和书面的权威来维持。或者再看今日之美国，即使美国人涌进折扣商店去买最新潮的电子小玩意时，大家还是很关心人与人之间的亲近和交流的技能，也还需要竭尽全力提高国人的文化水平——这是乔治·W. 布什2000年竞选总统时作出的核心承诺之一。即使在宏观理论框架内，把关注的焦点简化为一个"主导"媒介也是非常危险的事情。

（4）空谈的心理学。在媒介环境学的微观理论侧面，我们必须要警惕空谈的心理学——在没有系统观察的情况下，就去设定各种媒介对认知—情感的一连串影响。我们必须记住，我们使用的定理仅仅是从定义里演绎出来的，甚至是从缺乏感知证据的假设中演绎出来的。我们需要更多的 D. 霍夫曼（1998）式的著作；在实验室里研究大脑是很费时间的，但常常也是颇有收获的。安东尼奥·达玛西奥（Antonio Damasio，1994，1999）论大脑、情感、认知和意识的著作引起了多学科的激动。

（5）多重中介。我们在了解多重中介方面取得了很大的进步。我们刚才对奥迪广告的解释是很粗糙的。也许，我们把听说媒介、视觉媒介和文字媒介分割得太久了，把它们和其余感官分离开来的时间同样是太久了。本章探讨过的那些定理有可能促进我们感官的分离，它们常常用极端的判断把我们的口头经验、视觉经验等区别开来。我们必须牢记，人实际上已经成为承担多重任务的动物。在同步处理不同感知的各种数据时，电子时代的儿童几乎没有什么困难。过分简单地区别不同媒介的做法，可能会导致集体的歇斯底里。在电影、广播、电视如日中天的时候，《为什么约翰尼这孩子不会读书》（*Why Jonny Can't Read*，Flesch，1955）一路畅销，这就是集体的歇斯底里。

然而，尽管存在着这么多问题，口语文化—书面文化定理还是在思想上作出了重大的贡献，使我们深刻意识到，媒介在概念上和文化上制约着人与人的互动，制约着人与世界的互动，我们不能忘记媒介扮演的这个角色。这些定理迫使我们把媒介当作环境，在这个意义上，我们可以说，这些定理代表着媒介环境学的核心理论。尤其是在我们这个时代，唐纳·哈拉维（Donna Haraway，1991）的《电子人宣言》（A Cyborg Manifesto）使人和机器技术的界线变得模糊起来。媒介环境不仅包围我们，而且栖息在我们身上。因此，传播技术也许能够把人生的文化与意识、外在性与内在性融合起来。或许，口语文化—书面文化定理能够给媒介环境学者提供他们需要的概念工具，在探索这些融合的过程中，他们正好需要这样的工具。

第十三章　印刷术及其对文化与传播的影响：媒介环境学的诠释

东斯特拉斯堡大学（East Stroudsburg University）
约瑟夫·阿什克罗夫特（Joseph Ashcroft）

媒介即环境。我们常常把"生态"一词和生态系统联系起来，以至于忘记一个事实：最广义的生态学是系统研究有机体及其环境系统关系的学科。实际上，"生态"一词的源头可以追溯到亚里士多德，他用这个词的意思是想说明，让家庭井井有条至关重要。19世纪的德国科学家恩斯特·海克尔（Ernst Haeckel）才把它用来指生态学（Postman，2000）。不过，人是有机体，既生活在生物环境里，又生活在文化环境中。因此，真正和人的生态有关的范围大大超过了生物圈的范围。对人而言，文化至少和生态一样重要，人的文化必然要把积累的知识一代一代往下传。因此，如果离开传播，人的文化是不可能存在的。所以，为了弄清楚人与文化的系统关系，对传播的研究和对文化赖以传播的媒介的研究，都是至关重要的。媒介环境学者谋求理解的，正是弄懂传播系统的变化如何影响人与文化的关系。

媒介环境学的思想渊源，开始于20世纪初帕特里克·格迪斯（Patrick Geddes）的生态研究和城市规划，起始于刘易斯·芒福德

（Lewis Mumford）对技术文明的研究（Strate，Lum，2000）。本书作者学术背景各异，他们从各种角度研究媒介环境学，提出了重要的洞见，确认了一些重要的理论家，指出他们对20世纪媒介环境学的贡献。但没有一位早期的理论家自认为是"媒介环境学家"。实际上，他们的学术训练多种多样；这些重要的理论家有历史学家、古典学家、文学家和教育家。

本章的重点是论述印刷术对媒介环境的影响，尤其是在欧洲的影响，也说一说在北美的影响，看看自印刷机发明以来的几百年里，印刷术产生了什么样的影响。对印刷术的研究也许是导致媒介环境学兴起的最重要的研究。在撰写本章过程中，笔者广泛征引他们的原话，努力让这些媒介环境学家自己站出来说话，那些对本章问题有特殊贡献的媒介环境学家，将直接对我们说话。

13.1 初步考虑的问题

我们在这里探讨印刷术的影响，首先要明白本章所用的一些关键词语的意义。印刷（print）和印刷技术（print technology）有时的意思相同，泛泛地指那些印制手段，凡是能够用某种技术发明来复制完全相同讯息的技术都是印刷术。不过比较精确的定义是：print 限于印制纸张上的文字，print technology 用来指印制这些文字的方法。本章所谓印刷机（printing press）特指欧洲 15 世纪发明的那种机器。大多数史学家认为，它的发明人是德国人约翰·谷登堡（Johannes Gutenberg）。他的技术依靠活字，将活字重新排版，就可以反反复复把它们用来印制不同的材料。Typography 这个词则专指用于文字的印刷技术。由于 15 世纪中叶以后欧洲的主要印刷技术是印刷机，由于印刷机几乎完全用于印刷文字（有别于印刷图像），所以在讨论 15 世纪以来的欧洲历史时，这几个词常常彼此换用。尽管如此，重要的是记住，有时它们不同的意思还是很重要的。比如，在欧洲印刷机发明之前的六百年，中国人就已经有了印刷术的思想。这个事实正好说明，在技术如何影响文化方面，有一个因素至关重要。

在中国，雕版很早就用来复制印刷工人想要复制的形象，木板雕好以后刷上油墨，就可以用来多次复制上面雕好的东西了。活字可以反复使用，雕版与活字却不相同，雕版刻完之后，只能够用来印刷上面雕好的东西。尽管如此，雕版印刷术还是用来生成文字和书籍。雕刻工人把汉字刻在木版上，完成一本书需要很多雕版。雕版可以反复刷上油墨，按照需要印制书籍，任何时候都可以印。许多雕版一用就是几百年，复制重要的书籍不用重新制作雕版（Tsien，1985）。活字技术是谷登堡印刷机的基础，活字技术引进欧洲之前好几百年，中国人就已经在用这种技术。但和谷登堡之后的欧洲不一样，活字印刷在中国没有得到推广。对于活字印刷在中国为何不如在欧洲那样成功，大多数史学家指出的主要原因是，汉字数量太庞大。当然欧洲的情况大不相同，谷登堡只需要对付26个符号的字母表，这使活字印刷容易得多。不过其他人指出，妨碍活字印刷在中国成功的，还有另外一些原因：比如儒家思想的影响使人缺乏商业动机，雕版印刷扎根很深，与活字印刷竞争；欧洲却不存在雕版印刷的竞争。无论如何，重要的文化差异影响着技术对社会的冲击。为了充分了解技术的影响，我们就必须把技术放进它所在的社会语境中去研究。在欧洲，印刷术很快就被接受下来，且流布很广。所以，欧洲给我们提供了一个极好的机会，说明一种新的传播技术引进社会时，文化变迁可能是非常广泛的。

媒介环境学者确认了印刷机在欧洲发明以来的几种重要的文化发展，这些发展进程受到印刷技术的影响。其中一些变化在印刷机发明以后接踵而至。比如，一个崭新的产业即印刷业很快形成，且具备与任何一种新产业相关的一切门类。早期印刷商面对的问题包括如何解决资金、如何营销书籍等。在起初的岁月里，富有的个人会提供赞助，但许多情况下还是教会支持出版商，因为教会认识到，这对传播教会的信仰有好处。毫无疑问，这些直接的影响意义重大，而且许多人（Febvre，Martin，1976）已经论述过它们的影响。本章的重点首先是印刷术对文化的长远影响。最重要的影响有：民族主义的出现、宗教改革的兴起、现代科学的发展、个人主义哲学的诞生、个人主义和资本主义的壮大和童年观念的形成，这些变化首先发生在欧洲，随后在北美得到充分的拓展。不过，在详细论述印刷术与欧洲文化里这些学术变革和制度变革的关系以前，我们必须首先描绘印刷术最明显的影响之一：文化的普及。

13.2 普及文化

学者们关于印刷机在欧洲影响的论述林林总总，争议最小的恐怕是：印刷术的发明促进了学校教育在欧洲的普及。在没有印刷术的文化里，让人人学会读书写字没有必要，因为从来就没有任何副本数量足够的教材。唯有精英才让自己的孩子上学，而这群人学习的重点是古典拉丁文和希腊文，因为大多数的书是用这两种文字写成的。有了印刷术之后，凡是重要书籍人人都拥有的可能性就比较容易实现了，这就是普及文化的理性依据。尽管这个道理似乎很明显，但实际的教育发展却是一个很复杂的过程。在这个时代的欧洲，许多强大的力量并不支持民众应该学会读书写字的思想。实际上，起初拥抱印刷术并把它作为传播教义的办法之后，天主教会就严格控制着印刷的书籍，因为到了16世纪，情况很明显，印刷术同样有利于反对天主教教义的学说和思想的传播。

对天主教会权威的反叛并不是一场统一的运动。事实上，欧洲的基督教新教有许多不同的宗派。把这些发展之中的新教宗派联系起来的领域之一，是它们都相信文化知识的重要。马丁·路德的追随者认识到读写能力的重要，因为它是宣传反对罗马教会思想的手段。清教徒认为，读书是反对愚昧、渎神和懒惰的武器。苏格兰长老会在1560年第一本长老会信纲（First Presbyterian Book of Discipline）中号召施行全国统一的教育制度（Postman, 1982）。对文化普及的支持并不限于苏格兰的上层阶级。普及文化的呼声包括农夫和王公。

在路德运动最强大的地区，路德教会常常和本地的权威保持密切的关系。这就促进了学校的发展，这些学校往往以灌输路德派教义为宗旨。在16世纪20年代这十年里，路德教派发展教育的热情登峰造极。到这十年的末期，路德派教徒在他们控制的城市里建成了教育体制。教会的章程把基督教的组织强加在他们控制的地区，这些学校要求用问答教育法灌输路德派教义（Strauss, 1976）。

在英格兰有证据说明，16世纪也出现了类似的文化和学校教育的普及。彼得·克拉克（Peter Clark, 1976）的研究特别富有启迪意义。他研究死者的个人遗产。按照当时的规定，相关的教会必须要搜集整理档案之后，才能够出具遗产检验书。他研究的范围是1560年到1640年肯特郡三个镇的档案，目的是确定个人遗产中书籍的数量。结果显示，在这80年里，死者的藏书量稳步增长。比如，在坎特伯雷镇，16世纪60年代显示，拥有书籍的死者不到10%。然而，到了16世纪90年代，这个比例上升到34%。到了17世纪30年代，这个比例就上升到46%。有趣的是，克拉克按照调研样本的总价值分类并发现，富人的书籍拥有量在16世纪60年代已经很大，而且在以后的80年里，富人的书籍拥有量基本上没有变化。因此，穷人和中等收入者书籍拥有量的增加，几乎就是相当于上引数据的增加。穷人和中等收入者书籍拥有量的增加，从这三个镇学校教育的迅速发展也得到了证实。克拉克发现，坎特伯雷至少有25所学校正常运转，而该镇的人口在 1575 年和 1600 年之间只有 6000 人。他在其他两个镇的发现也与之类似。

法国的情况亦与之类似。玛丽·梅恩斯（Mary Jo Maynes，1985）引述 19 世纪法国学者路易·马乔罗（Louis Maggiolo）得到的数据，马乔罗研究三个教区教会的婚姻登记册，判断什么人会写自己的名字，什么人不会签名。虽然签名的能力不可能完全说明很高的文化水平，但他的发现仍然是饶有趣味的。到 1786 年法国革命前夜，几乎 50% 的新郎会签名，只有 25% 的新娘会签名。此前法国历史阶段的研究显示，在 1650 年，妇女的识字率不到 10%，男子的识字率只有 20%。由此可见，在 17 世纪和 18 世纪，法国的识字率提高了一倍多。

到 18 世纪，政治经济力量的变化开始导致公共教育的标准化。在 18 世纪的欧洲，对学校教育水平参差不齐的抱怨日益加剧。有一些抱怨来自于不满意的家长，他们觉得孩子的老师平庸无能。但大多数的抱怨来自于各国精英。在欧洲历史上，早期教育曾经有过大的发展，主导力量是贵族地主和商人。但是，到了 18 世纪，新兴的工业资本主义体制促进了新政治经济力量中心的建立。这一个新领导阶级对控制社会体制包括学校的关注，大大超过了过去的社会力量（Maynes，1985）。

起初，反对政府强制学校实行标准化的力量很强大。但随着世纪进程的展开，呼唤更加有组织办学的声势逐渐增强，队伍更加壮大。17 世纪的哲学家比如约翰·洛克（John Locke）的著作推动了教育思想的普及，他认为，人出生时犹如一张白板，空白的脑子需要从零开始学习。受他影响的人著书撰文主张，儿童教育不能够留下漏洞。到18世纪末，需要采取措施使学校教育标准化的信念，已经在欧洲形成不可阻挡之势，在革命后的美国也开始扎根；此时的美国政治上固然摆脱了欧洲的支配，但文化上仍然受到欧洲动态的强大影响。人们普遍认为，教育有助于孩子理解并欣赏他们的社会角色。

到19世纪初，反对工人阶级受教育的有组织力量还比较强大；然而，劳工骚乱有增无减，反对资本主义的新学说比如卡尔·马克思的学说传播开来，反对工人阶级接受更多教育的势力就随之削弱了。越来越多的英国工人阶级看到，管理有方的普及教育确有好处。政府支持的教育经费1833年是2万英镑，到了1861年就增加到80万英镑（Maynes，1985）。

在法国，1789年大革命之后还有人继续反对普及教育，但到1830年的革命时，反对的势力基本上就偃旗息鼓了。到1833年，法国实行了多种学校改革，包括基佐[1]推行的改革（Maynes，1985）。教育大臣基佐在他的改革法案通过之后，向全国教师发布通告，清楚阐明政府对法国教育角色的观点。兹将该通告摘抄如下：

> 只要可能，所有的法国人都要获得社会生活不可或缺的知识，没有这样的知识脑子就会枯萎凋零……（但这次立法）也是针对政府的，是为了公共利益，因为只有经过启蒙之后……人们才能够倾听理性的声音，只有在这些人之中，自由才是安

---

[1] 弗朗索瓦·基佐（Francois Guizot，1787—1874），法国政治家、历史学家，著有《欧洲文明史》《法国文明史》等。——译注

稳的日常之必需。因此，普及的初等教育是社会秩序和社会稳定最根本的保障之一。（转引自 Maynes，1985，p.54）

德国开始巩固普及教育的路子早于英格兰和法兰西。在德国，天主教会、路德教会和地方政府之间以及工业精英（虽然德国的工业精英不如英国和法国的工业精英那样积极）形成复杂的互动关系，推动了学校的改革。到 19 世纪初，德国各州都立法要求大多数社区兴建学校，用地方资源比如税收支持办学。法律要求这些地区的儿童必须上学（Maynes，1985）。

印刷术对学校教育的生态影响，花了几百年的时间才充分到位。到 19 世纪，欧洲人广泛接受了普及文化的目标；如果没有相关技术使人人有书读，这样的目标是不可能出现的。印刷机是欧洲学校教育兴起必备的先决条件。

欧洲和北美使学校体制化的运动产生的后果之一是"儿童"观念的变化。17 世纪之前没有迹象表明，欧洲和美国社会里存在着一个明显的"儿童"文化范畴。但是，为了教育儿童，把儿童和家庭及劳作区别开来的需要日益增长，"儿童"的观念随之扎根。由此而产生的学校很强调纪律。上学的儿童不能享受"成人"指望的自由。菲利普·阿里斯（Philippe Aries，1962）的研究报告对此作了很好的总结："在上学的年月里，儿童受到日益严格而有效的纪律的约束，这样的纪律使他们吃苦头，使他们不能够享受到成人的自由。于是，童年就自始至终贯穿到上学的年月里。"（p.334）梅恩斯批评阿里斯的研究方法，认为他的研究局限于欧洲精英；尽管如此，她还是同意阿里斯的结论：学校教育大大促进童年观念的兴起，而且农民阶级也形成了童年的观念。正如阿里斯研究的精英一样,学校同样把农民的孩子和他们的家庭分离开来。

> 学校的组织有一个基本的预设:儿童的心理需要和社会需要与成人的需要不同,这个信念日渐增强。学校把儿童封闭起来,至少暂时把他们隔离起来,使他们远离劳作世界的活动和报偿、艰苦和需求。儿童在学校里参与的活动,按照设定符合他们作为儿童的能力;这些活动的意义着眼于未来,和他们当前的生活没有多大的关系,使儿童为将来做好准备。(Maynes,1985,p.136)

然而,当时"儿童"的范畴并没有扩大到青春期之外。直到19世纪末,欧洲和美国的学校教育一般没有超过现在所谓的小学。比如在1890年的美国,14岁的美国人只有7%在上学(Hines,1999)。童年超越青春期(puberty)的概念是过去一百年发生的事情,这个概念延伸的时间在美国拉得最长;因为这里出现了一个青年期(adolescence)的概念,加上日益增加的社会政治压力,上学的年限就超越了小学的时限。考察一下童年期如何拉长的过程,颇有启迪意义。

今天一般认为,青年期始于荷尔蒙激增、第二性征开始的青春期,继续到性成熟时期,也就是直到十几岁。青年人能够、愿意或被迫承担成年人的工作和家庭的责任时,青年期才结束。一般认为,心理学家G. 斯坦利·霍尔(G. Stanley Hall,1904)发明并阐述了青年期这个发展阶段。

青年期这个观念在美国扎根时，其他文化因素也在起作用，它们共同促进童年期在美国的延长。霍尔理论的倡导者主张在法制内区别对待青少年，通过成功的立法，少年司法体制建立起来了。其他倡导者推动立法保护童工，使他们摆脱工厂里恶劣的工作条件；为适应工业革命的发展，新建的工厂日益增多。青少年司法体制和童工法的制定这两种社会进步，是青年期理论在北美文化产生的重要成果。不过，童年期在美国延长的主要原因，是义务教育的确立。

19世纪晚期，美国沉浸在工业革命中；由于工业革命，劳动力迅速从以农业为主变成以制造业为基础。美国经济的发展速度快，能够和愿意在矿山、工厂工作的人数跟不上经济的发展。这个事实终于促成了大批的移民，主要是欧洲的移民；他们19世纪后半叶来到美国。许多人不会说英语，对美国民主制度不熟悉，有些人接触过欧洲知识分子更加激进的、工人阶级受剥削的思想。青年期"问题"、美国经济的剧变、移民的增加等文化力量，使延长儿童学制的呼声日益高涨。

到1910年，工业学校发展的势头达到巅峰。工厂主和个人支持工业学校。白宫也支持。连哈佛大学校长查尔斯·艾略特（Charles Eliot）也支持；十年前，他还在主张办更多"学术性"的学校，十年后，他却修正自己的立场，主张办职业学校，为那些不得不离开公立学校的孩子提供一条出路（Krug, 1964）。支持工业学校的人小试身手，使工业学校成为独立于公立学校的另一个体制，并且在19世纪之内让工业学校遍布美国。公立学校体制内的许多老师和负责人抵制这样的主张，不愿意把整个教育体制拱手让给专搞职业培训的主张；反过来，工业学校的提倡者又害怕，让这些"传统的"教育工作者办学,是病急乱投医的失败药方。

围绕美国公立中学结构和宗旨的辩论如火如荼,与此同时,中学在校学生人数剧增。城市中学尤其无力对付学生剧增的局面,它们不得不办分校,大兴土木。到1912年,公立中学在校学生人数突破一百万,创美国历史记录(Krug,1964)。尽管教育家和政治家辩论中学的作用,但美国家庭却越来越相信,上中学对他们的孩子和老师是一个好主意。

辩论的结果是,我们看见1920年以后普通高中登场亮相,它们把职业教育和学术教育结合起来。到1930年,美国14岁至17岁的青少年上中学的百分比突破50%的大关(51%)。到1940年,经过差不多十年之久的经济萧条和就业困难之后,这个比例反而达到73%(Nasaw,1979)。第二次世界大战期间,这个百分比下降,因为男青年当兵,女青年到工厂生产前线所需要的重要军用物资。但第二次世界大战之后,中学生人数又再次上升,不久,中学教育就成为每一州的义务教育(Hines,1999)。中学义务教育的结果之一是加强文化信念:成年的门槛应该在青春期之后。人们预期,青少年18岁之前都应该上学,于是有关青年期的心理学理论就得到强化。孩子在身体发育到达生育年龄之后四至六年,才算是成年人——这个观点并不会使美国人感到不舒服。

在某种程度上,印刷机已经是一个遥远的催化剂,然而在使童年期延长到生理春潮之后方面,它还是发挥了一定的作用,因为美国人童年期延长的关键因素是中学义务教育。而没有印刷术,普及中学教育的体制是不可能成立的。

13.3 宗教改革

关于印刷术对欧洲文化的影响，媒介环境学者有一个重要的观点：它对 16 世纪开始的基督教分裂起到了一定的作用。其中对此研究比较深刻的学者是伊丽莎白·爱森斯坦（Elizabeth Eisenstein，1979，1983）。她于 1953 年获哈佛大学博士学位，1959 年起在密执安大学执教，教授历史，1975 年被任命为阿里斯·福里曼·帕默历史教授，1988 年在密执安大学荣休。她知道麦克卢汉对印刷机影响的研究，但她的研究路子更加富有学术价值，不像麦克卢汉那样带有玄想的韵味。她的书《作为变革动因的印刷机：早期近代欧洲的传播与文化变革》(*The Printing Press as an Agent of Change: Communications and Cultural Transformations in Early Modern Europe*，1979)，分两卷，详细描述了印刷技术对欧洲宗教、科学和民族主义的影响。直到今天，这本书仍然被认为是论印刷术文化影响的最重要著作，尤其是论印刷术和宗教改革兴起的最重要的著作。

在 16 世纪宗教改革时期著书立说的神学家中，马丁·路德比较著名，他领导一场反叛运动，反对天主教会是基督教会的唯一解释者。路德深知印刷术的重要性。在他著名的《95 条论纲》(95 Theses) 中，有一条论纲就提到印刷术。他主张，既然印刷技术使人人都有一本《圣经》，既然人人都有神谕在握，罗马解释《圣经》的中央权威就没有必要了。不过，即使路德似乎也没有充分意识到印刷术彻底改变欧洲面貌的后果。在和梵蒂冈彻底决裂之前，他在致教皇的信中说，他对天主教会的批评竟然如此广泛地传播开来，连他自己也感到吃惊。他告诉教皇，他的书原本是写给德国学术圈子里的人看的，所以才用拉丁文写作。路德没有意识到的似乎是我们上一节探讨的印刷术改变历史的威力。印刷术强制通俗化走向标准化，标准化的民族语使书面著作翻译成地区语言的工作，既更加容易又更加合理。因此，印刷商翻译路德的著作并不困难，把其他批评天主教会的著作翻译成通俗语言也不困难。翻译印刷的便利，加上机器印制的书籍携带方便，促进了基督教新教反对梵蒂冈思想的传播。爱森斯坦认为：

> 由于印刷商和新教徒的利益合流，既然新型印刷机达到了古老宗教的目的，再去争论什么"因素"在改变西方宗教方面发挥了更加重要的作用，再去辩论物质的还是精神的、社会经济的还是宗教的因素更加重要，那就毫无意义了。然而，在列举"因素"、分析原因时，坚持给印刷术突出的地位，那绝对不是毫无意义的。在多种因素的混成中（大多数的解释都是这样的），如果忽略印刷术的利益和观点，那就会失去解释历史的一个机会；新教和天主教的分裂显然和当时改变欧洲社会的其他变化是联系在一起的。印刷术引起的多种变化，并非全都能够与宗教改革调和兼容；有些变化和宗教改革没有关系，有些变化对宗教改革抱反感的态度。在路德教和加尔文教控制的地区，牧师和印刷商常常意见不一。不过，新教徒和印刷商的共

同之处，超过了天主教徒和印刷商的共同之处。宗教分裂对欧洲社会未来发展至关重要的原因之一是，不同的宗教派别和印刷术释放的其他新型力量之间的相互作用。如果说新教徒和某些"现代化"潮流之间的联系似乎比天主教徒的联系要紧密一些，很大程度上那是因为这些宗教改革家在制衡其他新型社会推动力上做得少，在新型力量出现时就加强这些力量方面做得比较多。（Eisenstein，1983，pp.167—168）

梵蒂冈很快就看到印刷术在欧洲新思想传播中的促进作用。来自宗教界的批评并非梵蒂冈面对挑战的唯一领域。教会接受的宇宙论也受到抨击，地心说即认为地球是太阳系中心的思想受到抨击了。有了望远镜之类的新技术以后，科学家比如哥白尼和伽利略坚决主张，太阳是太阳系的中心。教会的权威陷入困境。于是梵蒂冈反守为攻。它实行出版许可制度，任何书籍的出版都必须要有梵蒂冈颁布的许可证。这个出版许可证是一个官印，表示该印刷品已经梵蒂冈批准。与此同时，梵蒂冈加强对异端思想的镇压，施行严厉的宗教惩戒，比如逐出教会，伽利略就被天主教开除教籍。伊丽莎白·爱森斯坦对印刷术和宗教改革的关系进行了最全面的分析，她对天主教会16世纪中叶在特伦托召开的具有历史意义的高级教士会议[1]进行了探讨：

特伦托会议上制定的政策旨在控制（新教改革的影响）……教会控制并授权印行新版的《圣经》，强调非神职人员的服从，对

---

[1] 特伦托会议（Council of Trent），即在意大利北部城市特伦托召开的天主教第19次普世会议（1545—1563），这是天主教反对和回应宗教改革的自救措施。——译注

非神职人员阅读的书进行限制，使用新的机制比如禁书目录和许可证去疏导读物，使之沿着规定的狭窄渠道流动……这些措施说明，梵蒂冈绝对没有调和的余地。它那不妥协的姿态越来越强硬。特伦托会议的决定仅仅是它防卫行动的第一套而已，它要千方百计控制谷登堡发明释放出来的新的力量。（Eisenstein，1983，p.157）

但是，天主教会对政府权威的影响，在南欧比在北欧大得多。所以，控制印刷品的措施比如出版许可制度在意大利、西班牙和法国南部的影响比较大，在北欧却比较弱。于是，日益扩大的基督教分裂形成南北对阵的形势。新教反叛在北欧如火如荼，相反，梵蒂冈在南欧抵制新教的斗争却取得了一定的进展。推动文化普及的热情也是北欧胜过南欧。这种热情的生根起初靠的是这样一个思想：让每一个家庭拥有自己的《圣经》——不是拉丁文写的、礼拜天做弥撒念的《圣经》，而是用俗语写的、人人能懂的《圣经》，凡是会用自己的母语读书写字的人都看得懂的《圣经》。在这里，我们再次看到强大的生态原理在起作用。印刷技术被引进欧洲文化，它提供机会，使抱怨主导宗教教条和宇宙观的书能够找到日益增多的读者。看到大批的潜在读者之后，作者们开始用比较容易懂的通俗语写作，而不是用学术界精英的拉丁文写作；这个事实使他们投入更大的精力去确保年轻人个个会读、人人会写，读书写字的技能使人们能够直接读到《圣经》。这一切纷至沓来，基督教的裂痕日益加大。随着裂痕的加深，宗教之外的文化裂痕也显露出来；北欧的新教徒拥抱文化素养，南方的天主教会却尽量控制文化的普及。

13.4 民族主义

印刷技术推动欧洲民族主义的发展。印刷术到来之前，有些地方的政治管制是部落的性质。在另一些地方，君主控制着大量的土地。还有一些其他类型的政治，比如城邦政治或神权政治。现代社会的大众媒介常常用互换的方式使用民族主义和部落主义，所以弄清楚大多数学者使用民族主义的意义就至关重要，我们要看看学者们如何区别民族主义和部落主义。民族主义的信仰是：人类社会的中央政治组织单位是民族国家；部落主义则是确认相同族群背景的强烈感情。现代部落主义者的目标常常是，民族国家只能够由自己认同的部落成员构成。我们曾经看到当代"族群清洗"的恐怖，比如波斯尼亚和塞尔维亚就发生过这样的清洗。许多部落主义者需要建立族群"纯粹的"民族国家，但这并不意味着民族主义和部落主义这两个词是可以互换的。实际上，民族主义常常可以矫正极端的部落主义。铁托领导之下的南斯拉夫就是现代社会里一个很好的例子。南斯拉夫作为一个民族国家存在时，族群的情感受到比较好的遏制。南斯拉夫崩溃之后，部落情感就加剧了。区分这两个词很重要，因为部落主义大概可以追溯到人类的起源。相比之下，民族主义却是在印刷机发明之后才显露出来的。

印刷术推动民族主义还有一个稍次的途径，它有助于信息更容易、更快速地传播到更加辽阔的、过去不可能到达的地区。印刷术发明之前，制作文件副本的过程漫长而乏味，全靠手工。在这样的环境里，只有很少的文本有可能制作出许多副本。即使这样，印刷术之前还是产生了庞大的帝国，罗马帝国就是一个显著的例子，它们控制着大片的地区。可见，没有印刷术和制作副本困难的事实，并不妨碍罗马城邦之类的政治实体控制辽阔的领土。因此，很容易制作大量的政府文告的技术，有可能促进民族国家这样的地域辽阔的政治实体，然而毫无疑问，这个技术条件绝不是民族主义兴起的必要条件。

民族主义兴起的真正的关键因素在于特定地区人群强烈情感的增长，如果这个地区的人对国家的感情超过了对他们所在部落或城市的感情，民族主义就兴起了。换用提问的方式来表述就是：一位罗马城的人什么时候更加强烈地感觉到，他认同的身份是意大利人？再如这样一个例子：什么样的情况使雅典人和斯巴达人开始认为，自己是希腊人？又如一个和中世纪欧洲关系密切的例子：诺曼人和法兰克人如何搁置过去的分歧，开始使用法国人的身份？在这里，我们可以发现印刷术的发明对民族主义的发展起到了重大的作用。

在印刷术的许多始料未及的影响之中，民族主义的兴起大概是最广为人知的。借助口语和语言集群而实现的政治统一，在印刷术将地方口语变成为地域宽广的大众媒介之前，是难以想象的。部落这一血亲家族形式由于印刷术的出现而爆裂，取而代之的是经过相似训练的个体组合而成的群体。民族主义到来时，它展示出的形象是群体命运和地位强烈而新鲜的形象；民族主义的到来有赖于印刷术前所未有的信息运动速度。（McLuhan，1964/1994，p.177）

如前所述，印刷术能够在短时间内为任何文件制作许多副本，有潜力使这些文件在辽阔地区的大批人手中流通。然而倘若在这个地区居住的许多人看不懂这些文件呢？如果真的读不懂，未必是由于他们不会读书写字（虽然很多人有读写能力），未必是因为他们和起草文件的人说的是不同的语言，而是由于他们本地拼写口语的方式和作者拼写同一语言的方式不一样。通俗土语（地方语）的拼写千差万别的后果是，印刷术普及之前欧洲的文件一般是用拉丁文写的，偶尔是用希腊文写的。而且仅有小群的文化精英懂拉丁文和希腊文，一般的欧洲人并不懂拉丁文和希腊文，口语和书面语都不懂。在印刷术之前，土语拼写的不同并不是妨碍交流的因素，这是因为副本有限的书面材料不会有很多人能够看到，往往只限于本地很小的范围。操同一语言的人并没有感受到方言差别的压力，没必要在广阔的地区内把拼写标准化，虽然他们土语的发音略有不同。

印刷术使这一切都改变了。变化并非一蹴而就，而是一个缓慢的过程，法语、英语、意大利语和德语通俗语的拼写逐渐完成了标准化。麦克卢汉（1962）指出："热印刷媒介使人首次看到自己的通俗话，使人能够看到在通俗话地区范围内民族的统一和力量。"（p.138）

欧洲各地的语言标准化之后，用拉丁文或希腊文出版重要文件的需要就减少了。结果，说同一语言、阅读同一语言的民族身份就日益明显。诺曼人还是诺曼人,但他们同时又是法国人;罗马人还是罗马人,但他们同时又是意大利人;普鲁士人照样是普鲁士人,但他们同时又是德国人。于是,印刷术促使欧洲主要的地区语言走向标准化,促进了超越部落忠诚的族群身份,族群身份的重点就放在语言忠诚上。这就为民族主义奠定了基础。印刷术并非民族主义兴起的唯一原因——还有其他重要的历史原因。然而印刷术为民族感情的形成奠定了基础,在民族主义的兴起中扮演了重要的角色。

13.5 科学转型

　　同理，印刷术还促进了现代科学方法的兴起，现代科学对详细观察现象的依靠大大超过了印刷术时代之前的科学。让我们举例说明：亚里士多德也许是古代用演绎法研究科学的最著名的实践者，他断言，如果两件重量不同的物体下落，比较重的那一件会先掉到地上。之所以这样推断，恐怕是由于在他自己手里的两件物体中，稍重的那一件向下的重力似乎要大一些。他从来没有多次进行自由落体的观察和测试。现代科学家知道，如果两件物体的空气阻力相同，它们就会同时落地。之所以了解这个情况，那是因为他们多次进行了观察和试验。只有尽可能在不同情况下的多次观察之后，现代（观察）科学才作出判断：它提出的规则的确具有普遍的适用性。印刷术促进科学观察方法的原因之一是，它使个人对自然现象的观察能够很快而广泛地被他人分享，别人也可以去进行同样的观察。最为重要的是，印刷术使人能够精确地复制信息，不像此前手抄书文化用手写的办法去复制信息。爱森斯坦（1983）阐述了手抄书时代手写材料的特点：

　　　　从感知上说，手抄书时代的观察科学有一个弱点，语词脱离形象，标签脱离事物。一张图表或一篇文章所指的是哪一颗星星、哪一种职务或哪一种人体器官，不容易确定，就像一张海图提到的海岸难以确定是哪里的海岸一样，这是困扰手抄书时代调查者的一个问题。（pp.199—200）

印刷术促进观察科学有好几种方式。已如前述，印刷术促进了通俗语言拼写和使用的标准化。至为重要者，印刷术还迫使数学发生了类似的标准化，数学符号的使用也标准化了。在印刷术发明后的岁月里，整个欧洲的数学语言实现了标准化。有趣的是，虽然罗马对欧洲历史产生了深远的影响，然而此时出现的数学却是以阿拉伯数字为基础，而不是以罗马数字为基础，因为阿拉伯数字容易学容易教。数学符号的标准化是观察科学出现的关键因素，因为观察科学依赖数学。倘若科学家使用五花八门的"数学语言"，他们就难以共享观察的成果。看一看16世纪天文学家第谷·布拉赫[1]从事研究的环境，就能够说明数学符号标准化的重要意义。

第谷"大开眼界"，认为有必要研究新鲜数据，原因之一是，他手里掌握的数据超过年轻天文学家过去掌握的数据。他在未经训练的少年时代，就能够比较哥白尼和托勒密，而且能够研究他们两人推导出来的图表。有关行星相会的互相矛盾的预测促使他重新观察"天空上书写的东西"。在搜集新的数据

---

[1] 第谷·布拉赫（Tycho Brache，1546—1601），丹麦天文学家，毕生辛勤耕耘，积累了大量的观察资料，其弟子约翰尼斯·开普勒（Johannes Kepler，1571—1630）在此基础上总结出行星运动的三大定律。——译注

时，新近打造的数学工具也增加了他的运算速度和精确性，使他能够判定星星的位置……机器印刷的正弦算法表、三角算法表、星球分类表在第谷的时代的确成了新的客体和工具。第谷自学数学，掌握天文学也依靠书本，他本人就是一类新的观察科学家。(Eisenstein，1983，p.207)

在人类历史上，书面材料上标注页码是在印刷术发明的六十年之后才开始出现的。印刷术问世之前，手写稿的变异太大，任何材料的手抄副本的同一页面上刚好出现同样词语的情况，几乎是不可能的，所以标注页码就毫无意义。因此，标注参考出处的办法，曾经用了许多蹩脚的形式。也许，今天最广为人知的标注出处的形式是：在使用犹太—基督教《圣经》时，先说第几卷，再说第几章，最好说第几首诗篇。然而有了印刷术之后，印刷文本的每一页就完全相同了。本书的23页在同一版本的所有副本中是完全相同的，无论这个版本印行的数量是几百册还是几万册。所以印刷术发明之后不久，出版社认为标注页码比较有用，这个念头就不令人奇怪了。同时出现的还有用字母顺序排列的索引以及其他方便查找的指引。印刷术还使地图、数据表和图表更加精细。这一切因素促使一种新科学研究方法的形成，依靠多种观察和许多观察者的方法随即产生，在许多仔细阐明的条件下从事研究的方法随之出现；有了印刷术这个媒介之后，科学家就可以共享这样的研究方法和成果了。借用爱森斯坦的话说：

在一个世纪之内就出现两种行星理论，这并不说明文化滞后，也不说明有惰性力量存在，相反，这证明史无前例的迅速突破。

再者，应该指出，和不同运算表伴生的不同理论迫使天文学家做出选择，迫使他们特别关注关键的天文学事件。16世纪40年代之前，天文学家完全依靠阿尔方斯天文图，到了17世纪40年代，他们却面临六种不同的天文图。伽利略的朋友连尼埃里1639年的书《用法说明》，对这六种天文图的使用法提供了详细的说明。那时，年轻的第谷用天文观察的经验来检查两种互相矛盾的天文图，他的独特经验正在成为普通的常识。许多人从不同地方同时观察的经验被用来检验天文图是否精确。人们用公开信的形式向欧洲的天文学家提出挑战，提示他们观察某些天文现象，希望他们用新观察重新检验不同的预测。（Eisenstein，1983，pp.222—223）

爱森斯坦明确指出，印刷术发明之后，欧洲文化就以新面目出现了，标准化数学符号、清楚的图表和索引，使信息检索更加容易，这一切都是前所未有的进展。观察科学的繁荣正是在这样的文化环境中形成的。

13.6　个人主义与民主

印刷术产生影响的另一个重要领域是个人主义观念和自由主义哲学的兴起，这两个条件是民主社会的基础。人在没有现代技术中介的情况下使用语言时，一般是和近在身边的人交谈。当然，偶尔也有大声自言自语的情况，不过人类语言行为的本质是交流。与此相反，读书写字往往是独自一人的行为。人们有重要的东西要阅读或书写时，往往要找安静、隐秘的地方。当然，父母有时大声给孩子朗读故事，但读书写字本质上是独自一人进行的。必须强调指出，我们这里说的是实际的说话、阅读和书写，而不是潜在的受众规模。畅销书作家的读者有可能达到一百万，相反，没有中介的说话人很难有上千的听众。不过听和说双方的经验是同时进行的。所以无论听众有多少，相聚在一起的人共享着系统的经验。然而，畅销书作家的写作是独自一人的经验，那一百万读他的书时也是独自进行的。读和写是孤独的行为。

语言作为交流行为和读写作为孤独行为的分别，对传播学者而言，可能只不过是兴趣上的技术性分别而已。不过历史纪录显示，这个分别一直很重要。读写的历史已经超过五千年，但大多数早期的读写活动仅限于极其狭小的文化断面中，书写仅用于商务记录或重要事件的叙事记录。除了专职的抄书人或极少数的精英比如埃及的祭司之外，在早期有文字的文化里，再也没有其他人会读书写字。那时，字母表文字尚未发明，大多数文字的符号都太多，一般人学不会，除非花毕生的精力。给媒介环境学奠基的思想家比如沃尔特·翁（1982）、杰克·谷迪（1968）、哈罗德·伊尼斯（1951）和埃里克·哈弗洛克（1963，1982）指出，虽然在早期有文字的社会里，有文化素养的人非常有限，然而文字的存在还是对人类文化和意识的变革产生起到了重大的推动作用。本书的其他章节对他们这些论述已经作了探讨。但是，在早期有文字的社会里，几乎找不到什么证据说明文字本身和个人主义的思想或个人身份有何关系，我们既不能支持有关系的断言，也无法批驳这样的断言。与此相反，由于印刷术使欧洲人的文化素养普及，所以许多传播学者认为，印刷机的发明是个人主义哲学思想兴起的催化剂。翁（1982）认为：

> 印刷术也是个人隐私形成的一个主要因素，个人隐私又是现代社会的标志。和手稿文化里常见的书本相比，印制的书本更加小巧、携带方便，这就为在安静角落里独自的阅读搭建了平台，并最终为完全静默的阅读做好了准备。在手稿文化和初期的印刷文化里，读书往往是一种社会活动，一个人朗读，一群人听……
>
> 印刷术把语词变成商品。过去集体交流的口语世界分裂成为个人声称的财产。印刷术对人类意识向更多个人主义的漂移起到了推波助澜的作用……
>
> 印刷术使语词摆脱了声音的世界，使语词受制于视觉的表

面，它用视觉空间来管理知识，所以印刷术促使人思考，人内在的有意识和无意识的资源都越来越像物体——客观的、宗教上中性的物体。印刷术使人觉得，精神现象容纳在心灵空间中。（pp.130—132）

印刷术发明之前，欧洲就已经在使用文字，但仅限于富裕的精英和教会的学者。实际上，埃里克·哈弗洛克（1982）和芭芭拉·塔奇曼[1]（1978）证明，罗马帝国衰亡之后，读书写字在欧洲一千年的日常生活中几乎已经荡然无存。在印刷术发明之前的几百年里，一般欧洲人的生活酷似无文字民族的生活。上文已经看到，伴随印刷术而来的容易复制信息的希望推动了各种力量的发展，于是，文化普及成为欧洲社会的理想。印刷术发明之后的最初几百年里，读写技能在欧洲文化里深入的程度大大超过了以前一切有文字的人类社会。

从印刷术发明到学校体制的建立从而把文化素养普及到民众，花了一段时间；但不到二百年，各种学说的出现最终导致了美国革命和法国革命。这两场革命的基础都是这样的信仰：人权产生于个体，而个体又是政府权力的源泉。这些信仰和印刷术之前欧洲政府权力基础的信仰，是截然不同的。在印刷术出现之前的欧洲文化里，上帝是权力的终极源泉，上帝把神圣的权力赋予各种各样的帝王。我们要问：哲学思想上这样的变化是如何发生的，又是为何发生

---

[1] 芭芭拉·塔奇曼（Barbara Tuchman，1912—1989），美国历史学家，两次荣膺普利策奖，一次获奖的作品是《史迪威和美国在中国的经历》，其他著名作品有《八月的炮声》《第一次世界大战前的状况》《灾难深重的14世纪》等。——译注

的？我们回头看上文关于读写行为的论述。这些行为是独自高效完成的，而且常常是在私下完成的。这样的传播手段扩展到整个大陆的民众，逐渐加强了人们对个人时间和空间的欣赏，使人能够自省反思。笛卡尔"我思故我在"的论断提出，自省是存在的证据。显然，不会读书写字的民族不那么需要或渴望个人的时空，历史纪录支持我们对印刷术之前的欧洲情况作出这种判断。然而，一旦读书写字成为司空见惯的事情，人们就需要隐私。对隐私需求的欣赏是个人权利思想的温床，托马斯·霍布斯[1]和约翰·洛克等作家就表达了这样的思想；他们的哲学思想成为民主观念的基础，民主成为人们管理自己的手段。也正是在这样的环境里，亚当·斯密这样的经济学家才主张个人积累财富的权利和私有财产的权利，他们的学说才盛极一时。因此可以说，印刷术的发明和资本主义的发展有一定的关系，资本主义作为主导的经济体制和民主思想形成了水乳交融的关系。

---

[1] 托马斯·霍布斯（Thomas Hobbes，1588—1679），英国政治哲学家，代表作为《利维坦》《论物体》等。——译注

13.7 结　　语

本章应该能够充分说明媒介环境学是一个广阔的跨学科领域，其方法论多半是定性研究，即理论构建而不是理论检测。媒介环境学家感兴趣的是媒介广泛的文化影响，而不是媒介对个人的影响。至于个人所受媒介影响的研究，主要是放在个人生活的文化环境里去考察。

本章主要讲印刷术对欧洲文化的影响。但一切媒介都是环境，所以现代电子形式的媒介可能会对当下和未来的文化产生重大的影响。它们以光速发送讯息，从一切实用的目的来说，这些讯息全都是刹那间完成发送的。通信卫星环绕地球，地球上凡是有接收器的地方，卫星发送的讯息都能够到达。因此，任何人可以在刹那间和任何地方的任何人交流。这样的现实必定对现代人产生广泛的生态影响。此外，大多数现代媒介更多地依靠口语而不是文字。电子邮件、实时通信、聊天室等电子媒介上用的文字日益扎根于口语，而不是传统的文字形式。口语为基础的缩略语比如"C U"而不是"see you"，"How R U"而不是"How are you"，难以一一列举，仅仅是以管窥豹而已；但这些例子足以说明口语和文字杂交形式的兴起。应该注意，这种有中介的口语是可以记录的，它和无中介的口语有所不同。在这里我们再次看到，这种发展势头可能会产生重大的文化影响。媒介环境学家感兴趣的一些问题就是本章提到的问题。

然而，像我这样考察印刷术对文化影响的作者有一个优势，相比之下，检视许多电子媒介的作者就没有这个优势。印刷术已经有550年的历史，与此相反，有些重要的电子媒介比如电视和互联网仅仅是晚近的发明。我们这些研究印刷术影响的人有一个优势，我们回头看的时候，可以清楚描绘印刷术以来的文化发展，而且我们可以问，印刷术是否对这些发展产生了影响。换句话说，尾随印刷术的发明，发达的公共教育系统的确在大多数欧洲文化里形成了；民族国家的观念作为有组织的政治形式的确在印刷术发明之后出现了；基督教的分裂的确发生了；观察科学的确是发展壮大了；个人主义哲学思想和民主与资本主义的确是出现了；童年期延长到青春期之后的现象今天依然存在。所有这些变化我们都看到了，只剩下一个问题：这一切变化都有一个共同的催化剂吗？

大多数分析这些互动影响的媒介环境学家都证明，这些发展并不是偶然的。印刷术的发明肯定是这些重大文化发展的因素之一。本章对这些论述进行了总结。如果媒介环境学家对印刷术影响的论断是正确的，那么今天假设现代电子媒介对当下文化的影响是中性的，就未免太幼稚了。实际上，现代电子媒介正在对21世纪的文化产生巨大的生态影响。

媒介环境学者尚有大量工作可做。新传播媒介不断涌现，需要我们分析。印刷术之类的旧媒介主要是在欧洲文化的语境里研究的。媒介环境学是一个充满活力的领域，有各种各样的问题需要未来的媒介环境学者去研究。

第十四章　编后絮语：媒介环境学的未来传承

威廉·帕特森大学（William Paterson University）

林文刚（Casey Man Kong Lum）

以上各章从文化、技术和传播的视角对媒介环境学进行了分析。这些多学科视角奠定了媒介环境学的范式内容，使之成为一个理论派别和思想传统。这篇"编后絮语"将展望未来的工作，展望未来几代媒介环境学者面临的挑战。

14.1 媒介环境学会的成立

建立一个独立学会的思想萌芽始于 1992 年。托马斯·F. 金卡雷利（Tomas F. Gencarelli）、兰斯·斯特拉特（Lance Strate）和我三位媒介环境学人在纽约市聚会商谈。聚会的首要目标是为纽约州言语传播学会〔(New York State Speech Communication Association) 后来更名为纽约州传播学会（New York State Commumnication Association）〕第五十届年会组织一个讨论组。这个目标完成之后，谈话很快转向另一件事——建立一个学会，使媒介环境学者进入传播学界更加广阔的圈子。

当时我们没有预料到，媒介环境学制度化的诞生地纽约大学的学术重心会发生变化。20 世纪 90 年代中期，主要的全职教员的聘任有一些变化，产生了一些影响，对尼尔·波斯曼为媒介环境学提出的思想视野、教学计划和全系的大背景，可能会引起重新的界定。尽管如此，本着向前看的精神，我们相信作为一门学问的媒介环境学应该超越一个学位点的制度局限；纽约大学的其他院系似乎也得出了相同的结论：各学位点会出现多样化的学术思想追求。从一个更加直接的层次上看，媒介环境学仍然处在传播学的边缘地带，是被人排斥的学术流派，所以我们认为，有一个学会给媒介环境学提供一个全国性的论坛，是明智的做法。

然而，我们设想的媒介环境学独立学会直到 1998 年 9 月 4 日才得以成立。那一天，我们在福德姆大学相聚，苏珊·巴尼斯（Susan Barnes）和保罗·莱文森参与筹建。斯特拉特是会议的动力，我们将学会命名为媒介环境学会（Media Ecology Association，缩写为 MEA），斯特拉特当选首任会长，执委会由会长、副会长（林文刚）、执行秘书（巴尼斯）和财务干事（金卡雷利）组成。莱文森当选执委会顾问。

14.1.1 媒介环境学会的工作：精彩片段

由于斯特拉特的组织领导工作和学会同仁的共同努力，由于日益壮大的会员队伍的支持，自 1998 年成立以来，媒介环境学会出现了健康成长的局面。第一届年会在 2000 年举行，会期两天，地点在福德姆大学林肯中心校园。2004 年第五届年会在纽约州罗切斯特技术学院举行，会期四天，参会人数在 100 到 120 之间[1]。这是自学会成立以来最重要、在推动媒介环境学研究中自我界定最分明的年会。

此外在 1999 年，学会成为美国传播学会（National Communication Association，缩写为 NCA）分会。自 2000 年参加 NCA 的年会以来，媒介环境学会在每届年会上平均宣讲七篇论文或组织七个讨论组。在广阔的范围内，NCA 使我们学会参加一年一届的大型研讨会，

---

[1] 2004 年之后，媒介环境学会在 2005、2006 和 2007 年成功召开了第六届、第七届、第八届年会，在 2007 年 6 月于墨西哥城举行的第八届年会上，《媒介环境学：思想沿革与多维视野》是唯一荣获 2006 年度路易斯·芒福德杰出学术成就奖的作品。——译注

给我们提供传播学的国际论坛，使我们有机会展示并推动媒介环境学的学术研究。与此相似，我们学会于 2002 年成为美国东部传播学会（Eastern Communication Association）的分会，2003 年又成为国际传播学会（International Communication Association）的团体会员。

媒介环境学会另一件重要的工作是创办《媒介环境学探索》(*Explorations in Media Ecology*)，该刊为季刊，由汉普敦出版社审定出版。创刊号于 2002 年问世。本刊宗旨是催生下一代学术成果，使之合法化。[1]

14.1.2 在媒介环境学者离散的情况下，媒介环境学会应该扮演的角色

媒介环境学会是媒介环境学发展成为一个学派的重要催生力量。它提供一个正式的、独立于任何大学或学位点的制度结构，推进了媒介环境学的学术发展。这是志同道合的学者的会晤之地，他们学术背景多样，研究兴趣各异，能走到一起，或受其宗旨吸引，或对其宗旨感兴趣，共同点是从媒介环境的角度看文化、技术和传播。他们的工作单位比较分散，相距较远，这是媒介环境学者既分离又联系的体现。

但在媒介环境学会的领导下，媒介环境学这个学派的发展前景如何？这还是一个尚待解决的问题。毕竟，媒介环境学会不是一个

---

[1] 除此之外，我们还编辑出版《媒介环境学会通讯》解决信息共享、学会会员和非会员参与讨论的问题；欲知该学会更多信息，请查阅学会网址（http://www.media-ecology.org）。

授博士学位的教学机构，它没有一个正式的教学计划，也没有一个培养媒介环境学学生的课程安排。在另一个层面上，媒介环境学这个学派如何继续保持粘合力强、生机勃发的局面，很大程度上有赖于它的核心范式内容是否能够继续培育生命力强大的思想。催生这些传播学思想，媒介环境学会的领导任重而道远。[1]

---

[1] 媒介环境学会对媒介环境学派的发展有多么长远的影响，这个问题难以推断，因为学会的历史还比较短。然而，我们可以说，它将来的研究工作应该有助于我们理解学会在学派形成和转型中的作用。

14.2 媒介环境学者下一步的任务

本书以罗伯特·布莱克曼的诗歌《典型的媒介环境学人》开头。布莱克曼是尼尔·波斯曼的博士生（1976级），他歌唱的灵感正是来自于波斯曼。1975年给新入学的博士生讲话时，波斯曼说，通过学习刘易斯·芒福德、哈罗德·伊尼斯和马歇尔·麦克卢汉，我们"在出类拔萃的媒介环境学者中撷取最佳的模式"：

> 媒介环境学家在一定程度上是科学哲学家，因为他必须首创一套术语和一套研究方法。他是道德哲学家，因为他必须发现或重申人们在技术现实里生活时需要的爱的伦理原则。在一定程度上，他又是语义学家、艺术批评家、文学批评家、社会心理学家和历史学家。如果你要寻找比这个形象简单的形象、更准确的描述、更技术性的定义，我想你会感到失望的。媒介环境学是反学科分割的学科（anti-discipline discipline），是脱离讴歌技术、剥离技术神秘面纱的运动。换句话说，媒介环境学者不是专攻一门的人；他们是通识教育的提倡者和联结各门学科的桥梁。（Postman，1975，p.4）

从波斯曼的学术生涯给我们提供的范例来看，我认为你可以很容易给这个画像再添上几笔：媒介环境学者还是教育工作者、行动主义者和负责任的反对者。

在过去的二十多年里，我听见媒介环境学的许多学长讲述的故事，关于他们心目中的媒介环境学者应该是什么样的人、应该做什么事的故事，我的敬佩之情油然而生。他们在 20 世纪 70 年代攻读媒介环境学的博士学位时，他们用心目中的媒介环境学家来改造世界——学术仅仅是他们心中的追求之一。实际上，有些人需要以媒体制作人、艺术家或评论家的身份改造世界。进入学校行政管理去改革办学方式也是他们的选择之一。还有人相信，他们可以通过媒介产业的变革来改变事情的走向。而且，这个单子的选项还可以再继续下去。[1] 他们需要改变的世界是他们 20 世纪 60 年代和 70 年代继承的世界。他们的使命感和自认为扮演的角色，可能是分享主要的导师波斯曼论述的结果，波斯曼（1975）说：

> 巴克敏斯特·富勒反复强调，当前世界上非理性、功能不健全的情况，很大程度上应该归咎于专门分割的心态。媒介环境学在一定程度上是对这种心态的反动。但是请记住，专门化心态的对立面并不是愚昧。媒介环境学涉及广博的知识，拒绝把自己封闭在界定分明的范畴里，它谋求把知识应用于一切生

---

〔1〕本书的重点是媒介环境学奠基人的成就。这些思想家的学术、思想或理论如何使世界不同，这是一个有趣的研究课题。比如，在纽约大学受业的首批媒介环境学者的著作和生活中，媒介环境学是如何表达的、如何体现的？这一批人在传播学学术、传播学教育、社会活动、政治、民间艺术、媒介产业等方面作出了什么样的贡献？这些问题就值得研究。

活形式之中。(p.4)

我们现在继承的世界和三十年前的世界大不相同，波斯曼讲这段话的时间是媒介环境学成型的时期。在一个层面上，如今世上的媒介显然比那时复杂得多，也许比过去的流动性更大，难以逆料的程度也超过以前。在协同合作的名目下，一切媒介包括新老媒介正在被整合到为数越来越少的大型企业集团之中。在20世纪60年代和70年代，互联网还处在婴儿期；今天的互联网却已经成为全球信息和传播的多媒体脊梁。由于新电子消费品（从数码相机到个人通信器材）的出现，由于全球性媒体的在世界范围内的渗透，世界的确已经成为一个相互联系的"地球村"，诚如麦克卢汉几十年前预言的那样。

自那时起，世界目击了越来越多的"全球事件"。我们共同目睹冷战终结时柏林墙的坍塌；我们共同界定了20世纪全球意识形态、政治和技术的竞争。世界各地的媒体从不同角度反复播放2001年9月11日恐怖分子对纽约世界贸易中心双塔的袭击。这是一个全球性的政治事件，有了当时在场的个人便携式摄像机和全球性媒体之后，这样的事件才可能迅速传遍全球。

当然，我们现在这个互相关联更加紧密的世界，和媒介环境学创立时研究和批评的世界相比，未必在非理性程度上就低一些。如果全球冲突是衡量的标尺，现在所谓"全球恐怖主义"或"反恐战争"，在非理性上就不如冷战、越战之类的冲突吗？与此相似，今天新千年来临的世界在功能上的疯癫未必就比过去少。

那么，媒介环境学者能够做什么，又应该做什么呢？媒介环境学的视野如何帮助我们理解所谓的"世界新秩序"呢?在媒介环境学崛起、世界政治轮廓重新描绘的情况下,在两者相互作用的情况下,媒介环境学的视野如何有助于我们理解"世界新秩序"呢?在互联网和个人通信技术重新界定人类传播的情况下,媒介环境学的媒介历史分期学说,如何帮助我们理解新数字媒介复杂而动态的性质呢?在新的数字媒介环境中,人的能动性又如何体现出来呢?本书考察的媒介环境学家提出的理论如何给我们启示呢?在21世纪的多中介环境里,我们的心灵习惯、社会组织、政治动力又能够得到什么样的启示呢?

我相信,媒介环境学在研究文化、技术和传播中能够在多大程度上继续保持学派的活力、维护其思想传统,在相当程度上要看未来的几代媒介环境学者如何回答这些问题和其他相关的问题。在另一个层面上,借用波斯曼的话说,这要看他们如何在心理、社会、经济、政治和文化生活的各个方面谋求媒介环境学的重要性和实用性。

参 考 文 献

第一章

Acland, C. R. and Buxton, W. J. (eds.). 1995. *Harold Innis in the New Century: Reflections and Refractions*. Montreal, Canada: McGill-Queen's University Press.

Adorno, T. and Horkheimer, M. 1977. The Culture Industry: Enlightenment as Mass Deception (abridged). In J. Curran, M. Gurevitch, and J. Woollacott (eds.). *Mass Communication and Society*. London: Edward Arnold (Publishers) Ltd. & The Open University Press, pp.349-383.

Barnes, S. 2001. *Online Connections: Internet Interpersonal Relationships*. Cresskill, NJ: Hampton Press.

Beniger, J. R. 1986. *The Control Revolution: Technological and Economic Origins of the Information Society*. Cambridge, MA & London: Harvard University Press.

Berger, P., Berger, B. and Kellner, H. 1973. *The Homeless Mind*. New York: Random House.

Bernays, E. 1965. *Biography of An Idea: Memoirs of Public Relations Counsel Edward L. Bernays*. New York: Simon & Schuster.

Birdwhistell, R. L. 1952. *Introduction to Kinesics*. Louisville, KY: University of Louisville Press.

Birdwhistell, R. L. 1970. *Kinesics and Context: Essays on Body Motion Communication*. Philadelphia: University of Pennsylvania Press.

Blechman, R. 1976. *Very Model of A Media Ecologist*. Unpublished poem.

Bolter, J. D. 1984. *Turing's Man: Western Culture in the Computer Age*. Chapel Hill: University of North Carolina Press.

Bolter, J. D. and Grusin, R. 1999. *Remediation: Understanding New Media.* Cambridge, MA: MIT Press.

Boorstin, D. J. 1987. *The Image: A Guide to Pseudo-events in America* (25th Anniversary Edition). New York: Atheneum. (Original work published 1961 as *The Image: What Happened to the American Dream*)

Bruner, J. S. 1962. *On Knowing: Essays for the Left Hand.* Cambridge, MA: Belknap Press of Harvard University Press.

Bruner, J. S. 1983. *Child's Talk: Learning to Use Language.* NewYork: W. W. Norton.

Bruner, J. S. 1986. *Actual Minds, Possible Worlds.* Cambridge, MA: Harvard University Press.

Bryant, J. and Thompson, S. 2002. *Fundamentals of Media Effects.* New York: McGraw-Hill.

Campbell, J. 1982. *Grammatical Man.* New York: Touchstone.

Cantril, H. (ed.). 1960. *The Morning Notes of Adelbert Ames, Jr.* New Brunswick, NJ: Rutgers University Press.

Carey, J. W. 1968. Harold Adams Innis and Marshall McLuhan. In R. B. Rosenthal (ed.). *McLuhan: Pro and Con* . New York: Funk & Wagnalls, pp.270-308.

Carey, J. W. 1975. Communication and Culture. *Communication Research* 2:pp.176-197.

Carey, J. W. 1981. McLuhan and Mumford: The Roots of Modern Media Analysis. *Journal of Communication* 31 (3):pp.162-178.

Carey, J. W. 1988a. *Communication as Culture: Essays on Media and Society.* Boston: Unwin Hyman.

Carey, J. W. 1988b. Space, Time, and Communications: A Tribute to Harold Innis. In J. W. Carey (ed.). *Communication as Culture: Essays on Media and Society* . Boston: Unwin Hyman, pp.142-172.

Carey, J. W. 1996. The Chicago School and Mass Communication Research. In E. E. Dennis and E. Wartella (eds.). *American Communication Research: The Remen-*

bered History. Mahwah, NJ: Erlbaum, pp.21-38.

Carey, J. W. 1997. Harold Innis and the Origins of Media Ecology. Unpublished keynote speech to the Media Ecology Conference, Rosendale, NY.

Carey, J. W. 2003a. At the Scene of Creation: Toronto, 1948. Unpublished keynote speech given at the 4th annual convention of the Media Ecology Association, Hempstead, NY.

Carey, J. W. 2003b. The Democratic Dimensions of Media Ecology. Remarks made on a panel on"The philosophical dimensions of media ecology"at the annual convention of the National Communication Association.

Carpenter, E. 1960. The New Languages. In E. Carpenter and M. McLuhan (eds.). *Explorations in Communication: An Anthology*. Boston: Beacon, pp.162-179.

Carpenter, E. 1972. *Oh, What A Blow that Phantom Gave Me!* Toronto, Canada: Bantam Books.

Carpenter, E. and McLuhan, M. (eds.). 1960. *Explorations in Communication: An Anthology*. Boston: Beacon.

Christians, C. G. and Van Hook, J. M. (eds.). 1981. *Jacques Ellul: Interpretive Essays*. Urbana: University of Illinois Press.

Cooley, C. H. 1909. *Social Organization: A Study of the Larger Mind*. New York: Scribner's.

Craig, R. T. 1999. Communication Theory as A Field, *Communication Theory* 9: pp.119-161.

Crane, D. 1972. *Invisible Colleges*. Chicago: University of Chicago Press.

Culkin, J. 1989. Marshall's New York Adventure: Reflections on McLuhan's Year at Fordham University. In G. Sanderson and F. Macdonald (eds.). *Marshall McLuhan: The Man and His Message*. Golden, CO: Fulcrum, pp.99-110.

Czitrom, D. J. 1982. *Media and the American Mind from Morse to McLuhan*. Chapel Hill: University of North Carolina Press.

Deibert, R. 1997. *Parchment, Printing, and Hypermedia: Communication and World Order Transformation*. New York: Columbia University Press.

Delia, J. G. 1987. Communication Research: A History. In C. Berger and S. Chaffee (eds.). *Handbook of Communication Science*. Newbury Park, CA: Sage, pp.20-98.

Dennis, E. E. and Wartella, E. (eds.). 1996. *American Communication Research: The Remembered History*. Mahwah, NT: Erlbaum.

Dervin, B., Grossberg, L., O'Keefe, B. J. and Wartella, E. (eds.). 1989. *Rethinking Communication* (Vols. 1-2). Beverly Hills, CA: Sage.

Dewey, J. 1916. *Democracy and Education*. New York: Macmillan.

Eisenstein, E. L. 1979. *The Printing Press as An Agent of Change: Communications and Cultural Transformations in Early-modern Europe*. Cambridge, England: Cambridge University Press.

Eisenstein, E. L. 1983. *The Printing Revolution in Early Modern Europe*. Cambridge, England: Press Syndicate of the University of Cambridge.

Ellul, J. 1964. *The Technological Society* (J. Wilkinson, Trans.). New York: Vintage. (Original work published 1954 as *La Technique, ou l'enjeu du Siècle*. Paris: Armand Colin)

Ellul, J. 1965. *Propaganda: The Formation of Man's Attitude* (K. Kellen, Trans.). New York: Knopf. (Original work published 1962 as *Propagandes*. Paris: Armand Colin)

Ellul, J. 1980. *The Technological System* (J. Neugroschel, Trans.). New York: Continuum.

Ellul, J. 1981. *Perspectives on Our Age* (J. Neugroschel, Trans.). New York: The Seabury Press.

Ellul, J. 1985. *The Humiliation of the Word* (J. Hanks, Trans.). Grand Rapids, MI: Eerdmans.

Ellul, J. 1990. *The Technological Bluff* (G. Bromiley, Trans.). Grand Rapids, MI: Eerdmans.

Enzensberger, H. M. 1974. *The Consciousness Industry*. New York: Seabury Press.

Ewen, S. 1976. *Captains of Consciousness: Advertising and the Social Roots of the*

Consumer Culture. New York: McGraw-Hill.

Ewen, S. 1996. *PR! A Social History of Spin*. New York: Basic Books.

Farrell, T. J. 2000. *Walter Ong's Contributions to Cultural Studies*. Cresskill, NJ: Hampton.

Farrell, T. J. and Soukup, P.(eds.). 2002. *An Ong Reader: Further Challenges for Inquiry*. Cresskill, NJ: Hampton Press.

Febvre, L. and Martin, H. 1976. *The Coming of the Book: The Impact of Printing 1450-1800* (D. Gerard, Trans.). London: Humanities Press.

Ferment in the Field [Special issue]. 1983. *Journal of Communication* 33 (3): pp.1-368.

Finkelstein, S. 1968. *Sense & Nonsense of McLuhan*. New York: International Publishers.

Flayhan, D. 2001. Cultural Studies and Media Ecology: Meyrowitz's Medium Theory and Carey's Cultural Studies. *The New Jersey Journal of Communication* 9 (1): pp.21-44.

Fleck, L. 1979. Genesis and Development of A Scientific Fact (F. Bradley and T. J. Trenn, Trans.). Chicago: University of Chicago Press. (Original work published 1935 as *Entstehung und Entwicklung einer Wissenschaftlichen Tatsache: Einfuhrung in die Lehre vom Denkstil und Denkkollektiv*. Basel, Switzerland: Benno Schwabe)

Forsdale, L. 1981. *Perspectives on Communication*. New York: Random House.

Fraser, L. 1957. *Propaganda*. London: Oxford University Press.

Frommer, M. 1987. *How Well Do Inventors Understand the Cultural Consequences of Their Inventions? A Study of: Samuel Finley Breese Morse and the Telegraph, Thomas Alva Edison and the Phonograph, and Aiexander Graham Bell and the Telephone*. Unpublished doctoral dissertation, New York University.

Fuller, R. B. 1963. *Ideas and Integrities, A Spontaneous Autobiographical Disclosure*(R. W. Marks, ed.). Englewood Cliffs, NJ: Prentice-Hall.

Fuller, R. B. 1969a. *Operating Manual for Spaceship Earth*. Carbondale: Southern

Illinois University Press.

Fuller, R. B. 1969b. *Utopia or Oblivion: The Prospects of Humanity*. New York: Bantam Books.

The Future of the Field I [Special issue]. 1993a. *Journal of Communication* 43 (3): pp.1-238.

The Future of the Field II [Special issue]. 1993b. *Journal of Communication* 43 (4): pp.1-190.

Geddes, P.1904. *City Development: A Study of Parks, Gardens and Culture Institutes: A Report to the Carnegie Dunfermline Trust*. Edinburgh, Scotland: Geddes and Colleagues.

Geddes, P.1915. *Cities in Evolution: An Introduction to the Town Planning Movement and to the Study of Civics*. London: Williams & Norgate.

Gencarelli, T. F. 2000. The Intellectual Roots of Media Ecology in the Work and Thought of Neil Postman. *The New Jersey Journal of Communication* 8 (1): pp.91-103.

Giedion, S. 1948. *Mechanization Takes Command*. New York: Oxford University Press.

Giedion, S. 1967. *Space, Time and Architecture* (Revised Edition). Cambridge, MA: Harvard University Press.

Gitlin, T. 1978. Media sociology: The Dominant paradigm. *Theory and Society* 6: pp.205-253.

Gitlin, T. 1980. *The Whole World Is Watching*. Berkeley: University of California Press.

Gitlin, T. 1987. *The Sixties: Years of Hope, Days of Rage*. New York: Bantam.

Goffman, E. 1959. *The Presentation of Self in Everyday Life*. New York: Doubleday.

Goffman, E. 1963. *Behavior in Public Places: Notes on the Social Organization of Gatherings*. New York: The Free Press.

Goffman, E. 1974. *Frame Analysis*. New York: Harper Colophon Books.

Goody, J. 1968. *Literacy in Traditional Societies*. London: Cambridge University

Press.

Goody, J. 1977. *The Domestication of the Savage Mind*. Cambridge, England & New York: Cambridge University Press.

Gordon, G. N. 1965. *Educational Television*. New York: Center for Applied Research in Education.

Gordon, G. N. 1969. *The Languages of Communication: A Logical and Psychological Examination*. New York: Hastings House.

Gordon, G. N. 1971. *Persuasion: The Theory and Practice of Manipulative Communication*. New York: Hastings House.

Gordon, G. N. 1975. *Communications and Media: Constructing A Cross-discipline*. New York: Hastings House.

Gordon, G. N. 1977. *The Communications Revolution: A History of Mass Media in the United States*. New York: Hastings House.

Gozzi, R., Jr. 1999. *The Power of Metaphor in the Age of Electronic Media*. Cresskill, NJ: Hampton Press.

Gozzi, R., Jr. 2000. Jacques Ellul on Technique, Media, and the Spirit. *New Jersey Journal of Communication* 8 (1): pp.79-90.

Griffith, B. C. and Mullins, N. C. 1972. Invisible Colleges: Small, Coherent Groups May Be the Same Throughout Science. *Science* 177: pp.959-964.

Gronbeck, B. E., Farrell, T. J. and Soukup, P. A. (eds.). 1992. *Media, Consciousness, and Culture: Explorations of Walter One's Thought*. Newbury Park, CA: Sage.

Gross, B. and Gross, R. (eds.). 1985. *The Great School Debate: Which Way for American Education?* New York: Simon & Schuster/Touchstone.

Gumpert, G. 1987. *Talking Tombstones & Other Tales of the Media Age*. New York: Oxford University Press.

Hall, E. T. 1959. *The Silent Language*. New York: Doubleday.

Hausdorff, D. 1970. A Preliminary Bibliography in Communications. Unpublished reading list for doctoral students in the Media Ecology Program, New York

University.

Havelock, E. A. 1963. *Preface to Plato.* Cambridge, MA & London: Belknap Press of the Harvard University Press.

Havelock, E. A. 1976. *Origins of Western Literacy.* Toronto, Canada: The Ontario Institute for Studies in Education.

Havelock, E. A. 1982. *The Literate Revolution in Greece and Its Cultural Consequences.* Princeton, NJ: Princeton University Press.

Havelock, E. A. 1986. *The Muse Learns to Write: Reflections on Oracity and Literacy from Antiquity to the Present.* New Haven, CT: Yale University Press.

Hayakawa, S. I. 1964. *Language in Thought and Action* (4th Edition). New York: Harcourt Brace Jovanovich. (Original work published 1939)

Heisenberg, W. 1962. *Physics and Philosophy.* New York: Harper & Row.

Hever, P. 2003. *Harold Innis.* Boulder, CO: Rowman & Littlefield.

Innis, H. A. 1950. *Empire and Communication.* New York: Oxford University Press. (Revised edition published 1972 by University of Toronto Press)

Innis, H. A. 1951. *The Bias of Communication.* Toronto, Canada: University of Toronto Press.

Innis, H. A. 1952. *Changing Concepts of Time.* (Reprinted in 2003 with a Foreword by J. W. Carey) Boulder, CO: Rowman & Littlefield.

Innis, H. A. n. d.. *A History of Communications: An Incomplete and Unrevised Manuscript. Montreal.* Canada: McGill University's McLennan Library.

Jaynes, J. 1976. *The Origins of Consciousness in the Breakdown of the Bicameral Mind.* Boston: Houghton Mifflin.

Jensen, J. 1990. *Redeeming Modernity: Contradiction in Media Criticism.* Newbury Park, CA: Sage.

Karnow, S. 1983. *Vietnam: A History.* New York: Viking.

Katz, E. 1957. The Two-step Flow of Communication: An Up-to-date Report on An Hypothesis. *Public Opinion Quarterly* XXI: pp.61-78.

Katz, E. and Lazarsfeld, P. 1955. *Personal Influence*: *The Part Played by People in the Flow of Mass Communications.* Glencoe, IL: The Free Press.

Klapper, J. T. 1960. *The Effects of Mass Communication.* Glencoe, IL: The Free Press.

Korzybski, A. 1933. *Science and Sanity.* Lancaster, PA: Science Press Printing Co.

Kuhn, T. S. 1962. *The Structure of Scientific Revolution.* Chicago: University of Chicago Press.

Kuhns, W. 1971. *The Post-Industrial Prophets.* New York: Weybright & Talley.

Langer, S. K. 1930. *The Practice of Philosophy.* New York: Henry Holt.

Langer, S. K. 1942. *Philosophy in A New Key: A Study in the Symbolism of Reason, Rite, and Art.* Cambridge, MA: Harvard University Press.

Langer, S. K. 1967. *Mind: An Essay on Human Feeling* (Vol. I, Parts 1-3). Baltimore: Johns Hopkins University Press.

Langer, S. K. 1972. *Mind: An Essay on Human Feeling* (Vol. II, Part 4). Baltimore: Johns Hopkins University Press.

Langer, S. K. 1982. *Mind: An Essay on Human Feeling* (Vol. III, Parts 5 & 6). Baltimore: Johns Hopkins University Press.

Lasswell, H. 1927. *Propaganda Techniques in the World War.* New York: Knopf.

Lee, A. M. and Lee, E. B. 1939. *The Fine Art of Propaganda.* New York: Harcourt, Brace.

Lee, D. 1954. The Self among the Wintu. *Explorations* 3: pp.89-95.

Lee, D. 1959. *Freedom and Culture.* Englewood Cliffs, NJ: Prentice-Hall.

Lee, E. B. and Lee, A. M. 1979. The Fine Art of Propaganda Analysis-then and Now. *ETC.: A Review of General Semantics* 36 (2): pp.117-127.

Leeds-Hurwitz, W. 1990. Notes in the History of Intercultural Communication: The Foreign Service Institute and the Mandate for Intercultural Training. *Quarterly Journal of Speech* 76: pp.262-281.

Lerner, D. (ed.). 1951. *Propaganda in War and Crisis.* New York: George W. Stewart. (Reprinted in 1972 by Arno Press, New York)

Lerner, D. 1958. *The Passing of Traditional Society.* Glencoe, IL: The Free Press.

Levinson, P.1997. *The Soft Edge: A Natural History and Future of the Information Revolution*. London & New York: Routledge.

Levinson, P.1999. *Digital McLuhan: A Guide to the Information Millennium*. New York: Routledge.

Levi-Strauss, C. 1966. *The Savage Mind*. Chicago: University of Chicago Press.

Lippmann, W. 1922. *Public Opinion*. New York: Macmillan.

The Living McLuhan [Symposium]. 1981. *Journal of Communication* 31 (3): pp.116-199.

Logan, R. K. 1986. *The Alphabet Effect: The Impact of the Phonetic Alphabet on the Development of Western Civilization*. New York: Avon. (Later edition published in 2003 as *Alphabet Effect: A Media Ecology Understanding of the Making of Western Civilization* by Hampton Press, Cresskill, NJ)

Lowery, S. A. and DeFleur, M. L. 1995. *Milestones in Mass Communication Research: Media effects* (3rd Edition). White Plains, NY: Longman.

Lum, C. M. K. 1992. Captains and Corporals: The Debate between the Neo-Marxist and the Reflective Perspectives on Advertising. *The Speech Communication Annual* 6 (50th Anniversary Edition): pp.31-44.

Lum, C. M. K. 1996. *In Search of A Voice: Karaoke and the Construction of Identity in Chinese America*. Mahwah, NJ: Erlbaum.

Lum, C. M. K. (Guest ed.). 2000a. The Intellectual Roots of Media Ecology[special issue]. *The New Jersey Journal of Communication* 8 (1).

Lum, C. M. K. 2000b. Introduction: Intellectual Roots of Media Ecology. *The New Jersey Journal of Communication* 8 (1): pp.1-7.

Mannheim, K. 1945. American Sociology. In G. Gurvitch and W. Moore (eds.). *Twentieth Century Sociology*. New York: Philosophical Library pp.507-537.

Marchand, P.1989. *Marshall McLuhan: The Medium and the Messenger*. New York: Ticknor & Fields.

Marchand, R. 1985. *Advertising the American Dream: Making Way for Modernity. 1920-1940*. Berkeley: University of California Press.

Marcuse, H. 1965. *One Dimensional Man*. Boston: Beacon Press.

Maxwell, R. 2003. *Herbert Schillerm*. Lanham, MD: Rowman & Littlefield.

McChesney, R. W. 2000. *Rich Media, Poor Democracy: Communication Politics in Dubious Times*. New York: The New Press.

McLuhan, E. and Zingrone, F. (eds.). 1995. *Essential McLuhan*. New York: Basic Books.

McLuhan, M. 1951. *The Mechanical Bride: Folklore of Industrial Man*. Boston: Beacon Press.

McLuhan, M. 1962. *The Gutenberg Galaxy: The Making of Typographic Man*. Toronto, Canada: University of Toronto Press.

McLuhan, M. 1964. *Understanding Media: The Extensions of Man*. New York: McGraw-Hill.

McLuhan, M. and McLuhan, E. 1988. *Laws of Media: The New Science*. Toronto, Canada: University of Toronto Press.

McLuhan, M. and Powers, B. 1981 Ma Bell Minus the Natucket Gam: Or the Impact of High-speed Data Transmission. *Journal of Communication* 31(3): pp.191-199.

McPhail, T. L. 2002. *Global Communication: Theories, Stakeholders, and Trends*. Boston: Allyn & Bacon.

Mead, G. H. 1934. *Mind, Self, & Society from the Standpoint of A Social Behaviorist*. Chicago: University of Chicago Press.

Merton, R. K. 1967. On the History and Systematics of Sociological Theory. In R. K. Marton (ed.). *On the Oretical Sociology*. New York: The Free Press, pp.1-37.

Meyrowitz, J. 1985. *No Sense of Place: The Impact of Electronic Media on Social Behavior*. New York: Oxford University Press.

Meyrowitz, J. 1994. Medium Theory. In D. Crowley and D. Mitchell (eds.). *Communication Theory Today*. Stanford, CA: Stanford University Press.

Miller, D. L. 1989. *Lewis Mumford: A Life*. New York: Weidenfeld & Nicolson.

Miller, J. 1971. *McLuhan*. London: Fontana.

Molinaro, M., McLuhan, C. and Toye, W. (eds.). 1987. *Letters of Marshall McLuhan*. Toronto, Canada: Oxford University Press.

Mumford, L. 1934. *Technics and Civilization*. New York: Harcourt Brace.

Mumford, L. 1938. *The Culture of Cities*. New York: Harcourt Brace.

Mumford, L. 1961. *The City in History: Its Origins, Its Transformations, and Its Prospects*. New York: Harcourt Brace & World.

Mumford, L. 1967. *The Myth of the Machine: I. Technics and Human Development*. New York: Harcourt Brace & World.

Mumford, L. 1970. *The Myth of the Machine: II. The Pentagon of Power*. New York: Harcourt Brace Jovanovich.

Munson, E. S. and Warren, C. A. (eds.). 1997. *James Carey: A Critical Reader*. Minneapolis: University of Minnesota Press.

Murray, S. O. 1994. *Theory Groups and the Study of Language in North America*. Amsterdam: John Benjamins.

Murray, S. O. 1998. *American Sociolinguistics: Theorists and Theory Groups*. Amsterdam: John Benjamins.

New York University Bulletin: School of Education, 1966-1967. 1966. New York: New York University.

New York University Bulletin: School of Education, 1970-1971. 1970. New York: New York University.

New York University Bulletin: School of Education, 1971-1972. 1971. New York: New York University.

New York University Bulletin: School of Education, 1976-1977. 1976. New York: New York University.

New York University Bulletin: School of Education, 1997-1999. 1997. New York: New York University.

Nystrom, C. L. 1973. *Towards A Science of Media Ecology: The Formulation of Integrated Conceptual Paradigms for the Study of Human Communication Systems*. Unpublished doctoral dissertation, New York University.

Ong, W. J. 1967. *The Presence of the Word: Some Prolegomena for Cultural and Religious History*. New Haven, CT: Yale University Press.

Ong, W. J. 1982. *Orality and Literacy*. London: Methuen.

Ong, W. J. 2002. Ecology and Some of Its Future. *EME: Explorations in Media Ecology* 1 (1): pp.5-11.

Park, R. 1920. Foreign Language Press and Social Progress. *Proceedings of the National Conference of Social Work*: pp.493-500.

Park, R. 1922. *The Immigrant Press and Its Control*. New York: Harper & Brothers.

Park, R. 1925. Immigrant Community and Immigrant Press. *American Review* 3: pp.143-152.

Perkinson, H. 1991. *Getting Better: Television and Moral Progress*. New Brunswick, NJ: Transaction.

Playboy Interview: Marshall McLuhan. 1969, March. *Playboy*: pp.26-27, 45, 55-56, 61, 63

Pope, D. 1983. *The Making of Modern Advertising*. New York: Basic Books.

Postman, N. 1970. The Reformed English Curriculum. In A. C. Eurich (ed.). *High School 1980: The Shape of the Future in American Secondary Education*. New York: Pitman, pp.160-168.

Postman, N. 1975. Unpublished remarks to new graduate students at New York University, New York.

Postman, N. 1979. *Teaching as A Conserving Activity*. New York: Delta.

Postman, N. 1982. *The Disappearance of Childhood*. New York: Delacorte Press.

Postman, N. 1985. *Amusing Ourselves to Death*: *Public Discourse in the Age of Show Business*. New York: Viking Penguin.

Postman, N. 1988. *Conscientious Objections: Stirring up Trouble about Language, Technology, and Education*. New York: Alfred A. Knopf.

Postman, N. 1992. *Technopoly: The Surrender of Culture to Technology*. New York: Vintage Books.

Postman, N. 1999. *Building A Bridge to the 18th Century*: *How the Past can Improve*

Our Future. New York: Vintage Books.

Postman, N. 2000. The Humanism of Media Ecology. Keynote speech at the first annual convention of the Media Ecology Association, New York.

Postman, N. and Weingartner, C. 1969. *Teaching as A Subversive Activity*. New York: Delacorte Press.

Postman, N. and Weingartner, C. 1973. *The School Book: For People Who Want to Know What All the Hollering Is about*. New York: Delacorte Press.

Robinson, G. J. 1996. Constructing A Historiography for North American Communication Studies. In E. E. Dennis and E. Wartella (eds.). *American Communication Research: The Remembered History*. Mahwah, NJ: Erlbaum, pp.157-168.

Rogers, E. 1982. The Empirical and Critical Schools of Communication Research. In M. Burgoon (ed.). *Communication Yearbook*. New Brunswick, NJ: Transaction, pp.125-144.

Rogers, E. 1995. *Diffusion of Innovations* (4th Edition). New York: The Free Press.

Rosenberg, B. and White, D. M. (eds.). 1957. *Mass Culture: The Popular Arts in America*. New York: The Free Press.

Rosenberg, B. and White, D. M. (eds.). 1971. *Mass Culture Revisited*. New York: Van Nostran Reinhold Co.

Sanderson, G. and Macdonald, F. (eds.). 1989. *Marshall McLuhan: The Man and His Message*. Golden, CO: Fulcrum.

Sapir, E. 1921. *Language*. New York: Harcourt, Brace.

Schafer, R. M. 1980. *The Tuning of the World*. Philadelphia: University of Pennsylvania Press.

Schiller, H. I. 1976. *Communication and Cultural Domination*. White Plains, NY: International Arts & Sciences Press.

Schiller, H. I. 1991. *Culture, Inc.: The Corporate Takeover of Public Expression*. New York: Oxford University Press.

Schiller, H. I. 1992. *Mass Communication and American Empire* (2nd Edition).

Boulder CO: Westview. (Original work published 1969 by Augustus M. Kelley Publishers)

Schmandt-Besserat, D. 1996. *How Writing Came about*. Austin: University of Texas Press.

Schramm, W. 1964. *Mass Media and National Development: The Role of Information in the Developing Countries*. Stanford, CA: Stanford University Press.

Schwartz, T. 1973. *The Responsive Chord*. New York: Doubleday.

Shannon, C. E. and Weaver, W. 1949. *The Mathematical Theory of Communication*. Urbana: University of Illinois Press.

Smith, A. 1980. *The Geopolitics of Information: How Western Culture Dominates the World*. New York: Oxford University Press.

Smith, M. R. 1994. Technological Determinism in American Culture. In M. R. Smith and L. Marx (eds.). *Does Technology Drive History?* Cambridge, MA: MIT Press, pp.1-35.

Soukup, P. A. 2004. Walter J. Ong, S. J.: A Retrospective. *Communication Research Trends* 23 (1): pp.3-23.

Stamps, J. 1995. *Unthinking Modernity: Innis, McLuhan and the Frankfurt School*. Montreal-Kingston, Canada: McGill-Oueen's University Press.

Standage, T. 1999. *The Victorian Internet: The Remarkable Story of the Telegraph and the 19th Century's On-line Pioneers*. New York: Berkley Books.

Stark, W. 1958. *The Sociology of Knowledge*. Glencoe, IL: The Free Press.

Stearn, G. E. (ed.). 1967. *McLuhan: Hot & Cool: A Primer for the Understanding of & A Critical Symposium with A Rebuttal by Mcluhan*. New York: Dial.

Stein, M. R. 1960. *The Eclipse of Community*. Princeton, NJ: Princeton University Press. (Harper Torchbooks Edition, 1964)

Strate, L. 1994. Post (modern) man, or Neil Postman as Postmodernist. *ETC.: A Review of General Semantics* 51 (2): pp.159-170.

Strate, L. 2002. Media Ecology as A Scholarly Activity. Unpublished President's

Address to the 3rd annual convention of the Media Ecology Association, New York.

Strate, L. 2003a. From Archetype to Cliche. Unpublished President's Address to the 4th annual convention of the Media Ecology Association, Hempstead, New York.

Strate, L. 2003b. Neil Postman, Defender of the Word. *ETC.: A Review of General Semantics* 60 (4): pp.341-350.

Strate, L. 2004. A Media Ecology Review. *Communication Research Trends* 23 (2): pp.3-48.

Strate, L. In press. *Understanding Media Ecology*. Cresskill, NJ: Hampton Press.

Strate, L., Jacobson, R. and Gibson, S. (eds.). 1996. *Communication and Cyberspace*. Cresskill, NJ: Hampton Press.

Strate, L. and Lum, C. M. K. 2000. Lewis Mumford and the Ecology of Technics. *The New Jersey Journal of Communication* 8 (1): pp.56-78.

Strate, L. and Wachtel, E. A. (eds.). 2005. *The Legacy of McLuhan*. Cresskill, NJ: Hampton Press.

Thaler, P.1994. *The Watchful Eye: American Justice in the Age of the Television Trial.* Westport, CT: Praeger.

Thaler, P.1997. *The Spectacle: Media and the Making of the O. J. Simpson Story.* Westport, CT: Praeger.

Theall, D. F. 1971. *The Medium Is the Rear View Mirror: Understanding McLuhan.* Montreal, Canada: McGill-Queen's University Press.

Theall, D. F. 1988. McLuhan, Telematics, and the Toronto School of Communication. *Canadian Journal of Political and Social Theory* 10 (1-2): pp.79-88.

Theall, D. F 2001. *The Virtual Marshall McLuhan*. Montreal, Canada: McGill-Queens University Press.

Tunstall, J. 1977. The *Media Are American*. London: Constable.

Turkle, S. 1985. *The Second Self: Computers and the Human Spirit*. New York: Touchstone.

Turkle, S. 1995. *Life on the Screen*. New York: Simon & SchUSter.

Watzlawick, P.1976. *How Real Is Real? Confusion, Disinformation, Communication: An Anecdotal Introduction to Communication Theory*. New York: Random House.

Watzlawick, P, Bavelas, J. B. and Jackson, D. D. 1967. *Pragmatics of Human Communication: A Study of Interactional Patterns, Pathologies, and Paradoxes*. New York: W. W. Norton.

Weizenbaum, J. 1976. *Computer Power and Human Reason*. San Francisco: W. H. Freeman.

Whorf, B. L. 1956. *Language, Thought and Reality: Selected Writings of Benjamin Lee Whorf*. Cambridge, MA: MIT Press.

Wiener, N. 1948. *Cybernetics, or Control and Communication in the Animal and the Machine*. Cambridge, MA: MIT Press.

Wiener, N. 1950. *The Human Use of Human Being: Cybernetics and Society*. New York: Avon.

Zung, T. T. K. (ed.). 2001. *Buckminster Fuller: An Anthology for a New Millennium*. New York: St. Martin's Press.

第二章

Molinaro, M., McLuhan, C. and Toye, W. (eds.). 1987. *Letters of Marshall McLuhan*. Toronto, Canada: Oxford University Press.

第三章

Beniger, J. R. 1986. *The Control Revolution: Technological and Economic Origins of the Information Society*. Cambridge, MA: Harvard University Press.

Bolter, J. D. 1984. *Turing's Man: Western Culture in the Computer Age*. Chapel Hill: University of North Carolina Press.

Bukatman, S. 1993. *Terminal Identity: The Virtual Subject in Postmodern Science Fiction*. Durham, NC: Duke University Press.

Carey, J. W. 1989. *Communication as Culture: Essays on Media and Society*. Boston: Unwin Hyman.

Carey, J. W. 1997. *James Carey: A Critical Reader* (E. S. Munson and C. A. Warren, eds.). Minneapolis: University of Minnesota Press.

Caro, R. A. 1975. *The Power Broker: Robert Moses and the Fall of New York.* New York: Vintage.

Eastham, S. 1990. *The Media Matrix: Deepening the Context of Communication Studies.* Lanham, MD: University Press of America.

Eisenstein, E. L. 1980. *The Printing Press as An Agent of Change*: *Communications and Cultural Transformation in Early-modern Europe.* New York: Cambridge University Press.

Ellul, J. 1964. *The Technological Society (*J. Wilkinson, Trans.*).* New York: Vintage. (Original work published 1954)

Geddes, P.1904. *City Development: A Study of Parks, Gardens and Culture Institutes: A Report to the Carnegie Dunfermline Trust.* Edinburgh, Scotland: Geddes and Colleagues.

Geddes, P.1915. *Cities in Evolution: An Introduction to the Town Planning Movement and to the Study of Civics.* London: Williams & Norgate.

Giedion, S. 1948. *Mechanization Takes Command.* New York: Oxford University Press.

Goody, J. 1977. *The Domestication of the Savage Mind.* Cambridge, MA: Cambridge University Press.

Goody, J. 1986. *The Logic of Writing and the Organisation of Society.* Cambridge, MA: Cambridge University Press.

Goody, J. 1987. *The Interface between the Written and the Oral.* Cambridge, MA: Cambridge University Press.

Gray, C. H. (ed.). 1995. *The Cyborg Handbook.* New York: Routledge.

Haraway, D. J. 1991. *Simians, Cyborgs, and Women: The Reinvention of Nature.* New York: Routledge.

Havelock, E. A. 1963. *Preface to Plato.* Cambridge, MA: The Belknap Press of Harvard University Press.

Havelock, E. A. 1976. *Origins of Western Literacy.* Toronto, Canada: The Ontario

Institute for Studies in Education.

Havelock, E. A. 1978. *The Greek Concept of Justice: From Its Shadow in Homer to Its Substance in Plato*. Cambridge, MA: Harvard University Press.

Havelock, E. A. 1986. *The Muse Learns to Write: Reflections on Orality and Literacy from Antiquity to the Present*. New Haven, CT: Yale University Press.

Hawley, A. H. 1986. *Human Ecology; A Theoretical Essay*. Chicago: University of Chicago Press.

Innis, H. A. 1950. *Empire and Communication*. New York: Oxford University Press.

Innis, H. A. 1951. *The Bias of Communication*. Toronto, Canada: University of Toronto Press.

Kirk, G. S. 1983. *The Nature of Greek Myths*. New York: Penguin Books.

Kuhns, W. 1971. *The Post-industrial Prophets: Interpretations of Technology*. New York: Weybright & Talley.

Levinson, P.1988. *Mind at Large: Knowing in the Technological Age*. Greenwich, CT: JAI Press.

Levinson, P.1997. *The Soft Edge: A Natural History and Future of the Information Revolution*. New York: Routledge.

Luccarelli, M. 1995. *Lewis Mumford and the Ecological Region: The Politics of Planning*. New York: Gufolford.

McLuhan, M. 1951. *The Mechanical Bride: Folklore of Industrial Man*. Boston, MA: Beacon Press.

McLuhan, M. 1962. *The Gutenberg Galaxy: The Making of Typographic Man*. Toronto Canada: University of Toronto Press.

McLuhan, M. 1964. *Understanding Media: The Extensions of Man*. New York. McGraw-Hill.

McLuhan, M. and McLuhan, E. 1988. *Laws of Media: The New Science*. Toronto, Canada: University of Toronto Press.

McLuhan, M. and Parker, H. 1969. *Counterblast*. New York: Harcourt Brace & World.

Meyrowitz, J. 1985. *No Sense of Place*. New York: Oxford University Press.

Miller, D. L. (ed.). 1986. *The Lewis Mumford Reader*. New York: Pantheon.

Miller, D. L. 1989. *Lewis Mumford: A life*. New York: Weidenfeld & Nicolson.

Mumford, L. 1922. *The Story of Utopias*. New York: Boni & Liveright.

Mumford,L. 1924. *Sticks and Stones: A Study of American Architecture and Civilization*. New York: Boni & Liveright.

Mumford, L. 1926. *The Golden Day: A Study in American Experience and Culture*. New York: Boni & Liveright.

Mumford, L. 1929. *Herman Melville*. New York: Harcourt Brace.

Mumford, L. 1931. *The Brown Decades: A Study of the Arts in America, 1865-1895*. New York: Harcourt Brace.

Mumford, L. 1934. *Technics and Civilization*. New York: Harcourt Brace.

Mumford, L. 1938. *The Culture of Cities*. New York: Harcourt Brace.

Mumford, L. 1939. *Men Must Act*. New York: Harcourt Brace.

Mumford, L. 1940. *Faith for Living*. New York: Harcourt Brace.

Mumford, L. 1941. *The South in Architecture*. New York: Harcourt Brace.

Mumford,L. 1944. *The Condition of Man*. New York: Harcourt Brace.

Mumford, L. 1945. *City Development*. New York: Harcourt Brace.

Mumford, L. 1946. *Values for Survival: Essays, Addresses, and Letters on Politics and Education*. New York: Harcourt Brace.

Mumford, L. 1947. *Green Memories: The Story of Geddes Mumford*. New York: Harcourt Brace.

Mumford, L. 1951. *The Conduct of Life*. New York: Harcourt Brace.

Mumford, L. 1952. *Art and Technics*. New York: Columbia University Press.

Mumford, L. 1954. *In the Name of Sanity*. New York: Harcourt Brace.

Mumford, L. 1956a. *From the Ground up*. New York: Harcourt Brace.

Mumford, L. 1956b. *The Transformations of Man*. New York: Harper.

Mumford, L. 1961. *The City in History: Its Origins, Its Transformations, and Its Prospects*. New York: Harcourt Brace & World.

Mumford, L. 1963. *The Highway and the City*. New York: Harcourt Brace & World.

Mumford, L. 1967. *The Myth of the Machine: I. Technics and Human Development*. New York: Harcourt Brace & World.

Mumford, L. 1968. *The Urban Prospect*. New York: Harcourt Brace & World.

Mumford, L. 1970. *The Myth of the Machine: II. The Pentagon of Power*. New York: Harcourt Brace Jovanovich.

Mumford, L. 1972. *Interpretations and Forecasts*. New York: Harcourt Brace Jovanovich.

Mumford, L. 1975. *Findings and Keepings: Analects for An Autobiography*. New York: Harcourt Brace Jovanovich.

Mumford, L. 1979. *My Works and Days: A Personal Chronicle*. New York: Harcourt Brace Jovanovich.

Mumford, L. 1982. *Sketches from Life: The Autobiography of Lewis Mumford*. New York: Dial.

Novak, F. G., Jr. (ed.). 1995. *Lewis Mumford and Patrick Geddes: The Correspondence*. London: Routledge.

Nystrom, C. L. 1973. *Towards A Science of Media Ecology: The Formulation of Integrated Conceptual Paradigms for the Study of Human Communication Systems*. Unpublished doctoral dissertation, New York University.

Ong, W. J. 1967. *The Presence of the Word*. Minneapolis: University of Minnesota Press.

Ong, W. J. 1977. *Interfaces of the Word*. Ithaca, NY: Cornell University Press.

Ong, W. J. 1982. *Orality and Literacy*. London: Methuen.

Postman, N. 1970. The Reformed English Curriculum. In A. C. Eurich (ed.). *High School 1980: The Shape of the Future in American Secondary Education*. New York: Pitman, pp.160-168.

Postman, N. 1979. *Teaching as A Conserving Activity*. New York: Delacorte.

Postman. N. 1982. *The Disappearance of Childhood*. New York: Delacorte.

Postman, N. 1985. *Amusing ourselves to Death: Public Discourse in the Age of*

Show Business. New York: Viking Penguin.

Postman, N. 1992. *Technopoly: The Surrender of Culture to Technology*. New York: Alfred A. Knopf.

Postman, N. 1999. *Building A Bridge to the 18th Century: How the Past Can Improve Our Future*. New York: Alfred A. Knopf.

Postman, N. and Weingartner, C. 1969. *Teaching as A Subversive Activity*. New York: Delta.

Postman, N. and Weingartner, C. 1971. *The Soft Revolution: A Student Handbook for Turning Schools around*. New York: Delacorte.

Smith, M. R. 1994. Technological Determinism in American Culture. In M. R. Smith and L. Marx (eds.). *Does Technology Drive History*? Cambridge, MA: MIT Press, pp.1-35.

Stamps, J. 1995. *Unthinking Modernity: Innis, McLuhan, and the Frankfurt School*. Montreal, Canada: McGill-Queens University Press.

Strate, L. 1994. Post (modern) man, or Neil Postman as A Postmodernist. *ETC.: A Review of General Semantics* 51 (2): pp.159-170.

Strate, L. 1996. Containers, Computers, and the Media Ecology of the City. Media Ecology [online]. Available via World-Wide Web: http: //raven. ubalt. edu/features/media_ecology.

Veblen, T. 1899. *The Theory of the Leisure Class: An Economic Study of Institutions*. New York: MacMillan.

第四章

Boorstin, D. 1973. *The Image*. New York: Athenaeum.

Christians, C. G. 1976. Jacques Ellul and Democracy's "Vital Information"Premise. *Journalism Monographs* 45, pp.1-42.

Christians, C. G. 1981. Ellul on Solution: An Alternative but No Prophecy. In C. G. Christians and J. M. Van Hook (eds.). *Jacques Ellul: Interpretive Essays*. Urbana: University of Illinois Press, pp.147-173.

Christians, C. G. 1995. Propaganda and the Technological System. In T. L. Glasser and C. T. Salmon (eds.). *Public Opinion and the Communication of Consent.* New York: Guilford, pp.156-174.

Christians, C. G. and Real, M. 1979. Jacques Ellul's Contributions to Critical Media Theory. *Journal of Communication* 29, pp.83-93.

Clendenin, D. 1989. Introduction. In J. Ellul. *The Presence of the Kingdom* (Revised Edition). Colorado Springs, CO: Helmers & Howard.

Ellul, J. 1963. The Technological Order. In C. Stover (ed.). *The Technological Order: Proceedings of the Encyclopaedia Brittanica Conference.* Detroit: Wayne State University Press, pp.10-24. Reprinted in L. Hickman (ed.). 1985. *Philosophy, Technology, and Human Affairs.* College Station, TX: Ibis Press.

Ellul, J. 1964. *The Technological Society* (J. Wilkinson, Trans.). New York: Vintage Books. (Original work published 1954)

Ellul, J. 1965. *Propaganda: The Formation of Men's Attitudes* (K. Kellen and J. Lerner, Trans.). New York: Alfred A. Knopf. (Original work published 1962)

Ellul, J. 1967. *The Political Illusion* (K. Kellen, Trans.). New York: Alfred A. Knopf. (Original work published 1965)

Ellul, J. 1980. *The Technological System* (J. Neugroschel, Trans.). New York: Continuum. (Original work published 1977)

Ellul, J. 1981. Epilogue: On Dialectic (G. W. Bromiley, Trans.). In C. G. Christians and J. M. Van Hook (eds.). *Jacques Ellul: Interpretive Essays.* Urbana: University of Illinois Press, pp.vi-ix.

Ellul, J. 1985. *The Humiliation of the Word* (J. M. Hanks, Trans.). Grand Rapids, MI: Wm. B. Eerdmans. (Original work published 1981)

Ellul, J. 1989a. *The Presence of the Kingdom* (Revised Edition). Colorado Springs, CO: Helmers & Howard. (Original work published 1948)

Ellul, J. 1989b. *What I Believe* (G. W. Bromiley, Trans.). Grand Rapids, MI: Wm. B. Eerdmans.

Ellul, J. 1990a. *Reason for Being* (J. M. Hanks, Trans.). Grand Rapids, MI: Wm. B. Eerdmans. (Original work published 1987)

Ellul, J. 1990b. *The Technological Bluff* (G.W.Bromiley, Trans.). Grand Rapids, MI: Wm. B. Eerdmans.

Ellul, J. 1992. Technology and Democracy. In L. Winner (ed.). *Democracy in A Technological Society*. Dordrecht, The Netherlands: Kluwer Academic.

Gozzi, R. 2000. Jacques Ellul on Technique, Media, and the Spirit. *New Jersey Journal of Communication* 8 (1): pp.79-90.

Hickman, L. (ed.). 1985. *Philosophy, Technology, and Human Affairs*. College Station, TX: Ibis Press.

Lerner, D. 1964. Propagandes [Review of the book *Propagandes*]. *American Sociological Review* 29: pp.793-794.

Lovekin, D. 1991. *Technique, Discourse, and Consciousness: An Introduction to the Philosophy of Jacques Ellul*. Bethlehem, PA: Lehigh University Press.

McLuhan, M. 1962. *The Gutenberg Galaxy: The Making of Typographic Man*. London: Routledge & Kegan Paul.

McLuhan, M. 1964. *Understanding Media: The Extensions of Man*. New York: Mentor.

McLuhan, M. 1965, November 28. Big Transistor Is Watching You [Review of the book *Propaganda: The formation of men's attitudes*]. *Book Week*: p.5.

Mumford, L. 1934. *Technics and Civilization*. New York: Harcourt Brace.

Nisbet, R. 1981. Foreword. In C. G. Christians and J. M. Van Hook (eds.). *Jacques Ellul: Interpretive Essays*. Urbana: University of Illinois Press, pp.vi-ix.

Ong, W. J. 1982. *Orality and Literacy*. London: Methuen.

Postman, N. 1985. *Amusing Ourselves to Death:Public Discourse in the Age of Show Business*. New York: Viking Penguin.

Postman, N. 1992. *Technopoly: The Surrender of Culture to Technology*. New York: Vintage.

Real, M. 1981. Mass Communications and Propaganda in Technological Societies. In C. G. Christians and J. M. Van Hook (eds.). *Jacques Ellul: Interpretive Essays*. Urbana: University of Illinois Press, pp.108-127.

Sproule, J. M. 1987. Propaganda Studies in American Social Science: The Rise and Fall of the Critical Paradigm. *Quarterly Journal of Speech* 73: pp.60-78.

Strate, L. and Lum, C. M. K. 2000. Lewis Mumford and the Ecology of Technics. *New Jersey Journal of Communication* 8 (1): pp.56-78.

Webster, F. 1995. *Theories of the Information Society*. London: Routledge.

第五章

Bromiley, G. W. 1981. Barth's Influence on Jacques Ellul. In C. G. Christians and J. M.Van Hook (eds.). *Jacques Ellul: Interpretive Essays*. Urbana: University of Illinois Press, pp.32-51.

Bultmann, R. 1952. *Theology of the New Testament* (K. Grobell, Trans.). London: SCM Press.

Bultmann, R. 1957. *History and Eschatology*. New York: Harper Torchbooks.

Clendenin, D. B. 1987. *Theological Method in Jacques Ellul*. Lanham, MD: University Press of America.

Cox, H. 1971. The Ungodly City: A Theological Response to Jacques Ellul. *Commonweal* 94: pp.352-357.

Dewey, J. 1922. *Human Nature and Conduct*. New York: Henry Holt.

Dewey, J. 1934. *A Common Faith*. New Haven, CT: Yale University Press.

Ellul, J. 1951. *The Presence of the Kingdom* (O. Wyon, Trans.). Philadelphia: Westminster.

Ellul, J. 1964. *The Technological Society* (J. Wilkinson, Trans.). New York: Knopf.

Ellul, J. 1965. *Propaganda: The Formation of Men's Attitudes* (K. Kellen and J. Lerner, Trans.) New York: Knopf.

Ellul, J. 1967. *The Political Illusion*(K. Kellen, Trans.). New York: Knopf.

Ellul, J. 1968. *A Critique of the New Commonplaces* (H. Weaver, Trans.). New York: Knopf.

Ellul, J. 1969a. *To Will and to Do* (C. Edward Hopkin, Trans.). Philadelphia: Pilgrim Press.

Ellul, J. 1969b. *Violence: Reflections from A Christian Perspective* (C. G. Kings,

Trans.). New York: Seabury Press.

Ellul, J. 1970a. From Jacques Ellul. In J. Y. Holloway (ed.). *Introducing Jacques Ellul*. Grand Rapids, MI: William B. Eerdmans, pp.5-6.

Ellul, J. 1970b. *The Meaning of the City* (D. Pardee, Trans.). Grand Rapids, MI: William B. Eerdmans.

Ellul, J. 1970c. Mirror of These Ten Years. *The Christian Century* 87: pp.200-204.

Ellul, J. 1971a. *The Judgment of Jonah* (G. W. Bromiley, Trans.). Grand Rapids, MI: William B. Eerdmans.

Ellul, J. 1971b. *Autopsy of Revolution*(P. Wolf, Trans.). New York: Knopf.

Ellul, J. 1972a. *False Presence of the Kingdom* (C. Edward Hopkin, Trans.). New York: Seabury Press.

Ellul, J. 1972b. *The Politics of God and the Politics of Man* (G. W. Bromiley, Trans.). Grand Rapids, MI: William B. Eerdmans.

Ellul, J. 1973. *Hope in the Time of Abandonment* (C. Edward Hopkin, Trans.). New York: Seabury Press.

Ellul, J. 1975. *The New Demons* (C. Edward Hopkin, Trans.). New York: Seabury.

Ellul, J. 1976. *Ethics of Freedom* (G. W. Bromiley, Trans.). Grand Rapids, MI: William B. Eerdmans.

Ellul, J. 1977. *Apocalypse: The Book of Revelation*(G. W. Schreiner, Trans.). New York: Seabury Press.

Ellul, J. 1981. On Dialogue. In C. G. Christians and J. M. Van Hook (eds.). *Jacques Ellul: Interpretive Essays*. Urbana: University of Illinois Press, pp.291-308.

Ellul, J. 1982. *In Season and out of Season: An Introduction to the Thought of Jacques Ellul*. New York: Harper & Row.

Ellul, J. 1983. *Living Faith: Belief and Doubt in A Perilous World* (P. Heinegg, Trans.). New York: Harper & Row.

Ellul, J. 1985. *The Humiliation of the Word* (J. M. Hanks, Trans.). Grand Rapids, MI: William B. Eerdmans.

Ellul, J. 1986. *The Subversion of Christianity* (G. W. Bromiley, Trans.). Grand

Rapids, MI: William B. Eerdmans.

Ellul, J. 1988. *Jesus and Marx: From Gosepl to Ideology* (J. M. Hanks, Trans.). Grand Rapids, MI: William B. Eerdmans.

Ellul, J. 1989. *What I Believe* (G. W. Bromiley, Trans.). Grand Rapids, MI: William B. Eerdmans.

Ellul, J. 1990. *The Technological Bluff* (G. W. Bromiley, Trans.). Grand Rapids, MI: William B. Eerdmans.

Ellul, J. 1991. *Anarchy and Christianity* (G. W. Bromiley, Trans.). Grand Rapids, MI: William B. Eerdmans.

Ellul, J. 1998. *Jacques Ellul on Religion, Technology, and Politics: Coversations with Patrick Troude-Chastenet* (J. M. France, Trans.). Atlanta, GA: Scholars Press.

Fasching, D. J. 1981. *The Thought of Jacques Ellul: A Systematic Exposition*. Toronto: Edwin Mellen Press.

Fasching, D. J. 1997. Lewis Mumford, Technological Critic. Special Issue of *The Ellul Forum* 18: pp.9-12.

Galileo, G. 1957. *Discoveries and Opinions of Galileo* (S. Drake, Trans.). Garden City, NY: Doubleday.

Gill, D. W. 1984. *The Word of God in the Ethics of Jacques Ellul*. Metuchen, NJ: The Scarecrow Press.

Goddard, A. 2002. *Living the Word, Resisting the World: The Life and Thought of Jacques Ellul*. Cumbria, UK: Paternoster Press.

Lovekin, D. 1991. *Technique, Discourse, and Consciousness: An Introduction to the Philosophy of Jacques Ellul*. Bethelem, PA: Lehigh University Press.

Mumford, L. 1934. *Technics and Civilization*. New York: Harcourt Brace.

Mumford, L. 1952. *Art and Technics*. New York: Columbia University Press.

Mumford, L. 1970. *The Myth of the Machine: II. The Pentagon of Power*. New York: Harcourt Brace Jovanovich.

Niebuhr, R. 1960. *Moral Man and Immoral Society*. New York: Charles Scribner's

Sons.

Niebuhr, R. 1964. *The Nature and Destiny of Man* (2 Vols.). New York: Charles Scribner's Sons. (Original works published 1941, 1943)

Outka, G. 1981. Discontinuity in the Ethics of Jacques Ellul. In C. G. Christians and J. M. Van Hook (eds.). *Jacques Ellul: Interpretive Essays*. Urbana: University of Illinois Press, pp.177-228.

Postman, N. 1985. *Amusing Ourselves to Death:Public Discourse in the Age of Show Business*. New York: Viking Penguin.

Tillich, P.1967. *Systematic Theology* (3 Vols.). Chicago: University of Chicago Press. (Original works published 1951, 1957, 1963)

Wenneman, D. J. 1991. *The Meaning of Subjectivity in A Technological Society: Jacques Ellul's View of Man as Dialogic Agent*. Ph.D. Dissertation. Marquette University.

第六章

Black, J. D. 2003. The Contributions of Mary Quayle Innis. In P. Heyer. *Harold Innis*. Boulder, CO: Rowman & Littlefield, pp.113-121.

Buxton, W. J. 2001. The Bias against Communication: On the Neglect and Non-publication of the"Incomplete and Unrevised Manuscript"of Harold Adams Innis. *Canadian Journal of Communication* 26 (2/3): pp.114-117.

Carey, J. 1967. Harold Adams Innis and Marshall McLuhan. *Antioch Review* 27 (1): pp.5-39.

Carey, J. 1989. *Communication and Culture: Essays on Media and Society*. Boston: Unwin Hyman.

Carpenter, E. 1960. The New languages. In E. Carpenter and M. McLuhan (eds.). *Explorations in Communication: An anthology*. Boston, MA: Beacon, pp.162-179.

Carpenter, E. 1972. *Oh, What A Blow that Phantom Gave Me!* Toronto, Canada: Bantam Books.

Christian, W. 1980. *The Idea File of Harold Adams Innis*. Toronto, Canada:

University of Toronto Press.

Christian, W. (ed.). 1981. *Innis on Russia: The Russian Diary and Other Writings*. Toronto, Canada: The Harold Innis Foundation.

Cochrane, C. N. 1944. *Christianity and Classical Culture*. London: Oxford University Press.

Creighton, D. 1978. *Harold Adams Innis: Portrait of A Scholar*. Toronto, Canada: University of Toronto Press. (Original work published 1940)

Czitrom, D. J. 1982. *Media and the American Mind*. Chapel Hill: University of North Carolina Press.

Drache, D. (ed.). 1995. *Staples, Markets, and Cultural Change: Harold Innis*. Montreal, Canada: McGill-Queen's University Press.

Ellul, J. 1964. *The Technological Society* (J. Wilkinson, Trans.). New York: Vintage Book.

Giedion, S. 1948. *Mechanization Takes Command*. New York: Oxford University Press.

Goffman, E. 1959. *The Presentation of Self in Everyday Life*. New York: Doubleday.

Goody, J. 1968. *Literacy in Traditional Societies*. London: Cambridge University Press.

Goody, J. 1977. *The Domestication of the Savage Mind*. Cambridge, England & New York: Cambridge University Press.

Havelock, E. A. 1963. *Preface to Plato*. Cambridge, MA & London: Belknap Press of the Harvard University Press.

Havelock, E. A. 1976. *Origins of Western Literacy*. Toronto, Canada: The Ontario Institute for Studies in Education.

Havelock, E. A. 1982. *Harold A. Innis: A Memoir*. Toronto, Canada: The Harold Innis Foundation.

Heyer, P. 2003. *Harold Innis*. Boulder, CO: Rowman & Littlefield.

Innis, H. A. (ed.). 1930. *Peter Pond: Fur Trader and Adventurer*. Toronto, Canada: Irwin & Gordon.

Innis, H. A. 1942. The Newspaper in Economic Development. *Journal of Economic History* 2/s: pp.1-33.

Innis, H. A. 1945. The English Press in the Nineteenth Century: An Economic Approach. *University of Toronto Quarterly* 15: pp.37-53.

Innis, H. A. 1946. *Political Economy and the Modern State*. Toronto, Canada: The University of Toronto Press.

Innis, H. A. 1952. *Changing Concepts of Time*. Toronto, Canada: The University of Toronto Press.

Innis, H. A. 1954. *The Cod Fisheries: The History of An International Economy*. Toronto, Canada: University of Toronto Press. (Original work published 1940)

Innis, H. A. 1962a. Essays in Canadian Economic History (M. Q. Innis, ed.). Toronto, Canada: The University of Toronto Press.

Innis, H. A. 1962b. *The Fur Trade in Canada*. New Haven, CT: Yale University Press. (Original work published 1930)

Innis, H. A. 1971. *A History of the Canadian Pacific Railway*. Toronto, Canada: University of Toronto Press. (Original work published 1923)

Innis, H. A. 1975. *Empire and Communications*. Toronto, Canada: University of Toronto Press. (Original work published 1950)

Innis, H. A. 1995. *The Bias of communication*. Toronto, Canada: The University of Toronto Press. (Original work published 1951)

Innis, H. A. n. d.. A History of Communications: An Incomplete and Unrevised Man-uscript. Montreal, Canada: McGill University McLennan Library.

Innis, H. A. 2004. *Changing Concepts of Time*. Boulder, CO: Rowman & Littlefield.

Innis H. A., Harvey, D. C. and Ferguson, C. B. (eds.). 1969. *The Diary of Simeon Perkins*. Westport, CT: Greenwood Press.

Kuhns, W. 1971. *The Post-Industrial Prophets*. New York: Weybright & Talley.

McLuhan, M. 1962. The *Gutenberg Galaxy: The Making of Typographic Man*. Toronto, Canada: University of Toronto Press.

McLuhan, M. 1964. *Understanding Media*: *The Extensions of Man*. New York:

McGraw-Hill.

Meyrowitz, J. 1985. *No Sense of Place: The Influence of Electronic Media on Social Behavior*. New York: Oxford University Press.

Mumford, L. 1934. *Technics and Civilization*. New York: Harcourt Brace.

Ong, W. J. 1967. *The Presence of the Word: Some Prolegomena for Cultural and Religious History*. New Haven, CT: Yale University Press.

Ong, W. J. 1982. *Orality and Literacy*. London: Methuen.

Postman, N. 1982. *The Disappearance of Childhood*. New York: Delacorte Press.

Postman, N. 1985. *Amusing Ourselves to Death: Public Discourse in the Age of Show Business*. New York: Viking Penguin.

Postman, N. 1992. *Technopoly: The Surrender of Culture to Technology*. New York: Knopf.

Postman, N. 1999. *Building A Bridge to the 18th Century: How the Past Can Improve Our Future*. New York: Knopf.

Rosenthal, R. (ed.). 1969. *McLuhan Pro and Con*. Baltimore: Penguin.

Wallas, G. 1934. *Social judgment*. London: Allen & Unwin.

第七章

Benedetti, P. and deHart, N. 1997. *Forward through the Rearview Mirror: Reflections on and by Marshall McLuhan*. Cambridge, MA: MIT Press.

Berkeley, G. 1929. An Essay to wards A New Theory of Vision. In M. W. Calkins (ed.). *Berkeley: Essay, Principles, Dialogues; with Selections from Other Writings*. New York: Scribner's, pp.3-98. (Original work published in 1709)

Bolter, J. D. 1992. Literature in the Electronic Writing Space. In M. C. Tuman (ed.). *Literacy Online: The Promise (and Peril) of Reading and Writing with Computers*. Pittsburgh, PA: University of Pittsburgh Press, pp.19-42.

Boorstin, D. J. 1992. *The Image: A Guide to Pseudo-events in America* (25th Anniversary Edition). New York: Random House. (Original work published in 1961)

Briggs, J. P.1992. *Fractals: The Patterns of Chaos: A New Aesthetics of Art,*

Science, and Nature. New York: Simon & Schuster.

Carpenter, E. 2001. That Not-so-silent Sea. In D. Theall (ed.). *The Virtual Marshall McLuhan*. Montreal, Québec & Kingston, Ontario, Canada: McGill-Queen's University Press.

Carpenter, E. and McLuhan, M. 1960. Acoustic Space. In E. Carpenter and M. McLuhan(eds.). *Explorations in Communication*. Boston: Beacon Press, pp.65-70.

Carson, R. 1962. *Silent Spring*. Boston: Houghton Mifflin.

Cavell, R. 2002. *McLuhan in Space: A Cultural Geography*. Toronto, Canada, Buffalo, NY, & London: University of Toronto Press.

Cohn, D. L. 1951, October 21. A Touch of Humor Wouldn't Hurt. *The New York Times*. Retrieved November 6, 1997 from http: //www. nytimes. com/books/97/11/02/home/mcluhan-bride. html

Cytowic, R. E. 1993/1998. *The Man Who Tasted Shapes*. Cambridge, MA: MIT Press.

Czitrom, D. J. 1982. *Media and the American Mind: From Morse to McLuhan*. Chapel Hill: University of North Carolina Press.

Deibert, R. J. 1997. *Parchment, Printing, and Hypermedia: Communication in World Order Transformation*. New York: Columbia University Press.

Dertouzos, M. 1997. *What Will Be: How the New World of Information Will Change Our Lives*. New York: HarperCollins.

Eisenstein, E. L. 1979. *The Printing Press as An Agent of Change*: Communications and Cultural Transformation in Early-modern Europe. Cambridge, England: Cambridge University Press.

Fiske, J. 1988. *Introduction to Communication Studies*. London & New York: Routledge. (Original work published in 1982)

Gencarelli, T. F. 2000. The Intellectual Roots of Media Ecology in the Thought and Work of Neil Postman. *New Jersey Journal of Communication* 8 (1): pp.91-103.

Gleick, J. 1987. *Chaos: Making A New Science*. New York: Viking Penguin.

Gordon, W. T. 1997. *Marshall McLuhan: Escape into Understanding; A Biography*. New York: Basic Books.

Graham, F., Jr. 1976. *Since Silent Spring*. New York: Fawcett.

Hamilton, E. 1953. *Mythology*. New York: Mentor. (Original work published in 1942)

Havelock, E. A. 1963. *Preface to Plato*. Cambridge, MA & London: Belknap Press of Harvard University Press.

Havelock, E. A. 1976. *Origins of Western Literacy*. Toronto, Canada: Ontario Institute for Studies in Education.

Innis, H. A. 1951. *The Bias of Communication*. Toronto, Canada: University of Toronto Press

Innis, H. A. 1972. *Empire and Communications* (Revised by Mary Q. Innis with a foreword by Marshall McLuhan). Toronto, Ontario, Canada: University of Toronto Press.

Joyce, M. 1988. Siren Shapes: Exploratory and Constructive Hypertexts. *Academic Computing* 3 (4): pp.10-14, 37-42.

Kernan, A. 1990. *The Death of Literature*. New Haven, CT & London: Yale University Press.

Kuhn, T. S. 1996. *The Structure of Scientific Revolutions* (3rd Edition). Chicago & London: University of Chicago Press.

Leavis, F. R. 1930. *Mass Civilisation and Minority Culture* (Minority pamphlet No.1). Cambridge, England: Minority Press.

Leavis, F. R. 1932. *New Bearings in English Poetry: A Study of the Contemporary Situation*. London: Chatto & Windus.

Levinson, P.1997. *The Soft Edge: A Natural History and Future of the Information Revolution*. London & New York: Routledge.

Levinson, P.1999. *Digital McLuhan: A Guide to the Information Millennium*. London & New York: Routledge.

Levinson, P.2000. McLuhan and Media Ecology. *Proceedings of the Media*

Ecology Association 1: pp.17-22. http: //www. media-ecology. org/publications/proceedings/vl/levinson01. pdf

Lewis, W. 1927. *Time and Western Man*. London: Chatto and Windus.

Lewis, W. 1948. *America and Cosmic man*. London: Nicholson & Watson.

Marchand, P.1998. *Marshall McLuhan: The Medium and the Messenger* (Revised Edition). Cambridge, MA: MIT Press.

McLuhan, E. 1998. *Electric Language: Understanding the Message*. New York: St. Martin's.

McLuhan, M. 1943. *The Place of Thomas Nashe in the Learning of His Time*. Unpublished doctoral dissertation, Cambridge, England: Cambridge University.

McLuhan, M. 1951. *The Mechanical Bride: Folklore of Industrial Man*. New York: Vanguard Press.

McLuhan, M. 1962. *The Gutenberg galaxy: The Making of Typographic Man*. Toronto, Canada: University of Toronto Press.

McLuhan, M. 1964. *Understanding Media: The Extensions of Man*. New York, Toronto, Ontario, Canada, & London: McGraw-Hill.

McLuhan, M. 1967. Is It Natural that One Medium Should Appropriate and Exploit Another? In G. E. Stearn (ed.). *McLuhan: Hot & Cool: A Primer for the Understanding of & A Critical Symposium with A Rebuttal by McLuhan*. New York: Dial, pp.146-157.

McLuhan, M. 1970. *Culture Is Our Business*. New York: McGraw-Hill.

McLuhan, M. 1994. *Understanding Media: The Extensions of Man* (with a new Introduction by Lewis H. Lapham). Cambridge, MA: MIT Press. (Original work published in 1964)

McLuhan, M. and Fiore, Q. 1967. *The Medium Is the Massage: An Inventory of Effects* (J. Agel, Prod.). New York: Bantam.

McLuhan, M. and Fiore, Q. 1997. *War and Peace in the Global Village: An Inventory of Some of the Current Spastic Situations that Could Be Eliminated by More Feed-forward* (coordinated by J.Agel). San Francisco: HardWired. (Original work published in 1968)

McLuhan, M. and Forsdale, L. 1974. Making Contact with Marshall McLuhan. In L. Brown and S. Marks (eds.). *Electric Media*. New York: Harcourt Brace Jovanovich, pp.148-158.

McLuhan, M. and McLuhan, E. 1988. *Laws of Media: The New Science*. Toronto, Canada: University of Toronto Press.

McLuhan-Ortved, S. (Producer) and Wolfe, T. 1996. *The Video McLuhan* [videotapes]. Available from: Video McLuhan Inc., 73 Sighthill Avenue, Toronto, Ontario M4T 2H1, Canada.

McMahon, K. (Director) and Flahive, G. (Producer). 2002. *McLuhan's Wake* [film]. Available from the National Film Board of Canada Library: 22-D Hollywood Avenue, Ho-Ho-Kus, NJ 07423.

Morrison, J. C. 2000. Marshall McLuhan: No Prophet without Honor. *New Dimensions in Communication* (Vol. Ⅲ). *Proceedings of the 5th annual conference of the New York State Communication Association*. Monticello, New York, October 8-10, 1999, pp.1-28.

Nelson, T. H. 1992. Opening Hypertext: A Memoir. In M. C. Tuman (ed.). *Literacy Online: The Promise (and Peril) of Reading and Writing with Computers*. Pittsburgh, PA: University of Pittsburgh Press, pp.43-57.

Ong, W. J. 1982. *Orality and Literacy*. London & New York: Routledge.

Pascal, B. 1961. *Pensées*. Paris: Garnier. (Original work published in 1669)

Playboy Interview. 1969, March. Marshall McLuhan: A Candid Conversation with the High Priest of Popcult and Metaphysician of Media. *Playboy*: pp.53-54, 59-62, 64-66, 68, 70, 72, 74, 158.

Postman, N. 1985. *Amusing Ourselves to Death: Public Discourse in the Age of Show Business*. New York: Viking Penguin.

Richards, I. A. n. d.. *Principles of Literary Criticism*. New York: Harcourt Brace & World. (Original work published in 1925)

Richards, I. A. n. d.. *Practical Criticism*. New York: Harcourt Brace & World.

(Original work published in 1929)

Rosenthal, R. 1968. *McLuhan: Pro and Con*. New York: Funk & Wagnalls.

Schwartz, T. 1973. *The Responsive Chord*. Garden City, NY: Anchor/Doubleday.

Shannon, C. and Weaver, W. 1949. *The Mathematical Theory of Communication*. Urbana-Champaign: University of Illinois Press.

Snow, C. P.1959. *The Two Cultures and the Scientific Revolution*. New York: Cambridge University Press.

Southam Interactive. 1996. *Understanding McLuhan* [CD-ROM]. Available from Voyager, on-line at http: //store. yahoo. com/voyagerco/ltcmcluhh. html

Stearn, G. E. (ed.). 1967. *McLuhan: Hot & Cool: A Primer for the Understanding of & A Critical Symposium with A Rebuttal by McLuhan*. New York: Dial.

Sturrock, J. 1989, February 26. Wild Man of the Global Village. *The New York Times Book Review*. Retrieved November 6, 1997 from http: //www. nytimes. com/books/search/bin/fastweb?getdoc+book-rev+book-r+10110+0++.

Theall, D. F. 2001. *The Virtual Marshall McLuhan*. Montreal, Canada: McGill-Queen's University Press.

Toulmin, S. E. 1958. *The Uses of Argument*. Cambridge, England: Cambridge University Press.

Trotter, R. H. 1976. The Other Hemisphere. *Science News*: pp.109, 218.

Wolf, G. 1996a, January. Channeling McLuhan. *Wired* 4.01: pp.128-131, 186-187.

Wolf, G. 1996b, January. The Wisdom of Saint Marshall, the Holy Fool. *Wired* 4.01: pp.122-125, 182, 184, 186.

Wolfe, T. 1968. What If He Is Right? In *The Pump House Gang*. New York: Farrar, Straus & Giroux.

第八章

Carpenter, E. and McLuhan, M. (eds.). 1960. *Explorations in Communication*. Boston: Beacon Press.

Carroll, J. B. (ed.). 1956. *Language, Thought, and Reality: Selected Writings of Benjamin Lee Whorf*. Cambridge, MA: MIT Press.

Cassirer, E. 1946. *Language and Myth* (S. K. Langer, Trans.). New York: Harper & Bros. (Original work published 1925)

Eisenstein, E. L. 1979. *The Printing Press as An Agent of Social Change: Communications and Cultural Transformations in Early-modern Europe.* Cambridge, England: Cambridge University Press.

Ellul, J. 1964. *The Technological Society* (J. Wilkinson, Trans.). New York: Vintage Books. (Original work published 1954)

Ellul, J. 1985. *The Humiliation of the Word* (J. M. Hanks, Trans.). Grand Rapids, MI: William B. Eerdman's. (Original work published 1981)

Fukuyama, E 1993. *The End of History and the Last Man.* New York: Avon.

Gencarelli, T. 2000. The Intellectual Roots of Media Ecology in the Work and Thought of Neil Postman. *The New Jersey Journal of Communication* 8 (1): pp.91-103.

Gencarelli, T., Borrisoff, D., Chesebro, J. W., Drucker, S., Hahn, D. F, and Postman, N. 2001. Composing An Academic Life: A Symposium. *The Speech Communication Annual* XV: pp.114-136.

Gumpert, G. 1987. *Talking Tombstones & Other Tales of the Media Age.* New York: Oxford University Press.

Havelock, E. A. 1963. *Preface to Plato.* Cambridge, MA: Harvard University Press.

Havelock, E. A. 1976. *Origins of Western Literacy.* Toronto, Canada: The Institute for Studies in Education.

Hayakawa, S. I. 1943. *Language in Action.* New York: Harcourt Brace.

Huxley, A. 1932. *Brave New World.* New York: Doubleday.

Innis, H. A. 1950. *Empire and Communication.* New York: Oxford University Press.

Innis, H. A. 1951. *The Bias of Communication.* Toronto, Canada: University of Toronto Press.

Johnson, W. 1946. *People in Quandaries.* New York: Harper.

Klapper, J. T. 1949. *The Effects of Mass Media.* New York: Bureau of Applied Research, Columbia University.

Klapper, J. T. 1960. *The Effects of Mass Communication*. Chicago: The Free Press of Glencoe, Illinois.

Korzybski, A. 1941. *Science and Sanity: An Introduction to Non-Aristotelian Systems and General Semantics* (2nd Edition). Lancaster, PA: Science Press.

Langer, S. K. 1942. *Philosophy in A New Key: A Study in the Symbolism of Reason, Rite, and Art*. Cambridge, MA: Harvard University Press.

McLuhan, M. 1962. *The Gutenberg Galaxy: The Making of Typographic Man*. Toronto, Canada: University of Toronto Press.

McLuhan, M. 1964. *Understanding Media: The Extensions of Man*. New York: McGraw-Hill.

McLuhan, M. and Fiore, Q. 1967. *The Medium Is the Massage*. New York: Bantam Books.

Mediaed. org. uk. n. d.. Media Education in the U. K. Retrieved November 17, 2003 from http: //mediaed. org. uk/posted_documents/mediaeduk. html.

Mumford, L. 1934. *Technics and Civilization*. New York: Harcourt Brace & World.

Mumford, L. 1952. *Art and Technics*. New York: Columbia University Press.

Nystrom, C. 1973. *Towards A Science of Media Ecology: The Formulation of Integrated Conceptual Paradigms for the Study of Human Communication Systems*. Unpublished doctoral dissertation, New York: New York University.

Ogden, C. K. and Richards, I. A. 1923. *The Meaning of Meaning*. New York: Harcourt Brace.

Ong, W. J. 1967. *The Presence of the Word*. New Haven, CT: Yale University Press.

Orwell, G. 1949. *1984*. New York: Harcourt Brace.

Peirce, C. S. 1932. *Collected Papers of C. S. Peirce*. Cambridge, MA: Harvard University Press.

Postman, N. 1961. *Television and the Teaching of English*. New York: Appleton-Century-Crofts.

Postman, N. 1963. *The New English: A Forward look*. New York: Holt, Rinehart & Winston.

Postman, N. 1966a. *Exploring Your Language*. New York: Holt, Rinehart & Winston.

Postman, N. 1966b. *Language and Reality*. New York: Holt, Rinehart & Winston.

Postman, N. 1970. The Reformed English Curriculum. In A. C. Eurich (ed.). *High School 1980: The Shape of the Future in American Secondary Education*. New York: Pitman, pp.160-168.

Postman, N. 1976. *Crazy Talk, Stupid Talk: How We Defeat Ourselves by the Way We Talk and What to Do about It*. New York: Delacorte Press.

Postman, N. 1979. *Teaching as A Conserving Activity*. New York: Delta.

Postman, N. 1982. *The Disappearance of Childhood*. New York: Delacorte Press.

Postman, N. 1985. *Amusing Ourselves to Death: Public Discourse in the Age of Show Business*. New York: Viking Penguin.

Postman, N. 1988. *Conscientious Objections: Stirring up Trouble about Language, Technology, and Education*. New York: Alfred A. Knopf.

Postman, N. 1992. *Technopoly: The Surrender of Culture to Technology*. New York: Vintage Books.

Postman, N. 1996. *The End of Education: Redefining the Value of School*. New York: Alfred A. Knopf.

Postman, N. 1999. *Building A Bridge to the 18th Century: How the Past Can Improve Our Future*. New York: Alfred A. Knopf.

Postman, N. and Damon, H. C. 1965a. *The Languages of Discovery*. New York: Holt, Rinehart & Winston.

Postman, N. and Damon, H. C. (eds.). 1965b. *The Roots of Fanaticism*. New York: Holt, Rinehart & Winston.

Postman, N. and Damon, H. C. 1965c. *The Uses of Language*. New York: Holt, Rinehart & Winston.

Postman, N. and Damon, H. C. 1966. *Language and Systems*. New York: Holt, Rinehart & Winston.

Postman, N., Morine, H. and Morine, G. 1963. *Discovering Your Language*. New

York: Holt, Rinehart & Winston.

Postman, N., Nystrom, C., Strate, L. and Weingartner, C. 1987. *Myths, Men, & Beer: An Analysis of Beer Commercials on Broadcast Television, 1987*. Falls Church, VA: AAA Foundation for Traffic Safety.

Postman, N. and Powers, S. 1992. *How to Watch TV News*. New York: Penguin Books.

Postman, N. and Weingartner, C. 1966. *Linguistics: A Revolution in Teaching*. New York: Delta.

Postman, N. and Weingartner, C. 1969. *Teaching as A Subversive Activity*. New York: Delacorte Press.

Postman, N. and Weingartner, C. 1971. *The Soft Revolution: A Student Handbook for Turning Schools around*. New York: Delacorte Press.

Postman, N. and Weingartner, C. 1973a. *How to Recognize A Good School*. Bloomington, IN: Phi Delta Kappa Educational Foundation.

Postman, N. and Weingartner, C. 1973b. *The School Book: For People Who Want to Know What All the Hollering Is about*. New York: Delacorte Press.

Postman, N., Weingartner, C. and Moran, T. P.(eds.). 1969. *Language in America: A Report on Our Deteriorating Semantic Environment*. New York: Irvington Publishers.

Russell, B. 1953. *The Impact of Science on Society*. New York: Simon & Schuster.

Ryan, P.1973. *Birth and Death and Cybernation: Cybernetics of the Sacred*. Newark, NJ: Gordon & Breach.

Samuel F. B. Morse Biography. n. d.. Retrieved July 21, 2003 from http: //www.morsehistoricsite. org/morse/morse. html.

Sapir, E. 1921. *Language: An Introduction to the Study of Speech*. New York: Harcourt Brace.

Schramm, W. (ed.). 1954. *The Process and Effects of Mass Communication*. Urbana: University of Illinois Press.

Schwartz, T. 1973. *The Responsive Chord*. Garden City, NY: Anchor Books.

Strate, L. 1994. Post (modern) man, or Neil Postman as Postmodernist. *ETC.: A Review of General Semantics* 51 (2): pp.159-170.

Strate, L. 1996. Containers, Computers, and the Media Ecology of the City. *Media Ecology: A Journal of Intersections*. Retrieved July 21, 2003 from http: //raven. ubalt. edu/features/media_ecology/articles/96/strate 1/s trate_ 1. html.

Strate, L. and Lum, C. M. K. 2000. Lewis Mumford and the Ecology of Technics. *The New Jersey Journal of Communication* 8 (1): pp.56-78.

Taylor, F. W. 1947. *The Principles of Scientific Management*. New York: Harper & Bros. (Original work published 1911)

Waters, R. 1992. *Amused to Death* [audio recording]. New York: Soony Music.

Watzlawick, P., Beavin-Bavelas, J. and Jackson, D. 1967. *The Pragmatics of Human Communication: A Study of Interactional Patterns, Pathologies, and Paradoxes*. New York: W. W. Norton.

Watzlawick, P., Weakland, J. H. and Fisch, R. 1974. *Change: Principles of Problem Formation and Problem Resolution*. New York: W. W. Norton.

White, L. 1962. *Medieval Technology and Social Change*. London: Clarendon Press.

Whitehead, A. N. 1959. *The Aims of Education*. New York: Macmillan.

Wiener, N. 1950. *The Human Use of Human Beings: Cybernetics and Society*. New York: Avon Books.

Wittgenstein, L. 1933. *Tractatus Logico-philosophicus* (2nd Edition). New York: Harcourt Brace.

第九章

Alterman, E. 1999, October 11. A Euro without A Europe. *The Nation*: p.10.

Bagdikian, B. 1983. *The Media Monopoly*. Boston: Beacon Press.

Carey, J. W. 1967. Harold Adams Innis and Marshall McLuhan. *Antioch Review* 27 (1): pp.5-39.

Carey, J. W. 1978. A Plea for the University Tradition. *Journalism Quarterly* 55: pp.846-855.

Carey, J. W. 1988a. A Cultural Approach to Communication. In J. W. Carey (ed.). *Communication as Culture: Essays on Media and Society*. Boston, MA: Unwin Hyman, pp.13-36. (Original work published 1975)

Carey, J. W. 1988b. Mass Communication and Cultural Studies. In J. W. Carey (ed.). *Communication as Culture: Essays on Media and Society*. Boston, MA: Unwin Hyman, pp.37-68. (Original work published 1977)

Carey, J. W. 1988c. Overcoming Resistance to Cultural Studies. Reprinted in J. W. Carey (ed.). *Communication as Culture: Essays on Media and Society*. Boston, MA: Unwin Hyman, pp.89-112. (Original work published 1986)

Carey, J. W. 1988d. Technology and Ideology: The Case of the Telegrapy. In J. W. Carey (ed.). *Communication as Culture: Essays on Media and Society*. Boston, MA: Unwin Hyman, pp.201-231. (Original work published 1983)

Carey, J. W. 1997a. Communications and Economics. In E. S. Munson and C. A. Warren (eds.). *James Carey: A Critical Reader*. Minneapolis: University of Minnesota Press, pp.60-75. (Original work published 1994)

Carey, J. W. 1997b. The Communications Revolution and the Professional Communicator. In E. S. Munson and C. A. Warren (eds.). *James Carey: A Critical Reader*. Minneapolis: University of Minnesota Press, pp.128-143. (Original work published 1969)

Carey, J. W. 1997c. Political Correctness and Cultural Studies. In E. S. Munson and C. A. Warren (eds.). *James Carey: A Critical Reader*. Minneapolis: University of Minnesota Press, pp.207-291. (Original work published 1992)

Carey, J. W. 1997d. The Problem of Journalism History. In E. S. Munson and C. A. Warren (eds.). *James Carey: A Critical Reader*. Minneapolis: University of Minnesota Press, pp.86-74. (Original work published 1974)

Carey, J. W. 1997e. "A Republic, If You Can Keep It": Liberty and Public Life in the Age of Glasnost. In E. S. Munson and C. A. Warren (eds.). *James Carey: A Critical Reader*. Minneapolis: University of Minnesota Press, pp.207-227. (Original work published 1991)

Carey, J. W. 1998. Marshall McLuhan: Genealogy and Legacy. *Canadian Journal of Communication* 23: pp.293-306.

Carey, J. W. 1999. In Defense of Public Journalism. In T. L. Glasser (ed.). *The Idea of Public Journalism*. New York: Guilford Press, pp.49-66.

Carey, J. W. and Quirk, J. 1988. The Mythos of the Electronic Revolution: In J. W. Carey (ed.). *Communication as Culture: Essays on Media and Society*. Boston: Unwin Hyman, pp.113-141. (Original work published 1970)

Dayan, D. and Katz, E. 1992. *Media Events: The Live Broadcast of History*. Cambridge, MA: Harved University Press.

Flayhan, D. P.2001. Cultural Studies and Media Ecology: Meyrowitz's Medium Theory and Carey's Cultural Studies. *The New Jersey Journal of Communication* 9 (1): pp.21-44.

Geertz, C. 1973. *The Interpretation of Cultures*. New York: Basic Books.

Grosswiler, P.1998. *Method Is the Message: Rethinking McLuhan through Critical Theory*. Montreal, Canada: Black Rose Books.

Hallin, D. 1986. *The "Uncensored War": The Media and Vietnam*. New York: Oxford University Press.

Herman, E. S. and McChesney, R. W. 1997. *The Global Media: The New Missionaries of Corporate Capitalism*. Washington, DC: Cassell.

Innis, H. A. 1964. *The Bias of Communication*. Toronto, Canada: University of Toronto Press. (Original work published 1951)

Lum, C. M. K. 2000. The Intellectual Roots of Media Ecology. *The New Jersey Journal of Communication* 8 (1): pp.1-7.

McLuhan, M. 1962. *The Gutenberg Galaxy: The Making of Typographic Man*. Toronto, Canada: University of Toronto Press.

McLuhan, M. and McLuhan, E. 1988. *Laws of Media: The New Science*. Toronto, Canada: University of Toronto Press.

Meyrowitz, J. 1985. *No Sense of Place*. New York: Oxford University Press.

Morley, D. 1992. *Television Audiences and Cultural Studies*. New York: Routledge.

Mumford, L. 1934. *Technics and Civilization*. New York: Harcourt Brace.

Munson, E. and Warren, C.A. (eds.). 1997. *James Carey: A Critical Reader*. Minneapolis: University of Minnesota Press.

Pauly, J. 1997. Introduction/On the Origins of Media Studies (and Media Scholars). In E. S. Munson and C. A. Warren (eds.). *James Carey*: *A Critical Reader*. Minneapolis: University of Minnesota Press, pp.3-13.

Rosen, J. 1994. Making Things More Public: On the Political Responsibility of the Media Intellectual. *Critical Studies in Mass Communication* 11 (4): pp.362-388.

Schiller, D. 1996. *The Orizing Communication: A History*. New York: Oxford University Press.

Schudson, M. 1998. *The Good Citizen: A History of American Civic Life*. Cambridge, MA: Harvard University Press.

Williams, R. 1977. *Marxism and Literature*. New York: Oxford University Press.

第十章

Barnett, L. 1968. *The Universe and Dr. Einstein*. New York: Bantam Books.

Havelock, E. A. 1976. *Origins of Western Literacy*. Toronto, Canada: The Ontario Institute for Studies in Education.

Heisenberg, W. 1962. *Physics and Philosophy*. New York: Harper & Row.

Kuhn, T. S. 1962. *The Structure of Scientific Revolutions*. Chicago: University of Chicago Press.

Langer, S. K. 1942. *Philosophy in A New Key*. Cambridge, MA: Harvard University Press.

Langer, S. K. 1953. *Feeling and Form*: *A Theory of Art Developed from Philosophy in A New Key*. New York: Charles Scribner's Sons.

Matson, F. W. 1966. *The Broken Image: Man, Science and Society*. Garden City, NY: Doubleday.

McLuhan, M. 1964. *Understanding Media: The Extensions of Man*. New York: McGraw-Hill.

Ong, W. J. 1982. *Orality and Literacy*. New York: Methuen.

Pinker, S. 1994. *The Language Instinct*. New York: William Morrow.

Postman, N. 1999. *Building A Bridge to the 18th Century: How the Past Can Improve Our Future*. New York: Alfred A. Knopf.

Sapir, E. 1921. *Language*. New York: Harcourt Brace.

Whorf, B. L. 1956. *Language, Thought and Reality*. Cambridge, MA: MIT Press.

第十一章

Gozzi, R., Jr. 1999. *The Power of Metaphor in the Age of Electronic Media*. Cresskill, NJ: Hampton Press.

Gronbeck, B. E. 2000. Communication Media, Memory, and Social-political Change in Eric Havelock. *The New Jersey Journal of Communication* 8 (1): pp.34-45.

Langer, S. K. 1930. *The Practice of Philosophy*. New York: Henry Holt.

Langer, S. K. 1953. *Feeling and Form: A Theory of Art Developed from Philosophy in A New Key*. New York: Charles Scribner's Sons.

Langer, S. K. 1957a. *Philosophy in A New Key: A Study in the Symbolism of Reason, Rite, and Art* (3rd Edition). Cambridge, MA: Harvard University Press. (Original work published 1942)

Langer, S. K. 1957b. *Problems of Art: Ten Philosophical Lectures*. New York: Charles Scribner's Sons.

Langer, S. K. 1962. *Philosophical Sketches*. Baltimore: Johns Hopkins University Press.

Langer, S. K. 1967a. *An Introduction to Symbolic Logic*(3rd Edition). New York: Dover. (Original work published 1937)

Langer, S. K. 1967b. *Mind: An Essay on Human Feeling* (Vol. I, Parts 1-3). Baltimore: Johns Hopkins University Press.

Langer, S. K. 1972. *Mind: An Essay on Human Feeling* (Vol. II, Part 4). Baltimore: Johns Hopkins University Press.

Langer, S. K. 1982. *Mind: An Essay on Human Feeling* (Vol. III, Parts 5 & 6). Baltimore: Johns Hopkins University Press.

Liska, J. 1993. Bee Dances, Bird Songs, Monkey Calls, and Cetanean Sonar: Is Speech Unique? *Western Journal of Communication* 57: pp.1-26.

Lum, C. M. K. 2000. Introduction: The Intellectual Roots of Media Ecology. *The New Jersey Journal of Communication* 8: pp.1-7.

Powers, J. H. 1981. Conversation Analysis and Susanne Langer's "Act" Concept: A New Approach to Describing the Natural "Units" of Conversation. *Journal of the Linguistic Association of the Southwest* 4: pp.17-29.

Powers, J. H. 1982. An "Act" Based Theory of Communication: First Principles. *Journal of Applied Communication Research* 10: pp.9-20.

Powers, J. H. 1995 On the Intellectual Structure of the Human Communication Discipline. *Communication Education* 44: pp.191-222.

Powers, J. H. 2002. Chinese Communication Theory and Practice: A Tier-based Perspective. In W. Jia, X. Lu and D. R. Heisey (eds.). *Chinese Communication Theory and Research: Reflections, New Frontiers, and New Directions*. Westport, CT: Ablex Publishing, pp.37-64.

第十二章

Andrew, D. (ed.). 1997. *The Image in Dispute: Art and Cinema in the Age of Photography*. Austin: University of Texas Press.

Armes, R. 1988. *On Video*. New York: Routledge.

Barton, D., Hamilton, M. and Ivanic, R. (eds.). 2000. *Situated Literacies: Reading and Writing in Context*. New York: Routledge.

Barthes, R. 1968. *The Elements of Semiology* (A. Lavers and C. Smith, Trans.). New York: Hill & Wang.

Baudrillard, J. 1987/1988. *The Ecstasy of Communication* (S. Lotringer, ed., B. & C. Schutze, Trans.). New York: Semiotext (e).

Bennett, W. L. 2001. *News: The Politics of Illusion* (4th Edition). New York: Addison Wesley Longman. (Original work published 1983)

Carey, J. W. 1989. *Communication as Culture: Essays on Media and Society*. Boston, MA: Unwin Hyman.

Carlson, M. 1996. *Performance: A Critical Introduction*. New York: Routledge.

Chesebro, J. W. and Bertelsen, D. A. 1996. *Analyzing Media: Communication Technologies as Symbolic and Cognitive Systems*. New York: Guilford.

Cope, B. and Kalentzis, M. (eds.). 2000. *Multiliteracies: Literacy Learning and the Design of Social Futures*. New York: Routledge.

Couch, C. J. 1996. *Information Technologies and Social Orders* (D. R. Maines and S.-L. Chen. eds. Introduction). New York: Aldine de Gruyter.

Czitrom, D. J. 1982. *Media and the American Mind: From Morse to McLuhan*. Chapel Hill: University of North Carolina Press.

Damasio, A. R. 1994. *Descartes' Error: Emotion, Reason, and the Human Brain*. New York: G. P. Putnam.

Damasio, A. R. 1999. *The Feeling of What Happens: Body and Emotion in the Making of Consciousness*. New York: Harcourt Brace.

Davis, R. E. 1976. *Response to Innovation: A Study of Popular Argument about New Mass Media*. (G. S. Loweth, ed.). North Stratford, NH: Ayer.

Dayan, D. and Katz, E. 1992. *Media Events: The Live Broadcasting of History*. Cambridge, MA: Harvard University Press.

Debord, G. 1983. *Society of the Spectacle* (Anon., Trans.). Detroit, MI: Black & White. (Original work published 1962)

Deibert, R. J. 1997. *Parchment, Printing, and Hypermedia: Communication in World Order Transformation*. New York: Columbia University Press.

Denny, J. P.1991. Rational Thought in Oral Culture and Literate Decontextualization. In D. R. Olson and N. Torrance (eds.). *Literacy and Orality*. New York: Cambridge University Press, pp.66-89.

Durkheim, E. and Mauss, M. 1963. *Primitive Classification* (R. Needham, Trans., ed. Introduction). Chicago: University of Chicago Press. (Original work published 1903)

Edelman, M. 1988. *Constructing the Political Spectacle*. Chicago: University of Chicago Press.

Eisenstein, E. L. 1979. *The Printing Press as An Agent of Change: Communications and Cultural Transformations in Early-modern Europe*. Cambridge, England: Cambridge University Press.

Eisenstein, E. L. 1983. *The Printing Revolution in Early Modern Europe*. Cambridge, England: Cambridge University Press.

Elkins, D. J. 1995. *Beyond Sovereignty: Territory and Political Economy in the Twenty-first Century*. Toronto: University of Toronto Press.

Ellul, J. 1973. *Propaganda: The Formation of Men's Attitudes*. New York: Vintage Books. (Original work published 1965)

Ellul, J. 1985. *The Humiliation of the Word*. Grand Rapids, MI: Eerdmans.

Farrell, T. J. 1991. Secondary Orality and Consciousness Today. In B. E. Gronbeck, T. J. Farrell and P. A. Soukup (eds.). *Media, Conciousness, and Culture: Explorations of Walter Ong's Thought*. Thousand Oaks, CA: Sage, pp.194-209.

Farrell, T. J. 2000. *Walter Ong's Contributions to Cultural Studies*. Cresskill, NJ: Hampton Press.

Featherstone, M. and Burrows, R. 1995. *Cyberspace/Cyberbodies/Cyberpunk: Cultures of Technological Embodiment*. Thousand Oaks, CA: Sage.

Fiske, J. 1987. *Television Culture*. New York: Methuen.

Fiske, J. 1994. *Media Matters: Everyday Culture and Political Change*. Minneapolis: University of Minnesota Press.

Flesch, R. A, 1955. *Why Johnny Can't Read—and What You Can Do about It*. New York: Harper.

Gibson, W. 1984. *Neuromancer*. London: HarperCollins.

Goody, J. (ed.). 1968. *Literacy in Traditional Societies*. Cambridge, England: Cambridge University Press.

Goody, J. and Watt, I. 1968. The Consequences of Literacy. In J. Goody (ed.). *Literacy in Traditional Societies*. Cambridge, England: Cambridge University Press, pp.27-68.

Gronbeck, B. E. 1981. McLuhan as Rhetorical Theorist. *Journal of Communication*

31: pp.117-128.

Gronbeck, B. E. 1988. The Academic Practice of Television Criticism. *Quarterly Journal of Speech* 74: pp.334-347.

Gronbeck, B. E. 1993. The Spoken and the Seen: Phonocentric and Ocularcentric Dimensions of Rhetorical Discourse. In J. F. Reynolds (ed.). *Rhetorical Memory and Delivery: Classical Concepts for Contemporary Composition and Communication.* Hillsdale, NJ: Erlbaum, pp.139-155.

Gronbeck, B. E. 1995. Unstated Propositions: Relationships among Verbal, Visual, and Acoustic Languages. In S. Jackson (ed.). *Argumentation and Values: Proceedings of the 9th SCA/AFA Conference on Argumentation.* Washington, DC: National Communication Association, pp.539-542.

Gronbeck, B. E. 1998. Reconceptualizing the Visual Experience in Media Studies. In J. S. Trent (ed.). *Communication: Views from the Helm for the 21st Century.* Boston: Allyn & Bacon, pp.289-293.

Gronbeck, B. E. 2000. Communication Media, Memory, and Social-political Change in Eric Havelock. *New Jersey Journal of Communication* 8: pp.34-45.

Gronbeck, B. E., Farrell, T. J. and Soukup, P. A. (eds.). 1991. *Media, Consciousness, and Culture: Explorations of Walter Ong's Thought.* Thousand Oaks, CA: Sage.

Hall, S. (ed.). 1997. *Representation: Cultural Representations and Signifying Practices.* Thousand Oaks, CA: Sage.

Haraway, D. 1991. *Simians, Cyborgs, and Women: The Reinvention of Nature.* New York: Routledge.

Hart, R. P.1999. *Seducing America: How Television Charms the Modern Voter.* (2nd Edition). New York: Oxford University Press. (Original work published 1994)

Haskins, E. V. 2001. Rhetoric between Orality and Literacy: Cultural Memory and Performance in Isocrates and Aristotle. *Quarterly Journal of Speech* 87: pp.158-178.

Havelock, E. A. 1957. *The Liberal Temper of Greek Politics.* New Haven, CT: Yale University Press.

Havelock, E. A. 1963. *Preface to Plato*. Cambridge, MA: The Belknap Press of Harvard University Press.

Havelock, E. A. 1978. The Alphabetization of Homer. In E. A. Havelock and J. P. Hershbell (eds.). *Communication Arts in the Ancient World*. New York: Hastings House, pp.3-21.

Havelock, E. A. 1982. *The Literate Revolution in Greece and Its Cultural Consequences*. Princeton, NJ: Princeton University Press.

Havelock, E. A. 1986. *The Muse Learns to Write: Reflections on Orality and Literacy from Antiquity to the Present*. New Haven, CT: Yale University Press.

Hirsch, E. D., Jr. 1977. *The Philosophy of Composition*. Chicago: University of Chicago Press.

Hoffman, D. D. 1998. *Visual Intelligence: How We Create What We See*. New York: W. W. Horton.

Innis, H. A. 1951/1964. *The Bias of Communication* (M. McLuhan, Intro.). Toronto, Canada: University of Toronto Press.

Innis, H. A. 1972. *Empire & Communications* (M. Q. Innis, Rev., M. McLuhan, Foreword). Toronto, Canada: University of Toronto Press. (Original work published 1950)

Jamieson, K. H. 1988. *Eloquence in the Electronic Age: The Transformation of Political Speechmaking*. New York: Oxford University Press.

Jones, S. G. (ed.). 1995. *Cybersociety: Computer-mediated Communication and Community*. Thousand Oaks, CA: Sage.

Kelber, W. H. 1983. *The Oral and the Written Gospel: The Hermeneutics of Speaking and Writing in the Synoptic Tradition, Mark, Paul, and Q*. Philadelphia: Fortress Press.

Kroker, A. 1984. Processed world: Technology and Culture in the Thought of Marshall McLuhan. *Philosophy of the Social Sciences* 14: pp.433-459.

Lévi-Strauss, C. 1962. *La Pensée Sauvage*. Paris: Plon.

Logan, R. K. 2000. *The Sixth Language: Learning A Living in the Internet Age*.

New York: Stoddart.

Luria, A. R. 1976. *Cognitive Development: Its Cultural and Social Foundations* (M. Cole, ed., M. Lopez-Morilla and L. Solotaroff, Trans.). Cambridge, MA: Harvard University Press.

Lyotard, J.-F. 1984. *The Postmodern Condition: A Report on Knowledge* (G. Bennington and B. Massumi, Trans., F. Jameson, Foreword). Minneapolis: University of Minnesota Press. (Original work published 1979)

Marx, L. 1964. *The Machine in the Garden*. New York: Oxford University Press.

Mayr, E. 1963. *Animal Species and Evolution*. Cambridge, MA: The Belknap Press of Harvard University Press.

McLuhan, E. and Zingrone, F. (eds.). 1995. *Essential McLuhan*. New York: Basic Books.

McLuhan, M. 1962. *The Gutenberg Galaxy: The Making of Typographic Man*. Toronto, Canada: University of Toronto Press.

McLuhan, M. 1964. *Understanding Media: The Extensions of Man*. New York: McGraw-Hill.

McLuhan, M. and Fiore, Q. 1968. *War and Peace in the Global Village*. New York: Bantam Books.

McLuhan, M. and McLuhan, E. 1988. *Laws of Media: A New Science*. Toronto: University of Toronto Press.

McLuhan, M. and Powers, B. R. 1989. *The Global Village: Transformations in World Life and Media in the 21st Century*. New York: Oxford University Press.

Medhurst, M. J., Gonzales, A. and Peterson, T. R. (eds.). 1990. *Communication & the Culture of Technology*. Pullman, WA: Washington State University Press.

Messaris, P.1994. *Visual Literacy: Image, Mind, & Reality*. Boulder, CO: Westview.

Mumford, L. 1934. *Technics and Civilization*. New York: HBJ Books.

Nevitt, B. 1982. *The Communication Ecology: Re-presentation Versus Replica*. Toronto, Canada: Butterworths.

Nolan, E. P.1990. *Now through A Glass Darkly: Specular Images of Being and

Knowing from Virgil to Chaucer. Ann Arbor: University of Michigan Press.

Olson, D. R. (ed.). 1980. *Social Foundations of Language and Thought*. New York: Norton.

Olson, D. R. and Torrance, N. (eds.). 1991. *Literacy and Orality*. New York: Cambridge University Press.

Ong, W. J. 1958a. *Ramus, Method, and the Decay of Dialogue: From the Art of Discourse to the Art of Reason*. Cambridge, MA: Harvard University Press.

Ong, W. J. 1958b. *Ramus and Talon Inventory: A Short-title Inventory of the Published Works of Peter Ramus (1515-1572) and of Omar Talon (ca. 1510-1562) in Their Original and in Their Variously Altered Forms, with Related Material*. Cambridge, MA: Harvard University Press.

Ong, W. J. 1971. *Rhetoric, Romance, and Technology: Studies in the Interaction of Expression and Culture*. Ithaca, NY: Cornell University Press.

Ong, W. J. 1981. *Fighting for Life: Context, Sexuality, and Consciousness*. Ithaca, NY: Cornell University Press.

Ong, W. J. 1982. *Orality and Literacy*. London: Methuen.

Palmeri, A. J. 1991. Ramism, Ong, and Modern Rhetoric. In B. E. Gronbeck, T. J. Farrell and P. A. Soukup (eds.). *Media, Consciousness and Culture: Explanations of Walter Ong's Thought*. Thousand Oaks, CA: Sage, pp.50-63.

Parry, M. 1971. *The Making of Homeric Verse* (A. Parry, ed.). Oxford, UK: Clarendon Press.

Postman, N. 1985. *Amusing Ourselves to Death: Public Discourse in the Age of Show Business*. New York: Viking Penium.

Postman, N. 1992. *Technopoly: The Surrender of Culture to Technology*. New York: Alfred A. Knopf.

Postman, N. 1999. *Building A Bridge to the 18th Century: How the past Can Improve Our Future*. New York: Alfred A. Knopf.

Real, M. R. 1996. *Exploring Media Culture: A Guide*. Thousand Oaks, CA: Sage.

Rheingold, H. 1991. *Virtual Reality*. New York: Summit.

Rheingold, H. 1993. *The Virtual Community.* New York: Addison Wesley Longman.

Rogers, E. M. 1986. *Communication Technology: The New Media in Society.* New York: The Free Press.

Ruggie, J. G. 1986. Continuity and Transformation in the World Polity: Toward A Neorealist Synthesis. In R. O. Keohane (ed.). *Neorealism and Its Critics.* New York: Columbia University Press.

Sreberny-Mohammadi, A. 1991. Media Integration in the Third World: An Ongian Look at Iran. In B. E. Gronbeck, T. J. Farrell and P. A. Soukup (eds.). *Media, Consciousness and Culture: Explorations of Walter Ong's hought.* Thousand Oaks, CA: Sage, pp.133-146.

Sillars, M. O. and Gronbeck, B. E. 2001. *Communication Criticism: Rhetoric, Social Codes, Cultural Studies.* Prospect Heights, IL: Waveland.

Stock, B. 1983. *The Implications of Literacy: Written Language and Models of Inter- pretation in the Eleventh and Twelfth Centuries.* Princeton, NJ: Princeton University Press.

Theall, D. F. 1971. *The Medium Is the Rear View Mirror: Understanding McLuhan.* Montreal, Canada: McGill-Queen's University Press.

Van de Berg, L. R. E., Wenner, L. A. and Gronbeck, B. E. (eds.). 1998. *Critical Approaches to Television.* Boston: Houghton Mifflin.

Winn, M. 1977. *The Plug-in Drug.* New York: Viking Press.

Winston, B. 2000. *Media, Technology and Society: A History from the Telegraph to the Internet.* New York: Routledge. (Original work published 1998)

Wise, J. M. 1997. *Exploring Technology and Social Space.* Thousand Oaks, CA: Sage.

Yates, F. A. 1966. *The Art of Memory.* Chicago: University of Chicago Press.

第十三章

Aries, P.1962. *Centuries of Childhood: A Social History of Family Life* (R. Baldick, Trans.). New York: Knopf.

Clark, P.1976. The Ownership of Books in England, 1560-1640: The Example of

Some Kentish Townsfolk. In L. Stone (ed.). *Schooling and Society: Studies in the History of Education.* Baltimore: Johns Hopkins University Press, pp.95-111.

Eisenstein, E. L. 1979. *The Printing Press as An Agent of Change: Communications and Cultural Transformations in Early-modern Europe.* Cambridge, England: Cambridge University Press.

Eisenstein, E. L. 1983. *The Printing Revolution in Early Modern Europe.* Cambridge, England: Press Syndicate of the University of Cambridge.

Febvre, L. and Martin, H. 1976. *The Coming of the Book: The Impact of Printing 1450-1800* (D. Gerard, Trans.). London & Atlantic Highlands: Humanities Press.

Goody, J. (ed.). 1968. *Literacy in Traditional Societies.* Cambridge, England: Cambridge University Press.

Hall, G. S. 1904. *Adolescence: Its Psychology and Its Relations to Anthropology, Sociology, Sex, Crime, Religion, and Education.* New York: Appleton.

Havelock, E. 1963. *Preface to Plato.* Cambridge, MA: The Belknap Press of Harvard University Press.

Havelock, E. 1982. *The Literate Revolution in Greece and Its Cultural Consequences.* Princeton, NJ: Princeton University Press.

He, Z. 1994. Diffusion of Movable Type in China and Europe: Why Were There Two Fates? *Gazette* 53: pp.153-173.

Hines, T. 1999. *The Rise and Fall of the American Teenager.* New York: Avon Books.

Innis, H. 1950. *Empire and Communication.* Oxford, England: Clarendon Press.

Innis, H. 1951. *The Bias of Communication.* Toronto, Canada: University of Toronto Press.

Krug, E. 1964. *The Shaping of the American High School.* New York: Harper & Row.

Maynes, M. 1985. *Schooling in Western Europe.* Albany: State University of New York Press.

McLuhan, M. 1962. *The Gutenberg Galaxy: The Making of Typographic Man.* Toronto, Canada: University of Toronto Press.

McLuhan, M. 1994. *Understanding Media: The Extensions of Man.* New York: McGraw-Hill. (Original work published 1964)

Nasaw, D. 1979. *Schooled to Order: A Social History of Public Schooling in the United States.* New York: Oxford University Press.

Ong, W. J. 1982. *Orality and Literacy.* London: Methuen.

Postman, N. 1982. *The Disappearance of Childhood.* New York: Delacorte Press.

Postman, N. 2000. The Humanism of Media Ecology. *Proceedings of the Media Ecology Association Convention, 1.* (http: //www. media-ecology. org/publications/proceedigs. html)

Strate, L. and Lum, C. M. K. 2000. Lewis Mumford and the Ecology of Technics. *The New Jersey Journal of Communication* 8 (1): pp.56-78.

Strauss, G. 1976. The State of Pedagogical Theory c. 1530: What Protestant Reformers Knew about Education. In L. Stone (ed.). *Schooling and Society: Studies in the History of Education.* Baltimore: Johns Hopkins University Press, pp.69-94.

Tsien, T-H. 1985. *Paper and Printing.* In J. Needham (ed.). *Science and Civilization in Chin: Vol. 5, Chemistry And Chemical Technology: Part I.* Cambridge, England: Cambridge University Press.

Tuchman, B. 1978. *A Distant Mirror: The Calamitous 14th Century.* New York: Knopf.

第十四章

Postman, N. 1975. Unpublished remarks to new graduate students at New York University.

索引

A

act 行为
　　act form 行为（的）形式 444-445, 450
　　act theory（by Langer）（朗格的）行为理论, 293, 446, 470-473
adolescence 青年期 525-527
advertising 广告
　　American advertising 美国广告 219
　　advertising industry 广告业 20, 147
　　power of advertising 广告的力量 207
alphabet 字母表 216, 265, 289, 353-354, 479, 518, 541
alphabetic writing 拼音文字 213, 218, 254-255, 259, 265
antiwar movement 反战运动 105
aphorism 警语 250, 301, 339, 477, 502-503
Arabic numerals 阿拉伯数字 537
Aristotle 亚里士多德 54, 80, 182-183, 269-271, 315, 503, 515, 536

arm-chair psychology 空谈的心理学 513
artefact（or artifacts）人造物 244, 249, 254, 274, 315, 349, 414, 451, 456, 458-460, 462, 465, 468
artificial sign 人造符号 463, 467-468
Association for Education in Journalism and Mass Communication 新闻教育与大众传播学会 368
auto-amputation(of senses)（感官的）自我截除 257

B

balance 平衡
　　balance between forces 力量的平衡 372
　　cultural balance 文化平衡 364
　　ecological balance 生态的平衡 108
bias 偏向
　　Descartesian bias 笛卡尔的偏向 179
　　cultural bias 文化偏向 317, 330, 351
　　ideological bias 意识形态偏向 118
　　bias of content 内容偏向 55, 342, 358-359

bias of information 信息偏向 317, 499
bias of language 语言的偏向 333
bias of the electronic revolution 电子革命的偏向 360
bias of the media 媒介的偏向 2, 63, 256, 258, 318, 351
bias of speech's time and space 口语的时空偏向 354
visual bias 视觉偏向 250, 273
Bible《圣经》2, 69, 162, 166-167, 170, 173-174, 270, 477, 479, 529-531, 538
biblical《圣经》的
    biblical dialectic《圣经》的辩证法 174
    biblical language《圣经》的语言 168
    biblical revelation《圣经》的启示 162
block printing 雕版印刷 518
bodily memory 身体的记忆 509

C

capitalism 资本主义 103, 115, 124, 126, 176, 381-382, 384, 519, 522-523, 543, 545
    American capitalism 美国资本主义 219
    European capitalism 欧洲资本主义 184
Catholic church 天主教会 520, 524, 528-531
Catholicism 天主教 214, 367, 520, 529-530
    Roman Catholicism 罗马天主教 232
Catholics and Prorestants (quarrel between) 天主教徒和新教徒（的争吵）82
causality 因果关系 268-270, 273-275, 454-457, 485-486, 489
celebrity 名气 147, 222, 232, 237, 239, 282-283, 402, 404
channel 渠道
    sensory channel 感知渠道 509
chaos theory 混沌理论 272
Chicago School 芝加哥学派 72, 101, 223-224, 371, 392
child labor law 童工法 526
childhood 童年 75, 83, 85, 98, 314, 319-322, 357, 519, 524-527, 545
The Disappearance of Childhood《童年的消逝》225, 314, 319, 321-324, 328, 333, 356-357
China 中国 60, 266, 354, 380, 517-518
    culture of China 中国文化 125
Christian 基督教的
    Christian ethics 基督教伦理 170
    Christian framework 基督教框架 196
    Christian humanism 基督教人道主义 247
    Christian intellectual 基督教知识分子 133
Christianity 基督教 69, 132, 154, 157, 162, 172-174, 183, 185, 190, 195,

465, 520-521, 528-529, 531, 538, 545
city 城市
　　history of city 城市历史 96
　　meaning of city 城市的意义 167
　　planning of city 城市规划 99, 102, 515
　　study of city 城市研究 95-96, 99, 117
Civil Rights Movement 民权运动 30, 303
clashes of culture 文化的冲突 195
clock（mechanical）（机械的）钟表 115-116, 123-124, 335, 414, 416, 462
codes 代码 49, 264, 279, 401, 406, 410, 426, 430-431, 433-434
　　codes of representation 表征代码 401, 418
　　symbolic codes 符号代码 264
cognitive 认知的
　　cognitive environment 认知环境 250
　　cognitive process or processing 认知过程或认知加工 501, 506
Cold War 冷战 126, 380, 553
comics 漫画 233
communication 传播
　　Communication as Culture《作为文化的传播》223, 485
　　history of communication 传播史 72, 82, 199, 203, 282, 289
　　History of Communication《传播史》207, 209
　　communication is environmental 传播是环境的 25
　　communication technology 传播技术 55-56, 58, 63, 94, 125, 142, 146-147, 149-150, 153, 198, 221-223, 226, 317, 363, 377-378, 479, 494, 514, 518
　　transportation and communication 运输和传播 97
　　verbal communication 口头传播 33, 220
　　communication research 传播研究 4, 9-11, 15, 19-22, 24, 31, 36, 70, 198-199, 206, 223, 305, 364-366, 369-370, 374, 471
　　communication revolution 传播革命 33-34, 289, 297-299, 352
comprehensive high school 普通高中 527
computer 电脑，计算机 51-52, 62, 86, 121, 143, 158, 278-280, 341, 358-359, 433-434, 486-487, 495-496, 507-508, 511
　　computer monitor 电脑显示器 267-268
　　computer networking 电脑网络 243, 341
connotation 含义，内涵意义 95, 194, 428, 459
consciousness 意识

collective consciousness 集体意识 137, 281, 479, 491-493

culture and consciousness 文化与意识 514

cultural consciousness 文化意识 24, 147

ecological consciousness 生态意识 26

human consciousness 人的意识 139, 143, 146, 149-150, 154, 382, 505

technological consciousness 技术意识 150, 152, 158

control 控制

human control 人的控制 142

control of information 信息控制 219

science of control 控制的科学 116

social control 社会控制 137, 371

counterpoint 对位法，对照法 160, 162, 166, 171, 175-176, 187, 196-197

Critical School 批判学派 4, 22-23, 31, 44

critique of culture 文化批评 199, 217, 373, 382

Cubism 立体主义 264, 269, 275

cultural studies 文化研究 9, 11, 19, 44, 58-59, 72, 100, 199, 225, 343, 364-365, 370-371, 375-377, 382-384, 387, 392-393, 402, 500

American cultural studies 美国文化研究 72

Birmingham School of cultural studies 伯明翰文化研究学派 370

culture 文化

art and culture 艺术和文化 95

culture and education 文化与教育 18

culture and technology 文化与技术 28, 35, 45, 269

mass culture 大众文化 140, 373

material culture 物质文化 462

media's impact on culture 媒介对文化的影响 17, 67

medieval culture 中世纪文化 214

modern culture 现代文化 151, 220, 479

postmodern culture 后现代文化 63, 112

primitive culture 原始文化 29

scribal culture 手抄书文化 536

society and culture 社会和文化 25, 249, 494, 510

technological culture 技术文化 6, 102

technology and culture 技术与文化 65

typographic culture 印刷文化 58, 61, 63, 75, 238, 243, 252, 258, 276, 288, 300, 306, 319, 321-322, 324, 342-343, 346, 350-351, 360-361, 380, 492, 541

Culture and Communication Seminar 文化与传播研讨会 235

custom-laws 习惯法 488

cybernetics 控制论 116, 315-316

D

decode 解码 49, 53, 59, 253, 255, 264-266, 376, 508, 510
defining technology 界定性的技术 109
degradation 降格 139, 279, 329
dehumanization 非人性化 108, 193
democracy 民主
 American democracy 美国民主 385, 526
 human freedom and democracy 人的自由和民主 142-143
 individualism and democracy 个人主义与（和）民主 75, 540
 ritual of democracy 民主的仪式 371
democratic discourse 民主话语 365, 386, 391
denotation 指示意义，直指意义 429-430, 459
developmental communication 发展传播学 21
dialectic 辩证法 69-70, 102, 160-164, 173-174, 194, 196-197, 246
 Barthian dialectic 巴特的辩证法 175
 Ellul's dialectic 艾吕尔的辩证法 69-70, 192
 dialectic method 辩证方法 151, 169, 194

dialectical 辩证（法）的
 dialectical theology 辩证神学 69, 173
 dialectical unity 辩证统一 174
dialogue 对话 216, 388
digital 数字的
 digital symbol 数字符号 421-422, 457
 digital technology 数字技术 87, 511
digitalization 数字化 508
discontinuity 非连续性 251-252, 263, 266, 269, 318, 324
discourse 话语
 human discourse 人类话语 134
 political discourse 政治话语 137, 150
 public discourse 公共话语 136, 150, 324, 327, 365, 487
 technical discourse 技术话语 148
discursive form 推理性形式 423, 426, 429, 465
discursive form of symbolic representation 符号表征的推理性形式 426
discursive language 推理性语言 418, 420-421
discursive symbol（ism）推理性符号（模式）421, 433, 436, 463-467, 471
discursiveness 推理性 426, 464, 473
distributional changes 社会配置的变革 493
drama 戏剧 43, 52, 421, 466, 469, 490

docu 纪录片 349

E

Eastern Communication Association 美国东部传播学会 549

ecological 生态的

    ecological change 生态变化 27

    ecological ethics 生态伦理 96, 128-129

ecology 生态

    human ecology 人类生态 68, 100-101, 107, 120

    ecology of technics 技术生态 93, 96, 126

education 教育

    education and media 教育与媒介 347

    computers in education 电脑在教育中的作用 143

    education in France 法国教育 523

    education in the USA 美国教育 287, 303, 339

    public education 公共教育 291, 299, 318, 339, 343, 522, 545

    education reform 教育改革 216, 314, 316

    systems of education 教育体制 247, 300, 339, 341, 521, 526

    the end of education 教育的终结 339

educational television 教育电视 324

educationist 教育工作者 139, 284, 287, 552

efficiency 效率

    search for efficiency 效率追求 171

    social value of efficiency 效率的社会价值 135

    technical efficiency 技术效率 177

Einstein, Albert 阿尔伯特·爱因斯坦 73, 272, 397-401, 486

electricity 电能 100, 107-108, 278, 379, 400

electrification 电气化 201

electronic 电子的

    electronic age 电子时代 58, 273, 343, 349, 351-352, 486, 495, 498, 510, 512-513

    electronic communication 电子传播, 电子通信 20, 58, 62-63, 250-252, 263, 277, 380, 479, 498

    electronic communication environment 电子传播环境 71

    electronic communications revolution 电子传播革命 29

    electronic culture 电子文化 75, 479, 495-496, 499, 508

    electronic encephalization 电子脑化 510

    electronic media 电子媒介 43, 62-63, 66, 81, 215-216, 235, 244, 257, 279,

319, 322, 449, 495-496, 498-499, 506, 508, 510, 544-545

electronic public sphere 电子公共领域 496

electronic revolution 电子革命 21, 29, 115, 235, 282, 289, 306-307, 326, 356, 360-361, 486, 508

electronic society 电子社会 487

electronic sublime 电子升华 101

electronic technology 电子技术 18, 238, 244, 326, 334

electronic utopia 电子乌托邦 244

electronic world 电子世界 257, 493, 496, 506, 512

element 元素 49, 80

encode 编码 49, 53-54, 59, 117, 264-266, 296, 341-342, 376-377, 382, 405, 413-414, 417, 421, 431, 434, 501, 505, 507, 509-510

English education 英语教育 4, 33-35, 38, 41, 284, 291, 351

Enlightenment 启蒙运动 185, 235, 269, 346, 361

enlightenment ethics 启蒙伦理 129

environment 环境

 environment as media 作为媒介的环境 51

 cultural environment 文化环境 76, 225, 515, 539, 544

human or social environment 人或社会（的）环境 18, 52, 123, 134, 196, 223

information environment 信息环境 24, 317-319

multiple-media environment 多媒介环境 75

natural environment 自然环境 47, 80, 107, 177, 223, 297, 315, 362

perceptual environment 感知环境 48-50, 257

regional environment 地区环境 96

semantic environment 语义环境 295, 297, 299, 310-313, 354-355

technological environment 技术环境 177, 245, 483

total environment 总体环境 312

environmental 环境的

 environmental change 环境变化 110

 environmental movement 环境保护运动 31, 245

eotechnic (phase) 前技术阶段 106-109

epainos 称赞 503

epistemological 认识论的

 epistemological change 认识论的变化 62

 epistemological characteristics 认识论的特征 59

epistemology 认识论

epistemology of the times 时代的认识论 336

social epistemology 社会认识论 491, 493-494

epochal historiography 历史分期

　　epochal historiography of media 媒介的历史分期 58

　　epochal historiography of technology 技术的历史分期 58

ETC.: A Review of General Semantics 《如此等等：普通语义学评论》40

ethea 民俗 488

Explorations in Communication 《传播探索》28

Explorations in Media Ecology 《媒介环境学探索》10, 549

exteriorization 外化 276, 281, 353, 505, 507, 511

F

feeling 情感 54-55, 144, 149, 296, 409, 415, 428-429, 431-433, 437, 439-444, 448, 471, 487, 504, 510, 513, 532-533

figure 外观 265

film maker 电影制片人 49-50

fir trade 皮货贸易 204

Fordham University 福德姆大学 33, 93-94, 283, 548

form 形式

　　form and content 形式与内容 438

　　conceptual form 概念形式 451, 453

　　grammatical form 语法形式 409

　　logical form 逻辑形式 450, 452, 467

　　material form 物质形式 54-55, 342, 408, 467

　　form of communication 交流/传播形式 97, 139, 213, 216, 288, 334, 348

　　form of language 语言形式 246, 354-355, 451

　　syllabic form 音节形式 415

　　symbolic form 符号形式 53-55, 230, 421-422, 426, 433-434, 436, 441, 464-465

　　verb form 动词形式 409, 413

formulae 公式，套路 386, 479, 480-481, 489, 502, 512

freedom 自由

　　human freedom 人的自由 171-173, 192, 524

　　freedom of the press 新闻自由 207

　　technical freedom 技术自由 177

French revolution 法国革命 185, 522, 542

G

Geddes, Patrick 帕特里克·格迪斯 47, 66, 68, 99-102, 104, 109, 114, 116,

128, 379, 515
general semantics 普通语义学 6, 58, 293-295, 308, 350, 353, 355
graphic revolution 图像革命 30
Greek 希腊的 218, 247, 415, 479, 505
 Greek philosophy 希腊哲学 182
guru 教师爷
 media guru 媒介教师爷 5, 281
 television guru 电视教师爷 235
Gutenberg Galaxy, the《谷登堡星汉》16, 215, 237-238, 241-242, 283, 391, 476, 478-479, 483
Gutenberg, Johannes 约翰·谷登堡 2, 82, 238, 247, 257-258, 278, 360, 478, 486, 517-518, 531
Gutenberg's printing press 谷登堡印刷机 62, 75, 275, 518

H

Heisenberg, Werner 沃尔纳·海森伯 2, 73, 272, 399-401, 434
high definition 高清晰度 268, 275
 high definition television 高清晰度电视 268
Hill-Thomas hearings 希尔—托马斯听证会 499
history 历史
 history and sociology 历史和社会学 169, 175
 history and technology 历史与技术 6
 history of American militarism 美国军事主义的历史 220
 history of communication research 传播研究的历史 9
 history of invention 发明的历史 106, 335
 history of the technological society 技术社会的历史 178
 technological history 技术史 101, 203, 483
Hopi 霍皮人 410, 416
household 家庭或家居环境 80
human agency 人的能动作用 128
humanism 人文主义，人本主义 67-68, 110, 152, 433
 humanism of media ecology 媒介环境学的人文关怀 67, 78
humanist 人道主义者 193
humanistic socialism 人道主义的社会主义 115
humanities 人文学科 91, 245, 247, 272, 440-442, 445
hypermedia 超媒介 493
hypertext 超文本 243, 279, 511

I

ideology 意识形态
 ideology of megamachine 王者机器

的意识形态 127

ideology of the machine 机器的意识形态 124-125

ideological 意识形态的

 ideological bias 意识形态偏向 118

 ideological role of popular entertainment 大众娱乐里的意识形态角色 158

 ideological struggle 意识形态斗争 9

image 形象

 image and the word 形象和语词 143-144

 artistic image 艺术形象 444

 moving mage 动态形象 498

 visual mage 视觉形象 84, 252, 272, 357, 501, 511

imagery 意象 318, 495

imbalance 失衡 86, 191, 362, 384

imprimatur 出版许可 530-531

individualism 个人主义 75, 86, 140, 213, 215, 262, 519, 540-541, 545

industrial 工业的

 industrial production 工业生产 20, 108, 114

 industrial society 工业社会 176

 Industrial Revolution 工业革命 81, 379, 526

industrialization 工业化 19-20, 106, 108, 112, 124, 245

innovation 革新, 创新

 conservation and innovation 保存与革新 317

 technical innovation 技术革新, 技术创新 26, 91, 110, 334, 495

intellectual 思想的, 知识的, 精神的

 intellectual doctrines 思想教义 141

 intellectual leadership 思想领导 13-15, 32, 38, 46

 intellectual tradition 思想传统 6, 10, 12, 38, 65, 76, 198, 223, 248, 365, 546, 554

 intellectual history 思想史 10-12, 25, 76-77, 369, 379, 388, 391-392

 intellectual history of media ecology 媒介环境学思想史 71

intellectual 知识分子 26, 41, 46, 67, 99, 102, 128, 133, 140, 231, 238, 241, 284, 299, 301, 309, 323, 485, 526

intercultural communication 跨文化传播 21

International Communication Association 国际传播学会 43, 549

internet 互联网 21, 51, 62-63, 85-86, 88, 230, 242, 449, 495, 497, 545, 553-554

invisible colleges 无形的学苑 6, 13, 31

J

journalism 新闻

 journalism education 新闻教育 73, 385,

387-389, 392-393

public journalism 公共新闻 389

L

la technique 技术至上 69, 131, 134, 137, 150, 153-155, 337

language 语言

 language art 语言艺术 246

 language and culture（or communication）语言与（和）文化（或传播）33-35, 37, 65-66, 403, 410-411, 414

 language and education 语言和教育 42, 290, 329, 351, 356

 Language and Reality《语言与现实》286, 331

 language education 语言教育 319, 351, 355

 language groupings 语言族群 412

 natural language 自然语言 464

 new language 新语言 51, 139, 299, 302

 language of mathematics 数学语言 178, 537

 oral or verbal language 口语 2, 47, 51, 58-61, 66, 74-75, 86, 102, 144, 146, 149-150, 164, 199, 216, 252, 255-256, 258-259, 261, 263-264, 266, 277, 281, 289, 291, 348-349, 352-354, 356-357, 380, 415, 462, 475-484, 487-491, 494,

496-498, 500-506, 512, 514, 533-534, 541, 544

prescriptive language 规定性语言 424

study of language 语言研究 33-34, 303, 402

vernacular language 俗语 531

Latin 拉丁语，拉丁文 415-416, 520, 529, 531, 534

liberalism 自由主义 190, 379, 540

linear reasoning 线性推理 160

linguist 语言学家 103, 348, 401-404, 422

linguistic 语言（学）的

 linguistic anthropology（ist）语言人类学（家）58, 73, 504

 linguistic determinism 语言决定论 402, 411-412, 417

 linguistic information 语言信息 476

 linguistic relativity 语言相对论 402, 404, 407, 411, 434

 linguistic structure 语言结构 410, 414-415, 417

 linguistic style 语言风格 2, 246

 linguistic symbol 语言符号 113, 476

 linguistic syntax 语言的句法 452

 linguistic system 语言系统 405, 411, 436

linguistics 语言学 58, 252, 291-293, 301, 353, 403-404, 412

 linguistics and general semantics 语

言学和普通语义学 350, 353
literacy 书面文化，文字素养，文化素养 30, 58-61, 63, 74-75, 146, 149, 217, 254, 276, 281, 288, 321, 343, 354, 362, 462, 475-476, 479-482, 489, 491, 493-494, 496, 500-501, 505-506, 511-512, 514, 531, 541-542
literate 文学的，文字的
 literate media 文字媒介 259, 487, 513
 literate mind-set 书面文化心态 505
 literate society 有文字的社会 541
logical positivism 逻辑实证主义 246, 272, 281
low definition 低清晰度 261
luddite 勒德分子 154, 221

M

machine 机器
 machine and la technique 机器和技术 336
 archetypical machine 原型机器 122
 machine civilization 机器文明 106
 human machine 人体机器 120-122
 invisible machine 无形的机器 122
 military machine 军事机器 121
 worship of machine 机器崇拜 193
manuscript 手稿
 manuscript culture 手稿文化 238, 258, 261, 541

manuscript era 手稿时代 236
Marx, Karl 卡尔·马克思 132, 160-162, 175-176, 184, 381-382, 494, 523
 world view of Karl Marx 卡尔·马克思的世界观 132
Marxism 马克思主义 23, 69, 103, 382
Marxist 马克思主义者 23, 162, 176
mass media 大众媒介 21, 23-24, 31, 69, 131, 134, 136-140, 142-144, 146-148, 163, 217, 219, 225, 297, 314, 358, 364, 384, 449, 532-533
 mass media content effects study 大众媒介内容的影响研究 23-24
 political economy of mass media 大众媒介的政治经济学 23
 semantic environment of mass media 大众媒介的语义环境 297
mass society 大众社会 21, 95, 133, 137, 139-140, 364, 373
McDonald 麦当劳 430
McLuhanesque 麦克卢汉式的 329
McLuhanite 麦克卢汉迷 334
mechanical（Gutenberg）culture 机械（谷登堡）文化 238
mechanization 机械化 106, 108, 112, 115, 120, 124, 129, 179, 183, 193, 217, 220-221, 487
 mechanization of culture 文化的机械化 70, 227

mechanization of knowledge 知识的机械化 217

media 媒介
 media and culture 媒介与文化 6, 19, 33, 65, 212, 234
 artistic media 艺术媒介 436-437
 media as environment 作为环境的媒介 47, 244
 media as epistemology 作为认识论的媒介 325
 media as sensorial environments 作为感知环境的媒介 48
 media balance 媒介平衡 295, 393
 media change 媒介的变化 47, 58
 media consciousness 媒介意识 234, 273, 281
 dominant media 主导媒介 47, 75, 213, 236, 258, 481, 483-484, 487, 491, 493, 497, 500, 512
 media ecologist 媒介环境学人 1-3, 38, 66, 547
 media education 媒介教育 300, 314-315, 341, 347-350
 effects of media 媒介的影响 76, 258, 302
 media effects research 媒介影响研究 22
 expressive media 表达性媒介 449, 452
 media history 媒介历史 75, 289, 554
 media monopolies 媒介垄断 142
 presentational media 表征性媒介 437, 448
 symbolic media 符号媒介 435, 448-449, 452-453, 455, 459, 461-463, 467
 media theory 媒介理论 5, 43, 95, 199, 225, 227, 317, 449
 media utopian 媒介乌托邦 156
 visual media 视觉媒介 139, 144, 481, 507, 513

Media Ecology Association 媒介环境学会 10, 16, 67, 72, 76, 78, 547-550

Medium is the message. 媒介即讯息。40, 49, 63, 212, 249, 257-258, 301, 325, 479, 501

megamachine 王者机器，超级机器 68, 96, 118, 120, 122-123, 125-129, 193

memory 记忆
 collective memory 集体记忆 370, 388, 504

metamachine 元型机器 123

micro-theory 微观理论 481-482, 496, 500-502, 511, 513

modern science 现代科学 62, 75, 142, 178, 519, 536

Modernism 现代主义 71, 128, 215, 230

monopoly of knowledge 知识垄断 61,

70, 194, 199, 213, 216-219, 227, 366, 380-381, 384, 390, 393, 485

monologue（replaced dialogue）独白（替代对白）483

moral 道德

 moral deficit 道德赤字 88

 moral discourse 道德话语 135

 moral insensibility 道德冷漠 90

 moral neutrality 道德中性 81, 91

 moral theology 道德神学 67

Morse, Samuel 萨缪尔·莫尔斯 20

mosaic 马赛克 238, 249, 257, 264, 267-268

movable type 活字印刷（术）61, 75, 258, 483, 518

multimedia 多媒介 51-52, 63, 75

music 音乐 86, 158, 162, 254, 275, 394, 417-418, 421, 426, 429-430, 432, 436, 452, 465-466, 469, 487-489, 508, 510

musical 音乐的

 musical chords 和弦 428

 musical sounds 乐音 428

N

National Association of Educational Broadcasters 美国教育广播者学会 234, 268

National Communication Association（NCA）美国传播学会 548

National Council of Teachers of English 美国英语教师学会 18, 287

nationalism 民族主义 75, 212, 215, 220, 259, 519, 528, 532-535

neo-orthodoxy（Barthian）新正统（巴特式的）165, 171, 175, 196

neotechnic（phase）新技术（阶段）106-109, 114

new media 新媒介 62, 67, 81-83, 86-89, 136, 227, 240, 278-279, 282, 297, 300, 302, 322, 357, 363, 452, 468, 493, 495-496

new world order 世界新秩序 554

New York State Communication Association 纽约州传播学会 547

New York University（NYU）纽约大学 3, 25, 32-33, 35-36, 40-46, 67, 78-79, 81, 94, 98, 282, 284, 291, 304, 359, 396, 547

newspaper 报纸 20, 34, 52, 137, 142-143, 158, 206-208, 233, 275, 295, 298, 366, 494-495

 tabloid newspaper 小报 207-208

Newton（ian）牛顿（的）

 Newtonian paradigm 牛顿范式 398-400

 Newtonian physics 牛顿物理学 B, 398-399

nomoi 律法 488

normal science 常态科学 13, 15, 52, 246

O

oral 口头的，口语的
    oral discourse 口语话语 144
    oral education 口耳相传 263, 352, 477
    oral language 口头语言 121, 352
    oral society 口语社会 477, 488-491, 502-504
    oral tradition 口语传统 86, 199, 216
    oral world 口语世界 261, 349, 504, 541

orality 口语（文化）
    orality and literacy 口语和文字，口语文化和书面文化 58, 66, 75, 149, 216, 281, 479, 506, 544
    orality-literacy theorems 口语文化—书面文化定理 475-476, 479-482, 494, 501, 511, 512, 514
    primary orality 原生口语文化 59-60, 496-497
    secondary orality 次生口语文化 496-498, 512

organizational leadership 组织领导 13-15, 32, 36, 46, 548

outerings 外化 249

P

paintings 绘画，油画 275, 417-418, 421, 426, 428-430, 436, 465-466, 468

paleotechnic（phase）旧技术（阶段）106-109, 114, 125

paradigm 范式
    paradigm content 范式内容 12, 15, 17, 27, 32, 37, 41, 53, 56, 58, 65, 71, 74, 546, 550
    dominant paradigm 主导范式 23, 31, 42
    efficiency paradigm 效率范式 135
    paradigm of media ecology 媒介环境学范式 37, 41, 53, 56, 74
    scientific paradigm 科学范式 179
    structuralist paradigm 结构主义范式 292

photograph 照片（摄影术）87, 98, 275, 236, 426-427, 429, 507

Plato 柏拉图 83, 255-256, 397, 400, 506

political economy 政治经济学 23-24, 28, 70, 198-199, 201-204, 206, 211-213, 222, 227, 382

post-industrial prophets 后工业时代先知 27

post-modernism 后现代主义 128, 338-339, 343

post-Newtonian science 后牛顿科学 71

Practical Criticism 实用批评（学派）245-246, 281

pre-paradigmatic current 前范式潮流 19

presentational form 表征性形式
  presentational form and feeling 表征性形式与情感 431
  structure of presentational form 表征性形式的结构 432
presentational symbol（ism）表征性符号（模式）419-421, 427-430, 433, 436-437, 449, 453, 455, 457-461, 463-471
print 印刷, 印刷术
  print age 印刷时代 236, 325, 342, 349, 492
  effects of print 印刷术的影响 517
  print media 印刷媒介 30, 209, 216, 218, 250-252, 256-257, 260-262, 264, 268, 277, 322, 351, 378, 386, 487, 497, 534
  print revolution 印刷革命 506
  print technology 印刷技术 18, 30, 61-62, 494, 517-518, 528, 531-532
  thinking fostered by print 印刷术培养的思维方式 85
printer 印刷商, 印刷工 61, 518, 529-530
printing press 印刷机 20, 61-62, 75, 82, 115, 124, 220, 234, 236, 275, 289, 321, 335-336, 478, 492, 516-518, 520, 524, 527-529, 532, 541
process 过程
  conceptual process 观念过程 437
  process of abstraction 抽象过程 451
  philosophical process 生理过程 443, 510
progressivism 进步主义 19, 512
propaganda 宣传
  propaganda analysis 宣传分析 152
  political propaganda 政治宣传 23, 34, 140, 168
Protestant Reformation 新教改革 530
pseudo-event 假性事件 150
puberty 青春期 525, 527, 545
Puritan 清教徒 375, 520

R

reality 现实
  economic and social reality 经济社会现实 132
  mediated reality 有中介的现实 333
  reality of the city 城市的现实 169
  relativity of reality 现实的相对性 397
  spiritual reality 精神现实 187, 192
reductionism 还原论 382
Regional Planning Association of America 美国区域规划学会 100, 102-103
religion of humanity 人类的宗教 184
religious 宗教的
  religious bias 宗教偏向 318

religious faith 宗教信仰 141, 247

religious freedom 宗教自由 85, 344

religious studies 宗教研究 99, 186

religious world 宗教世界 179

Renaissance 文艺复兴 62, 235, 249

representation 表征，再现

    code of representation 表征代码 401, 418

    musical representation 音乐表征 465

    system of representation 表征系统 73, 415, 417

rhetorician 修辞学家 247

ritual 仪式

    ritual analysis 仪式分析 366

    ritual of American democracy 美国民主的仪式 385

Roman numerals 罗马数字 537

S

school reform 学校改革 30, 41, 306, 523

scribes 抄书人 218, 541

Second Commandment（摩西十诫的）第二条戒律 84

sense data 感知数据 400, 501, 507

sensorium 感觉器官，感官系统 48-49, 253-254, 279, 401, 456, 507

sensory 感知的

    sensory experience 感知经验 401, 406, 432, 436

sensory ratio 感知比率 254

sign 符号

    Langer's theory of sign 朗格的符号理论 461, 470

    sign meaning 符号的意义 419-420, 423, 453, 460-461

    natural sign 自然符号 463

signification 指示意义 456

signify 意味 73, 143-144, 168, 277-278, 318, 327, 405, 506, 532

social structure 社会结构 132, 143, 148, 297, 485, 501

sociological 社会的，社会学的

    sociological analysis 社会分析 131, 157-158, 365

    sociological perspective 社会学的视角 288

    sociological propaganda 社会宣传 34

    sociological theoty 社会学的理论 476

sociology 社会学 6, 10-12, 19, 44, 52, 69-70, 99, 136, 151, 161-166, 168-169, 172, 175, 183-184, 189-190, 194-195, 288, 331, 377, 392, 440, 476, 478

space 空间

    bias of space 空间偏向 70, 199, 212-213, 215-216, 227, 380, 392, 484-485

spastic situation 痉挛性的处境 258

spiritual 精神的, 思想的
    spiritual conflict 精神冲突 169
    spiritual freedom 精神自由 68
    spiritual fulfillment 精神满足 170
    spiritual world 精神世界 179
staples 大宗产品 206, 380
symbol 符号
    analogic symbol 模拟式符号 53, 426-427
    linguistic symbol 语言符号 113, 476
    mathematical symbol 数学符号 537, 539
    symbol system 符号系统 47, 51, 73, 121, 266, 360, 362, 401, 414, 417, 420-421, 431, 434, 449, 468
symbolic 符号的
    symbolic characteristic 符号特征 54
    symbolic environment 符号环境 49-52
    symbolic logic 符号逻辑 438, 440
    symbolic mentality 符号心灵现象 441, 446
    symbolic structures 符号结构 50-52, 54, 418, 471
    symbolic world 符号世界 50, 335
symbolism 符号表征 417-418, 420, 426, 465
synesthesia 通感 253-254, 258, 279-280
system 系统, 体系, 体制

balance in system 系统平衡 316
calendrical system 历法 214
communication system 传播系统 36, 115, 121, 379, 417, 515
cultural system 文化体系/体制 59, 114
economic system 经济体制 543
educational system 教育系统 318, 545
media system 媒介系统 136, 142, 153, 158
message system 讯息系统 305
political system 政治体制 69, 125
school system 学校体制 492, 524, 526, 542
social system 社会体制 522
technological system 技术系统 117, 152, 154-155, 161, 366, 384
television system 电视体制 323
system theory 系统论 6, 37, 116
transportation system 运输系统 204

T

technic 技术, 技艺
    bio-technic 生物技术 129
    diffusion of technic 技术的传播 90, 128
    mega-technic 超级技术 129
    military technic 军事技术 126, 201
    new technic 新技术 27, 107-108, 115,

341-342, 493, 530
technical 技术的
    technical analysis 技术分析 153
    technical assumption 技术预设 148
    technical civilization 技术文明 176, 193, 516
    technical expert 技术专家 190, 335
    technical freedom 技术自由 177
techno-organism 技术有机论 96, 112, 115-116, 119, 130
technocracy 技术统治 109, 334-336
technology 技术
    technology and biology 技术与生物 112
    technology and the city 技术与城市 95
    technology communication 技术传播 29, 56
    educational technology 教育技术 342
    electric technology 电力技术 115, 278, 487
    obsession with technology 对技术的痴迷 91
    worship of technology 技术崇拜 189
technological 技术的
    technological advance 技术进步 90, 117, 120, 159, 337, 342, 397
    technological change 技术变革 62, 110, 280, 341-342, 356, 496

technological city 技术城市 170
technological criticism 技术批评 199, 220
technological determinism 技术决定论 68, 110, 137, 149, 154-155, 379, 484
technological determinist 技术决定论者 484-487
technological development 技术发展 91, 106, 110, 177, 329
technological empire 技术帝国 36
technological morality 技术道德 179
technological order 技术秩序 69, 171
technological organization 技术组织 176
technological pragmatism 技术实用论 485-486
technological power 技术威力 190
technological revolution 技术革命 110
technological society 技术社会 69, 77, 136, 138-139, 153, 157-158, 176-178
technological sublime 技术升华 486
technopoly 技术垄断 109, 328, 334, 336, 338
telecommunication 通信（技术）1, 16-17, 20, 30, 62-63, 116, 126, 137, 201, 203-204, 230, 250, 258, 263, 271, 277, 283, 375, 381, 495, 507-508, 544, 553-554

telegraph 电报, 电报技术 20-21, 62, 85, 87, 98, 126, 207, 223-224, 258, 282, 326, 377, 380-382, 495, 508

television 电视, 电视机 2, 20, 23, 25, 30, 34, 42-43, 52, 62-63, 82-83, 85-86, 88, 138, 142-144, 147, 149, 153, 157, 201, 215, 219, 225, 230-231, 235-237, 239-240, 242-243, 245, 252, 259, 261-262, 264-268, 279, 281, 283, 287-289, 291, 298-299, 318-319, 322-329, 331-333, 339, 356-359, 361, 376-378, 392, 394, 430, 443, 449, 487, 495-499, 507-509, 513, 545

tetradic relationship 四元关系 457, 460

The New School（for Social Research）（社会研究）新学院 43, 94, 98, 103, 283

theologian 神学家 1, 68, 162, 172, 187, 196, 481, 528

theology 神学

    Barth's theology 巴特的神学 161, 173

    dialectical theology 辩证神学 69, 173

    Ellul's theology 艾吕尔的神学 165, 175, 197

    neo-orthodox theology 新正统神学 165, 171, 175, 196

theological 神学的

    theological analysis 神学分析 166

    theological approach 神学方法 69, 175, 189, 193

    theological framework 神学框架 182, 197

    theological theory 神学理论 166

    theological tool 神学工具 163

time 时间

    time-bias 时间偏向 70, 199, 213-214, 227, 380

    time-bias and space-bias 时间偏向和空间偏向 212

    time-biased society 时间偏向的社会 216, 484-485

time and space 时间与空间

    time and space and oral tradition 时间、空间和口头传统 211

    conception of time and space 时空观念 63, 84

tool-making 制造工具 113, 254, 334

tool and weapon and machine 工具, 武器和机器 117

Toronto School 多伦多学派 94-95, 101, 225

transmission of information 信息传输 20, 376

tribal encyclopedia 部落百科全书 264

tribal（ism）部落（主义）34, 258-259, 275-277, 341, 419, 447, 477, 496, 503, 532-533, 535

U

University of Toronto 多伦多大学 17, 28, 45, 94, 198, 203-204, 208-209, 222, 233, 235, 241, 273, 283, 379, 484

unvocalized syllabaries 不发声的音节 265

utterings 话语 249

V

Vatican 梵蒂冈 529-531

vernacular 通俗语（言）529, 531, 534, 537

Vietnam War 越南战争 303, 386

virtual 虚拟的

virtual reality 虚拟现实 279, 433

virtual space 虚拟空间 433

W

War 战争

American Civil War 美国内战 207

World War I 第一次世界大战 125, 201, 203, 207, 209

World War II 第二次世界大战 21, 104, 126, 136, 206, 345, 527

World Wide Web 万维网 62, 230, 242

writing 文字，书写

writing culture 书写文化 252

invention of writing 文字的发明 121, 126, 357, 415

第二版译者后记

感谢林文刚教授为本书第二版精心撰写序文,为笔者和读者提供了更广阔的视野。

本书结构宠大,读者不妨将他的两篇序文和绪论以及我的两篇译者序跋作为快速入门的钥匙。

借《媒介环境学:思想与沿革与多维视野》再版之机,我们用心做了如下修订:

一、增加名人名著、学科背景注释数十条。

二、更新术语译名:"因特网"改为"互联网","暗喻"改为"隐喻","人工制造物"改为"人造物"。

三、人名:梅罗维兹改为梅罗维茨,斯特雷特改为斯特拉特,丹尼斯·施曼特—贝塞拉特改为丹尼斯·施曼特—贝瑟拉,雷蒙德·威廉姆斯改为雷蒙德·威廉斯。

四、书名:《无地域之感》改为《地域感的消失》,《变化之中的时间观念》改为《变化中的时间观念》,《教材:抱怨解读》改为《教材:为关心教育的人支招》。

五、机构名:社会研究新型学院改为社会研究新学院。

六、规范术语名:(1)规范亚里士多德的四因说:"终极的原因"改为"目的因"(final cause),"直接原因"改为"动力因"

（efficient cause），"物质原因"改为"质料因"（material cause），"形式原因"改为"形式因"（formal cause）。（2）其他术语："象征性符号"改为"表征性符号"；"模拟性符号"改为"模拟式符号"。

七、章节名：第八章的章名"波斯曼与媒介环境学的兴起"改为"尼尔·波斯曼与媒介环境学的崛起"；第十二章中的"口语—文字定理"改为"口语文化—书面文化定理"。

八、撰稿人介绍：经过林文刚教授的艰苦努力，所有撰稿人（包括已故的波斯曼、阿什克罗夫特、格龙贝克、海耶尔和尼斯特洛姆教授）的履历均有更新。

何道宽

2019 年 10 月 21 日

第一版译者后记

2005年11月底,台湾政治大学的陈世敏教授和美国新泽西州威廉·帕特森大学的林文刚教授和我建立了书信联系。紧接着,他们两人先后访问深圳大学文学院和传媒与文化发展研究中心,就媒介环境学和媒介教育、通识教育等课题做了精彩的讲演。此间,两位教授希望由我操刀翻译林文刚教授编辑的《媒介环境学:思想沿革与多维视野》,我欣然应命,因为媒介环境学正是我多年研究的重点之一,而且我们成立不久的深圳大学传媒与文化发展研究中心正在酝酿写作媒介环境学的系列论文并出版媒介环境学译丛。在他们的大力支持下,丛书的选题、版权的洽购、第一个选题的翻译等工作逐步展开。感谢林文刚教授的厚爱,他委托我翻译本书,这使我有机会进一步深化对媒介环境学派的研究。我不无感慨地对同事说:读了这本书后,该学派的"一切都清楚了"。

媒介环境学的主要学者及其著作,尤其麦克卢汉、伊尼斯、波斯曼、莱文森、梅罗维茨、德克霍夫、凯利等人的著作,国内读者已经比较熟悉。《媒介环境学:思想沿革与多维视野》问世之后,这个学派的理论体系和思想沿革就更为清晰了。过去,我们看见的是一颗颗大树,如今我们看到了成片的森林,这为我们研究整个学派提供了更好的基础。至此,我们检视西方传播学也有一个新的参照,发展国内传播学有了一个新的视角。

  谨以此书献给深圳大学传媒与文化发展研究中心的两周岁生日，希望它的出版给华人世界的麦克卢汉研究和媒介环境学研究作出一点小小的贡献。

何道宽

2006 年 8 月 4 日

译者介绍

何道宽，深圳大学英语及传播学教授、政府津贴专家、资深翻译家。《中国新闻传播学年鉴》（2017）学术人物，曾任中国跨文化交际研究会副会长、广东省外国语学会副会长，现任中国传播学会副理事长、深圳翻译协会高级顾问，从事英语语言文学、文化学、人类学、传播学研究30余年，率先引进跨文化传播（交际）学、麦克卢汉媒介理论和媒介环境学。著作和译作80余种，著译文字逾2000万。

著作有《夙兴集：闻道·播火·摆渡》《中华文明撷要》（汉英双语版）、《创意导游》（英文版）。电视教学片（及其纸媒版）有《实用英语语音》。

译作要者有《文化树》《理解媒介》《技术垄断》《数字麦克卢汉》《游戏的人》《中世纪的秋天》《17世纪的荷兰文明》《裸猿》《麦克卢汉传：媒介及信使》《传播的偏向》《帝国与传播》《超越文化》《新新媒介》《麦克卢汉精粹》《思维的训练》《思想无羁：技术时代的认识论》《手机》《真实空间》《麦克卢汉书简》《传播与社会影响》《新政治文化》《麦克卢汉如是说》《媒介环境学》《模仿律》《莱文森精粹》《与社会学同游》《伊拉斯谟传》《口语文化与书面文化》《传播学批判研究》《重新思考文化政策》《交流的无奈：传播思

想史》《人类动物园》《亲密行为》《作为变革动因的印刷机》《无声的语言》《传播学概论》《软利器》《迫害、灭绝与文学》《菊与刀》《理解新媒介：延伸麦克卢汉》《字母表效应：拼音文字与西方文明》《变化中的时间观念》《文化对话》《媒介、社会与世界》《群众与暴民：从柏拉图到卡内蒂》《互联网的误读》《中国传奇：美国人眼里的中国形象》《初闯中国：美国人对华贸易、条约、鸦片和救赎的故事》《乌合之众》《个性动力论》《媒介即是按摩》《媒介与文明：麦克卢汉的地球村》《余音绕梁的麦克卢汉》《指向未来的麦克卢汉》《公共场所的行为》《驱逐：十九世纪美国排华史》《文化树》《文化科学》《公共场所的行为》《创意生活》《公共文化、文化认同与文化政策》《被误读的麦克卢汉：如何校正》等。

论文要者有《介绍一门新兴学科——跨文化的交际》《比较文化之我见》《中国文化深层结构中崇"二"的心理定势》《论美国文化的显著特征》《和而不同息纷争》《多伦多传播学派的双星：伊尼斯与麦克卢汉》《异军突起的第三学派——媒介环境学评论之一》《麦克卢汉：媒介理论的播种者和解放者》《莱文森：数字时代的麦克卢汉，立体型的多面手》《文化政策需要顶层设计》《媒介环境学：从边缘到殿堂》《冒险、冲撞、相识：美中关系史第一个一百年的故事》《泣血的历史：19世纪美国排华史揭秘》等。